Christian Meyer
(K)eine Grenze

Quellen und Darstellungen zur Zeitgeschichte

Herausgegeben vom Institut für Zeitgeschichte

Band 123

Christian Meyer

(K)eine Grenze

Das Private und das Politische
im Nationalsozialismus 1933–1940

DE GRUYTER
OLDENBOURG

Meyer, Christian: (K)eine Grenze. Das Private und das Politische im Nationalsozialismus 1933–1940
Zugl.: Bielefeld, Univ., veränd. Diss., 2015, einger. u. d. T.: Semantiken des Privaten in autobiographischen Deutungen des Nationalsozialismus 1939/1940

ISBN 978-3-11-099175-8
E-ISBN (PDF) 978-3-11-063798-4
E-ISBN (EPUB) 978-3-11-063404-4
ISSN 0481-3545

Library of Congress Control Number: 2020931447

Bibliografische Information der Deutschen Nationalbibliothek
Die Deutsche Nationalbibliothek verzeichnet diese Publikation in der Deutschen Nationalbibliografie; detaillierte bibliografische Daten sind im Internet über http://dnb.dnb.de abrufbar.

© 2022 Walter de Gruyter GmbH, Berlin/Boston
Dieser Band ist text- und seitenidentisch mit der 2020 erschienenen gebundenen Ausgabe.
Titelbild: Nach der Abstimmung über die Zukunft des Saargebiets. Eine festlich geschmückte Nebenstraße in Saarbrücken, Januar 1935; © bpk-Bildagentur
Satz: Meta Systems Publishing & Printservices GmbH, Wustermark
Druck und Bindung: CPI books GmbH, Leck

www.degruyter.com

Inhalt

I. Einleitung 1
   1. Erkenntnisinteresse, Fragestellung und Thesen 1
   2. Das Private im Nationalsozialismus als Gegenstand
      der Forschung: Plädoyer für einen historisierenden Umgang mit
      der Dichotomie privat/öffentlich 4
         ,Privatleben' in der NS-Forschung: Politisierungs- versus Nischenthese? (4) – Neue Sichtweisen auf das Private im Nationalsozialismus? (10) – Historisierung – Historische Semantik – Begriffe als ,Sinnstiftungsinstrumente' (12)
   3. Historische Semantik und Autobiographieforschung 16
         Zum Quellenwert autobiographischer Dokumente (16) – Die temporale Struktur autobiographischer Texte: Retrospektivität (20) – Die Autobiographie als textliche Einheit (23) – Die Produktivität autobiographischer Texte (26)
   4. Umsetzung theoretischer Prämissen und Aufbau 28

II. Die autobiographischen Berichte des Harvard-Preisausschreibens 33
   1. „Mein Leben in Deutschland vor und nach dem 30. Januar
      1933" 33
         Eine Zeitungsnotiz (33) – Überlieferung der Beiträge (36) – Das Teilnehmerfeld (38) – Umsetzung der Vorgaben und Auswahl der Gewinner (41) – Wissenschaftshistorische Verortung des Preisausschreibens (44)
   2. Zu rein wissenschaftlichen Zwecken? Die Harvard-Manuskripte
      und die amerikanische Debatte über den Kriegsbeitritt 47
         Harvard-Wissenschaftler als Protagonisten des Interventionismus (47) – „German Youth and the Nazi Dream of Victory" – Flaschenpost aus Deutschland (50) – Die NS-Auslandspropaganda entlarven: „Reactions to the Nazi Threat" (53)
   3. Wissenschaftliche Auswertung der Manuskripte 56
         Die Auswertungsbögen (56) – Zwei Kontexte von Allports Aufsatz (58) – „Personality under Social Catastrophe" (59) – Neuere Zugänge zu dem Harvard-Sample (62)
   4. Zusammenstellung des Quellenkorpus 66

III. Zu den verwendeten Quellen: Situationen und Anlässe des
    Schreibens 69
   1. Schreibsituationen 69
         Finanzielle Lage und Erwerbssituationen im neuen Land: Das Beispiel Hertha Nathorff (69) – Reaktionen der aufnehmenden Gesellschaft (74)

2. Schreibanlässe 78
   Hilfegesuche und Hoffnung auf einen Geldpreis (78) – Den biographischen Erfahrungseinbruch verarbeiten (81) – Wahrheit und Repräsentativität: Die Geschichte der Verfolgten verbreiten (83) – Emigrantenpolitik (87)

IV. Das semantische Feld des Privaten 93
   1. Semantische Konfigurationen von ‚privat': privater Raum, private Kommunikation, Freunde und Familie 94
      Privater Raum (94) – Private Kommunikation (95) – Freunde und Familie (96)
   2. Gegenbegriffe: ‚öffentlich', ‚politisch' und ‚staatlich' 97
      ‚Öffentlich' (97) – ‚Staatlich' und ‚politisch' (99)
   3. Metaphorik des Privaten: Innen und Außen 100

V. Zeitliche und semantische Grenzen: Zum Begriff des Privatlebens ... 103
   1. Zäsurbildungen mit dem Begriff des Privatlebens 103
      Retrospektive Zeitdiagnosen: Die Zäsur der Machtübernahme und der Begriff des Privatlebens (103) – Zum autobiographischen Gebrauchswert des Begriffs ‚Privatleben' als Deutungsinstrument (105) – Relativierende Erfahrungsbestände und einstige Erwartungshorizonte (106)
   2. Umkämpfte Grenzen des Privaten? 109
      Fremdbestimmung versus Autonomie (109) – Räumliche Metaphorik des Privaten (112) – Die Komplementärsemantik von Grenzüberschreitung und Grenzziehung (114)
   3. Zusammenfassung 117

VI. Private Kommunikation nach der Machtübernahme 119
   1. Systemkritische Alltagskommunikation als Untersuchungsgegenstand 119
      Zwischen Terror und Selbstüberwachung – systemkritische Kommunikation in der Forschung (119) – Aspekte systemkritischer Kommunikation (121)
   2. Politisieren verboten! Semantiken von ‚Politik' und systemkritische Kommunikation 125
      Kriminalisierung des Politischen (125) – Semantische Unbestimmtheit des Politikbegriffs (128)
   3. Die Verschiebung politischer Kommunikation in das Private 131
      Privatisierung politischer Kommunikation (131) – Funktion politischer Gespräche und Bedeutung privater Kommunikationssituationen (135) – Situative Kennzeichnungen als Authentifizierungsstrategie (138)

4. Die Fragilität des privaten Kommunikationsraums 140

Das Deutungsmuster der totalen Überwachung (140) – Semantiken der Selbstkontrolle und das Wissen um private Kommunikationssituationen (143) – Freundschaft, privater Wohnraum und Familie – Kriterien vertraulicher Kommunikationssituationen? (145)

5. Zusammenfassung 147

VII. ‚Familie': Identitäten und Gemeinschaften 151

1. Die Historisierung der eigenen Familie 151

Familiengeschichte und Ahnenforschung im Nationalsozialismus (151) – Familiengeschichte und Biographie: Legitimation einstiger Erwartungshorizonte (153) – Familiengeschichtliche Legitimationen des ‚Deutschseins' (155)

2. Die nichtjüdische Familie zwischen Selbst- und Fremdpolitisierung 158

Die ‚politisierte Familie' in der historiographischen Forschung (158) – Politisierung als Selbstpolitisierung: Die nichtjüdische Familie in der Weimarer Endphase (160) – Politisierung und innerfamiliäre Grenzziehungen (165) – Zwischen Selbst- und Fremdpolitisierung: Die nichtjüdische Familie zur Zeit des Nationalsozialismus (168)

3. Fremdzuschreibungen im Nationalsozialismus: Genealogische Identitäten und gesellschaftliche Partizipation 171

Rassenideologie und autobiographische Verarbeitung der NS-Zeit (171) – Genealogische Identitäten (174) – Partizipation und Exklusion: Der Familienbegriff als Deutungsinstrument für binnengesellschaftliche Grenzziehungen (176)

4. Die ‚jüdische Familie' als eine Gemeinschaft der Verfolgten 179

Die ‚jüdische Familie' zur Zeit des Nationalsozialismus (179) – Die ‚jüdische Familie' als Gemeinschaft der Verfolgten (182) – Jüdische Männer- und Frauengemeinschaften (187) – Die jüdische Gemeinschaft der Verfolgten als ‚Familie' (190)

5. Zusammenfassung 194

VIII. Jüdische und nichtjüdische Freunde: Konfessionsübergreifende Freundschaft, innerjüdische Gemeinschaft und Semantiken der ‚Unselbstverständlichkeit' 197

1. Freundschaft als Gegenstand der NS-Forschung 197

Freundschaft zwischen Juden und Nichtjuden 1933–1939 – gesellschaftliche Rahmenbedingungen (197) – Soziale Beziehungen und Freundschaft in jüdischen Selbstzeugnissen (200)

2. Die Zeit vor der Machtübernahme: Das Konzept einer konfessionsübergreifenden Freundschaft 202

Konfession und Freundschaft (202) – Nation und Kultur als Fundamente ‚christlich-jüdischer Freundschaft' (205) – Das Problem der Trennung von Konfession und nationaler Zugehörigkeit (208)

3. Antisemitismus und private Sphäre – Grenzen
der konfessionsübergreifenden Freundschaft? 211

    Friedrich Solon: Antisemitismus und Politik (211) – Frederick G. Goldberg: Bildung und Antisemitismus (214) – Joseph B. Levy: Jüdisch-christliche Freundschaft und die Unterscheidung von privaten und öffentlichen Kontakträumen (217)

4. Freundschaften zwischen Juden: Konstruktion von
Gemeinschaft 219

    Jüdische Freunde im kollektivbiographischen Erzählmodus (219) – Die Kollektivierung der eigenen Erlebnisse durch Bezugnahme auf jüdische Freunde (220) – Berichte über jüdische Freunde (221) – Semantiken der Vergemeinschaftung: Die Verwendung des Freund-Vokabulars und die Geschlossenheit der jüdischen Gemeinschaft (223) – Semantiken der Kompensation: Der Freundbegriff zwischen affirmativen und pejorativen Bezügen auf Gemeinschaft (226)

5. Jüdisch-nichtjüdische Freundschaften nach der Machtübernahme: Bezeichnungspraktiken und Semantiken der ‚Unselbstverständlichkeit' 229

    Bezeichnungspraktiken: Von christlichen zu ‚arischen' Freunden (229) – Fortbestand und Diskontinuität (232) – Autobiographisches Schreiben über nichtjüdische Freunde als ein Schreiben über die NS-Gesellschaft (236) – ‚Heimliche Freundschaft': Die Dichotomie privat/öffentlich und die Kriminalisierung jüdisch-nichtjüdischer Freundschaften (240)

6. Zusammenfassung 243

IX. Private und öffentliche Räume: Visualisierung, Grenzen und
Binnendifferenzierung 245

1. Transformationen des öffentlichen Raums 245

    Der Aprilboykott in der autobiographischen Erzählung (245) – Jüdische Topographien. Kennzeichnung, Stigmatisierung und Publikum beim Aprilboykott (247) – Der öffentliche Raum als Bekenntnisraum (251) – Frederick Goldberg: Beflaggte Häuser als Teil des öffentlichen Bekenntnisraums (253) – Ausprägungen des öffentlichen Bekenntnisraums in einer österreichischen Autobiographie (255)

2. Rückzug in die eigenen vier Wände? 258

    Grenzziehungen von innen: Rückzug als Schutz und Kompensation (258) – Ausprägung und Verbreitung des Rückzugsnarrativs im Quellenkorpus (261) – Grenzziehungen von außen: Das Haus als erzwungener Aufenthaltsort (262)

3. Binnendifferenzierung des privaten Raums: Konstruktionen
jüdischer und nichtjüdischer Häuser 265

    Konstruktionen jüdischer und nichtjüdischer Häuser mit dem Rückzugs- und Gefängnisnarrativ (265) – Vom Haus als Ort der Integration zum Konzept der privaträumlichen Segregation (267)

4. Der Einbruch ins Innere: Schilderungen des Novemberpogroms .. 273

　　Zur autobiographischen Verortung des Novemberpogroms (273) – Der private Raum als Ort der Verfolgung: Grenzüberschreitungen und asymmetrische Machtverhältnisse (275) – Schilderungen des Innern: Zerstörung und Verwüstung (278)

5. Zusammenfassung 282

X. Schlussbetrachtung: Politisierung versus Rückzug? Ausprägungen des Privaten im Nationalsozialismus 285

　　Das Unterscheiden zwischen Privatem und Öffentlichem als sprachliche Praxis während des Nationalsozialismus (285) – Semantiken und Erfahrungen des Rückzugs (287) – Binnendifferenzierung: Grenzziehungen innerhalb des Privaten (288) – Problematiken der Dichotomie privat/öffentlich als zeitgenössisches Deutungsinstrument (290) – Alternative Deutungskategorien (291)

Danksagung 295

Abkürzungsverzeichnis 297

Quellen und Literatur 299

Personenregister 323

I. Einleitung

1. Erkenntnisinteresse, Fragestellung und Thesen

> „Während ich mich nach der Sprechstunde, etwa gegen neun Uhr abends, mit einem Buch über Matthias Grünewald friedlich auf dem Sofa ausstrecken will, wird mein Zimmer, meine Wohnung plötzlich wandlos. Ich sehe mich entsetzt um, alle Wohnungen, soweit das Auge reicht, haben keine Wände mehr. Ich höre einen Lautsprecher brüllen: ‚Laut Erlaß zur Abschaffung von Wänden vom 17. des Monats'."[1]

Wie weit politische Umbrüche in die privatesten Lebensbezirke des Individuums eindringen können, lässt sich kaum anschaulicher belegen als mit diesem Zitat. In diesen Sätzen erzählte ein 45-jähriger Arzt eine Episode, die er nicht lange nach der Machtübernahme der Nationalsozialisten geträumt hatte. Nach ihrem historischen Ursprung befragt, hätten vermutlich viele Leserinnen und Leser von selbst diese Zeilen als ein Produkt des Nationalsozialismus identifiziert. Das gegenwärtige Bild vom ‚Dritten Reich' umfasst unter anderem die Ansicht, in den zwölf Jahren der Diktatur sei es zu einer steten Aushöhlung des Privatlebens gekommen – sei es durch die Inanspruchnahme einzelner Familienmitglieder in den verschiedenen Parteiorganisationen der NSDAP oder durch den ‚allumfassenden' Überwachungsanspruch des Regimes sowie die Radikalität und Brutalität seiner Verfolgungsmaßnahmen.

Wissenschaftler vertraten diesen Standpunkt nicht erst seit der Niederlage des Deutschen Reiches. Keine zehn Jahre nach der Machtübernahme stellte der emigrierte Philosoph Herbert Marcuse die Beseitigung der „Trennung zwischen einer politischen und einer nichtpolitischen Sphäre" als ein Signum des Nationalsozialismus heraus, wobei er unter der „nichtpolitischen Sphäre" auch das „Privatleben der Individuen" subsumierte.[2] Nicht nur Marcuse, sondern auch etliche andere Autoren, wie z. B. der nach Großbritannien emigrierte Historiker Ernest Kohn Bramstedt, sahen das Private unter der nationalsozialistischen Herrschaft einem radikalen Wandel unterzogen. Bramstedt fasste die Atmosphäre im NS-Staat mit den Worten „No private life permitted" zusammen.[3] Wenige Jahre zuvor, 1939, hatte der später prominente Journalist Sebastian Haffner aus dem englischen Exil heraus den deutschen Machthabern attestiert, sie gäben sich nicht „im geringsten [...] Mühe, ihren Untergebenen private Freiräume zuzubilligen", sondern befählen „ihnen kühl und unverhohlen, sich dem Staat ‚total' zur Verfügung zu stellen

---

[1] Zit. nach Beradt, Charlotte: Das Dritte Reich des Traums, Frankfurt a. M. 1994, S. 19.
[2] Vgl. Marcuse, Herbert: Staat und Individuum im Nationalsozialismus, in: ders.: Feindanalysen. Über die Deutschen (Nachgelassene Schriften, Band 5). Herausgegeben von Peter-Erwin Jansen, Springe 2007, S. 140–164, hier S. 142 f.
[3] Siehe Bramstedt, Ernest K.: Dictatorship and Political Police. The Technique of Control by Fear, New York 1976 (zuerst 1945), S. 178.

[...]."⁴ Spätere, totalitarismustheoretisch orientierte Studien konnten hieran anknüpfen. In ihrer Analyse totalitärer Systeme konstatierte etwa Hannah Arendt, erst wenn das „privat-gesellschaftliche Leben" der Bevölkerung dem Terror unterworfen werde, sei die totalitäre Herrschaft wahrhaft total.⁵ Und auch Charlotte Beradt wertete Traumprotokolle wie das obige als unverwechselbare Zeugnisse eines totalitären Systems, das die Entblößung der Privatsphäre seiner Bevölkerung vorantrieb.⁶

Das Privatleben erscheint also als ein Bereich, an dessen Beispiel die mit diktatorischen Regimes einhergehenden Verschiebungen zwischen politischem Kontrollanspruch und unpolitischer Lebenswelt deutlich werden. Dieses Buch wählt jedoch einen anderen Zugriff: Es soll hier nicht darum gehen, mit Hilfe passender Zitate eine ‚tatsächliche' Politisierung des Privatlebens zu belegen oder eine Theorie totalitärer Herrschaftssysteme empirisch zu unterfüttern. Äußerungen wie die des Arztes werden als zeitgenössische Deutungsversuche einer nationalsozialistischen Gegenwart gelesen – als Sprech- bzw. Schreibakte, mit denen Zeitgenossen sich die Gegenwart sinnhaft zu erschließen versuchten. Dabei waren sie auf sprachliche Instrumente angewiesen, mit denen Erlebnisse, Erinnerungen und Erfahrungen verarbeitet werden konnten. Schon vor Marcuse, Bramstedt, Haffner und Arendt hatte der Arzt dafür auf das dichotome Begriffspaar öffentlich/privat zurückgegriffen. Gekleidet in eine metaphorische Traumsprache, konstruierte er den Verlust des Privaten als ein Charakteristikum der NS-Zeit. In der eigenen Deutung seines Traums bemerkte der uns unbekannte Zeitgenosse zudem, alle seine „Traumzutaten und Extempores" seien „politisch" – und dies, obwohl er selber gar „kein politischer Mensch" sei.⁷

Ähnliche Aussagen finden sich auch in anderen bekannten Ego-Dokumenten aus der Zeit des Nationalsozialismus,⁸ etwa den bekannten Tagebüchern des Dresdener Romanisten Victor Klemperer⁹ oder der 1939 verfassten autobiographi-

---

⁴ Vgl. Haffner, Sebastian: Germany: Jekyll & Hyde. 1939 – Deutschland von innen betrachtet, Berlin 1998, S. 107.

⁵ Vgl. Arendt, Hannah: Elemente und Ursprünge totaler Herrschaft, Frankfurt a. M. 1962, S. 696.

⁶ Vgl. Beradt: Das Dritte Reich des Traums, S. 14.

⁷ Vgl. ebd., S. 19. Janosch Steuwer umreißt den Entstehungskontext von Beradts Werk und geht auch auf dessen Rezeption ein: vgl. Steuwer, Janosch: „Ein Drittes Reich, wie ich es auffasse". Politik, Gesellschaft und privates Leben in Tagebüchern 1933–1939, Göttingen 2017, S. 493–497. Inzwischen ist eine Neuausgabe erschienen, die weitere Hinweise sowohl zur Entstehung als auch zur Rezeption enthält: Beradt, Charlotte: Das Dritte Reich des Traums. Mit einem Nachwort von Barbara Hahn, Frankfurt a. M. 2016.

⁸ Zum Begriff ‚Ego-Dokumente' vgl. Schulze, Winfried: Ego-Dokumente: Annäherung an den Menschen in der Geschichte? Vorüberlegungen für die Tagung „Ego-Dokumente", in: ders. (Hg.): Ego-Dokumente. Annäherung an den Menschen in der Geschichte, Berlin 1996, S. 11–30, hier S. 21.

⁹ Klemperer vermittelte in seinem Eintrag vom 20. September 1938 einen Eindruck davon, wie schwer es zur Zeit des Münchner Abkommens 1938 für ihn war, eine Grenze zwischen den politischen Ereignissen und seinem Privatleben zu ziehen: „Nicht daran denken, darüber hinwegleben, vergraben in das ganz Private! Schöner Vorsatz, aber so schwer zu befolgen." Klemperer, Victor: Die Tagebücher (1933–1945). Kommentierte Gesamtausgabe. Herausgegeben

schen Schrift des jungen Sebastian Haffner.[10] Sie verweisen auf Probleme und Konflikte, mit denen die Zeitgenossen konfrontiert wurden, wenn sie mit ihren gewohnten Deutungsmustern neuartige Erfahrungen zu interpretieren versuchten: Welche Formen konnte das Deutungsmuster privat/öffentlich als Sinnstiftungsinstrument vor diesem Hintergrund annehmen? Was galt im Sinnhorizont der Zeitgenossen überhaupt als privat und wie definierten sie es in Abgrenzung zu Gegenbegriffen wie ‚öffentlich' oder ‚politisch'? Außerdem geht es darum, den Gebrauchswert des begrifflichen Instrumentariums zu prüfen, also einerseits zu prüfen, inwieweit Begriffe des Privaten im Zusammenspiel mit Begriffen des Öffentlichen im Stande waren, zeitgenössische Erfahrungen im Nationalsozialismus autobiographisch sinnhaft zu deuten, und andererseits ihren Wert für das Leben im nationalsozialistischen Alltag auszuloten. Und schließlich: Inwiefern beeinflussten alternative Muster der Wirklichkeitsdeutung in Form von Kategorien wie ‚Geschlecht' oder ‚Generation' die Grenzziehungen sowohl gegenüber den Bereichen des Politischen und Öffentlichen als auch innerhalb des Privaten selbst?

Für die Beantwortung dieser Fragen kommen nicht Traumprotokolle, sondern andere Quellen zum Tragen.[11] Im Mittelpunkt stehen autobiographische Berichte verfolgter Deutscher – überwiegend deutsche Juden –, die allesamt zu Beginn des Zweiten Weltkriegs verfasst wurden. Diese Berichte entstanden im Zusammenhang mit einem Preisausschreiben, das die Universität Harvard 1939 kurz vor Kriegsbeginn auslobte. Die Teilnehmerinnen und Teilnehmer wurden aufgefordert, über ihr Leben vor und nach 1933 zu berichten und dabei möglichst anschaulich ihre eigenen Erlebnisse zu schildern. Insgesamt über 200 Antworten gingen ein, von denen hier eine Auswahl von 50 autobiographischen Berichten genauer untersucht wird.[12] Es handelt sich also um eine Textsorte und einen Zeitpunkt, die in hohem Maße Prozesse der Deutungsarbeit der unmittelbaren Vergangenheit und Gegenwart begünstigten und provozierten.[13] Für die Verfasser der hier analysierten Lebensgeschichten, die zu einem Großteil erst nach den Ereignissen des Novemberpogroms Deutschland verlassen hatten, galt es, die Gegenwart der

---

von Walter Nowojsky unter Mitarbeit von Christian Löser (Digitale Bibliothek 150), Berlin 2006, S. 1129.

[10] Siehe Haffner, Sebastian: Geschichte eines Deutschen. Die Erinnerungen 1914–1939, München 2004, S. 9–11.

[11] Eine systematische Untersuchung von Traumprotokollen steht in der Forschung noch aus. Wohl nicht zuletzt deswegen, weil erstens eine Theoretisierung des Umgangs mit dieser Quellensorte äußerst anspruchsvoll sein dürfte und sich zweitens die Bildung eines aussagekräftigen Quellensamples als schwierige Angelegenheit erweist.

[12] Für nähere Informationen zum Preisausschreiben siehe das Kapitel II.

[13] Auf den Konnex von politischen Krisen und deren verstärkte autobiographische Aufarbeitung wies bereits Roy Pascal hin. Siehe Pascal, Roy: Die Autobiographie: Gehalt und Gestalt, Stuttgart 1965, S. 73. Siehe außerdem Weintraub, Karl J.: The Value of the Individual. Self and Circumstance in Autobiography, Chicago/London 1978, S. 18, sowie Critchfield, Richard: Einige Überlegungen zur Problematik der Exilautobiographik, in: Exilforschung. Ein internationales Jahrbuch 2 (1984), S. 41–55, hier S. 41, und Critchfield, Richard: When Lucifer Cometh. The Autobiographical Discourse of Writers and Intellectuals Exiled during the Third Reich (= Literature and the Sciences of Man, Band 7), New York u. a. 1994, S. 8 f.

Emigration über eine Reflexion ihrer unmittelbaren Vergangenheit zu erhellen – eine Gegenwart, die für die meisten nur wenige Jahre zuvor noch undenkbar erschienen war.

Untersucht man die Privat/Öffentlich-Dichotomie als ein Deutungsmuster, mit dem diese Zeitgenossen ihre soziale Wirklichkeit erfassten, dann – so die Grundannahme der Studie – erweist sich das Private als umkämpfter Bereich, der von außen immer wieder in Frage gestellt, von innen jedoch auch in vielen Fällen erfolgreich verteidigt wurde. Weder der Rückzug in das Privatleben noch die Politisierung aller privaten Lebensbereiche erklären die Veränderungsprozesse, die das Private unter dem Nationalsozialismus erfuhr, erschöpfend. Gerade die erfolgreichen und erfolglosen Versuche des Regimes und seiner Anhänger, private Lebenszusammenhänge zu ‚erobern', stärkten die semantischen Grenzen zwischen Privatem und Nichtprivatem. Weil die Politik des Regimes die grundlegende Lebenssituation vieler Bürger bis 1939 veränderte und die *Unterschiede* zwischen beiden Bereichen zunehmend in Frage stellte, wurde es für die Betroffenen umso wichtiger, zwischen Privatem und Nichtprivatem *unterscheiden* zu können – sei es, um in der Retrospektive gesellschaftliche und politische Prozesse deuten zu können, oder sei es, um konkretes Alltagshandeln planen zu können.

2. Das Private im Nationalsozialismus als Gegenstand der Forschung: Plädoyer für einen historisierenden Umgang mit der Dichotomie privat/öffentlich

‚Privatleben' in der NS-Forschung: Politisierungs- versus Nischenthese?

Wenngleich das Private erst seit relativ kurzer Zeit systematischer von der NS-Historiographie untersucht wird,[14] so lassen sich dennoch mehrere Diskussionszusammenhänge der letzten 70 Jahre identifizieren, in denen die Rolle privater Lebensbezüge für die Herrschaft des NS-Systems in unterschiedlicher Gewichtung thematisiert wurde.[15] Grob lassen sich die bisherigen Sichtweisen auf das Private

---

[14] Siehe etwa Steuwer: „Ein Drittes Reich, wie ich es auffasse", S. 493–548; Steber, Martina/Gotto, Bernhard (Hg.): Visions of Community in Nazi Germany. Social Engineering and Private Lives, Oxford 2014. Am Institut für Zeitgeschichte untersuchen mehrere Teilprojekte „Das Private im Nationalsozialismus". Siehe: https://www.ifz-muenchen.de/aktuelles/themen/das-private-im-nationalsozialismus/, Zugriff am 28. 09. 2018. Folgender, unter anderem im Kontext dieses Projekts entstandener Sammelband konnte bei Erscheinen leider nicht mehr für die vorliegende Studie berücksichtigt werden: Harvey, Elizabeth/Hürter, Johannes/Umbach, Maiken/Wirsching, Andreas (Hg.): Private Life and Privacy in Nazi Germany, Cambridge 2019.

[15] Die folgenden Ausführungen basieren auf Studien, die explizit Aussagen zum Privatleben oder zum Privaten vornehmen. Dabei wird keineswegs ein Anspruch auf Vollständigkeit erhoben. Zum einen, weil lange keine übergreifende Kontroverse in der NS-Historiographie zum Thema ‚Privatleben' existierte. Vielmehr finden sich vereinzelte Aussagen in Studien aus den verschiedensten Forschungsbereichen – etwa zu Freizeit, Konsum, Medien, Herrschaftssicherung oder

zwei Deutungsmustern zuordnen, die bis in die Gegenwart hinein Bestand haben: der Politisierungs- sowie der Nischen- bzw. Rückzugsthese.

In zeitlicher Reihenfolge wären zuerst die bereits angesprochenen politikgeschichtlichen und totalitarismustheoretisch inspirierten Studien zu nennen. Sie erblickten im Nationalsozialismus ein Herrschaftssystem, das die traditionellen Grenzziehungen des bürgerlich-liberalen Staates zwischen einer autonomen Privatsphäre und dem öffentlichen Bereich politischer Entscheidungsgewalt aufhob. Getrieben von dem Wunsch nach totaler Kontrolle seiner Bevölkerung beschnitt der NS-Staat individuelle Freiheitsrechte seiner Bürger, indem er sie der Überwachung oder Verfolgung aussetzte und in neu geschaffene Massenorganisationen wie die DAF oder die Hitlerjugend zwangsintegrierte.[16]

In dieser Sichtweise artikuliert sich das älteste und zugleich prominenteste Deutungsmuster über das Private im Nationalsozialismus, das sich auch als Politisierungsthese zusammenfassen lässt. Dass der Nationalsozialismus zumindest beabsichtigte, auf bislang geschützte private Bereiche seiner Bürger zuzugreifen, scheint kaum hinterfragbar zu sein, sobald man sich etwa auf der legislativen Ebene die rassenpolitisch motivierten Gesetzeserlasse zur „Verhütung erbkranken Nachwuchses" (1933) oder „zum Schutze des deutschen Blutes und der deutschen Ehre" (1935) vergegenwärtigt.[17] Hinter den politikgeschichtlichen Urteilen versteckte sich jedoch häufig die fragwürdige Auffassung eines perfekt organisierten und mit maschineller Effizienz arbeitenden Kontroll- und Terrorsystems.[18] Diese Sichtwei-

---

auch in der Geschlechtergeschichte. Zum anderen wird die für die einzelnen Untersuchungsblöcke einschlägige Literatur jeweils in den entsprechenden Kapiteln vorgestellt werden.

[16] Siehe neben der oben angeführten Monographie von Ernest K. Bramstedt (Anm. 3) auch die klassische Studie von Neumann, Franz L.: Behemoth. Struktur und Praxis des Nationalsozialismus 1933–1944 (= Fischer Taschenbuch, Band 4306), Frankfurt a. M. 1984, S. 464–467 und 495–498. Neuere sozial- und alltagsgeschichtliche Forschungen nutzen den Totalitarismusbegriff als Vergleichskategorie faschistischer und sozialistischer Gesellschaften. Sie grenzen sich von den älteren Studien ab, indem sie etwa auf deren politischen Hintergrund des Kalten Kriegs verweisen. Vgl. Corner, Paul: Introduction, in: ders. (Hg.): Popular Opinion in Totalitarian Regimes. Fascism, Nazism, Communism, Oxford 2009, S. 1–13, hier S. 1 f. Trotz dieser Abgrenzung verwenden sie die Privat/Öffentlich-Unterscheidung, um das Wesen des Totalitarismus zu bestimmen, ohne jedoch das frühere Paradigma einer Politisierung des Privaten unkritisch fortzuschreiben (vgl. ebd., S. 5). Das Private als Zielscheibe totalitärer Herrschaftspraktiken bleibt also Thema. Unterschiedlich bewertet wird der Erfolg totalitärer Regimes bei der Durchdringung privater Lebenswelten. Andere alltagsgeschichtliche Ansätze versuchen im Vergleich beider Gesellschaften totalitarismustheoretische Grundannahmen zu überwinden. Siehe Sheila Fitzpatrick/Michael Geyer (Hg.): Beyond Totalitarianism. Stalinism and Nazism Compared, Cambridge u. a. 2009.

[17] In ihrem Vorwort zum Kommentar des Gesetzes zur Verhütung erbkranken Nachwuchses betonten Arthur Gütt, Ernst Rüdin und Falk Ruttke, der Grundgehalt des Gesetzes läge darin, dass sich die Autorität und der Primat des Staates nun auch auf dem Gebiet des Lebens, der Familie und der Ehe durchgesetzt hätten. Vgl. Gütt, Arthur/Rüdin, Ernst/Ruttke, Falk: Gesetz zur Verhütung erbkranken Nachwuchses vom 14. Juli 1933 nebst Ausführungsverordnungen, München 1936 (2. Aufl.), S. 5.

[18] Siehe Hofer, Walther: Die Diktatur Hitlers bis zum Beginn des Zweiten Weltkrieges, Konstanz 1964, S. 112 f.; Kolb, Eberhard: Die Maschinerie des Terrors. Zum Funktionieren des Unterdrückungs- und Verfolgungsapparates, in: Karl Dietrich Bracher/Manfred Funke/Hans-Adolf

se relativierten erst sozialgeschichtliche und später auch alltags- sowie kulturgeschichtliche Untersuchungen der NS-Herrschaft. So öffneten der Befund einer polykratischen Herrschaftsordnung und die Forderung einer Historisierung des Nationalsozialismus die Augen erstmals für strukturelle Defizite des Systems sowie für längerfristige Entwicklungen, welche die Herrschaftsausübung begünstigen oder blockieren konnten. Aus dieser Perspektive war auch das Private nicht mehr notwendigerweise dem Zugriff totalitärer Herrschaftspraktiken unterworfen – im Gegenteil: Kaum eine Studie bezweifelte mehr die Existenz privater Lebensräume. Der Politisierungsthese diametral entgegengesetzt ist dieser Blick auf das Private, welcher sich als Nischen- oder Rückzugsthese auf den Begriff bringen lässt.

Fluchtpunkt dieser Neueinschätzung bildete die Modernisierungsdebatte, also die Fragen, ob sich der Zeitabschnitt von 1933 bis 1945 sinnvoll in eine längerfristige Tendenz der gesellschaftlichen und industriell-wirtschaftlichen Modernisierung einbetten lässt und inwieweit der Nationalsozialismus diese Entwicklung eher gebremst oder angeschoben hatte. Hat der Nationalsozialismus, so ließe sich dieses Forschungsinteresse zusammenfassen, trotz seiner antimodernen reaktionären Ideologiemomente und des offensichtlichen Rückfalls in die Barbarei eine „Modernisierungsrevolution" angestoßen oder ist die historische Entwicklung im Nationalsozialismus eher als soziale Reaktion zu bewerten?[19]

Damit einhergehend erweiterte sich der Untersuchungsfokus von der nationalsozialistischen Kontroll- und Terrorpolitik um Bereiche wie Sozialpolitik, Konsum oder Freizeit, was insgesamt auch zu einer Neubeurteilung privater Lebensräume unter der diktatorischen Herrschaft führte. Zwar sei das Leben im Nationalsozialismus durch die Politik unberechenbar geworden, „der Einbruch des Leviathan in die private Lebenssphäre des einzelnen potentiell jederzeit möglich", konstatierte beispielsweise Norbert Frei.[20] Entscheidend sei jedoch die Frage, wie weitgehend die Ansprüche des totalen Staates auf die Verfügbarkeit des Individuums eingelöst wurden:

> „Aus dieser Perspektive eröffnet sich der Blick auf beträchtliche Nischen, Freiräume und Reservate, die der Nationalsozialismus nicht oder nur sehr begrenzt auszufüllen vermochte: vor allem im Massenkulturellen, Künstlerischen, Religiösen, aber auch in vielen Bereichen der technischen Zivilisation und des Alltagslebens. Mochte diese ‚Lückenhaftigkeit' der Herrschaft zu einem guten Teil zurückzuführen sein auf ihre chaotischen inneren Strukturen [...], so war sie in mancher Hinsicht nicht nur funktional, sondern vielleicht sogar unerläßlich. Denn gerade die Fähigkeit des Regimes, in bestimmten Bereichen ganz oder zeitweilig faktische Begrenzungen seiner

---

Jacobsen (Hg.): Nationalsozialistische Diktatur 1933–1945. Eine Bilanz, Bonn 1983, S. 270–284, hier S. 283; Bracher, Karl Dietrich: Die deutsche Diktatur. Entstehung, Struktur, Folgen des Nationalsozialismus, Köln 1976, S. 386.

[19] Eine Zusammenfassung der Debatte bietet Bavaj, Riccardo: Die Ambivalenz der Moderne im Nationalsozialismus. Eine Bilanz der Forschung, München 2003. Im Hinblick auf die Rolle des Privatlebens vgl. ebd., S. 78–81.

[20] Vgl. Frei, Norbert: Der Führerstaat. Nationalsozialistische Herrschaft von 1933 bis 1945 (= Deutsche Geschichte der neuesten Zeit vom 19. Jahrhundert bis zur Gegenwart, Band 4517), München 1989, S. 119 f.

2. Das Private im Nationalsozialismus als Gegenstand der Forschung

Macht zu ertragen, garantierte – in Verbindung mit dem ‚Führer'-Mythos und den politischen Erfolgen – seine außerordentliche Integrationskraft."[21]

Sah Frei in der Existenz privater Rückzugsnischen eine herrschaftsstabilisierende, jedoch potenziell unbeabsichtigte Folge der polykratischen Herrschaftsstruktur des Nationalsozialismus, hob Inge Marßolek ihre zielgerichtete Etablierung durch politische Akteure hervor. In ihren Untersuchungen zum Freizeitverhalten und der Bedeutung von Massenmedien im Nationalsozialismus unterstrich sie ebenfalls die integrative und stabilisierende Funktion jener Rückzugsräume. Dass der „Rückzug ins Private" zum Zweck der Herrschaftssicherung in vom Regime bereitgestellte Nischen erfolgte – und damit eben nicht nur als Ergebnis zufälliger Konstellationen gewertet werden kann – lasse sich insbesondere an der Politik des Reichspropagandaministers Joseph Goebbels erkennen. Bereits im Juni 1933 seien von ihm propagandistische Radioformate durch Unterhaltungssendungen ersetzt worden.[22] Kaspar Maase hingegen verweist in seiner diachronen Darstellung der Massenkultur von 1850 bis 1970 auf ein zum Zeitpunkt der Machtübernahme bereits etabliertes modernes Freizeitverhalten, dem sich die Nationalsozialisten trotz anderweitiger Absichten hätten anpassen müssen: „Eine Alternative zur bisherigen Entwicklung moderner Freizeit war nicht durchzusetzen" – vielmehr habe das Modell der „Freizeit als individuelle Gegenwelt zum öffentlichen Leben und populäre Kunst als deren private Innenausstattung" einen kräftigen Schub im Nationalsozialismus erhalten.[23]

Folgt man der Forschung bis hierhin, dann scheint eine erste Antwort auf die Frage, wie sich das Private während des Nationalsozialismus gestaltete, auf ein „Entweder-Oder" hinauszulaufen: Entweder wurde das Private im Zuge einer totalitären Kontroll- und Terrorpolitik restlos ausgehöhlt, oder das Private stellte eine verbleibende Nische im Alltagsleben dar, in die sich die Zeitgenossen zurückzogen – und damit letztlich das Regime stabilisierten.

Allzu sehr sollten beiden Positionen jedoch nicht gegeneinander ausgespielt werden. Unübersehbar sind in alltagsgeschichtlichen Studien zwar die Hinweise auf jene zeitspezifischen Gegebenheiten, die der individuellen Ausgestaltung des Privatlebens Grenzen setzten. Der Anpassungsdruck an systemkonforme Verhaltensstandards im öffentlichen Leben, stellte etwa Detlev Peukert fest, habe sich bis in den Bereich privater Lebensgestaltung hinein fortgesetzt, so dass „sich ein wirklich autonomer Bereich, in dem man noch man selber sein konnte", nicht mehr habe ausmachen lassen.[24] Aus diesem Blickwinkel leistete die Privatsphäre

---

[21] Ebd., S. 168.
[22] Vgl. Marßolek, Inge: Milieukultur und modernes Freizeitverhalten 1920 bis 1950, in: Detlef Schmiechen-Ackermann (Hg.): Anpassung, Verweigerung, Widerstand. Soziale Milieus, Politische Kultur und der Widerstand gegen den Nationalsozialismus in Deutschland im regionalen Vergleich, Berlin 1997, S. 77–93, hier S. 87.
[23] Vgl. Maase, Kaspar: Grenzenloses Vergnügen. Der Aufstieg der Massenkultur 1850–1970, Frankfurt a. M. 1997, S. 200, 204.
[24] Vgl. Peukert, Detlev: Volksgenossen und Gemeinschaftsfremde. Anpassung, Ausmerze und Aufbegehren unter dem Nationalsozialismus, Köln 1982, S. 284.

keine vollständige Kompensation von den Ansprüchen des öffentlichen Lebens. Dennoch hielt Peukert an anderer Stelle fest, der gescheiterten Inszenierung einer „Volksgemeinschaft" sei die „Entleerung des öffentlichen Lebens, der Rückzug ins Unpolitische und ins Private" gefolgt.[25]

Auch Alf Lüdtke wies auf die Gleichzeitigkeit von Trennung und Verschränkung von Politik und Privatheit hin[26] und Inge Marßolek gelangte zusammen mit Adelheid von Saldern zu dem differenzierenden Urteil, das Radio habe unabhängig von den jeweils etablierten politischen Systemen prinzipiell „die Grenzen zwischen Privatheit und Öffentlichkeit" verwischt, „indem es den privatesten Raum, nämlich die Wohnung, für das Draußen öffnete". Unter den Bedingungen eines diktatorischen Regimes seien die „Grenzen von Privatem und Öffentlichem" neu gezogen worden, wobei es für die Zeitgenossen schwer gewesen sei, „sich jenseits der propagandistischen Ansprüche des Regimes" einen privaten Rückzugsraum aufzubauen: „Das, was wir heute als herrschaftsstabilisierend, als vom Regime zugestandene und ausgeschmückte Nische erkennen können, war in der Wahrnehmung der ZeitgenossInnen oft Rückzug, Verweigerung oder Schutz vor den Zumutungen eines auf totaler Durchdringung pochenden Nationalsozialismus."[27]

Die von der NS-Historiographie vorgenommenen, unterschiedlichen Grenzziehungen zwischen privaten Lebensbezügen und einem öffentlich-politischen Herrschaftsfeld scheinen sich nach ihrem inhaltlichen Kontext zu richten. Standen dezidiert moderne Aspekte wie Konsum, Medien- oder Freizeitverhalten im Vordergrund, verwiesen die Studien auf tatsächliche oder vermeintliche ‚Inseln des Privaten'. In dieser Lesart begünstigte das Private die Systemstabilität zumindest in Form eines passiven Konsenses, unabhängig davon, ob man diesen ‚Inseln' eine tatsächliche Existenz zugestand, sie also als Herrschaftslücken oder der politischen Kontrolle unterworfen sah.

Betonten die Studien hingegen Aspekte der Zwangsintegration oder Verfolgung, dann war das Private dem Druck staatlicher wie nichtstaatlicher Verfolgungsinstanzen nicht gewachsen. Auch in neueren Gesamtdarstellungen kommt diese Tendenz zum Ausdruck. In seiner Behandlung der Frage, inwieweit das ‚Dritte Reich' die deutsche Gesellschaft modernisiert hatte, gelangte Richard Evans zu der Über-

---

[25] Vgl. ebd., S. 232.
[26] Vgl. Lüdtke, Alf: „Formierung der Massen" oder: Mitmachen und Hinnehmen? „Alltagsgeschichte" und Faschismusanalyse, in: Heide Gerstenberger/Dorothea Schmidt (Hg.): Normalität oder Normalisierung? Geschichtswerkstätten und Faschismusanalyse, Münster 1987, S. 15–34, hier S. 26–34.
[27] Marßolek, Inge/Saldern, Adelheid von: Das Radio als historisches und historiographisches Medium. Eine Einführung, in: dies. (Hg.): Radio im Nationalsozialismus. Zwischen Lenkung und Ablenkung (= Zuhören und Gehörtwerden, Band 1), Tübingen 1998, S. 11–44, hier S. 33 f. Siehe außerdem Schäfer, Hans D.: Das gespaltene Bewußtsein. Deutsche Kultur und Lebenswirklichkeit 1933–1945, Frankfurt a. M./Berlin/Wien 1984. Auch Steuwer identifiziert einen grundlegenden Unterschied zwischen totalitarismustheoretischen und alltags- bzw. sozialgeschichtlichen Befunden, tendiert aber dazu, die alltags- und gesellschaftsgeschichtlichen Befunde aufgrund ihrer politischen Relevanz als eine „Politisierung des Privaten" zu interpretieren. Vgl. Steuwer: „Ein Drittes Reich, wie ich es auffasse", S. 500.

2. Das Private im Nationalsozialismus als Gegenstand der Forschung

zeugung, statt der verlangten „totale[n] Identifikation des Individuums mit dem Staat und der ‚Rasse'" sei ein gegenteiliger Prozess beobachtbar gewesen: „der Rückzug der gewöhnlichen Bürger in ihre privaten Welten von Haus und Familie, eine Konzentration auf Verbraucherbedürfnisse".[28] Wenig später urteilte er hingegen, das „Blutschutzgesetz" sei deshalb das wichtigste der Nürnberger Gesetze gewesen, weil die Nationalsozialisten damit in die Privatsphäre der Bürger eingedrungen seien. Vom September 1935 an, so Evans, habe der Antisemitismus als ein Prinzip nicht nur das öffentliche, sondern auch das Privatleben beherrscht.[29]

Evans und die anderen Bespiele demonstrieren, dass Nischen- und Politisierungsthese sich nicht ausschließen, sondern durchaus miteinander kombinierbar sind. Dieser Befund sollte nicht als Zeichen für inhaltliche Inkonsistenz gewertet werden – stattdessen verweist er auf die dem Begriff des Privatlebens anhaftende Problematik, als reiner Singularbegriff vielfältige Ausprägungen privater Lebensbezüge benennen zu müssen. Die Rede von *dem* Privatleben suggeriert, es gäbe nur das eine. In den differenzierenden Urteilen einiger Historikerinnen und Historiker deutet sich jedoch an, dass dieses Bild revidierungsbedürftig ist. Sie sind als Indiz dafür lesbar, dass es im Nationalsozialismus nicht das *eine* Privatleben gab, sondern für unterschiedliche Bevölkerungsgruppen und je nach Erfahrungsbereich und Zeitpunkt unterschiedlich konfigurierte Räume des Privaten.

Gestützt wird diese Deutung, sobald sich der Blick auf Ergebnisse der geschlechtergeschichtlichen NS-Forschung richtet. Auch hier lassen sich sowohl Politisierungs- als auch Nischenthese finden – allerdings unter anderen Vorzeichen. So gewann das Private etwa in der Debatte um die Rolle der Frauen im Nationalsozialismus an Bedeutung. Ende der 1980er Jahre wandte sich Claudia Koonz gegen die Vorstellung, Frauen seien im Nationalsozialismus in eine Opferrolle gedrängt worden. Tatsächlich seien sie nicht hilflos oder gar schuldlos gewesen; sie hätten vielmehr eine private „separate sphere" eingerichtet, die den nationalsozialistischen Tätern als emotionaler Rückzugsraum gedient und deren Verbrechen so erst ermöglicht habe.[30] Um diese These entspann sich in der Folge eine heftige Debatte, die hier nicht im Einzelnen aufgerollt werden kann.[31] Wichtig jedoch bleiben die im Kontext dieser Debatte angestoßenen Reflexionen zu den unterschiedlichen Verschränkungsmustern von Politischem und Privatem im NS-System. Betont wurde unter anderem, dass sich von der Existenz einer scheinbar politikfreien Privatsphäre dann nicht mehr reden lasse, wenn sie für die Stabilisierung des Systems

---

[28] Evans, Richard J.: Das Dritte Reich. Diktatur (Band II/2), München 2006, S. 609.
[29] Vgl. ebd., S. 667.
[30] Vgl. Koonz, Claudia: Mothers in the Fatherland. Women, Family Life and Nazi Politics, New York 1987, S. 418–420.
[31] Siehe Bock, Gisela: Die Frauen und der Nationalsozialismus. Bemerkungen zu einem Buch von Claudia Koonz, in: Geschichte und Gesellschaft 15 (1989), S. 563–579; Koonz, Claudia: Erwiderung auf Gisela Bocks Rezension von „Mothers in the Fatherland", in: Geschichte und Gesellschaft 18 (1992), S. 394–399; Bock, Gisela: Ein Historikerinnenstreit?, in: Geschichte und Gesellschaft 18 (1992), S. 400–404.

und der Durchführung seiner Menschheitsverbrechen von Bedeutung war.[32] Eine so verstandene ‚Politisierung des Privaten' unterscheidet sich wiederum von der Feststellung, dass der Nationalsozialismus ursprünglich privat besetzte Themen wie Mutterschaft und Heimarbeit als politisch relevante Themen aufwertete. ‚Politisierung des Privaten' stellte vor diesem Hintergrund nicht eine Folge des Überwachungs- und Kontrollstaates, sondern eine Inklusionsstrategie dar, mit deren Hilfe sich ‚Volksgenossinnen' als Teil der ‚Volksgemeinschaft' fühlen konnten.[33] So unterschiedlich die einzelnen Diagnosen auch sind, so bleiben sie doch den bereits bestehenden Deutungsmustern verhaftet, nach denen das Private im Nationalsozialismus entweder eine Politisierung erfuhr oder in Form einer Rückzugsnische die Herrschaft stabilisierte.

Neue Sichtweisen auf das Private im Nationalsozialismus?

In dem Maße, wie kulturgeschichtliche Ansätze in der NS-Historiographie Fuß fassen und eine Gesellschaftsgeschichte des Nationalsozialismus nach der Breitenwirksamkeit und den Aushandlungsprozessen von nationalsozialistischer Politik und Ideologie fragt, erlangt das Private als Schnittstelle zwischen Individuum und öffentlichen Instanzen vermehrt Aufmerksamkeit. Ein Impulsgeber hierfür ist sicherlich die Debatte, ob der Volksgemeinschaftsbegriff als Analyseinstrument der NS-Gesellschaft geeignet ist.[34] In Auseinandersetzung mit dem Konzept der Volksgemeinschaft untersucht etwa Kerstin Thieler die Praxis politischer Beurteilungen am Beispiel der Universitätsstadt Göttingen. Angesichts der Vielzahl an Beurteilungsanlässen, die Thieler im privaten Bereich verortet, konstatiert sie eine „Politisierung des Privaten". „Der Zugriff der NSDAP auf die gesamte Lebenswelt

---

[32] Vgl. etwa Saldern, Adelheid von: Victims or Perpetrators? Controversies about the Role of Women in the Nazi State, in: David F. Crew (Hg.): Nazism and German Society, 1933–1945, London/New York 1994, S. 141–165. Von Saldern analysiert dort die Debatte im Hinblick auf die Privat/Öffentlich-Unterscheidung.

[33] Vgl. Wagner, Leonie: Mutterschaft und Politik – Nationalsozialismus und die Ordnung der Geschlechter im politischen Raum, in: Annette Bertrams (Hg.): Dichotomie, Dominanz, Differenz. Frauen plazieren sich in Wissenschaft und Gesellschaft, Weinheim 1995, S. 71–87. Demgegenüber gelangte Moritz Föllmer zu der Ansicht, das NS-Regime habe mitnichten jeglichen Individualismus unterdrückt. Vielmehr hätten etwa Berliner Tageszeitungen zirkulierende Vorstellungen von Individualismus – darunter auch Privatheit – aufgegriffen und mit Vorstellungen der NS-Ideologie, beispielsweise dem Führerprinzip oder der ‚rassischen' Unterscheidung von Juden und Ariern, verknüpft. Gleichzeitig habe es auch Frauen ermöglicht, jenseits der Mutterrolle ihren Platz im Regime zu finden. Siehe Föllmer, Moritz: Was Nazism Collectivistic? Redefining the Individual in Berlin, 1930–1945, in: Journal of Modern History 82 (2010), S. 61–100.

[34] Für einen Überblick über die Debatte siehe Steuwer, Janosch: Was meint und nützt das Sprechen von der ‚Volksgemeinschaft'? Neuere Literatur zur Gesellschaftsgeschichte des Nationalsozialismus, in: Archiv für Sozialgeschichte 53 (2013), S. 487–534, sowie Mühlenfeld, Daniel: Vom Nutzen und Nachteil der „Volksgemeinschaft" für die Zeitgeschichte. Neuere Debatten und Forschungen zur gesellschaftlichen Verfasstheit des „Dritten Reichs", in: Sozialwissenschaftliche Literatur Rundschau 66 (2013), S. 71–104.

der ‚Volksgenossen' wird sichtbar", so Thieler, „wenn selbst die Bestallung des ‚Führers' des Kaninchenzüchtervereins eine parteiamtliche Aufgabe wurde [...]."[35]

Ebenfalls im Anschluss an das neue Forschungsparadigma untersucht Janosch Steuwer, wie Deutsche – darunter auch jüdische Deutsche – in ihren Tagebüchern den Nationalsozialismus subjektiv verarbeiteten. Zwar betont er, es sei vor dem Hintergrund nationalsozialistischer Versuche, eine ‚rassisch' homogene Volksgemeinschaft zu kreieren, insgesamt eine Politisierung des Privaten der 1930er Jahre zu verzeichnen. Doch differenziert er dabei nach Zugehörigkeit zur ‚Volksgemeinschaft' und individueller Selbstpositionierung im System. Während sich für jüdische Deutsche etwa eine klare Politisierung privater Räume diagnostizieren lasse, charakterisiert Steuwer die Situation nichtjüdischer Deutscher als paradox: Einerseits habe das politische System die Vereinnahmung des privaten Raums der Volksgenossen beabsichtigt – insofern sei das Private politisiert gewesen. Andererseits habe es erkannt, dass sein umfassender Erziehungsanspruch zu einem ‚neuen Menschen' auf Zustimmung angewiesen war – ein tatsächliches Eindringen in die privaten Wohnungen der ‚Volksgenossen' hätte diese Zustimmung aber aufs Spiel gesetzt, so dass sich Zugriffsmöglichkeiten nur in abgesteckten Grenzen ergaben und von der „Selbstpolitisierung" der Menschen abhingen.[36] Unter den politischen Vorzeichen des Nationalsozialismus hätten viele Deutsche Einfluss auf die Gestaltung des Privaten genommen, indem sie „‚Politik' zur Grundlage eines selbstbestimmten Lebens machten".[37] Steuwer hält also ebenfalls an der Politisierungsthese fest, differenziert dabei aber, indem er erstens unterschiedliche Ausprägungen des Privaten berücksichtigt und zweitens Politisierung nicht mehr als asymmetrischen Prozess begreift, der einseitig vom Staat in die Bevölkerung verläuft.

Mit Blick auf die Nischenthese heben jüngere Forschungen stärker die politischen Rahmenbedingungen privaten Konsums und des Familienlebens hervor, so dass sie in der Folge nicht mehr als Herrschafts*lücken* oder Nischen verstanden werden können. In einer neueren Studie, die deutsche und sowjetische Diktaturen miteinander vergleicht, betont Stephan Merl, der Begriff ‚Nischengesellschaft' suggeriere, „der Einzelne sei hier vor dem Staat geschützt gewesen". Tatsächlich sei das Private „Teil der Diktatur und keineswegs ‚exterritorial'" gewesen. Auch konsumorientiertes Freizeitverhalten sei staatlich beobachtet worden und in seinen „Rahmenbedingungen [...] vom Regime bestimmt" worden.[38] Andreas Wirsching

---

[35] Thieler, Kerstin: ‚Volksgemeinschaft' unter Vorbehalt. Gesinnungskontrolle und politische Mobilisierung in der Herrschaftspraxis der NSDAP-Kreisleitung Göttingen (= Veröffentlichungen des Zeitgeschichtlichen Arbeitskreises Niedersachsen, Band 29), Göttingen 2014, S. 271.
[36] Vgl. Steuwer: „Ein Drittes Reich, wie ich es auffasse", S. 522–524.
[37] Ebd., S. 546.
[38] Vgl. Merl, Stephan: Politische Kommunikation in der Diktatur. Deutschland und die Sowjetunion im Vergleich (= Das Politische als Kommunikation, Band 9), Göttingen 2012, S. 140–143.

erklärt mit Hilfe der Unterscheidung von privater und öffentlicher Sphäre eine grundlegende Konfiguration des NS-Volksgemeinschaftskonzepts: „In other words, private normality could only be achieved by fighting in the public sphere, by combating the enemies of the nation, both internal and external. [...] This interaction between public propaganda and private pursuit of happiness lay at the root of what may be called the ‚success', the ‚reality', or just the ‚social practice', of the National Socialist *Volksgemeinschaft*."[39] Bei Wirsching erscheint das Private als ein Streben nach Normalität im Familien- und Berufsleben sowie im Konsumbereich, das sich das Regime nach entbehrungsreicher Zeit zur Erreichung seiner politischen Ziele dienstbar machen konnte. Insofern sei es letztlich politisch gewesen.[40]

Jüngere Studien kehren dorthin zurück, wo die Historiographie des Privaten im Nationalsozialismus angefangen hat – bei der Politisierungsthese. Neu sind allerdings die innerhalb dieses Deutungsmusters diagnostizierten Ausprägungen. Dennoch bleibt die Frage, ob sich das Private im Nationalsozialismus innerhalb der skizzierten Grundthesen erschöpfend darstellen lässt. Ich argumentiere dafür, dass weder die Nischen- noch die Politisierungsthese die Rolle und Bedeutung des Privaten ausschöpfend beschreiben. Eine Voraussetzung hierfür ist, dass das vorliegende Buch das Private als ein Deutungsmuster zur Interpretation gesellschaftlicher Wirklichkeit versteht und mit Hilfe historisch-semantischer Methoden untersucht. Die unterschiedlichen, zum Teil gegensätzlich erscheinenden Forschungsbefunde legen nahe, nicht das *eine* Privatleben zu betrachten, sondern die je nach Erfahrungsbereich unterschiedlich konstruierten Räume des Privaten in den Blick zu nehmen.

Historisierung – Historische Semantik – Begriffe als ‚Sinnstiftungsinstrumente'

Im vorliegenden Buch stellt der Begriff ‚Privatleben' keine analytische Untersuchungskategorie dar. Stattdessen soll er als Deutungsmuster und Sinnstiftungsinstrument in seiner Historizität ernst genommen werden. Dafür spricht nicht nur der obige Hinweis auf die problematische singuläre Semantik des Wortes, hinter dem sich vielfältige Erfahrungsräume verstecken. Weitere Punkte lassen sich anführen. So erfordert das Erkenntnisinteresse der Arbeit einen historisierenden Zugriff, da es um die Erforschung der Grenzziehungen *durch* die Zeitgenossen geht, wohingegen eine analytische Definition Gefahr liefe, die ihr impliziten Grenzziehungen zwischen Privatem und Nichtprivatem auf die historischen Akteure zu übertragen.

---

[39] Wirsching, Andreas: *Volksgemeinschaft* and the Illusion of ‚Normality' from the 1920s to the 1940s, in: Steber/Gotto (Hg.): Visions of Community in Nazi Germany, S. 149–156, hier S. 152.
[40] Vgl. ebd., S. 154.

Außerdem erweist sich ein analytisch definierter Bezugsrahmen aufgrund der Geschichte der Dichotomie privat/öffentlich als problematisch. Dass das Privatleben keine „Naturtatsache" darstellt, sondern eine „geschichtliche Wirklichkeit, die von den einzelnen Gesellschaften in unterschiedlicher Weise konstruiert wird", hat bereits Antoine Prost festgestellt.[41] Von soziologischer Seite hat Alex Demirović darauf hingewiesen, dass die Begriffe ‚privat' und ‚öffentlich' zu ungenau seien, „um deutlich abgrenzbare Sphären zu bezeichnen". Stattdessen seien sie als eine „symbolische Ordnung" aufzufassen, über die eine „spezifische Repräsentation des sozialen Raums organisiert" werde. Unter diesem Blickwinkel erweist sich das Begriffspaar als ein bürgerliches Instrument zur Herstellung gesellschaftlicher Hegemonie: „Das Bürgertum hat es bald nach seiner Entstehung verstanden, sich virtuos in diesem symbolischen Raum zu bewegen und gleichzeitig andere soziale Akteure auszugrenzen."[42]

Nicht nur terminologische Unschärfe erschwert also die Verwendung der Begriffe als analytisches Instrumentarium. Als Ausdruck klassenspezifischer Interessenlagen haftet der Dichotomie eine ideologische Imprägnierung an, die ihre wissenschaftliche Verwendung problematisch, zumindest jedoch besonders begründungsbedürftig erscheinen lässt. In diesen Problemzusammenhang gehört auch, dass sich mit der Einteilung des sozialen Raums in eine öffentliche und private Sphäre eine asymmetrische Verteilung gesellschaftlicher Partizipationschancen von Frauen und Männern verbindet. „Als gesellschaftspolitische Konstruktionen, die ganz wesentlich auch zur Ausgestaltung der Geschlechterverhältnisse dienten", bemerkte etwa Karin Hausen hierzu, hätten Privatheit und Öffentlichkeit „kaum einen Wert, um als analytische Instrumente für die Geschichte der Geschlechterbeziehungen zu dienen".[43]

---

[41] Prost, Antoine: Grenzen und Zonen des Privaten, in: ders./Gérard Vincent (Hg.): Geschichte des privaten Lebens. Vom Ersten Weltkrieg bis zur Gegenwart (Band 5), Frankfurt a. M. 1993, S. 15–151, hier S. 17. Aus diesem Grund wurde auch Orlando Figes' Werk über das Privatleben während des Stalinzeit kritisiert: „Privatheit, so Sandra Dahlke in ihrer Rezension des Buches, „wird implizit als natürliches menschliches Bedürfnis ausgegeben und nicht als historische Kategorie. Es erscheint in diesem Zusammenhang besonders merkwürdig, dass Figes gerade die Bauern als Bastion des Individualismus bezeichnet, die fest auf den Prinzipien des Privateigentums fußte." Dahlke, Sandra: Rezension zu: Figes, Orlando: Die Flüsterer. Leben in Stalins Russland, Berlin 2008, in: H-Soz-u-Kult, 20. 10. 2009, http://hsozkult.geschichte.hu-berlin.de/rezensionen/2009-4-064, Zugriff am 14. 10. 2014.

[42] Demirović, Alex: Hegemonie und das Paradox von Privat und Öffentlich, in: Mario Candeias/Rainer Rilling/Katharina Weise (Hg.): Krise der Privatisierung – Rückkehr des Öffentlichen (= Rosa Luxemburg Stiftung, Texte, Band 53), Berlin 2009, S. 143–156, hier S. 145. Siehe hierzu auch Nassehi, Armin: „Zutritt verboten!" Über die Formierung privater Räume und die Politik des Unpolitischen, in: Siegfried Lamnek/Marie-Theres Tinnefeld (Hg.): Privatheit, Garten und politische Kultur. Von kommunikativen Zwischenräumen, Opladen 2003, S. 26–39; Bailey, Joe: From Public to Private. The Development of the Concept of the „Private", in: Social Research 69 (2002), S. 15–31.

[43] Hausen, Karin: Öffentlichkeit und Privatheit. Gesellschaftspolitische Konstruktionen und die Geschichte der Geschlechterbeziehungen, in: Journal für Geschichte 1989, Heft 1, S. 16–25, hier S. 25. Für einen Überblick über Probleme und Ergebnisse geschlechtergeschichtlicher Untersuchungen des Privaten siehe Opitz, Claudia: Um-Ordnungen der Geschlechter. Einfüh-

Aus den angeführten Gründen empfiehlt es sich, auf ein Untersuchungsmodell zurückzugreifen, das in der Lage ist, die je unterschiedlich ausgeprägten historischen Konstellationen von Privatem und Öffentlichem in den Fokus zu rücken, ohne dabei den Untersuchungsgegenstand durch eine analytische Definition vorab festzulegen und dabei womöglich noch historisch eingeschliffene hierarchische Denkmuster zu perpetuieren.

Die verschiedenen Ausrichtungen der Historischen Semantik – von den klassischen begriffshistorischen Untersuchungen über Metaphern- und Diskursanalyse bis hin zu sprachpragmatisch orientierten Ansätzen – bieten für diese Aufgabe ein geeignetes methodisches Instrumentarium. Der gemeinsame Nenner dieser Forschungsrichtungen liegt darin, dass sie auf unterschiedlichen Analyseebenen (Wort, Satz, Diskurs etc.) nach den sprachlichen Gestaltungsformen historischer Wirklichkeit fahnden. Eine Begriffsgeschichte im Anschluss an Reinhart Koselleck etwa, unterstrich Hans Erich Bödeker, ziele „auf die Analyse der Repräsentation eines spezifischen historischen gesellschaftlichen Wissens in seiner Entstehung, seinen Konstitutionsbedingungen, einschließlich seiner Aneignungsformen". Und weiter: „Sie erforscht die Begriffe bzw. Begriffsnetze als ein kompliziertes Wechselspiel von Tradition, zeitgenössischen Deutungsmustern und Denktraditionen sowie ihrer Polemiken."[44] Auf dieser Folie lassen sich die Schwierigkeiten, denen ein analytischer Zugriff auf die Quellen unterliegt, positiv in ein Forschungsinteresse wenden. Das Deutungsmuster privat/öffentlich in seinen Wechselwirkungen zu anderen sprachlichen Vehikeln der Wirklichkeitsaneignung sowie die damit verbundenen sozialen Auswirkungen in Form asymmetrisch verteilter gesellschaftlicher Partizipationschancen zu untersuchen, wird auf diese Weise zu einem mit den Mitteln der Historischen Semantik zu bearbeitendem Forschungsfeld.

Zudem lässt sich auf dem theoretischen Fundament einer sozialhistorischen Semantik, wie sie vor allem von Rolf Reichardt für das *Handbuch politisch-sozialer Grundbegriffe in Frankreich* entwickelt wurde, der semantische und sprachpragmatische Status von Begriffen ausdifferenzieren. Unter Rückgriff auf die Wissenssoziologie nach Schütz, Luckmann und Berger sowie aufbauend auf Überlegungen Hans-Ulrich Gumbrechts konzipierte Reichardt ein Modell der Historischen Semantik, das primär auf den sozialen Charakter von Sprache gemünzt ist. Sprache fasste er zu diesem Zweck als ein Medium auf, in dem die Mitglieder einer Gesellschaft „gemeinsame Erlebnisse und abgelagerte Erfahrungen [...] in gleicher Art zu je epochen- und gesellschaftsspezifischen Schemata, zu Erwartungs- und Verhaltensdispositionen, zu Sinngebilden" typisieren.[45] Solche Typen, von Gum-

---

rung in die Geschlechtergeschichte (= Historische Einführungen, Band 10), Tübingen 2005, S. 157–187.

[44] Bödeker, Hans E.: Begriffsgeschichte als Theoriegeschichte – Theoriegeschichte als Begriffsgeschichte. Ein Versuch, in: Rita Casale/Daniel Tröhler/Jürgen Oelkers (Hg.): Methoden und Kontexte. Historiographische Probleme der Bildungsforschung, Göttingen 2006, S. 91–119, hier S. 111.

[45] Vgl. Reichardt, Rolf: Einleitung, in: ders./Eberhard Schmitt (Hg.): Handbuch politisch-sozialer Grundbegriffe in Frankreich 1680–1820, Heft 1/2, München 1985, S. 39–148, hier S. 65.

brecht mit dem linguistischen Konzept von Bedeutung gleichgesetzt,[46] statten im sprachlichen Gewand von Begriffen wie ‚Privatleben' oder ‚Politik' Einzelerlebnisse mit Sinn aus, indem sie sie in einen übergreifenden Zusammenhang, in eine „in vorangegangenen Erfahrungen sedimentierte, einheitliche Bestimmungsrelation" einbetten.[47] Kurz formuliert: Typen verarbeiten Erfahrungen sinngebend mittels Sprache. Zu diesem Sinnbildungsprozess gehört nicht zuletzt auch, dass er im Ergebnis Handlungspotenziale erschließt und sich seine soziale Relevanz somit noch einmal steigert.[48] Entscheidend ist in diesem Zusammenhang jedoch insbesondere die Geschichtlichkeit von Typen, das heißt ihre prinzipielle Veränderbarkeit in historischen Situationen, etwa in gesellschaftlichen Krisensituationen. Wenn aktuelle Erfahrungen nicht länger sinnvoll unter einem Typ subsumiert werden können, so dass es zu einem erschwerten Sinnbildungsprozess kommt, in dessen Folge die Bewältigung einer Krise gefährdet ist, dann stoßen die entsprechenden Typen überflüssige Elemente ab und nehmen neue auf.[49]

Diese Überlegungen widerlegen die Kritik von Peter von Moos an begriffshistorischen Klärungsversuchen des Privaten.[50] Von Moos plädiert für eine idealtypische Definition des Privaten. Als Analyseinstrument historischer Quellen beinhaltet solch eine Definition jedoch eine Vorauswahl der zu interpretierenden Belegstellen. Weiterhin konstatiert von Moos eine „‚Erfahrungsferne'" der Dichotomie privat/öffentlich, die dem Begriffspaar seine Langlebigkeit ermöglicht habe.[51] Dem ist entgegenzuhalten, dass gerade die Eigenschaften der Polysemie und Abstraktheit es ermöglichen, dieses Begriffspaar immer wieder auf konkrete, individuelle Erfahrungen zu beziehen bzw. diese damit auszudeuten.

Die wissenssoziologisch fundierte Auffassung von Begriffen als Sinnstiftungsinstrumente bietet zudem einen theoretischen Rahmen, innerhalb dessen sowohl

---

[46] Siehe Gumbrecht, Hans U.: Für eine phänomenologische Fundierung der sozialhistorischen Begriffsgeschichte, in: Reinhart Koselleck (Hg.): Historische Semantik und Begriffsgeschichte (= Sprache und Geschiche, Band 1), Stuttgart 1978, S. 75–101, hier S. 78 f. Auch Schütz und Luckmann betonen, dass jeder Typ „durch sprachliche Objektivierung einen ‚Stellenwert' in der semantischen Gliederung der Sprache" findet. Vgl. Schütz, Alfred/Luckmann, Thomas: Strukturen der Lebenswelt, Konstanz 2003, S. 319.

[47] Vgl. ebd., S. 314.

[48] Dazu bemerkt etwa Joe Bailey: „The dimensions we need to refer to in order to discuss the private/public distinction [...] are important signifiers of social experience. They are a language we use to make sense of a distinction, a relationship, and a balance between control and independence. There is evidence that the public and the private are intertwined in this way even in daily practice." Bailey: From Public to Private, S. 29.

[49] Vgl. Reichardt: Einleitung, S. 66.

[50] Siehe Moos, Peter von: Die Begriffe „öffentlich" und „privat" in der Geschichte und bei Historikern, in: Saeculum 49 (1998), S. 161–192. Versuche, die Dichotomie privat/öffentlich auf wesentliche Kernelemente zu reduzieren, finden sich außerdem bei: Weintraub, Jeff: The Theory and Politics of the Public/Private Distinction, in: ders./Krishan Kumar (Hg.): Public and Private in Thought and Practice. Perspectives on a Grand Dichotomy, Chicago/London 1997, S. 1–42; Benn, Stanley I./Gaus, Gerald F.: The Public and the Private. Concepts and Action, in: dies. (Hg.): Public and Private in Social Life, London/Canberra/New York 1983, S. 3–27.

[51] Vgl. Moos: Die Begriffe „öffentlich" und „privat", S. 161.

das Thema des vorliegenden Buches – Deutungen der NS-Zeit mittels Begriffen des Privaten – als auch dessen medialer Ort in Form autobiographischer Erinnerungstexte produktiv eingefasst werden können. Denn zum einen gehörte die Mehrzahl der behandelten Autobiographinnen und Autobiographen zur Gruppe der aufgrund ihrer jüdischen Herkunft verfolgten Deutschen. Als solche waren sie einer Vielzahl von Ausgrenzungs-, Kontroll- und Verfolgungserlebnissen ausgesetzt, die bestehende Muster der Wirklichkeitsdeutung wie ‚Recht' oder ‚Nationalität', aber eben auch die Dichotomie privat/öffentlich, in Frage stellten. Zum anderen stellen gerade Autobiographien dieser Zeit um 1939/40 den Versuch dar, inmitten der sich ausweitenden politischen Krise und kurz vor den beginnenden Deportationen der Juden, die eigene Gegenwart mittels einer Reflexion der unmittelbaren biographischen Vergangenheit zu erhellen.[52] So lässt sich die Fragestellung der Studie wissenssoziologisch rückbinden: Waren die sprachlichen Objektivationen der Dichotomie privat/öffentlich überhaupt noch geeignet, die Ausgrenzungs- und Verfolgungserfahrungen sinnhaft zu verarbeiten? In welchen Bereichen stießen sie womöglich auf ihre Grenzen und in welchen erwiesen sie sich als produktiv in der Deutung der eigenen Gegenwart und Vergangenheit?

3. Historische Semantik und Autobiographieforschung

Zum Quellenwert autobiographischer Dokumente

Lange Zeit, so stellt Dagmar Günther in einem Aufsatz zum Quellenwert autobiographischer Dokumente fest, habe sich die Praxis der historischen Autobiographieforschung aus der Auffassung gespeist, dass sich mit diesen Quellen die Bedeutung des Individuums oder eines Kollektivs in der Geschichte besonders gut aufspüren ließe.[53] Begleitet wurde diese Praxis jedoch kontinuierlich von Zweifeln an der Brauchbarkeit autobiographischer Quellen:[54] In der rückblickenden Deutung des eigenen Lebens würde versucht, die eigenen Handlungen zu rechtfertigen

---

[52] Siehe dazu das Kapitel III.2.
[53] Vgl. Günther, Dagmar: „And now for something completely different". Prolegomena zur Autobiographie als Quelle der Geschichtswissenschaft, in: Historische Zeitschrift 272 (2001), S. 25–61, hier S. 27; Heuser, Magdalene: Einleitung, in: dies. (Hg.): Autobiographien von Frauen. Beiträge zu ihrer Geschichte, Tübingen 1996, S. 1–12, hier S. 1. Im Zuge einer Neubeurteilung des Quellenwertes analysierten einige Studien den bisherigen historiographischen Umgang mit Autobiographien gründlich. Neben dem oben angegebenen Titel von Günther siehe auch Depkat, Volker: Autobiographie und die soziale Konstruktion von Wirklichkeit, in: Geschichte und Gesellschaft 29 (2003), S. 441–476.
[54] Vgl. Engelbrecht, Jörg: Autobiographien, Memoiren, in: Bernd-A. Rusinek/Volker Ackermann/Jörg Engelbrecht (Hg.): Einführung in die Interpretation historischer Quellen. Schwerpunkt: Neuzeit, Paderborn u. a. 1992, S. 61–79, hier S. 61–63; Brandt, Ahasver von: Werkzeug des Historikers. Eine Einführung in die Historischen Hilfswissenschaften, Stuttgart 2003, S. 61–64; Opgenoorth, Ernst/Schulz, Günther: Einführung in das Studium der neueren Geschichte, Paderborn u. a. 2001, S. 52 f.

und in einem möglichst positivem Licht darzustellen. In abgeschwächter Form mag man den Verfasserinnen und Verfassern autobiographischer Texte zwar nicht eine intendierte ‚Geschichtsklitterung' unterstellen, verweist aber auf die Problematik der Subjektivität und Einseitigkeit der Berichterstattung, die sich nicht zuletzt einer selektiven Erinnerungspraxis verdanke.[55] Insgesamt scheint jedoch festzustehen: Als „objektive Zeugnisse über die Vergangenheit" lassen sich Autobiographien und Memoiren nicht lesen.[56]

Die Kontroverse besteht also in den unterschiedlichen Beurteilungen des Quellenwerts. Während man einerseits auf autobiographische Dokumente nicht verzichten möchte und ihnen einen faktischen Aussagewert zuspricht, verweist man andererseits auf epistemische Einschränkungen bei der Gewinnung zuverlässiger Informationen über die ‚historische Wirklichkeit'. Beide Positionen haben gemeinsam, dass sie Autobiographien primär danach beurteilen, ob sie etwas über die Wirklichkeit jenseits des Textes berichten können oder nicht. Quellensystematisch dem Bereich der Tradition und damit der absichtlichen Überlieferung zugewiesen, werden sie demnach genutzt, um ‚Fakten' zu sammeln oder zu prüfen. Dabei kann es sich ebenso um Mentalitäten[57] wie um sozial-[58] oder politikgeschichtlich[59] verwertbare Daten handeln.

Eine neuere Form der Auseinandersetzung mit Autobiographien, die maßgeblich von Dagmar Günther und Volker Depkat angestoßen wurde, rückt anstelle der außertextuellen Dimension den Text selbst in den Mittelpunkt der Analyse. In dem Schlagwort der ‚Textualität' findet dieser Ansatz seinen prägnanten Ausdruck. Doch welche Inhalte verstecken sich hinter dem Begriff der Textualität und welchen geschichtswissenschaftlichen Nutzen verspricht dieser Ansatz, der doch in erster Linie literaturwissenschaftliche Erkenntnisinteressen zu bedienen scheint? Folgt man den bisherigen Konkretisierungsversuchen von historiographischer Seite, dann steht zunächst mit dem Merkmal der retrospektiven Erzählweise die temporale Struktur von Autobiographien im Vordergrund – ausgerechnet jene Eigenschaft also, die diese Textsorte quellenkritisch in Verruf brachte. Durch die Brille des ‚textuellen Paradigmas' betrachtet, besteht der historiographische Mehrwert von Autobiographien jedoch gerade in ihrer Eigenschaft, vergangenes Geschehen von einem zeitlichen ‚Fixpunkt' aus zu erzählen. So konstatiert die Histo-

---

[55] Vgl. etwa Bernheim, Ernst: Lehrbuch der historischen Methode und der Geschichtsphilosophie, Leipzig 1908, S. 493 f. Laut Bourdieu macht die autobiographische Erzählung den Erzähler zum Ideologen seines eigenen Lebens. Siehe Bourdieu, Pierre: Die biographische Illusion, in: BIOS 3 (1990), S. 75–81.
[56] Vgl. Engelbrecht: Autobiographien, S. 61.
[57] So etwa bei Schulze: Ego-Dokumente, S. 11–30.
[58] Siehe Fischer, Wolfram: Arbeitermemoiren als Quellen für Geschichte und Volkskunde der Wirtschaft und Gesellschaft im Zeitalter der Industrialisierung, in: ders.: Wirtschaft und Gesellschaft im Zeitalter der Industrialisierung. Aufsätze, Studien, Vorträge, Göttingen 1972, S. 214–223; Redlich, Fritz: Autobiographies as Sources for Social History. A Research Program, in: Vierteljahrschrift für Sozial- und Wirtschaftsgeschichte 62 (1975), S. 380–390.
[59] Siehe Bernheim: Lehrbuch der historischen Methode, S. 371.

rikerin Dagmar Günther, dass „der Quellenwert von Lebenserinnerungen als retrospektiver Selbstentwurf [...] ja nicht in der Antwort auf die Frage ‚wie ist es damals [...] tatsächlich gewesen' [liegt], sondern in der Antwort auf die Frage ‚wie werden diese Ereignisse im Blick zurück erinnert'?"[60] Und auch für Volker Depkat ist es diese temporale Struktur, die „fortlaufende[...] Gegenüberstellung von *Einst* und *Jetzt*", die den Kern autobiographischer Erzählungen ausmacht und sie für Historiker interessant werden lässt.[61] Im Unterschied zu Günther erkennt Depkat allerdings durchaus an, dass Autobiographien, weil sie die „Transformation von subjektiven Sinnwelten" dokumentierten,[62] auch Informationen über die in ihnen eingeflochtenen unterschiedlichen Zeitschichten enthalten.

Neben dem Merkmal der temporalen Struktur hebt Depkat zudem die „produktive Kraft" autobiographischer Zeugnisse hervor. Inspiriert von den Erkenntnissen der neueren Wissenssoziologie, wonach Gesellschaft immer auch ein auf subjektive Deutung basierendes Konstrukt der einzelnen Mitglieder darstellt,[63] ließen sich auch Autobiographien unter konstruktivistischen Vorzeichen als Versuche lesen, Deutungsmuster über die Gesellschaft oder das Selbst nicht nur zu reproduzieren, sondern gleichsam im Akt des Schreibens herzustellen. Autobiographien werden laut Depkat damit nicht allein zum Spiegel „soziale[r] Realitäten und historische[r] Erfahrungen, sondern die autobiographische Selbstauslegung bringt diese in einem Akt der Deutung immer auch erst wieder hervor".[64] Ein textueller Untersuchungsansatz berücksichtigt daher nicht nur inhärente Strukturmerkmale autobiographischer Quellen, sondern zielt ebenso auf deren Historizität: Autobiographische Texte sind immer in historische Situationen eingebettet, „auf die sie reagieren, die sie hervorbringen und in denen sie als kommunikative Akte funktionieren".[65]

Entstehungskontext und Adressatenbezug, diskursive und sozialgeschichtliche Konstellationen zum Zeitpunkt der Niederschrift sind folglich ebenso von Belang bei der Interpretation autobiographischer Dokumente. Text und außertextuelle Dimension sollen keineswegs gegeneinander ausgespielt werden, sondern in ih-

---

[60] Günther: „And now for something completely different", S. 54.
[61] Depkat: Autobiographie und die soziale Konstruktion von Wirklichkeit, S. 453 (Hervorheb. i. O.). Siehe außerdem Jureit, Ulrike: Authentische und konstruierte Erinnerung – Methodische Überlegungen zu biographischen Sinnkonstruktionen, in: Werkstatt Geschichte 18 (1997), S. 91–101; Heinritz, Charlotte: Autobiographien als Medien lebensgeschichtlicher Erinnerungen. Zentrale Lebensthemen und autobiographische Schreibformen in Frauenautobiographien um 1900, in: BIOS 21 (2008), S. 114–123.
[62] Vgl. Depkat: Autobiographie und die soziale Konstruktion von Wirklichkeit, S. 458.
[63] Vgl. Berger, Peter L./Luckmann, Thomas: Die Gesellschaftliche Konstruktion der Wirklichkeit. Eine Theorie der Wissenssoziologie, Frankfurt a. M. 2007, S. 20.
[64] Vgl. Depkat: Autobiographie und die soziale Konstruktion von Wirklichkeit, S. 452. Siehe auch Carlson, David: Autobiography, in: Miriam Dobson/Benjamin Ziemann (Hg.): Reading Primary Sources. The Interpretation of Texts from Nineteenth- and Twentieth-Century History, London/New York 2009, S. 175–191, der die Eingebundenheit von Autobiographien in die jeweiligen zeitgenössischen Diskurse des ‚Selbst' betont.
[65] Vgl. Depkat: Autobiographie und die soziale Konstruktion von Wirklichkeit, S. 454.

rem Verhältnis zueinander überdacht werden.⁶⁶ Auch Literaturwissenschaftler behandeln Textualität und Referentialität nicht zwangsläufig als unvereinbare Gegensätze. So argumentiert etwa Almut Finck, beide Konzepte stünden deshalb nicht in einem unauflösbaren Widerspruch zueinander, weil der Bezug auf eine außertextuelle Lebenswelt immer auch an deren Formierung mitwirke.⁶⁷

Neben der retrospektiven Erzählweise sowie der produktiven Kraft lässt sich ein drittes Merkmal – die Einheit des Textes – benennen. Mit dem Textualitätsanspruch rückt die einzelne Autobiographie als ein „Sinnganzes" in den Mittelpunkt der Analyse. Sie bildet laut Depkat einen Zusammenhang, geschaffen durch eine Person, die ihre vielfältigen Erfahrungen mittels der „Kategorie der Bedeutung" auswählt und in einer abgeschlossenen Erzählung wiedergibt.⁶⁸ Einzelne Passagen stehen somit in einem textinternen Koordinatensystem – ihre Bedeutung ergibt sich aus der Stellung im Gesamttext und muss daher stets kontextuell rekonstruiert werden. Ein selektiver Umgang mit autobiographischen Quellen ist daher mit ernsthaften Problemen konfrontiert. Denn wenn der hermeneutische Status einzelner Textstellen durch ein wechselseitiges Abhängigkeitsverhältnis zum übrigen Text definiert wird, dann droht eine oberflächliche, entkontextualisierte Verwendung einzelner Passagen in Fehlinterpretationen zu münden.⁶⁹

Aus diesen Überlegungen folgt nicht zwangsweise, dass ein außertextueller Umgang mit Autobiographien zu unterbleiben hätte. Zum Ersten kann der Wert dieser Fakten je nach überliefertem Quellenbestand sehr hoch sein, wie es etwa in der Vormoderne der Fall ist. Zum Zweiten lässt sich die Gefahr der Fehlinterpretationen wohl auch durch ein großes Quellenkorpus verkleinern. Ein faktenorientierter Umgang mit Autobiographien sollte jedoch die Überlegungen von Depkat und Günther in quellenkritischer Hinsicht berücksichtigen.

Zwar hat sich die Historische Semantik inzwischen der Kritik an der älteren begriffsgeschichtlichen Forschung – sie habe sich zu einseitig auf ‚Höhenkamm-Literatur' gestützt und deren Bedeutung für den gesellschaftlichen Sprachgebrauch überschätzt –⁷⁰ angenommen. Auch wächst die Zahl der Studien, die im

---

⁶⁶ Vgl. Depkat, Volker: Lebenswenden und Zeitenwenden. Deutsche Politiker und die Erfahrungen des 20. Jahrhunderts (= Ordnungssysteme. Studien zur Ideengeschichte der Neuzeit, Band 18), München 2007 (zugl. Habil.-Schr. Univ. Greifswald 2003), S. 23 (Anm. 55).
⁶⁷ Vgl. Finck, Almut: Autobiographisches Schreiben nach dem Ende der Autobiographie (= Geschlechterdifferenz und Literatur, Band 9), Berlin 1999 (zugl. Diss. Univ. Konstanz 1998), S. 13. „Textualität", heißt es an anderer Stelle, „[...] leugnet nicht die Verbindung zur Welt, sie stellt sie her.", ebd., S. 15. Siehe außerdem ebd., S. 37–56, und Herzberg, Julia: Autobiographik als historische Quelle in ‚Ost' und ‚West', in: Julia Herzberg/Christoph Schmidt (Hg.): Vom Wir zum Ich. Individuum und Autobiographik im Zarenreich, Köln 2007, S. 15–62, hier S. 28. Grundlegende Überlegungen zu einem umfassenden Textualitätsbegriff stammen von Vertretern des *New Historicism*. Siehe dazu Harold A. Veeser (Hg.): The New Historicism, New York/London 1989.
⁶⁸ Vgl. Depkat: Lebenswenden und Zeitenwenden, S. 25.
⁶⁹ Beispiele hierfür nennt Günther: „And now for something completely different", S. 38–45.
⁷⁰ Vgl. Reichardt: Einleitung, S. 63; Landwehr, Achim: Geschichte des Sagbaren. Einführung in die historische Diskursanalyse (= Historische Einführungen, Band 8), Tübingen 2001, S. 32.

Rahmen dieser Neuausrichtung auf Ego-Dokumente zurückgreifen.[71] Allerdings fehlt es aus historisch-semantischer Perspektive noch an Theoretisierungsversuchen, die auf eine produktive Umsetzung und Operationalisierung autobiographiespezifischer Textmerkmale abzielen. Welches Potenzial und welche Einschränkungen Autobiographien für die Historische Semantik mit sich bringen, bilden also noch offene Fragen. An dieser Stelle hält die neuere historische Autobiographieforschung einen Orientierungsrahmen bereit, der durch die Eigenschaften der Retrospektivität, Produktivität sowie der Einheit des Textes strukturiert wird. Dabei soll es nicht darum gehen, dem außertextuellen Erkenntniswert autobiographischer Quellen jegliche Berechtigung abzusprechen. Vielmehr helfen die erwähnten textuellen Eigenschaften dabei, den Status semantischer Befunde sowie mögliche methodische Herangehensweisen zu bestimmen.

Die temporale Struktur autobiographischer Texte: Retrospektivität

Das Merkmal der Retrospektivität gliedert die temporale Struktur autobiographischer Dokumente in zwei Zeitebenen. Auf der einen Seite befindet sich die Ebene des berichteten Geschehens, das sich aus der Perspektive des Erzählers zu einem Großteil in der Vergangenheit lokalisieren lässt. Ausführungen zur Gegenwart oder sogar zur Zukunft nehmen in Lebensgeschichten demgegenüber eine quantitative Randposition ein. Inhaltliche Eckpunkte des Erzählens bilden aufeinander folgende Geschehnisse, die sich hauptsächlich auf eine vergangene, eine *erzählte Zeit* beziehen. Davon zu unterscheiden ist auf der anderen Seite der zeitliche Standort des Erzählers einer Lebensgeschichte. Da Autor und Erzähler autobiographischer Berichte identisch sind, liegt dieser Standort in der Regel in der Schreibgegenwart des Autors.[72] Diese Zeitebene wird im Folgenden mit dem Begriff der

---

[71] Siehe etwa Linke, Angelika: Sprachkultur und Bürgertum. Zur Mentalitätsgeschichte des 19. Jahrhunderts, Stuttgart 1996; Meier, Ulrich/Papenheim, Martin/Steinmetz, Willibald: Semantiken des Politischen. Vom Mittelalter bis ins 20. Jahrhundert (= Das Politische als Kommunikation, Band 8), Göttingen 2012, S. 115–120; Steinmetz, Willibald: New Perspectives on the Study of Language and Power in the Short Twentieth Century, in: ders. (Hg.): Political Languages in the Age of Extremes, Oxford 2011, S. 3–51, hier S. 14, 20–25; Richter, Isabel: Faced with Death. Gestapo Interrogations and Clemency Pleas in High Treason Trials by the National Socialist Volksgerichtshof, in: Willibald Steinmetz (Hg.): Political Languages in the Age of Extremes, Oxford 2011, S. 151–168; Kämper, Heidrun: Telling the Truth. Counter-Discourses in Diaries under Totalitarian Regimes (Nazi Germany and Early GDR), in: Willibald Steinmetz (Hg.): Political Languages in the Age of Extremes, Oxford 2011, S. 215–241; Schröder, Dominique: Semantics of the Self. Preservation and Construction of Identity in Concentration Camp Diaries, in: InterDisciplines 2 (2010), S. 123–144; Meyer, Christian: „...nichts war mehr Privatangelegenheit": Zur Semantik von Politisierungsprozessen in autobiographischen Berichten aus der Zeit des Nationalsozialismus, in: Willibald Steinmetz (Hg.): „Politik". Situationen eines Wortgebrauchs im Europa der Neuzeit (= Historische Politikforschung, Band 14), Frankfurt a. M. 2007, S. 395–416.
[72] Vgl. dazu Philippe Lejeune, der die Namensidentität zwischen Autor, Erzähler und Hauptfigur als Grundvoraussetzung des autobiographischen Paktes formuliert, dessen Zustandekommen von der Bestätigung dieser Identitätsrelation im Text abhängt: Lejeune, Philippe: Der autogra-

Erzählzeit[73] benannt. Sie bildet den zentralen Punkt, von dem aus die eigene Lebensgeschichte geschrieben wird. Auswahl und Darstellung von Ereignissen, Handlungen oder einstigen Erwartungen geschehen stets vor dem Hintergrund eines Wissens, das den Ausgang dieser Ereignisse, die Konsequenzen der Handlungen und die Enttäuschung oder Realisierung der einstigen Erwartungen umfasst. Eine analytische Unterscheidung von Erzählzeit und erzählter Zeit ist also durchaus notwendig und sinnvoll – vor allem dann, wenn zwischen der Schreibgegenwart und den berichteten Ereignissen ein langer Zeitraum liegt.

Welche Konsequenzen und Chancen ergeben sich nun auf der Grundlage dieser zeitlichen Struktur autobiographischer Quellen für historisch-semantische Untersuchungsansätze? Es liegt auf der Hand, dass sich semantische Befunde in der Regel nur der Erzählzeit, also dem Zeitpunkt der Niederschrift, zurechnen lassen. Als in „vorangegangen Erfahrungen sedimentierte, einheitliche Bestimmungsrelation"[74] weisen die wissenssoziologischen Typen bzw. Semantiken jedoch selbst eine Geschichtlichkeit auf, hinter die die Sprache der Erzählzeit nicht zurückfallen kann. Soziale Strukturen, Erfahrungen und Diskurse der erzählten Vergangenheit prägen die Schreiberinnen und Schreiber bei der Niederschrift ihrer Erinnerungen. Auf semantischer Ebene überschneiden sich zumindest die unmittelbare erzählte Vergangenheit und die Erzählzeit. Für historisch-semantische Arbeiten spielt daher der Zeitpunkt der Niederschrift eine entscheidende Rolle: Das Untersuchungsinteresse sollte vor allem dem Sprachgebrauch der näheren erzählten Vergangenheit bzw. der Erzählzeit gelten. Daraus ergibt sich auch die Forderung, dass die zu untersuchenden Quellen in etwa zur selben Zeit entstanden sein müssen, damit die semantischen Befunde auf ähnliche Bedingungen zurückzuführen sind.[75] Eine weitere wichtige Konsequenz besteht darin, dass die vorgefundenen Semantiken durchaus Informationen über außertextuelle Sprachgebräuche enthalten, die mit der gebotenen quellenkritischen Vorsicht rekonstruiert werden können.

Die aus den einzelnen Quellen gewonnenen Erkenntnisse beziehen sich auf eine synchrone Aussageebene, die ihrerseits jedoch ausdifferenziert werden kann, sobald sich der Fokus von der Erzählzeit zur erzählten Zeit verschiebt. Genauer betrachtet, besteht die erzählte Zeit in den meisten Autobiographien nicht aus einem

---

phische Pakt, in: Günter Niggl (Hg.): Die Autobiographie. Zu Form und Geschichte einer literarischen Gattung (= Wege der Forschung, Band 565), Darmstadt 1989, S. 214–257, hier S. 231.

[73] In der Erzähltheorie wird hingegen unter der Erzählzeit die Dauer verstanden, welche die Darstellung der Erzählung einnimmt und in Seitenzahlen gemessen wird. Siehe Martínez, Matías/Scheffel, Michael: Einführung in die Erzähltheorie, München 2009, S. 31.

[74] Schütz/Luckmann: Strukturen der Lebenswelt, S. 314.

[75] Von dieser Regel gibt es sicherlich auch Ausnahmen, etwa wenn ein diachroner Vergleich angestrebt wird. So ließen sich beispielsweise die sprachlichen Verarbeitungsstrategien des Holocausts in Autobiographien der 1960er und der 1990er Jahre untersuchen. In diesem Fall würden vermutlich gerade die unterschiedlichen Bedingungen zum Zeitpunkt der Niederschrift im Untersuchungsinteresse stehen.

in sich geschlossenen Zeitraum. Mit Erinnerungen an die eigene Kindheit beginnend – häufig auch die eigene Lebenszeit durch Ausflüge in die Familiengeschichte transzendierend – durchläuft die Erzählung mehrere Zeitschichten, bis sie schließlich beim erinnernden Subjekt angelangt ist. Bei der (Re-)Konstruktion des eigenen Lebens erschaffen die Autobiographinnen und Autobiographen nicht *eine* erzählte Zeit, sondern mehrere erzählte *Zeiten*, indem sie biographische Entwicklungsstadien aufzeigen, politische Zäsuren setzen und auf den eigenen Lebenslauf beziehen. Für die semantische Analyse von Autobiographien bedeutet dies: Obgleich ihre Befunde auf einer synchronen Ebene angesiedelt sind, spielt es keine unerhebliche Rolle, welche Semantiken die Erzählerinnen und Erzähler abrufen, wenn sie von unterschiedlichen Zeiträumen berichten. Dem liegt die theoretische Prämisse zu Grunde, dass die verwendeten Semantiken sich in ihrer spezifischen Ausformung und ihrem Gebrauchswert verändern können, sobald sie in unterschiedlichen erzählten Zeitabschnitten auftreten. Bedeutungszuschreibungen und Verwendungsweisen verändern sich im Hinblick auf die Erzählung unterschiedlicher biographischer Erlebnisse, politischer Ereignisse und gesellschaftlicher Prozesse.

Wenn davon ausgegangen werden kann, dass grundsätzlich in autobiographischen Dokumenten Informationen über verschiedene Zeitebenen eingeflochten sind, dann ergibt sich laut Depkat daraus die Möglichkeit, Erkenntnisse über Art und Qualität des historischen Wandels zu gewinnen.[76] Autobiographinnen und Autobiographen thematisieren häufig die zeitlich voneinander getrennten „subjektiven Sinnwelten" ihres Vergangenheits-Ichs.[77] Hier ist zu fragen, ob diese Sinnwelten sich gleichen und stabil geblieben sind oder ob sich das Individuum von alten Sinnbezügen distanziert und ein Umorientierungsprozess stattgefunden hat. Von Interesse ist außerdem, ob eine Kluft zwischen einstiger Erwartung und nachfolgender Erfahrung in den Lebenserinnerungen erkennbar ist.

Mit den Begriffen ‚Erfahrung' und ‚Erwartung' rücken unweigerlich die von Reinhart Koselleck rekonstruierten Kategorien des Erfahrungsraums und Erwartungshorizonts in den Blickpunkt. Das bipolare, asymmetrische Begriffspaar ‚Erfahrung' und ‚Erwartung' enthält bei Koselleck eine doppelte Komponente. Zunächst bildet es die Bedingungen der Möglichkeit wirklicher Geschichte, indem es Vergangenheit und Zukunft ineinander verschränkt und damit „konkrete Handlungseinheiten im Vollzug sozialer oder politischer Bewegung"[78] leitet. Für den

---

[76] Vgl. Depkat: Autobiographie und die soziale Konstruktion von Wirklichkeit, S. 459.
[77] Vgl. ebd., S. 458. Der im Folgenden häufiger verwendete technische Begriff ‚Vergangenheits-Ich' soll solche Sprechakte kennzeichnen, in denen die Schreibenden Bezug auf ihr vergangenes Selbst nehmen. In Abgrenzung dazu steht das ‚Ich der Schreibgegenwart'. Die Unterscheidung ist notwendig, um die in den autobiographischen Schriften eingeflochtenen Zeitebenen nicht zu verwischen.
[78] Koselleck, Reinhart: ‚Erfahrungsraum' und ‚Erwartungshorizont' – zwei historische Kategorien, in: ders.: Vergangene Zukunft. Zur Semantik geschichtlicher Zeiten, Frankfurt a. M. 1989, S. 349–375, hier S. 353. Auch Depkat weist auf die Bedeutung der Koselleck'schen Kategorien ‚Erfahrung' und ‚Erwartung' für seine Untersuchung hin. Siehe Depkat: Lebenswenden und Zeitenwenden, S. 16.

Historiker, dessen Gegenwart sich auch im Spannungsfeld von Erwartung und Erfahrung bewegt, kann jedoch dieses Begriffspaar selbst zum Gegenstand seiner Untersuchung werden, wenn er die Geschichte systematisch auf vergangene Konstellationen von Erfahrung und Erwartung hin analysiert. Indem er diese bipolar gespannten Begriffe zum Objekt seiner Erkenntnis bei der Untersuchung vergangener Geschichten werden lässt, erfüllt sich die zweite Komponente von Erfahrung und Erwartung: die Bedingung der Erkenntnis von Geschichte.[79]

Ein spezifischer Wert autobiographischer Schriften liegt nun darin, dass die in ihnen enthaltenen Zeitebenen einen Zugriff auf die Koselleck'schen Kategorien ermöglichen, der nicht nur ihr Verhältnis zu einem bestimmten Zeitpunkt beleuchtet, sondern ebenso entlang der retrospektiven Zeitlinie spätere Erfahrungen mit früheren Erwartungen kontrastiert. Einbrüche eines einstigen Erwartungshorizontes, die ihrerseits einen bestehenden Erfahrungsraum erweitern, fließen häufig in die Sprache der Erzählzeit ein. Wie deutlich werden wird, ging die nationalsozialistische Verfolgungspolitik immer wieder über die von den Autobiographinnen und Autobiographen für möglich gehaltenen Veränderungen hinaus und strukturierte auf diese Weise vorhandene Erwartungshorizonte und Erfahrungsräume um. In den autobiographischen Schriften lassen sich die durch gesellschaftliche und politische Transformationen angestoßenen Verschiebungen in den Erwartungshorizonten und Erfahrungsräumen der Autorinnen und Autoren nachzeichnen, wenn sie in der Sprache der Schreibgegenwart konserviert sind.

Zusammenfassend erweist sich die Unterscheidung zwischen Erzählzeit und erzählter Zeit für sprachlich orientierte Untersuchungen als gewinnbringend: Sie bewahrt erstens vor einer interpretatorischen Überstrapazierung der semantischen Befunde in Richtung einer diachronen Aussageebene. Zweitens verortet sie den spezifischen Charakter von synchronen Befunden im autobiographischen Kontext, indem sie die Fragen nach der Zeitlichkeit der Privatsemantiken und ihre Rolle in der Konstruktion erzählter Zeiten aufwirft. Und drittens lässt sich mit Hilfe der Unterscheidung das Koselleck'sche Begriffspaar von Erwartungshorizont und Erfahrungsraum für die Analyse autobiographischer Schriften nutzbar machen.

Die Autobiographie als textliche Einheit

Die Forderung, Autobiographien als sinnganze Texteinheiten zu analysieren, trägt der Einsicht Rechnung, dass in ihnen eine Autorin oder ein Autor ihr bzw. sein eigenes Leben in einer abgeschlossenen Erzählung präsentiert. Dabei handelt es sich nicht lediglich um aneinandergereihte Ereignisse und Erlebnisse, vielmehr erzeugt die Art der Komposition von Erinnerungen eine Geschichte, die erzählt wird. Ereignisse folgen in einer Lebenserzählung häufig nicht einfach nur aufei-

---

[79] Vgl. Koselleck: ‚Erfahrungsraum' und ‚Erwartungshorizont', S. 353.

nander, sondern auseinander.[80] Folgt man Karlheinz Stierles Analyse der Struktur narrativer Texte, dann ist die Geschichte eine mittlere Instanz zwischen der Ebene eines noch sinnindifferenten Geschehens auf der einen Seite sowie der Ebene abstrakter Konzepte auf der anderen Seite. Letztere stiften den übergreifenden Bedeutungszusammenhang narrativer Texte, indem sie das Geschehen erfassen, ordnen, mit Sinn ausstatten und letztlich in eine Geschichte überführen.[81] Die Geschichte selbst lässt sich sodann als „Bewegung zwischen zwei Zeitpunkten" auffassen, „die bestimmt sind durch eine konzeptuelle Differenz". Die Interpretation dieser Differenz zwischen Anfangs- und Endpunkt, die Erklärung ihrer Auswirkungen und ihres Zustandekommens, bildet den Gegenstand der Geschichte.[82]

Stierle veranschaulicht seine Überlegungen zwar am Beispiel eines fiktionalen Erzähltextes, die von ihm herausgearbeiteten Strukturmerkmale finden sich jedoch auch in der nichtfiktionalen Erzählliteratur und nicht zuletzt in den autobiographischen Berichten dieses Buches wieder. Die konzeptionelle Differenz dieser Texte kreist um die politische Zäsur des Jahres 1933, die das bisherige Leben einem radikalen Wandel unterzog. Sie perspektiviert die Niederschrift der eigenen Biographie durchgängig, da sie nicht nur zur Erklärung des eigenen Lebenswegs nach der Machtübernahme herangezogen wird, sondern darüber hinaus auch den Blick auf den vorangegangenen Zeitraum steuert. Einzelne Passagen der Lebensgeschichten stehen folglich immer in einem größeren narrativen Rahmen, der ihnen einerseits Bedeutung verleiht, zu dessen Konstituierung sie jedoch andererseits selbst beitragen.

Welche Implikationen beinhaltet die Einheit des Textes nun für einen historisch-semantischen Zugriff auf Autobiographien? Zunächst erfordert sie eine konsequente textinterne Kontextualisierung einzelner Belegstellen. Bedeutungen von Wörtern hängen nicht allein von expliziten Definitionen oder Abgrenzungen zu anderen sprachlichen Zeichen des unmittelbaren Satzumfelds ab. Die Bedeutung des Privatvokabulars erschließt sich im autobiographischen Sinnzusammenhang zusätzlich über sein Vorkommen im Text. In welchen inhaltlichen Kontexten es innerhalb der autobiographischen Narration vorrangig Verwendung findet, muss daher in der semantischen Analyse berücksichtigt werden. Es macht zudem einen Unterschied, an welcher Stelle einer Autobiographie bestimmte Begriffe verwen-

---

[80] Vgl. mit Blick auf fiktionale Erzähltexte Martínez/Scheffel: Einführung in die Erzähltheorie, S. 109. Siehe außerdem Gergen, Kenneth J.: Erzählung, moralische Identität und historisches Bewußtsein. Eine sozialkonstruktionistische Darstellung, in: Jürgen Straub (Hg.): Erzählung, Identität und historisches Bewußtsein. Die psychologische Konstruktion von Zeit und Geschichte (= Erinnerung, Geschichte, Identität, Band 1), Frankfurt a. M. 1998, S. 170–202, hier S. 171–181.
[81] Vgl. Stierle, Karlheinz: Die Struktur narrativer Texte, in: Karl Wagner (Hg.): Moderne Erzähltheorie. Grundlagentexte von Henry James bis zur Gegenwart, Wien 2002, S. 293–319, hier S. 303, 309.
[82] Vgl. ebd., S. 303. Dabei konstituiere die Differenz von Anfangspunkt und Endpunkt der Geschichte ihre narrative Achse, auf der weitere Einheiten situiert seien. Diese stellten wiederum Untergeschichten dar, die prinzipiell selbst wieder Untergeschichten beinhalten könnten.

det wurden. So weichen Einleitung und Schlussteil häufig vom retrospektiv gerichteten Erzählmodus ab und teilen den Textadressaten stattdessen die eigenen Schreibmotive oder eine zusammenfassende Abschlussdeutung der Lebensgeschichte mit. An solchen Schlüsselstellen des Textes können die Autorinnen und Autoren einen Terminus – etwa ‚Privatleben' – zum Leitbegriff der nachfolgenden bzw. zurückliegenden Betrachtungen stilisieren.

Darüber hinaus konvergiert ein textuell orientierter Zugriff auf Autobiographien mit konzeptionellen Entwürfen einer Historischen Semantik, die an der Praxis älterer begriffsgeschichtlicher Untersuchungen vor allem die Fixierung auf Einzelwörter kritisieren.[83] Denn die textuelle Dimension der autobiographischen Sinneinheit legt einen Untersuchungsansatz nahe, der anstelle von Einzelwortstudien die Rekonstruktion semantischer Felder favorisiert.[84] Ein rein am Wortkörper von ‚privat' orientiertes Vorgehen würde Gefahr laufen, die textinternen semantischen Vernetzungen mit anderen Begriffen auszublenden, aus denen das Private hervorgeht. Wie im Kapitel IV deutlich werden wird, umfasste das zeitgenössische semantische Feld des Privaten nicht nur das Wort ‚privat' mit seinen unterschiedlichen lexikalischen Ausformungen. Es beinhaltete darüber hinaus Gegenbegriffe wie ‚politisch' und ‚öffentlich', Metaphoriken des Innen und Außen oder Begriffe wie ‚Familie' und ‚Haus'. Durch die Rekonstruktion des semantischen Feldes können autobiographische Grenzziehungen zwischen dem Privaten und dem Öffentlichen oder Politischen überhaupt erst in ihrer textlichen Tiefe aufgespürt und in Beziehung zu dem von Stierle hervorgehobenen übergreifenden Bedeutungszusammenhang gesetzt werden.

Und schließlich erweist es sich als notwendig, den Fokus der Studie für alternative Deutungskategorien, welche die Erzählung einer Lebensgeschichte ebenfalls strukturieren, offenzuhalten. Mit Blick auf das Untersuchungsinteresse ist zu fragen, inwiefern die Dichotomie privat/öffentlich sich in der autobiographischen Narration mit Faktoren wie Geschlecht und Generation kreuzte, die Darstellung von Inklusion und Exklusion strukturierte oder die semantische Ausgestaltung von Selbst- und Fremdbeschreibungskonzepten ermöglichte.

---

[83] Kritik an Einzelwortuntersuchungen wird etwa geäußert in Busse, Dietrich: Begriffsgeschichte oder Diskursgeschichte? Zu theoretischen Grundlagen und Methodenfragen einer historisch-semantischen Epistemologie, in: Carsten Dutt (Hg.): Herausforderungen der Begriffsgeschichte, Heidelberg 2003, S. 17–38, hier S. 18, 21, 36 (Anm. 2).
[84] Vgl. auch das nachdrückliche Plädoyer für eine Wortfeldanalyse bei Reichardt, Rolf: Wortfelder – Bilder – semantische Netze. Beispiele interdisziplinärer Quellen und Methoden in der Historischen Semantik, in: Gunter Scholtz (Hg.): Die Interdisziplinarität der Begriffsgeschichte (Archiv für Begriffsgeschichte, Sonderheft Jahrgang 2000), Hamburg 2000, S. 111–133, hier S. 115–121. Ebenfalls eine methodische Erweiterung der Begriffsgeschichte um die Analyse semantischer Felder fordert Müller, Ernst: Bemerkungen zu einer Begriffsgeschichte aus kulturwissenschaftlicher Perspektive, in: ders. (Hg.): Begriffsgeschichte im Umbruch (Archiv für Begriffsgeschichte, Sonderheft Jahrgang 2004), Hamburg 2004, S. 9–20, hier S. 16.

Die Produktivität autobiographischer Texte

Auf die Frage, was in autobiographischen Texten ‚produziert' wird, wandert unweigerlich das Thema der Identitätserzeugung in das Blickfeld.[85] Der autobiographische Reflexionsprozess spiegelt nicht einfach die Selbstsicht der Schreibenden. Über die Rekonstruktion des eigenen ‚Ichs' am Leitfaden der selbst erlebten Zeit entwerfen diese vielmehr Identitäten, jedoch keineswegs in einem autonomen Akt. Begleitet und mitgeformt wird dieser Prozess durch die jeweilige Gruppe, in der das einzelne Individuum lebt und gelebt hat. Der Sinn, „den meine Identität darstellt", bemerkte Alois Hahn dazu, ist „von Anfang an verwoben mit einem Sinn, der nicht von mir stammt".[86] Autobiographische Identitätsstiftungen stehen damit *per se* in einem mehrdimensionalen Spannungsverhältnis, das Aushandlungsprozesse zwischen individuellen und kollektiven Identitätsbezügen des eigenen Selbst ebenso umfasst wie die Verarbeitung der an dieses Selbst herangetragenen Fremddefinitionen.[87]

Anknüpfungspunkte für einen historisch-semantischen Zugriff ergeben sich somit automatisch, sobald Kollektivbegriffe auf ihr Steuerungspotenzial für die Narration einer Lebensgeschichte hin untersucht werden. Von Interesse kann daher sein, ob Autobiographinnen und Autobiographen streng zwischen ‚Juden' und ‚Deutschen' oder ‚Ariern' und ‚Nichtariern' differenzierten, wie sie sich selbst innerhalb dieser Opposition verorteten und mit welchen Attributen sie die jeweiligen Kollektivbegriffe aufluden. Vor allem erscheint die Rolle von Fremd- und Selbstzuschreibungen dann für die Bildung eines Selbstkonzepts als zentral, wenn sie in einem asymmetrischen Verhältnis zueinander stehen – wenn also beispielsweise ein umfassendes, Deutsch- und Judesein integrierendes Selbstbild von außen negiert wurde.[88] Handelt es sich aus der Perspektive der jeweiligen Autorinnen und Autoren um solche asymmetrisch strukturierten Gegenbegriffe, treten

---

[85] Generell verbindet die Identitätsthematik die unterschiedlichsten Zugriffe auf Ego-Dokumente. Siehe etwa für die Frühe Neuzeit: Brändle, Fabian u. a.: Texte zwischen Erfahrung und Diskurs. Probleme der Selbstzeugnisforschung, in: ders. u. a. (Hg.): Von der dargestellten Person zum erinnerten Ich. Europäische Selbstzeugnisse als historische Quellen (1500–1800), Köln/Weimar/Wien 2001, S. 3–31. Unter geschlechtergeschichtlichen Vorzeichen: Brinker-Gabler, Gisela: Metamorphosen des Subjekts. Autobiographie, Textualität und Erinnerung, in: Magdalene Heuser (Hg.): Autobiographien von Frauen. Beiträge zu ihrer Geschichte, Tübingen 1996, S. 393–404. Diskursanalytisch ausgerichtet: Carlson: Autobiogaphy.

[86] Hahn, Alois: Identität und Selbstthematisierung, in: Alois Hahn/Volker Kapp (Hg.): Selbstthematisierung und Selbstzeugnis: Bekenntnis und Geständnis, Frankfurt a. M. 1987, S. 9–24, hier S. 11.

[87] Vgl. Depkat: Autobiographie und die soziale Konstruktion von Wirklichkeit, S. 466, und Assmann, Jan: Das kulturelle Gedächtnis. Schrift, Erinnerung und politische Identität in frühen Hochkulturen, München 1999, S. 130–133.

[88] Zur Bedeutung asymmetrischer Gegenbegriffe in der Geschichte siehe Koselleck, Reinhart: Zur historisch-politischen Semantik asymmetrischer Gegenbegriffe, in: ders.: Vergangene Zukunft. Zur Semantik geschichtlicher Zeiten, Frankfurt a. M. 1989, S. 211–259, hier S. 257–259. Zur Bedeutung von Selbst- und Fremdbeschreibungen für die Bildung eines eigenen Selbstkonzepts siehe auch Berger/Luckmann: Die gesellschaftliche Konstruktion der Wirklichkeit, S. 185–195.

folglich Selbst- und Fremdzuschreibung auseinander, dann liegen Hinweise für einen Identitätsbruch vor.[89]

Allerdings stellt sich nicht nur die Frage, was ein bevorzugt gebrauchtes Begriffspaar zur gegenseitigen Abgrenzung von Gruppen in Bezug auf die eigene Identität indiziert. In den autobiographischen Identitätsentwürfen oder -negationen sind immer auch textpragmatische Funktionen enthalten, die zum Gegenstand der Analyse gehören. So können Selbstverortungen inner- oder außerhalb eines Kollektivs die geschilderte Biographie einrahmen, indem sie als Bezugspunkt für die Interpretation von Eigen- oder Fremderfahrungen fungieren. Im Rückgriff auf kollektivierende Schreibstrategien setzen Autobiographinnen und Autobiographen historischen Wandel und individuelle Erfahrung miteinander in Beziehung und verleihen auf diesem Weg der eigenen Biographie eine Deutungslinie.

Aus dem sozialen Charakter der Identitätsbildung erfolgt auch die Einladung an andere Individuen des Kollektivs, ihr eigenes Leben entlang derselben Deutungsmuster zu entwerfen. Diese Einladung muss nicht zwangsläufig angenommen werden, sie kann ebenso durch alternative Interpretationen herausgefordert werden.[90] In sprachpragmatischer Hinsicht erweist sich außerdem der Entstehungskontext autobiographischer Schriften als zentral. Welche Funktion die Selbstverortung in einem bestimmten Kollektiv einnimmt, muss letztlich auch vor dem Hintergrund der Textadressaten und der Schreibsituation untersucht werden.[91]

Autobiographien produzieren jedoch nicht nur Identität, sie stellen darüber hinaus Vergangenheit her. Über die bereits erwähnte kausale Verknüpfung von einzelnen Geschehnissen werden Vergangenheitsbilder produziert, zu denen das eigene Leben in Beziehung gesetzt wird. Indem sich Autobiographinnen und Autobiographen mit ihren Lebensgeschichten in ein Verhältnis zur Vergangenheit setzten, argumentiert etwa Depkat, brächten sie diese überhaupt erst hervor.[92] Vergangenheiten stellen aus diesem Blickwinkel, ebenso wie Identitäten, soziale Konstruktionen dar, die in den „Sinnbedürfnissen und Bezugsrahmen der jeweiligen Gegenwarten" gründen.[93] Sozialkommunikativ ausgerichtete Ansätze der Autobiographieforschung setzen an dieser Stelle an, um autobiographische Doku-

---

[89] Auch unter diskursanalytischen Vorzeichen ließe sich hierzu arbeiten. So verweist Dietrich Busse auf ‚das Eigene' und ‚das Fremde' als diskurssemantische Grundfigur, durch die das kollektive Eigene in Abgrenzung zum unterstellten kollektiv Fremden konstruiert werde. Ausprägungen dieser Grundfigur sind sicherlich auch asymmetrische Gegenbegriffe wie ‚Hellenen und Barbaren' oder ‚Arier und Nichtarier'. Vgl. Busse: Begriffsgeschichte oder Diskursgeschichte?, S. 28–34.
[90] Vgl. Herzberg: Autobiographik als historische Quelle, S. 61; Depkat: Autobiographie und die soziale Konstruktion von Wirklichkeit, S. 467 f.
[91] Siehe hierzu Konersmann, Ralf: Wörter und Sachen. Zur Deutungsarbeit der Historischen Semantik, in: Ernst Müller (Hg.): Begriffsgeschichte im Umbruch (Archiv für Begriffsgeschichte, Sonderheft Jahrgang 2004), Hamburg 2004, S. 21–32, hier S. 27.
[92] Vgl. Depkat: Autobiographie und die soziale Konstruktion von Wirklichkeit, S. 444 f., siehe auch ebd., S. 453.
[93] Vgl. Assmann: Das kulturelle Gedächtnis, S. 48.

mente im Spannungsverhältnis von Zeitgeschichte und Erinnerungskultur zu platzieren. Demnach lassen sich aus autobiographischen Zeugnissen einerseits die subjektiven Verarbeitungsformen historischer Ereignisse herausfiltern, andererseits bieten sie Einblicke in die ihnen zu Grunde liegenden erinnerungskulturellen und zeitgeschichtlichen Konfliktlinien der Schreibgegenwart. Lebensgeschichten können häufig als Teil eines erinnerungskulturellen Diskurses gelesen werden, in dem Deutungskämpfe um die angemessene Interpretation von Vergangenheit ausgefochten werden.[94] Die genaue Untersuchung des Entstehungskontextes autobiographischer Schriften führt auf diesem Weg auch zu einem besseren Verständnis ihrer Textualität. Insbesondere für die Exil-Autobiographien des 20. Jahrhunderts scheint dies der Fall zu sein. Literaturwissenschaftler weisen bereits seit längerem darauf hin, dass sich die Exilautobiographik durch einen erhöhten Anteil an Ausführungen zu allgemeinpolitischen Entwicklungen auszeichnet, in deren Folge die Schilderung persönlicher Erlebnisse ins Hintertreffen gerät.[95] Damit verbunden ist häufig ein aufklärerischer Impetus dieser Texte, denen es nicht nur um Selbstvergewisserung geht, sondern die ebenso von einem Informationsdrang nach außen getragen sind.[96]

Das augenscheinliche Bedürfnis von Autobiographie-Schreibenden, die eigene Vergangenheit verstärkt in den Begriffen allgemeinhistorischer Prozesse zu interpretieren, lenkt das Forschungsinteresse auf das Wechselverhältnis von politischen und biographischen Zäsursetzungen. Unter dem Punkt der Retrospektivität wurde bereits erörtert, dass durch den Gebrauch semantischer Untersuchungsmethoden die in einer Autobiographie eingeflochtenen erzählten Zeitebenen aufgedeckt werden können. In Verbindung mit dem Merkmal der Produktivität erhalten die dabei zum Tragen kommenden Semantiken in sprachpragmatischer Hinsicht ein schärferes Profil, wenn sie daraufhin befragt werden, welches Bild sie von der Vergangenheit erzeugen sollen. Zeitgenössische Interpretationen der NS-Zeit müssen vor dem Hintergrund der Schreibsituation auch als Teil eines – zum damaligen Zeitpunkt noch weitaus offeneren – Deutungskampfes um die angemessene Bewertung des nationalsozialistischen Systems gelesen werden.

4. Umsetzung theoretischer Prämissen und Aufbau

Aus historisch-semantischer Sicht liegt ein großer Quellenwert von Ego-Dokumenten darin, dass mit ihrer Hilfe die Prozesse analysiert werden können, in de-

---

[94] Vgl. Heinze, Carsten: Autobiographie und zeitgeschichtliche Erfahrung. Über autobiographisches Schreiben und Erinnern in sozialkommunikativen Kontexten, in: Geschichte und Gesellschaft 36 (2010), S. 93–128, hier S. 101 f.
[95] Vgl. Critchfield: Einige Überlegungen zur Problematik der Exilautobiographik, S. 49. Exemplarisch hierfür sind laut Critchfield die Autobiographien von Stefan Zweig und Heinrich Mann.
[96] Vgl. hierzu Hilmes, Carola: Auf verlorenem Posten: Die autobiographische Literatur, in: Wilhelm Haefs (Hg.): Nationalsozialismus und Exil. 1933–1945, München/Wien 2009, S. 417–

nen Individuen einen öffentlichen Sprachgebrauch internalisierten, herausforderten oder mit neuen Bedeutungsnuancen versahen.[97] Autobiographien stellen dabei sicherlich eine besondere theoretische Herausforderung dar. Sie haben allerdings den Vorteil, dass sie sowohl Auskunft über einen nicht weiter reflektierten, alltäglichen Sprachgebrauch geben, als auch Passagen enthalten, in denen die Autorinnen und Autoren Erfahrungen mit abstrakten Termini – wie etwa ‚Privatleben' – ausdeuteten oder Sprachgebräuche selbst thematisierten. Auch Briefe und Tagebücher enthalten sicherlich solche abstrakteren und deutenden Passagen – doch ist die Chance, sie in autobiographischen Texten zu finden aufgrund der genrespezifischen Eigenschaften höher. Die Autobiographie als Versuch, eigene Erfahrungen mit Sinn auszustatten sowie historische und biographische Zäsuren aufeinander zu beziehen, verlangt den Schreibenden eher entsprechende Ausführungen ab.

Die für diese Studie verwendeten Autobiographien haben indes einen besonderen Wert. Im Zeitraum 1939/40 verfasst, sind sie nicht durch das spätere Wissen um den Kriegsverlauf, den Holocaust und nachfolgende Ereignisse überformt, sondern stellen zeitnahe Reflexionen der unmittelbaren Vergangenheit und Gegenwart dar. Ein Aspekt, der, wie oben ausgeführt wurde, für die historisch-semantische Arbeit mit Autobiographien nicht überschätzt werden kann. Aussagen über das Private im Nationalsozialismus lassen sich in diesem Fall einem Sprachgebrauch zuordnen, der innerhalb eines kurzen Zeitraums entstand und zum Zeitpunkt der Niederschrift noch Bestand hatte: Erzählzeit und die unmittelbar zurückliegende erzählte Zeit, um die es schwerpunktmäßig geht, fallen hinsichtlich des Sprachgebrauchs ineinander.

Dass die Untersuchung auf relativ viele Quellen zurückgreifen kann, die allesamt innerhalb eines kurzen Zeitraums entstanden sind, hängt mit einem besonderen Umstand zusammen. Denn der Abfassung dieser Lebensgeschichten gingen nicht interne Beweggründe voraus, sondern ein Aufruf. Genauer formuliert: Ein Aufruf der amerikanischen Eliteuniversität Harvard. Ein fächerübergreifendes Team von Wissenschaftlern hatte 1939 ein Preisausschreiben unter dem Motto „Mein Leben in Deutschland vor und nach dem 30. Januar 1933" organisiert, um anhand von autobiographischen Dokumenten die sozialen und psychologischen Auswirkungen der NS-Herrschaft auf die deutsche Bevölkerung untersuchen zu können. Es handelt sich um Autobiographien, deren Entstehungsgeschichte nicht weniger spannend ist als die Berichte selber. Bisherige Kenntnisse über die Geschichte des Preisausschreibens sind insbesondere den Forschungsergebnissen des Sozialwissenschaftlers Detlef Garz zu verdanken. Diese Arbeit trägt darauf aufbauend vorliegende Erkenntnisse zum Preisausschreiben zusammen, wertet die im Quellensample dazu vorhandenen Informationen aus, analysiert verschiedene

---

445, hier S. 436–442. Zur Aufklärung als Schreibmotiv in den hier behandelten autobiographischen Berichten siehe unten das Kap. III.2.

[97] Vgl. Steinmetz: New Perspectives on the Study of Language and Power, in: ders. (Hg.): Political Languages, S. 49.

Publikationen der Harvard-Wissenschaftler und bettet ihr Projekt in die politisch-gesellschaftliche Vorkriegsgeschichte der USA ein. Die ausführliche Analyse des Preisausschreibens sowie der Schreibsituationen und -anlässe einiger Teilnehmerinnen und Teilnehmer (Kapitel II und III) trägt nicht nur dem Umstand Rechnung, dass es sich beim Preisausschreiben um einen interessanten, noch kaum erforschten historischen Gegenstand handelt. Ebenso ist zu berücksichtigen, dass die zu untersuchenden Autobiographien Quellen darstellen, die einem spezifischen historischen Kontext entsprangen. Auf die vom Preisausschreiben gesetzten Bedingungen reagierten viele Schreiberinnen und Schreiber ebenso wie auf die gesellschaftlichen Bedingungen und die politische Situation ihrer Gastländer – insofern wurde die Art der Selbstbiographisierung auch von der historischen Konstellation geprägt, in der sie erfolgte.

Um einen historisierenden Zugriff auf das Private zu ermöglichen, wird in einem Ping-Pong-Verfahren das semantische Feld des Privaten in den Dokumenten ermittelt (Kapitel IV). Beginnend mit einer Untersuchung entlang des Wortkörpers von ‚privat' werden die zentralen Bedeutungen des Privaten ermittelt. Als Ergebnis wird ein semantisches Feld des Privaten sichtbar, das sich aus einer spezifischen Metaphorik und den Relationen sowohl zwischen privaten Begriffen (‚Privatleben', ‚vier Wände', ‚Freundschaft' etc.) wie auch in Abgrenzung zu den Gegenbegriffen ‚öffentlich' und ‚politisch' zusammensetzt. Zeitgenössische Kernbedeutungen des Privaten innerhalb des Quellensamples stellen nach dieser Analyse nicht nur der Begriff des Privatlebens, sondern ebenso die Familie, Freundschaft, private Räume und Kommunikation sowie Metaphoriken des Außen und Innen dar. Auf dieser Grundlage kann in einem zweiten Schritt das zeitgenössische Verständnis des Privaten auch dort in den Dokumenten aufgespürt werden, wo die Wörter ‚privat' und ‚Privatleben' nicht verwendet wurden.

Bei der Bestimmung des Privaten als ein semantisches Feld handelt es sich um eine arbeitspragmatische Definition, die den Vorteil hat, dass das Wort ‚das Private' nicht Teil der Quellensprache ist. Das rekonstruierte semantische Feld enthält lediglich die zeitgenössischen Bedeutungen, sofern sie sich in den verwendeten Quellen artikuliert haben. Die vorliegende Untersuchung strebt somit keine inhaltlich-allgemeingültige Definition des Privaten oder von ‚Privatheit' an – auch keine, die weit genug wäre, um die historisch variablen Erscheinungsformen zu umfassen.[98] Als semantisches Feld erweist sich das Private vielmehr als historisch und situationsbedingt variabel. Mit dieser Konzeption ist es möglich, der Komplexität des Untersuchungsthemas gerecht zu werden und die scheinbar widersprüchlichen Befunde zur Struktur des Privatlebens im Nationalsozialismus produktiv aufzugreifen. Das semantische Feld des Privaten lässt sich theoretisch nach unter-

---

[98] Siehe dazu auch Gräf, Dennis/Halft, Stefan/Schmöller, Verena: Privatheit. Zur Einführung, in: dies. (Hg.): Privatheit. Formen und Funktionen, Passau 2011, S. 9–28, hier S. 10 f., die ganz ähnlich das Private als „kulturelles Zeichensystem" verstehen, welches das Ergebnis von Zuordnungen sei. Zu den geringen Erfolgsaussichten, eine allgemeingültige Definition zu erstellen, siehe ebd., S. 23.

schiedlichen Kategorien (Verfolgte und Nichtverfolgte, erzählte Zeit, Männer und Frauen usw.) ausdifferenzieren, so dass unterschiedliche semantische ‚Räume' des Privaten sichtbar werden.

Die Rekonstruktion des semantischen Feldes ermöglicht die eigentliche Untersuchung des Privaten. Kapitelweise werden die zuvor ermittelten, zeitgenössischen Kernbedeutungen des Privaten erforscht: Beginnend mit dem Begriff des Privatlebens (Kapitel V) widmet sich die Studie anschließend der privaten Kommunikation (Kapitel VI), dem Familienbegriff (Kapitel VII), dem Freundbegriff (Kapitel VIII) und zuletzt den privaten Räumen (Kapitel IX).

Ein letzter Hinweis gilt der gewählten Darstellungsform der Ergebnisse. Wenn im Folgenden von ‚Semantiken', ‚Redeweisen' oder ‚Grenzziehungen' die Rede sein wird, so soll dennoch nicht vergessen werden, dass hinter den sprachlichen Befunden und semantischen Analysen immer auch historische Akteure standen, denen im ‚Dritten Reich' kein Forum zur Verfügung stand, um auf ihr Schicksal aufmerksam zu machen. Dieses bekamen viele erst mit dem Preisausschreiben, für das sie ihre Erinnerungen aufschrieben. Um diese Menschen möglichst anschaulich werden zu lassen, werden in den einzelnen Kapiteln nur wenige Autobiographinnen und Autobiographen schwerpunktmäßig zu Wort kommen. Um einzelne Befunde in den jeweiligen Kapiteln zu ergänzen oder zu vertiefen, wird auf weitere Autobiographien zurückgegriffen.[99]

---

[99] In diesen Kontext gehört auch eine Bemerkung zu den verwendeten Begriffen. Im Folgenden werden die Begriffe ‚arisch' und ‚nichtarisch' nicht verwendet, um die NS-Trennlinie aufzunehmen, sondern weil sie Teil der Quellensprache sind. Sprachlich orientierte Untersuchungen müssen zeitgenössische Wortgebräuche genau benennen – auch wenn es sich um sprachliche Vehikel der Ausgrenzung und Verfolgung handelte. Aus einem sprachhistorischen Blickwinkel ist es mir ein Anliegen, die Tragweite dieser Unterscheidung für das Alltagsleben der Zeitgenossen aufzuzeigen. Ein zweiter Punkt betrifft den Unterschied zwischen Selbst- und Fremddefinitionen der ‚jüdischen' Autobiographinnen und Autobiographen. Die weitaus meisten verstanden sich als Deutsche. Einige davon waren jüdischen Glaubens, andere zum Christentum konvertiert. Obwohl die meisten ihre deutsche Identität infolge der NS-Erfahrung problematisierten oder sich selbst auch weiterhin nicht als Juden verstanden, wird diese Gruppe als ‚Deutsche jüdischer Herkunft' zusammengefasst, um sie von den politisch Verfolgten unterscheiden zu können. Punktuell greift das Buch jedoch genau diese Problematisierungen auf.

II. Die autobiographischen Berichte des Harvard-Preisausschreibens

1. „Mein Leben in Deutschland vor und nach dem 30. Januar 1933"

Eine Zeitungsnotiz

In der letzten Vorkriegsausgabe des *Aufbaus*, der zu dem Zeitpunkt wohl auflagenstärksten Emigrantenzeitung,[1] erschien ein Hinweis, der für viele seiner Leserinnen und Leser von Interesse gewesen sein dürfte. Es handelte sich um eine knappe, nur 22 Zeilen umfassende und leicht übersehbare Notiz in englischer Sprache – eingerahmt von Werbung und verschiedenen Bekanntmachungen über eine Theaterpremiere, den Öffnungszeiten des Cafés Vienna in New York und Informationen über die nächsten Termine der ausgehenden Überseepost. Das ursprüngliche Vereinsblatt des New Yorker „German Jewish Club" war zu diesem Zeitpunkt das mediale Sprachrohr vor allem der deutsch-jüdischen Emigration in den Vereinigten Staaten geworden. Nicht wenige Interessierte dürften daher an der knappen Überschrift „Ein $1000-Preisausschreiben für Berichte aus dem Dritten Reich" hängengeblieben sein.[2]

> **Ein $1000-Preisausschreiben für Berichte aus dem Dritten Reich**
>
> A $1,000 prize competition for the best unpublished personal life histories of persons who have experienced the effects of National Socialism in Germany was announced recently by three members of the Harvard University faculty, Cambridge, Mass.
>
> The purpose of the competition, which is open to "all persons who have known Germany well before and since Hitler," is to collect materials which will be used in a study of the social and psychological effects of National Socialism on German society and on the German people.
>
> The competition awards will be of a first prize of $500, second prize of $250, third prize of $100, fourth prize of $50, and five fifth prizes of $20 each. Manuscripts may be submitted under a pseudonym or anonymously(but they must be authentic, and all papers submitted will be treated as strictly confidential.

Wie viele der autobiographischen Berichte des Harvard-Wettbewerbs letztlich von dieser Zeitungsnotiz angestoßen wurden, lässt sich nicht mehr feststellen. Die Ausrichter des Wettbewerbs hatten nicht nur in Emigrantenzeitungen

---

[1] Im Jahr 1939 stieg die Auflage von 3000 auf 13 000 an, wodurch er andere Emigrantenzeitschriften wie den vielgelesenen, sozialdemokratischen *Neuen Vorwärts* (durchschnittliche Auflage 5000 von 1938 bis 1940) überflügelte. 1941 verdoppelten sich die Verkaufszahlen noch einmal, weshalb der *Aufbau* optimistisch schätzte, seine Leserschaft betrage ca. 200 000. Vgl. Radkau, Joachim: Die deutsche Emigration in den USA. Ihr Einfluß auf die amerikanische Europapolitik 1933–1945 (= Studien zur modernen Geschichte, Band 2), Düsseldorf 1971, S. 134 f.

[2] Anon.: Ein $1000-Preisausschreiben für Berichte aus dem Dritten Reich, in: Aufbau v. 15. 08. 1939, S. 18 (Abdruck: Mit freundlicher Genehmigung der JM Jüdischen Medien AG).

wie dem *Aufbau* und der *Pariser Tageszeitung*,[3] sondern auch in breiter adressierten Tageszeitungen und Magazinen inseriert.[4] Aus der knappen Notiz des *Aufbaus* waren auch allenfalls die Kerninformationen des Unternehmens zu entnehmen. Vermutlich weckten die 1000 US-Dollar an Gesamtpreisgeld die Neugier vieler Leserinnen und Leser, bedenkt man die prekäre finanzielle Situation, in der die meisten spätestens seit der Emigration leben mussten.

Grob informierte die Notiz über den wissenschaftlichen Zweck des Projekts, einer Studie über die sozialen und psychologischen Auswirkungen des Nationalsozialismus auf die deutsche Gesellschaft. Ein Großteil der Leserschaft konnte sich angesichts dieses Erkenntnisinteresses berufen fühlen, am Preisausschreiben teilzunehmen. Hatten die meisten doch seit ihrer Geburt in Deutschland gelebt und aufgrund ihrer jüdischen Herkunft die Auswirkungen des Nationalsozialismus auf ihr eigenes Leben in besonders drastischer Weise erfahren müssen. Etwaigen Bedenken suchte der Artikel unter anderem dadurch zu begegnen, dass er die Möglichkeit offerierte, die eigenen Lebenserinnerungen anonym oder unter einem Pseudonym einzureichen, solange die Manuskripte nur authentisch seien.

Anlass darüber nachzudenken, die eigenen Memoiren abzufassen, mögen die Bekanntmachungen im *Aufbau* oder der *Pariser Tageszeitung* vermutlich gegeben haben. Für ernsthaft Interessierte ließen sie jedoch viele Fragen offen. In der sozialdemokratischen *Berner Tagwacht* befürchtete man etwa, dass mit der Teilnahme am Wettbewerb die Rechte an der eigenen Autobiographie – und damit eine mögliche Einkommensquelle – an das Wettbewerbskomitee abgetreten würden. Bislang lassen sich nur wenige rezeptionsgeschichtliche Aussagen auf der Grundlage des überlieferten Materials treffen. Das Beispiel der *Berner Tagwacht* zeigt jedoch, dass es durchaus auch kritische Stimmen gab, hier in Person ihres Autors Walther Victor. Unter der Überschrift „Emigranten als Versuchskarnickel" kritisierte er, dass die Emigranten hinsichtlich wesentlicher Informationen – insbesondere was

---

[3] Siehe Anon.: 1000 Dollars für eine Flüchtlings-Biographie, in: Pariser Tageszeitung v. 16. 08. 1939, S. 3. Auch in der *Gelben Post* (Shanghai) wurde das Preisausschreiben beworben. Der Rechtsanwalt Siegfried Neumann nahm hier von dem Vorhaben Kenntnis. Vgl. Neumann, Siegfried: Mein Leben in Deutschland vor und unter Hitler, Shanghai 1940, Archiv des Leo Baeck Instituts, ME 468. MM 59, o. P. (Vorbemerkung). Vgl. auch Garz, Detlef: „Mein Leben in Deutschland vor und nach dem 30. Januar 1933". Das wissenschaftliche Preisausschreiben der Harvard Universität und seine in die USA emigrierten Teilnehmerinnen und Teilnehmer aus dem deutschen Sprachraum, in: John M. Spalek/Konrad Feilchenfeldt/Sandra Hawrylchak (Hg.): Deutschsprachige Exilliteratur seit 1933, Band 3, Zürich/München 2005, S. 305–333, hier S. 305 und Anm. 3.

[4] Siehe etwa Anon.: Prize for Nazi Stories. Harvard Faculty Men Seek Personal Histories of Experiences, in: New York Times v. 07. 08. 1939, S. 18; Anon.: Hitler's Effect upon Germany Forms Harvard Essay Topic, in: Christian Science Monitor v. 08. 08. 1939, S. 1. Auch die *Jewish Telegraph Agency* kündigte den Wettbewerb an: Anon.: Harvard Group Offers $1,000 Prize for Best Story on Life Under Nazis, in: Jewish Telegraph Agency v. 08. 08. 1939, S. 5. Siehe auch Garz, Detlef: „Die Freiheit ist begraben – der Traum von drei deutschen Generationen ist ausgeträumt". Nachwort, in: Vordtriede, Käthe: „Es gibt Zeiten, in denen man welkt". Mein Leben in Deutschland vor und nach 1933. Herausgegeben und mit einem Nachwort versehen von Detlef Garz, Lengwil 1999, S. 243–265, hier S. 243.

die obige Frage nach den Verwertungsrechten anbelangte – im Dunkeln gelassen würden. Sein Artikel mündete praktisch in dem Vorwurf, die Wissenschaftler hinter dem Autobiographie-Wettbewerb nutzten die Notlage der Emigranten zu ihrem eigenen Vorteil aus: „Wer von uns sich hinsetzt und der Aufforderung der drei Professoren folgt, der weiß, um es kurz zu sagen, nicht viel mehr als ein Versuchskarnickel, das zu wissenschaftlichen Zwecken herhalten muß."[5]

Victors Sorgen bezüglich der Rechte an den Manuskripten waren jedoch unbegründet. Die Harvard-Wissenschaftler fragten nach Abschluss des Wettbewerbs in der Regel, ob sie zu Forschungszwecken im Besitz der Manuskripte bleiben durften und sandten Beiträge auf Nachfrage wieder zurück an die Autorinnen und Autoren.[6] Über den Aspekt der Verwertungsrechte hinaus stellten sich jedoch – je nachdem, aus welchem Artikel man von dem Preisausschreiben erfahren hatte – Fragen über mögliche weitere Vorgaben, etwa welche Länge die Berichte aufweisen sollten, ob sie auf Englisch verfasst werden mussten oder an wen sie zu adressieren seien. Antworten hierauf lieferte ein Flugblatt, das zusätzlich zu den Zeitungsbekanntgaben verbreitet wurde, beispielsweise über Emigrantenorganisationen.[7]

Auf solch ein Flugblatt konnte einer der prominentesten Teilnehmer bei der Abfassung seiner Lebenserinnerungen zurückgreifen. Der deutsche Philosoph Karl Löwith schrieb seine Erinnerungen im japanischen Exil, wo er seit 1936 eine Professur an der Universität von Sendai innehatte. Dem Ausschreibungstext entnahm Löwith weitere Informationen. So sollten die Erinnerungen unter dem Thema „Mein Leben in Deutschland vor und nach dem 30. Januar" geschrieben werden. Als Veranstalter wurden drei Wissenschaftler der Universität genannt: der Psychologe Gordon W. Allport, der Historiker Sidney B. Fay und der Soziologe Edward Y. Hartshorne. Des Weiteren stand es den Teilnehmenden frei, in Englisch oder Deutsch zu schreiben, solange die Texte mindestens 20 000 Wörter enthielten. Löwith vermerkte für sich auf dem Flugblatt, dass dies einer Länge von 80 Tippseiten entspricht. Bis zum 1. April 1940 (Poststempel) konnten die Manuskripte an die Widener Library in Cambridge, zu Händen des Historikers Fay adressiert, abgesandt werden.

Unter der Rubrik „Besondere Richtlinien" fanden sich weitere Vorgaben für die Teilnahme am Wettbewerb. Die Interessenten waren dazu angehalten, auf der ersten Seite über ihr Alter und Geschlecht, ihren Wohnort samt Einwohnerzahl, ihre

---

[5] Victor, Walther: Emigranten als Versuchskarnickel, in: Berner Tagwacht/Beilage v. 28. 08. 1939.
[6] Vgl. auch Garz: Nachwort, S. 244 f.
[7] Laut eigenen Angaben besuchte einer der Wettbewerbsinitiatoren, Edward Y. Hartshorne, im Zusammenhang mit dem Harvard-Projekt kurz vor Ausbruch des Zweiten Weltkriegs Emigrantenbüros in Paris, den Niederlanden und in London. Vgl. Gerhardt, Uta: Nachwort. Nazi Madness. Der Soziologe Edward Y. Hartshorne und das Harvard-Projekt, in: Uta Gerhardt/Thomas Karlauf (Hg.): Nie mehr zurück in dieses Land. Augenzeugen berichten über die Novemberpogrome 1938, Berlin 2009, S. 319–354, hier S. 328 f. Gerhardt zitiert an dieser Stelle aus einem persönlichen Lebenslauf des Soziologen.

Religion sowie ihre gesellschaftliche Stellung Auskunft zu geben. Unter den letzten Punkt fasste der Ausschreibungstext präzisierend den Ehestand, die Anzahl der Kinder, das ungefähre Einkommen und den Ausbildungsweg. Die Initiatoren des Wettbewerbs versuchten außerdem, die Niederschriften durch stilistische und inhaltliche Vorgaben zu lenken. „Ihre Lebensbeschreibung sollte möglichst *einfach, unmittelbar, vollständig* und *anschaulich* gehalten sein", hieß es an einer Stelle. Und weiter: „Bitte BESCHREIBEN Sie wirkliche Vorkommnisse, die WORTE und TATEN DER MENSCHEN, soweit erinnerlich. Die Preisrichter haben kein Interesse an philosophischen Erwägungen über die Vergangenheit, sondern vor allem an einem Bericht persönlicher Erlebnisse."[8] Die Auslober des Unternehmens waren offenbar an nüchternen Tatsachenberichten interessiert. Die Autobiographien sollten in erster Linie berichten und dokumentieren, nicht interpretieren. Eine Annahme, die durch den weiteren Ausschreibungstext noch gestützt wird. Denn „Zitate aus *Briefen, Tagebüchern, Notizbüchern*", hieß es dort, „geben Ihrer Schilderung die erwünschte *Glaubwürdigkeit* und *Vollständigkeit*."[9]

Befürchtungen der Interessenten, eine Teilnahme am Wettbewerb könnte negative Auswirkungen für in Deutschland verbliebene Verwandte oder Freunde nach sich ziehen, traten die Auslober des Wettbewerbs entgegen, indem sie die Möglichkeit anboten, die Erinnerungen unter einem Pseudonym oder „ohne Namensnennung" einzureichen. Allem Anschein nach machte davon jedoch nur eine Minderheit Gebrauch. Nicht vorgegeben war außerdem, ob die Manuskripte in Maschinenschrift eingereicht werden mussten. Unabhängig davon schickte die große Mehrheit der Teilnehmenden ihre Erinnerungen in getippter Form ab, wobei die äußerliche Qualität der Autobiographien stark variierte.

Wenngleich auch das Flugblatt keinen Aufschluss über die rechtlichen Fragen lieferte, erwies sich Walther Victors Prophezeiung, das Preisausschreiben werde sich als ein Fehlschlag erweisen, als falsch. Weit über 200 autobiographische Berichte trafen in der Widener Library ein. Wer waren ihre Autorinnen und Autoren? Wie reagierten sie auf die Vorgaben des Flugblatts und welche Autobiographien zählten zu den Gewinnern?

Überlieferung der Beiträge

Dass die Mehrheit der Harvard-Berichte der Forschung heute zur Verfügung steht, ist Sidney B. Fay zu verdanken. Nach Auskunft der Houghton Library hatte er ihr die Manuskripte 1958 übergeben. Jedoch lässt sich die exakte Anzahl der in Cambridge eingegangenen Manuskripte nicht mit Gewissheit rekonstruieren. Das Houghton Archiv der Harvard-Universität verzeichnet im Bestand „My Life in Germany Contest" insgesamt 263 Ordner, von denen die ersten 252 die Beiträge

---

[8] Vgl. das abgedruckte Flugblatt bei Löwith, Karl: Mein Leben in Deutschland vor und nach 1933. Ein Bericht. Mit einer Vorbemerkung von Reinhart Koselleck und einer Nachbemerkung von Ada Löwith, Frankfurt a. M. 1989, vor S. 129 (Hervorheb. i. O.).
[9] Ebd., vor S. 129 (Hervorheb. i. O.).

in alphabetischer Reihenfolge nach den Namen der Autorinnen und Autoren auflisten. Elf anschließende Ordner enthalten Einsendungen, die nicht in strenger alphabetischer Reihenfolge aufeinander folgen. Aufgrund dieser Liste lässt sich die Anzahl der eingereichten Manuskripte grob abschätzen. Mit Hilfe des Manuscript Guides von Liebersohn und Schneider lassen sich zwei Ordner sicher ausschließen: der erste enthält lediglich Zusatzdokumente für eine eingereichte Autobiographie (Nr. 146), die sich in einem anderen Ordner befindet, der zweite beinhaltet verschiedene Korrespondenz (Nr. 255). Ein dritter Ordner scheint in ähnlicher Weise ein Zusatzdokument zu dem eigentlichen Beitrag zu enthalten, welcher in einem gesonderten Ordner liegt. Bei aller Vorsicht käme man folglich auf circa 260 Beiträge zu dem Harvard-Unternehmen.[10]

Diese Beiträge befinden sich freilich nicht allesamt in der Houghton Library. Einige wurden nach Abschluss des Preisausschreibens auf Bitte der Autorinnen und Autoren hin zurückgesandt, so dass sich einige leere Ordner im Archiv finden. Von diesen zurückgesandten Manuskripten wurden manche zuvor auf Mikrofilm übertragen, wobei die Auswahlkriterien für diese Prozedur unklar sind.[11]

Manche der nicht abgefilmten Berichte fanden später als Nachlass ihren Weg in das Archiv des Leo Baeck Instituts. Auf der Grundlage des Manuscript Guides ist feststellbar, dass mindestens 22 Manuskripte nicht mehr in Cambridge lagern, so dass ausgehend von max. 260 Beiträgen noch höchstens 238 Manuskripte dort vorfindbar sind,[12] entweder auf Mikrofilm oder als Originalbeitrag. Zusätzlich zu den Beiträgen beinhalten manche Ordner die Korrespondenz mit den Teilnehmenden. In der Regel handelt es sich um deren Eingangsschreiben und kurze Antwortbriefe, in denen die Wissenschaftler den Erhalt des Manuskripts bestätigten. Aus den Briefen lassen sich weitere Informationen gewinnen, zum Beispiel über die Schreibmotivation oder die finanzielle Lage der Emigrantinnen und Emigran-

---

[10] Liebersohn und Schneider schätzen die Anzahl grob auf über zweihundert. Vgl. Liebersohn, Harry/Schneider, Dorothee: „My Life in Germany before and after January 30, 1933". A Guide to a Manuscript Collection at Houghton Library, Harvard University (= Transactions of the American Philosophical Society, Band 91), Philadelphia 2001, S. 4. Auch Detlef Garz geht von ca. 260 Teilnehmenden aus. Vgl. Garz, Detlef/Blömer, Ursula/Kanke, Stefan: „Mein Leben in Deutschland vor und nach dem 30. Januar 1933". Lebensverläufe deutscher Emigrantinnen und Emigranten von 1880 bis 1940. Biographische Analysen, in: Friedrich Busch (Hg.): Aspekte der Bildungsforschung. Studien und Projekte der Arbeitsstelle Bildungsforschung im Fachbereich 1 Pädagogik, Institut für Erziehungswissenschaft, Oldenburg 1996, S. 175–184, hier S. 176. Allerdings seien mindestens vier Autobiographien herauszuzählen, wenn man nur die Teilnehmer des *Wettbewerbs* zähle. Es handelt sich um die Manuskripte mit den Nummern 82, 257, 261 und 262.
[11] Vgl. Liebersohn/Schneider: A Guide to a Manuscript Collection, S. 4, Anm. 10.
[12] Diese Zahlen können auch deswegen nicht mit Gewissheit genannt werden, weil die Angaben über die Präsenz der Manuskripte der Houghton Library zum Teil von den Angaben des Manuscript Guides abweichen. Beispielsweise im Fall der Manuskriptnummern 7, 66, 77. Vgl. Houghton Library, „My Life in Germany Contest" Guide (MS Ger 91), in: http://oasis.lib.harvard.edu/oasis/deliver/~hou01275, Zugriff am 02. 06. 2010, und Liebersohn/Schneider: A Guide to a Manuscript Collection, S. 36, 56, 60.

ten.[13] Schließlich sind zusammen mit den Berichten einige Auswertungsbögen erhalten. Sie geben – wenngleich sie zu einem Großteil unausgefüllt blieben – über die Flugblätter hinaus Auskunft über das wissenschaftliche Erkenntnisinteresse der Harvard-Wissenschaftler.

Das Teilnehmerfeld

Aussagen über das Teilnehmerfeld lassen sich nicht nur auf Basis der autobiographischen Texte, sondern ebenso aufgrund der Vorgaben des Preisausschreibens treffen. Wie oben berichtet, sah der Ausschreibungstext Angaben zu Alter, Geschlecht, Religion, Wohnort sowie der gesellschaftlichen Stellung der Teilnehmenden vor. Nicht alle Autorinnen und Autoren kamen dieser Aufforderung nach, dennoch lassen sich aus diesen Daten zusammen mit den Informationen aus den eingereichten Texten einige Erkenntnisse über das Sozialprofil der Teilnehmerschaft ziehen.

Fraglos trug der relativ offen gehaltene Aufruf dazu bei, die Zahl der eingesendeten Manuskripte zu erhöhen. Gesucht waren nicht per se Deutsche, sondern Personen, die Deutschland gut kannten. Insgesamt dreizehn US-Amerikanerinnen und Amerikaner, zum Teil mit deutschen Wurzeln, fühlten sich daher berufen, ihre Erlebnisse aus verschiedenen Aufenthalten in Deutschland mitzuteilen.[14] In der Hauptsache reagierten jedoch Flüchtlinge aus Deutschland und Österreich auf das Preisausschreiben. Liebersohn und Schneider identifizieren insgesamt 173 Autorinnen und Autoren, die als letzten Wohnort in ihren Erinnerungen eine deutsche Stadt oder Region angegeben hatten.[15] Hinzu kommen die seit dem Einmarsch der deutschen Truppen im März 1938 ebenfalls zum Deutschen Reich gehörenden Österreicherinnen und Österreicher, von denen 41 ihre Erinnerungen zum Harvard-Unternehmen beisteuerten. Unter ihnen scheinen einige unsicher gewesen zu sein, ob ihre Erinnerungen den Erwartungen der amerikanischen Wissenschaftler genügten, da ‚ihre' Machtübernahme nicht auf den 30. Januar 1933 fiel. Die ursprünglich aus Wien stammende Gertrude Wickerhauser Lederer erkundigte sich vorsichtshalber in einem Brief vom 27. Oktober 1939, ob man in Harvard auch an Erinnerungen einer Österreicherin interessiert sei. In ihrer Antwort gab die zuständige Sekretärin an, „that all persons who have lived in the Greater German Reich are eligible for the competition". Man wäre froh, so hieß es in dem Schreiben weiter, wenn man ihre Erfahrungen aus der Zeit vor und nach dem 12. März 1938 erhielte.[16] Wickerhauser Lederer hielt sich in ihren Erinnerun-

---

[13] Näheres zu den Schreibmotiven siehe im Kap. III.2.
[14] Vgl. Liebersohn/Schneider: A Guide to a Manuscript Collection, S. 9.
[15] Es lässt sich auf dieser Grundlage zwar nicht mit Gewissheit auf die jeweilige Nationalität schließen, jedoch dürften etwaige Abweichungen nur marginal sein.
[16] Vgl. Wickerhauser Lederer, Getrude: Schreiben an Sidney B. Fay v. 27. 10. 1939, vgl. außerdem Anon.: Schreiben an Gertrude Wickerhauser Lederer v. 30. 10. 1939, Houghton Library (Harvard University), bMS Ger 91 (130), Zugriff am 23. 09. 2008 im Archiv des Zentrums für Antisemitismusforschung der Technischen Universität Berlin.

gen an diese Vorgabe, gab ihr Manuskript jedoch unter dem Titel „Mein Leben in Oesterreich vor und nach dem 30. Januar 1933" ab. Dass die Österreicherin später – zusammen mit einem weiteren Teilnehmer – den ersten Preis zugesprochen bekam, belegt zusätzlich, dass ihre Herkunft von den Preisrichtern nicht als nachteilig empfunden wurde.

Das Beispiel der Gertrude Wickerhauser Lederer demonstriert zugleich, dass nicht nur Männer für das Preisausschreiben ihre Erinnerungen verschriftlichten. Der Frauenanteil lag bei circa 30 Prozent. Erklären lässt sich diese Beteiligungsquote zum einen damit, dass 1940 das Abfassen einer Autobiographie als eine primär männliche Angelegenheit betrachtet wurde. Zum anderen ließe sich als möglicher Grund angeben, dass die Frauen vor allem in der Anfangszeit die Hauptlast der Emigration zu tragen hatten. Sie bekamen eher einen in der Regel schlecht bezahlten Job und kümmerten sich weiterhin um die Erziehung der Kinder und den Haushalt. Zwischen diesen vielfältigen Aufgaben war es schwierig, zusätzlich Zeit für die Niederschrift eines Lebensberichts zu finden.[17]

Angesichts der politischen Situation 1939/40 verwundert es nicht, dass der überwiegende Teil an Autobiographien von Flüchtlingen geschrieben wurde – zumal die amerikanischen Wissenschaftler verstärkt im Emigrantenmilieu für ihr Vorhaben geworben hatten. Es ergriffen hauptsächlich die aufgrund ihrer jüdischen Herkunft Verfolgten die Gelegenheit, im Rahmen des Preisausschreibens amerikanischen Lesern ihre Geschichte zu erzählen. Mindestens zwei Drittel der eingesendeten Beiträge stammten von Personen, die sich entweder selbst als jüdisch bezeichneten oder von den nationalsozialistischen Machthabern als jüdisch deklariert wurden und in der Folge das Deutsche Reich verließen.[18] Weiterhin befanden sich in der Flüchtlingsgruppe die nichtjüdischen Ehepartner jüdischer Ehegatten, politische Flüchtlinge aus der Arbeiterbewegung, liberal gesinnte Opponenten des NS-Regimes und Verfolgte aus den Kirchen. Die Kategorie der absichtlichen oder unabsichtlichen politischen Opponenten umfasst laut Schneider und Liebersohn zehn Prozent der Teilnehmerschaft.[19]

In einem sehr begrenzten Umfang nahmen auch Deutsche an dem Wettbewerb teil, die keinerlei Verfolgungen aus rassistischen oder politischen Gründen ausgesetzt waren und dem NS-Regime zumindest in Teilen wohlwollend gegenüberstanden. So etwa Joseph Aust, der vermutlich als Konditormaat der Handelsmari-

---

[17] Siehe zur wirtschaftlichen Situation der emigrierten Frauen Quack, Sibylle: Zuflucht Amerika. Zur Sozialgeschichte der Emigration deutsch-jüdischer Frauen in die USA 1933–1945 (= Politik- und Gesellschaftsgeschichte, Band 40), Bonn 1995, S. 115–129.
[18] Liebersohn und Schneider sprechen von mindestens 75 Prozent, geben allerdings nicht die rechnerischen Grundlagen dieser Schätzung preis. Vgl. Liebersohn/Schneider: A Guide to a Manuscript Collection, S. 10. Zählt man ausgehend von den Informationen zu den einzelnen Teilnehmenden des Wettbewerbs, so kommt man auf mindestens 185 Personen, die sich selbst als jüdisch bezeichneten oder von den Nationalsozialisten als (teil-)jüdisch deklariert wurden.
[19] Vgl. ebd., S. 18–21. Darunter befinden sich nicht nur Sozialisten, sondern auch Personen aus dem kirchlichen oppositionellen Milieu. So etwa Dr. Teodoro Wilhelm (Manuskript-Nr. 242), Kuno Fiedler (Manuskript-Nr. 62) und Harald Ganser (Manuskript-Nr. 71).

ne zu Kriegsbeginn in das englische Internierungslager in Devon kam.[20] Ebenfalls vom Kriegsbeginn überrascht wurde Elisabeth Braasch während ihres Au-Pair-Aufenthalts in Amerika. Die Rheinländerin schrieb in Manhasset/New York ihre Erinnerungen.[21]

Die Absenderadressen der eingetroffenen Berichte verdeutlichen, dass die Emigrantinnen und Emigranten über den ganzen Globus verstreut lebten, wenngleich es Zentren gab, aus denen der Großteil der Autobiographien stammte. So war mit 155 von 251 Einsendungen der Hauptanteil der Berichte in den USA verfasst worden.[22] Einige Texte kamen aus Europa, vorwiegend aus England (31 Berichte) und der Schweiz (13), auch aus Frankreich und Schweden (je 5) sowie aus Belgien (2) und den Niederlanden (2). Am dritthäufigsten trafen Berichte aus Palästina (20) in Harvard ein, aber ebenso aus entlegenen Winkeln der Welt wie Australien (3), Japan (1), Shanghai (6) oder Südafrika (2). Aus Süd- und Mittelamerika fanden sechs Berichte ihren Weg nach Cambridge.[23]

Dass aus allen fünf Kontinenten Einsendungen in Harvard eintrafen, lässt vermuten, dass die Initiatoren des Preisausschreibens bei der Bekanntmachung ihres Projekts sehr erfolgreich waren, wenngleich eine bildungsfernere Klientel kaum auf den Aufruf reagierte. Obwohl sie in dem Ausschreibungstext explizit darauf hingewiesen hatten, dass nicht die literarische Qualität der Einsendungen über Erfolg oder Misserfolg bei der Preisvergabe bestimmen würde, hatten sich vorwiegend Angehörige der kaufmännischen und akademischen Mittelschicht auf den Aufruf gemeldet. Die drei größten Berufsgruppen – Rechtsanwälte, Lehrer und Professoren sowie Personen, die im weiteren Sinne schriftstellerisch tätig waren – steuerten mindestens 92 Manuskripte bei. Geschäftsleute und Fabrikanten waren mit 26 Beiträgen vertreten, Ärzte und Zahnärzte mit weiteren 24 Lebensberichten. Hinzu kamen Architekten und Ingenieure (5 Autoren), Rabbiner und Pastoren (5), Schauspieler und Maler (8), Studenten (9) und Geschäftsführer (8). Demgegenüber lassen sich lediglich neun Autoren dem Arbeitermilieu zurechnen. Dominiert in den so weit aufgezählten Berufsgruppen der männliche Anteil, so gilt das nicht für die Gruppe der Laden- und Büroangestellten (16), unter der sich mindestens 9 Frauen befanden. Weiterhin gaben 12 Teilnehmerinnen den Beruf der Hausfrau an und drei waren vor der Emigration als Sozialarbeiterinnen tätig.[24]

---

[20] Siehe Aust, Joseph: Mein Leben in Deutschland vor und nach dem 30. Januar 1933, Devon (England) 1940, Houghton Library (Harvard University), bMS Ger 91 (11), Zugriff am 23. 09. 2008 im Archiv des Zentrums für Antisemitismusforschung der Technischen Universität Berlin.

[21] Vgl. Liebersohn/Schneider: A Guide to a Manuscript Collection, S. 45.

[22] 96 davon in New York City, vgl. ebd., S. 7.

[23] Vgl. ebd., S. 7. Siehe außerdem Garz, Detlef/Lee, Hyo-Seon: „Mein Leben in Deutschland vor und nach dem 30. Januar 1933". Ergebnisse des wissenschaftlichen Preisausschreibens der Harvard University aus dem Jahr 1939 – Forschungsbericht, in: Irmtrud Wojak/Susanne Meinl (Hg.): Im Labyrinth der Schuld. Täter – Opfer – Ankläger, Frankfurt a. M./New York 2003, S. 333–355, hier S. 335.

[24] Vgl. Liebersohn/Schneider: A Guide to a Manuscript Collection, S. 21 f. In den zuerst genannten Berufssegmenten finden sich mit Ausnahme der juristischen Berufe ebenfalls Teilnehmerinnen; in geringer Zahl etwa in der Ärztegruppe (5 Autorinnen), unter den schriftstelleri-

Zusammenfassend lässt sich feststellen, dass sich ein Personenkreis zu Wort gemeldet hatte, der zu weiten Teilen beruflich an das Abfassen längerer Texte gewohnt war oder sich aufgrund seines akademischen Hintergrunds zumindest weniger davon abschrecken ließ. Innerhalb des Harvard-Samples finden sich – wenn auch in anderer Gewichtung – die Berufsgruppen wieder, in denen jüdische Deutsche zu Beginn des Nationalsozialismus stark vertreten waren.[25]

Für die Ermittlung der Altersstruktur der Teilnehmerschaft lassen sich auf der Grundlage des Manuscript Guides 223 Teilnehmende heranziehen.[26] Auf dieser Basis stellen die zwischen 1890 und 1899 geborenen Autorinnen und Autoren mit circa 33 Prozent die größte Gruppe dar, gefolgt von den Geburtsjahrgängen 1900 bis 1909, deren Anteil bei circa 24 Prozent liegt. An dritter Stelle liegen die im Zeitraum von 1880 bis 1889 Geborenen, welche mit 41 Beiträgen etwa 18 Prozent in der Gesamtgruppe ausmachen. Die Personen dieser drei Geburtskohorten, zusammen bilden sie 75 Prozent, waren zum Zeitpunkt des Einsendeschlusses im April 1940 zwischen 31 und 60 Jahre alt. Ergänzt man diese Zahlen um die noch ausstehenden 25 Prozent, ergibt sich jedoch eine weitaus größere Altersspanne. Als der Student Oskar Scherzer seine Erinnerungen für den Wettbewerb abgab, war er 19 Jahre alt und stand noch am Beginn seines Lebens – die Malerin Philippine Wolff-Arndt hingegen stand zu diesem Zeitpunkt in ihrem 91. Lebensjahr (Geburtsjahr 1849).[27] Diese Gegenüberstellung bildet zwar den Extremfall ab, jedoch finden sich in der Kohorte der zwischen 1860 und 1869 Geborenen vier, und in den darauffolgenden zehn Jahrgängen immerhin 24 Autorinnen und Autoren (circa 11 Prozent). Die jüngsten Teilnehmenden, jene ab dem Jahrgang 1910, steuerten weitere 25 Beiträge bei. Die in den Harvard-Autobiographien artikulierten Erfahrungsräume differieren folglich hinsichtlich ihrer altersmäßigen Struktur beträchtlich. Studien, die etwa nach generationenspezifischen Verarbeitungsmustern zeitgeschichtlicher Zäsuren fragen, finden in dem Harvard-Korpus einen reichen Fundus an verwertbaren Quellen.

Umsetzung der Vorgaben und Auswahl der Gewinner

Zweifellos stellten die Vorgaben des Flugblatts einen Versuch dar, die Niederschrift der zu erwartenden Lebenserinnerungen vorzustrukturieren, um sie für das wis-

---

schen Berufen (8 Autorinnen) und auch in der Kategorie der Lehrer/Professoren (7 Autorinnen).
[25] Vgl. Wehler, Hans-Ulrich: Deutsche Gesellschaftsgeschichte 1914–1949. Vom Beginn des Ersten Weltkriegs bis zur Gründung der beiden deutschen Staaten (= Band 4), München 2003, S. 500.
[26] Herausgezählt wurden erstens alle Einträge, anhand denen eine Zuordnung der Teilnehmenden zu den Kohortenblöcken der Geburtsjahrgänge bis 1859, 1860–1869, 1870–1879, 1880–1889, 1890–1899, 1900–1909 und jünger nicht möglich war, und zweitens alle Einträge, die nicht auf eine Teilnehmerin bzw. einen Teilnehmer am Harvard-Wettbewerb verweisen. Von den 263 Ordnern bleiben auf diese Weise 223 übrig.
[27] Es handelt sich um die Mutter der Pazifistin Constanze Hallgarten, die ebenfalls an dem Wettbewerb teilnahm. Die Malerin hatte bereits vor 1933 eine Autobiographie veröffentlicht. Siehe

senschaftliche Erkenntnisinteresse nutzbar zu machen.[28] Am weitesten sind von diesen Vorgaben wohl jene Wettbewerbsbeiträge entfernt, die nicht in Form eines autobiographischen Berichts in Cambridge ankamen. Einige Emigrantinnen und Emigranten nutzten die Chance des Wettbewerbs, um ihren Romanmanuskripten – häufig handelte es sich um biographisch gefärbte fiktionale Literatur – Aufmerksamkeit zukommen zu lassen.[29] In der großen Mehrzahl entsprachen die Manuskripte jedoch dem Thema des Preisausschreibens, das heißt, sie stellen autobiographische Berichte unter der Überschrift „Mein Leben in Deutschland vor und nach dem 30. Januar 1933" dar. Häufig diente dieses Thema der zeitlichen Begrenzung der Erinnerungsschriften: Mit der Ausreise und Flucht endete schließlich das Leben in Deutschland.

Hinsichtlich ihrer Länge wiesen die eingesandten Dokumente eine beträchtliche Varianz auf. Gerade einmal auf zwei Seiten belief sich der Beitrag von Henry Rosenthal mit Ausführungen zum Armeedienst und zur Inflationserfahrung des Autors sowie mit allgemeinen Beobachtungen über das Deutschland des Nationalsozialismus.[30] Demgegenüber hatte die Deutsch-Österreicherin Gertrude Wickerhauser Lederer die Vorgabe von 20 000 Wörtern weit hinter sich gelassen: Ihre Autobiographie umfasste 230 Seiten. Anhand der 241 Beiträge des Wettbewerbs, deren Manuskriptlänge feststellbar ist, zeigt sich, dass Wickerhausers Bemühungen keinen Einzelfall darstellten. Mindestens 28 Teilnehmende hatten Schriftstücke mit einer Textlänge von mehr als 150 Schreibmaschinenseiten eingeschickt, und immerhin 43 Beiträge waren zwischen 101 und 150 Seiten stark. Insgesamt erfüllten mindestens 103 Dokumente die im Flugblatt verkündete Anforderung an die Mindesttextlänge von circa 80 Seiten. 83 Beiträge kamen immerhin noch auf eine Länge von 51 bis 79 Seiten, 46 Dokumente waren zwischen 21 und 50 Seiten lang und 50 wiesen eine Länge bis zu 20 Seiten auf. Die weitaus meisten Teilnehmenden machten im Übrigen von dem Angebot Gebrauch, ihre Erinnerungen in deutscher Sprache zu verschriftlichen.

Ihren Manuskripten legten die Autorinnen und Autoren ein Anschreiben bei, in dem sie ihre Teilnahme an dem Wettbewerb bekannt gaben. Viele nutzten diese Gelegenheit auch, um den Wissenschaftlern die Authentizität des Geschriebenen zu versichern und um – häufig im Hinblick auf noch in Deutschland lebende Verwandte oder Freunde – um Vertraulichkeit im Umgang mit den Berichten zu bit-

---

Wolff-Arndt, Philippine: Wir Frauen von einst: Erinnerungen einer Malerin, München 1929. Siehe außerdem Garz, Detlef/Knuth, Anja: Constanze Hallgarten. Porträt einer Pazifistin (= Imago Vitae – Schriften zur Biographieforschung, Band 2), Hamburg 2004.

[28] Siehe dazu unten das Kapitel II.3.
[29] Siehe zum Beispiel Katz, Henry William: No. 21 Castle Street, New York 1940. Anscheinend ermutigten die Harvard-Wissenschaftler den Autor, sein Manuskript bei Viking Press einzureichen, wo es im selben Jahr erschien. Vgl. Liebersohn/Schneider: A Guide to a Manuscript Collection, S. 70. Bei den fiktionalen Texten handelt es sich laut Liebersohn und Schneider um die Manuskripte mit den Nummern 24, 27, 63, 106, 144, 154, 160, 186, 224, 230, 236 und 247.
[30] Vgl. ebd., S. 100.

ten. Manche entschuldigten sich auch für die schlechte Qualität des Geschriebenen, andere besprachen Veröffentlichungspläne mit den Wissenschaftlern.[31] Auf die Einsendungen folgten die Antworten über den Erhalt des Manuskripts, in denen sich das Wettbewerbskomitee für die Teilnahme bedankte und die Fragen der Einsender beantwortete. Etwaige Sorgen über die Sicherheit von genannten Personen versuchte man mit dem Hinweis zu zerstreuen, dass die Berichte „will be held as strictly confidential, and that the Committee is making every effort to safeguard the manuscripts submitted to it".[32] Jegliche Verwendung von Material aus den Manuskripten käme nur mit vorheriger Erlaubnis der Autorinnen und Autoren in Frage.

In dem Antwortschreiben der zuständigen Sekretärin, zumeist handelte es sich um Edith D. Haley, wurden manche Teilnehmende über die voraussichtliche Bekanntgabe der Preisgewinner informiert. Autorinnen und Autoren, die lange vor Einsendeschluss ihre Arbeit abgeliefert hatten, wurde die Bekanntgabe für das Frühjahr 1940 in Aussicht gestellt. Mit zunehmender Anzahl der eingereichten Beiträge war diese Prognose jedoch nicht mehr einzuhalten. Ab September 1940 wurden die Ergebnisse bekannt gegeben.[33] Man bedauerte in den Briefen an die Verlierer, dass es nicht für einen Geldpreis gereicht hatte, bat sie in der Regel jedoch, ihr Manuskript zu Forschungszwecken in Harvard behalten zu dürfen.

In einigen Fällen beinhalteten diese Schreiben eine Liste mit den Kriterien, nach denen die Auswahl der Gewinner erfolgt war. Die fünf Punkte der Liste korrespondierten im Wesentlichen mit den Vorgaben des Flugblatts, gingen in Teilen jedoch darüber hinaus. Authentizität der Lebensgeschichte wurde genannt, ebenso ihre wissenschaftliche Eignung für die Erklärung der darin beschriebenen Einstellungen und Verhaltensmuster oder die möglichst umfassende Berücksichtigung wesentlicher gesellschaftlicher Konstellationen. Gewünscht waren an erster Stelle konkrete Erlebnisse und ein deskriptiver Narrationsstil, wenngleich gute theoretische Analysen belohnt werden sollten. Auch der sinnvolle Gebrauch von Zitaten aus Originaldokumenten war von Vorteil. Allgemein sollten die Gewinnermanuskripte den in der Ausschreibung des Wettbewerbs genannten Forschungszielen dienlich sein.[34]

---

[31] Das geht etwa aus einem Schreiben an Martin Andermann hervor. Vgl. Anon.: Schreiben an Martin Andermann v. 30. 12. 1940, Houghton Library (Harvard University), bMS Ger 91 (6), Zugriff am 23. 09. 2008 im Archiv des Zentrums für Antisemitismusforschung der Technischen Universität Berlin. Es handelt sich nicht um den Originalbrief, sondern vermutlich um eine Abschrift, die in Harvard verblieb und aus der der Verfasser nicht hervorgeht.

[32] Vgl. Anon.: Schreiben an Gertrude Wickerhauser Lederer v. 19. 03. 1940, Houghton Library (Harvard University), bMS Ger 91 (130), Zugriff am 23. 09. 2008 im Archiv des Zentrums für Antisemitismusforschung der Technischen Universität Berlin.

[33] So etwa im Fall von Ernst Marcus, andere Autorinnen und Autoren erfuhren erst ab Oktober von ihrem Ergebnis. Vgl. Allport, Gordon W./Fay, Sidney B./Hartshorne, Edward Y.: Schreiben an Ernst Marcus v. 17. 09. 1940, Archiv des Leo Baeck Instituts, ME 423. MM 52.

[34] Vgl. Anon.: „Criteria for Selecting the Prize-Winning Manuscript", o. D., Archiv des Leo Baeck Instituts, ME 423. MM 52.

Ausführliche Informationen zur Auswahl der Gewinner liegen leider nicht vor. Auf den Manuskript-Mappen finden sich zum Teil Bewertungen in Form einer Notenskala sowie knappe Beurteilungen. Auf der Mappe der bereits erwähnten Gewinnerin des geteilten ersten Preises (zweimal 250 US-Dollar), Gertrude Wickerhauser Lederer, liest man zum Beispiel:

„Particularly clear + well written description of life in Vienna before + after Hitler. Of particular interest because of their many relations with the Nazi Party ([unleserlich]) semi-Nazi daughter, her brother + various other relations). Shows clearly the relation between the Ger. + Austrian Nazis + how the latter were promptly put on the shelf."[35]

Ob dieser kurze Text letztlich den Ausschlag für die Zuerkennung des ersten Preises gab, lässt sich nicht rekonstruieren. Eine systematische Beurteilung entlang der vorgestellten Kriterien stellte er jedenfalls nicht dar. Allein die überdurchschnittliche Länge des Manuskripts (230 Schreibmaschinenseiten) wird nicht ausschlaggebend gewesen sein, da der zweite Gewinner des ersten Preises, Carl Paeschke, einen Bericht von 57 Seiten abgegeben hatte.[36]

Wissenschaftshistorische Verortung des Preisausschreibens

Wissenschaftshistorisch lässt sich das Unternehmen der Harvard-Wissenschaftler bis in das frühe 20. Jahrhundert zu der *Chicagoer Schule* zurückverfolgen. Mit dem an der Universität von Chicago beheimateten Institut für Soziologie verbinden sich die Namen von Robert Park (1864–1944) und William Thomas (1863–1947).[37] In Zusammenarbeit mit dem Philosophen Florian Znaniecki (1882–1958) veröffentlichte Thomas die einflussreiche, mehrbändige Arbeit „The Polish Peasant in Europe and America", für die autobiographische Dokumente ausgewertet wurden.[38] Über den Wert persönlicher Dokumente für die psychologische und soziologische Forschung entspann sich in der Folge von „The Polish Peasant in Europe and America" eine breite Debatte, an der auch ein Mitinitiator des Harvard-Unternehmens, Gordon W. Allport, mit einer entsprechenden Monographie teilnahm (s. u.).[39]

---

[35] Anon.: Vermerk auf der Mappe des Wettbewerbsbeitrags von Gertrude Wickerhauser Lederer, o. D., Houghton Library (Harvard University), bMS Ger 91 (130), Zugriff am 23. 09. 2008 im Archiv des Zentrums für Antisemitismusforschung der Technischen Universität Berlin.
[36] Für eine Auflistung der bisher bekannten Preisträger siehe Garz: Das wissenschaftliche Preisausschreiben der Harvard Universität, S. 313–316.
[37] Vgl. Garz/Lee: Ergebnisse des wissenschaftlichen Preisausschreibens, S. 338 f.; Fontana, Andrea/Frey, James H.: Interviewing: The Art of Science, in: Norman K. Denzin/Yvonna S. Lincoln (Hg.): Handbook of Qualitative Research, Thousand Oaks (Cal.) 1996, S. 361–376, hier S. 362.
[38] Thomas, William I./Znaniecki, Florian: The Polish Peasant in Europe and America. Monograph of an Immigrant Group (5 Bde.), Chicago (Ill.)/Boston (Mass.) 1918–1920.
[39] Siehe eine Zusammenfassung der Kontroverse bei Paul, Sigrid: Begegnungen. Zur Geschichte persönlicher Dokumente in Ethnologie, Soziologie und Psychologie (Band II), Hohenschäftlarn 1979, S. 133–145.

1. „Mein Leben in Deutschland vor und nach dem 30. Januar 1933"   45

Der Sozialwissenschaftler Detlef Garz hat in seiner Beschäftigung mit den Harvard-Dokumenten herausgearbeitet, dass zentrale inhaltliche und methodische Ergebnisse von Thomas und Znaniecki die Arbeit der Harvard-Wissenschaftler beeinflusst haben. Auf inhaltlicher Ebene sei dies eine Typologie verschiedener Charaktere gewesen, die sich vereinzelt in den Kommentaren zu den eingesandten Manuskripten finden.[40] Methodisch hingegen hätten sie sich an Gütekriterien orientiert, die Znaniecki und Thomas für die Arbeit mit autobiographischem Material erstellt hätten (Genauigkeit der Information in dem Dokument, Repräsentativität und Zuverlässigkeit).[41] Dem entsprachen auch die im Ausschreibungstext des Preisausschreibens verlautbarten Vorgaben, welche die Teilnehmenden dazu anhielten, die Glaubwürdigkeit ihrer Aussagen mit dem entsprechenden Beweismaterial zu untermauern. Und dass die Wissenschaftler schließlich an einer möglichst präzisen Wiedergabe des Erlebten interessiert waren, spiegelt sich in dem Satz wider, man solle sich am Preisausschreiben beteiligen, wenn man nur ein gutes Gedächtnis, scharfe Beobachtungsgabe und Menschenkenntnis besäße.[42]

Noch vor dem Harvard-Unternehmen knüpfte ein anderes Forschungsprojekt an die Studie von Thomas und Znaniecki an, das im Rahmen eines wissenschaftlichen Preisausschreibens mit autobiographischem Material arbeitete. Ein Schüler Znanieckis, Theodore Abel (1896–1988), appellierte 1934 in Parteizeitungen der NSDAP unter dem Aufruf „400 Mark an Preisgeldern – für die beste Lebensgeschichte eines Anhängers der Hitler-Bewegung" an NSDAP-Mitglieder, sich einer Befragung zur Verfügung zu stellen. Der Erfolg dieses Aufrufes war erstaunlich: Zur Fertigstellung seiner Arbeit konnte der New Yorker Soziologe auf über 600 Lebensberichte zurückgreifen.[43] Die Ergebnisse seiner Untersuchung liegen in der zuerst 1938 erschienenen Schrift „Why Hitler came into Power" vor,[44] in der er die große Anhängerschaft Hitlers in den unterschiedlichen gesellschaftlichen Schichten auf das Zusammenspiel mehrerer Faktoren zurückführte. Der Unzufriedenheit mit der Weimarer Republik, der Ideologie und Strategie der NSDAP sowie dem Charisma Adolf Hitlers widmet Abel daher ausführlichere Passagen in dem Buch.[45]

Aus der Sicht der drei Harvard-Wissenschaftler Allport, Fay und Hartshorne, die in den ihnen vorliegenden Manuskripten hauptsächlich die Erlebnisse der Verfolgten des Regimes fanden, beleuchtete Abels Studie die Gegenperspektive. Die sich daraus ergebenden Probleme und Fallstricke kritisierte Hartshorne 1939 in

---

[40] Vgl. Garz/Lee: Ergebnisse des wissenschaftlichen Preisausschreibens, S. 338 f.
[41] Vgl. Garz: Das wissenschaftliche Preisausschreiben der Harvard Universität, S. 306 f.
[42] Vgl. Reuß, Gustav A. F.: „Dunkel war über Deutschland. Im Westen war ein letzter Widerschein von Licht." Autobiographische Erinnerungen von Friedrich Gustav Adolf Reuß. Herausgegeben von Ursula Blömer und Sylke Bartmann (= Oldenburgische Beiträge zu Jüdischen Studien, Band 9), Oldenburg 2001, S. 18. Auch hier findet sich das Flugblatt abgedruckt.
[43] Vgl. Garz: Das wissenschaftliche Preisausschreiben der Harvard Universität, S. 308. Für einen Überblick über das Projekt siehe auch Paul: Begegnungen, S. 83–86.
[44] Siehe Abel, Theodore: Why Hitler Came into Power, Cambridge (Mass.) 1986.
[45] Vgl. ebd., S. 166–184. Siehe auch Paul: Begegnungen, S. 85.

einer Rezension. Nach Hartshornes Meinung hatte Abel in seiner Interpretation der Lebensläufe ihre Entstehungsbedingungen in nicht ausreichendem Maße reflektiert. Die Teilnehmenden hätten gewusst, dass sie für ein US-amerikanisches Publikum ihre Erinnerungen schreiben sollten, was Auswirkungen auf den Typ der Teilnehmerschaft und das Material gezeitigt habe. Laut Hartshorne erkläre dies möglicherweise, weshalb in den Dokumenten der Antisemitismus weithin unsichtbar geblieben sei. Zudem kritisierte der Harvard-Soziologe an seinem New Yorker Kollegen, dass die Studie bisweilen den Eindruck vermittelte, als wäre der Erfolg der NS-Bewegung unvermeidlich gewesen. Der Vorwurf lief also darauf hinaus, dass Abel seine Quellen zu unkritisch gelesen habe und in der Folge den Narrativen der Nationalsozialisten aufgesessen sei.[46]

Zeitlich dem Harvard-Projekt nachgelagert sind die Preisausschreiben des *Yiddish Scientific Institute* (YIVO) und des in die USA verlagerten Frankfurter Instituts für Sozialforschung, dem New Yorker *Institute of Social Research*. Das 1940 aus Vilna in die USA übergesiedelte *Yiddish Scientific Institute* veranstaltete zwei Jahre später einen Wettbewerb, der sich vor allem an osteuropäische Emigranten richtete. Diese sollten mit Hilfe persönlicher Dokumente Auskunft darüber geben, weshalb sie ihr Heimatland verlassen hatten und was sie seit ihrer Ankunft in Amerika erreicht hatten. Methodisch berief man sich explizit auf den von Thomas und Znaniecki vorbereiteten Weg und erwähnte in diesem Zusammenhang auch, wie sich im Newsletter des YIVO vom September 1943 nachlesen lässt, die bisherigen Wettbewerbe von Abel und dem Kreis der Harvard-Wissenschaftler.[47] Es folgte das Preisausschreiben des New Yorker *Institute of Social Research* 1943. Die Nachfolge-Einrichtung des Frankfurter Instituts für Sozialforschung führte den Wettbewerb in Zusammenarbeit mit dem *American Jewish Comittee* innerhalb einer groß angelegten Studie über Antisemitismus durch und erhielt von circa 110 Teilnehmern autobiographisches Material.[48]

Als die Harvard-Wissenschaftler Allport, Hartshorne und Fay in die Phase der Durchführung des Preisausschreibens eintraten, scheinen sie gut vorbereitet gewe-

---

[46] Vgl. Hartshorne, Edward Y.: Sammelrez. zu Abel, Theodore: Why Hitler Came into Power, New York 1938; Brady, Robert A.: The Spirit and Structure of German Fascism, New York 1937; Childs, Harwood L. (Editor): The Nazi Primer. Official Handbook for Schooling the Hitler Youth. Translated with a Preface by Harwood L. Childs. With a Commentary by William E. Dodd, New York 1938, in: Journal of Social Philosophy. A Quarterly Devoted to a Philosophic Synthesis of the Social Sciences 5 (1939), S. 277–280.

[47] Ein Auszug aus dem besagten Newsletter ist abgedruckt bei Garz: Das wissenschaftliche Preisausschreiben der Harvard Universität, S. 309 f. Eine ausführlichere Darstellung des Wettbewerbs findet sich bei Soyer, Daniel: Documenting Immigrant Lives at an Immigrant Institution: YIVO's Autobiography Contest of 1942, in: Jewish Social Studies 53 (1999), S. 218–243.

[48] Vgl. Garz: Das wissenschaftliche Preisausschreiben der Harvard Universität, S. 307, 309–311. Das Institut berichtete am 14. Januar 1944 im *Aufbau* über das Ergebnis des Wettbewerbs. Aus dem Artikel geht hervor, dass es zu dem Zeitpunkt mit der wissenschaftlichen Auswertung der zugesandten Dokumente beschäftigt war. Vgl. Anon.: Erfahrungen mit dem Nazi-Antisemitismus. Das Ergebnis des Wettbewerbs des „Institute of Social Research", in: Aufbau v. 14. 01. 1944.

sen zu sein. Sie konnten bereits auf eine kurze Tradition wissenschaftlicher Preisausschreiben zurückblicken und betraten auch methodisch kein Neuland. Umso verwunderlicher ist es, dass die letztendliche Auswertung der Manuskripte weit hinter den sich bietenden Möglichkeiten zurückblieb.

2. Zu rein wissenschaftlichen Zwecken? Die Harvard-Manuskripte und die amerikanische Debatte über den Kriegsbeitritt

Harvard-Wissenschaftler als Protagonisten des Interventionismus

Zwar betonten die Wissenschaftler im Ausschreibungstext des Flugblatts, sie hätten zu „wissenschaftlichen Zwecken" Material sammeln wollen. Doch ihr Projekt fiel in einen Zeitraum, in dem die Dringlichkeit der Beschäftigung mit dem Nationalsozialismus nicht nur aus wissenschaftlichen, sondern ebenso aus politischen Gründen für die US-amerikanische Gesellschaft eine neue Stufe erreicht hatte. Mit dem Überfall der deutschen Wehrmacht auf Polen wurde in der amerikanischen Öffentlichkeit die Frage des Kriegsbeitritts zwischen Befürwortern und Gegnern intensiv diskutiert.[49] Im Kontext dieser Debatte erfuhren die Harvard-Dokumente eine politische Aufwertung.

Bis zum japanischen Angriff auf Pearl Harbor verlor die ursprünglich dominierende isolationistische Haltung, welche die Vereinigten Staaten unter allen Umständen aus einem bewaffneten Konflikt heraushalten wollte, in der amerikanischen Öffentlichkeit an Boden.[50] Die Auseinandersetzungen zwischen Isolationisten und den Befürwortern des Kriegsbeitritts, den Interventionisten, wurden parallel ebenso an den amerikanischen Universitäten geführt. In Harvard gab es mit dem deutsch-amerikanischen Politikwissenschaftler Carl Joachim Friedrich und dem Soziologen Talcott Parsons zwei prominente Fürsprecher der interventionistischen Gegenposition. Zum interventionistischen Lager zählte als Schüler und Kollege von Talcott Parsons auch Edward Y. Hartshorne.

Parsons hatte zum ersten Mal im November 1938, wenige Wochen nach dem Novemberpogrom, öffentlich gegen das NS-Regime Stellung bezogen. Folgt man Stephen Norwoods Darstellung über das Verhältnis der amerikanischen Eliteuniversitäten zum Nationalsozialismus, dann war der Zeitpunkt von Parsons Stellungnahme durchaus bezeichnend. Laut Norwood war an mehreren US-Eliteuni-

---

[49] Vgl. Hoenicke Moore, Michaela: Know Your Enemy. The American Debate on Nazism, 1933–1945 (= Publications of the German Historical Institute), Cambridge 2010, S. 96–101. Zur Bedeutung der isolationistischen Bewegung für Hitlers Politik zwischen 1939 und 1941 siehe Fischer, Klaus P.: Hitler & America, Philadelphia (PA) 2011, S. 99–132.
[50] Vgl. Hoenicke Moore: Know Your Enemy, S. 98, 100 f.

versiäten, darunter auch Harvard, dem Novemberpogrom eine lange Phase der Indifferenz gegenüber dem Schicksal der Juden vorausgegangen.[51] Nun warnte Parsons in dem Artikel „Nazis Destroy Learning, Challenge Religion" die US-amerikanische Öffentlichkeit davor, das NS-Regime als ein autoritäres Regime zu interpretieren, welches sich nach und nach politisch normalisieren würde. Stattdessen betonte er den revolutionären, antidemokratischen Charakter der NS-Herrschaft, die auf eine Zerstörung der modernen Welt ausgerichtet sei, an den Beispielen von Religion und Bildung. Der Nationalsozialismus, so Parsons, bedrohe die „institutional fundamentals of western civilization".[52]

Der jüngste unter den drei Initiatoren des Harvard-Preisausschreibens, Edward Y. Hartshorne, hatte sich mit seiner 1937 unter dem Titel „The German Universities and National Socialism" erschienenen Dissertation einen Namen als Kenner der deutschen Gegenwart gemacht.[53] In ihr hatte er bereits auf den Verlust an akademischer Freiheit und Brillanz infolge der Machtübernahme hingewiesen.[54] Ein späterer Aufsatz kontrastierte die unterschiedlichen Konzeptionen von Wissenschaft und Bildung in ihrer Beziehung zur Politik stärker entlang einer fundamentalen Opposition zwischen westlicher Tradition und der NS-Diktatur. Er sah den wesentlichen Unterschied darin, dass Wissenschaft im Nationalsozialismus kein eigenständiger Wert mehr sei, sondern vielmehr für politische Zwecke des Regimes instrumentalisiert und geschwächt worden sei. „Research work and publication must justify themselves on practical grounds, either as politically efficacious propaganda or as nationally useful technology", schrieb Hartshorne über die wissenschaftspolitische Entwicklung Deutschlands und warnte: „The ‚Teutonic Soul' has drawn within itself again, and the unity of Western learning, and even world scholarship, is imperiled."[55]

Entgegen der isolationistischen Position der *America First*-Bewegung, des bekannten antisemitischen Priesters ‚Father' Coughlin und des Deutsch-amerikanischen Bundes gewannen US-Akademiker wie Parsons und Hartshorne, die sich intensiv mit dem Nationalsozialismus unter wissenschaftlichen Gesichtspunkten beschäftigt hatten, zunehmend die Überzeugung, dass ihre Demokratie aktiv gegen die Bedrohung des Nationalsozialismus verteidigt werden müsse. Im August

---

[51] Vgl. Norwood, Stephen H.: The Third Reich in the Ivory Tower. Complicity and Conflict on American Campuses, Cambridge u. a. 2009, S. 73 f.

[52] Vgl. Parsons, Talcott: Nazis Destroy Learning, Challenge Religion, in: Uta Gerhardt (Hg.): Talcott Parsons on National Socialism, New York 1993, S. 81–83. Vgl. auch Gerhardt, Uta: Talcott Parsons. An Intellectual Biography, Cambridge 2002, S. 61 f.

[53] Hartshorne, Edward Y.: The German Universities and National Socialism, London 1937. Hartshornes Arbeit wurde in den Fachzeitschriften überwiegend positiv rezensiert. Siehe etwa Gumbel, Emil J.: Rez. v. Hartshorne, Edward Y.: The German Universities and National Socialism, in: The Annals of the American Academy of Political und Social Science 200 (1938), S. 307; Eaton, J. W.: Rez. v. Hartshorne, Edward Y.: The German Universities and National Socialism, in: The German Quarterly 11 (1938), S. 161–163.

[54] Vgl. Hartshorne: The German Universities and National Socialism, S. 170–173.

[55] Hartshorne, Edward Y.: The German Universities and the Government, in: The Annals of the American Academy of Political and Social Science 200 (1938), S. 210–234, hier S. 231.

1940 kam es daher zur Gründung des *Council of Democracy*, dessen erster Vorsitzender der Politikwissenschaftler Carl J. Friedrich wurde. Der *Council* setzte sich zum Ziel, die amerikanische Öffentlichkeit von der Notwendigkeit des Kampfes gegen den Nationalsozialismus zu überzeugen, indem er die Unterschiede zwischen Faschismus und Demokratie klar herausstellte. Auch Talcott Parsons wurde ein Mitglied des *Councils* und übernahm darüber hinaus ab Februar 1941 den Vorsitz im *Committee on Morale and National Unity* der ebenfalls im Sommer 1940 gegründeten *American Defense Group* der Harvard University. Vizevorsitzender des Komitees wurde Edward Y. Hartshorne. Weitere Teilnehmer aus dem Umfeld des Autobiographie-Wettbewerbs waren Gordon Allport und George Devereux, der als Kulturpsychologe bei der Auswertung der Manuskripte geholfen hatte.[56]

Uta Gerhardt zufolge hatte die Gruppe in einer Stellungnahme vom Juli 1940 acht Ziele aufgelistet. Unter anderem versuchte man, Maßnahmen der militärischen und industriellen Mobilisierung der Vereinigten Staaten zu unterstützen. Als zentrale Anliegen stechen die Ziele hervor, über Klassen- und ethnische Grenzen hinweg die nationale Einheit Amerikas zu fördern und die amerikanische Moral gegen jede Form totalitärer Übergriffe zu stärken. Zu Letzteren zählte man nicht nur militärische und ökonomische Angriffe.[57] Diese Ziele stellten auch eine Reaktion auf die zu dieser Zeit zirkulierenden Bedrohungsszenarien dar, denen gemäß Agenten der NS-Regierung bzw. eine geschickte Auslandspropaganda den Zusammenhalt der amerikanischen Gesellschaft untergraben würden. Und schließlich waren auch US-amerikanische Bewegungen wie der Isolationismus gemeint, die nicht den Widerstand gegen den Nationalsozialismus proklamierten, sondern für eine Beschwichtigungspolitik einstanden.[58]

Im *Council* und in der *Defense Group* schenkte man unter anderem dem Einfluss der deutschen Auslandspropaganda auf die amerikanische Bevölkerung und der Entwicklung der deutschen Gesellschaftsstruktur Aufmerksamkeit. Beide Themen sollten sich in den Veröffentlichungen Hartshornes wiederfinden. Parsons hatte in einem Memorandum für den *Council* auf die Schwächen der amerikanischen Sozialstruktur – unter anderem Klassenkonflikte und ethnische Span-

---

[56] Vgl. Gerhardt, Uta: Introduction. Talcott Parsons's Sociology of Nationals Socialism, in: dies. (Hg.): Talcott Parsons on National Socialism, New York 1993, S. 1–80, hier S. 15, 19. In einer Anmerkung seines Aufsatzes, der sich mit den autobiographischen Berichten befasst, listete Allport die Personen auf, die bei der Auswertung geholfen hatten. Vgl. Allport, Gordon W./ Bruner, Jerome S./Jandorf, Ernest M.: Personality under Social Catastrophe: Ninety Life-Histories of the Nazi Revolution, in: Character and Personality 10 (1941/42), S. 1–22, hier S. 1, Anm. 1.

[57] Vgl. die Aufführung der Ziele bei Gerhardt: Introduction, S. 18.

[58] Siehe Hoenicke Moore: Know Your Enemy, S. 93–96. Siehe hierzu auch Stieglitz, Olaf: Keep Quiet … But Tell!! Political Language and the ‚Alert Citizen' in Second World War America, in: Willibald Steinmetz (Hg.): Political Languages in the Age of Extremes, Oxford 2011, S. 195–213. Stieglitz zeigt die diskursiven Strategien auf, mit denen die US-Regierung versuchte, ihre Bürger gegen die Bedrohung von außen zu wappnen. Eine zentrale Rolle spielte in diesem Zusammenhang das *Office of War Information*, für das Hartshorne ab 1941 arbeitete.

nungen – hingewiesen, die von der deutschen antidemokratischen Propaganda ausgenutzt werden könnten. In der *Defense Group* organisierte er 1941 zusammen mit Hartshorne eine Diskussionsgruppe zur deutschen Sozialstruktur. Ziel war es, die von den Sozialwissenschaften hervorgebrachten Erkenntnisse zu bündeln und für die amerikanische Kriegspolitik sowie die Nachkriegsplanung fruchtbar zu machen. Hartshorne war für die Vorbereitung einer Sitzung über den Einfluss des Ersten Weltkriegs auf die Grundhaltungen der deutschen Bevölkerung verantwortlich.[59]

Hartshornes Gebrauch der Harvard-Manuskripte steht in einem engen Zusammenhang mit diesem politischen Engagement, das sich publizistisch in der Aufklärung seiner Landsleute über die Gefährlichkeit des Nationalsozialismus und dem damit verbundenen Kampf gegen die isolationistische Mehrheitsmeinung äußerte. Zwei dieser Schriften, beide aus dem Jahr 1941, verdienen eine genauere Betrachtung.

„German Youth and the Nazi Dream of Victory" – Flaschenpost aus Deutschland

Die Schrift mit dem Titel „German Youth and the Nazi Dream of Victory"[60] stellt ihrer Textgattung nach keine streng wissenschaftliche Publikation dar. Es handelt sich eher um eine Aufklärungsschrift, die sowohl in den USA als auch in England erschien. In der Reihe „America in a World at War"[61] veröffentlichten Wissenschaftler wie Hartshorne, aber auch Schriftsteller wie Stephen Vincent Benet kürzere Schriften, die sich allgemein mit Problemen des Kriegs beschäftigten. Hartshorne analysierte in seiner Schrift – passend zu seiner inhaltlichen Arbeit in der *Defense Group* – die deutsche Gesellschaft von 1941, wobei er die Gründe für den politischen Erfolg der NSDAP in generationenspezifischen Erfahrungen verortete.

Auf lange, meist anonymisierte Zitate aus mehreren Wettbewerbsbeiträgen griff Hartshorne zurück, als er sich auf die Analyse der seit 1900 geborenen Deutschen konzentrierte. Er unterschied eine „post war generation" von einer „pre-nazi" sowie einer „nazi generation". Unter die erstere fielen die zwischen 1900 und 1919 geborenen Deutschen, deren entscheidende Sozialisationsjahre laut Hartshorne zwischen 1914 und 1933 lagen. Hartshornes Ziel war es, die negativen Auswirkungen der Republik auf diese Generation herauszustellen. Die angeführten Belegstellen beleuchten daher vor allem eine Genese der antidemokratischen Einstellung der damaligen Kinder und Jugendlichen sowie ihres Lebensumfelds. Mit Hilfe von

---

[59] Vgl. Gerhardt: Introduction, S. 22 f.
[60] Hartshorne, Edward Y.: German Youth and the Nazi Dream of Victory (= America Faces the War, Band 6), London/Bombay/Melbourne 1941.
[61] *Oxford University Press* veröffentlichte einige der darin erschienenen Schriften, darunter auch Hartshornes, in der eigenen Reihe „America Faces the War". Nachfolgende Angaben beziehen sich auf die in England veröffentlichte Ausgabe, da auf die in den USA erschienene Ausgabe leider nicht zurückgegriffen werden konnte.

Zitaten aus der Autobiographie eines 1905 geborenen Wettbewerbsteilnehmers rekonstruierte Hartshorne die folgende Entwicklung: zunächst kindliche Begeisterung für den Krieg gepaart mit dem festen Glauben an einen deutschen Sieg, dann die Enttäuschung über die Niederlage und die Identifikation der Weimarer Republik als Ausdruck der Niederlage. Dies, zusammen mit den ökonomischen und politischen Turbulenzen der Republik, habe bei der Nachkriegsgeneration eine Realitätsflucht „in the direction of the ‚dream of national glory'" ausgelöst, die ihren Niederschlag in der Anfälligkeit für mystisch aufgeblähte Konzepte wie ‚Führer', ‚Bund' oder ‚Gemeinschaft' gefunden habe. Hartshorne betonte eigens die Repräsentativität der vorgestellten Autobiographie: Wenngleich ihr Autor als Protagonist einer „educated middle class" dem Nazismus ablehnend gegenübergestanden habe und daher emigriert sei, so stünde er doch für Millionen der im Reich verbliebenen Deutschen. Und zwar für jene Deutschen, die trotz ihrer teilweisen Ablehnung noch genug überzeugende Aspekte im NS-Programm fänden, um das System durch ihr Schweigen zu stützen.[62]

Für die „pre-nazi" (ab 1919) und „nazi generation" (ab 1929) identifizierte Hartshorne drei Faktoren, die ihre Einstellungen sowie ihr Handeln im Nationalsozialismus bestimmt hätten. Innere Zustimmung hätten demnach politische Projekte erzeugt, die das verloren geglaubte nationale Prestige Deutschlands wieder herstellen sollten; etwa die Einführung der allgemeinen Wehrpflicht und die Remilitarisierung des Rheinlands. Den äußeren Konsens vieler Jugendlicher führte er zum einen auf utilitaristische Motive zurück. Da die späteren Berufschancen der Jugendlichen in einem hohen Grad von positiven Beurteilungen durch ihre politischen Führer abhängig seien, habe sich die Gleichschaltung der Jugend effektiv durchführen lassen. Außerdem betonte Hartshorne die Angst vor Bestrafung infolge nonkonformen Verhaltens. Diesen Aspekt konkretisierte er mit einem autobiographischen Bericht über die Auswirkung der Verfolgung auf das Familienleben. Demnach hatte ein sechs Jahre altes Mädchen, von ihrer Freundin unter Druck gesetzt, den eigenen Vater wegen einer regimekritischen Bemerkung bei der Polizei angezeigt. Daraufhin habe das Verhältnis zwischen Tochter und Vater schweren Schaden genommen.

Dem Versuch des Regimes, die Kinder und Jugendlichen gründlich in ihrem Sinne zu ‚erziehen', widmete Hartshorne mit den Erinnerungen der 1912 geborenen Barbara Sevin eine längere Textpassage. Die organisatorischen Strukturen nationalsozialistischer Erziehungsinstitutionen seien laut Hartshorne gut erforscht: „What is more difficult to discover", fuhr der Soziologe fort, „is the subjective reactions of the boys and girls who go through the ‚educative' process. We are fortunate in having one report by a girl who went through the Labor Service, which reveals its effect on one whose whole value-orientation was opposed to National Socialism."[63]

---

[62] Vgl. ebd., S. 10–16.
[63] Ebd., S. 20.

Eine intensive Analyse erfolgte nach dieser Feststellung jedoch nicht: Über circa vier Seiten erstrecken sich lange Zitate, versehen mit jeweils kurzen Überschriften, die als Leseanleitung fungierten, zum Beispiel: „Suppression of Community Spirit", „The Leadership Principle at Work" oder „A Nazi ‚Celebration' from the Inside".[64] Nur gelegentliche, kurze Einschübe verbanden die Zitate miteinander.

Ausgiebig zitierte der Soziologe auch den Bericht eines Arbeiters. Wie im Falle der Barbara Sevin vermittelte Hartshorne seinen Lesern zunächst den Wert der zu Grunde liegenden Autobiographie. Die Reaktionen der Arbeiterschaft auf den Nationalsozialismus seien aufgrund einer nur schwach ausgeprägten Literalität dieser Schicht schwierig zu ermitteln. Außerdem käme man als ausländischer Besucher mit Arbeitern kaum in Kontakt:

„However, we are fortunate in having one record of opinion by one factory laborer, born in 1912, of ‚Aryan' descent, who wrote a brief account of his life only a few months before he went down as a victim of the *Arandora Star* disaster late in 1940. This document was written while he was in a British internment camp; he was *not a refugee*, however […]."[65]

Auf den anschließenden Seiten dokumentierten einzelne Belegstellen die von gegenseitiger Denunziationsangst geprägte Atmosphäre in dem Betrieb des Autors, die Anfälligkeit der deutschen Bevölkerung für die dauerhafte NS-Propaganda und die – laut Hartshorne – psychologische Konfusion des Autors, der dem Regime innerlich ablehnend gegenüberstand, bei offiziellen Anlässen jedoch zum Hitlergruß gezwungen wurde.[66]

Die Harvard-Dokumente, so scheint es in der Zusammenfassung, waren deshalb von großem Wert für Hartshorne, weil sie Einblicke in das Innere der NS-Gesellschaft versprachen. Damit bediente er nicht zuletzt die Neugierde einer Leseröffentlichkeit, die sich angesichts des ausgebrochenen Kriegs unter anderem fragte, auf welchen Grad der Zustimmung Hitler für seine Kriegspolitik bauen konnte. Auch große Zeitschriften veröffentlichten Erfahrungsberichte, die einen authentischen Einblick in das Innenleben Deutschlands gewähren sollten. Das *Life Magazine* druckte beispielsweise in zwei Ausgaben längere Ausschnitte aus der Autobiographie des ehemaligen Komintern-Agenten Dietrich Krebs ab, der seine Erinnerungen unter dem Pseudonym Jan Valtin veröffentlichte.[67] Die Erinnerungen wurden in den USA ein Bestseller. Die Tatsache, dass Hartshorne auf autobiographische Schriften von Deutschen zurückgriff, war also keineswegs eine methodische Nebensächlichkeit. Dies wird auch an mehreren Stellen des Textes deutlich.

---

[64] Weitere Überschriften stellen „Position of Women in the Whole Labor Service Organization", „Marching", „Artificial ‚Folk Customs'", „‚Comradeship' under the Terror", „Physical Values Replace Intellectual Ones", „Nazi Attitude toward Intellectual Interests" und „The Art of Innocuous Conversation" dar.

[65] Ebd., S. 25 (Hervorheb. i. O.). Hartshorne nannte nicht den Namen des Autors. Aufgrund seiner tragischen Geschichte liegt der Verdacht nahe, dass es sich um Siegfried Blumens handelt. Jedoch war dieser nicht ein Arbeiter ‚arischer Abstammung', sondern ein Geschäftsmann jüdischer Herkunft. Vgl. Liebersohn/Schneider: A Guide to a Manuscript Collection, S. 44.

[66] Hartshorne: German Youth and the Nazi Dream of Victory, S. 25–27.

[67] Valtin, Jan (Pseud.): I Was Beaten by the Gestapo, in: Life Magazine v. 03. 03. 1941, S. 94–101.

Bereits im Klappentext fanden die Autobiographien eine Erwähnung. Der Autor, so heißt es dort, befasse sich derzeit mit der Herausgabe und Interpretation von mehr als 200 unveröffentlichten Autobiographien deutscher Autorinnen und Autoren, die den Einfluss der Machtübernahme auf ihr Leben schilderten. Anschließend erfuhren die Leserinnen und Leser, dass sich Zitate aus diesen Autobiographien in dem Text befänden.[68]

Zusätzlich spricht Hartshornes Verwendungsweise der Manuskripte für diese Interpretation. Erstens verzichtete er auf eine systematische wissenschaftliche Ausdeutung der Dokumente – für die im Rahmen dieser eher kurz gehaltenen Textsorte wohl auch kein Platz gewesen wäre – und ließ die Quellen stattdessen über weite Teile ‚für sich sprechen'. Zweitens versäumte er es nicht, die Leserschaft von der Kostbarkeit seiner Quellen in Kenntnis zu setzen. Etwa im Fall der Autobiographie von Barbara Sevin, die einem ausländischen Publikum die bisher unbekannten subjektiven Reaktionen der Jugend auf die nationalsozialistischen Indoktrinierungsversuche beleuchtete. Parallel erfuhr auch die angesprochene Arbeiterautobiographie eine entsprechende Aufwertung im Text. Zwar handelte es sich nicht um Zeugnisse, die in Deutschland entstanden waren, aber Hartshorne ‚inszenierte' sie gewissermaßen als eine wertvolle ‚Flaschenpost' aus dem Inneren Deutschlands, die jenseits offizieller Propaganda Auskunft gab über Einstellungen und Haltungen der deutschen Bevölkerung sowie die Verteilung von Loyalität und Nonkonformismus.

Obwohl sich Hartshornes Schrift nicht explizit als eine interventionistische Streitschrift verstehen lässt, so war sie doch Teil der Debatte, in der es um die Kriegsteilnahme der USA ging. Hartshorne nutzte die autobiographischen Dokumente, um – gemäß seiner politischen Überzeugung – dem amerikanischen Publikum die Gefährlichkeit des nationalsozialistischen Regimes zu verdeutlichen.

Die NS-Auslandspropaganda entlarven: „Reactions to the Nazi Threat"

In der *Public Opinion Quarterly* erschien 1941 unter der Überschrift „Reactions to the Nazi Threat. A Study of Propaganda and Culture Conflict" ein weiterer Artikel von Hartshorne.[69] Im Vergleich zu „German Youth and the Nazi Dream of Victory" spielen die Harvard-Manuskripte in dem Aufsatz eine untergeordnete Rolle. In seiner äußeren Erscheinungsform vermittelt der Aufsatz einen sehr viel wissenschaftlicheren Eindruck. Nicht nur die Verwendung von Fußnoten, sondern auch das systematische Vorgehen bei der Analyse des Untersuchungsgegenstands erweckt diesen Eindruck.

In der Studie untersuchte Hartshorne die Reaktionen von Individuen in Deutschland und Amerika auf die NS-Propaganda und verwendete die Harvard-

---

[68] Vgl. Hartshorne: German Youth and the Nazi Dream of Victory, S. 2.
[69] Vgl. Hartshorne, Edward Y.: Reactions to the Nazi Threat. A Study of Propaganda and Culture Conflict, in: The Public Opinion Quarterly 5 (1941), S. 625–639.

Manuskripte, um unterschiedliche Einstellungen gegenüber revolutionären Umbrüchen zu typisieren. Zwischen den Extremfällen der überzeugten Revolutionäre auf der einen und den überzeugten Gegenrevolutionären auf der anderen Seite platzierte er drei weitere Typen. Dazu gehörten die vorgetäuschten Revolutionäre bzw. Gegenrevolutionäre, die sich dadurch kennzeichnen ließen, dass sie sich äußerlich dem Verhalten der überzeugten (Gegen-)Revolutionäre anpassten, sich innerlich jedoch der anderen Partei zugehörig empfänden. In der Mitte stünde schließlich die Gruppe der Unentschlossenen.[70] Wende man diese Unterscheidung auf die unter den Bedingungen einer ‚totalen Revolution' lebende Bevölkerung an, dann steche, so Hartshorne, die Rolle der Propaganda klar hervor. Denn aus dem Blickwinkel der politischen Autoritäten des neuen Regimes sei nur der überzeugte Gegenrevolutionär uninteressant, da bei diesem die Chance, ihn für die andere Seite zu gewinnen, äußerst gering sei. Als wichtigstes Objekt von Propagandamaßnahmen könne hingegen der vorgetäuschte Revolutionär gelten, der auch innerlich dazu gebracht werden solle, für die neuen Machthaber Partei zu ergreifen.[71]

Nach diesen Erörterungen ging Hartshorne zum Hauptteil seines Aufsatzes über. Darin untersuchte er die öffentliche Meinung der US-Bürger hinsichtlich der Frage, ob ihr Staat in den Krieg eintreten solle. Zunächst differenzierte er zwischen Isolationisten und Indifferenten, um im Anschluss die Gruppe der Isolationisten in verschiedene Typen einzuteilen. Gemäß Hartshorne war die NS-Auslandspropaganda genau auf diese Typen zugeschnitten, und in einem abschließenden Abschnitt formulierte er die notwendigen Gegenmaßnahmen einer ‚patriotischen Propaganada', welche die ‚verirrten Landsmänner' realisieren lassen sollte, „that it is to the best interest of all to do what can be done to bring about the downfall of Hitlerism".[72] Nicht nur in dieser Formulierung wird deutlich, dass Hartshorne mit seinem Aufsatz keine rein wissenschaftlichen Absichten verfolgte. In den postulierten Kriterien einer patriotischen Propaganda nannte er unter anderem als Ziel, sie müsse die feindlichen Propagandataktiken aufdecken. Seine Darstellung der Reaktionsmuster auf die Bedrohung durch den Nationalsozialismus kann daher auch als Beispiel der Umsetzung dieses Kriteriums und seiner Arbeit für das interventionistische Lager gelten.

Hartshornes Gebrauch der Harvard-Autobiographien war mithin ebenso dieser Zielsetzung unterworfen. Neben den von ihm entworfenen Mustern der Einstellung zu revolutionären Umbrüchen griff er auch auf die Ergebnisse der Gruppe seines Kollegen Gordon Allport zurück, um die Widerstände einer effektiven patriotischen Propaganda herauszustellen. Allport hatte in den Autobiographien verschiedene psychologische Hindernisse identifiziert, die es den Akteuren erschwerten, die sie umgebende Bedrohung zu realisieren. Die sozialpsychologische

---

[70] Vgl. ebd., S. 629.
[71] Vgl. ebd., S. 629 f.
[72] Ebd., S. 636.

Trägheit der Deutschen glich laut Hartshorne der amerikanischen Erfahrung in hohem Maße, etwa hinsichtlich der verspäteten Wahrnehmung der Gefahr, die unter anderem durch beruhigende Elemente im vertrauten Umfeld der Individuen verursacht worden sei.[73]

Letztlich erübrigte sich das Anliegen Hartshornes aufgrund der historischen Ereignisse. Denn eine umfangreiche Gegenpropaganda war zum Veröffentlichungszeitpunkt nicht mehr nötig, um die Mehrheit der amerikanischen Bevölkerung von der Notwendigkeit eines amerikanischen Kriegseintrittes zu überzeugen. Ein kurzer Nachtrag weist darauf hin, dass der Entstehungszeitraum des Artikels vor den Geschehnissen von Pearl Harbour lag, dass aber in deren Folge „remnants of isolationism disappeared within a few days".[74]

Hartshorne hatte weitere Veröffentlichungen auf der Grundlage der Autobiographien geplant. Ein Buchprojekt mit dem Titel „Nazi Madness: November 1938" sollte mehrere Augenzeugenberichte des Novemberpogroms versammeln und die amerikanische Öffentlichkeit über den antizivilisatorischen Charakter des NS-Regimes aufklären.[75] Dieses Vorhaben wird sich mit dem Kriegseintritt der USA ebenfalls erübrigt haben. Unabhängig davon zwang ihn aber auch eine neue Beschäftigung dazu, weitere Veröffentlichungspläne *ad acta* zu legen. Seit dem 1. September 1941 war Hartshorne Mitarbeiter des *Office of the Coordinator of Information* (COI), aus dem sich das *Office of Strategic Services* (OSS) und das *Office of War Information* (OWI) entwickelten. Hartshorne arbeitete später sowohl für das OSS als auch für das OWI. Seine Tätigkeit für die Regierung ging jedoch mit einem Publikationsverbot einher. Die Arbeit für den COI knüpfte indes problemlos an seine Beschäftigung mit den Harvard-Manuskripten im Artikel „Reactions to the Nazi Threat" an: Dort beschäftigte er sich unter anderem mit Fragen der deutschen Propaganda.[76]

Weitere geheimdienstliche und militärische Tätigkeiten führten ihn nach Deutschland, wo er nach dem Sieg der alliierten Truppen für den Wiederaufbau süddeutscher Universitäten zuständig war. Sein Leben fand 1946 ein tragisches Ende auf einer Autobahnfahrt zwischen München und Erlangen, wo er während eines Überholmanövers erschossen wurde.[77]

---

[73] Ebd., S. 637 f.
[74] Ebd., S. 639.
[75] Vgl. Gerhardt, Uta: Nachwort. Nazi Madness. Der Soziologe Edward Y. Hartshorne und das Harvard-Projekt, in: Uta Gerhardt/Thomas Karlauf (Hg.): Nie mehr zurück in dieses Land. Augenzeugen berichten über die Novemberpogrome 1938, Berlin 2009, S. 319–354, hier S. 336–341.
[76] Vgl. Gerhardt: Nachwort, S. 343 f.
[77] Siehe zu den Hintergründen ebd., S. 348 f.

3. Wissenschaftliche Auswertung der Manuskripte

Die Auswertungsbögen

Dass die Auslober des Preisausschreibens tatsächlich eine umfangreiche wissenschaftliche Auswertung der eingesendeten Manuskripte anvisiert hatten, geht aus den erhaltenen Evaluationsbögen hervor, die zusammen mit den dazugehörigen Autobiographien archiviert wurden. Aus ihnen wird ersichtlich, dass es sich bei dem Preisausschreiben – erstens – nicht um ein reines ‚Drei-Mann-Unternehmen' handelte. An der Auswertungsphase und der späteren Publikation der Ergebnisse waren weitere Harvard-Wissenschaftler beteiligt. In dieser Publikation, einem Aufsatz mit dem Titel „Personality under Social Catatrophe", gab Allport eine Liste mit zehn Personen an, die bei der Auswertung geholfen hatten.[78] Außer Allport selbst und Hartshorne handelte es sich unter anderem um Jerome S. Bruner und Ernest M. Jandorf, beide Graduate Students bei Allport,[79] sowie den Kulturanthropologen George Devereux und Hartshornes Ehefrau Elsa Hartshorne,[80] die am benachbarten Radcliffe College studiert hatte.[81]

Weder Sidney B. Fay noch einen anderen ausgewiesenen Historiker nannte Allport in dieser Liste, was – zweitens – den Verdacht nährt, dass die wissenschaftliche Seite des Preisausschreibens von vornherein unter soziologischer und psychologischer Perspektive bearbeitet werden sollte. Dafür spricht auch, dass in dem Aufsatz nur die Veröffentlichung der soziologischen Ergebnisse durch Edward Y. Hartshorne in Aussicht gestellt und eine historische Analyse nicht erwähnt wurde.[82] Zusätzlich untermauert der inhaltliche Aufbau der Auswertungsbögen diese Vermutung. Der erste Teil der Auswertungsbögen stand ganz im Zeichen des in der Wettbewerbsüberschrift genannten psychologischen Untersuchungsinteresses. Ausgewertet wurden die Auswirkungen von sozialen und politischen Umbrü-

---

[78] Siehe Allport, Gordon W./Bruner, Jerome S./Jandorf, Ernest M.: Personality under Social Catastrophe: Ninety Life-Histories of the Nazi Revolution, in: Character and Personality 10 (1941/42), S. 1–22.
[79] Vgl. Garz: Das wissenschaftliche Preisausschreiben der Harvard Universität, S. 330, Anm. 24; Gerhardt: Nachwort. Nazi Madness, S. 329. Bruner promovierte 1941 und wurde später zu einem der prominentesten US-Psychologen. Jandorf hatte als Emigrant an dem Preisausschreiben mit einem Bericht über seine Inhaftierung in Dachau teilgenommen. Er starb 1944 als amerikanischer Soldat.
[80] In der Liste ist eine Person mit dem Namen „E. F. Hartshorne" aufgeführt. Eigentlich hieß Hartshornes Ehefrau Elsa Minot Hartshorne. Eine andere Person mit dem Namen „Hartshorne" existierte jedoch meines Wissens nicht im Umkreis des Preisausschreibens.
[81] Der angesprochene Aufsatz listet eine Person mit dem Kürzel G. K. Trueblood auf. Die Initialen G. K. konnten allerdings nicht aufgelöst werden. Mögicherweise handelt es sich um den Psychologen Charles K. Trueblood, der ebenfalls in Harvard tätig war.
[82] Vgl. Allport/Bruner/Jandorf: Personality under Social Catastrophe, S. 2, Anm. 2. Allerdings findet sich in der Korrespondenz ein Schreiben von Sidney B. Fay an einen der Teilnehmer, in dem er erwähnt, dass er dessen Manuskript gelesen hat. Wie weit sein wissenschaftliches Interesse an den Manuskripten ging, lässt sich daraus nicht rekonstruieren. Vgl. Fay, Sidney B.: Schreiben an Ernst Marcus v. 18. 12. 1940, Archiv des Leo Baeck Instituts, ME 423. MM 52.

chen auf die psychische Verfasstheit der Betroffenen. Nach der Erfassung der persönlichen Grunddaten der zu analysierenden Autorinnen und Autoren widmeten sich die Bögen in 19 Analysekategorien – zumeist mit mehreren Unterpunkten versehen – den subjektiven Einstellungen, Emotionen, Reaktionsmustern sowie deren Entwicklungsstadien: „Attitudes toward National Socialism", „Fixation of final pre-emigration attitude toward National Socialism", „Changes in the mental life of the writer", „Feelings of insecurity" oder „Reactions of defeat and despair" lauteten einige der Analysekategorien.

Eine stillschweigende Annahme der Forscher war, dass sich aus den autobiographischen Schriften Veränderungen in der Persönlichkeitsstruktur, in den Gewohnheiten oder in den politischen Einstellungen der Autorinnen und Autoren destillieren ließen, die sie in einen kausalen Zusammenhang mit der Erfahrung der totalitären Diktatur brachten. Daher bedurften sie eines analytischen Zeitrasters, innerhalb dessen Wandel und Veränderung von Einstellungen und Persönlichkeitskonfigurationen darstellbar war. Den Zeitpunkt der Machtübernahme konzipierten die Psychologen dabei zwar als ein Wendejahr, stilisierten es jedoch nicht *per se* als subjektive biographische Zäsur. Deutlich wird dies an dem entworfenen Zeitraster, das politisch-soziale Entwicklungen mit biographischen Ereignissen kombinierte. So umfasste die erste von vier Phasen den Zeitraum der individuellen ersten Kenntnisnahme vom Nationalsozialismus bis zum Jahr 1929. In der zweiten Phase fasste man die anschließenden, in politischer und wirtschaftlicher Hinsicht krisenreichen Jahre der Weimarer Republik bis zur Machtübernahme durch die NSDAP zusammen. Darauf folgten drittens der Zeitraum von der Machtübernahme bis zur Emigration und viertens die Zeit seit der Emigration bis zur Schreibgegenwart.[83] Mit Hilfe des Schemas wurden Verschiebungen in den Einstellungsstrukturen oder Reaktionsmustern der untersuchten Autorinnen und Autoren periodisiert. Beispielsweise führte die Analysekategorie „Attitudes toward National Socialism" mehrere Einstellungstypen auf – von „Loyality" über „Indifferent" und „Fear" bis „Revolt" –, deren Auftreten den unterschiedlichen Phasen zugeordnet werden konnte.

Im Vergleich dazu war das Raster der soziologischen Analyse sehr viel offener gehalten und berücksichtigte nicht die Eigenart der Quellengattung. Es umfasste lediglich 20 Stichworte ohne weitere Unterpunkte, darunter zum Beispiel „Kinship", „Social Stratification" oder „Friendship".[84] Unter den Analysekategorien führten die Bearbeiter Zitate oder einfach Seitenangaben auf. Allein auf Grundlage der soziologischen Analysekategorien erscheint es schwierig, die von Hartshorne geplante, aber letztlich nicht realisierte Studie in ihren Grundzügen zu erahnen.

---

[83] Vgl. Allport/Bruner/Jandorf: Personality under Social Catastrophe, S. 8.
[84] Die weiteren Kategorien sind: „Occupations and Professions", „Property", „Authority and Rights", „Basic Orientations", „Communication", „Party", „Subordinate Party Groups", „Gestapo", „Organization of Justice", „Bureaucracy", „Army", „Church and Religious Groups", „Schools and Universities", „Industry, Labour, Business", „Youth Groups", „Intellectual and Cultural Life" und schließlich „Leisure and Recreation".

Im Gegensatz dazu kann ein von Allport veröffentlichter Aufsatz als konsequente Weiterverarbeitung der mit Hilfe des psychologischen Analyserasters erhobenen Daten gelten.

Zwei Kontexte von Allports Aufsatz

Bei Allport standen die Harvard-Manuskripte dezidiert unter der Zielsetzung des Preisausschreibens, Erkenntnisse über die psychologischen Auswirkungen des Nationalsozialismus zu erhalten. Zusammen mit seinen beiden Graduate Students Jerome S. Bruner und Ernest M. Jandorf publizierte er 1941 in einem Sammelband den Aufsatz „Personality under Social Catastrophe".

Über den unmittelbaren Bezug zum Preisausschreiben hinaus lässt sich der Aufsatz kontextuell in zwei Themenfelder einbetten. Zum einen – dies wird bereits an dem Titel deutlich – spiegelt er auf inhaltlicher Ebene Allports Interesse an persönlichkeits- und sozialpsychologischen Fragestellungen. Zum Zeitpunkt des Preisausschreibens hatte Allport sich bereits mit seinem Buch „Personality. A Psychological Interpretation" einen Namen in der amerikanischen Sozialpsychologie gemacht.[85] Zum anderen lässt sich der Aufsatz als ein methodischer Beitrag zu der zeitgenössischen, interdisziplinär geprägten Debatte um den Wert ‚persönlicher Dokumente' lesen. Fluchtpunkt dieser Auseinandersetzung war die Frage, ob Dokumente wie Briefe oder Autobiographien lediglich in idiographischer Hinsicht, das heißt den Einzelfall betreffend, verwertbar seien oder ob auf ihrer Grundlage nomothetische, also gesetzmäßige Ergebnisse hervorgebracht werden könnten. Allport beteiligte sich an der Debatte mit einer Monographie, die den Titel „The Use of Personal Documents in Psychological Science" trug.[86] Darin verteidigte er den Sinn idiographisch angeleiteter Einzelfalluntersuchungen, indem er eine Mittelstellung einnahm. Allgemeine Gesetze, so argumentierte Allport in erkenntnistheoretischer Absicht, seien gar nicht ohne Rekurs auf Einzelfälle zu verstehen: „[…] insight is always a joint product of acquaintance of particulars (idiographic understanding) and inferential knowledge (nomothetic understanding)".[87]

Laut Allport war es prinzipiell möglich, über den Gebrauch mehrerer Selbstzeugnisse auf induktivem Wege zu verallgemeinernden Aussagen psychologischer Art zu gelangen – eine Überzeugung, die unter Fachkollegen durchaus auf Zweifel stieß. So kritisierte etwa der Soziologe George A. Lundberg in einer entsprechenden Rezension, Allport unterlaufe bei der Beantwortung der Frage, ob man von einem Einzelfall ausgehend generalisierende Aussagen treffen dürfe, ein Fehlschluss.[88] Für Allport war dieses methodische Vorgehen jedoch insofern von

---

[85] Allport, Gordon W.: Personality. A Psychological Interpretation, New York 1937.
[86] Allport, Gordon W.: The Use of Personal Documents in Psychological Science, New York 1942. In der Debatte prallten letztlich entgegengesetzte Konzeptionen von der Psychologie als Geistes- oder als Naturwissenschaft aufeinander. Siehe Paul: Begegnungen, S. 133 ff.
[87] Allport: The Use of Personal Documents in Psychological Science, S. 150.
[88] Vgl. Lundberg, George A.: Rez. zu Allport, Gordon W.: The Use of Personal Documents in Psychological Science, New York 1942, in: Sociometry 5 (1942), S. 317.

Bedeutung, weil es letztlich auch dem Preisausschreiben eine wissenschaftliche Legitimation verschaffte. In seiner Abhandlung über den Umgang mit Autobiographien unterschied Allport zwischen biographisch umfassenden und thematisch gebundenen Lebenserinnerungen. Während Erstere für idiographische Untersuchungsinteressen geeignet seien, ermöglichten Letztere vergleichende Studien mit generalisierten Ergebnissen. Aus diesem Grund finde man die thematischen Autobiographien vor allem in Sammlungen, die im Hinblick auf einen induktiven Gebrauch angelegt worden seien. Unter den aufgeführten Beispielstudien findet sich auch der Aufsatz „Personality under Social Catastrophe". Dessen Ergebnisse führte Allport als ein Indiz dafür an, dass die Arbeit mit persönlichen Dokumenten nicht als redundantes Unternehmen zu werten sei, sondern die bisherige Forschungslage um neue Erkenntnisse erweitere.[89]

„Personality under Social Catastrophe"

Vor dem Hintergrund der obigen Ausführungen lässt sich der Aufsatz „Personality under Social Catastrophe" in den zwei genannten Richtungen lesen. Erstens als Versuch, bisherige Annahmen der Persönlichkeitsforschung zu revidieren und zu erweitern; und zweitens als ein methodisches Argument für den Gebrauch von persönlichen Dokumenten in der psychologischen Forschung. Auf der inhaltlichen Ebene verhandelten Allport und seine Kollegen fünf Fragestellungen. Zunächst fragten sie nach der Rolle von psychologischen Abwehrmechanismen auf Seiten der NS-Verfolgten. In einem zweiten Schritt spürten sie den Auswirkungen des gesellschaftlichen Umbruchs auf die Persönlichkeitsstruktur der Autobiographinnen und Autobiographen nach. Als Drittes wurden Verschiebungen in der politischen Einstellung der Verfolgten untersucht, und – viertens – wurde die Frage geklärt, wie die Emigrantinnen und Emigranten auf Situationen extremer Frustration reagiert hatten. Abschließend wendeten sich die Autoren in einem Seitenblick den psychologischen Konflikten der verfolgenden Nationalsozialisten zu.

Zu diesem Zweck untersuchte die Gruppe um Allport 90 ausgewählte Manuskripte. Darunter befanden sich etwa Hausfrauen, Rechtsanwälte, Ärzte und Lehrer im Alter zwischen 20 und über 60 Jahren von jüdischer, protestantischer und katholischer Konfession. Laut Allport und seinen Kollegen bildeten die psychologischen Analysekategorien der Evaluationsbögen die Grundlage des Aufsatzes. Für die Untermauerung der in den Analysen gewonnenen Resultate griffen die Wissenschaftler sowohl auf quantitative als auch auf qualitative Methoden zurück. Auf der Basis der psychologischen Untersuchungskriterien aggregierten sie aus den autobiographischen Berichten Daten, die beispielsweise über den Wandel der politischen Haltungen zum Nationalsozialismus in prozentualen Zahlen Auskunft gaben. Daneben wurden auch einzelne Textpassagen exemplifizierend zur Stützung aufgestellter Hypothesen herangezogen. Zusätzliches empirisches Material be-

---

[89] Vgl. Allport: The Use of Personal Documents in Psychological Science, S. 48, 81 f.

stand aus Interviews, welche mit zehn Autorinnen und Autoren aus dem Sample zur Validierung von Teilergebnissen geführt wurden.[90]

Es ist auffällig, dass sich die Autoren große Mühe gaben, den Versuchsaufbau ihrer Studie zu verdeutlichen. Zu Beginn verwies man auf das Preisausschreiben als Entstehungsursprung der Dokumente und fügte im Anhang den Ausschreibungstext des Unternehmens bei. Es folgten kurze Angaben über die Menge der eingesendeten Manuskripte, ihre Länge sowie der anschließende Hinweis, für den Aufsatz 90 Dokumente einer eingehenden psychologischen Untersuchung unterworfen zu haben. Die Autoren veranschaulichten den Auswertungsprozess, indem sie die verwendeten Analysekategorien der Evaluationsbögen auflisteten. Die einleitenden Ausführungen schlossen die Wissenschaftler mit einer Tabelle, in der sie das verwendete Sample nach den Kriterien ‚Alter', ‚Religion', ‚Klassenzugehörigkeit', ‚Beruf', ‚regionale Herkunft' und ‚Geschlecht' ordneten.[91]

In persönlichkeitspsychologischer Hinsicht lautet das Hauptresultat der Untersuchung, dass trotz des radikalen Einschnitts, den der Nationalsozialismus für die Betroffenen bedeutete, deren Persönlichkeitsstrukturen unverändert geblieben seien.[92] Die Autoren hoben hervor, dass entgegen vorläufiger Annahmen einer der offensichtlichsten Eindrücke nach der Untersuchung des Materials „the extraordinary continuity and sameness in the individual personality […]" war.[93] Wer also vor 1933 ein aufstrebender, optimistischer Mensch war, sei dies auch geblieben, nachdem er sein Heimatland verlassen hatte und in die Fremde ausgewandert war.

Was die Frage nach den psychologischen Abwehrmechanismen anbelangt, so identifizierten die Autoren mehrere Faktoren, die dazu beitrugen, dass ein großer Teil der Autobiographinnen und Autobiographen erst spät die ganze Gefahr des Nationalsozialismus wahrgenommen habe. Einer dieser Mechanismen sei das zielgerichtete Handeln. Ziele wie die erfolgreiche Weiterführung des Geschäfts, die Verteidigung der Familie oder die Ausbildung der Kinder habe viele zunächst davon abgehalten, die von den Ereignissen ausgehende Gefahr angemessen zu deuten und die Emigration zügig in die Wege zu leiten. Zwei andere Faktoren hätten in dem Reiz des Vertrauten und dem strukturierten Umfeld bestanden. Das Umfeld der Opfer nationalsozialistischer Politik sei zwar durch frustrierende Situationen zunehmend unberechenbarer geworden. Die Familie, eine sichere Wohnung und die Hoffnung auf Erhalt des Berufes habe jedoch die Situation in Deutschland geordneter erscheinen lassen als die unsichere Situation, mit der man in einem fremden Land mit einer fremden Sprache konfrontiert wurde.[94]

Mit Bezug auf den Wandel politischer Einstellungen konstatierten Allport, Bruner und Jandorf für Krisenzeiten einen Trend zu extremen Haltungen bei gleich-

---

[90] Vgl. Allport/Bruner/Jandorf: Personality under Social Catastrophe, S. 1–8. Die Interviews wurden vor allem geführt, um die Ergebnisse über die Persönlichkeitsstruktur zu validieren.
[91] Vgl. ebd., S. 1–3.
[92] Vgl. ebd., S. 7 f.
[93] Ebd., S. 7.
[94] Vgl. ebd., S. 3–7.

zeitiger Abnahme neutraler Mittelpositionen. Während die Mehrheit der Bevölkerung auf die Seite der machthabenden Partei überlaufe, würde eine Minderheit in die extreme Opposition getrieben.[95]

Der Behandlung der Frage, wie Individuen auf extreme Frustrationssituationen reagierten, widmeten die Autoren eine längere Abhandlung. Sie kamen zu dem Ergebnis, dass das Reaktionsschema auf solche Ereignisse bei weitem nicht so primitiv sei, wie zuvor angenommen. Die Annahme der sogenannten „Yale hypothesis", betroffene Personen reagierten entweder mit Aggression, verdrängter Aggression oder einer Ersatzhandlung, greife Allport, Bruner und Jandorf zufolge zu kurz und übersähe eine Reihe anderer Reaktionstypen. Bei der Analyse der Manuskripte kristallisierten sich so unterschiedliche Reaktionsmuster wie regimekonformes Verhalten oder ein erhöhtes Gruppenzugehörigkeitsgefühl heraus. Das gesteigerte Zugehörigkeitsgefühl beziehe sich, so die Autoren, auf die Familie, die ethnische Gruppe, die Freunde und auch die Kirche. Gegenüber der Nachbarschaft, den Berufskollegen, dem Verein und der Schule ließe sich hingegen eine Distanzierung verzeichnen.[96]

Aus Allports Beobachtungen lässt sich ein zweischneidiger Charakter des Privaten unter dem Nationalsozialismus ableiten. Folgt man ihm, dann werterten Ausgrenzungs- und Verfolgungserfahrungen unter dem Nationalsozialismus einerseits die Bedeutung privater Lebensbezüge wie Wohnung, Freundschaft und Familie auf. Andererseits konnte das Private gerade aufgrund dieser Eigenschaften auch die überlebensnotwendige Entscheidung zu Emigration hinauszögern, etwa wenn es zu einer allzu optimistischen Einschätzung der persönlichen Lage Anlass gab.

Auch die aktuelle Kriegssituation und ihre Debatte in den Vereinigten Staaten fanden ihren Widerhall in dem Artikel. Aufgrund des Befundes der ausgeprägten psychologischen Abwehrmechanismen der Verfolgten sorgten sich Allport und seine Mitautoren darüber, dass ihre Mitbürger die Bedrohung durch den Nationalsozialismus nur unzulänglich wahrnahmen. Sie forderten daher „[c]onstant efforts to awaken realization of imminent danger".[97] Im Mittelpunkt stand jedoch der wissenschaftliche Mehrwert der Studie, den ihre Verfasser in der Überprüfung und Korrektur bisheriger psychologischer Persönlichkeitstheorien verorteten; etwa in der Zurückweisung der „Yale-These" oder in der Kritik an der Kultur-Persönlichkeitsforschung, die von einer starken Auswirkung des kulturellen Umfelds auf die Persönlichkeitsstruktur ausging. Das im Flugblatt verkündete Erkenntnisinteresse, man wolle über die gesellschaftlichen und psychologischen Folgen des Nationalsozialismus forschen, wurde durch den Artikel also zumindest in Teilen erfüllt.

Dass sie jedoch auf der inhaltlichen Ebene zu solch respektablen Ergebnissen gelangt waren, schrieben die drei Harvard-Wissenschaftler in ihrem abschließen-

---

[95] Vgl. ebd., S. 8–10.
[96] Vgl. ebd., S. 10–18.
[97] Ebd., S. 19.

den Resümee der Tatsache zu, mit „persönlichen Dokumenten" gearbeitet zu haben. An die Adresse der Skeptiker der „life history method" schrieben sie: „These documents have likewise yielded insights that no other method of investigation could have yielded."[98] Zusammen mit der Tatsache, dass man dem Versuchsaufbau der Studie breiten Raum gewidmet hatte, spricht dies dafür, dass Allport mit dem Aufsatz auch in methodischer Hinsicht ein Vorbild für die produktive Verwertung persönlicher Dokumente in der psychologischen Forschung geben wollte: Eine nomothetisch ausgerichtete Forschung auf der Grundlage persönlicher Dokumente brachte Allport zufolge mehr Erkenntnisgewinn, als seine Skeptiker ihm zugestehen wollten. Der Aufsatz versteht sich ebenso als ein Argument im Streit um die Grenzen und Möglichkeiten der psychologischen Arbeit mit Briefen, Autobiographien und ähnlichem Material. Die Harvard-Dokumente dienten somit nicht zuletzt der Legitimation ihrer eigenen Existenz. „The writer regards the following researches dealing with personal documents especially provocative and likely to call for imitators in method, for challenging counter-studies, and for critical discussion [...]"[99], schrieb Allport 1942 in „The Use of Personal Documents in Psychological Sciences". In der anschließenden Liste befand sich auch der Aufsatz „Personality under Social Catastrophe".

Neuere Zugänge zu dem Harvard-Sample

Die Harvard-Dokumente und ihre Entstehungsgeschichte sind von der Geschichtswissenschaft bisher nur rudimentär untersucht worden. Bisherige Erkenntnisse sind vor allem sozialwissenschaftlichen bzw. soziologischen Initiativen zu verdanken. So gehen nähere Informationen zur Politisierung der Harvard-Wissenschaftler auf die Arbeit der Soziologin Uta Gerhardt zurück. Gerhardt arbeitete zum einen das intellektuelle, interventionistische Umfeld der Harvard University auf, das oben bereits beschrieben wurde.[100] Zum anderen edierte sie zusammen mit Thomas Karlauf eine von Edward Hartshorne angedachte Quellensammlung zu dem Novemberpogrom.[101]

Ein Großteil der Erkenntnisse über die Geschichte des Preisausschreibens und ihre Berichte stammen aus dem Umfeld des Pädagogen und Biographieforschers Detlef Garz. Seit 1996 wurden die Harvard-Manuskripte im Rahmen verschiedener Forschungsprojekte mit Hilfe qualitativ-empirischer Methoden ausgewertet.[102]

---

[98] Ebd., S. 19.
[99] Vgl. Allport: The Use of Personal Documents in Psychological Science, S. 69, Anm. 1.
[100] Gerhardts einschlägige Publikationen hierzu wurden oben verwendet. Daher wird im Folgenden darauf verzichtet, die für diese Arbeit zentralen Ergebnisse nochmals darzustellen.
[101] Siehe Gerhardt/Karlauf (Hg.): Nie mehr zurück in dieses Land.
[102] Detlef Garz ließ die in der Houghton-Bibliothek verbliebenen Dokumente auf Mikrofilm kopieren, um sie nach Deutschland holen zu können. Vereinzelte Dokumente, wie die von Karl Löwith und Käte Frankenthal, waren zu diesem Zeitpunkt schon veröffentlicht. Zur Methode siehe Blömer, Ursula: Qualitative Verfahren in der Biographie und Bildungsforschung, in: Friedrich Busch (Hg.): Aspekte der Bildungsforschung. Studien und Projekte der

Als ein zentrales Ergebnis hat sich dabei der Prozess der sozialen Aberkennung herauskristallisiert. Seine Grundlage findet sich in der Anerkennungstheorie von Axel Honneth, der zufolge die Erfahrung von Anerkennung durch unsere Mitmenschen das wesentliche Moment bei der Konstruktion unserer Identität bilde.[103] Entscheidend ist, dass laut Garz dieser Anerkennungsprozess in den untersuchten Manuskripten eine Umkehrung erfahre und sich ein Aberkennungsprozess abzeichne, der sich zuerst auf der Ebene der Solidarität in der Aberkennung der Ehre, dann im Bereich des Rechts der Würde und schließlich im Bereich der elementaren Zuwendung durch die Aberkennung des Rechts auf Leben äußere. Ebenso wie Anerkennungsprozesse konstitutiv für die Bildung und den Erhalt einer Identität seien, so könnten durch Aberkennungsprozesse Identitätsentwürfe gebrochen werden.[104]

Ursula Blömer hat in ihrer Studie zu Aberkennungsprozessen im nationalsozialistischen Deutschland die Lebenswege von drei Teilnehmern am wissenschaftlichen Preisausschreiben rekonstruiert, darunter auch den von Friedrich Reuß, einem ehemaligen Regierungsrat mit jüdischen Wurzeln. Sein Aberkennungsprozess, so konstatiert die Autorin, habe die „soziale Entwertung, die Entrechtung und die [...] Bedrohung der physischen Integrität" beinhaltet und „einen fallkurvenartigen Verlauf" angenommen.[105] Nachdem seine jüdischen Wurzeln auf der Arbeitsstelle im Reichsbahnministerium bekannt wurden, habe Reuß zunächst eine Distanzierung seiner Arbeitskollegen wahrgenommen, welche sich darin äußerte, dass er nicht mehr zusammen mit politischen Größen zu Empfängen eingeladen wurde und man ihn auch nicht mehr für ein privates Gespräch im Büro besuchte. Stattdessen lud man ihn zum Abendessen in privater Atmosphäre ein. Nach dem Verlust seiner Arbeitsstelle und der damit einhergehenden Aberkennung des Rechts auf Arbeit hätten sich die Beziehungen zu alten Freunden und Bekannten aufgelöst, was laut Blömer einem fast vollständigen Entzug der Solidarität seiner Mitbürger gleichgekommen wäre.[106] Schließlich habe für ihn mit seiner Verhaftung auch die Gefahr der Beschädigung seiner physischen Integrität bestanden. Doch durch einen glücklichen Zufall habe Reuß seiner Inhaftierung in ein Konzentrationslager entkommen und vorübergehend in der Schweiz untertauchen können. Da er dort jedoch keine Arbeit fand, sei er nach Deutschland zu-

---

Arbeitsstelle Bildungsforschung im Fachbereich 1, Pädagogik, Institut für Erziehungswissenschaft, Oldenburg 1996, S. 73–92, hier S. 77.

[103] Vgl. Garz, Detlef: Jüdisches Leben vor und nach 1933, in: Einblicke 32 (2000), Carl von Ossietzky Universität Oldenburg, S. 17–20, hier S. 20; Blömer, Ursula: „Im uebrigen wurde es still um mich". Aberkennungsprozesse im nationalsozialistischen Deutschland (= Oldenburgische Beiträge zu Jüdischen Studien, Band 15), Oldenburg 2004 (zugl. Diss. Univ. Oldenburg 2004), S. 103–110. Siehe außerdem Honneth, Axel: Kampf um Anerkennung. Zur moralischen Grammatik sozialer Konflikte, Frankfurt a. M. 1994, S. 148–212.

[104] Vgl. Garz: Jüdisches Leben, S. 20.

[105] Vgl. Blömer, Ursula: „Im uebrigen wurde es still um mich". Aberkennungsprozesse im nationalsozialistischen Deutschland (= Oldenburgische Beiträge zu Jüdischen Studien, Band 15), Oldenburg 2004 (zugl. Diss. Univ. Oldenburg 2004), S. 178 f.

[106] Vgl. Blömer: Aberkennungsprozesse im nationalsozialistischen Deutschland, S. 183 f.

rückgekehrt. Gebremst worden sei sein Aberkennungsprozess, so die Autorin, zum einen durch den Eintritt in den „Verein nichtarischer Christen", wo er solidarische Anerkennung unter Schicksalsgenossen gefunden habe, und zum anderen durch seine Stelle als Versicherungsvertreter, wenngleich dies für den ehemaligen Regierungsrat einen enormen Statusverlust bedeutet habe. Schließlich wurde ihm auch diese verbliebene Chance der Berufsausübung versperrt und auch der „nichtarische Verein" war zunehmend Beschränkungen unterworfen. Diesem Prozess lagen gemäß Blömer veränderte „ethische[...] Zielvorstellungen" in der Gesellschaft zu Grunde: „Eigenschaften, die zuvor keine Beachtung oder negative Zuschreibung erfahren hatten, wurden nun qua Fremddefinition zum Stigma und führten zu einer sozialen Entwertung und zum Ausschluss aus der Gemeinschaft."[107] Damit rekurriert Blömer auf die von Reuß thematisierte Fremddefinition als ‚Nichtarier' und der damit einhergehenden Aberkennung seiner im Sozialisationsprozess erworbenen christlich deutschen Identität.

Aus sozialwissenschaftlicher Perspektive scheint die Aberkennungstheorie durchaus interessant zu sein, da sie dabei helfen kann, allgemein Ausgrenzungsprozesse und Lebensläufe von geflüchteten Menschen zu typisieren. Diese Stärke des Modells erweist sich jedoch aus der Perspektive des Historikers gleichzeitig als ein Nachteil: Soziale Aberkennungsprozesse sind kein zeitgebundenes Phänomen und geben somit keinen Aufschluss über die besonderen Bedingungen, unter denen sich das Leben der Opfer des Nationalsozialismus abgespielt hat. So wird darauf hingewiesen, dass sich schon im antisemitischen Klima des Kaiserreichs Aberkennungsprozesse zumindest der ersten Stufe finden lassen.[108] Auf dieser Stufe scheint ein gravierender Unterschied zum ‚Dritten Reich' kaum zu existieren, obwohl dort die Intensität der Ausgrenzung aus einer Solidargemeinschaft sicherlich eine ganz andere Qualität besaß. Das Konzept der sozialen Aberkennungsprozesse ist folglich als geschichtswissenschaftliches Instrument nicht ausdifferenziert genug, um den unterschiedlichen zeitlichen Bedingungen Rechnung zu tragen.

In der Geschichtswissenschaft wurde von den Harvard-Manuskripten bislang nur sporadisch Gebrauch gemacht. Zu nennen wäre zunächst die Veröffentlichung verschiedener Autobiographien als Quellen. Einige Manuskripte wurden in verschiedenen Quellensammlungen in Ausschnitten veröffentlicht, andere wurden von Historikern, in der Regel mit einem erläuternden Vor- oder Nachwort versehen, in Gänze herausgegeben.[109] Zu den letzteren zählt das von Wolfgang Benz edierte „Tagebuch der Hertha Nathorff"[110] sowie die von Reinhart Koselleck ver-

---

[107] Ebd., S. 187.
[108] Siehe Garz: Jüdisches Leben, S. 20.
[109] Auszüge aus verschiedenen Harvard-Manuskripten finden sich bei Richarz, Monika (Hg.): Jüdisches Leben in Deutschland. Band 3. Selbstzeugnisse zur Sozialgeschichte 1918–1945, New York 1982. Für eine Quellensammlung, die ausschließlich auf autobiographische Berichte des Preisausschreibens zurückgreift, siehe Limberg, Margarete/Rübsaat, Hubert (Hg.): Sie durften nicht mehr Deutsche sein: Jüdischer Alltag in Selbstzeugnissen 1933–1938, Frankfurt a. M./NewYork 1990.
[110] Siehe Nathorff, Hertha: Das Tagebuch der Hertha Nathorff. Berlin – New York. Aufzeichnungen 1933 bis 1945. Herausgegeben und eingeleitet von Wolfgang Benz, Frankfurt a. M. 1988.

öffentlichten Lebenserinnerungen Karl Löwiths.[111] In seiner Einleitung betont Benz die Exemplariät von Nathorffs Erlebnissen, zum einen für die von allen Juden in Deutschland gemachten Erfahrungen der schrittweisen Diskriminierung bis hin zur Entrechtung, zum anderen für das von ihr geschilderte Leben im Exil. Koselleck hingegen verweist auf den Aspekt der Zeitnähe der Niederschrift zu den berichteten Erlebnissen, welche sich unter anderem in der Erzählstruktur und der Sprache des Dokuments niedergeschlagen hätte. Löwiths Dokument sei nicht „bis ins Letzte hinein kunstvoll komponiert [...]", sondern setze „mit tagebuchartiger Spontaneität immer von neuem [...]" ein.[112] Und auch an der politischen Semantik erkenne man die zeitliche Nähe zu den erinnerten Geschehnissen, was den Erinnerungen zusätzlich einen exemplarischen Rang mit Blick auf die geschilderten Ereignisfolgen vor und nach der Machtübernahme verleihe. Die Bedeutung des Jahres 1933 für Löwiths Biographie sei im Dokument nicht zu übersehen: Bis 1933 lese man eine gelungene, wenn auch typische, bildungsbürgerliche Biographie, die in der Zeit nach 1933 durch äußere Ereignisse strukturiert worden sei. Im Rahmen dieser Deutung ist es denn auch nicht verwunderlich, wenn Koselleck konstatiert, das Jahr 1933 sei von Löwith als „tiefer Einschnitt, als Einbruch erfahren" worden.[113]

Sprachorientierte Untersuchungen zur zeitlichen Semantik, wie sie sich in Kosellecks Vorwort abzeichnen, sind in der Auseinandersetzung mit den Harvard-Dokumenten die Ausnahme. Ihre eher sporadische Nutzung bewegt sich im Themenfeld der jüdischen Alltagsgeschichte unmittelbar vor und während des Nationalsozialismus, ein Schwerpunkt bildet dabei die Frage, wie eng die Kontakte zwischen Juden und Nichtjuden in diesem Zeitraum waren.[114] Zitate aus autobiographischem Material – über den Kreis der Harvard-Dokumente hinaus – stützen in dieser Kontroverse beide Positionen. Dies liegt mitunter nicht nur an der Bandbreite individueller Erfahrungen, sondern auch daran, dass die in autobiographischen Schriften enthaltenen Zeitebenen bislang nur wenig beachtet wurden – so werden gerade am Beispiel von Löwiths Dokument konkurrierende Sichtweisen deutlich, die ein und dieselbe Person zu unterschiedlichen Zeiten auf die Situation der Juden in Deutschland und damit auch auf die biographische Bedeutung des 30. Januar hatte.

---

[111] Siehe Löwith: Mein Leben in Deutschland.
[112] Vgl. Koselleck, Reinhardt: Vorwort, in: Löwith: Mein Leben in Deutschland, S. IX.
[113] Vgl. ebd., S. XI–XII.
[114] Siehe etwa Maurer, Trude: Kunden, Patienten, Nachbarn und Freunde. Beziehungen zwischen Juden und Nichtjuden in Deutschland 1933–1938, in: Geschichte in Wissenschaft und Unterricht 54 (2003), S. 154–166; Blasius, Dirk: Zwischen Rechtsvertrauen und Rechtszerstörung. Deutsche Juden 1933–1935, in: Dirk Blasius/Dan Diner (Hg.): Zerbrochene Geschichte. Leben und Selbstverständnis der Juden in Deutschland, Frankfurt a. M. 1991, S. 121–137; Kaplan, Marion: Der Mut zum Überleben. Jüdische Frauen und ihre Familien in Nazideutschland, Berlin 2003. Aufgrund der thematischen Nähe zur vorliegenden Studie wird die entsprechende Forschungsliteratur ausführlicher in den folgenden Kapiteln berücksichtigt.

Ausführlich greift Mary Fulbrook in ihrer Erfahrungsgeschichte des 20. Jahrhunderts auf die Harvard-Dokumente zurück. Fulbrook untersucht sie, um Erkenntnisse über die generationenspezifische Verarbeitung historischer Ereignisse und Prozesse vom Kaiserreich bis zu den 30er Jahren des NS-Regimes zu erlangen. Neben den autobiographischen Berichten kommen weitere Ego-Dokumente, so etwa Tagebücher und Zeitzeugeninterviews, zum Tragen. Eine theoretisch fundierte Auseinandersetzung mit den Harvard-Autobiographien und ihrer Aussagekraft unterbleibt indes ebenso wie eine ausgiebige Kontextualisierung der Quellen.[115]

Im Vergleich zur bisherigen Forschung untersucht die vorliegende Studie weniger, *was* die Harvard-Dokumente über den Grad der Integration deutscher Juden in die Gesellschaft berichten. Sie berücksichtigt stattdessen stärker die temporale Struktur der Dokumente und richtet ihr Augenmerk primär auf die semantischen Grundlagen, mit denen die Zeitgenossen ihrerseits Beziehungen zu anderen Juden oder Nichtjuden bestimmten.

4. Zusammenstellung des Quellenkorpus

Der schriftliche Ort, an dem über das Privatleben und seine Bezüge zu anderen Lebensbereichen berichtet oder reflektiert wird, besteht erfahrungsgemäß aus Tagebüchern, Autobiographien, Briefen und anderen Ego-Dokumenten. Darüber hinaus liegen Ego-Dokumente in der Regel nah an der Alltagssprache, wodurch mögliche Ergebnisse nicht von vornherein auf semantische Randphänomene verweisen. Inzwischen existiert eine fast unüberschaubare Menge an Selbstzeugnissen, die über die Zeit des Nationalsozialismus berichten. Demgegenüber sollte ein übersichtliches Quellensample entstehen, das semantische Tiefenbohrungen, also eine ausführliche Auseinandersetzung mit den einzelnen Dokumenten, ermöglicht. An welchen Kriterien orientierte sich die Quellenauswahl?

Ein erstes Kriterium, das die verfügbare Anzahl an Quellen stark einschränkt, ist der Entstehungszeitraum. Das Erkenntnisinteresse erfordert, dass die zu untersuchenden Quellen nicht nur *über* den Nationalsozialismus berichten – in diesem Fall könnte auch auf Autobiographien zurückgegriffen werden, die erst nach dem Zweiten Weltkrieg verfasst wurden. Den eigenen theoretischen Prämissen folgend, müssen die zu untersuchenden Quellen zur Zeit des Nationalsozialismus entstanden sein, um als Träger zeitgenössischer Semantiken des Privaten gelten zu können. Außerdem sollten die Quellen in etwa zur selben Zeit entstanden sein: Je näher die Abfassungszeitpunkte der verwendeten Quellen beieinander liegen, desto eher lassen sich vorgefundene Semantiken auf ähnliche Entstehungszusammenhänge zurückführen.

---

[115] Siehe Fulbrook, Mary: Dissonant Lives. Generations and Violence through the German Dictatorships, Band 1, Oxford 2017, S. 33, Anm. 30. Einzelne Ergebnisse werden an späterer Stelle aufgegriffen.

Das Unternehmen der Harvard-Wissenschaftler hat ein serielles Quellenkorpus hervorgebracht, das den skizzierten Erfordernissen entgegenkommt. Im kurzen Zeitfenster zwischen Herbst 1939 und April 1940 geschrieben, bieten die Harvard-Dokumente für eine nicht beträchtliche Anzahl deutscher Emigrantinnen und Emigranten eine Momentaufnahme der rückblickenden Deutung des eigenen Lebens und des Sprachgebrauchs unmittelbar zu Beginn des Zweiten Weltkriegs. Die Tatsache, dass sie außerhalb Deutschlands verfasst wurden, erweist sich als produktiver Vorteil für das Erkenntnisinteresse. Hatten die Verfolgten doch erst in der Emigration die Freiheit, ohne Angst vor weiterer Verfolgung ihre Erlebnisse niederschreiben zu können.

Ein zweites Kriterium für die Auswahl der Quellen war die Vielfalt hinsichtlich ihrer Entstehungsbedingungen sowie ihrer Urheberinnen und Urheber. Unterschiedliche Orte der Niederschrift, die weit gespannte Altersstruktur, verschiedene Gründe der Verfolgung und die nicht unwesentliche Zahl an Autorinnen sind Faktoren, die Rückschlüsse auf die Qualität und Beschaffenheit der durchlebten Erfahrungen gestatten. Je stabiler bestimmte Redeweisen über das Private im Quellenkorpus auftreten, desto tiefer und eingreifender sind die zu Grunde liegenden Erfahrungen zu bewerten. Andersherum bieten gruppenspezifisch auftretende Semantiken die Möglichkeit zu Hypothesenbildung.[116]

Dem entsprechend schrieben in den 50 ausgewählten Manuskripten Personen aus unterschiedlichen Generationen ihre Erinnerungen nieder. Die Ältesten wurden im Zeitraum 1870–1879 geboren und waren demnach zwischen 61 und 70 Jahre alt, als im April 1940 der Einsendeschluss die Teilnahme am Wettbewerb beendete. Der älteste Autobiograph des Quellenkorpus war Joseph B. Levy. Geboren 1870, arbeitete er zuletzt als Lehrer sowie als Kantor einer jüdischen Gemeinde in Frankfurt am Main. Er wanderte im Juli 1939 in die USA aus. Als jüngste Teilnehmerin im Quellenkorpus reichte die 1917 geborene Margot Littauer ihr Manuskript in Harvard ein. Sie hatte in Deutschland zuletzt als Sprechstundenhilfe eines jüdischen Arztes gearbeitet, dem sie nach Palästina gefolgt war. Über ein Drittel der untersuchten Autobiographien, insgesamt 17, wurden von Frauen verfasst. Der überwiegende Teil der Manuskripte wurde in den USA verfasst (30 Berichte), allerdings finden sich auch Einsendungen aus England, Palästina, der Schweiz, Dänemark, Frankreich, Japan und Shanghai im Korpus.

Im Hinblick auf die berufliche Zusammensetzung ist das Sample relativ homogen. Zu einem Großteil verfassten Personen mit einem akademischen Hintergrund die zu Grunde liegenden Quellen. Allein die Berufsgruppen der Lehrer, Mediziner, Juristen und Journalisten bzw. Schriftsteller vereinen 30 Autorinnen

---

[116] Damit soll freilich nicht statistische Repräsentativität einzelner gruppenspezifischer Befunde unterstellt werden. Dennoch stößt – beispielsweise – der Befund, dass jüdische und nichtjüdische Verfolgte unterschiedliche Semantiken des Privaten verwendeten, weitere Überlegungen hinsichtlich gruppenspezifischer Deutungsprozesse der NS-Erfahrung an. Für eine Entgegnung auf den Einwand mangelnder Reichweite der Ergebnisse von Studien, die mit Autobiographien arbeiten, siehe Depkat: Lebenswenden und Zeitenwenden, S. 42 f.

und Autoren des Samples auf sich. Allerdings finden sich unter anderem auch die Autobiographien von Hausfrauen, einer Arzthelferin, mehreren Kaufmännern und einer Büroangestellten im Sample wieder. Es sind also auch Personen vertreten, die vermutlich nicht an der Abfassung längerer, narrativer Texte gewöhnt waren.

Mit 40 Autobiographien dominiert die Gruppe der aufgrund ihrer jüdischen Herkunft vertriebenen Personen das generierte Sample. Es befinden sich darin jedoch fünf Manuskripte, deren Verfasser aus politischer Opposition zum Regime heraus emigrierten. Weitere vier Personen verließen Deutschland, weil ihre Lebenspartner verfolgt wurden. Dabei ist zu beachten, dass in der Kategorie ‚politisch Verfolgte und Oppositionelle' nicht ausschließlich Nichtjuden vorhanden sind. Insgesamt sind acht Autorinnen und Autoren des Quellenkorpus nichtjüdischer Herkunft. Davon emigrierten vier aufgrund ihrer politischen Überzeugung, drei aufgrund ihrer Beziehung zu Verfolgten. Eine nichtjüdische Autobiographie ist im Sample vertreten, deren Autor nicht zu den Gruppen der politisch Oppositionellen oder der Angehörigen von Verfolgten gehört. Es handelt sich um den Konditorgesellen Joseph Aust. Er fuhr mit der Handelsmarine zur See und wurde vermutlich bei Kriegsausbruch von der englischen Armee interniert. Aust schrieb seine Erinnerungen im englischen Internierungslager Devon. Sie zeugen davon, dass der Autor dem Nationalsozialismus zumindest wohlwollend gegenüberstand.

Als drittes Auswahlkriterium diente die inhaltliche Eignung der einzelnen Autobiographien für das Thema, also ob die jeweiligen Autorinnen und Autoren als privat verstandene Aspekte des Lebens unter dem Nationalsozialismus thematisierten. Diesem Umstand ist es zu verdanken, dass die im englischen Exil geschriebene Autobiographie des jungen Sebastian Haffner ebenfalls Eingang in das Sample gefunden hat, obwohl er sie nicht als Reaktion auf das Harvard-Preisausschreiben verfasst hat. Haffner thematisierte den Nationalsozialismus in weiten Teilen hinsichtlich der veränderten Konstellationen von Privatem und Politischem. Inhaltlich betrachtet ist seine Autobiographie damit für das Untersuchungsinteresse von hohem Wert. Darüber hinaus ist seine Erinnerungsschrift im Frühjahr und Sommer 1939, also nur kurz vor Ausschreibungsbeginn des Wettbewerbs, entstanden.

Die verwendeten Manuskripte stammen aus dem Archiv des Berliner Zentrums für Antisemitismusforschung, das einen Großteil der in der Houghton Library eingelagerten Beiträge auf Mikrofilm kopiert hat, sowie aus dem digitalisierten Bestand im Archiv des Leo Baeck Instituts. So weit publizierte, wissenschaftlichen Ansprüchen genügende Autobiographien vorliegen, wurde hierauf zurückgegriffen.

III. Zu den verwendeten Quellen: Situationen und Anlässe des Schreibens

1. Schreibsituationen

Aus welcher Lage heraus verfassten die Emigrantinnen und Emigranten ihre Erinnerungen? Wie stellte sich ihre finanzielle Situation dar und auf welche ersten Erfahrungen mit der aufnehmenden Gesellschaft konnten sie zurückblicken? Nicht für alle hier untersuchten Autorinnen und Autoren können diese Fragen beantwortet werden. Dies hängt zum einen damit zusammen, dass die meisten von ihnen – dem Titel des Preisausschreibens folgend – ihre Erzählungen mit dem Überschreiten der deutschen Grenze oder der Ankunft im Emigrationsland abgeschlossen hatten und die Dokumente deshalb nur im Ausnahmefall Aufschluss über ihre Entstehungsbedingungen bieten. Zum anderen handelt es sich bei den meisten Autobiographen und Autobiographinnen nicht um bekannte Persönlichkeiten ihrer oder unserer Zeit, so dass schwerlich detaillierte biographische Informationen zu ihrem Leben im Zeitraum 1939/40 gesammelt werden können. Die privaten Situationen, aus denen heraus die Berichte verfasst wurden, lassen sich mithin nur ausnahmsweise und rudimentär rekonstruieren.

Die folgende Analyse der Schreibsituationen beruht daher auf jenen Ausnahmen, die Informationen über ihr Leben in der Emigration 1939/40 bieten, entweder weil die Autorinnen und Autoren sie zum Gegenstand ihrer autobiographischen Erzählung machten, oder weil sie in der Korrespondenz mit den Ausrichtern des Preisausschreibens thematisiert wurden. Teilweise enthalten auch die bereits edierten Autobiographien verwertbare Informationen zu den Entstehungsbedingungen einzelner Manuskripte. Von dieser Ausgangslage her konzentrieren sich die folgenden Ausführungen auf die deutsch-jüdischen Emigranten in den Vereinigten Staaten. Weit über die Hälfte der hier untersuchten 50 Autobiographien – insgesamt 30 Stück – entstanden dort. Besondere Berücksichtigung finden die Erfahrungen der jüdischen Ärztin Hertha Nathorff, die in New York lebte. Ihre Beobachtungen und Erfahrungen können in mancher Hinsicht als exemplarisch gelten.

Finanzielle Lage und Erwerbssituationen im neuen Land: Das Beispiel Hertha Nathorff

Je später die Emigration, desto schlechter die finanzielle Lage im Ankunftsland – so lässt sich grob die Auswirkung der nationalsozialistischen Vertreibungspolitik der Jahre 1933 bis 1939 auf die finanzielle Situation der Emigranten zusammenfassen. Ein wichtiges Instrument, mit dem die nationalsozialistische Regierung die finanziellen Reserven der Auswanderer strapazierten, bildete die ‚Reichsfluchtsteuer'. Sie dehnte die 1931 unter Brüning eingeführte Abgabe rigoros aus. Wurde zuvor ein Vermögen ab 200 000 Reichsmark mit der Auswanderungssteuer in

Höhe von 25 Prozent belegt, so setzten die Nationalsozialisten den Freibetrag auf 50 000 Reichsmark herunter. Die Einnahmen für den Fiskus waren beträchtlich: Allein für das Jahr nach den Novemberpogromen brachte ihm die ‚Reichsfluchtsteuer' 342,6 Millionen Reichsmark ein.[1] Die von der Reichsbank angesetzten Wechselkurse ließen das Vermögen der Auswanderer zusätzlich schrumpfen. Bis 1935 wechselten sie ihr Guthaben zu einem fünfzigprozentigen Wertverlust in ausländische Währung ein, anschließend betrug der Verlust 70 Prozent und zu Beginn des Kriegs schließlich 96 Prozent.[2] Diese und weitere Maßnahmen sorgten dafür, dass die meisten Auswanderer nach 1938 Deutschland ohne existenzsichernde finanzielle Mittel verließen und in der Fremde von Hilfsorganisationen, ansässigen Verwandten oder Jobangeboten abhängig waren.[3] Eine Ausnahme hiervon stellte die Palästina-Auswanderung dar. Aufgrund des Haavarah-Abkommens, das zwischen dem Reichswirtschaftsministerium und zionistischen Vertretern im August 1933 geschlossen worden war, konnten Palästina-Auswanderer auf dem Wege eines indirekten Geldtransfers einen Teil ihres Vermögens retten. Etwa 100 Millionen Reichsmark wurden auf diesem Wege zwischen 1933 und 1939 nach Palästina transferiert, was vielen der 60 000 Palästina-Auswanderer den Neuaufbau ihrer Existenz erleichterte.[4]

Hertha Nathorff und ihre Familie gehörten nicht zu den Palästina-Auswanderern, sondern zu den etwa 132 000 deutschen Emigranten, die in die USA geflohen waren.[5] Sie und ihr Mann Erich hatten beide in Berlin erfolgreiche Arztpraxen betrieben, bevor sie sukzessive aus ihrem Beruf verdrängt wurden. Begonnen hatte die 44-jährige Kinderärztin mit ihren Aufzeichnungen im Januar 1940 in einem Londoner Vorort, wo sie zusammen mit ihrem Ehemann und dem gemeinsamen Sohn Heinz sehnlich auf das Visum für die Einreise in die USA wartete. Die Eltern waren im April 1939 nach England gelangt, den 1925 geborenen Sohn hatten sie zuvor im Rahmen der Kindertransporte auf die britische Insel bringen lassen.

---

[1] Zur ‚Reichsfluchtsteuer' siehe Meinl, Susanne/Zwilling, Jutta: Legalisierter Raub. Die Ausplünderung der Juden im Nationalsozialismus durch die Reichsfinanzverwaltung in Hessen (= Wissenschaftliche Reihe des Fritz-Bauer-Instituts, Band 10), Frankfurt a. M. 2004, S. 40–42. Ausführlich hierzu Mußgnug, Dorothee: Die Reichsfluchtsteuer 1931–1953 (= Schriften zur Rechtsgeschichte, Band 60), Berlin 1993.

[2] Vgl. Friedländer, Saul: Das Dritte Reich und die Juden. Gesamtausgabe, München 2008, S. 75 f.

[3] Für weitere Informationen, insbesondere zur Devisenpolitik der Regierung, siehe Meinl/Zwilling: Legalisierter Raub, S. 42–46.

[4] Siehe hierzu Nicosia, Francis R.: Ein nützlicher Feind. Zionismus im nationalsozialistischen Deutschland 1933–1939, in: Vierteljahrshefte für Zeitgeschichte 37 (1989), S. 367–400, hier S. 381–384; Halamish, Aviva: Palestine as a Destination for Jewish Immigrants and Refugees from Nazi Germany, in: Frank Caestecker/Bob Moore (Hg.): Refugees from Nazi Germany and the Liberal European States, New York 2010, S. 122–150, hier S. 135–138.

[5] Diese Zahl beinhaltet die überwiegende Mehrheit der USA-Einwanderer, die zwischen 1933 und 1944 über ein Quoten-Visum einreisten. Siehe Strauss, Herbert A. (Hg.): Jewish Immigrants of the Nazi Period in the USA. Essays on the History, Persecution, and Emigration of German Jews (= Band 6), New York u. a. 1987, S. 292. Siehe ebd., S. 288–293, zur restriktiven Einwanderungspolitik der Vereinigten Staaten.

Nachdem die Familie im Februar 1940 in New York angekommen war, beendete Nathorff ihre Arbeit am Manuskript und schickte es für das Preisausschreiben ein.

Zusammen mit ihrem Beitrag für das Harvard-Preisausschreiben hat Wolfgang Benz Hertha Nathorffs Tagebuchaufzeichnungen über das Emigrantenleben in New York ediert und auf diese Weise eine wertvolle Quelle für die Alltagsgeschichte der Emigration zugänglich gemacht. Nathorffs Tagebuchaufzeichnungen über die Zeit vom Februar bis April 1940 (Einsendeschluss) erlauben Einblicke in einen Erfahrungsraum, der von anderen Harvard-Autorinnen und -Autoren des Samples geteilt wurde. New York bildete ein Zentrum der jüdischen und nichtjüdischen Auswanderung, hier fanden 70 000 Vertriebene aus dem deutschsprachigen Raum eine Unterkunft,[6] neben Hertha Nathorff auch weitere für diese Studie ausgewählte Teilnehmer des Harvard-Wettbewerbs. Beispielsweise der jüdische Arzt Arthur Samuel, der mit Ehefrau und seinen zwei Kindern emigriert war, oder der Dramaturg Frederick Goldberg, der seine Autobiographie unter dem Pseudonym ‚John Hay' eingereicht hatte. Beide waren erst nach den Novemberpogromen aufgrund ihrer jüdischen Herkunft emigriert, während Hilde Koch wegen der politischen Verfolgung ihres Ehemanns Deutschland im August 1938 zusammen mit ihrem Sohn verlassen hatte.[7]

Hertha Nathorffs Erfahrungen sind in mehrerer Hinsicht exemplarisch für die schweren Anfangsjahre vieler US-Emigrantinnen und Emigranten. Mit der Auswanderung aus Deutschland hatte die Familie Nathorff ihr Vermögen eingebüßt. Im Februar 1940 traf sie auf einen Arbeitsmarkt, der immer noch an den Folgen der Weltwirtschaftskrise litt, sich langsam aber durch Aufrüstung und ansteigendem Export von Industriegütern erholte.[8] Über lange Sicht profitierten auch die deutschen Auswanderer von der Erholung der amerikanischen Wirtschaft. Als sie jedoch wie Hertha Nathorff mit ihrer Familie in den Vereinigten Staaten ankamen, die meisten ohne ausreichende Englischkenntnisse, begann der Einstieg in das Erwerbsleben zumeist mit schlecht bezahlten Hilfsarbeiten.[9] Nathorff, die selbst früher Dienstpersonal in ihrem Haushalt beschäftigt hatte, arbeitete in den ersten Monaten der Emigration als Haushalts- und Küchenhilfe sowie in der Kranken- und Kinderbetreuung. In einem Eintrag vom 11. März 1940 beschrieb sie die finanzielle Lage der Familie. Ihr wöchentliches Einkommen lag demnach zwischen 10 und 15 Dollar. Davon gingen 8 Dollar pro Woche für die Miete ab, eine nur spärlich möblierte „schäbige Bude", wie Nathorff sie nannte. Weiter listete sie

---

[6] Vgl. Winkler, Michael: Metropole New York, in: Exilforschung. Ein internationales Jahrbuch 20 (2002), S. 178–198, hier S. 179.
[7] Insgesamt dreizehn Autorinnen und Autoren des Samples schickten ihre Erinnerungen aus New York ab. Neben den genannten Personen handelte es sich um Margarete Neff, ‚Hildegard Bollmann', Frederick Weil, Julius W. Levi, Toni Lessler, Philipp Flesch, Käte Frankenthal, Ernst Marcus und Ida F. Lohr.
[8] Adams, Willi Paul: Die USA im 20. Jahrhundert (Oldenbourg Grundriss der Geschichte, Band 29), München 2008 (2. Aufl.), S. 67 f.
[9] Siehe hierzu Strauss (Hg.): Jewish Immigrants, S. 298–303; Quack: Zuflucht Amerika, S. 154–162.

Fahrtgeld und kleinere „Reparaturen an Schuhen etc." auf, so dass in dieser Zeit nicht genug Geld für Lebensmittel vorhanden war und sie mehrere Male eine Mahlzeit auslassen musste.[10] Damit lag das Einkommen der Familie Nathorff noch unter dem durchschnittlichen Wocheneinkommen der Flüchtlinge in New York, das laut Herbert Strauss im Jahr 1940 bei 19 Dollar lag.[11]

Die Chancen, in den USA an ihr altes Berufsleben anzuschließen, standen für Hertha Nathorff indes sehr schlecht. Erstens, weil die aus Deutschland kommenden Ärztinnen und Ärzte hohe Hürden nehmen mussten, um in den Vereinigten Staaten praktizieren zu dürfen. In manchen Staaten war hierfür die amerikanische Staatsbürgerschaft notwendig, in New York genügte die bekundete Absicht zur Einbürgerung. Bis 1936 benötigten deutsche Ärzte das Sprachexamen für die Erteilung einer Lizenz, danach verschärften sich die Bedingungen. Nun mussten sie außerdem das amerikanische medizinische Staatsexamen ablegen, was sich als ein langwieriger, teils mehrjähriger Prozess herausstellte.[12]

Die beruflichen Integrationsprobleme betrafen nicht nur die Ärzte, sondern auch die Vertreter anderer akademischer Berufe. Beträchtliche Schwierigkeiten begegneten den Rechtsanwälten, von denen zehn im Sample vertreten sind: Sie trafen in den USA auf ein ihnen unbekanntes Rechtssystem, das es neu zu erlernen galt. Hier machte es also Sinn, dass die deutschen Juristen das amerikanische Examen ablegen mussten, während im Fall der Mediziner vor allem die Standesinteressen der amerikanischen Kollegen die berufliche Integration der Emigranten erschwerten.[13] Viele Juristen schlugen erst wieder aus ihren Kenntnissen Kapital, als sie diese im Kontext der Wiedergutmachung einbringen konnten.[14] Mangelnde Englischkenntnisse stellten zwar auch für viele deutsche Juristen ein zusätzliches Hindernis dar – allerdings nicht in demselben Ausmaß wie für jene Gruppe an Emigranten, die zuvor durch das Schreiben ihren Lebensunterhalt gesichert hatten. Die Kriegssituation konnte sich für Journalisten jedoch auch dahingehend positiv auswirken, dass Expertise in europäischen Angelegenheiten – wie auch entsprechende Sprachkenntnisse – vermehrt benötigt wurden. Nichtsdestotrotz war für sie die „Umstellung auf einen völlig kommerziellen Markt und insbesondere auf eine gänzlich neue berufsspezifische Schriftsprache [...] sehr schwie-

---

[10] Vgl. Nathorff: Das Tagebuch der Hertha Nathorff, S. 172.
[11] Vgl. Strauss (Hg.): Jewish Immigrants, S. 300.
[12] Siehe hierzu Pearle, Kathleen M.: Ärzteemigration nach 1933 in die USA: der Fall New York, in: Medizinhistorisches Journal 19 (1984), S. 112–137. Arthur Samuel wandte sich deshalb mit der Bitte um Hilfe an die Harvard-Wissenschaftler (siehe unten). Neben Nathorff und Samuel befinden sich fünf weitere Mediziner im Quellenkorpus: Julius W. Levi, Käte Frankenthal (die zugleich eine sozialistische Politikerin war), Martin Andermann, Albert Dreyfuss und Otto Neustätter.
[13] Vgl. Krohn, Claus-Dieter: Vereinigte Staaten von Amerika, in: Claus-Dieter Krohn/Patrik von Zur Mühlen/Gerhard Paul/Lutz Winckler (Hg.): Handbuch der deutschsprachigen Emigration 1933–1945, Darmstadt 1998, S. 446–466, hier S. 459. Zu den Juristen des Quellenkorpus zählen: Friedrich Solon, Oscar Schwartz, Hans Reichmann, Fritz Goldschmidt, Rudolf Bing, Friedrich Reuß, Friedrich Salzburg, Siegfried Neumann, Ernst Marcus und Siegfried Merecki.
[14] Vgl. Strauss (Hg.): Jewish Immigrants, S. 321.

rig".[15] Acht Journalisten oder im schriftstellerischen Bereich beschäftigte Emigrantinnen und Emigranten befinden sich im Quellensample, von denen drei, Gertrude Wickerhauser Lederer, Eva Wysbar und Frederick Goldberg, ihre Erinnerungsschriften in den Vereinigten Staaten abfassten.[16]

Zweitens standen Hertha Nathorffs Chancen, wieder in ihren alten Beruf einzusteigen, deshalb schlechter, weil sie eine Frau war. In der Emigration organisierten überwiegend die Frauen das Überleben der Familie, während die Männer versuchten, an ihre alten Berufe anzuschließen.[17] Die finanziell miserable Situation der Familie Nathorff nach ihrer Ankunft rührte auch daher, dass ihr Ehemann Erich sich zunächst auf das geforderte Sprach-, und anschließend auf das Medizinexamen vorbereitete. Nathorff registrierte, dass es für ihren Ehemann in dieser Zeit eine Demütigung bedeutete, nicht als Verdiener der Familie fungieren zu können,[18] aber ihren eigenen beruflichen Wunsch zurückzustellen bereitete ihr ebenso Kummer. Am 5. Juni 1940 notierte sie in ihr Tagebuch, dass ihr Mann das Sprachexamen bestanden habe. Seine Fortschritte erfreuten sie, allerdings bemerkte sie auch, dass ihre eigenen – vor dem Ehemann verheimlichten – Bemühungen nicht mit seinen Schritt halten konnten: „Ich muß arbeiten gehen", schrieb sie resignierend, „während er mit Kollegen auf das Sprachexamen arbeitet."[19]

Ähnlich stellte sich die Situation bei Arthur Samuel dar. Der Bonner Arzt war ebenso wie Nathorff nach den Novemberpogromen emigriert und versuchte nach seiner Ankunft, in New York eine Praxis zu eröffnen. Auch in seinem Fall ermöglichte die Arbeit seiner Frau dieses Vorhaben, das ihm jedoch große Schwierigkeiten bereitete. Verzweifelt wandte er sich an die Juroren des Preisausschreibens mit der Bitte, sich für ihn bei den zuständigen Behörden dafür einzusetzen, dass das knapp verfehlte medizinische Examen zu Samuels Gunsten umgewertet würde. Sie kamen seiner Bitte nach, doch brachte ihre Unterstützung nicht den gewünschten Erfolg.[20] Schließlich eröffnete Samuel 1942 wieder eine Praxis, während Hertha Nathorff ihren Wunsch nicht mehr realisieren konnte. Später schaffte sie es jedoch, als Psychotherapeutin zu arbeiten. Denselben Weg schlug die frühere Ärztin Käte Frankenthal ein. Damit füllten sie eine Nische aus, die Atina Grossmann als typisch für deutsche Ärztinnen in der US-Emigration identifiziert. Insgesamt, so Grossmann, hätten etwa zwei Drittel der emigrierten Frauen nicht mehr als Ärztinnen praktiziert.[21]

---

[15] Winkler: Metropole New York, S. 185.
[16] Dazu gehören außerdem Gertrude Wickerhauser Lederer, Sofoni Herz, Max Reiner, Käthe Vordtriede, Eva Wysbar, Walter Gyßling und Sebastian Haffner.
[17] Siehe Grossmann, Atina: New Women in Exile. German Women Doctors and the Emigration, in: Sibylle Quack (Hg.): Between Sorrow and Strength. Women Refugees of the Nazi Period, Washington 1995, S. 215–238, hier S. 230.
[18] Vgl. Nathorff: Das Tagebuch der Hertha Nathorff, S. 173.
[19] Ebd., S. 176.
[20] Vgl. die Ausführungen zu Samuels Manuskript bei Bartmann, Sylke/Garz, Detlef: „Wir waren vogelfrei", in: Bonner Geschichtsblätter 49/50 (1999), S. 457–470, hier S. 464.
[21] Vgl. Grossmann: New Women in Exile, S. 234.

Das Preisausschreiben fiel bei Hertha Nathorff in eine Zeit großer finanzieller Not. Die Faktoren, die hierfür verantwortlich waren, trafen jedoch auf einen Großteil der Autorinnen und Autoren des Quellensamples zu. Die spät erfolgte Emigration – 38 Autorinnen und Autoren des Samples verließen Deutschland 1938 oder 1939 – bedingte zum einen eine enorme Abgabenlast, so dass viele ohne größere finanzielle Mittel das Zielland erreichten. Zum anderen brachte es der späte Emigrationszeitpunkt mit sich, dass sie sich wie Nathorff gerade in der Anfangsphase ihrer Emigrantenbiographie befanden, als sie ihre Erinnerungen für das Preisausschreiben niederlegten. Diese Phase war durch die Übernahme schlecht bezahlter Hilfsjobs, Unterstützung durch Hilfsorganisationen und die Erfahrung sprachlich-kultureller Differenzen geprägt. Zusätzlich konnten Geschlechterrollen und der berufliche Hintergrund – vor allem bei Ärzten und Rechtsanwälten – den Wiedereintritt in die erlernte Tätigkeit verzögern oder sogar verhindern.

Reaktionen der aufnehmenden Gesellschaft

„Lange habe ich nicht geschrieben", begann Hertha Nathorff ihren Tagebucheintrag am 7. März 1940. Dafür habe sie „‚Erfahrungen' gesammelt", fuhr die Emigrantin fort und berichtete über die schlechte Behandlung, die ihr bei der Arbeit als Haushaltshilfe widerfahren war. In dieser Passage reflektierte Nathorff den Statusverlust, den sie als ehemalige Ärztin und Angehörige des Bürgertums erfahren hatte. Während ihre eigene Hausangestellte ihr früher jede Arbeit abgenommen habe, sei ihr nun „keine Arbeit […] zu schwer oder zu schmutzig". Die Erfahrung, nicht mehr dem finanziell gesicherten Mittelstand anzugehören und ohne das Sozialprestige einer geachteten Ärztin leben zu müssen, verdichtete sich in dem Eintrag an zwei weiteren Stellen. Nathorff berichtete, sie müsse sich „oftmals ‚dirty refugee' nennen" lassen, und als sie sich auf eine neue Stelle bewarb, habe man ihr die Tür mit den Worten „lousy Nazispy" vor der Nase zugeworfen.[22]

In diesem Tagebucheintrag rekapitulierte Nathorff die Erlebnisse in den zwei Wochen seit ihrer Ankunft in New York. Sie zeigen, dass zu diesem Zeitpunkt in Nathorffs Wahrnehmung das Verständnis für die Notlage der Flüchtlinge in der amerikanischen Bevölkerung nicht besonders ausgeprägt war. Zum einen war das Ansehen der Geflüchteten deshalb in der US-amerikanischen Gesellschaft gering, weil sie im Ruf standen, den Einheimischen ihre Arbeitsplätze wegzunehmen. In Zeiten hoher Arbeitslosigkeit war diese Befürchtung ein wichtiger Grund dafür, dass die amerikanische Regierung ihre restriktive Einwanderungspolitik bis 1939 kaum lockerte.[23] Sie sah sich darin in Übereinstimmung mit der Mehrheit der amerikanischen Bevölkerung. Meinungsumfragen in den 1930er Jahren dokumentieren, dass konstant etwa 80 Prozent der Befragten eine liberalere Immigrati-

---

[22] Vgl. Nathorff: Das Tagebuch der Hertha Nathorff, S. 171.
[23] Einen Überblick hierzu bietet Krohn, Claus-Dieter: „Nobody has a right to come into the United States." Die amerikanischen Behörden und das Flüchtlingsproblem nach 1933, in: Exilforschung. Ein internationales Jahrbuch 3 (1985), S. 127–142.

onspolitik ablehnten.²⁴ Und auch als mit Kriegsbeginn die Arbeitslosenzahlen sanken, befürchteten viele Amerikaner, die Rezession würde mit Ende des Kriegs wieder zurückkehren.²⁵

Zum anderen zirkulierten seit 1940 verstärkt Ängste in der amerikanischen Gesellschaft, dass Nazi-Agenten mit der Flüchtlingswelle in die Vereinigten Staaten gelangt seien, die die nationale Sicherheit von innen her durch Spionage und Sabotage bedrohten. Medien wie das *American Magazine* oder der *Reader's Digest* popularisierten diese Befürchtungen seit dem Sommer des Jahres mit Artikeln wie „Hitler's Slave Spies in America" und „Enemies within our Gates".²⁶ William Donovan, der später das *Office of Strategic Services* aufbauen sollte, warnte unter anderem vor Tausenden von deutschstämmigen Hausangestellten und Kellnern, die angeblich für ihr Heimatland Informationen sammelten.²⁷ Das Kino hatte sich diesem Stoff bereits 1939 angenommen. Der Hollywood-Streifen „Confessions of a Nazi Spy" erzählte die Geschichte eines FBI-Agenten, der den Machenschaften eines deutschen Spionagerings auf die Spur kommt.²⁸ Eine reale Bedrohung durch deutsche Geheimdienste war indes kaum gegeben und das *Federal Bureau of Investigation* hatte etwaige Versuche der Achsenmächte schnell entlarvt. Dennoch verankerten die Massenmedien von 1938 bis zum Kriegseintritt der USA die ‚fifth column'-Vorstellung in der Bevölkerung.²⁹ Die erfolgreiche Popularisierung bestätigt eine Umfrage des *Fortune* im Juli 1940. Danach glaubten 71 Prozent der Befragten, dass Deutschland eine ‚fünfte Kolonne' in den Vereinigten Staaten organisieren würde. Im August waren 48 Prozent der befragten Amerikaner der Meinung, ihre Gemeinde sei infiltriert worden.³⁰

Im Rahmen der ‚fifth-column'-Debatte wurden deutschsprachige Flüchtlinge als eine konkrete Bedrohung der amerikanischen Demokratie wahrgenommen – unabhängig davon, ob sie aufgrund jüdischer Herkunft oder politischer Opposition verfolgt wurden. Einige jüdische Emigranten, so auch die öffentlich geäußerte Befürchtung des Präsidenten Franklin D. Roosevelt, seien von den deutschen Behörden unter der Androhung rekrutiert worden, dass ihre in Deutschland verbliebe-

---

[24] Vgl. Krohn: Vereinigte Staaten von Amerika, S. 453.
[25] Vgl. Wyman, David S.: The United States, in: Charles H. Rosenzveig/David S. Wyman (Hg.): The World Reacts to the Holocaust, Baltimore (Md.) u. a. 1996, S. 693–748, hier S. 700.
[26] Zit. nach Breitman, Richard/Kraut, Alan M.: American Refugee Policy and European Jewry, 1933–1945, Bloomington/Indianapolis 1987, S. 117.
[27] Vgl. ebd., S. 118 f. Siehe auch eine Übersicht zu der Berichterstattung bei Lipstadt, Deborah E.: Pious Sympathies and Sincere Regrets. The American News Media and the Holocaust from Krystalnacht to Bermuda, 1938–1943, in: Michael R. Marrus (Hg.): The Nazi Holocaust (8). Bystanders to the Holocaust (Band 1), Westport u. a. 1989, S. 99–118, hier S. 110 und Anm. 48.
[28] Der Film basierte indes auf einer realen Begebenheit: 1938 hatte das FBI einen deutschen Spionagering enttarnt, der Verbindungen zum nationalsozialistisch orientierten *Amerikadeutschen Bund* aufwies. Vgl. Hoenicke Moore: Know Your Enemy, S. 94.
[29] Vgl. MacDonnell, Francis: Insidious Foes. The Axis Fifth Column and the American Home Front, New York/Oxford 1995, S. 3–6.
[30] Vgl. Breitman/Kraut: American Refugee Policy and European Jewry, S. 117; MacDonnell: Insidious Foes, S. 7 f.

nen Verwandten umgebracht würden, sollten die Emigranten nicht regelmäßig Berichte abliefern.[31] Die Auswirkungen dieser Debatte schlugen sich in einer verschärften Immigranten-Politik nieder, etwa in Form des *Alien Registration Act* vom Juni 1940, auf dessen Grundlage Immigranten ab 14 Jahren registriert und ihre Fingerabdrücke genommen wurden.[32]

Hertha Nathorffs Tagebucheinträge zeugen davon, dass im Frühjahr 1940, kurz vor Einsendeschluss des Preisausschreibens, die ‚*fifth column*'-Debatte ein Bestandteil des Erfahrungsraums deutsch-jüdischer Emigranten bildete und das Verhalten einzelner US-Bürger bereits beeinflusste.[33] Dass deutsche Flüchtlinge bereits vor Einsetzen dieser Debatte nicht unbedingt als Verfolgte, sondern als Vertreter des NS-Regimes wahrgenommen wurden, dokumentieren die Erinnerungen von Hilde Koch, die im August 1938 mit ihrem Sohn New York erreichte. Die nichtjüdische Autorin war aufgrund der politischen Verfolgung ihres Ehemanns emigriert und berichtete, dass ihr Sohn beim Einkaufen im *Drug Store* mit dem Hitlergruß empfangen worden sei.[34]

In den USA trafen viele Emigranten auch auf antisemitische Einstellungen. Ernst Loewenberg, ein Hamburger Lehrer, der Deutschland kurz vor dem Novemberpogrom verlassen hatte, thematisierte diese Erfahrung in der Einleitung seiner Erinnerungen: „Auch hier in diesem Lande, das uns in bangen Jahren als Zukunftstraum erschienen", so Loewenberg, „toent es vom ersten Tag entgegen: Jude – nicht immer gehaessig, aber oft abweisend."[35] In den Vereinigten Staaten angekommen, musste Loewenberg registrieren, dass sein früheres Amerikabild und die daraus generierten Hoffnungen auf ein Leben ohne antisemitische Erfahrungen von der Realität der Emigration eingeholt worden war.[36]

Konkrete Erlebnisse nannte der Autor nicht, dennoch spricht die ansteigende Entwicklung antisemitischer Tendenzen in den USA der dreißiger Jahre dafür,

---

[31] Vgl. Breitman/Kraut: American Refugee Policy and European Jewry, S. 121 f. Siehe auch Wyman, David S.: Paper Walls. America and the Refugee Crisis 1938–1941, New York 1985, S. 188–191. Indes existieren kaum Hinweise darauf, dass dies tatsächlich der Fall war. Siehe Breitman/Kraut: American Refugee Policy and European Jewry, S. 124 f.

[32] Siehe Perret, Geoffrey: Days of Sadness, Years of Triumph. The American People, 1939–1945, Madison 1985, S. 90.

[33] Wie Olaf Stieglitz argumentiert, war die patriotische Sprache in den USA während des Zweiten Weltkriegs deshalb effektiv, weil sie erfolgreich die Subjekte des ‚Feindes' und des ‚aufmerksamen Bürgers' kreierte. Vgl. Stieglitz: Keep Quiet ..., S. 212.

[34] Vgl. Koch, Hilde: Mein Leben in Deutschland vor und nach dem 30. Januar 1933, East Orange (New Jersey) 1940, Houghton Library (Harvard University), bMS Ger 91 (115), Zugriff am 23. 09. 2008 im Archiv des Zentrums für Antisemitismusforschung der Technischen Universität Berlin, S. 142.

[35] Loewenberg, Ernst: Mein Leben in Deutschland vor und nach dem 30. Januar 1933, Groton (Mass.) 1940, Archiv des Leo Baeck Instituts, ME 403a. MM 51, S. 1.

[36] Zum Amerikabild der deutschen Emigranten, das häufig nur vage Konturen besaß und teilweise von einem kulturellen Überlegenheitsgefühl geprägt war, vgl. Susemihl, Geneviève: „... and it became my home". Die Assimilation und Integration der deutsch-jüdischen Hitlerflüchtlinge in New York und Toronto (= Studien zu Geschichte, Politik und Gesellschaft Nordamerikas, Band 21), Münster 2004 (zugl. Diss. Univ. Rostock 2003), S. 100–102, und Quack: Zuflucht Amerika, S. 151.

dass sie Teil eines Erfahrungsraums jüdischer Geflüchteter waren, vor dessen Hintergrund viele Harvard-Berichte entstanden sind. Antijüdische Stimmungen hatten sich in den USA als Reaktion auf die Weltwirtschaftskrise verbreitet und schlugen sich in der Gründung zahlreicher antisemitischer Vereinigungen nieder, zu deren einflussreichsten die Bewegung um den katholischen Rundfunkprediger ‚Father' Charles E. Coughlin zählte. Seine sonntägliche Radiosendung wurde über mehr als 40 Stationen verbreitet und im Jahr 1938 zählte sie dreieinhalb Millionen regelmäßiger Zuhörer.[37] Einer Umfrage aus dem Jahr 1938 folgend schrieb etwa die Hälfte der befragten Amerikaner den Juden eine Mitschuld an ihrer Verfolgung zu.[38] Drei Jahre zuvor hatte der *Aufbau* in seiner Juni-Ausgabe vor dem ansteigenden Antisemitismus gewarnt: „Kein Zweifel: der Antisemitismus marschiert auch hier." Dies sei eine bittere „Wahrheit für die, die hierher gekommen sind, um dem deutschen Antisemitismus zu entfliehen". Zwar konzedierte der Autor des Artikels, dass die amerikanische Variante nicht dem „ordinären Radauantisemitismus Deutschlands" entspräche. Doch habe man sich vor zehn Jahren auch noch über Hitler lustig gemacht. Heute spotte man über ‚Father' Coughlin, dabei sei dieser ein „Vorläufer des amerikanischen Fascismus".[39]

Die Schreibsituation, in der sich viele Emigrantinnen und Emigranten befanden, als sie ihre Erinnerungen für das Preisausschreiben verfassten, beinhaltete also auch die Erfahrung, dass sie in den Vereinigten Staaten zwar sicher vor der nationalsozialistischen Verfolgung waren, aber nicht durchgängig auf das Wohlwollen der amerikanischen Bevölkerung zählen konnten. Als Flüchtlinge hatten sie einen geringen sozialen Status, die Furcht vor einer Unterwanderung der amerikanischen Gesellschaft führte dazu, in den Verfolgten die Handlanger ihrer deutschen Verfolger zu sehen, und antisemitische Ressentiments brachen einen einstigen Erwartungshorizont, der Amerika als ‚Zukunftstraum' ausgewiesen hatte.

In mancher Hinsicht ähnelte die Situation der in England gestrandeten Flüchtlinge den amerikanischen Verhältnissen. Eine Parallele zu den amerikanischen Verhältnissen bestand etwa in den erschwerten wirtschaftlichen Bedingungen der 1930er Jahre. Aus Sorge, die Emigranten könnten den Einheimischen Arbeitsplätze wegnehmen, wurden in begrenztem Umfang Personen zugelassen, die in einem Mangelberuf arbeiten wollten. Darunter fielen Stellen als Hausangestellte, Krankenpflegerin oder Landarbeiter. Wie in den USA sicherten auch in Großbritannien häufig die Ehefrauen das Überleben der Familie, indem sie in diesen Arbeitsbereichen tätig waren.[40]

---

[37] Vgl. Wyman: Paper Walls, S. 17.
[38] Außerdem war zwischen 1938 und 1941 gut ein Drittel befragter US-Amerikaner geneigt, eine antijüdische Bewegung zu billigen. Vgl. Bergmann, Werner: Geschichte des Antisemitismus, München 2006, S. 100.
[39] Anon.: Ein Warnungsruf, in: Aufbau v. 01. 06. 1935, S. 1. Zu den Reaktionen der Emigrantenpresse auf amerikanische antisemitische und faschistische Bewegungen siehe außerdem Radkau: Die deutsche Emigration in den USA, S. 62–69.
[40] Vgl. Strickhausen, Waltraud: Großbritannien, in: Claus-Dieter Krohn/Patrik von Zur Mühlen/Gerhard Paul/Lutz Winckler (Hg.): Handbuch der deutschsprachigen Emigration 1933–1945, Darmstadt 1998, S. 251–270, hier S. 252–253.

Auf der britischen Insel kursierten ebenfalls Befürchtungen über deutsche Spione und Saboteure. Die englische Regierung begann schon im Frühjahr 1939 mit Maßnahmen zur Kategorisierung von ca. 73 000 Deutschen und Österreichern, den sogenannten ‚enemy aliens'. Zunächst wurde nur ein Prozent der Überprüften als ein Sicherheitsrisiko gewertet und in der Folge interniert.[41] Im Mai 1940, nach den Erfolgen der deutschen Offensive in den Niederlanden, Belgien und Frankreich, verschärfte sich jedoch das fremdenfeindliche Klima, was zur Internierung zahlreicher männlicher Emigranten und auch einiger Emigrantinnen führte.[42] Von den ursprünglich etwa 30 000 Internierten wurden einige nach Australien deportiert, darunter auch der ehemalige Zeitungsredakteur Sofoni Herz, der ebenfalls seine Erinnerungen für das Preisausschreiben verschriftlicht hatte. Sein Bruder appellierte von New York aus an Edward Hartshorne, er möge sich bei den australischen Behörden für die Freilassung von Sofoni Herz verwenden. Hartshorne kam der Bitte nach und schrieb einen entsprechenden Brief am 18. August 1941, in dem er die politische Zuverlässigkeit des Gefangenen hervorhob.[43]

2. Schreibanlässe

Hilfegesuche und Hoffnung auf einen Geldpreis

Die Hoffnung auf einen der ausgelobten Geldpreise hat vermutlich für viele Interessenten den Anstoß gegeben, an dem Harvard-Preisausschreiben teilzunehmen. Dafür spricht zum einen die miserable finanzielle Situation vieler Emigranten. Bei

---

[41] Diese englische Politik schlug sich auch in den Briefen der Teilnehmerin Käthe Vordtriede nieder, die in die Schweiz geflüchtet war und eine Weiterreise nach England erwog. In einem Brief an ihre Kinder vom 13. Februar 1940 berichtete sie von einer Auskunft in der Schweizer Auswandererberatungsstelle, dass, „nachdem England Ordnung gemacht" habe zwischen „anständigen Emigranten und deutschen Spitzeln", im Januar des Jahres deutsche Frauen wieder von der Schweiz nach England gelangt seien. Vordtriede blieb jedoch skeptisch, da sich zuvor eine ähnliche Information als falsch herausgestellt hatte. Vgl. Vordtriede, Käthe: „Mir ist es noch wie ein Traum, dass mir diese abenteuerliche Flucht gelang …". Briefe nach 1933 aus Freiburg im Breisgau, Frauenfeld und New York an ihren Sohn Werner. Herausgegeben von Manfred Bosch, Lengwil 1998, S. 162 f.
[42] Vgl. Strickhausen: Großbritannien, S. 257 f. Siehe außerdem allgemein hierzu Seyfert, Michael: „His Majesty's Most Loyal Internees". Die Internierung und Deportation deutscher und österreichischer Flüchtlinge als „enemy aliens". Historische, kulturelle und literarische Aspekte, in: Gerhard Hirschfeld (Hg.): Exil in Großbritannien. Zur Emigration aus dem nationalsozialistischen Deutschland, Stuttgart 1983, S. 155–182.
[43] Vgl. Herz, Arno: Schreiben an Edward Y. Hartshorne v. 26. 07. 1941, Houghton Library (Harvard University), bMS Ger 91 (96), Zugriff am 23. 09. 2008 im Archiv des Zentrums für Antisemitismusforschung der Technischen Universität Berlin; vgl. außerdem Hartshorne, Edward Y.: Schreiben an das Orange Internment Camp, Sydney, Australien v. 18. 08. 1941, Houghton Library (Harvard University), bMS Ger 91 (96), Zugriff am 23. 09. 2008 im Archiv des Zentrums für Antisemitismusforschung der Technischen Universität Berlin. Über das weitere Leben von Sofoni Herz konnten leider keine Informationen in Erfahrung gebracht werden.

einem wöchentlichen Einkommen von zehn bis fünfzehn Dollar, das Nathorff im März 1940 erhielt, stellte der in Aussicht gestellte erste Preis in Höhe von 500 US-Dollar zweifellos einen überzeugenden Grund für die Teilnahme am Wettbewerb dar. Auch die Höhe der nachfolgenden Preise war nicht unerheblich: Für den zweiten Preis stellten die Wissenschaftler 250 US-Dollar in Aussicht, für den dritten 100 US-Dollar. Selbst der vierte (50 US-Dollar) und der fünfte Preis (fünf mal 20 US-Dollar) überstiegen noch das von Nathorff angegebene Wocheneinkommen.

Zum anderen dokumentiert die Korrespondenz mit den Harvard-Wissenschaftlern, dass in manchen Fällen die Hoffnung auf einen Geldpreis besonders ausgeprägt war. Ida Fanny Lohr schrieb im Alter von 55 Jahren ihre Erinnerungen. Auf etwa 50 Seiten befasste sie sich mit der Zeit ihrer Inhaftierung, unter anderem im Konzentrationslager Lichtenburg, wo sie wegen angeblichen Landesverrats und Devisenvergehen eingesperrt war. Die Autorin jüdischer Herkunft lebte vor ihrer Emigration in München und betrieb dort mit ihrem Ehemann ein Einzelhandelsgeschäft. Das daraus geschöpfte Einkommen betrug laut Lohr ungefähr 12 000 Reichsmark im Jahr.[44] In ihrem Anschreiben an die Harvard-Wissenschaftler unterstrich sie nun die finanzielle Notlage ihrer Familie: „Es würde mich sehr freuen", schrieb Lohr, „wenn Sie aufgrund meiner Arbeit sich veranlasst sehen würden, mir einen Preis zuzuerkennen [...]." Aufgrund ihrer „augenblicklich bedrängten Lage" könne sie diesen „mehr als notwendig" gebrauchen.[45]

Doch blieb Lohrs Hoffnung unerfüllt. In einem weiteren Brief an Edward Hartshorne brachte die Autorin ihre Enttäuschung über die Preisrichterentscheidung und den Benachrichtigungsbrief zum Ausdruck:

„Do you realize that your letter, as it actually has been written was a severe and disappointing blow to me, being not only convinced, that my life's story was at least worth of some prize, but really expected a small financial return, which would help me in our situation, as even our American relatives inspite of their solemn promises of support fail in every respect and as jobs in this country are for everybody but not for people past 50."[46]

Hartshorne hielt in seiner Antwort an der Preisrichterentscheidung fest, sandte der Autorin jedoch einen Trostpreis in Höhe von sieben Dollar zu, der ihre Mühen

---

[44] Vgl. Lohr, Ida F.: [Mein Leben in Deutschland vor und nach dem 30. Januar 1933], New York City 1940, Houghton Library (Harvard University), bMS Ger 91 (148), Zugriff am 23. 09. 2008 im Archiv des Zentrums für Antisemitismusforschung der Technischen Universität Berlin, S. 1.

[45] Lohr, Ida F.: Schreiben an Sidney B. Fay (undatiert), Houghton Library (Harvard University), bMS Ger 91 (148), Zugriff am 23. 09. 2008 im Archiv des Zentrums für Antisemitismusforschung der Technischen Universität Berlin. Die Bedeutung des erhofften Geldpreises spiegelt sich auch in den Nachfragen einiger Autorinnen und Autoren, ob das Preisrichtergremium bereits zu einer Entscheidung gelangt sei. Siehe etwa ‚Aralk': Mein Leben in Deutschland vor und nach dem 30. Januar 1933, Detroit (Mich.) 1940, Houghton Library (Harvard University), bMS Ger 91 (8), Zugriff am 23. 09. 2008 im Archiv des Zentrums für Antisemitismusforschung der Technischen Universität Berlin.

[46] Lohr, Ida F.: Schreiben an Edward Y. Hartshorne v. 30. 10. 1940, Houghton Library (Harvard University), bMS Ger 91 (148), Zugriff am 23. 09. 2008 im Archiv des Zentrums für Antisemitismusforschung der Technischen Universität Berlin.

und Kosten für die Teilnahme am Wettbewerb decken sollte. Außerdem forderte er die Autorin auf, sich bei ihm zu melden, sollte er für weitere Unterstützung behilflich sein können.[47] Dankbar nahm Lohr dieses Angebot an und bot Hartshorne die Überreste ihrer Bibliothek sowie eine Sammlung von Fotografien aus dem Ersten Weltkrieg zum Ankauf an.[48]

Außer der Hoffnung auf einen Geldpreis konnte auch die Aussicht auf einen hilfreichen Kontakt den Entschluss begünstigen, sich am Harvard-Projekt zu beteiligen. Die aus dem Arbeitermilieu stammende Hausfrau Martha Lewinsohn nutzte die Chance, um ein Hilfegesuch an die Harvard-Wissenschaftler zu richten. In ihrem kurz gehaltenen, sieben Seiten umfassenden Manuskript berichtete sie vom Schicksal ihres Schwagers – einem „Kaempfer des Proletariats" –, der sich seit März 1933 in Gefängnis- und Konzentrationslagerhaft befand. Die Autorin zählte einige Versuche auf, die ihre Familie bereits unternommen hatte, um Paul Lewinsohn zu befreien. Unter anderem hatte sie sich erfolglos an den Flüchtlingskommissar des Völkerbundes gewendet. Nun bat sie die Ausrichter des Wettbewerbs um ihre Hilfe: „Falls Sie[,] meine Herren[,] irgendwie in der Lage waeren, uns hierbei zu helfen, waeren wir Ihnen von ganzem Herzen dankbar."[49] Die Dringlichkeit dieses Anliegens ist daraus zu ersehen, dass Lewinsohn ihre Bitte an die Wissenschaftler am Ende ihres autobiographischen Berichts wiederholte. Mit einem Stellengesuch setzte sie sich – wenn auch erfolglos – für ihre Schwester, eine gelernte Buchhalterin mit englischen Sprachkenntnissen, ein. Sie fragte, ob die Ausrichter des Preisausschreibens die Möglichkeit hätten, für diese Schwester eine Arbeitsstelle in den USA zu beschaffen.[50] Mit der Teilnahme am Preisausschreiben verbanden sich also auch Hoffnungen – nicht nur auf einen der ausgeschriebenen Geldpreise, sondern auch auf die konkrete Hilfe der Wissenschaftler –, sei es bei

---

[47] Vgl. Hartshorne, Edward Y.: Schreiben an Ida F. Lohr v. 01. 11. 1940, Houghton Library (Harvard University), bMS Ger 91 (148), Zugriff am 23. 09. 2008 im Archiv des Zentrums für Antisemitismusforschung der Technischen Universität Berlin.

[48] Vgl. Lohr, Ida F.: Schreiben an Edward Y. Hartshorne v. 08. 11. 1940, Houghton Library (Harvard University), bMS Ger 91 (148), Zugriff am 23. 09. 2008 im Archiv des Zentrums für Antisemitismusforschung der Technischen Universität Berlin. Der weitere Fortgang erschließt sich leider nicht restlos aus der vorliegenden Korrespondenz. Vermutlich empfahl Hartshorne einige Bücher der Universitätsbibliothek zum Ankauf.

[49] Lewinsohn, Martha: [Mein Leben in Deutschland vor und nach dem 30. Januar 1933], Kopenhagen 1939, Houghton Library (Harvard University), bMS Ger 91 (137), Zugriff am 23. 09. 2008 im Archiv des Zentrums für Antisemitismusforschung der Technischen Universität Berlin, S. VI.

[50] Vgl. ebd., S. VII. In einem Antwortschreiben bedauerten die Ausrichter des Preisausschreibens, leider nichts für Lewinsohns Schwester tun zu können. Vgl. Anon.: Schreiben an Martha Lewinsohn v. 17. 10. 1939, Houghton Library (Harvard University), bMS Ger 91 (137), Zugriff am 23. 09. 2008 im Archiv des Zentrums für Antisemitismusforschung der Technischen Universität Berlin. Es handelt sich um eine Abschrift des Schreibens, aus der der Verfasser nicht eindeutig hervorgeht.

der Befreiung eines eingesperrten Verwandten, bei der Arbeitsplatzsuche[51] oder bei der Publikation der eigenen Autobiographie.[52]

Den biographischen Erfahrungseinbruch verarbeiten

„Würde es mir in den Sinn gekommen sein, jetzt, da ich 35 Jahre alt bin, meine Lebenserinnerungen niederzuschreiben?", fragte sich Martin Andermann gleich zu Beginn seiner Autobiographie. „Wohl kaum" lautete die spontane Antwort – schließlich sei es eine Angelegenheit des höheren Alters, die eigenen Lebenserinnerungen niederzuschreiben. Entstand die Autobiographie des jüdischen Arztes also aufgrund eines äußeren Anlasses, „einer ‚Nachfrage' nach Lebensgeschichten"? „Nicht ganz so", stellte Andermann fest: „Denn jene 35 Jahre meines Lebens, über die ich berichten will, sind eine in sich geschlossene Einheit, sie sind vielleicht alles, was ich einmal als ‚mein' Leben rückschauend betrachten werde [...]."[53] Für den Autobiographen war sein bisheriges Leben also eine „Einheit". Seine Wortwahl verdeutlicht, dass dieser Lebensabschnitt in seinem Verständnis unwiderruflich abgeschlossen war – zwischen Schreibgegenwart und Zukunft auf der einen Seite und dem vergangenen Leben auf der anderen Seite klaffte eine biographische Lücke. Gegenwart und Zukunft drohten, nicht mehr Teil *seines* Lebens zu sein.

Andermanns Überlegungen zeigen, dass die Hoffnung auf einen Geldpreis nicht der einzige Grund war, um die Lebenserinnerungen für das Harvard-Unternehmen niederzuschreiben. Ebenso konnte der durch die Machtübernahme angestoßene biographische Erfahrungseinbruch die autobiographische Reflexion antreiben. Volker Depkat hebt dieses Moment als wesentliche Triebfeder autobiographischen Schreibens im 20. Jahrhundert hervor. Gemeint ist damit eine durch historischen Wandel hervorgebrachte „krisenhafte Infragestellung von Identität", die Erfahrung eines abrupten Herausfallens aus den gewohnten „biographischen und histo-

---

[51] Als ein weiteres Beispiel lässt sich die sozialdemokratische Journalistin Käthe Vordtriede anführen. Vordtriede, die in der Schweiz auf ein Visum für die USA hoffte, bat ihre Tochter, ihr Dokumente zuzuschicken, die sie für die Abfassung des Manuskripts benötigte. Am Ende des Briefes vom 7. Februar 1940 schrieb sie: „Der 1. Preis ist 500.– Dollar. Ich bin zufrieden, wenn ich gar nichts bekomme, nur der historischen Forschung diene, aber dafür in U.S.A. eine winzige Sekretärsstelle an einer Universität erhalte." Vordtriede: „Mir ist es noch wie ein Traum, dass mir diese abenteuerliche Flucht gelang ...", S. 158.
[52] Dieses Anliegen äußerte die unter dem Pseudonym ‚Aralk' schreibende Autorin jüdischer Herkunft. Sie wandte sich mit der Frage an das Wettbewerbsgremium, ob man ihr bei der publizistischen Verwertung des Manuskripts helfen könne, da sie als Flüchtling gezwungen sei, Geld zu verdienen. Vgl. ‚Aralk': Schreiben an Sidney B. Fay v. 22.03.1940, Houghton Library (Harvard University), bMS Ger 91 (8), Zugriff am 23.09.2008 im Archiv des Zentrums für Antisemitismusforschung der Technischen Universität Berlin.
[53] Andermann, Martin: Mein Leben in Deutschland vor und nach dem 30. Januar 1933, Buffalo (N.Y.) 1940, Houghton Library (Harvard University), bMS Ger 91 (6), Zugriff am 23.09.2008 im Archiv des Zentrums für Antisemitismusforschung der Technischen Universität Berlin, S. 1.

rische Zusammenhänge".[54] Mit diesem Erfahrungshintergrund ausgestattet, diente die Niederschrift der Erinnerungen der Selbstvergewisserung und Orientierung – der „Selbsttherapie", wie Depkat zuspitzend herausstellt.[55]

Was Depkat über die Autobiographien deutscher Politiker im 20. Jahrhundert schreibt, trifft auch auf die Harvard-Autobiographien des Samples zu, deren Autorinnen und Autoren größtenteils jüdischer Herkunft waren und keine parteipolitische Vergangenheit aufwiesen.[56] So auch auf Andermann, dessen politisches Desinteresse vom intellektuellen Habitus des deutschen Existenzialismus in den 1920er Jahren gespeist wurde. Neben dem Medizinstudium ging er seinem Interesse an philosophischen Fragen nach. Heidegger, dessen Vorlesungen er in Marburg besuchte, übte auf den Königsberger eine große Faszination aus. In der Rückschau kritisierte er jedoch den philosophischen Kreis um Heidegger wegen seines ostentativ zur Schau getragenen Desinteresses an den politischen Problemen der Republik. Die Kritik münzte Andermann durchaus auch auf sich selbst: „Heidegger selbst pflegte zu betonen, dass er von Politik keine Ahnung habe, und wir sprachen es ihm nach." Es habe „in diesen Kreisen" geradezu als „unfein" gegolten, „sich allzuviel damit zu befassen".[57]

Was für Andermann und die meisten anderen Autorinnen und Autoren des Samples mit der Machtübernahme biographisch entscheidend wurde, war nicht ihre politische Opposition gegenüber Hitler und seiner Partei, sondern ihre jüdische Herkunft und die damit verbundenen Ausgrenzungs- und Verfolgungserlebnisse. Der Verlust des Berufes, Ausgrenzung aus Vereinen und Organisationen, sich abwendende Freunde und Bekannte, öffentliche Stigmatisierung und Verhaftungserlebnisse prägten einen kollektiven Erfahrungsraum, der von den jüdischen Autorinnen und Autoren – je nach individueller Lebensgeschichte in unterschiedlichem Maße – geteilt wurde. Für viele bildete darüber hinaus die Anzweiflung ihrer deutschen Identität oder der Umgang mit nicht selbst geteilten Fremdzuschreibungen als ‚jüdisch' ein dominantes Thema ihrer Lebensbeschreibungen. Gerade dieser Aspekt wurde von den Autorinnen und Autoren nichtjüdischer Herkunft nicht thematisiert. Der biographische Bruch war für die Gruppe der Autorinnen und Autoren jüdischer Herkunft dementsprechend tiefgreifend: Er betraf die berufliche Situation ebenso wie soziale Kontakte und Identitätsentwürfe.

Diesen Bruch schreibend einzufangen, das heißt, die Ereignisse für sich verständlich zu machen, die dazu führten, dass man sein Heimatland verlassen muss-

---

[54] Vgl. Depkat: Lebenswenden und Zeitenwenden, S. 101. Siehe hierzu auch Gebhardt, Miriam: Das Familiengedächtnis. Erinnerung im deutsch-jüdischen Bürgertum 1890 bis 1932 (= Studien zur Geschichte des Alltags, Band 16), Stuttgart 1999, S. 59–61.

[55] Vgl. Depkat: Lebenswenden und Zeitenwenden, S. 102.

[56] Depkat untersuchte unter anderem die publizierte Harvard-Autobiographie der Sozialistin Käte Frankenthal. Sie war jüdischer Herkunft, schrieb ihre Autobiographie allerdings weitgehend aus dem Blickwinkel ihres politischen Lebens. Siehe Frankenthal, Käte: Der dreifache Fluch: Jüdin, Intellektuelle, Sozialistin. Lebenserinnerungen einer Ärztin in Deutschland und im Exil. Herausgegeben von Kathleen M. Pearle und Stefan Leibfried, Frankfurt a. M. 1981. Frankenthals Autobiographie wurde auch für die vorliegende Studie verwertet.

[57] Andermann: Mein Leben in Deutschland, S. 54.

te und in der Fremde ein neues Leben begann, speiste den Willen zur autobiographischen Reflexion.[58] Andermann verband dieses Unterfangen mit der Hoffnung, einen zukünftigen Lebensweg zu finden. Aus „innerer Notwendigkeit" gelange er dazu, „sich Rechenschaft über die gelebten Jahre abzulegen, um vielleicht aus der Wiederbelebung der Vergangenheit die Antwort auf die Frage zu finden: Ob aus der jetzigen Notkonstruktion der Gegenwart ein Weg in eine echte, menschlich fundierte Zukunft möglich ist?"[59]

Auch in den nichtjüdischen Autobiographien finden sich Hinweise dafür, dass ihre Verfasser aus einem biographischen Erfahrungseinbruch heraus angetrieben wurden, ihre Erinnerungen niederzuschreiben. Hilde Koch konzipierte zwar nicht wie Andermann ihre Lebenserinnerungen dezidiert als einen biographischen Orientierungsversuch, aber ihr Bericht enthält eine aufschlussreiche Episode über die Bedeutung des biographischen Erzählens unter der nationalsozialistischen Herrschaft. Über eine Freundin gelangte Koch an Clara Leiser, eine amerikanische Journalistin, die in Deutschland Informationen über das Leben von Familien politischer Häftlinge sammelte.[60] Zum Zeitpunkt ihres Treffens hatte Hilde Koch die Verhaftung, Verurteilung und schließlich auch die Freilassung ihres Ehemanns erlebt. Nach einer kurzen Phase der Unsicherheit, ob sie der Amerikanerin vertrauen könne, habe sie jedoch angefangen zu berichten: „Und so begann ich anfangs noch zoegernd[,] dann aber immer fliessender zu erzaehlen", schrieb Koch, um anschließend diese Praxis des Erzählens selbst zu thematisieren: „Es tat ja so unendlich gut[,] sich einmal aussprechen zu koennen. Etwas herunterzureden von all dem[,] was da in der Brust verschlossen aufgespeichert war."[61] Biographische Erfahrungseinbrüche scheinen also deshalb autobiographisches Schreiben anzutreiben, weil an das Erzählen der Lebensgeschichte die Erwartung psychischer Entlastung geknüpft ist.[62] In dieser Hinsicht ist Depkat zuzustimmen, wenn er die Verarbeitung biographischer Zäsuren als eine Form der ‚Selbsttherapie' versteht.

Wahrheit und Repräsentativität: Die Geschichte der Verfolgten verbreiten

Offenbar war es den Autorinnen und Autoren ein Anliegen, die Authentizität ihrer Erinnerungen zu bekunden. So verbreitet sind diese Passagen im Sample, dass sie

---

[58] Auch Thomas Karlauf identifiziert unter Bezugnahme auf ein Quellenzitat „‚[...] Aufarbeitung und Rekapitulation des Erlebten'" als Hauptmotiv der Harvard-Autobiographinnen und -Autobiographen. Karlauf, Thomas: „So endete mein Leben in Deutschland". Der 9. November 1938, in: Uta Gerhardt/Thomas Karlauf (Hg.): Nie mehr zurück in dieses Land. Augenzeugen berichten über die Novemberpogrome 1938, Berlin 2009, S. 11–33, hier S. 28.
[59] Andermann: Mein Leben in Deutschland, S. 1.
[60] Clara Leiser organisierte auch den Abdruck von Kochs Erfahrungsbericht: Anon.: Refugee. A Personal Account of Life in Nazi Germany by Two Anonymous Authors. Transl. by Clara Leiser, New York 1940.
[61] Koch: Mein Leben in Deutschland, S. 102a.
[62] Weitere Beiträge des Samples stützen diese Vermutung. Siehe etwa Nathorff: Das Tagebuch der Hertha Nathorff, S. 88, sowie Neustätter, Otto: Mein Leben in Deutschland vor und nach

sich als ein narratives Muster auffassen lassen. Die Autorinnen und Autoren verbürgten sich dafür – entweder im Anschreiben an die Wissenschaftler oder in den autobiographischen Texten –, dass die von ihnen berichteten Erlebnisse der Wahrheit entsprächen. Damit nahmen sie die Vorgaben der Wissenschaftler auf, „nur wirkliche Vorkommnisse" zu beschreiben,[63] und unterstrichen gleichzeitig ihre Deutungsautorität als unmittelbare Zeugen der berichteten Erlebnisse. Noch in England schloss Hertha Nathorff ihre Aufzeichnungen zur ‚Vor-Hitlerzeit' ab. Auf fremde Hilfe angewiesen, um das Überleben der Familie zu sichern, ohne jegliche materielle oder finanzielle Ausstattung, wartete sie im Januar 1940 mit ihrem Mann Erich und dem Sohn Heinz in einer Londoner Vorstadt auf die amerikanischen Visa. Nur eins, so Nathorff am Ende des Manuskriptabschnitts, habe sie aus Deutschland gerettet: „lose, zerrissene Blaetter aus meinem Tagebuch, dass [sic!] ich trotz Angst und Gefahr immer noch zu fuehren wagte. ½ Blaetter, die ich jetzt muehsam zusammen suche und die bekunden in schlichter, ungefaelschter Wahrheit, wie ich -- aus begluekenden [sic!] Leben in Arbeit und Frieden, [sic!] gequaelt, verfolgt, bedroht und langsam zugrunde gerichtet wurde, wie ich vertrieben wurde mit Mann und Kind".[64]

Ohne sonstigen wertvollen Besitz in der Emigration hatte sie wenigstens einige Tagebuchblätter, die sie nun als Zeugen für ihre Erlebnisse nach der Machtübernahme anführte. Sie sollten für Nathorff in „schlichter, ungefaelschter Wahrheit" ihre Geschichte „bekunden". Deren Informationsgehalt wertete die Autorin noch dadurch auf, dass sie auf die Gefahr des Tagebuchschreibens im Nationalsozialismus hinwies. Als konzeptionelle Bezugspunkte ihrer folgenden Ausführungen, mit denen sie die einzelnen Passagen einrahmte und in eine zusammenhängende Geschichte transformierte, nannte Nathorff ihre eigene Verfolgung und die Vertreibung ihrer Familie aus Deutschland. Sie wollte Nathorff als inhaltliche Leitlinien der von ihr im Anschluss zusammengestellten Tagebucheinträge verstanden wissen. Es ist also die Geschichte ihrer Verfolgung, für deren Wahrheitsgehalt sich die Autorin verbürgte.

Die Wahrheitsbekundungen lassen sich nicht allein darauf zurückführen, dass das autobiographische Genre diese sprachlichen Muster aus sich hervorbringt.[65] Ursächlich ist auch der Inhalt der Manuskripte: Verfolgungserfahrungen, die bis

---

dem 30. Januar 1933, Baltimore (Md.) 1940, Houghton Library (Harvard University), bMS Ger 91 (166), Zugriff am 23. 09. 2008 im Archiv des Zentrums für Antisemitismusforschung der Technischen Universität Berlin, S. 7a.

[63] So eine der vorgegebenen Richtlinien des Preisausschreibens in den Flugblättern. Vgl. das abgedruckte Flugblatt bei Wysbar, Eva: „Hinaus aus Deutschland, irgendwohin…". Mein Leben in Deutschland vor und nach 1933. Mit Vorworten von Maria Wisbar Hansen und Tania Wisbar und einem Nachwort von Detlef Garz, Lengwil 2000, S. 18.

[64] Nathorff, Hertha: Memoiren (Diary) 1895–1939, Archiv des Leo Baeck Instituts, ME 460. MM 59, S. 9 f. Da diese Passage nicht in der edierten Fassung der Tagebücher enthalten ist, wird hier und vereinzelt an weiteren Stellen auf die archivierte Version zurückgegriffen.

[65] Etwa im Sinne des referentiellen Paktes bei Lejeune, wonach eine Autobiographie immer vorgibt, ein Abbild des Realen zu liefern. Vgl. Lejeune: Der autobiographische Pakt, S. 244 f.

dahin gültige Erwartungshorizonte überschritten und deshalb – aus der Perspektive der Schreibenden – für Außenstehende unglaubwürdig erscheinen mochten. Einige Schreiberinnen und Schreiber antizipierten, dass die Harvard-Wissenschaftler manche der berichteten Erlebnisse aufgrund des Ausmaßes der darin geschilderten Verfolgung als unglaubwürdig einstufen könnten. Zu Beginn einer Passage über ein Ereignis, bei dem ein befreundeter Rechtsanwalt von der SA misshandelt wurde, versicherte deshalb eine andere Teilnehmerin des Wettbewerbs den Wissenschaftlern, dass sie „eine Sache" erlebt hatte, „die wohl unmoeglich erscheinen mag".[66] Hilde Koch kam in ihrem Manuskript auf den bekannten autobiographischen Lagerbericht *Die Moorsoldaten* des kommunistischen Schauspielers Wolfgang Langhoff (1901–1966) zu sprechen.[67] Eine Schweizer Freundin, deren Ehemann in demselben Lager eingesperrt war wie Langhoff, habe es ihr geliehen und gefragt, ob es den Tatsachen entspreche. Es sei „ein erschuetternder Tatsachenbericht", stellte Koch nun in ihrer Autobiografie fest. Sie könne es begreifen, „dass es fuer einen aussenstehenden Menschen kaum moeglich ist, dieses alles zu glauben". Und doch wolle sie „an dieser Stelle nochmals betonen, dass jedes Wort, was Wolfgang Langhof[f] da in seinem Buch niedergeschrieben hat, der Wahrheit entspricht".[68] Solche expliziten Betonungen des Wahrheitsgehalts zeigen, dass hinter den Authentizitätsbekundungen auch aufklärerische Ziele liegen konnten. Die fassungslose Ungläubigkeit ihrer Schweizer Bekannten projizierte sie auf die amerikanischen Adressaten ihres Berichts, weshalb es ihr ein Anliegen war, die Wissenschaftler über den Wahrheitsgehalt von Langhoffs Buch aufzuklären.

Viele Autobiographinnen und Autobiographen verstanden ihre Erinnerungen zudem nicht als eine rein persönliche Lebensgeschichte. Sie beanspruchten Repräsentativität ihrer Biografie für eine größere Gruppe, indem sie dezidiert als Juden, als Frauen oder als politisch Verfolgte ihre Geschichte niederschrieben. Auch Hertha Nathorff flocht den Repräsentativitätsanspruch in ihren autobiographischen Text ein, nachdem sie dessen Authentizität beteuert hatte. Die konzeptionellen Bezugspunkte der Verfolgung und Vertreibung machte sie nicht nur für ihre eigene Geschichte geltend. Sie sei nur eine von den Vielen, die „nichts Anderes verbrochen, keine Schuld auf sich geladen hat als -- dass sie lebt -- geboren aus juedischem Blute".[69] Indem sie ihre Lebensgeschichte innerhalb eines Kollektivs verortete, wertete sie ihren autobiographischen Bericht hinsichtlich seiner Aussagekraft enorm auf.

Der analysierte, kurze Ausschnitt aus ihrem Wettbewerbsbeitrag nahm innerhalb des Textes eine zentrale Stellung ein. Er diente als Scharnierstelle zwischen den berichteten Zeitabschnitten vor und nach der Machtübernahme. Hier kommunizierte Nathorff an die Wissenschaftler, wie sie die folgenden Tagebuchpassa-

---

[66] ‚Aralk': Mein Leben in Deutschland, S. 36.
[67] Siehe Langhoff, Wolfgang: Die Moorsoldaten. 13 Monate Konzentrationslager, Zürich 1935.
[68] Koch: Mein Leben in Deutschland, S. 128.
[69] Nathorff: Memoiren, S. 10.

gen gelesen wissen wollte: als realitätsgetreue Wiedergabe einer aufgrund ihrer jüdischen Herkunft zu Unrecht verfolgten Frau, deren Schicksal stellvertretend für die Gruppe der deutschen Juden erzählt wurde. Gegen Ende des Manuskripts griff ein Tagebucheintrag dieses Motiv erneut auf. Der Eintrag datiert auf den 27. und 28. April 1939. Im Zug nach Bremerhaven, von wo aus sie mit ihrem Mann nach England übersetzen sollte, reflektierte Nathorff das ihr widerfahrene Schicksal:

> „Was tat ich, daß mir solches geschieht? Nichts, aber ich lebe gleich zahllosen anderen ‚Rassegenossen', für die keine Stimme spricht – im Augenblick wenigstens nicht. Durch wieviel Not und Angst sind wir gegangen, um nichts, als weil wir leben! Wo ist der Große, der für uns eintritt, der uns rächt, der rächt all die zahllosen Verbrechen der braunen Mordbuben, die ein Volk, nein, eine Welt irregeleitet und unglücklich gemacht haben?"[70]

Mit der Teilnahme am Preisausschreiben gaben sich Nathorff und die anderen Teilnehmerinnen und Teilnehmer des Preisausschreibens selbst eine Stimme. Authentizitätsbekundungen und Repräsentativitätsansprüche waren eine Strategie, um dieser Stimme der unschuldig Verfolgten Gewicht zu verleihen. Sie wollten nicht einfach nur eine individuelle Lebensgeschichte erzählen, sondern auf die Situation der Juden in Deutschland aufmerksam machen und das Wissen über die Vorgänge in Deutschland im Ausland verbreiten.

Daher konnte sich der Wille, die eigene Geschichte als eine Geschichte der Verfolgten zu schreiben, durchaus mit einem aufklärerischen Impetus vermischen. Deutlich formulierte die ebenfalls jüdische Autorin Ida Fanny Lohr dieses Anliegen am Ende ihres Manuskripts. Zunächst betonte sie den exemplarischen Charakter der unmittelbar zuvor niedergelegten Verfolgungserfahrungen. „Meine Familie", so Lohr, „ist ja nur ein kleinwinzig Tröpflein im Heer derer, die gleich uns alles verloren haben." Kurz darauf schrieb sie: „Wenn diese Zeilen, die absolut wahre Schilderungen enthalten, dazu beitragen sollten, dem Leser und damit dem amerikanischen Publikum ein wirklichkeitsgetreues Bild jener Weltseuche zu verschaffen, die sich ‚Nationalsozialismus' nennt, so ist damit e i n Hauptzweck erfüllt, der Kulturwelt zu zeigen, auf welch niedere Stufe die deutsche Zivilisation gesunken ist."[71]

Adressierte Lohr ihre Schilderungen eher allgemein an das amerikanische Volk, so hoffte der ehemalige Frankfurter Weinhändler Frederick Weil, ebenfalls jüdischer Herkunft, mit seinem Manuskript einen Beitrag zur wissenschaftlichen Erforschung des Nationalsozialismus zu leisten. An die Harvard-Wissenschaftler gerichtet schrieb er, er sei mit ihnen „der gleichen Auffassung, dass es eine der vornehmsten Pflichten der Stätten Freier Wissenschaften und der Forscher für Zeitgeschichte sein sollte, die wahren Begebenheiten zu erfahren, die zur grössten Tragödie des deutschen Volkes führten und wie jedes kleine Steinchen in diesem Mosaik vor den lebendigen Augen der davon betroffenen Bevölkerung erlebt, ge-

---

[70] Nathorff: Das Tagebuch der Hertha Nathorff, S. 161.
[71] Lohr: [Mein Leben in Deutschland vor und nach dem 30. Januar 1933], S. 103 (Hervorheb. i. O.).

wertet und empfunden wurde".⁷² Daran anknüpfend äußerte er den Wunsch, dass die „wissenschaftliche Verbreitung" dieser Tragödie die Welt vor der Errichtung weiterer Diktaturen beschützen möge.⁷³

Emigrantenpolitik

Das Harvard-Preisausschreiben bot den Flüchtlingen aus Deutschland eine Plattform. Es verschaffte ihnen eine Stimme, die von Wissenschaftlern einer der renommiertesten Universität Amerikas gehört und in die amerikanische Öffentlichkeit getragen werden würde. Hiervon gingen jedenfalls viele Schreiberinnen und Schreiber aus, als sie ihre Manuskripte für das Preisausschreiben verfassten. Die Korrespondenz mit den Wissenschaftlern zeigt zusätzlich, dass viele zumindest mit der Veröffentlichung von Teilen ihrer Manuskripte im Rahmen der zu erwartenden wissenschaftlichen Arbeiten rechneten. Frederick Weil bat beispielsweise darum, dass sein Name in einer möglichen Veröffentlichung nicht genannt würde.⁷⁴ Andere hatten bereits ihre Berichte so abgefasst, dass Rückschlüsse auf Orte und Personen der Handlung erschwert wurden, wieder andere hatten sie unter einem Pseudonym geschrieben und baten die Juroren des Wettbewerbs darum, ihre Identität geheim zu halten. So beispielsweise der Ingenieur Max Kronenberg, der im Anschreiben an die Preisrichter allerdings seinen bürgerlichen Namen verwendet hatte.⁷⁵ Die Anonymisierung der eigenen Lebensgeschichte geschah in der Regel aus Angst um die noch in Deutschland lebenden Freunde und Verwandten, sollten die berichteten Geschehnisse an die Öffentlichkeit gelangen und von NS-Stellen registriert werden. Ungeachtet dessen stellte die Teilnahme am Wettbewerb eine – wenn auch begrenzte – Möglichkeit dar, an der Außenwahrnehmung der Emigranten mitzuarbeiten. Eine solche ‚Imagepflege' war, wie die Ausführungen zur Schreibsituation gezeigt haben, durchaus notwendig – wurden die Emigranten in Ländern wie Großbritannien oder den USA doch mit Vorurteilen konfrontiert, sie würden den Einheimischen Arbeitsplätze wegnehmen oder als Agenten der Nationalsozialisten fungieren.

Auffällig ist jedenfalls, dass vor allem die in die USA emigrierten Autorinnen und Autoren die Chance nutzten und in den Autobiographien ihre Dankbarkeit gegenüber dem Gastland ausdrückten. Zu ihnen gehörte auch die bereits erwähnte, nichtjüdische Autorin Hilde Koch, die mit ihrem Ehemann und dem gemeinsa-

---

⁷² Weil, Frederick: Justitia Fundamentum Regnorum. Mein Leben in Deutschland vor und nach dem 30. Januar 1933, New York 1940, Archiv des Leo Baeck Instituts, ME 671. MM 80, S. V.1.
⁷³ Vgl. ebd., S. V.1–V.2. Auch Arthur Samuel, der bereits erwähnte Arzt aus Bonn, betonte die Repräsentativität seiner Erlebnisse und hoffte auf die wissenschaftliche Verwertbarkeit seines Manuskripts. Siehe Samuel, Arthur: Mein Leben in Deutschland vor und nach dem 30. Januar 1933, in: Bonner Geschichtsblätter 49/50 (2001), S. 399–457, hier S. 454.
⁷⁴ Vgl. Weil: Justitia Fundamentum Regnorum, S. V.2.
⁷⁵ Vgl. Kronenberg, Max: Schreiben an Sidney B. Fay v. 26. 03. 1940, Houghton Library (Harvard University), bMS Ger 91 (123), Zugriff am 23. 09. 2008 im Archiv des Zentrums für Antisemitismusforschung der Technischen Universität Berlin.

men Sohn Heinz in New York lebte, als sie ihre Erinnerungen für das Preisausschreiben niederschrieb. Die Familie war wegen der politischen Verfolgung des Ehemanns, einem ehemaligen Kommunisten, geflüchtet. Koch gehört zu den wenigen Autorinnen und Autoren des Samples, die ausführlicher über ihr Leben in der Emigration berichteten. Sie war noch vor ihrem Ehemann gemeinsam mit dem Sohn im August 1938 in New York angelangt und beschrieb in ihren Erinnerungen den Moment, als ihr Schiff in den Hafen eingefahren war:

„Leider war es etwas neblig an diesem Morgen. Aber trotzdem konnten wir die Freiheits Statue [sic!] erkennen. Unbeschreiblich[,] was in diesem Moment in jedem einzelnen von uns vor sich ging. Mir wuergten die aufsteigenden Traenen im Hals. Nach einer 5 Jahrelangen [sic!] Unterdrueckung sollten wir in ein freies Land einziehen duerfen! Dieses Land wollte uns eine neue Heimat geben!"[76]

Die Ankunft in den USA kommunizierte Koch als einen Wendepunkt in ihrem Leben: Sie war der Unterdrückung entflohen und erwartete nun, ein Leben in Freiheit zu führen. ‚Freiheit' und ‚Unterdrückung' sind die begrifflichen Gegensätze, in denen viele Autorinnen und Autoren Vergangenheit und Zukunft aufeinander bezogen, wenn ihre Erzählung den Übertritt der deutschen Grenze oder die Ankunft im Gastland erreicht hatte. Auch Nathorff, die wie berichtet in ihrem späteren Tagebuch die Schattenseiten des Emigrantenlebens beschrieb, artikulierte am Ende ihres Harvard-Manuskripts eine ähnliche Zukunftsperspektive ihres erzählten Ichs. Im Eintrag vom 28. April 1939 berichtete sie über die Überfahrt von Bremerhaven nach England. Der Sorge um die Zurückgebliebenen und den Ängsten vor der ungewissen Zukunft stellte Nathorff die Freiheit entgegen, die sie nun würde genießen können: „ [...] aber ich bin frei, ich darf schlafen ohne Angst, gehen ohne Gefahr, und ich darf hoffen, hoffen auf Arbeit für mich und mein Kind, in einem freien Lande, dem ich dienen will, wie ich einst der Heimat diente. Ich will mir eine neue Heimat verdienen!"[77] Der letzte Satz beendete das eingesandte Manuskript. Die Freiheit sah ihr Vergangenheits-Ich als ein Geschenk einer „neue[n] Heimat" an, das es nicht als selbstverständlich nahm. Nathorff wollte zeigen, dass sie sich dieses Geschenks als würdig erweisen würde. Die Autorin des Manuskripts bekundete damit ihre Dankbarkeit gegenüber dem Gastland und ihren Willen, sich zu integrieren. Es sollte ihre „neue Heimat" werden.[78]

---

[76] Koch: Mein Leben in Deutschland, S. 141.
[77] Nathorff: Das Tagebuch der Hertha Nathorff, S. 164.
[78] Um ein weiteres, besonders eindrückliches Beispiel zu nennen, sei auf die Autobiographie von Hugo Moses verwiesen. In dem Vorwort heißt es zum Schluss: „[Ihr gabt d]em Gaste das wertvollste Geschenk, das Ihr zu vergeben habt, Demokratie, Leben in der Sonne der Freiheit, Gleichheit und Bruederlichkeit[,] drueben Errungenschaften in demokratischen Laendern, hier Selbstverstaendlichkeiten. Dank Dir, gluecklichen, freies Amerika, Dank Euch, Ihr Brueder und Schwestern in der Freiheit, Dank, Dank..." Und „God bless America for ever and ever..." Moses, Hugo: Mein Leben in Deutschland vor und nach dem 30. Januar 1933, Rochester (N.Y.) 1940, Houghton Library (Harvard University), bMS Ger 91 (159), Zugriff am 23. 09. 2008 im Archiv des Zentrums für Antisemitismusforschung der Technischen Universität Berlin, o. P. Siehe außerdem Wickerhauser Lederer, Gertrude: Mein Leben in Oesterreich vor und nach dem 30. Januar 1933, Wilmington (Del.) 1940, Houghton Library (Harvard University), bMS Ger 91 (130), Zugriff am 23. 09. 2008 im Archiv des Zentrums für Antisemitis-

In Hilde Kochs Autobiographie strukturierte dieses Motiv die weitere Erzählung über das Leben in der Emigration. Der auch von ihr aufgerufene Ausdruck ‚neue Heimat' fungierte als Leitbegriff, der die nachfolgenden Episoden miteinander verband. Konkret manifestierte sich dies in dem Thema des Fremdsprachenerwerbs. Das Erlernen der englischen Sprache stellte die Autorin als ein ihr dringendes Bedürfnis dar. Zunächst bei ihrem Bruder untergekommen, war sie nicht unmittelbar darauf angewiesen, englisch zu lernen. „Aber", so Koch, „es war mir doch schrecklich, wenn mich Leute ansprachen und ich konnte kein Wort verstehen. Ich wollte so schnell wie moeglich englisch [sic!] lernen."[79] Später berichtete sie von ihrer ersten Englischstunde und den Fortschritten ihres Sohnes beim Erlernen der Fremdsprache.[80]

Politische Integration ist ein zweites wichtiges Thema in den Erinnerungsschriften. Schon die zeitliche Kontrastierung von vergangener Verfolgung in Deutschland und dem einstigen Erwartungshorizont, zukünftig ein freies Leben in den USA führen zu können, lassen sich als ein narratives Muster interpretieren, mit dem die Schreibenden sich zu den demokratischen Grundwerten der amerikanischen Gesellschaft bekannten. Hilde Koch arbeitete dieses Thema auf subtile Weise in ihre Erinnerungen ein. In einer Episode, die vordergründig von der Vorliebe ihres Kindes Heinz für amerikanische Eiscreme handelt, flocht sie ein politisches Bekenntnis für die amerikanische Demokratie ein:

„Eines Tages frug er einmal eine junge Frau, welche auch als Fluechtling von Wien hierhergekommen war: ‚Liebst Du Hitler?' Sie antwortete ‚Nein.' Darauf er: ‚Ich liebe ihn auch nicht. Aber liebst Du Roosevelt?' Als sie dies bejahte, sagte er: ‚Ich liebe auch Roosevelt sehr, – weil er die gute Eiscream macht!'"[81]

Verpackt in eine humoristische Kindermund-Episode unterstrich Koch die politische Loyalität ihrer Familie gegenüber dem amerikanischen Präsidenten und ihre Gegnerschaft zu Hitler.

Manche Autorinnen und Autoren führten zudem die eigene Verfolgungserfahrung oder deren Verschriftlichung als einen Beitrag der Emigranten zur Festigung der amerikanischen Demokratie an. Eine wollte ihre Autobiographie als ein „Koernchen Beitrag" zu „einer besseren Civilisation" verstanden wissen.[82] Eine andere betonte den „ungeheuren Willen", den die verfolgten Flüchtlinge mitbrächten, um den Schatz Amerikas – die „Menschlichkeit" – zu hüten.[83] Und ein dritter Autor mahnte vor dem Hintergrund seiner NS-Erfahrung, die Amerikaner wür-

---

musforschung der Technischen Universität Berlin, S. 125. Dankbarkeit gegenüber der englischen Regierung äußerten Schwartz, Oscar: Mein Leben in Deutschland vor und nach dem Jahre 1933, London 1940, Archiv des Leo Baeck Instituts, ME 588. MM 68, S. 77, sowie Goldschmidt, Fritz: Mein Leben in Deutschland vor und nach dem 30. Januar 1933, London 1940, Archiv des Leo Baeck Instituts, ME 193. MM 24, S. 70.

[79] Koch: Mein Leben in Deutschland, S. 141.
[80] Vgl. ebd., S. 142 f.
[81] Ebd., S. 148.
[82] Vgl. ‚Aralk': Mein Leben in Deutschland, S. 47.
[83] Vgl. Wysbar: „Hinaus aus Deutschland, irgendwohin…", S. 111.

den „persönliche Freiheit für etwas Selbstverständliches nehmen" – während es „in Wirklichkeit das Gut" sei, „das am schwersten erkämpft und am Leichtesten [sic!] durch Sorglosigkeit verloren" ginge.[84]

Berufliche Integration ist ein drittes Thema, das gelegentlich in den Autobiographien Erwähnung fand. Ihre verzweifelte berufliche Situation als Neuankömmling in New York hatte Nathorff nicht mehr in ihrem Beitrag verarbeitet. Darin hatte sie lediglich ihrer Hoffnung Ausdruck verliehen, wieder in ihrem alten Beruf als Ärztin Fuß zu fassen. Philipp Flesch, ein österreichischer Lehrer jüdischer Herkunft, sandte seine Erinnerungen ebenfalls von New York aus ein. 1939 hatte er sein Heimatland verlassen, in dem er 1896 zur Welt gekommen war. Er beschloss seine Einsendung mit einem Kapitel, dem er den Titel „Ankunft und Emigrantenproblem" gab. Auch der ehemalige Lehrer zeigte sich darin dankbar für die ihm widerfahrene „Guete und Selbstlosigkeit", fand allerdings ebenso kritische Worte. Sehr vage formulierte Flesch, nach den positiven Erfahrungen habe er allerdings auch beobachtet, wie „Einwanderer in Amerika eingeordnet werden können" – und hier begänne die „truebere Seite" seiner Erlebnisse.[85]

Flesch bedauerte insbesondere die Schwierigkeiten bei der beruflichen Eingliederung der Emigranten. Zwar habe man ihr Leben retten können, jedoch gestatteten die „Verhältnisse" nicht ihre berufliche Integration in einem großen Maßstab. „Manche", so Flesch, „erhalten niedrige, ungesunde oder langweilige Arbeit, bei der sie sich ungluecklich fuehlen muessen."[86] Amerika dürfe deswegen kein Vorwurf gemacht werden, da niemand die Situation der Einwanderer hätte vorhersehen können. Doch beließ es Flesch nicht bei einer Gegenwartsdiagnose. Er nutzte die Teilnahme am Preisausschreiben für einen politischen Appell. Anstatt das Geld in wohltätige Unterstützungsmaßnahmen zu investieren, solle man damit Grundstücke kaufen, auf denen die vertriebenen Juden sich ansiedeln könnten. „Gebt ihnen eine eigene Gemeinschaft mit Schicksalsgleichen, gebt ihnen edle Arbeit auf offenem Felde", forderte der ehemalige Lehrer von einem nicht näher bestimmten Adressatenkreis – darauf hinweisend, dass auf diese Weise ein „amerikanisches Volk" entstünde.[87]

Kein anderer der untersuchten Wettbewerbsteilnehmer ging so weit wie Flesch und warb für eine spezifische politische Agenda. Doch auch das dominierende narrative Muster, den Integrationswillen der Emigranten zu bekunden, überschritt die von den Wissenschaftlern gestellte Aufgabe, das eigene Leben in Deutschland vor und nach der Machtübernahme zu beschreiben. Die angeführten Autobiographinnen und Autobiographen nutzten das Preisausschreiben als eine Gelegenheit,

---

[84] Kronenberg, Max: Aus Deutschland vor und unter Hitler, Cincinnati (Ohio) 1940, Houghton Library (Harvard University), bMS Ger 91 (123), Zugriff am 23. 09. 2008 im Archiv des Zentrums für Antisemitismusforschung der Technischen Universität Berlin, S. 104.
[85] Vgl. Flesch, Philipp: Mein Leben in Deutschland vor und nach dem 30. Januar 1933, New York City 1940, Archiv des Leo Baeck Instituts, ME 132. MM 22, S. 43.
[86] Ebd., S. 43.
[87] Ebd., S. 44.

für sich als Geflüchtete zu werben, indem sie zum Beispiel ihre politische Loyalität zum Gastland betonten oder Fortschritte beim Erlernen der englischen Sprache dokumentierten. Ob konkrete negative Ausgrenzungserfahrungen – wie etwa im Fall von Hertha Nathorff – vorlagen, die diese Schreibpraxis hätten hervorrufen können, lässt sich nicht beantworten, da die Autobiographien hierüber schweigen. Es ist jedoch zumindest wahrscheinlich, dass die Schreiberinnen und Schreiber mit den Integrationsbekundungen Erwartungshaltungen der sie aufnehmenden Gesellschaft antizipierten oder Befürchtungen ökonomischer oder politischer Natur zerstreuen wollten. In dieser Lesart sind einige Harvard-Dokumente durchaus als eine Form von ‚Emigrantenpolitik' zu deuten. Sie stellen Reaktionen auf zum Zeitpunkt ihrer Entstehung virulente politische Debatten und wirtschaftliche Probleme in den Vereinigten Staaten dar.

IV. Das semantische Feld des Privaten

Um die Rolle des Privaten im Nationalsozialismus bestimmen zu können, muss man zunächst wissen, was die Zeitgenossen überhaupt darunter verstanden haben. Doch wie rekonstruiert man das, was die Schreiberinnen und Schreiber 1939/40 als ‚privat' begriffen, ohne gegenwärtige Bedeutungszusammenhänge durch die Hintertür in die Analyse einzuschleusen? Und wie gelangen auch die Textstellen in den Blick, in denen Privates thematisiert wurde, ohne das Privatvokabular zu nutzen?

Eine gängige Methode, das semantische Feld des Privaten zu rekonstruieren, besteht darin, zunächst alle Textstellen des Samples zu analysieren, in denen das Wort ‚privat' auftaucht. Mittels eines solchen semasiologischen, also am Wortkörper von ‚privat' orientierten Zugriffs werden die grundlegenden Bedeutungsrelationen des Privatvokabulars auf syntagmatischer und paradigmatischer Ebene ermittelt (Kapitel IV.1 und IV.2). Paradigmatische Bedeutungsrelationen zwischen zwei Ausdrücken bestehen etwa in der Synonymie, der Hyponymie (Ober- und Unterbegriff) oder der Antonymie (Gegenbegriffe), während eine syntagmatische Bedeutungsrelation die enge semantische und syntaktische Verbindung zweier Ausdrücke beschreibt (zum Beispiel ‚laufen' und ‚Jogger'). Ergänzt wird dieses Vorgehen durch eine Analyse der Metaphorik des Privaten (Kapitel IV.3).

Indem es grundlegende zeitgenössische Bedeutungsdimensionen des Privaten ermittelt, zeigt das vorliegende Kapitel auf, welche Aspekte des Privaten in den Folgekapiteln mit Blick auf die Fragestellung des Buches vertiefend untersucht werden. Und: Da es wichtige Begriffe des Privaten erschließt, die zwar nicht das Wort ‚privat' enthalten, aber im Sinnhorizont der Zeitgenossen dennoch Privates bezeichneten, erweitert es außerdem den Kreis der nutzbaren Textstellen. Auf diese Weise geraten auch solche Stellen in den Blick, in denen die Schreiberinnen und Schreiber über Privates berichteten, ohne dabei auf Privatvokabular zurückzugreifen.

Eine Bedeutungsdimension des Privatvokabulars, die sich als beruflich-ökonomische Bestimmung kennzeichnen lässt und von Ausdrücken wie ‚Privatbeamter', ‚Privatsekretär' oder ‚private Ausgaben' repräsentiert wird, wird nicht weiterverfolgt. Sie findet deshalb keine weitere Berücksichtigung, weil sie zwar zum Privatvokabular, aber nicht zum semantischen Feld des Privaten gehört. Diese Ausdrücke beziehen sich in der Mehrzahl auf eine berufliche Sphäre, welche die Autorinnen und Autoren semantisch von ‚Privatleben' abgrenzten. Sie können historisch als Ergebnis einer Bedeutungsverengung des Familien- und Hausbegriffs seit der zweiten Hälfte des 18. Jahrhunderts verstanden werden, in der ihre erwerbswirtschaftliche Dimension ausgelagert wurde.[1]

---

[1] Siehe zu dieser Entwicklung des Familien- und Hausbegriffs Schwab, Dieter: Familie, in: Otto Brunner/Werner Conze/Reinhart Koselleck (Hg.): Geschichtliche Grundbegriffe. Historisches Lexikon zur politisch-sozialen Sprache in Deutschland, Band 2, Stuttgart 1975, S. 253–301, hier S. 272–278.

Weiterhin verzichten die folgenden Ausführungen auf ein quantitatives Verfahren, nehmen also keine Auszählungen des Privatvokabulars vor. Die Gründe hierfür liegen zum einen darin, dass quantitative Methoden vor allem dann sinnvoll sind, wenn ein digitalisiertes Textkorpus zur Verfügung steht. Erst auf dieser Basis können repräsentativ aussagekräftige Befunde über die Beziehungen bestimmter Begriffe zueinander erstellt werden. Ein solches digitales Textkorpus ließ sich jedoch nicht generieren. Zum anderen geht diese Studie von der theoretischen Annahme aus, dass die Bedeutung eines Begriffs nicht in seiner quantitativen Ausbreitung innerhalb einer oder mehrerer Autobiographien liegt, sondern vielmehr in der Art seiner Verwendung. Ein Begriff, mit dem die Autobiographinnen und Autobiographen Zäsuren setzten und Kollektive benannten, mag selten vorkommen, für die autobiographische Schreibpraxis aber dennoch von größerer Bedeutung sein als ein zwar häufig gebrauchter, aber mit geringer ‚autobiographischer Funktionalität' ausgestatteter Begriff.

1. Semantische Konfigurationen von ‚privat': privater Raum, private Kommunikation, Freunde und Familie

Privater Raum

Die Semantik des Raums ist dem Privaten tief eingeschrieben. Einschlägige Konversationslexika der 1930er und 1940er Jahre führten in kurzen Einträgen unter dem Lemma ‚privat' in der Regel die räumliche Konfiguration des Privaten auf. *Meyers Lexikon* explizierte es etwa 1940 durch das Adjektiv ‚häuslich' und folgte damit der Definition des *Großen Brockhaus* von 1932.[2] Ebenso rekurrieren wissenschaftliche Definitionsversuche und empirische Untersuchungen auf eine räumliche Dimension des Privaten. In der *Geschichte des privaten Lebens* vermerkt Antoine Prost etwa, diese Geschichte sei „zunächst einmal die Geschichte des Raumes", in dem sich das private Leben ereigne.[3]

Innerhalb des Quellenkorpus differenzierten eine Reihe von Komposita konkrete Räume semantisch aus. Gebräuchlich waren die Ausdrücke ‚Privatwohnung' und ‚Privathaus', seltener wurden die Termini ‚Privatvilla' und ‚Privatgebäude' verwendet. ‚Privatzimmer' und ‚Privatraum' unterschieden darüber hinaus innerhalb eines Gebäudes nach privaten und nichtprivaten Räumen.[4]

---

[2] Vgl. Art. Privat, in: Meyers Lexikon. Achte Auflage. In völlig neuer Bearbeitung und Bebilderung, Band 8, Leipzig 1940, Sp. 1491; Art. Privat, in: Der Große Brockhaus. Handbuch des Wissens in zwanzig Bänden, Fünfzehnte Auflage, Band 15, Leipzig 1933, S. 133.

[3] Prost: Grenzen und Zonen des Privaten, S. 63. Siehe auch Benn/Gaus: The Public and the Private, S. 7.

[4] Siehe etwa Littauer, Margot: Mein Leben in Deutschland vor und nach dem 30. Januar 1933, Tel Aviv 1940, Houghton Library (Harvard University), bMS Ger 91 (142), Zugriff am 23. 09. 2008 im Archiv des Zentrums für Antisemitismusforschung der Technischen Universität Berlin, S. 21; Altmann, Eugen: Mein Leben in Deutschland vor und nach dem 30. Januar 1933, San Francisco (Cal.) 1940, Houghton Library (Harvard University), bMS Ger 91 (5),

Als Oberbegriff beinhaltete auch ‚Privatleben' Vorstellungen räumlicher Privatheit. Diese paradigmatische Bedeutungsrelation rief Käte Frankenthal in ihrer Erinnerungsschrift auf, als sie ihre Erlebnisse als Kriegsärztin schilderte. Die Erfahrung, nicht in einer eigenen Wohnung leben zu können, führte Frankenthal zu der Äußerung, dass sie während des Ersten Weltkriegs ihr ‚Privatleben' als unangenehm empfand. Sie sei als einzige Frau in einer Baracke untergebracht gewesen, die nur durch eingezogene Wände in Einzelzimmer unterteilt gewesen war. Man habe sich über mehrere Zimmer hinweg unterhalten können, ohne die Stimme erheben zu müssen. Folglich sei man auch dazu gezwungen gewesen, fremde Gespräche mitanhören zu müssen.[5]

In Abhängigkeit vom konkreten Verwendungskontext konnte der Ausdruck ‚Privatleben' ebenso wie ‚Privatwohnung' und ‚Privathaus' das Private als einen räumlich begrenzten Bereich bestimmen, der sich als Wohnraum fassen lässt. Unter dem Ausdruck ‚privater Raum' wird daher ein konkreter Raum verstanden. Auf diesen nahmen die Schreibenden sehr viel häufiger mit ‚Wohnung' und ‚Haus' Bezug, ohne dabei ihren privaten Charakter durch die Hinzunahme des Adjektivs ‚privat' zu betonen. Darüber hinaus beinhaltet der Begriff aber auch solche konkret-materiellen Räume, deren privaten Charakter die Autorinnen und Autoren erzeugten, indem sie Semantiken des Innen und Außen gebrauchten. Klassischerweise zählt hierzu etwa die Rückzugssemantik, mit der sie Innen- und Außenbereiche voneinander abgrenzten. Privat waren Räume also nicht nur dadurch, dass sie Orte des Wohnens darstellten, sondern auch weil ihnen bestimmte Funktionen zugeschrieben wurden. Fehlende Intimsphäre und Rückzugsmöglichkeit führten beispielsweise bei Frankenthal zu dem Urteil, dass sie ihr Privatleben im Ersten Weltkrieg als unangenehm empfand.

Private Kommunikation

Häufig gebrauchten die Autorinnen und Autoren das Adjektiv ‚privat' im Zusammenhang mit Substantiven, die auf einen kommunikativen Zusammenhang verweisen. Das weist darauf hin, dass in ihrem Verständnis der sprachliche Austausch zwischen Personen Teil eines Bedeutungsfeldes des Privaten war.[6] Wenn sie über private Kommunikation schrieben, dann bedeutete dies in ihrem Sinnhorizont häufig, dass es sich um vertrauliche Gespräche oder Briefe handelte. So berichtete Eva Wysbar über eine öffentliche Rede Mussolinis, unpolitisch, fast privat und

---

Zugriff am 23. 09. 2008 im Archiv des Zentrums für Antisemitismusforschung der Technischen Universität Berlin, S. 24; Wickerhauser Lederer: Mein Leben in Oesterreich, S. 90. Weitere verwendete Ausdrücke stellen ‚Privathaushalt', ‚Privatkabinett' und ‚Privateingang' dar. Siehe Reiner, Max: Mein Leben in Deutschland vor und nach dem Jahre 1933, Jerusalem 1940, Archiv des Leo Baeck Instituts, ME 517. MM 63, S. 38; Weil: Justitia Fundamentum Regnorum, S. 26; Nathorff: Das Tagebuch der Hertha Nathorff, S. 94.

[5] Vgl. Frankenthal: Der dreifache Fluch, S. 71.
[6] Siehe etwa Löwith: Mein Leben in Deutschland, S. 53 („private Äußerung"), 59 („privates Wort"); Frankenthal: Der dreifache Fluch, S. 220 („Privatbrief").

vertraulich sei sie gewesen.[7] Hier diente der Autorin das Adjektiv ‚privat' zur Charakterisierung einer öffentlichen Rede, um auf die Besonderheit eben dieser Rede hinzuweisen.

Dass Wysbar in diesem Kontext der Ansprache Mussolinis ebenfalls einen vertraulichen und unpolitischen Charakter attestierte, wirft Licht auf die semantische Nähe der drei Adjektive zueinander, wobei jedoch auf einen wichtigen Unterschied aufmerksam gemacht werden soll. Eine Rede unpolitisch zu nennen, heißt zumeist, eine Aussage über den Inhalt einer Rede zu machen, während ein vertrauliches Gespräch das Vorhandensein bestimmter kommunikativer Rahmenbedingungen, so beispielsweise einen begrenzten Sender- und Empfängerkreis, voraussetzt. *Private* Kommunikation würde folglich nicht bedeuten, dass es sich hierbei um unpolitische Gespräche, Briefe, Telefonate etc. handelte, sondern um Kommunikationsakte, die zu einem bestimmten Grad vertraulich waren.

Dieser Aspekt privater Kommunikation lässt sich in den Dokumenten an mehreren Stellen rekonstruieren. Dass ein Gespräch unter vertraulichen Bedingungen geführt wurde, also das Wissen um den Inhalt des Gesprächs auf einen ausgewählten Personenkreis begrenzt war, signalisierten die Autobiographinnen und Autobiographen häufig durch den adverbialen Gebrauch von ‚privat'. Käte Frankenthal berichtete von einem Verhältnis zwischen einem SPD-Funktionär und einer Kommunistin, das wegen der Verfeindungen zwischen beiden Parteien geheim bleiben sollte. Darüber in Kenntnis gesetzt wurde sie, nachdem der Mann ihr in einer Sitzung mitgeteilt hatte, jene Kommunistin wolle sie „privatim sprechen".[8] Der ehemalige Weinhändler Frederick Weil berichtete davon, dass ein Polizeibeamter ihn besuchte, um ihm etwas „privat und geheim mitzuteilen".[9] In einem reinen Sphärenbegriff ging die Semantik des Privaten folglich nicht auf. Nicht nur Abgrenzungen zu anderen Bereichen wie Politik, Öffentlichkeit und Staat leistete das Privatvokabular, es differenzierte auch kommunikative Handlungen aus.

Freunde und Familie

Die Autobiographinnen und Autobiographen gebrauchten das Privatvokabular kaum zusammen mit den Ausdrücken ‚Familie' und ‚Freunde'. Dass ein Autor den Ausdruck ‚privateste Familienerlebnisse' verwendete, stellt eher eine Ausnahme als die Regel dar.[10] Das liegt allerdings nicht daran, dass die Begriffe ‚Familie' und ‚Freunde' besonders weit vom semantischen Kern des Privaten entfernt gewesen waren. Eher trifft das Gegenteil zu: Der Gebrauch der Ausdrücke ‚private Freunde' oder ‚private Familie' war die Ausnahme, gerade weil ‚Freunde' und ‚Familie' se-

---

[7] Vgl. Wysbar: „Hinaus aus Deutschland, irgendwohin…", S. 83.
[8] Vgl. Frankenthal: Der dreifache Fluch, S. 136.
[9] Vgl. Weil: Justitia Fundamentum Regnorum, S. 69.
[10] Siehe Gyßling, Walter: Mein Leben in Deutschland vor und nach 1933, und Der Anti-Nazi: Handbuch im Kampf gegen die NSDAP. Herausgegeben und eingeleitet von Leonidas E. Hill. Mit einem Vorwort von Arnold Paucker, Bremen 2003, S. 63.

mantisch eng an das Private gebunden waren. Ihre Koppelung mit dem Adjektiv ‚privat' war überflüssig, da hierdurch die Begriffe inhaltlich nicht ausdifferenziert wurden. Während das Wissen, ob ein Gebäude privat oder öffentlich war, einen informativen Mehrwert besaß, machte die Unterscheidung zwischen ‚öffentliche' und ‚private Familie' nur in Ausnahmesituationen Sinn. Den Freundbegriff differenzierten die Autorinnen und Autoren vor allem dann sprachlich aus, wenn er aus seinem privaten Kontext herausgelöst und auf andere Bereiche angewendet wurde, beispielsweise in Form der Ausdrücke ‚politischer Freund' sowie ‚Geschäfts-' oder ‚Parteifreund'.[11]

Dementsprechend äußert sich die Beziehung zwischen Freund- und Familienbegriff sowie anderen Ausdrücken des semantischen Feldes primär auf der paradigmatischen Ebene. So illustrierte eine Autorin die Aussage, ihr Privatleben sei „von Unglück überschattet" gewesen, mit dem Hinweis darauf, dass in ihrer Familie alle näheren Angehörigen an einer erblichen Herzkrankheit gestorben seien.[12] Eine andere Autorin grenzte zunächst Privat- und Berufsleben voneinander ab. Die Schauspielerin schrieb, ihr „Privatleben" sei erfreulicher gewesen als das „verfehlte Beiseitestehen im Theater". Das glücklichere Privatleben bestand für sie darin, mit dem Schriftsteller Paul Eipper und seiner Familie „innig befreundet" gewesen zu sein.[13] Das Wort ‚Privatleben' beinhaltet also nicht nur den Verweis auf eine räumliche Konnotation des Privaten, sondern umfasst ebenso semantische Bezüge zu ‚Freunde' und ‚Familie'. Als Oberbegriff ist es innerhalb des semantischen Feldes des Privaten im Zentrum zu verorten.

2. Gegenbegriffe: ‚öffentlich', ‚politisch' und ‚staatlich'

‚Öffentlich'

Lexikalische Definitionen von ‚privat' aus der ersten Hälfte des 20. Jahrhunderts kreisten das *definiendum* häufig von außen her ein. So ist in *Meyers Großem Konversationslexikon* von 1909 nachzulesen, privat sei dasjenige, „was dem öffentlichen Leben entgegengesetzt ist […]".[14] Die Definition des *Großen Brockhaus* von

---

[11] Als Ausnahme siehe hier die Bemerkung einer Autorin über die Freundschaft ihres Mannes zu einem ranghöheren Offizier: „Mein Mann als Unteroffizier war privatim mit seinem damaligen Major sehr befreundet. Man muss wissen, was in Deutschland dieser militaerischer [sic!] Rangunterschied bedeutet hat!" ‚Aralk': Mein Leben in Deutschland, S. 10. ‚Aralk' spezifizierte hier die Freundschaft mit dem Adverb ‚privatim', um darauf hinzuweisen, dass dieses Verhältnis geheim bleiben musste.

[12] Vgl. Wysbar: „Hinaus aus Deutschland, irgendwohin…", S. 24 f.

[13] Vgl. Neff, Margarete: Mein Leben in Deutschland vor und nach dem 30. Januar 1933, New York City 1940, Archiv des Leo Baeck Instituts, ME 1225. MM II 42, S. 38; siehe außerdem ebd., S. 63.

[14] Art. Privat, in: Meyers Großes Konversations-Lexikon. Ein Nachschlagewerk des allgemeinen Wissens. Sechste, gänzlich neubearbeitete und vermehrte Auflage, Band 16, Leipzig/Wien 1909, S. 356.

1932 nannte als Gegenbegriff das Adjektiv ‚öffentlich'. 1940 definierte wiederum das *Meyer*-Lexikon ‚privat' durch das als bedeutungsgleich ausgewiesene Adjektiv ‚nichtöffentlich'.[15] Auch die Harvard-Autorinnen und -Autoren grenzten das Adjektiv ‚privat' semantisch von ‚öffentlich' ab. Mit dem Begriffspaar privat/öffentlich begründete der politische Emigrant Walter Gyßling den inhaltlichen Umfang seiner Erinnerungen: „Die Biographie", so Gyßling im Vorwort seines Berichts, „beschränkt sich auf die Wiedergabe jener Erinnerungen, die im Zusammenhang mit dem öffentlichen Leben stehen [...]." „Privateste Familien- und sentimentale Erlebnisse" habe er ausgespart.[16]

Die dichotome Struktur des Begriffspaars äußerte sich ebenso darin, dass auch das Öffentliche die semantischen Konfigurationen des Raums und der Kommunikation beinhaltete. Häufig kombinierten die Autorinnen und Autoren ‚öffentlich' mit Substantiven und Verben, die einen konkret-räumlichen oder einen kommunikativen Bezug aufweisen. Mit Ausdrücken wie ‚öffentliches Haus' oder ‚öffentliches Lokal' wiesen sie den öffentlichen Raum als allgemein zugänglich aus.[17] Auf dieser ‚semantischen Folie' verschriftlichten viele ihre Erfahrungen von Zugangsverboten zu öffentlichen Gebäuden oder Außenräumen. So berichtete ein Wiener Autor, dass nach dem Einmarsch der deutschen Truppen das „Verbot an die Juden" erging, „die öffentlichen Parkanlagen zu besuchen".[18]

Demgegenüber verwiesen sie mit Ausdrücken wie ‚öffentliche Erklärung' oder ‚öffentlich sprechen' häufig darauf, dass ein konkreter kommunikativer Vorgang im Gegensatz zur privaten Kommunikation durch einen offenen Adressatenkreis gekennzeichnet war. Auch Käte Frankenthal thematisierte den Gegensatz zwischen privat-vertraulicher und öffentlicher Kommunikation. Als die frühere Sozialdemokratin ihre Heimatpartei verließ, um der neu gegründeten SAP beizutreten, habe dies Auswirkungen auf die Kommunikationspolitik der früheren Parteigenossen gehabt:

„Die Sozialdemokraten setzten voraus, daß ich die vielen vertraulichen Informationen, die ich hatte und die ganz und gar nicht für die Öffentlichkeit bestimmt waren, zu Angriffen auf die SPD benutzen würde. Niemand sprach mehr privatim mit mir, und ich wurde sogar in Dingen übergangen, bei denen amtlich der Stadtarzt hätte zugezogen werden müssen."[19]

Neben allgemeiner Zugänglichkeit und Offenheit des Adressatenkreises bestand ein dritter semantischer Aspekt des Öffentlichen in der Sichtbarkeit. Bei Ausdrü-

---

[15] Vgl. Art. Privat, in: Meyers Lexikon, Sp. 1491.
[16] Gyßling: Mein Leben in Deutschland, S. 63.
[17] Siehe Lohr: [Mein Leben in Deutschland vor und nach dem 30. Januar 1933], S. 85; Neumann, Siegfried: Nacht über Deutschland. Vom Leben und Sterben einer Republik, München 1978, S. 55.
[18] Merecki, Siegfried: Mein Leben in Deutschland (Oesterreich) vor und nach dem 12. März 1938, Cleveland (Ohio) 1940, Houghton Library (Harvard University), bMS Ger 91 (156), Zugriff am 23. 09. 2008 im Archiv des Zentrums für Antisemitismusforschung der Technischen Universität Berlin, S. 47.
[19] Frankenthal: Der dreifache Fluch, S. 167. Siehe außerdem Löwith: Mein Leben in Deutschland, S. 120; Nathorff: Das Tagebuch der Hertha Nathorff, S. 90.

cken wie ‚öffentliche Schaustellung' und ‚sich öffentlich zeigen' wird dies unmittelbar deutlich, aber auch im sonstigen Öffentlichvokabular: Für den Autor Arthur Samuel bestand der öffentliche Charakter des Ausdrucks „öffentliche Begrüßung" darin, dass diese Begrüßung im Bonner Stadtgarten stattfand.[20] Das Besondere an dieser öffentlichen Begrüßung durch einen Wehrmachtsgeneral im Jahr 1938 lag für den jüdischen Autor darin, dass sie von anwesenden Leuten beobachtet wurde.

‚Staatlich' und ‚politisch'

Nicht nur ‚öffentlich', auch das Adjektiv ‚staatlich' fasste der *Große Brockhaus* 1933 als Gegensatz von ‚privat' auf.[21] Im Quellenkorpus umfasste das semantische Feld des Privaten ebenfalls eine Reihe von Ausdrücken, in denen ‚privat' für den nichtstaatlichen Träger der umschriebenen Einrichtung oder Institution stand. Hierzu gehörten etwa ‚Privatschule' und ‚Privatkindergarten', aber auch der Ausdruck ‚Privatarmee', der sich auf die paramilitärischen Verbände der Parteien zur Zeit der Republiken in Deutschland und Österreich bezog.[22] Auffällig ist darüber hinaus, dass einige Harvard-Autorinnen und -Autoren dem Substantiv ‚Staat' häufig akteursbezogene Merkmale zuschrieben und von privaten Akteuren abgrenzten. Robert Breusch, ein junger Mathematiklehrer, berichtete von einem Gespräch mit einem Freund zur Zeit der Weltwirtschaftskrise. Dieser habe die Meinung vertreten, dass der Geldumlauf durch ein „riesiges Arbeitsbeschaffungsprogramm" angeschoben werden sollte: „‚[...] Diese Ankurbelung muß so stark sein, daß kein Privatmann und keine Gruppe von Privatleuten sie ausführen kann, sondern nur der Staat selbst, und auch er nur, wenn seine Regierung absolute Macht hat über die Einzelperson'."[23] ‚Privatmann' und ‚Privatleute' waren in diesem Kontext Bezeichnungen für Personen, denen auf der Akteursebene der abstrakte ‚Staat' gegenüberstand.

Abseits der kommunikativen Bedeutungsebene ist eine dichotome Beziehung zwischen ‚privat' und ‚politisch' daran zu erkennen, dass das Politikvokabular im Satzumfeld von ‚privat' stark normativ konnotiert war. Häufig ging es explizit oder implizit um Grenzen zwischen den beiden Sphären des Politischen und Privaten und die Legitimität politischer – und auch staatlicher – Regulierungsansprüche.[24]

---

[20] Vgl. Samuel: Mein Leben in Deutschland, S. 403.
[21] Vgl. Art. Privat, in: Der Große Brockhaus, S. 133.
[22] Siehe etwa Breusch, Robert: Mein Leben in Deutschland vor und nach dem 30. Januar 1933, Cambridge (Mass.) 1940, Houghton Library (Harvard University), bMS Ger 91 (38), Zugriff am 23. 09. 2008 im Archiv des Zentrums für Antisemitismusforschung der Technischen Universität Berlin, S. 40; Oppenheimer, Mara: Mein Leben in Deutschland vor und nach dem 30. Januar 1933, San Francisco (Cal.) 1940, Houghton Library (Harvard University), bMS Ger 91 (171), Zugriff am 23. 09. 2008 im Archiv des Zentrums für Antisemitismusforschung der Technischen Universität Berlin, S. 3; Merecki: Mein Leben in Deutschland, S. 2 f.
[23] Breusch: Mein Leben in Deutschland, S. 27. Siehe außerdem Haffner: Geschichte eines Deutschen, S. 9.
[24] Siehe Ausführlicheres dazu im Kapitel IV.2.

Auf syntagmatischer Ebene lässt sich an den Wortkombinationen mit ‚politisch' ablesen, dass die Wandlung des Politikbegriffs von einem etatistisch geprägten Disziplin- zu einem Handlungsbegriff um die Jahrhundertwende ihren Weg bis in die ‚individuelle Sprache' der Ego-Dokumente gefunden hat.[25] Innerhalb eines handlungsorientierten Politikbegriffs, der sich etwa in den Ausdrücken ‚politische Aktion' oder ‚politischer Kampf' manifestierte, nahmen auch kommunikative Bezüge eine wichtige Position ein. Die Bedeutung von Ausdrücken wie ‚politische Diskussion', ‚politisches Gespräch' und ‚politische Debatte' im Sinne von ‚sich über Politik unterhalten' erhielt auch das intransitive Verb ‚politisieren'.[26] Auf der kommunikativ-handlungsorientierten Ebene standen das Politische und das Private allerdings nicht grundsätzlich im Gegensatz zueinander: Ein politisches Gespräch konnte unter privaten Bedingungen stattfinden.[27]

3. Metaphorik des Privaten: Innen und Außen

Die Metaphorik des Privaten lässt sich in Anlehnung an Reinhart Koselleck als sprachliche Ausformung des allgemeinen Oppositionspaars von Innen und Außen fassen.[28] Die räumliche Bildsprache, die sich in den Harvard-Dokumenten niederschlug, konzeptualisierte das Private beispielsweise unter Rückgriff auf Gegenstände des konkreten privaten Binnenraums. Schloss und Tür konnten so zu Symbolen des Privaten stilisiert werden.[29] Häufiger verwendeten die Autorinnen und Autoren allerdings Substantive und Verben metaphorisch, mit denen sie die Grenze zwischen privatem Binnenraum und ‚politisch', ‚öffentlich' oder ‚staatlich' markiertem Außen thematisierten. ‚Einmauern', ‚sich zurückziehen' und ‚eindringen' können hier exemplarisch genannt werden, wobei der metaphorische Sinn von ‚einmauern' offensichtlich ist, während die metaphorischen Wurzeln von ‚eindringen' und ‚sich zurückziehen' in der Alltagssprache kaum mehr auffallen. Ebenso wie mit ‚zumauern' benannten sie mit ihnen jedoch die unterschiedlichen Prozesse

---

[25] Zu dieser semantischen Entwicklung siehe Palonen, Kari: Politik als Handlungsbegriff. Horizontwandel des Politikbegriffs in Deutschland 1890–1933 (= Commentationes scientarum socialium, Band 28), Helsinki 1985. Siehe nähere Ausführungen zum Verhältnis von Politischem und Privatem in den Kapiteln VII.2 und VIII.2.

[26] Siehe Herz, Sofoni: Mein Leben in Deutschland vor und nach dem 30. Januar 1933, Belfast 1939, Houghton Library (Harvard University), bMS Ger 91 (96), Zugriff am 23. 09. 2008 im Archiv des Zentrums für Antisemitismusforschung der Technischen Universität Berlin, S. 19; Frankenthal: Der dreifache Fluch, S. 100; Vordtriede: „Es gibt Zeiten, in denen man welkt", S. 68.

[27] Siehe Ausführlicheres zu den narrativen Konsequenzen dieses Befundes im Kapitel V.

[28] Vgl. Koselleck, Reinhart: Historik und Hermeneutik, in: ders.: Zeitschichten. Studien zur Historik, Frankfurt a. M. 2003, S. 97–118, hier S. 104–106. Für Koselleck gehörte dieses Oppositionspaar zu den vorsprachlichen, anthropologischen Bedingungen der Möglichkeit von Geschichte, die jedoch im diachronen Verlauf variabel ausgestaltet werden.

[29] Siehe Wysbar: Hinaus aus Deutschland, S. 25. Eine detaillierte Analyse erfolgt im Kapitel V.2.

der Grenzziehung oder Grenzüberschreitung zwischen Privatem und Nichtprivatem.[30]

Wie Koselleck hervorhebt, formieren sich mit Hilfe des Oppositionspaars Innen/Außen auch Gemeinschaften: „Es gibt", so Koselleck, „keine soziale oder politische Handlungseinheit, die sich nicht durch Ausgrenzung anderer Handlungseinheiten konstituiert."[31] Inklusion und Exklusion von einzelnen Individuen über Personenverbände bis hin zu einzelnen Ethnien, Geschlechtern oder sozialen Schichten sind nach Koselleck grundlegendes Merkmal jeder Geschichte. Somit stellt sich die Frage, inwieweit die Autorinnen und Autoren das Privatvokabular verwendeten, um Prozesse des Aus- und Zusammenschlusses zu versprachlichen.

Zwar verorteten die Harvard-Autorinnen und -Autoren auch das Öffentliche innerhalb des Begriffspaares Innen/Außen, da die Grenzbestimmung des ‚Eingreifens' häufig das Verhältnis von ‚Privatleben' und ‚öffentliches Leben' thematisierte. Allerdings speiste sich die Metaphorik des Öffentlichen ebenso aus dem semantischen Merkmal der Sichtbarkeit, das bereits für den öffentlichen Raum identifiziert wurde. Einem Autor zufolge hätte die Einführung der allgemeinen Wehrpflicht in der Weimarer Republik das demokratische System gestützt, weil es dann „unter den Augen der Öffentlichkeit und unter Kontrolle der Regierung" zu einer sozial und politisch heterogen aufgestellten Armee gekommen wäre – und nicht zu einer antidemokratischen Reichswehr und zahlreichen illegalen paramilitärischen Formationen.[32] Im Quellenkorpus zeugen außerdem die Ausdrücke ‚Licht der Öffentlichkeit', ‚vor aller Öffentlichkeit enthüllen', aber auch ‚öffentliche Anprangerung' und ‚öffentlich brandmarken' davon, dass die Metaphorik des Öffentlichen eng an die Bedeutung des Gesehenwerdens geknüpft war.[33]

---

[30] ‚Einmauern' findet sich etwa bei Löwith: Mein Leben in Deutschland, S. 79, ‚sich zurückziehen' zum Beispiel bei Neumann: Nacht über Deutschland, S. 66.
[31] Koselleck: Historik und Hermeneutik, S. 104. Vgl. zu dieser sozialen Konnotation der Raummetapher auch Köster, Werner: Raum, in: Ralf Konersmann (Hg.): Wörterbuch der philosophischen Metaphern, Darmstadt 2008, S. 274–292, hier S. 278.
[32] Vgl. Neumann: Nacht über Deutschland, S. 64.
[33] Zur Rolle der Visibilität des Öffentlichen in der Narration des Nationalsozialismus siehe die Kapitel VIII.5 und IX.1.

V. Zeitliche und semantische Grenzen: Zum Begriff des Privatlebens

1. Zäsurbildungen mit dem Begriff des Privatlebens

Retrospektive Zeitdiagnosen: Die Zäsur der Machtübernahme und der Begriff des Privatlebens

Als Hitler Reichskanzler wurde, arbeitete Frederick Goldberg in einem Verlag für Bühnenliteratur. Der studierte Theaterwissenschaftler wählte eingesandte Manuskripte aus, betreute die Verlagsautoren und arbeitete mit den Bühnen zusammen, die die Verlagsstücke aufführten. Nachdem 1935 die letzten Ausnahmeregelungen für Frontkämpfer abgeschafft worden waren, wurde er aus der Reichskulturkammer entlassen und verlor in der Folge seine Anstellung. Das Manuskript für den Harvard-Wettbewerb fertigte er 1940 im Alter von 41 Jahren in New York an.

Der Dramaturg komponierte seine Lebenserinnerungen klassisch chronologisch. Den Vorgaben der Wissenschaftler folgend begann er mit seiner Kindheit im elsässischen Colmar und beendete den Bericht mit seiner Ausreise aus Deutschland, die er nach einer mehrwöchigen KZ-Haft infolge des Novemberpogroms antrat. Seine späteren Erlebnisse in der Zwischenstation London, auf der Überfahrt in die Vereinigten Staaten und erste Emigrationserfahrungen in New York sparte er auf diese Weise in den Erinnerungen aus. In seinen Lebenserinnerungen berichtete er ausschließlich über sein Leben in Deutschland. Nicht nur der zeitliche Rahmen seiner Autobiographie war von den äußeren Bedingungen ihrer Entstehung beeinflusst. Der Titel des Preisausschreibens *Mein Leben in Deutschland vor und nach dem 30. Januar 1933* setzte politische und biographische Zäsur gleich und stellte damit ein Deutungsangebot bereit, das die Niederschrift der Lebenserinnerungen grob vorstrukturierte.

Goldberg nahm dieses Angebot an. In den ersten Zeilen seiner Autobiographie thematisierte er – explizit auf den Titel des Preisausschreibens Bezug nehmend – die biographische Bedeutung der Machtübernahme. Der 30. Januar 1933 sei ein „Wendepunkt im Leben eines jeden Deutschen", „für das Leben des Einzelnen" sei Hitler nicht wegzudenken, konstatierte der Autor. So tief habe das Datum in das „Dasein" der Deutschen eingegriffen, dass auch die „Rückschau auf den vorhergehenden Zeitraum von den späteren Ereignissen unwillkürlich beeinflusst und beschattet" sei.[1] Die Zäsur des 30. Januar 1933 erscheint als ein Datum, das die Niederschrift des eigenen Lebens organisierte und einzelne Zeitabschnitte mit Sinn ausstattete. Doch worin bestand dieser Sinn?

---

[1] Vgl. Goldberg, Frederick G.: Mein Leben in Deutschland vor und nach dem 30. Januar 1933, New York City 1940, Archiv des Leo Baeck Instituts, ME 190. MM 24, S. 1.

Eine Antwort auf diese Frage lieferte Goldberg, nachdem er sein Leben vor der Machtübernahme beschrieben hatte und bei den Ereignissen unmittelbar vor der Ernennung Hitlers zum Reichskanzler angelangt war. Am Vorabend der Machtübernahme habe er den Berliner Presseball besucht, ein gesellschaftliches Ereignis, bei dem sich hochrangige Politiker, Journalisten, Künstler und andere Personen des öffentlichen Lebens zeigten. Die Hauptloge allerdings, in der sonst die Regierungsmitglieder saßen, sei an diesem Abend leer geblieben, so Goldberg. Die Vorahnung, dass es zu einer Regierungsumbildung gekommen sei, habe sich dann am nächsten Morgen bestätigt. An dieser Stelle eruierte Goldberg abermals die politische und biographische Bedeutung des Machtwechsels:

> „Diese Umwälzung bedeutete nicht etwa, dass in dieser Stunde Politik zum ersten Mal in das Leben des Einzelnen eindrang. Schon vor Hitler war sie für unser aller Leben mitbestimmend geworden [...]. Der Ausfall der unzähligen Wahlen zu Reichstag, Landtag und Stadtverwaltung, die auf ihnen basierende Zusammensetzung aller Behörden, – niemand hätte es sich leisten können, sich um diese Fragen und Probleme einfach nicht zu kümmern. Aber nun war doch noch einmal ein Wendepunkt gekommen. Vom 30. Januar 1933 an gab es in Deutschland keine private Sphäre mehr. Dem Leitstern Politik hatte sich alles Andere unterzuordnen."[2]

Die Zäsur, die der Autor in diesem Zitat setzte, strukturierte beide Zeitabschnitte auf der Grundlage der Dichotomie Politik/Privatleben. Vor und nach der Machtübernahme waren in dieser Deutung zwei Zeiten, die sich durch unterschiedliche Ausprägungen im Verhältnis von Politik und privater Sphäre auszeichneten. Was Goldberg hier in den Begriffen ‚Politik' und ‚private Sphäre' zueinander in Beziehung setzte, war der Grad der Auswirkung von politischen Ereignissen auf das „Leben des Einzelnen". Streng isoliert voneinander seien beide Bereiche zwar bereits vor der Machtübernahme nicht gewesen, die Folgen der Machtübernahme auf das Leben der Menschen übertrafen jedoch den bisherigen Erfahrungsraum der Zeitgenossen. Retrospektiv brachte Goldberg diesen Erfahrungsraum auf den Begriff, der sich in den sechs Jahren seines Lebens unter Hitler formiert hatte: „Vom 30. Januar 1933 an gab es in Deutschland keine private Sphäre mehr."

Mehrere Autorinnen und Autoren griffen auf Aussagen dieser Art zurück. Charakteristisch an ihnen ist, dass es sich um allgemeine Urteile handelt, die nicht das Privatleben einzelner Personen zu einem beliebigen Zeitpunkt beschreiben, sondern einen ganzen Zeitabschnitt unter dem Paradigma des aufgelösten Privatlebens subsumieren. Es handelt sich um retrospektiv vorgenommene Zeitdiagnosen, mit denen einige Autorinnen und Autoren die Zeit des Nationalsozialismus einer Deutung zuführten. Sie statteten die erlebte Zeit mit Sinn aus und kreierten Zäsuren, indem sie den historischen Wandel durch unterschiedliche Verschränkungsmuster von Politik und Privatleben charakterisierten.

Der zum Zeitpunkt der Niederschrift seiner Erinnerungen erst 27 Jahre alte Harry Kaufman konstatierte: „Bis Hitler hatte ein jeder tun und lassen können, was er wollte, zum mindesten innerhalb seines eigenen Heims. Die Nazis änderten

---

[2] Ebd., S. 38 f.

dieses vollständig und bestimmten auch so das Privatleben des Individuums."[3] Eine gleichaltrige Autorin, die unter dem Pseudonym ‚Hildegard Bollmann' schrieb und nichtjüdischer Herkunft war, vertrat rückblickend über die Weimarer Republik die Ansicht, ihr Privatleben hätte sich nach dem Ende des Ersten Weltkriegs kaum anders gestaltet, wenn das Kaiserreich fortbestanden hätte: „Weder die Republik noch der Kaiser haben sich in Friedenszeiten in das Privatleben so eingemengt, wie es die Nazis gemacht haben."[4] ‚Bollmanns' Beispiel zeigt, dass retrospektive Zeitdiagnosen nicht nur an den Schlüsselstellen autobiographischer Texte – beispielsweise zu Anfang der Autobiographie, zwischen erzählten Zeitabschnitten oder in einem resümierenden Abschluss – vorkommen. ‚Bollmann' verwendete die Zeitdiagnose, um ihre einstige Haltung gegenüber der Novemberrevolution und der Weimarer Republik als ungerechtfertigt darzustellen. Hatte ihr Vergangenheits-Ich das Ende des Kaiserreichs bedauert, so gelangte die Autorin über die Vergleichskategorie des Privatlebens nun zu einer positiveren Einschätzung der Weimarer Republik.

Zum autobiographischen Gebrauchswert des Begriffs ‚Privatleben' als Deutungsinstrument

Wieso verwendeten manche Autorinnen und Autoren den Begriff des Privatlebens, um ganze Zeitabschnitte mit seiner Hilfe zu konzipieren? Die Antwort auf diese Frage liegt in einer Analyse des Gebrauchswerts, den dieser Begriff im autobiographischen Medium einnahm.[5]

Häufig untermauerten die Autorinnen und Autoren ihre Zeitdiagnosen mit Eigen- oder Fremderfahrungen aus den unterschiedlichsten Kontexten. Der bereits erwähnte Harry Kaufman belegte seine Einschätzung mit den Versuchen der Partei-Ideologen, durch Schmink- und Rauchverbote ein nationalsozialistisches Frauenbild zu implementieren. Auch wies er in diesem Zusammenhang auf den von staatlicher Seite erzwungenen Arbeitseinsatz zur Errichtung des Westwalls hin.[6]

---

[3] Kaufman, Harry: Mein Leben in Deutschland vor und nach dem 30. Januar 1933, Dover (N.H.) 1940, Houghton Library (Harvard University), bMS Ger 91 (108), Zugriff am 23. 09. 2008 im Archiv des Zentrums für Antisemitismusforschung der Technischen Universität Berlin, S. 28.
[4] Bollmann, Hildegard (Pseud.): Mein Leben in Deutschland vor und nach dem 30. Januar 1933, New York City 1940, Houghton Library (Harvard University), bMS Ger 91 (33), Zugriff am 23. 09. 2008 im Archiv des Zentrums für Antisemitismusforschung der Technischen Universität Berlin, S. 2. Für weitere Beispiele siehe Marcus, Ernst: Mein Leben in Deutschland vor und nach dem 30. Januar 1933, New York City 1940, Archiv des Leo Baeck Instituts, ME 423. MM 52, S. 115; Wysbar: „Hinaus aus Deutschland, irgendwohin…", S. 25; Reichmann, Hans: [Autobiography] [1939/40], Archiv des Leo Baeck Instituts, ME 1230. MM II 42, S. 103 f.
[5] Die folgenden Ausführungen bauen auf den Überlegungen von Willibald Steinmetz zu verschiedenen Erklärungsmustern semantischen Wandels auf. Vgl. Steinmetz, Willibald: 40 Jahre Begriffsgeschichte – The State of the Art, in: Heidrun Kämper/Ludwig M. Eichinger (Hg.): Sprache – Kognition – Kultur, Berlin 2008, S. 174–197, hier S. 189.
[6] Vgl. Kaufman: Mein Leben in Deutschland, S. 28–28a.

An anderer Stelle kam er illustrierend auf die Zensurpraktiken des Regimes in Kunst und Literatur zu sprechen, die dazu geführt hätten, dass den Deutschen jegliche Werke antinationalsozialistischer und jüdischer Künstler und Autoren vorenthalten worden seien.[7] Handelte es sich bei Kaufman um Beispiele, die Einschränkungen der persönlichen Freiheit durch staatliche Maßnahmen zum Inhalt hatten, so berichtete Ida Fanny Lohr davon, wie sich die Machtübernahme auf das Beschäftigungsverhältnis ihres Sohnes auswirkte. Dieser hatte zwar trotz seiner jüdischen Herkunft eine Lehrstelle als Buchdrucker gefunden, war aber gezwungen, Besorgungen auf einem Geschäftsfahrrad zu unternehmen, „auf welchem ‚stolz' die Hakenkreuzflagge flatterte". Dies verstand sie als ein Beispiel dafür, dass die „Hitlerei […] immer weiter in das öffentliche und private Leben Deutschlands ein[griff]".[8]

Schminkverbote, Zensur, erzwungene Arbeitseinsätze – die angeführten Beispiele umfassen recht disparate Erfahrungszusammenhänge. Da Begriffe wie ‚Privatleben', ‚private Sphäre' und ‚privates Dasein' sich durch einen hohen Abstraktionsgrad auszeichnen, sind sie in der Lage, eine solche Vielzahl unterschiedlicher Erfahrungszusammenhänge zu bündeln, was wiederum ihren Gebrauchswert im autobiographischen Medium erhöht. Versteht man das autobiographische Schreiben als einen Versuch, die erlebte Zeit in einen möglichst sinnübergreifenden Zusammenhang zu bringen, dann sind vor allem solche Begriffe und Redeweisen nützlich, die eine Vielzahl an Einzelerfahrungen eines bestimmten Zeitabschnitts bündeln und einer gemeinsamen Deutung zuführen. Zeitdiagnosen, die Eingriffe in das Privatleben als charakteristisches Merkmal der nationalsozialistischen Zeit postulierten, subsumierten disparate Erfahrungen in einer übergreifenden Deutung, indem sie die Machtübernahme als eine klare Zäsur im Verhältnis von Politik und Individuum darstellten. Im Vergleich zu den anderen genannten Autorinnen und Autoren hat Frederick Goldberg dieses Deutungsmuster überaus prononciert seinen Erinnerungen zu Grunde gelegt. Am Beispiel seines Manuskripts kann daher auch dessen Problematik analysiert werden.

Relativierende Erfahrungsbestände und einstige Erwartungshorizonte

Die Zeitdiagnosen beanspruchten einen hohen Grad an Allgemeingültigkeit und setzten mit dem Datum der Machtübernahme eine eindeutige Zäsur. Zwar waren sie keineswegs inhaltsleer, sondern bauten durchaus auf Erfahrungsbestände auf. Allerdings trugen sie aufgrund ihrer Tendenz zur Allgemeingültigkeit auch die Gefahr der Vereinfachung in sich.

Zunächst setzten die Eingriffe in das Privatleben in den seltensten Fällen schlagartig mit der Machtübernahme ein. Zwar hatte Goldberg das Wesen der national-

---

[7] Vgl. ebd., S. 8–8a.
[8] Lohr: [Mein Leben in Deutschland vor und nach dem 30. Januar 1933], S. 23.

1. Zäsurbildungen mit dem Begriff des Privatlebens 107

sozialistischen Zeit als ein Primat des Politischen über alle anderen Lebensbereiche definiert und dabei geschrieben, dass es nach dem 30. Januar 1933 keine private Sphäre mehr in Deutschland gegeben habe. Kurz darauf schränkte er sein Urteil jedoch ein: Dies sei erst im Laufe von Jahren „äusserste Wirklichkeit" geworden.[9] Anschließend berichtete er über die äußerlichen Veränderungen im Straßenbild und den neuen Verhaltensmustern seiner nichtjüdischen Mitmenschen. Auch der Aprilboykott findet eine Erwähnung sowie die grassierende Angst vor Verhaftungen und erste Zweifel an der eigenen Zugehörigkeit zum deutschen Volk. Dieser längere Abschnitt findet dann allerdings eine knappe zusammenfassende Beurteilung in den Worten, trotz allem habe sich an seinem „persönlichen Leben" nichts geändert.[10] Dies machte der Autor sodann an seinem beruflichen Umfeld fest, in dem er keinerlei Anfeindungen oder Einschränkungen erlebt habe – selbst von den Mitarbeitern nicht, die sich offen als Nationalsozialisten zeigten. Sie hätten nach dem weit verbreiteten Muster gehandelt, dem „Prinzip der Judenverfolgung ohne jede Einschränkung" zuzustimmen, jedoch die Personen davon auszunehmen, „die sie privat kannten".[11] Der Autor berichtete von mehreren solchen Erfahrungen aus erster Hand und nahm sie sogar zum Anlass für eine Binnenperiodisierung der NS-Zeit. Die erste Periode des Nationalsozialismus habe sich demnach dadurch ausgezeichnet, dass in ihr „zwischen Prinzip und Person noch scharf unterschieden" worden sei, wohingegen später die Gesetze diese Unterscheidung nicht zugelassen hätten.[12] Was Goldberg also zu Beginn seiner Autobiographie und im narrativen Übergang zur erzählten NS-Zeit postuliert hatte – die enge Verknüpfung von politischer und persönlicher Zäsur –, relativierte er in der weiteren Erzählung. Die privaten Kontakte verzögerten in dieser Deutung zunächst den Durchschlag des Politischen in das private bzw. persönliche Leben.

Es waren spätere, nicht exakt datierte Ereignisse, denen der Autor die Qualität einer „persönliche[n] Erschütterung" zuschrieb. Viel entscheidender als der Verlust seiner Anstellung, so Goldberg, habe auf ihn ein anderes Erlebnis gewirkt. In den letzten Monaten seiner Anstellung habe er seine Verhaftung befürchtet, weil er angeblich die homosexuellen Neigungen eines bekannten deutschen Schauspielers in einem Gespräch erwähnt haben soll. Dieser Schauspieler habe davon erfahren und Anzeige erstattet. Erst danach habe sich herausgestellt, dass nicht Goldberg diese Äußerung getätigt hatte, sondern ein anderer Mitarbeiter seines Verlages.[13] Außerdem zählte der Autor verschiedene Fälle von Suizid aus seinem Umkreis zu den „Ereignisse[n] und Erlebnisse[n]", die bei ihm zu „einer schweren inneren Krise" geführt hätten.[14] Der Eingriff in das Privatleben, die Auswirkungen der Machtübernahme auf seinen persönlichen Lebensweg thematisierte Goldberg

---

[9] Vgl. Goldberg: Mein Leben in Deutschland, S. 39.
[10] Vgl. ebd., S. 39–42.
[11] Vgl. ebd., S. 42.
[12] Vgl. ebd., S. 44.
[13] Vgl. ebd., S. 46 f.
[14] Vgl. ebd., S. 47 f.

nun an mehreren Stellen des Dokuments explizit. Beispielsweise konstatierte er für das Jahr 1938: „Auch privat hatte sich noch einmal alles geändert."[15] Gemeint waren damit das Verbot seines jüdischen Sportvereins und die Einführung getrennter Sitzbänke in den öffentlichen Parks. „Immer tiefer", stellte er außerdem fest, „erwiesen sich auch die Rückwirkungen auf meine persönlichen Beziehungen mit Menschen. Die meisten arischen Bekannten zogen sich verständlicherweise mehr und mehr zurück, es blieb ihnen nichts Anderes übrig."[16]

Bisweilen konnten die retrospektiven Zeitdiagnosen auch mit einstigen Erwartungshorizonten im Konflikt stehen. Als temporal vielschichtige Dokumente geben die Harvard-Lebensberichte auch Auskunft über die einstigen Hoffnungen und Erwartungen, auf deren Grundlage die Autorinnen und Autoren zukünftige Maßnahmen der NS-Regierung abschätzten und ihr eigenes Leben planten. Die Erkenntnis, in welchem Ausmaß die nationalsozialistische Politik das private Leben des Einzelnen bestimmen würde, wuchs sukzessive mit der Radikalisierung einer antisemitischen Politik, die solche Erwartungshorizonte im Nachhinein häufig als Fehleinschätzungen bloßstellte. So bestimmte die Hoffnung, dass die Ausgrenzungspolitik zu einem Ende gekommen sei, zumindest phasenweise Goldbergs Leben. Nach seiner Entlassung aus dem Bühnenverlag erwog er zunächst die Möglichkeit der Emigration, reiste dafür auch nach Österreich, entschloss sich aber schließlich für den Verbleib in Deutschland. Diese Entscheidung beurteilte er rückblickend als die „grösste Dummheit" seines Lebens, führte allerdings zu ihrer Erklärung die Gründe seines Vergangenheits-Ichs an. Die Aussichten auf ein Leben in der Emigration hätten abschreckend gewirkt, die Sorge um die zurückbleibende Mutter, der Rückhalt aus dem Verwandten- und Freundeskreis und die Gelegenheit, nach einem Umschichtungskurs eine neue Anstellung beginnen zu können, gab er als weitere Faktoren an. Sein Vergangenheits-Ich plante zumindest mittelfristig in Deutschland zu bleiben, auch weil die antisemitische Gesetzgebung scheinbar zu einem Ende gekommen und „die sogenannten Nürnberger Rassengesetze als Abschluss auf diesem Gebiete längst verkündet" worden waren.[17]

Den Bruch zwischen den einstigen Erwartungshorizonten und der rückblickenden Wahrnehmung der Geschehnisse thematisierte der Autor eindringlich. „Wenn man einmal Deutschland verlassen hat, versteht man seine eigene Reaktion auf alle diese Ungeheuerlichkeiten nicht mehr", schrieb er und deutete seine Fehleinschätzung als Resultat eines Verdrängungsprozesses, der ihn die „krasseste Wirklichkeit" immer wieder habe vergessen lassen.[18] Paradigmatisch für diese Einstellung sei einer seiner Verwandten gewesen, der auf jedes neue Gesetz mit der Hoffnung reagiert habe, dass Ausnahmen gemacht würden.[19] Dass dies jedoch

---

[15] Ebd., S. 56.
[16] Ebd., S. 56 f. Siehe auch die Ausführungen über Freundschaften zwischen Juden und Nichtjuden nach der Machtübernahme (Kapitel VIII.5).
[17] Vgl. ebd., S. 48 f.
[18] Vgl. ebd., S. 49.
[19] Vgl. ebd., S. 49.

ein „Trugschluss" war und der „Kampf [...] erbarmungslos" von den Nationalsozialisten geführt wurde, illustrierte der Autor daraufhin am Beispiel der Nürnberger Gesetze. Die Implementierung der Rassengesetze hätte am deutlichsten bewiesen, dass keine Ausnahmen mehr gemacht wurden. „Kurz vor der Verkündung erlebte ich privat davon einen kleinen Vorgeschmack", schrieb Goldberg und berichtete von einer Episode, die sich bei einem gemeinsamen Spaziergang mit seiner Ehefrau ereignet hatte.[20] Das von ihm als privat verstandene Erlebnis bestand darin, dass seiner – ebenfalls jüdischen – Frau von einer Nichtjüdin auf offener Straße Vorhaltungen über ihr unmoralisches Verhalten gemacht worden seien. Aufgrund ihrer blauen Augen habe die Passantin sie für eine ‚Arierin' gehalten und gedroht, das Paar zu denunzieren.[21] Privat war es in Goldbergs Sinnhorizont deswegen, weil es wiederum die Auswirkungen der Machtübernahme auf sein persönliches Leben thematisierte. Entgegen seiner Intention demonstriert die Episode die gesellschaftliche Etablierung der Rassenideologie, nicht die Folgen der Gesetzgebung auf sein Leben. Entscheidend ist jedoch, dass der Autor es als ein Beispiel dafür anführte, dass sich sein einstiger Erwartungshorizont als ein „Trugschluss" herausgestellt hatte. Die Erkenntnis, wie tief die Maßnahmen des Regimes und seine Ideologie in sein Leben eingreifen würden, überschattete seine einstigen Erwartungen, die immer noch darauf gebaut hatten, dass er als „Ausnahme" gelte.

Die Zeitdiagnose des Eingriffs in das Privatleben stellte ein retrospektives Deutungsinstrument der erzählten NS-Zeit dar: Es bündelte Erfahrungen aus unterschiedlichen Phasen des Regimes aus der Perspektive des Emigranten. Die Erkenntnis über das Ausmaß, in dem der Nationalsozialismus das Leben des Einzelnen ‚umkrempeln' würde, war jedoch parallel zu einer sich radikalisierenden Ausgrenzungs- und Verfolgungspolitik immer wieder Gegenstand von Erfahrungen, die den einstigen Erwartungshorizont überschritten. Was er im Zeitraum 1933 bis 1937 erlebt habe, sei ihm nach den Ereignissen des Jahres 1938 nur noch wie ein „Auftakt zu der Entscheidungsschlacht" vorgekommen, berichtete Goldberg an anderer Stelle.[22] Spätere Ereignisse wie der Novemberpogrom ließen folglich noch einmal die früheren Geschehnisse in einem neuen Licht erscheinen.

2. Umkämpfte Grenzen des Privaten?

Fremdbestimmung versus Autonomie

Auf welche Bedeutungsschichten griffen die Autorinnen und Autoren zurück, wenn sie Wörter wie ‚Privatleben' und ‚private Sphäre' nutzten? Die Zitate aus den Berichten von Harry Kaufman und Frederick Goldberg haben die Richtung bereits

---

[20] Ebd., S. 50.
[21] Vgl. ebd., S. 50.
[22] Ebd., S. 55.

vorgegeben. Goldberg hatte zunächst das Ende der privaten Sphäre auf den Tag der Machtübernahme datiert und anschließend hinzugefügt, dass dem „Leitstern Politik [...] sich alles Andere unterzuordnen" hatte.[23] Laut Kaufman „bestimmten" die Nationalsozialisten das „Privatleben des Individuums" – vor Hitler „hatte ein jeder tun und lassen können, was er wollte", zumindest zu Hause, wie Kaufman einschränkend nachschob.[24]

Diese Zeitdiagnose bekräftigte Kaufman an mehreren Stellen seiner Erinnerungen. So hatte er zuvor geschrieben, dass die Nationalsozialisten das „Denken und Handeln für jeden" übernommen und bestimmt hätten, „was gut und schlecht" sei. Sie hätten „nicht nur das öffentliche, sondern auch [das] private Leben jedes einzelnen Menschen um[geformt]".[25]

‚Unterordnen', ‚über etwas bestimmen', ‚umformen' stellen in diesen Bewertungen die Signalwörter dar, mit denen Goldberg und Kaufman das Verhältnis zwischen nationalsozialistischen Akteuren und dem Privatleben des Individuums charakterisierten. Sie begriffen den Effekt der nationalsozialistischen Herrschaft auf einen privat markierten Lebensbereich als Unterwerfung und den Verlust von Selbstbestimmung. Die Autorinnen und Autoren verwendeten folglich Semantiken der Fremdbestimmung, um das Privatleben im Nationalsozialismus zu thematisieren. ‚Privatleben' stellte innerhalb dieser Semantiken deshalb ein zentrales Schlagwort dar, weil es mit der Bedeutung der Autonomie verknüpft war: Das Private galt als ein Bereich, in dem das Individuum eine Entscheidungs- und Handlungsfreiheit besaß. Kaufman konnte den Kontrast zum umgeformten Privatleben unter Hitler kaum deutlicher auf den Punkt bringen als in der Redewendung, man habe zuvor tun und lassen können, was man wollte.

Andere Wörter als ‚Privatleben' erfassten diesen Sachverhalt ebenfalls. Kaufmans Ausführungen zeigen exemplarisch, wie eng die Ausdrücke ‚privates Leben' und ‚persönliche Freiheit' über die Semantik der Fremd- und Selbstbestimmung miteinander verbunden waren – zumindest dann, wenn es darum ging, die erzählten Zeiten vor und nach der Machtübernahme voneinander abzugrenzen. Gewissermaßen als Antwort auf die Frage des Preisausschreibens, welche psychologischen Auswirkungen die Machtübernahme auf das deutsche Volk hatte, formulierte Kaufman:

„Aus freien Menschen sind in gewissem Sinne Sklaven gemacht worden, die bedingungslos ihrer Regierung folgen müssen, ohne die Macht zu haben, ihr Geschick selbst leiten zu können. Die persönliche Freiheit, das höchste Gut eines jeden Menschen[...], hat aufgehört in Deutschland zu existieren, an dessen Stelle ist Abhängigkeit und Ergebenheit getreten, die von den Führeren [sic!] und Machthabern mit allen Mitteln erzwungen werden."[26]

Der 27-Jährige dichotomisierte beide Zeitebenen im Spannungsfeld von Selbst- und Fremdbestimmung: den ‚freien Menschen' setzte er ‚Sklaven' gegenüber, ‚per-

---

[23] Ebd., S. 39.
[24] Kaufman: Mein Leben in Deutschland, S. 28.
[25] Ebd., S. 8a.
[26] Ebd., S. 35. Für weitere Beispiele in dem Manuskript siehe S. 5a und 7a.

sönliche Freiheit' lösten ‚Abhängigkeit' und ‚Ergebenheit' ab. Dem ‚bedingungslos folgen müssen' entsprach vor der Machtübernahme ein Zustand, in dem Menschen ihre ‚Geschicke selbst leiten' konnten. Mit einer Metapher veranschaulichte er, wie tiefgehend die Kontrolle der Bevölkerung reichte: Aus Menschen habe man „Maschinen geschaffen", die „ohne Selbstbestimmung mit einem Hebeldruck in Bewegung oder in Stillstand" zu bringen seien.[27]

Junge und alte jüdische Autorinnen und Autoren mit unterschiedlichen sozialen Hintergründen gebrauchten Semantiken der Fremdbestimmung, um die Einschränkungen des privaten Lebens und der persönlichen Freiheit unter dem Nationalsozialismus aufzuzeigen. Ein 63-jähriger Teilnehmer des Wettbewerbs schrieb vom „Eingriff des Staates in die Individualrechte",[28] ein Breslauer Rechtsanwalt konstatierte, dass „die Kontrolle und Bevormundung" bis in „die privatesten Dinge reichte". Das Privatleben, so Ernst Marcus, sei abgeschafft.[29] Auch eine aus dem Arbeitermilieu stammende Autorin bemerkte, dass man vor 1933 „Herr in seinem Hause" war und „über sich und sein Leben selbst bestimmen" konnte – seit der Machtübernahme sei hingegen das „allgemeine Leben Deutschlands unruhiger" geworden und „das Leben eines jeden einzelnen Bürgers wurde nicht mehr von ihm selbst bestimmt, sondern vom Staate".[30]

Für ein Beispiel aus nichtjüdischer Feder sei auf eine Autobiographie hingewiesen, die zwar nicht im Rahmen des Harvard-Wettbewerbs, allerdings in etwa zeitgleich niedergeschrieben wurde. „[I]m Privatesten", so urteilte der junge Sebastian Haffner im englischen Exil 1939, „spielt sich heute in Deutschland jener Kampf ab, nach dem man vergeblich mit Fernrohren das politische Feld absucht." Präzisierend fügte er hinzu: „Was einer isst und trinkt, wen er liebt, was er in seiner Freizeit tut, mit wem er sich unterhält, ob er lächelt oder finster aussieht, was er liest und was er sich für Bilder an die Wände hängt – das ist heute die Form, in der in Deutschland politisch gekämpft wird." Bewahrung seiner Autonomie gegen die Unterwerfungsansprüche des „gefräßige[n] Staat[es]" – dies stellte für Haffner *die* Herausforderung seines Lebens unter nationalsozialistischer Herrschaft dar.[31]

Wesentlich an diesem sprachlichen Muster ist, dass es auf der semantischen Trennung von staatlicher, öffentlicher oder politischer Sphäre einerseits, sowie einer privaten Sphäre andererseits, beruhte. Die Vorstellung eines dem staatlichen Zugriff entzogenen privaten Lebensbereichs ermöglichte überhaupt erst die Diagnose, dass der NS-Staat in das Privatleben des Individuums eingegriffen, also die semantischen Grenzen in der ‚gesellschaftlichen Realität' transzendiert hatte. Des Weiteren beruhten die Zeitdiagnosen nicht nur auf dieser semantischen Konstellation: Vielmehr reaktualisierten und stärkten sie die begriffliche Unterscheidung zwischen ‚Privatleben' und ‚Staat'. Festzustellen, dass staatliche Akteure private

---

[27] Vgl. ebd., S. 35.
[28] Altmann: Mein Leben in Deutschland, S. 41.
[29] Vgl. Marcus: Mein Leben in Deutschland, S. 115.
[30] Lewinsohn: [Mein Leben in Deutschland vor und nach dem 30. Januar 1933], S. I.
[31] Haffner: Geschichte eines Deutschen, S. 185 f.

Angelegenheiten fremdbestimmten, ging immer mit der normativen Annahme einher, dass diese Sphären voneinander zu trennen seien und die Machtbefugnis des Staates vor den Türen der Privatsphäre aufzuhören habe. Nur aufgrund dieser semantischen Trennung von ‚Privatleben' und ‚Staat' konnten die Harvard-Autorinnen und -Autoren die staatlichen Übergriffe pejorativ als ‚Eingriffe' in das Privatleben, als Verlust des ‚höchsten Gutes' oder als ‚Versklavung' diagnostizieren. Die Zeitdiagnosen beruhten also ebenso auf dieser semantischen Konstellation, wie sie sie aktualisierten. Es mag paradox erscheinen, aber die zahlreichen Zeitdiagnosen der Harvard-Autorinnen und -Autoren, wonach das Privatleben unter dem Nationalsozialismus ausgehöhlt oder aufgelöst wurde, stärkten die semantischen Grenzen des Begriffs ‚Privatleben'.

Räumliche Metaphorik des Privaten

„Für mich wie für jeden Deutschen", bemerkte Eva Wysbar zusammenfassend über ihr Leben in der Weimarer Republik, „galt kein anderes Gesetz als das der unbeschränkten Freiheit. Das Leben des Individuums war sakrosankt und anonym, solange es nicht aus eigenem Antrieb aus dieser Anonymität heraustrat."[32] Den damit umrissenen Zeitabschnitt hatte die Autorin zwar als eine schwierige, dafür jedoch umso produktivere Zeit für Kultur und Wissenschaft dargestellt, in die sie auch ihre eigene Arbeit als Dramaturgin der TOBIS integrieren konnte. Im Gegensatz zur Weimarer Republik, in der das Leben des Einzelnen „sakrosankt" und „anonym" gewesen sei,[33] kennzeichnete sie den Nationalsozialismus durch eine Unterordnung des Individuums unter die Belange des Staates. Die Autorin brachte diese Veränderung auf den Punkt, als sie anschließend schrieb, der fundamentale Unterschied im Leben des deutschen Menschen vor und nach der Machtergreifung liege darin, dass 1933 „Freiheit und Anonymität des Einzelnen" aufhörten. Er gehöre nicht mehr sich selbst, sondern dem Staat.[34]

Die Passage kann als inhaltliche Klammer der sich anschließenden Ausführungen über das eigene Leben im ‚Dritten Reich' gelesen werden. Denn dieses rekapitulierte Wysbar aus der sehr privaten Perspektive ihrer Ehe mit dem prominenten Filmregisseur Frank Wysbar. Höhere Stellen, darunter auch Propagandaminister Goebbels, erhofften sich von Frank Wysbar einen Beitrag zum nationalsozialistischen Film. Doch war es von staatlicher Seite unmöglich, einen Filmregisseur zu fördern, der noch mit einer Jüdin verheiratet war. Ihr Leben unter dem Nationalsozialismus beschrieb Eva Wysbar auf dieser Folie in weiten Teilen als einen Kampf um den Erhalt ihrer Ehe.

Daher verwundert es nicht, dass Eva Wysbar den fundamentalen Unterschied vor und nach der Machtübernahme in der veränderten Stellung des Einzelnen zum Staat verortete und die oben beschriebenen Fremdbestimmungssemantiken

---

[32] Wysbar: „Hinaus aus Deutschland, irgendwohin…", S. 25.
[33] Vgl. ebd., S. 25.
[34] Vgl. ebd., S. 25.

gebrauchte: „Persönlichste Belange", schrieb sie, unterlägen dem „credo oder veto des Staates".[35] Diesen Sachverhalt veranschaulichte die Dramaturgin daraufhin mit einer metaphorischen Umschreibung: „Erbarmungslos", fuhr sie fort, „wird privatestes Gut an das Licht der Öffentlichkeit gezerrt – es gibt keine Tür mehr und kein Schloss; Küchentopf, Buch und Bett sind den Augen aller gleicherweise zugänglich."[36]

Im Vergleich zu den bisher analysierten Fremdbestimmungssemantiken besteht die besondere ‚Leistung' dieser metaphorischen Beschreibungssprache darin, dass sie die semantische Grenze zwischen Privatem und seinen Gegenbegriffen – hier in Form von ‚Öffentlichkeit' – visualisierte. Zunächst hatte Wysbar auf einen superlativischen Sprachstil zurückgegriffen, der das qualitative Ausmaß an Kontrolle und Fremdbestimmung hervorhob. Sie verwandte dabei die traditionelle Lichtmetaphorik des Öffentlichkeitsbegriffs, wendete sie jedoch im Zusammenhang mit dem Privaten ins Negative:[37] Die Aufhebung des Privaten vollzog sich in der totalen Sichtbarmachung des Privatlebens. Die der Öffentlichkeit preisgegebenen Güter waren nicht nur privater, sondern *privatester* Natur. Gegenüber einer Visibilitäts-Metaphorik des Öffentlichen dominiert im semantischen Feld des Privaten eine räumliche Bildsprache. Mit den Wörtern ‚Tür' und ‚Schloss' wählte Wysbar solche Gegenstände aus, die Innen- und Außenbereich konkreter Räume voneinander trennen. Als symbolische Gegenstände des Privaten veranschaulichten sie die normativ-semantische Grenze zum Öffentlichen – wie in den oben analysierten Beispielen festigte also auch Wysbars Sprachgebrauch diese Grenze. Die gesellschaftliche Realität des Nationalsozialismus zeichnete sich allerdings auch in ihrer Deutung dadurch aus, diese Grenze aufgelöst zu haben. Das Fehlen von Schloss und Tür ermöglichte praktisch jedem, von außen ins Innere des Hauses zu schauen: „Küchentopf, Buch und Bett sind den Augen aller gleicherweise zugänglich." Wysbar reizte die Metaphorik des Privaten sehr viel weiter aus als die übrigen untersuchten Autobiographinnen und Autobiographen. Doch lassen sich weitere Ausdrücke finden, die die semantischen Grenzen des Begriffs ‚Privatleben' verbildlichten. Etwa, wenn davon berichtet wurde, dass die „letzte Hülle" vom „Privatleben gerissen" oder man bis in die „Schlupfwinkel des Privatlebens" verfolgt wurde.[38]

---

[35] Vgl. ebd., S. 25.
[36] Ebd., S. 25.
[37] Lucian Hölscher weist darauf hin, dass das Adjektiv ‚öffentlich' neben einem politisch-sozialen stets einen visuell-intellektuellen Aspekt enthalten habe. Im Vormärz konnte der Begriff ‚Öffentlichkeit' diese Doppeldeutigkeit für sich geltend machen, „denn eine Politik, die an den Prinzipien der geheimen Kabinettsverhandlungen festhielt, schien damit ihren eigenen sprachlichen Begriffen zu widersprechen [...]." Vgl. Hölscher, Lucian: Öffentlichkeit, in: Otto Brunner/Werner Conze/Reinhart Koselleck (Hg.): Geschichtliche Grundbegriffe. Historisches Lexikon zur politisch-sozialen Sprache in Deutschland, Band 4, Stuttgart 1978, S. 413–467, hier S. 413 u. 457.
[38] Vgl. Haffner: Geschichte eines Deutschen, S. 198; Vordtriede: „Es gibt Zeiten, in denen man welkt", S. 114 f.

Wenn Wysbar und andere Autorinnen und Autoren auf die beschriebenen Zeitdiagnosen zurückgriffen, setzten sie implizit eine Norm im Verhältnis von Staat und Privatleben voraus, von der der NS-Staat abgewichen war. Dass die Schreiberinnen und Schreiber mit ihnen nicht explizit die Wiederanpassung an diese Norm forderten, liegt auch an der Struktur dieses Aussagetyps – Zeitdiagnosen dienten unter sprachpragmatischen Gesichtspunkten der Feststellung eines gesellschaftlichen Zustands, zudem waren die Harvard-Manuskripte nicht an die politischen Führer des Nationalsozialismus adressiert. Und doch verweist die dahinter liegende Kritik in Form pejorativer Bedeutungsmomente auf die implizite Annahme, dass die gesellschaftliche Realität dem semantischen Ideal angepasst sein sollte. Die Autobiographie war im Kontext des Preisausschreibens zwar nicht das geeignete Medium, um explizite Forderungen zu stellen, aber die Grenzen zwischen Privatleben und Staat waren Gegenstand einer kritischen Bestandsaufnahme über die *„gesellschaftlichen und seelischen Wirkungen des Nationalsozialismus auf die deutsche Gesellschaft"*.[39] Metaphorisierungen dieser semantischen Grenze, wie sie Eva Wysbar vornahm, waren in der Lage, das normative Verhältnis zwischen Privatem und Nicht-Privatem zu visualisieren und Abweichungen hiervon sehr viel deutlicher zu vermitteln, weil sie die Differenz zwischen semantischer Grenze und postuliertem Ist-Zustand ‚vor Augen führten'.

Die Komplementärsemantik von Grenzüberschreitung und Grenzziehung

Die übrigen Harvard-Autorinnen und -Autoren trieben den bildlichen Vergleich nicht so weit wie die Dramaturgin Eva Wysbar. Verbreiteter ist die metaphorische Verwendung von Substantiven und Verben, die Grenzüberschreitungen ins Private direkt umschreiben: etwa als ein ‚Einbrechen', ‚Durchdringen' oder ‚Eingreifen'. So erinnerte sich der Rechtsanwalt und Mitarbeiter des *Central-Vereins* Hans Reichmann an die Stimmung, die 1933 in seinem Umfeld herrschte. Sie habe zwischen „Depression, Verzweiflung, Hoffnung und neuer Erschütterung" geschwankt. Zwar schienen sich die „politischen Verhältnisse" Ende 1933 zu stabilisieren, aber „die Diktatur griff doch auch in diesen Monaten der scheinbaren Beruhigung noch täglich in jedes Privatleben ein".[40] Er unterfütterte diese Feststellung mit den Erfahrungen aus seinem nichtjüdischen Bekanntenkreis. Ein innerer Konflikt dieser Bekannten habe in der Frage bestanden, ob sie ihre Kinder bei der Hitlerjugend anmelden sollten oder nicht – was jedoch angesichts bestehender Abhängigkeiten von staatlichen Stellen kaum zu vermeiden gewesen sei: „Und wo", so Reichmann weiter, „bestand eine solche Abhängigkeit nicht in einem Staat,

---

[39] Vgl. das abgedruckte Flugblatt des Preisausschreibens bei Wysbar: „Hinaus aus Deutschland, irgendwohin...", S. 18 (Hervorheb. i. O.).
[40] Vgl. Reichmann: [Autobiography], S. 103 f.

der das Privat- und Wirtschaftsleben immer stärker mit seinem Totalitätsanspruch durchdrang?"[41]

Solche sprachlichen Muster, die den ‚Eingriff', das ‚Durchdringen' oder ‚Einbrechen' des Staates in das ‚Privatleben' thematisieren, gehören zu dem gängigen Vokabular, mit dem die Autorinnen und Autoren die NS-Zeit beschrieben. Nicht nur die Harvard-Autorinnen und -Autoren verwendeten sie, auch Sebastian Haffner sprach davon, dass der „erobernde und gefräßige Staat in die einstigen Privatzonen vorgestoßen" sei und dort „den widerspenstigen Menschen" unterjoche.[42] Diese Redeweisen funktionierten ebenso wie die bereits analysierte Belegstelle aus der Autobiographie von Eva Wysbar – jedoch mit dem Unterschied, dass sie nicht die semantische Grenze zwischen Privatem und Nichtprivatem verbildlichten, sondern den Vorgang der Grenzüberschreitung. Sie beinhalteten ebenso eine raummetaphorische Komponente, die das Private in Abgrenzung zu den Begriffen ‚Staat', ‚Politik' oder ‚Öffentlichkeit' mit Hilfe der Dichotomie von Innen und Außen konzeptualisierte. Dabei sind es die in der Regel als ‚Politik' oder ‚Staat' definierten Subjekte des Außenraums, die im Sinnhorizont der Schreiberinnen und Schreiber den Binnenraum des Privatlebens einnehmen. Kennzeichnend ist für diese Redeweise folglich, dass die Autorinnen und Autoren mit ihrer Hilfe die Grenzüberschreitungen als einseitige, von außen nach innen verlaufende Prozesse auswiesen.

Das Privatleben konnten sie jedoch auch aus umgekehrter Perspektive thematisieren. Ein Hanauer Kaufmann, Carl Schwabe, skizzierte das von den Nationalsozialisten installierte Überwachungssystem. Blockwarte hätten Geheimberichte erstellt, die „über geschäftliche Beziehungen[,] privaten Verkehr, über die Freundschaften, die intimsten Beziehungen" Auskunft gegeben hätten.[43] Anschließend stellte er fest: „Es gab keine Freiheit, keinen noch so kleinen Bezirk des Lebens, in den sich der Mensch zurückziehen konnte. Alles wurde befohlen, wurde kontrolliert."[44] Die Fremdbestimmung durch den nationalsozialistischen Staat setzte Schwabe nicht mit einer Grenzüberschreitung gleich, sondern mit der Unmöglichkeit, selbst Grenzen nach außen in Form eines Rückzugs herzustellen. Schwabe griff mit den Ausdrücken ‚Bezirk' und ‚sich zurückziehen' also auch die Raummetaphorik des Privaten auf, perspektivierte allerdings das Innen. Den Aufbau eines geschützten Innenbezirks stellte er mit der Herstellung von Freiheit, der Abwehr

---

[41] Vgl. ebd., S. 104. Zu diesem sprachlichen Muster gehört auch die Rede vom Eingriff in das Privatleben, so etwa bei Levy, Joseph B.: Mein Leben in Deutschland vor und nach dem 30. Januar 1933, Dorchester (MA) 1940, Archiv des Leo Baeck Instituts, ME 383. MM 47, S. 39 f.
[42] Vgl. Haffner: Geschichte eines Deutschen, S. 185. Für weitere Beispiele aus den untersuchten Harvard-Dokumenten siehe: Lohr: [Mein Leben in Deutschland vor und nach dem 30. Januar 1933], S. 23, und Vordtriede: „Es gibt Zeiten, in denen man welkt", S. 90, die den Ausdruck ‚Einbrechen in die private Sphäre' verwendete – allerdings um hervorzuheben, dass die Freundschaft ihrer Kinder hiervon nicht betroffen gewesen sei.
[43] Vgl. Schwabe, Carl: Mein Leben in Deutschland vor und nach dem Jahre 1933, London 1939, Archiv des Leo Baeck Instituts, ME 586. MM 68, S. 61.
[44] Ebd., S. 61.

von Kontrolle und Bevormundung gleich. Beschrieben die Autorinnen und Autoren mit den Grenzüberschreitungssemantiken einen vom Staat angetriebenen Prozess in das Innere, richteten sie mit den Grenzziehungssemantiken ihr Augenmerk auf die von innen her vorgenommenen Versuche der Individuen, eine Grenze nach außen zu errichten.

Bei Sebastian Haffner beziehen sich Ausdrücke wie ‚abkapseln‘, ‚aussperren‘ und ‚Rückzug‘ auf – vergebliche – Versuche des Individuums, die nationalsozialistische Realität auszublenden oder den vereinnahmenden Staat auf Distanz zu halten. Man könne „sich in die vier Wände eines ausgesparten Privatlebens zurückziehen" und „sich abkapseln", schrieb er – allerdings nur um festzustellen, dass ihm selbst dieser Versuch misslang.[45] „Nein, es war nichts mit dem Rückzug ins Private", stellte der junge Emigrant an anderer Stelle fest und fuhr fort: „Wohin immer man sich zurückzog – überall fand man gerade das wieder vor, wovor man hatte fliehen wollen."[46] Zwar konstatierten Haffner und Schwabe das Scheitern des Rückzugs, doch auf semantischer Ebene verweisen Ausdrücke wie ‚abkapseln‘ und ‚zurückziehen‘ auf eine Schutzfunktion des Privaten gegenüber den Ansprüchen des Staates.

Die Komplementärsemantik von Grenzüberschreitung und Grenzziehung erweitert den bisherigen Befund. Aus sprachpragmatischer Sicht waren die untersuchten Zeitdiagnosen ein Mittel der Erzählzeit, mit dem die Autorinnen und Autoren die erzählte Zeit strukturierten. Die semantische Analyse der Grenzmetaphoriken verweist allerdings darauf, dass autobiographische Quellen auch Auskunft über die erzählte Vergangenheit geben. In der Komplementärsemantik von ‚Eindringen des Staates‘ und ‚Rückzug des Individuums‘ haben sich Erfahrungsbestände versprachlicht, die den Konflikt um die Grenzen des Privatlebens zum Inhalt haben. Dazu passt, dass Sebastian Haffner häufig ein Vokabular verwendete, das das Verhältnis zwischen dem vordringenden Staat und den Rückzugsversuchen des Individuums in der Terminologie von Angriff und Verteidigung beschrieb. Etwa indem er es als „Kampf" und „Duell" bezeichnete oder von einem „Giftgas" sprach, das durch „alle Wände" dringe.[47] Die Verbreitung dieses Musters im Quellensample spricht zusätzlich dafür, dass es sich um Redeweisen handelt, die bereits vor der Emigration bestanden.

In der Mehrzahl berichteten die Autorinnen und Autoren, dass der Staat letztlich als Sieger aus diesem Konflikt hervorging: dass er das Privatleben bestimmte, durchdrang oder auflöste. In den Dokumenten finden sich jedoch vereinzelt auch gegenteilige Erfahrungsbestände. Eine Autorin stellte für die Freundschaft ihrer Kinder fest, dass sie „kein Einbrechen in ihre private Sphäre, keine nationalsozialistische Aufdringlichkeit, keine Einmischung in ihre Eigenart" vertrug.[48] Ähnlich konstatierte auch der Philosoph Karl Löwith, einer der bekannteren Teilnehmer

---

[45] Vgl. Haffner: Geschichte eines Deutschen, S. 197.
[46] Ebd., S. 217.
[47] Vgl. ebd., S. 9, 185 f., 217.
[48] Vgl. Vordtriede: „Es gibt Zeiten, in denen man welkt", S. 90.

des Wettbewerbs, „die ‚Einzelnen'" hätten sich in ihre „vier Wände" zurückgezogen.[49] Mit den ‚vier Wänden' nahm Löwith eine gängige, verräumlichende Metaphorik für ‚Privatleben' auf. Gerade diese auf inhaltlicher Ebene gegenteiligen Beispiele unterstützen die obigen Befunde, zeigen sie doch, dass die Autorinnen und Autoren unabhängig von ihrer Einzelperspektive das Privatleben in dem beschriebenen Muster der Grenz- und Fremdbestimmungssemantik als einen umkämpften Bereich semantisierten.

3. Zusammenfassung

Die autobiographische Funktion des Begriffs ‚Privatleben', die Fixierung der semantischen Grenzen des Privaten, die komplementäre Semantik von Grenzüberschreitung und Grenzziehung – diese Befunde verteilen sich weitgehend auf die verschiedenen Generationen und Geschlechter des Quellenkorpus. Mit Ausnahme der zwischen 1870 und 1879 geborenen Schreiberinnen und Schreiber finden sie sich in allen Alterskohorten. Aus diesem Befund lässt sich selbstverständlich nicht ableiten, dass die herausgearbeiteten Semantiken gar nicht von dieser Generation verwendet wurden. Im Quellensample ist jedoch die Tendenz erkennbar, dass das Thema individuelle Freiheit im Gesamttext umso mehr Gewicht einnahm, je jünger die Autorinnen und Autoren waren. Möglicherweise neigten sie stärker dazu, den Nationalsozialismus mit ihren demokratischen Erfahrungswelten abzugleichen als die älteren Autobiographinnen und Autobiographen.

Weiterhin ist festzustellen, dass sowohl politisch als auch ‚rassisch' verfolgte Autorinnen und Autoren diese Zeitdiagnosen mit dem Begriff des Privatlebens abriefen sowie Fremdbestimmungssemantiken und Grenzmetaphoriken des Privaten gebrauchten. Unter dem Aspekt der temporalen Verteilung innerhalb der Dokumente zeigt sich hingegen, dass sie weitgehend auf die erzählte Zeit nach der Machtübernahme begrenzt waren.[50] Dies untermauert die These, dass im Begriff des Privatlebens eine zeitliche Grenzziehung mitschwang, bzw. dass der autobiographische Gebrauch von Semantiken stark durch ihre Position innerhalb ver-

---

[49] Löwith: Mein Leben in Deutschland, S. 71 f. Löwiths Dokument enthält indes auch eine Ausnahme von dem obigen Befund der Komplementärsemantik. Hatte er in der zitierten Belegstelle den Aspekt der Grenzziehung durch die Individuen betont, postulierte er an anderer Stelle, dass der „Staatsdespotismus [...] die Menschen in ihr Privatleben ein[mauerte], in dem sie sich dann umso offener gaben". Ebd., S. 79. Dadurch entbehrte das Privatleben bei Löwith nicht eines paradoxen Zuges: einerseits ermöglichte es ein offenes Verhalten und diente somit als Ausgleich zu den abverlangten Einschränkungen im öffentlichen Raum, andererseits implizierte Löwith mit der bildlichen Umschreibung der Einmauerung durch den Staat eine Gefängnissituation und damit das Gegenteil offener Sprach- und Handlungsmöglichkeiten.

[50] Siehe als eine Ausnahme die Erinnerungen von Max Reiner. Der Journalist sprach vom „Hineintragen der Politik in das private Dasein". Gemeint war seine Beobachtung während eines Badeurlaubs 1925, dass Gegner und Anhänger der Republik ihre Gesinnung durch das Hissen der entsprechenden Flaggen am Strand kenntlich machten. Vgl. Reiner: Mein Leben in Deutschland, S. 123.

schiedener erzählter Zeitabschnitte beeinflusst wurde. Im erzählten Zeitraum bis 1933 dominieren jene semantischen Bestimmungen von ‚Privatleben', die bereits vorgestellt wurden: Familie, Freunde, Abgrenzungen zum Beruf usw.[51] Bedeutungszuschreibungen und Verwendungsweisen des Ausdrucks ‚Privatleben' variierten folglich im Hinblick auf die Erzählung verschiedener Zeitabschnitte.

Auffällig ist auch, dass wenn die Autorinnen und Autoren den Begriff des Privatlebens verwendeten, sie daran häufig Relationsbestimmungen zum je unterschiedlich konzeptualisierten Außen anschlossen: sei es die ‚Politik' bei Goldberg, der ‚Staat' bei Kaufman oder die ‚Öffentlichkeit' bei Wysbar. Dies führt zu der Beobachtung, dass eine zentrale ideologische Kategorie des Nationalsozialismus, die Unterscheidung zwischen Juden und Nichtjuden, keinen Eingang in den Begriff des Privatlebens fand: Weder der Ausdruck ‚jüdisches Privatleben' noch sein Pendant ‚arisches Privatleben' taucht in den Dokumenten auf. Um die Auswirkung dieser Unterscheidung auf die Semantik des Privaten einfangen zu können, muss der Untersuchungskreis ausgeweitet werden.

---

[51] Siehe Kapitel IV.

VI. Private Kommunikation nach der Machtübernahme

1. Systemkritische Alltagskommunikation als Untersuchungsgegenstand

Zwischen Terror und Selbstüberwachung – systemkritische Kommunikation in der Forschung

Kommunikation – oder vielmehr: Kommunikationspolitik – gehört zu den ‚großen' Themen der NS-Forschung. Unzählige Arbeiten befassen sich mit der nationalsozialistischen Propaganda, ihren Funktionsweisen sowie ihrem Beitrag zur Erlangung und Festigung der Herrschaft.[1] Der zweite große Bereich, in dem Kommunikation verhandelt wird, ist den Forschungsgebieten der sozialen Kontrolle und Verfolgung zuzuordnen. Kommunikation, im Sinne alltäglicher Sprachhandlungen ‚normaler' und verfolgter Deutscher, ist hier als Gegenstand von Überwachungs- und Verfolgungspraktiken von Interesse. Kennzeichnend ist für die Forschung in den ersten Jahrzehnten nach dem Zusammenbruch des ‚Dritten Reichs' die Vorstellung, dass sich mit der Machtübernahme in Deutschland ein System etabliert hatte, dessen staatliche Repräsentanten, vor allem in Form der Gestapo, nonkonforme Äußerungen mit hoher Effizienz aufspürten und verfolgten. Eberhard Kolb bilanzierte in einem Aufsatz von 1983, dass „von der Forschung bis ins Detail aufgehellt worden" sei, mit „welcher Zielstrebigkeit und terroristischen Intensität politische Polizei und Justiz operierten, um jede Widerstandsregung gegen das Regime blutig zu unterdrücken, aber auch jedwede Kritik am Nationalsozialismus und selbst harmloseste Unmutsäußerungen schonungslos zu verfolgen".[2] Als „Terrorsystem", dessen „Gesinnungs- und Rassenpolizei [...] vor keinem Bereich des Menschen haltmachte", charakterisierte Karl Dietrich Bracher 1976 den Nationalsozialismus.[3] ‚Terror' war das Schlüsselwort, mit dem die Beziehung zwischen Herrschern und Beherrschten – also über den Kreis der eindeutigen Regimefeinde hinaus – auf den Begriff gebracht wurde.

Einen Schub bekam die Forschung zweifellos durch die Arbeiten des Historikers Robert Gellately zur Rolle der Denunziation als ein gesellschaftliches Kontrollinstrument. Sein sozialgeschichtlich orientierter Ansatz widersprach den älteren politikgeschichtlichen Studien in einem wesentlichen Punkt. Nicht einem ausgefeilten Spitzelsystem habe die Gestapo ihre ‚Erfolge' bei der Durchsetzung rassen-

---

[1] Einen Überblick bietet Mühlenfeld, Daniel: Was heißt und zu welchem Ende studiert man NS-Propaganda? Neuere Forschungen zur Geschichte von Medien, Kommunikation und Kultur während des „Dritten Reiches", in: Archiv für Sozialgeschichte 49 (2009), S. 527–559.
[2] Kolb: Die Maschinerie des Terrors, S. 281.
[3] Vgl. Bracher: Die deutsche Diktatur, S. 386. Siehe außerdem Kogon, Eugen: Der SS-Staat. Das System der deutschen Konzentrationslager, Frankfurt a. M. 1946.

politischer Ziele verdankt, sondern vielmehr der Mithilfe ‚gewöhnlicher Deutscher', die kritische Äußerungen ihrer Mitbürger an offizielle Stellen meldeten.[4] Für diesen Befund prägte Gellately den Begriff der sich selbst überwachenden Gesellschaft und stellte damit zugleich das ältere Deutungsmuster in Frage, wonach Sozialkontrolle im Nationalsozialismus in erster Linie über die Anwendung von Terror erzielt worden sei. Schon vorher hatte Detlev Peukert in seiner Arbeit über den kommunistischen Widerstand an Rhein und Ruhr gezeigt, dass selbst aus den vermeintlich resistenten Arbeitervierteln eine große Masse an Denunziationen gekommen war.[5] Nun untersuchten zusammen mit Gellately weitere Forscherinnen und Forscher das Denunziationsverhalten der Deutschen, indem sie etwa die strukturellen Voraussetzungen und Wechselwirkungen von Polizei und Bevölkerung beleuchteten, geschlechtsspezifische Ausprägungen denunziatorischen Verhaltens in den Blick nahmen oder in vergleichender Perspektive zwischen dem Nationalsozialismus und anderen diktatorischen Regimes zu diesem Thema forschten.[6]

Kritiker an Gellatelys These bemängelten unter anderem ihr quantitatives Fundament. Die Anzahl tatsächlich eingegangener Denunziationen sei zu gering, um von einer sich selbst überwachenden Gesellschaft zu sprechen, die Dunkelziffer nicht gemeldeter kritischer Äußerungen übersteige sie bei weitem.[7] Stattdessen rückten sie die terroristischen Elemente des Regimes als Mittel der Herrschaftssicherung wieder in den Vordergrund und wiesen darauf hin, dass der Nazi-Terror keineswegs auf Bevölkerungsminderheiten beschränkt gewesen sei, sondern die Bedrohung durch Arrest, Verfolgung und Einsperrung potenziell das Leben aller

---

[4] Vgl. Gellately, Robert: The Gestapo and German Society. Political Denunciation in the Gestapo Case Files, in: Journal of Modern History 60 (1988), S. 654–694, hier S. 661. Ausführlicher in Gellately, Robert: Die Gestapo und die deutsche Gesellschaft. Die Durchsetzung der Rassenpolitik 1933–1945, Paderborn 1993. Zur wissenschaftlichen Dekonstruktion des Gestapo-Mythos siehe außerdem die regionalgeschichtliche Studie von Mallmann, Klaus-Michael/Paul, Gerhard: Herrschaft und Alltag. Ein Industrierevier im Dritten Reich (= Widerstand und Verweigerung im Saarland 1935–1945, Band 2), Bonn 1991, S. 164–268.

[5] Vgl. Peukert, Detlev: Die KPD im Widerstand. Verfolgung und Untergrundarbeit an Rhein und Ruhr 1933 bis 1945 (= Düsseldorfer Schriften zur neueren Landesgeschichte und zur Geschichte Nordrhein-Westfalens, Band 2), Wuppertal 1980, S. 121.

[6] Als eine Auswahl siehe Mallmann/Paul: Herrschaft und Alltag; Diewald-Kerkmann, Gisela: Politische Denunziation im NS-Regime. Die kleine Macht der „Volksgenossen", in: Günter Jerouschek/Inge Marßolek/Hedwig Röckelein (Hg.): Denunziation. Historische, juristische und psychologische Aspekte, Tübingen 1997; Joshi, Vandana: Gender and Power in the Third Reich. Female Denouncers and the Gestapo, 1933–45, Houndmills/NewYork 2003; Stieglitz, Olaf/Thonfeld, Christoph: Denunziation als Medium des kulturalistisch erweiterten Diktaturenvergleichs. Thüringen im Nationalsozialismus, unter sowjetischer Besatzung und in der frühen DDR, in: Werkstatt Geschichte 38 (2004), S. 77–89.

[7] Vgl. Evans, Richard J.: The Third Reich in Power 1933–1939, London 2005, S. 114 f. Dörner räumt allerdings ein, dass auch eine relativ geringe Denunziationsbereitschaft die Stabilität des Regimes nicht beeinträchtigte: „Es bedurfte nämlich nur eines erheblichen Teils, keineswegs jedoch der Mehrheit der Bevölkerung, um alle beständig in Atem zu halten.". Dörner, Bernward: NS-Herrschaft und Denunziation. Anmerkungen zu Defiziten in der Denunziationsforschung, in: Historical Social Research 26 (2001), S. 55–69, hier S. 61 f.

Bürgerinnen und Bürger im ‚Dritten Reich' überschattet habe.⁸ Bernward Dörner sprach von einer „‚Fetischisierung'" des Denunziationsphänomens in der Forschung, die sich „zu einseitig auf das Verhalten der Gesellschaft" konzentriert habe, „ohne dabei deren Wechselwirkung mit dem politischen System ausreichend zu berücksichtigen".⁹

Das Forschungsinteresse der vorliegenden Studie richtet sich weder auf ‚tatsächliche' organisationelle Stärken oder Schwächen des nationalsozialistischen Repressionsapparates noch auf das gesellschaftliche Ausmaß der Denunziation. Ebenso wenig gilt es der Meldung oder polizeilichen Aufdeckung systemkritischer Sprechakte. Es gilt den Sprechakten selber, die potenziell zum Gegenstand einer Denunziation werden konnten, sowie den Bedingungen, unter denen sie erfolgten. Zu diesen Bedingungen zählten allerdings durchaus die zeitgenössischen Annahmen darüber, wie effektiv die Gestapo oder andere Kontrollorgane des Staates arbeiteten bzw. wie groß die Gefahr einer Denunziation war. So argumentiert beispielsweise Evans, dass der Mythos einer allmächtigen Gestapo und eines ausgeuferten Denunziantentums breitenwirksam in der Bevölkerung zirkuliert habe. Allein die Angst, ein Gestapo-Agent oder ein Denunziant könnte in der Nähe sein und ein Gespräch belauschen, habe demnach das Kommunikationsverhalten im Sinne des NS-Staates beeinflusst. Die Unvorhersehbarkeit einer möglichen Denunziation gab also den Ausschlag, weniger die tatsächliche Häufigkeit gemeldeter kritischer Äußerungen.¹⁰ Ob es sich, wie von Evans behauptet, um Sichtweisen handelt, die auch von den breiten Bevölkerungsschichten geteilt wurden, die der NS-Politik im Wesentlichen aufgeschlossen oder zumindest nicht kritisch gegenüberstanden, scheint nicht klar zu sein. Eric A. Johnson und Karl-Heinz Reuband vertreten auf der Basis von Interviews aus den 1990er Jahren die These, dass die meisten Deutschen keineswegs Angst vor Bespitzelung durch die Gestapo hatten.¹¹ Die Harvard-Autobiographien, so viel sei vorab bemerkt, bestärken Evans Vermutung – zumindest, was die Wahrnehmung systemkritischer Menschen anbelangt.

Aspekte systemkritischer Kommunikation

Mit welchen veränderten Koordinaten der Kommunikation sahen sich die Harvard-Autorinnen und -Autoren nach der Machtübernahme konfrontiert, wenn sie die Geschehnisse um sie herum mit anderen Menschen besprachen?

---

⁸ Vgl. Evans: The Third Reich in Power, S. 117.
⁹ Dörner, Bernward: „Heimtücke": Das Gesetz als Waffe. Kontrolle, Abschreckung und Verfolgung in Deutschland 1933–1945, Paderborn 1998 (zugl. veränd. Diss. Techn. Univ. Berlin 1996), S. 314.
¹⁰ Vgl. Evans: The Third Reich in Power, S. 103, 105. In späteren Arbeiten analysierte auch Gellately Entstehung und Auswirkungen des Gestapo-Mythos im Nationalsozialismus. Seine Befunde zum Denunziationsverhalten wertete er als einen Grund für die zirkulierende Angst vor der Gestapo. Vgl. Gellately, Robert: Allwissend und allgegenwärtig? Entstehung, Funktion und Wandel des Gestapo-Mythos, in: Gerhard Paul/Klaus-Michael Mallmann (Hg.): Die Gestapo – Mythos und Realität, Darmstadt 1995, S. 47–70, hier S. 66.
¹¹ Vgl. Johnson, Eric A./Reuband, Karl-Heinz: Die populäre Einschätzung der Gestapo. Wie allgegenwärtig war sie wirklich?, in: Gerhard Paul/Klaus-Michael Mallmann (Hg.): Die Gestapo – Mythos und Realität, Darmstadt 1995, S. 417–431, hier S. 423.

Zunächst kriminalisierte das NS-Regime systemkritische Sprachhandlungen. Als rechtliche Grundlage diente die ‚Heimtücke-Verordnung' vom 21. März 1933, die im Dezember 1934 zu einem Gesetz ausgebaut wurde. Die Gesetzesfassung normierte im Artikel 1, Paragraf 2, folgenden Straftatbestand: „(1) Wer öffentlich gehässige, hetzerische oder von niedriger Gesinnung zeugende Äußerungen über leitende Persönlichkeiten des Staates oder der NSDAP., über ihre Anordnungen oder die von ihnen geschaffenen Einrichtungen macht, die geeignet sind, das Vertrauen des Volkes zur politischen Führung zu untergraben, wird mit Gefängnis bestraft."[12] Eine Äußerung musste also keineswegs offen die Absicht eines Staatsumsturzes transportieren, damit die Justiz eingreifen konnte. Wie Dörner in seiner Arbeit über das ‚Heimtücke-Gesetz' betont, konnte aufgrund der unbestimmten Rechtsbegriffe nahezu jede, irgendwie als partei- oder staatskritisch auslegbare Äußerung unter diesen Tatbestand gefasst werden.[13] Die ‚Heimtücke-Verordnung' mochte zu Beginn der Verfolgung widerständischer Gruppen aus dem linken Milieu gegolten haben, in der Gesetzesfassung zeigt sich jedoch, dass der Gesetzgeber nun ein Instrument zur „Repression der alltäglichen Meinungsbekundung" gesucht hatte.[14]

Doch ging die Reichweite des Gesetzes über den im ersten Absatz formulierten öffentlichen Charakter strafbarer Äußerungen hinaus. Absatz (2) bestimmte, den „öffenlichen Äußerungen" stünden „nichtöffentliche böswillige Äußerungen gleich", wenn der Täter damit rechne oder damit rechnen müsse, „daß die Äußerung in die Öffentlichkeit dringen werde".[15] Das Gesetz relativierte die Grenze zwischen privaten und öffentlichen Kommunikationssituationen und leistete auf diesem Wege auch der Kriminalisierung von Unmutsbekundungen Vorschub, die unter Ehepartnern oder in Privatbriefen geäußert wurden. Entscheidend jedoch ist, dass die Rechtspraxis dem Anliegen des Gesetzgebers, die Bevölkerung bis ins Privatleben hinein zu kontrollieren, nachkam: „Die mit der Umsetzung des ‚Heimtücke-Gesetzes' befaßten Juristen", so Dörner, „folgten mehrheitlich mehr oder weniger willig der Tendenz zu einer immer weiteren Auslegung der Strafbestimmungen im Sinne der totalitären Machtansprüche der nationalsozialistischen Führung."[16]

Uneinigkeit besteht in der Bewertung der ‚Heimtückerede', also jenen Kommunikationsakten, die etwa in Form von Flüsterwitzen, systemkritischen Äußerungen oder Spottversen den Gegenstand des Heimtücke-Gesetzes bildeten.[17]

---

[12] Gesetz gegen heimtückische Angriffe auf Staat und Partei und zum Schutz der Parteiuniformen (20. 12. 1934), in: Reichsgesetzblatt v. 29. 12. 1934, Teil I, S. 1269–1271, hier S. 1269.
[13] Vgl. Dörner: „Heimtücke", S. 22.
[14] Vgl. Hüttenberger, Peter: Heimtückefälle vor dem Sondergericht München 1933–1939, in: Martin Broszat/Elke Fröhlich/Anton Grossmann (Hg.): Bayern in der NS-Zeit (Band 4). Herrschaft und Gesellschaft im Konflikt, München/Wien 1981, S. 435–526, hier S. 437. Siehe auch ebd., S. 440 f.
[15] Gesetz gegen heimtückische Angriffe auf Staat und Partei, S. 1269.
[16] Dörner: „Heimtücke", S. 32. Siehe außerdem Hüttenberger: Heimtückefälle, S. 454.
[17] Die Ausdrücke ‚Heimtückediskurs' und ‚Heimtückerede' werden in der Forschung trotz der offensichtlichen Problematik des Quellenbegriffs ‚Heimtücke' verwendet. Hüttenberger unter-

Gerhard Paul und Klaus-Michael Mallmann sehen in ihr lediglich eine Ventilfunktion – einen „Stuhlgang der Seele", dem von sich aus keine politische Qualität zugeschrieben werden könne.[18] In ihr hätte sich primär Unmut gegenüber Einzelaspekten der NS-Politik, keineswegs jedoch eine politisch motivierte, fundamentalkritische Einstellung gegenüber dem Regime artikuliert.[19] Dem entsprechend hielt Peter Hüttenberger über den ‚Heimtückediskurs' fest, dass „er keinen politischen Umsturz bewirken konnte" und insofern „sinnlos" gewesen sei. Als „Nörgelei und Kritikastertum" wollte er den Diskurs dennoch nicht verstanden wissen, sondern als „eine Art sprachliche, wenngleich diffuse Herausforderung, die keine unmittelbare Wirkung erzielen konnte, die dennoch die NS-Führung beunruhigte, da sie ihr die Gefahr der Erosion der Volksgemeinschaft signalisierte".[20]

Die in diesen Urteilen mitschwingende Tendenz, der ‚Heimtückerede' einen politischen Charakter abzusprechen, weil ihr der grundlegende Wille zur Änderung der politischen Verhältnisse fehlte, greift jedoch aus zwei Gründen zu kurz. Zum einen wies bereits Bernward Dörner darauf hin, dass eine pauschale Abqualifizierung des ‚Heimtückediskurses' schon deshalb verfehlt sei, weil er überproportional häufig zur Verurteilung von Personen aus NS-resistenten Milieus, insbesondere Katholiken und Kommunisten, führte, weswegen dem ‚Heimtücke-Gesetz' ein politischer Charakter zukäme.[21] Zum anderen wirkte allein die Tatsache, dass das Regime seine Definitionsmacht in der Kriminalisierung bestimmter Sprachhandlungen zur Geltung brachte, stark auf die Alltagskommunikation: Die Zuschreibungen ‚politisch unerwünscht', ‚staatsfeindlich' oder ‚staatsgefährdend' zu einzelnen Sprachhandlungen machte sie im Deutungshorizont einiger Harvard-Autorinnen und -Autoren ‚politisch'. Was das bedeutete, wird unten Gegenstand einer semantischen Analyse des Politikvokabulars sein. An seiner Verwendung lässt sich die im zeitgenössischen Erfahrungsraum verschobene ‚Grenze des Mitteilbaren' ablesen.

Propaganda und Abschreckung durch Terrormaßnahmen verhinderten nicht, dass Flugschriften verteilt, politische Witze erzählt und Kritik geäußert wurde. Obwohl das ‚Heimtücke-Gesetz' auch die Strafverfolgung von privat getätigten

---

scheidet zwischen ‚Heimtückerede' als einzelne Sprechakte und dem ‚Heimtückediskurs' als Querschnitt eines unterdrückten Gesamtdiskurses. Vgl. ebd., S. 473. Sofern es sich aufgrund der Bezugnahme auf die bisherige Forschung nicht vermeiden lässt, wird in dieser Arbeit der weitere Begriff ‚systemkritische Kommunikation' verwendet, mit dem solche Sprechakte bezeichnet werden sollen, die aus Perspektive der Nationalsozialisten einen ‚Angriff' auf den NS-Staat bedeuteten.

[18] Vgl. Mallmann/Paul: Herrschaft und Alltag, S. 330–339.
[19] Vgl. Paul, Gerhard: Zur Sozialgeschichte von Verfolgung und Widerstand am Beispiel des Saarlandes (1935–1945), in: Brigitte Berlekamp/Werner Röhr (Hg.): Terror, Herrschaft und Alltag im Nationalsozialismus. Probleme einer Sozialgeschichte des deutschen Faschismus, Münster 1995, S. 32–76, hier S. 59 f.
[20] Vgl. Hüttenberger: Heimtückefälle, S. 491.
[21] Vgl. Dörner: NS-Herrschaft und Denunziation, S. 66. Ebenso hebt Dörner die mit der Strafnorm einhergehende breite Kriminalisierung hervor, die nicht nur Oppositionelle, sondern auch partiell Unzufriedene traf. Vgl. ebd., S. 67.

Äußerungen ermöglichte, bildete das Private den verbliebenen ‚Ort', in dem Unzufriedene, Verfolgte und Gegner des Regimes systemkritische Äußerungen vornahmen. Nicht nur Furcht vor Terrormaßnahmen, auch erwartete berufliche Nachteile, Stigmatisierungspraktiken in den lokalen Medien oder befürchtete Ausgrenzung aus dem sozialen Umfeld führten dazu, dass systemkritische Sprachhandlungen in öffentlichen Kommunikationssituationen abnahmen.[22] In der Forschung herrscht weitgehend Einigkeit darüber, dass mit der Kriminalisierung nonkonformer Sprachhandlungen eine ‚Privatisierung' der Kritik einherging.[23] Peter Longerich stellte als ein „besonderes Charakteristikum der deutschen Gesellschaft" im Nationalsozialismus heraus, dass „Bekundungen von Widerspruch vor allem im privaten, höchstens im halböffentlichen Bereich", allenfalls noch in traditionellen sozialen Milieus erfolgten. Unter „halböffentlich" verstand er den Freundes- und Kollegenkreis, den Stammtisch und die unmittelbare Nachbarschaft.[24] Dieser Prozess schlug sich auch in den Statistiken nieder: Waren 1933 in Augsburg drei Viertel aller vor Gerichten verhandelten Äußerungen in Gaststätten getätigt worden, sank diese Zahl über die nächsten zwei Jahre auf unter 50 Prozent, bis sie wenige Jahre darauf bei unter 10 Prozent lag.[25]

Die semantische Untersuchung einzelner Harvard-Dokumente wird die These einer ‚Privatisierung der Kritik' ausdifferenzieren und dabei den Fragen nachgehen, wie die Autorinnen und Autoren retrospektiv einen privaten Komnunikationsraum konstruierten, welchen Wert er in ihrer Deutung der politischen Kommunikation unter dem Nationalsozialismus einnahm und welche Rolle er in der Praxis des Autobiographieschreibens für den Harvard-Wettbewerb übernahm. Ältere Forschungen, die den privaten Charakter systemkritischer Kommunikation mehr oder weniger offen als ein Defizit auffassten, sollen um eine neue Perspektive auf das Private ergänzt werden.[26] Statt die Privatisierung von Kritik als einen Prozess zu analysieren, der die Verbreitung eines regimekritischen Gegendiskurses unterband – und folglich auch keine ernsthaften Widerstandshandlungen hervor-

---

[22] Zu den Konsequenzen für ‚Heimtückeverfolgte' sowie den gesellschaftlichen Auswirkungen der Verfolgung siehe Dörner: „Heimtücke", S. 275–289.
[23] Siehe ebd., S. 108, 284.
[24] Vgl. Longerich, Peter: „Davon haben wir nichts gewusst!". Die Deutschen und die Judenverfolgung 1933–1945, München 2007, S. 25 f.
[25] Vgl. Evans: The Third Reich in Power, S. 104.
[26] Gerhard Paul spricht zwar nicht vom Privaten, konstatiert jedoch, dass unterhalb der „gleichgeschalteten Öffentlichkeit [...] Rudimente einer informellen Gegenöffentlichkeit [...]" existierten: „Tausende Saarländer hörten trotz verschärfter Strafandrohungen sporadisch oder regelmäßig, individuell oder kollektiv ausländische Rundfunksender ab und bezeugten damit ihr Mißtrauen, ohne daß das so akkumulierte Wissen aber irgendwo politisch folgenreich gewesen wäre." Paul: Zur Sozialgeschichte von Verfolgung und Widerstand, S. 60. Peter Hüttenberger erklärte es zum Ziel seiner Studie, anhand von Sondergerichtsakten die „vielfältigen Formen der Nonkonformität im Grenzbereich von politischer Opposition und privater Nichtanpassung aufzuzeigen". Hüttenberger: Heimtückefälle, S. 439. Gerhard Bauer erkennt hingegen eine kompensatorische Bedeutung des privaten Kommunikationsraums an. Vgl. Bauer, Gerhard: Sprache und Sprachlosigkeit im „Dritten Reich", Köln 1988, S. 285 f.

zubringen vermochte –, soll das Potenzial privater Kommunikationssituationen, ihr Wert für verfolgte und nonkonforme Personen eruiert werden. Die Termini ‚private Kommunikationssituation' und ‚privater Kommunikationsraum' sollen dabei keinen konkreten Raum meinen, sondern die Bedingungen spezifizieren, unter denen Kommunikation stattfand. Ein privates, das heißt vertrauliches Gespräch in einem begrenzten Kreis von Kommunikationsteilnehmern konnte durchaus im öffentlichen Raum der Straße stattfinden.

Mit den Annahmen, dass systemkritische Sprechakte kriminalisiert und zumindest im Erwartungshorizont vieler Zeitgenossen auch überwacht und bestraft wurden, hängt ein weiterer Themenkomplex eng zusammen. Die angenommene Fremdüberwachung durch Agenten der Gestapo oder hilfsbereite ‚Volksgenossen' mündete in einer Selbstüberwachung der eigenen Worte. Bernward Dörner spricht von der „Wahrung der Selbstkontrolle" und einer „fortschreitenden Einübung der Selbstzensur", die sich in Reaktion auf die vorhandene Denunziationsbereitschaft in der Bevölkerung entwickelt hätten.[27] Als Folge identifiziert er nicht nur die Privatisierung von Kritik, sondern konstatiert darüber hinausgehend, dass „der Anpassungsdruck an die herrschenden Normen [...] sich im privaten Gespräch fort[setzte], weil auch das vertrauliche Wort von der Strafbestimmung bedroht wurde".[28] Doch inwieweit entsprechen diese Beobachtungen dem zeitgenössischen Erfahrungshaushalt verfolgter Juden bzw. systemkritischer Deutscher? Zur Beantwortung dieser Frage werden Semantiken der kommunikativen Selbstkontrolle sowie ihr ‚Geltungsbereich' untersucht. Auf diese Weise werden die Grenzen ausgelotet, die im Deutungshorizont der Schreiberinnen und Schreiber private Kommunikationssituationen absteckten. Reichte die Selbstkontrolle auch bei ihnen bis in die privaten Kernbereiche von Familie, Freundschaft und Wohnraum?

2. Politisieren verboten! Semantiken von ‚Politik' und systemkritische Kommunikation

Kriminalisierung des Politischen

Hilde Koch war eine junge, nichtjüdische Mutter und etwa Mitte zwanzig, als Hitler auf seinen Vorgänger Kurt von Schleicher als Reichskanzler folgte. Seit diesem Zeitpunkt hatte sie mit nur kurzen Unterbrechungen um das Leben ihres Ehemanns gebangt, der als politischer Gegner des Regimes zunächst in KZ-Haft genommen und nach seiner Freilassung zu drei Jahren Gefängnishaft verurteilt wurde. In seiner Abwesenheit musste sie den Lebensunterhalt für sich, den Sohn und ihre Mutter erarbeiten.

---

[27] Vgl. Dörner: „Heimtücke", S. 107 f. Siehe auch Bauer: Sprache und Sprachlosigkeit, S. 133; Johnson/Reuband: Die populäre Einschätzung der Gestapo, S. 422.
[28] Dörner: „Heimtücke", S. 108.

Folgt man Hilde Kochs Ausführungen, dann wirkte sich diese Lebenssituation drastisch auf ihr psychisches Wohlergehen aus. Im Büro, so Koch, habe sie ihr Schicksal niemandem anvertrauen können, wenn sie nicht um ihren Arbeitsplatz fürchten wollte. 1936, als sie noch um die Gesundheit ihres inhaftierten Ehemanns bangen musste, habe sie während eines Betriebsappells vor dem Radiogerät einer Rede Görings zuhören müssen. Als er wieder einmal die nationalsozialistische „Revolution" für ihren unblutigen Verlauf gepriesen habe, sei sie mit einem lauten Schrei bewusstlos in sich zusammengefallen – Görings Propagandarede habe bei ihr unwillkürlich Bilder von ihrem misshandelten Ehemann hervorgerufen. Der herbeigeeilte Arzt habe einen Nervenzusammenbruch und Herzkrämpfe diagnostiziert. Zunächst unfähig zu weiterer Arbeit, habe sie sich in einem Erholungsheim ausruhen sollen, um wieder zu Kräften zu gelangen.[29]

Den Aufenthalt in dem Erholungsheim thematisierte Hilde Koch anschließend kaum – umso länger dafür die Zugfahrt dorthin. In diesem Abschnitt bemühte sich die Autorin, einen Eindruck von jener Atmosphäre im Nationalsozialismus zu vermitteln, die sich durch gegenseitiges Misstrauen und Angst vor Denunziation und Ausgrenzung auszeichnete. Sie habe bereits gewusst, dass zusammen mit ihr zwei weitere Frauen in das Heim fahren würden, eine davon traf sie im Zug. Es folgt darauf ein Bericht über die Schwierigkeiten, mit einer fremden Person ein Gespräch in der Öffentlichkeit des Zugabteils zu führen: „Wir setzten uns zusammen und versuchten eine Unterhaltung in Gang zu bringen. Das war nun in dieser Zeit gar nicht mehr so einfach. Wir mussten uns erst einmal etwas beriechen[,] welch Geistes Kind jeder von uns war. Eines hatte uns unwillkuerlich beide schon beruhigt. Wir hatten uns nicht mit ‚Heil Hitler' begruesst."[30] Eine anfängliche Unterhaltung über das Wetter und ähnliche unverfängliche Themen ebbte jedoch schnell wieder ab, und während beide vorgaben, die vorbeiziehende Landschaft zu beobachten, musterten sich die Frauen gegenseitig. Erst als die Mitreisende – mit Blick auf eine jüdische Familie im Nebenabteil – ihr Bedauern und Mitgefühl für die Lage der Juden in Deutschland kundgab, entspann sich ein neues Gespräch. Dessen Ergebnis fasste die Autobiographin nun bündig mit den Worten zusammen: „Nach kurzer Zeit hatten wir nun beide herausgefunden, dass wir beide gleicher Gesinnung waren, beide keine Hitleranhaenger."[31] Als die Frauen nach dem Umsteigen auf die dritte Reisegefährtin trafen, wiederholte sich die geschilderte Szene. Zwar habe diese einen sehr „netten Eindruck" gemacht, „vorläufig waren wir beide aber noch sehr vorsichtig", erinnerte sich Koch. Direkt im Anschluss spezifizierte die Autorin, worin ihre Vorsicht bestand: „Kein Wort ueber Politik fiel. Wir fuhren durch eine herrliche Schneelandschaft hinein ins Gebirge."[32] Verfolgte und systemkritische Deutsche wie Hilde Koch begriffen ‚Politik' als etwas

---

[29] Vgl. Koch: Mein Leben in Deutschland, S. 87.
[30] Ebd., S. 89.
[31] Ebd., S. 89.
[32] Ebd., S. 89. Zu Gesprächen in Zugabteilen siehe auch Marcus: Mein Leben in Deutschland, S. 116.

Gefährliches und Verbotenes: ‚Vorsichtig' zu sein, wenn man mit Fremden über politische Angelegenheiten, etwa dem Thema Judenverfolgung, debattierte, gehörte zu den geläufigen Wendungen, die das politische Gespräch begleiteten. Umgekehrt bedeutete dies, dass für eine „unvorsichtige[...] politische[...] Aeusserung" das „Gefaengnis" drohte.[33]

Zentral ist in diesem Zusammenhang, dass nicht eine spezifische politische Meinung von den Autorinnen und Autoren als verboten und gefährlich dargestellt wird. Es ist das Sprechen über politische Themen insgesamt – das ‚über Politik reden' oder ‚politisieren' –, das stellvertretend für systemkritisch interpretierbare Kommunikationsakte stand. Als eine Autorin von einem jüdischen Erholungsheim erzählte, in dem sie ihre Verwandten besucht hatte, verglich sie dieses mit einem „Gefängnis". „Überall im Heim" seien Schilder angebracht worden, „die den Gästen das Politisieren verboten" – und dies, obwohl „die Juden ganz unter sich waren".[34] Der Arzt Albert Dreyfuss berichtete über die Freundin seiner Frau, „[l]eutselig, gesprächig, gutmütig und vertrauensselig wie diese Dame war, unterhielt sie sich mit ihrer Hausangestellten auch noch im 3. Reich über politische Dinge und dabei fiel natürlich auch manche scherzende Bemerkung". Als Konsequenz ihrer Gutmütigkeit sei die Freundin zu fünf Monaten „Gefängnis" verurteilt worden – ihre zuvor für treu befundene Hausangestellte hatte sie denunziert, der zuständige Richter sah in ihren Äußerungen eine staatsfeindlich gesinnte „böswillige Verleumdung".[35] Und Arthur Samuel – um ein letztes Beispiel anzuführen – fasste den Grund seiner Verhaftung in der Anschuldigung eines Gestapo-Beamten zusammen, er habe „Moskau [...] gehört und [...] mit anderen sauberen Kumpanen bis in die Nacht hinein politisiert".[36]

Diese und weitere Beispiele legen den Schluss nahe, dass der Politikbegriff in der Beschreibung der nationalsozialistischen Zeit zunehmend für kriminalisierte

---

[33] Vgl. Grünebaum, Leo: Mein Leben in Deutschland vor und nach dem 30. Januar 1933, Bridgeport (Conn.) 1940, Houghton Library (Harvard University), bMS Ger 91 (84), Zugriff am 23. 09. 2008 im Archiv des Zentrums für Antisemitismusforschung der Technischen Universität Berlin, S. 38.

[34] Vordtriede: „Es gibt Zeiten, in denen man welkt", S. 169.

[35] Vgl. Dreyfuss, Albert: Mein Leben in Deutschland vor und nach dem 30. Januar 1933, Jerusalem 1940, Houghton Library (Harvard University), bMS Ger 91 (54), Zugriff am 23. 09. 2008 im Archiv des Zentrums für Antisemitismusforschung der Technischen Universität Berlin, S. 28 f. Zu Flüsterwitzen siehe Bauer: Sprache und Sprachlosigkeit. Eine wichtige Erweiterung der Forschung stellen Studien dar, die nicht regimekritischen Humor analysieren, sondern die Bedeutung des NS-Humors als Vehikel gesellschaftlicher Inklusions- und Exklusionsprozesse untersuchen. Siehe Merziger, Patrick: Nationalsozialistische Satire und „Deutscher Humor". Politische Bedeutung und Öffentlichkeit populärer Unterhaltung 1931–1945 (= Beiträge zur Kommunikationsgeschichte, Band 23), Stuttgart 2010 (zugl. Diss. Freie Univ. Berlin 2007/2008), sowie Kessel, Martina: Gewalt schreiben. „Deutscher Humor" in den Weltkriegen, in: Wolfgang Hardtwig (Hg.): Ordnungen in der Krise. Zur politischen Kulturgeschichte Deutschlands 1900–1933, München 2007, S. 229–258. Zur Bedeutung des Humors als kulturelle Praxis im 20. Jahrhundert siehe Kessel, Martina/Merziger, Patrick: The Politics of Humour. Laughter, Inclusion, and Exclusion in the Twentieth Century (= German and European Studies, Band 10), Toronto/Buffalo 2012.

[36] Vgl. Samuel: Mein Leben in Deutschland, S. 452.

Phänomene stand: Jüdische und nichtjüdische verfolgte Deutsche verknüpften politische Kommunikationsakte mit Termini wie ‚Gefängnis', ‚böswillige Verleumdung', ‚Verbot', ‚Vorsicht' oder ‚Staatsfeind'.[37] Doch spiegelt sich diese semantische Tendenz über den kommunikativen Aspekt hinaus auch in der gehäuften Verwendung des Adjektivs ‚politisch' mit Substantiven wie ‚Gefangener', ‚Verhaftung' oder ‚Verbrechen'.[38] Wenn sie die Jahre seit der Machtübernahme schilderten, griffen die Autorinnen und Autoren vermehrt auf jene Segmente des semantischen Feldes von ‚Politik' zurück, die Politisches als Objekt der Strafverfolgung ausweisen.

Zurück zu Hilde Koch und der geschilderten Episode im Zug bedeutet dies: Das anfängliche Misstrauen gegenüber ihren Mitreisenden beruhte auf der Angst vor den möglichen Konsequenzen eines politischen Meinungsaustauschs, sollte es sich beim Gegenüber um eine „Hitleranhaengerin" handeln. Gleichzeitig empfand es die Autorin jedoch als unverzichtbar für ihren Genesungsprozess, über die Einstellung ihrer Mitreisenden im Bilde zu sein. Für den Erfolg der Genesung sei es sehr wichtig gewesen, dass sie sich gut verstanden, da man sich mit mehreren Personen ein Zimmer habe teilen müssen.[39] Das Wissen über die politische Einstellung der beiden voraussichtlichen Zimmergenossinnen war also für Koch unverzichtbar für den Zweck ihres Erholungsurlaubs. Daraus ergab sich folgendes Dilemma: Einerseits bestand die Notwendigkeit, Informationen über die politische Einstellung des Gegenübers zu erlangen, andererseits war es heikel, die politische Gesinnung der Mitreisenden herauszufinden, ohne ein offensichtlich politisches Gespräch zu führen. Der Nationalsozialismus hatte eine äußerst ungünstige kommunikative Konstellation hervorgebracht, in der das Wissen um die politische Einstellung der Mitmenschen aufgewertet wurde, gleichzeitig jedoch dieses Wissen schwieriger zu erlangen war.[40]

Semantische Unbestimmtheit des Politikbegriffs

Bereits vor ihrem Nervenzusammenbruch hatte Hilde Koch auf ihrer Arbeitsstelle einige belastende Situationen erlebt. Ihr Grundproblem bestand dort darin, die aus politischen Gründen erfolgte Inhaftierung ihres Mannes zu verschleiern und sich selbst als möglichst unpolitisch zu geben, um nicht unangenehm aufzufallen. Dies war alles andere als einfach: Als sie 1935, zum ersten Mal seit der Machtübernahme, wieder eine Stellung als Bürokraft erhielt, staunte sie darüber, wie sehr

---

[37] Siehe als Beispiel auch Loewenberg: Mein Leben in Deutschland, S. 66.
[38] Siehe etwa Koch: Mein Leben in Deutschland, S. 102a (‚politischer Gefangener'); Vordtriede: „Es gibt Zeiten, in denen man welkt", S. 220 (‚politische Verhaftungen'); Samuel: Mein Leben in Deutschland, S. 433 (‚politisches Verbrechen'); Weil: Justitia Fundamentum Regnorum, S. 91, 97, 99 (‚politischer Verbrecher', ‚politischer Mord', ‚politischer Häftling').
[39] Vgl. Koch: Mein Leben in Deutschland, S. 89.
[40] Für ein weiteres illustratives Beispiel des Dilemmas siehe Levi, Julius Walter: Mein Leben in Deutschland vor und nach dem 30. Januar 1933, New York City 1940, Archiv des Leo Baeck Instituts, AR 7255/MF 822 (Reel 4), S. 72 f.

sich das Büroleben seitdem verändert hatte. Aus der Belegschaft war eine ‚Betriebsgemeinschaft' geworden; um ihre Stellung zu behalten, musste sie mit ‚Heil Hitler' grüßen und an den Betriebsappellen teilnehmen, an deren Ende das Horst-Wessel-Lied gesungen wurde. Den Betriebsgeist entlarvte Koch in ihrem Bericht jedoch als eine inszenierte Gemeinschaftlichkeit, hinter der Misstrauen „an allen Ecken und Enden" stand. Als Beispiel fügte sie das Schicksal einer Kollegin an, die – nachdem sie unabsichtlich eine abfällige Bemerkung über Hitler getätigt hatte – von der Gestapo an ihrem Arbeitsplatz abgeholt worden sei. In dieser Atmosphäre waren freundschaftliche Beziehungen nicht zu knüpfen. Obwohl sie ihre rechte Schreibtischnachbarin, neben der sie täglich neun Stunden saß, nicht als NS-Anhängerin eingeschätzt habe, habe es anderthalb Jahre gedauert, bis beide sich zum ersten Mal über persönliche Dinge unterhielten.[41]

Bei ihrer Nachbarin zur Linken habe es sich laut Koch hingegen um „eine begeisterte Verehrerin von Hitler" gehandelt, die ihrer neuen Kollegin täglich ein Loblied auf den „geliebten Führer" gesungen habe und zudem überaus neugierig gewesen sei. Um eine Anstellung zu bekommen, hatte Koch auf der Vermittlungsstelle fälschlicherweise angegeben, mit ihrem Mann in Scheidung zu leben. Ihre aufdringliche Arbeitskollegin habe nun unbedingt wissen wollen, warum Koch von ihrem Mann geschieden sei. Zusammen mit den antisemitischen Ausfällen dieser Kollegin stellte die Situation an ihrem Arbeitsplatz für die Autorin eine harte Belastungsprobe dar: „Und zu all dem musste ich schweigen. Oft glaubte ich dies einfach nicht mehr aushalten zu koennen."[42]

Wenngleich Hilde Koch also ihrer Erinnerung nach alles daran gesetzt hatte, möglichst unauffällig zu bleiben, so ereignete sich dennoch ein Vorfall, der diese Versuche ernsthaft gefährdete. Während einer Arbeitspause hatte sie eine Zeitungsmeldung kommentiert, die von der Verurteilung einer Mutter wegen Misshandlung ihres Kindes berichtete. Die Mutter aus dem Bericht hatte ihr zweijähriges Kind als Bestrafung auf eine heiße Herdplatte gesetzt und war deswegen zu zwei bis drei Jahren Haft verurteilt worden. Koch habe mit „Schaudern an die Qualen" dieses Kindes gedacht, jedoch die Meinung vertreten, diese „unmenschliche Frau" gehöre in eine Heilanstalt und nicht ins Gefängnis. Darauf habe ihre nationalsozialistische Arbeitskollegin entsetzt erwidert: „Na, hoeren Sie mal, Sie haben ja reichlich kommunistische Ideen." Die Autorin selbst gab an, sie sei über diese Antwort „mehr als erstaunt" gewesen. Ihr sei „nicht im geringsten der Gedanke gekommen, diesen Vorfall mit Politik zu verwickeln".[43] Von diesem Tag an habe ihre Kollegin sie misstrauischer betrachtet. Koch interpretierte diesen Vorfall als ein Hinweis auf den widersprüchlichen „Gedankengang" der Nationalsozialisten. Diese würden einerseits Kommunisten als „Untermenschen", als Menschen ohne Gefühl bezeichnen, andererseits aber jemanden genau dann als kommunis-

---

[41] Vgl. ebd., S. 82 f.
[42] Ebd., S. 83.
[43] Ebd., S. 83.

tisch verdächtigen, wenn man eine Angelegenheit von der „menschlichen Seite" her beurteile.[44]

Für die Frage, wie die Autorinnen und Autoren das Politische im Nationalsozialismus semantisierten, ist diese Episode von hohem Wert. Sie verdeutlicht eine semantische Unbestimmtheit von ‚politisch' in Form von divergierenden Vorstellungen darüber, ob eine Aussage als politisch oder unpolitisch zu bewerten ist. Obwohl Koch angestrengt versucht hatte, möglichst unauffällig ihrer Arbeit nachzugehen, führte ihre Bemerkung zu einer für sie heiklen Situation – resultierend aus einer Fehleinschätzung des politischen Gehalts ihres Kommentars. Im Politikverständnis der Arbeitskollegin erschien die Ansicht, die Mutter sei krank und bedürfe der Heilung, als kommunistische und damit zu verurteilende Position – eine Verknüpfung, die Kochs Begriff von ‚Politik' hingegen nicht hergab.[45] Ihr Alltagsleben im Nationalsozialismus portraitierte die Autorin damit als eine Zeit, in der das Wissen um die Grenzverläufe zwischen dem Politischen und Unpolitischen zunehmend unsicherer wurde.[46]

Infolge der semantischen Unbestimmtheit des Politischen war sich Koch unsicher, was öffentlich noch mitteilbar war und was nicht. Sie verdichtete diese Erfahrungen schließlich in der Feststellung, es sei „wirklich schwer zu wissen" gewesen, „was erlaubt war zu sagen und was verboten. Einige unueberlegte Worte konnten einen [sic!] schon monatelanges Konzentrationslager einbringen. Doppelt vorsichtig musste man sein[,] wenn man bereits als ‚Staatsfeind' gestempelt worden war."[47] Illustriert wurde dieses Urteil von zwei kürzeren Episoden. Die erste handelt von einer schweren Erkrankung ihres Ehemanns, der inzwischen aus der Haft entlassen war und eine Anstellung in einer Fabrik gefunden hatte. Der behandelnde Arzt stellte eine Fleischvergiftung fest, erschien am anderen Morgen jedoch wieder, um das Ehepaar aufzufordern, niemandem von seiner Diagnose in Kenntnis zu setzen. Auf Nachfrage sollten sie stattdessen angeben, es handle sich bei der Erkrankung um eine Darmgrippe. Nicht weiter nachhakend befolgten sie die merkwürdige Bitte des Arztes, die sich wenige Tage später nach einer Bekanntgabe Görings erklärt habe. Der Beauftragte für den Vierjahresplan habe darin Berichte über angebliche Fleischvergiftungen als „Greuelmärchen" dargestellt, während es

---

[44] Vgl. ebd., S. 83.
[45] Nonkonforme Aussagen wurden häufig als ‚kommunistisch' diskreditiert, unabhängig davon, ob es sich bei der entsprechenden Person um einen Kommunisten handelte oder nicht. Vgl. Hüttenberger: Heimtückefälle, S. 512 f.
[46] Ein weiteres, besonders eindrückliches Beispiel findet sich in dem Manuskript des jüdischen Anwalts Ernst Marcus, der von der Verhaftung eines Bekannten berichtete. Einem an den Bekannten adressierten Brief sei „ganz zu unrecht ein politischer Sinn" attestiert worden. Auch habe man bei der anschließenden Hausdurchsuchung nicht nur den Bestand „politischer Bücher", sondern auch die „unpolitische" Literatur beschlagnahmt. An anderer Stelle beklage sich Marcus über die fehlende Zivilcourage. Nicht mehr der „sachliche Inhalt" einer Angelegenheit sei ausschlaggebend gewesen, „sondern die Angst", das Gesagte könnte ‚falsche [sic!] gedeutet werden." Vgl. Marcus: Mein Leben in Deutschland, S. 115, 120, siehe außerdem S. 121.
[47] Koch: Mein Leben in Deutschland, S. 107.

in Wahrheit unter dem Einfluss der schlechten Witterung zu vermehrten Vorfällen von Darmgrippe gekommen sei. Den Verbreitern solcher „Greuelmärchen" – den „Meckere[r]n" und „Kritikastern" – habe er „energische Massnahmen" angedroht. Die zweite Episode erzählt das Schicksal einer nicht näher identifizierten Frau, die, nach ihrem vergeblichen Bemühen um Butter, im Laden des Kaufmanns erklärte: „Ja, mein Gott[,] was soll ich denn meinen Kindern aufs Brot geben? Meine Kinder wollen Butter essen und koennen keine Kanonen vertragen." Kurz darauf sei sie von der Gestapo verhaftet worden.[48]

Koch situierte beide Beispiele im Kontext des innenpolitisch heiklen Themas der Nahrungsmittelversorgung. Insbesondere die Geschichte der unbekannten Frau spielt auf die häufig Göring zugeschriebene Parole ‚Kanonen statt Butter' an, mit der persönliche Einschränkungen im Konsumgüterbereich durch die höheren ‚Volksziele' der wirtschaftlichen Autarkie und militärischen Aufrüstung legitimiert wurden.[49] Beide Beispiele untermauerten die Meinung der Autorin, wonach es zunehmend schwieriger geworden sei, zwischen erlaubten und verbotenen Aussagen zu unterscheiden. Im Falle des Arztes hatte die Diagnose der Fleischvergiftung im Nachhinein einen eminent politischen – weil systemkritischen und staatsfeindlichen – Charakter angenommen. Und auch die unbekannte Frau galt Koch als ein Beispiel dafür, wie eine an sich harmlose Aussage von den Strafverfolgungsbehörden in ein Zeichen politischer Fundamentalkritik umgedeutet wurde. Wenngleich in beiden Belegstellen das Wort ‚politisch' nicht zur Anwendung kam, so deuten gerade diese Vorgänge der Kriminalisierung von Äußerungen auf ihre gleichzeitige Politisierung im Sinnhorizont der Schreiberin hin. Dadurch wird auch deutlich, dass beide semantischen Tendenzen – Unbestimmtheit und Kriminalisierung – eng miteinander verwoben waren: Das Nichtwissen über den politischen Charakter einer Aussage musste insbesondere dann problematisch werden, wenn als Konsequenz einer für ‚politisch' befundenen Äußerung „monatelanges Konzentrationslager" befürchtet wurde.[50]

3. Die Verschiebung politischer Kommunikation in das Private

Privatisierung politischer Kommunikation

Die Autorinnen und Autoren konstruierten das Private als ein ‚Reservat' politischer Kommunikation gewissermaßen *en passant* – häufig ohne dass sie an den

---

[48] Vgl. ebd., S. 107.
[49] Zur Verwendung der Parole ‚Kanonen statt Butter' in Reden von NSDAP-Parteigrößen siehe Bauer, Kurt: Nationalsozialismus. Ursprünge, Anfänge, Aufstieg und Fall, Wien u. a. 2008, S. 306. Goebbels hatte bereits im Januar 1936 in einer Rede zur Lebensmittelknappheit die Begriffe ‚Butter' und ‚Kanonen' verwendet, Rudolf Heß griff sie im Oktober des Jahres auf.
[50] Für weitere Beispiele im Quellensample siehe Dreyfuss: Mein Leben in Deutschland, S. 28 f.; Grünebaum: Mein Leben in Deutschland, S. 24; Neustätter: Mein Leben in Deutschland, S. 9;

entsprechenden Stellen explizit über das Thema der Kommunikation unter dem Nationalsozialismus geschrieben und dabei das Politikvokabular verwendet hätten. Diese Passagen reflektieren einen Erfahrungsraum, in dem die Selbstverständlichkeit einer Auffassung zum Ausdruck kommt, wonach politische, als staatsfeindlich denunzierbare Gesprächsthemen für private Kommunikationssituationen reserviert waren. ‚Privat', ‚privatim' oder metaphorische Redeweisen, wie zum Beispiel ‚unter vier Augen' oder ‚hinter verschlossenen Türen' sind Ausdrücke, mit denen die Autorinnen und Autoren Gesprächssituationen im erinnerten Zeitraum des Nationalsozialismus immer wieder charakterisierten. Im Folgenden werden sie als ‚situative Kennzeichnungen' von Gesprächen benannt.

Auch Leo Grünebaum erwähnte mehrmals die situativen Bedingungen, unter denen die von ihm geschilderten Gespräche stattfanden. Grünebaum, ehemals Lehrer an einer öffentlichen Schule in Köln, war im Dezember 1938 aus Deutschland emigriert und 51 Jahre alt, als er in den Vereinigten Staaten seine Lebensgeschichte für das Preisausschreiben niederschrieb. Der zweifache Vater stammte aus einer jüdischen Familie, die ihren Sitz in dem oberhessischen Dorf Wenings hatte. In den Erinnerungen Grünebaums liest man eine Lebensgeschichte, die von der individuellen Integration in die deutsche Gesellschaft handelt, die mit der Machtübernahme der Nationalsozialisten jedoch zunehmend von seiner Umwelt in Frage gestellt wurde. „Kurzum, wenn ich diese Jahrzehnte vor Hitler überdenke," resümierte der Autor an einer Stelle, „überkommt mich das Gefühl einer Sicherheit, Geborgenheit, selbstverständlicher Gleichberechtigung und eines Empfindens, wie gesund der Kern und die Masse des deutschen Volkes in seiner inneren und ethischen Struktur war."[51] Durch die zeitliche Verortung seiner Empfindungen in den Jahrzehnten „vor Hitler" verwies Grünebaum gleichzeitig auf einen Wandel in seiner Einstellung gegenüber der deutschen Bevölkerung. Dem lagen Veränderungen in ihrem Verhalten zu Grunde, die er auch in seinem unmittelbaren sozialen Umfeld registriert hatte. Allerdings habe die Regierung viel Propaganda gebraucht, um gegen die Juden Stimmung zu machen, urteilte der ehemalige Lehrer in seiner Autobiographie und belegte daraufhin seine Einschätzung mit einem persönlichen Erlebnis aus der Anfangszeit des Regimes:

„Privatim hörte man überall Bedauern über dieses Vorgehen gegen uns Juden, wenn man mit seinen christlichen Freunden zusammentraf. Ich erinnere mich, wie mein Freund, Direktor Helten von der Concordia Lebensversicherungsbank, Köln, mir eines Tages stark verschämt mitteilte, dass er Mitglied der nationalsozialistischen Partei geworden sei, weil er einfach – schon vor allem aus geschäftlichen Gründen –, nicht mehr anders gekonnt habe."[52]

Grünebaum situierte die Kritik seines Freundes an der antisemitischen Politik, indem er das Gespräch als ‚privatim' kennzeichnete. Welche semantische Ausprä-

---

Bing, Rudolf: Mein Leben in Deutschland nach dem 30. Januar 1933, in: Mitteilungen des Vereins zur Geschichte der Stadt Nürnberg 75 (1988), S. 189–210, hier S. 197; Frankenthal: Der dreifache Fluch, S. 204; Reichmann: [Autobiography], S. 105; Haffner: Geschichte eines Deutschen, S. 134.

[51] Grünebaum: Mein Leben in Deutschland, S. 7.
[52] Ebd., S. 13.

gung erhielt diese situative Kennzeichnung und welche Funktion übernahm sie im autobiographischen Textzusammenhang?

Zunächst muss festgehalten werden, dass im Privatvokabular die Bedeutungsschicht des Vertraulichen und Geheimen gespeichert ist. Dies kommt am offensichtlichsten im Gebrauch des – heute veralteten – Adverbs ‚privatim' zum Ausdruck, auf das auch Grünebaum zurückgriff, um den inoffiziellen und vertraulichen Charakter der Gespräche mit seinen nichtjüdischen Freunden hervorzuheben.[53] Aber auch Ausdrücke wie ‚private Unterhaltung' oder ‚privates Gespräch' verweisen häufig auf einen vertraulichen Charakter der jeweiligen Unterhaltung.[54] Dasselbe gilt für die Metaphorik des Privaten in Form der Redewendungen ‚unter vier Augen', ‚im geschlossenen Kreis' oder auch ‚hinter verschlossenen Türen'.[55] Wenn die Autorinnen und Autoren das entsprechende Privatvokabular oder die metaphorischen Redewendungen im thematischen Kontext der NS-Zeit verwendeten, dann bezogen sie diese in der Regel auf brisante und für die Sprecher gefährliche Kommunikationsakte. In diesem Abschnitt der Lebensgeschichte ‚provozieren' situative Kennzeichnungen geradezu eine Erwartungshaltung auf Seiten der Leserinnen und Leser, in der das unter geheimen Bedingungen Mitgeteilte stets als systemkritisch interpretierbarer – und damit von staatlicher und parteilicher Seite verfolgbarer – Kommunikationsakt zu deuten sei.

Grünebaums oben erwähnter Freund bezog sich in seiner Äußerung auf die zum Zeitpunkt des Gesprächs noch jungen Aprilboykotte sowie die publizistisch vorangetriebene Diffamierung jüdischer Geschäfte in Köln. Von beiden antisemitischen Maßnahmen hatte der Autor unmittelbar vor der Episode über den Versicherungsdirektor berichtet. Bereits an dieser Stelle vermittelte er einen Eindruck davon, in welch kurzem Zeitabschnitt das Reden im öffentlichen Raum unter Selbstzensur gestellt wurde und welche Art von Aussagen davon betroffen waren. Seine Darstellung des Aprilboykotts als erste einschneidende Zäsur in der antisemitischen Politik des NS-Regimes folgt dem narrativen Muster vieler Autobiographien.[56] Im Übergang zur erzählten Zeit seit der Machtübernahme ist es das erste erinnerte antisemitische Ereignis, von dem Grünebaum berichtete: „Furchtbar war der 1. April", stellte der Autor zunächst fest und charakterisierte anschließend das Verhalten der nichtjüdischen Deutschen an diesem Tag. Trotz des „niederschmetternden Empfindens" über den Boykott sei er durch die Kölner Straßen gelaufen:

„Ich erinnere mich, wie erstaunt die Bevölkerung war, aus den Plakaten und Braunhemdposten an den Eingängen der betreffenden Läden zu erfahren, dass dieses oder jenes Geschäft jüdisch

---

[53] Siehe hierzu auch Löwith: Mein Leben in Deutschland, S. 84. Dort heißt es über den Direktor des italienisch-deutschen Kulturinstituts: „Im Grunde wusste er aber recht gut, wie es mit den Professoren des Reiches bestellt war, und privatim mokierte er sich, dass die deutsche Wissenschaft ausverkauft sei und bald niemand mehr da sei ‚per mettere in giro'".
[54] Siehe etwa Weil: Justitia Fundamentum Regnorum, S. 22.
[55] Siehe exemplarisch Andermann: Mein Leben in Deutschland, S. 112; Kaufman: Mein Leben in Deutschland, S. 34a-35; Kronenberg: Aus Deutschland vor und unter Hitler, S. 21.
[56] Siehe hierzu die Ausführungen im Kapitel IX.1.

war und mehr als einmal hörte ich: ‚Wie? Das sind auch Juden? – Ich habe aber immer gut und gern da gekauft.'"⁵⁷

Grünebaum schilderte den Boykott als eine von der Bevölkerungsmehrheit abgelehnte Aktion – passend zu seiner Überzeugung, dass erst intensive Propaganda die antisemitische Einstellung in der Bevölkerung verstärkt habe. Das „gesamte Publikum mit Ausnahme der eingeschworenen Parteimenschen" habe sich befriedigt geäußert, als er vorzeitig wieder eingestellt wurde. Entscheidend ist zunächst, dass Grünebaum bei diesem Ereignis Meinungsbekundungen vernommen hatte, die er später als Autor in direkter Rede wiedergab: „‚Wie? Das sind auch Juden? – Ich habe aber immer gut und gern da gekauft.'" Diese Äußerung widersprach der nationalsozialistischen Propaganda, wonach ‚jüdische Profitgier' die nichtjüdischen Konsumenten ausbeutete: Viele Deutsche hatten laut Grünebaum den Unterschied zwischen jüdischen und nichtjüdischen Geschäften gar nicht bemerkt. Habe er in der Öffentlichkeit zu dieser Zeit noch Missfallensbekundungen dieser Art über die antisemitische Politik des Regimes wahrgenommen, so habe sich dies rasch geändert. Bereits wenige Monate später, bemerkte Grünebaum direkt im Anschluss an das obige Zitat, „hätte das niemand mehr auf der Strasse, auch nicht zum besten Freund, zu sagen gewagt".⁵⁸

Folgt man der Feststellung Grünebaums, hatte sich in einem kurzen Zeitraum eine Sensibilisierung für die Gefährlichkeit von kritischen Äußerungen bezüglich der ‚Judenpolitik' des Regimes herausgebildet, in deren Folge sich die Grenzen des Mitteilbaren im öffentlichen Raum der Straße nicht nur verschoben hatten. Vielmehr war in seiner Deutung dieser Kommunikationsraum für kritische Sprechakte in Gänze gesperrt: Niemand hätte eine derartige Äußerung mehr auf der Straße gewagt.⁵⁹ Grundlegend für diese Entwicklung war auch bei Grünebaum die Kriminalisierung von Sprechakten, die Angst vor den Folgen, die eine politisch anstößige Formulierung nach sich ziehen könnte. Eher nebenbei gab Grünebaum ein Beispiel dafür, welche Folgen leichtfertige Meinungsbekundungen nach sich ziehen konnten. Ein jüdischer Bekannter, schrieb er, habe „wegen einer unvorsichtigen politischen Aeusserung einige Monate Gefängnis" bekommen.⁶⁰

Es blieb demnach privaten Kommunikationssituationen vorbehalten, Gelegenheiten für Gespräche über politisch brisante Themen, insbesondere die Judenverfolgung, zu bieten. An anderer Stelle berichtete der Autor von einem Gespräch „unter 4 Augen", bei dem ein Oberamtsrichter „bittere Worte über die grausamen Vorkommnisse in Wenings" gefunden hatte – die Juden in Grünebaums Heimat-

---

⁵⁷ Grünebaum: Mein Leben in Deutschland, S. 12.
⁵⁸ Vgl. ebd., S. 12.
⁵⁹ Hilde Koch berichtet in ihrer Autobiographie, selbst als sie schon in die Schweiz geflüchtet war, habe sie ihren dortigen Freunden nichts über ihre Geschichte in Deutschland erzählen können, ohne nicht vorher Türen und Fenster geschlossen zu haben: Ich konnte einfach nicht sprechen bei offenen Fenstern oder Tuer. [...] ich konnte einfach kein Wort sprechen ohne zu wissen alles war fest verschlossen." Koch: Mein Leben in Deutschland, S. 122.
⁶⁰ Vgl. Grünebaum: Mein Leben in Deutschland, S. 38.

dorf waren nach der Rede Hitlers zum zweiten Jahrestag der Machtübernahme von pogromartigen Ausschreitungen heimgesucht worden.[61] Aufschlussreich ist dieses Beispiel auch deshalb, weil es sich bei dem Oberamtsrichter nicht um einen Freund des Autors handelte. Die Kennzeichnung des politischen Gesprächs als vertraulich und geheim war also nicht davon abhängig, dass es sich bei dem Gesprächspartner um eine besonders nahestehende Person handelte. Unter ‚Privatisierung politischer Kommunikation' sind daher in erster Linie die vertraulichen Kommunikationsumstände zu verstehen, die ein politisches Gespräch einrahmen und nach außen abschirmen sollten.

Indem die Autobiographinnen und Autobiographen solche potenziell als staatsfeindlich und systemkritisch inkriminierbare Meinungen regelmäßig mit den entsprechenden, privat konnotierten Bedingungen ihrer Äußerung vermittelten, konstruierten sie das Private als einen geschützten Kommunikationsraum im Nationalsozialismus.[62] In ihrer Deutung stellte das Private für verfolgte und systemkritische Deutsche den verbliebenen Ort gegenseitigen Austauschs von Informationen sowie der Interpretation der politischen und gesellschaftlichen Veränderungen im Nationalsozialismus dar. In dieser Hinsicht lässt es sich keineswegs als einen unpolitischen Rückzugsraum definieren, der – folgt man der sozial- und alltagsgeschichtlichen Forschung der 1980er und 1990er Jahre[63] – in weiten Teilen das Leben breiter Bevölkerungsteile kennzeichnete. Private Kommunikationssituationen boten systemkritischen und verfolgten Deutschen Gelegenheiten, über Politik zu sprechen – sie waren in den Augen vieler Harvard-Schreiberinnen und Schreiber sogar die notwendige Voraussetzung für ungefährliche politische Unterhaltungen.

Funktion politischer Gespräche und Bedeutung privater Kommunikationssituationen

Der Wert, den private Kommunikationssituationen für Verfolgte wie Grünebaum einnahmen, bemisst sich an der Funktion, die politische Gespräche für sie erfüllten. Um diese erkennen zu können, muss jedoch zunächst tiefer in den Bedeutungsschichten des Privaten ‚gegraben' werden. Eine mit der Semantik des Vertraulichen zusammenhängende, aber dennoch von ihr zu unterscheidende Konnotation besteht im Privaten als Ort authentischer Rede. An die Annahme, dass ein Gespräch unter vertraulichen Bedingungen stattgefunden hatte, knüpften einige Autorinnen und Autoren die Erwartung, dass erstens die daraus gewonnenen Informationen

---

[61] Vgl. ebd., S. 23.
[62] Vgl. auch Wickerhauser Lederer: Mein Leben in Oesterreich, S. 90; Neustätter: Mein Leben in Deutschland, S. 8b; Löwith: Mein Leben in Deutschland, S. 53.
[63] Siehe Frei: Der Führerstaat, S. 168; Schäfer, Hans D.: Das gespaltene Bewußtsein. Über die Lebenswirklichkeit in Deutschland 1933–1945, in: ders.: Das gespaltene Bewußtsein. Deutsche Kultur und Lebenswirklichkeit 1933–1945, Frankfurt a. M./Berlin/Wien 1984, S. 146–208.

zuverlässig seien und man – zweitens – einen Einblick in die ‚tatsächliche' Gesinnung des Kommunikationspartners gewonnen habe.

Hierauf basierend entfaltet sich in den Dokumenten eine semantische Dichotomisierung von privat/öffentlich, in der ein als ‚authentisch' etikettierter privater Raum der ‚Fassade' des öffentlichen Raums gegenüberstand. Zeitlich bezieht sich diese Form der binären Codierung auf die Erzählung des Nationalsozialismus: Eine „eigentliche Sprache" war in den Jahren der NS-Herrschaft den eigenen „vier Wänden" vorbehalten und wurde von einer „uneigentliche[n] in der Öffentlichkeit" unterschieden;[64] nichtjüdische Deutsche offenbarten im privaten Umgang mit ihren jüdischen Freunden, Nachbarn und Bekannten ihre alte „Liebenswürdigkeit", wurden in der „Öffentlichkeit" hingegen „vorsichtig, kurzsichtig und verlegen".[65] Auch der von Grünebaum erwähnte Freund habe sich zwar noch bis nach dem Erlass der Nürnberger Gesetze mit ihm in einem „öffentlichen Lokal" getroffen – für den Fall, dass ihm hieraus „Unannehmlichkeiten" hätten entstehen können, habe er jedoch bereits eine „Reservatio" zur Hand gehabt: Man habe sich ja schließlich nur zu beruflichen Zwecken verabredet.[66] In der ersten, oben näher geschilderten Episode aus Grünebaums Lebensgeschichte hatte ihm der befreundete Versicherungsdirektor „verschaemt" seinen Beitritt zur NSDAP gebeichtet. Die Haltung des Freundes wertete Grünebaum als Hinweis auf dessen tatsächliche Gesinnung, die in dem Bedauern über das Vorgehen gegen die Juden zum Ausdruck kommt. Diese Haltung unter den Nichtjuden war jedoch laut Grünebaum nur in privaten Gesprächen in Erfahrung zu bringen. Diese dichotome Strukturierung des Privaten und Öffentlichen – mit den Bedeutungen von authentisch, wahr oder zuverlässig auf der einen Seite und unecht, vorgetäuscht oder unglaubwürdig auf der anderen Seite – wertete aus Sicht der Schreibenden Erfahrungen auf, die aus privaten Kommunikationssituationen stammten. Ihnen kam gegenüber Beobachtungen aus dem öffentlichen Leben ein informativer Mehrwert zu.[67]

Private Kommunikationssituationen ermöglichten politische Gespräche, die eine wichtige Funktion für Grünebaum erfüllten: Auf ihrer Grundlage hatte sich sein Vergangenheits-Ich Orientierung über eine zentrale Frage im Leben eines deutschen Juden im Nationalsozialismus verschafft. So berichtete Grünebaum, sein Kölner Schulrat sei sehr erstaunt gewesen, als er ihm „unter 4 Augen in seinem Amtszimmer […] Dinge erzählte", die sich gegenüber Juden in Köln oder

---

[64] Vgl. Löwith: Mein Leben in Deutschland, S. 34.
[65] Vgl. Dreyfuss: Mein Leben in Deutschland, S. 17. Siehe auch Fulbrook: Dissonant Lives, S. 163. Zum Folgenden siehe auch die Ausführungen im Kapitel XIII.5.
[66] Vgl. Grünebaum: Mein Leben in Deutschland, S. 13. Sebastian Haffners Autobiographie zeigt, dass diese Semantik auch außerhalb der Harvard-Berichte zu finden ist. Siehe Haffner: Geschichte eines Deutschen, S. 275–277.
[67] In einigen Autobiographien wird die Unglaubwürdigkeit von Informationen, die ein Beobachter aus Zeitungen oder dem Verhalten von Menschen im öffentlichen Raum gewinnen konnte, thematisiert. Hilde Koch war etwa der Meinung, ein Ausländer könne in Deutschland nur ein falsches Bild vom Nationalsozialismus gewinnen, weil die Menschen in der Öffentlichkeit nicht ihre wahre Meinung äußern würden. Vgl. Koch: Mein Leben in Deutschland, S. 102b.

seinem Heimatdorf ereignet hatten. Entscheidend ist nun, dass der Autor im Weiteren auf die Funktion des Gesprächs für sein Vergangenheits-Ich zu sprechen kam. „Es zeigte sich mir wieder einmal", so resümierte Grünebaum seine hieraus gewonnene Erkenntnis, „dass selbst ein geistig geschulter Mann bei der überstürzenden Umwälzung der Dinge häufig [...] keine Ahnung von den Dingen hatte, die ihn persönlich nicht direkt berührten". Und weiter: „So erklärte ich mir, dass vieles geschehen konnte, was die grosse Masse einfach hinnahm, nicht einmal ahnend oder gar erfassend, was diese oder jene Massnahme [sic!] für den einzelnen bedeutete."[68]

Im Gebrauch der Wendung „unter 4 Augen" signalisierte Grünebaum, dass es sich um eine vertrauliche Kommunikationssituation gehandelt hatte, in der sich erst ein Gespräch über das Ausmaß der Judenverfolgung entfalten konnte. Von Bedeutung ist jedoch, dass dem Autor zufolge sein Vergangenheits-Ich die Informationen aus diesem Gespräch weiter auswertete. Die private Unterhaltung gab ihm Aufschluss über die zentrale Frage, wie weit das Wissen über die Judenverfolgung in die nichtjüdischen Bevölkerungskreise reichte. Am Beispiel dieses durchaus gebildeten Mannes schloss er, dass die meisten Juden in Unkenntnis über das Ausmaß der antisemitischen Verfolgungsmaßnahmen lebten. Mit den Informationen erklärte sich sein Vergangenheits-Ich darüber hinaus den Erfolg der antisemitischen Maßnahmen, der in dieser Deutung einer – aus Unkenntnis der Umstände entspringenden – Passivität der nichtjüdischen Deutschen geschuldet war. Politische Gespräche in privaten Kommunikationssituationen erfüllten für Grünebaum während des Nationalsozialismus folglich insofern eine wichtige Funktion, als sie ihn über die gesellschaftliche Situation orientierten und ihm verständlich machten, warum so viele Nichtjuden sich gegenüber der Verfolgung der Juden passiv verhielten.

Welche Haltung Nichtjuden gegenüber der antisemitischen Politik des Regimes einnahmen, beschäftigte Grünebaum und andere Teilnehmerinnen und Teilnehmer des Wettbewerbs also nicht nur in ihrer Rolle als Chronisten des eigenen Lebens. Die Autobiographien selber geben auch Auskunft darüber, dass dieses Wissen ebenso für das Leben im Nationalsozialismus von Bedeutung war. Frederick Weil, ein Frankfurter Weinhändler und ebenso wie Grünebaum jüdischer Herkunft, analysierte in seinen Erinnerungen die Auswirkungen der Nürnberger Gesetze auf die jüdisch-nichtjüdischen Beziehungen. Sie hätten zu „einem vollständigen Abbruch aller Beziehungen zwischen noch so bewährten Freunden arischer Rasse und Juden" geführt. Nur wenige hätten es noch gewagt, ihn „nachts und unter besonderen Vorsichtsmassnahmen" zu besuchen. Doch immerhin habe er dadurch „authentisch" erfahren, „wie sehr sich weite Kreise des deutschen Volkes schämten, dass im 20. Jahrhundert eine deutsche Regierung sich erlaubte, im Namen des deutschen Volkes die Juden und die jüdische Religion in solch gemeiner

---

[68] Grünebaum: Mein Leben in Deutschland, S. 28. Siehe für ein weiteres Beispiel Weil: Justitia Fundamentum Regnorum, S. 31 f.

Weise zu diffami[e]ren".[69] Für Weil dienten diese Gespräche folglich als ein Mittel, um sich über die Haltung der nichtjüdischen Bevölkerung gegenüber der antisemitischen Politik zu informieren.

Situative Kennzeichnungen als Authentifizierungsstrategie

Dass eine Information aus dem privaten Kommunikationsraum stammte, spielte auch eine Rolle für die Praxis des Autobiographieschreibens. Ausgehend von der Beobachtung, dass einige Autorinnen und Autoren versuchten, mit ihren Erinnerungen ein zuverlässiges Bild von der gesellschaftlichen Wirklichkeit des Nationalsozialismus zu präsentieren und die Adressaten der Erinnerungen mit eigenen Deutungsangeboten zu versorgen, lassen sich die situativen Kennzeichnungen als praktische Umsetzung dieses Anliegens interpretieren. Denn sie signalisierten, dass den unter privaten Vorzeichen gewonnenen und im autobiographischen Medium weitervermittelten Informationen eine besondere Glaubwürdigkeit zukam. Das Private wurde in epistemischer Hinsicht durch die Gegenüberstellung mit einer unzuverlässigen Öffentlichkeit als derjenige Kommunikationsort aufgewertet, aus dem zuverlässige Informationen über die gesellschaftliche ‚Wirklichkeit' des Nationalsozialismus gewonnen werden konnten. Vor diesem Hintergrund dienten Kennzeichnungen von privaten Kommunikationssituationen auf einer textpragmatischen Ebene auch als Vehikel der Authentifizierung des Berichteten.

Diese Funktion war insbesondere für solche Themenbereiche von Bedeutung, in denen der NS-Staat mit Nachdruck öffentliche Diskurse lenkte, um seine gesellschaftliche Deutungshoheit zu verteidigen. Eine manipulierte Medienöffentlichkeit verschleierte etwa die in den Konzentrationslagern begangenen Verbrechen, indem sie die Lager als Instrumente für die Aufrechterhaltung von ‚Recht und Ordnung' auswies und ihnen eine ‚Erziehungsfunktion' attestierte.[70] Um die tatsächlichen Geschehnisse im Innern der Lager nicht bekannt werden zu lassen, zwang das Lagerpersonal die Insassen vor ihrer Entlassung dazu, eine Erklärung abzugeben, in der sie bestätigen mussten, während ihrer Haftzeit keinerlei Misshandlungen ausgesetzt worden zu seien.[71]

Das Thema der Konzentrationslager fand seinen Weg auch in den Lebensbericht des Leo Grünebaum. Zwar hatte er selbst Glück und wurde bei seiner Verhaftung im Rahmen des Novemberpogroms nicht in ein Lager deportiert, sondern

---

[69] Vgl. ebd., S. 48.
[70] Siehe zur Art der Berichterstattung über die Konzentrationslager der Vorkriegsjahre Gellately, Robert: Hingeschaut und weggesehen. Hitler und sein Volk, Stuttgart/München 2002, S. 77–86. Siehe für das Lager Oranienburg auch Morsch, Günter: Oranienburg – Sachsenhausen, Sachsenhausen – Oranienburg, in: Christoph Dieckmann/Ulrich Herbert/Karin Orth (Hg.): Die nationalsozialistischen Konzentrationslager – Entwicklung und Struktur, Band I, Göttingen 1998, S. 111–134, hier S. 117 f.
[71] Siehe dazu auch Neustätter: Mein Leben in Deutschland, S. 31: „Um der Aussenwelt die Lügenhaftigkeit der Greuelnachrichten zu beweisen, werden die Gefangenen gezwungen[,] durch ‚freiwillige['] Unterschrift au [sic!] bezeugen, dass ihnen nichts angetan worden sei."

nach einer fünftägigen Gefängnishaft entlassen. Geholfen hatte ihm dabei die Tatsache, dass er bereits über ein Visum für die Vereinigten Staaten verfügte, seine Auswanderung also nur noch eine Frage der Zeit war. Allerdings war einer seiner Neffen im Zeitraum 1936 bis 1938 in den Konzentrationslagern Dachau und Buchenwald eingesperrt, ohne jedoch – wie Grünebaum bemerkte – „etwas Schweres, vielleicht Politisches oder Kriminelles verbrochen" zu haben.[72] An dieser Textstelle rückten die in der NS-Öffentlichkeit zirkulierenden Fehlinformationen über die Lager in den Horizont der Autobiographie. Grünebaum sah sich veranlasst, in seinen Erinnerungen die Ehre seines Neffen zu verteidigen, denn ein Großteil der Deutschen sei fälschlicherweise davon ausgegangen, dass die Häftlinge in den Lagern Verbrecher gewesen seien. „Nur wer selbst einen Fall erlebt hatte", habe gewusst, dass auch „Unschuldige" betroffen waren, „da ja die Menschen untereinander über die Dinge kaum zu sprechen wagten [...]."[73] Selbst sein Neffe sei nach der Entlassung „sehr schweigsam über das Vergangene" gewesen:

„[N]ur einmal offenbare er unter 4 Augen einiges des Erlebten, des Furchtbaren. Ich will nur eine einzige Sache festhalten. Als er einmal wegen heimlichen Rauchens mit anderen jungen Leidensgenossen verschärfte Behandlung bekam, wurden die Burschen 4 Wochen lang in einer Dunkelkammer festgesetzt, aber vielmehr festgehängt, Arme und Beine wurden auf dem Rücken zusammengebunden, sie dann an einem Seil oder einer Kette an der Fessel hochgezogen, das Gesich[t] nach unten – wie gefesselte Engel schwebend. Eine Stunde täglich wurden sie heruntergelassen, um i [sic!] Stunde ins Helle für einen Gang und für ein wenig Essen gelassen zu werden."[74]

In dieser Passage verlieh Grünebaum dem Bericht über die grausamen Foltermethoden in dem Lager dadurch Glaubwürdigkeit, indem er seine Entstehungsumstände mit den Ausdrücken ‚offenbaren' und ‚unter vier Augen' beschrieb. Die von der Wendung ‚unter vier Augen' signalisierte private Kommunikationssituation stellte den Rahmen her, in dem der Augenzeugenbericht erst ‚offenbart' werden konnte. Solche situativen Kennzeichnungen von Gesprächen fungierten auf einer textpragmatischen Ebene auch als Authentifizierungsinstrumente: Indem die Autorinnen und Autoren auf sie zurückgriffen, signalisierten sie, dass die autobiographisch weitervermittelten Informationen eine besondere Glaubwürdigkeit besaßen, weil sie selbst unter privaten Umständen von ihnen Kenntnis genommen hatten. Gerade das geschilderte Ausmaß der Lagergrausamkeit, das jeden bis dahin gültigen Erwartungshorizont gesprengt hatte und dadurch in seiner Realität unglaublich erschien, bestärkte Grünebaum durch die Kennzeichnung der Kommunikationsumstände in seiner Glaubhaftigkeit.[75] Unmittelbar zuvor hatte der Lehrer auf Fehleinschätzungen hingewiesen, die in der Öffentlichkeit über die La-

---

[72] Vgl. Grünebaum: Mein Leben in Deutschland, S. 33.
[73] Vgl. ebd., S. 33. Das Nichtwissen der Bevölkerung über die Vorgänge in den Lagern betont auch Frederick Weil, der im Rahmen der ‚Juni-Aktion' verhaftet und in das Lager Buchenwald gebracht wurde. Vgl. Weil: Justitia Fundamentum Regnorum, S. 83.
[74] Grünebaum: Mein Leben in Deutschland, S. 34 f.
[75] Siehe hierzu auch Schwartz: Mein Leben in Deutschland, S. 61 f.

gerrealität zirkulierten. Dadurch wertete er die vertraulichen Gesprächsinformationen in ihrer Authentizität zusätzlich auf.[76]

Informationen über das ‚Dritte Reich‘, die nicht aus den Medien einer propagandaverseuchten und aus Angst vor Denunziation geprägten Öffentlichkeit stammten, sondern beispielsweise aus einem ‚vertraulichen Gespräch‘ mit einem ehemaligen KZ-Inhaftierten, genossen unter den Harvard-Autorinnen und -Autoren einen weitaus höheren Stellenwert. Mit den vielfachen Kennzeichnungen privater Situationen kamen sie auch den Anforderungen des Preisausschreibens und der Erwartungshaltung seiner Initiatoren entgegen. Diese hatten in ihrem Flugblatt um die Beschreibungen von „wirkliche[n] Vorkommnisse[n]" gebeten und darauf hingewiesen, über die „WORTE und TATEN DER MENSCHEN"[77] informiert werden zu wollen, um daraus Rückschlüsse auf die gesellschaftlichen und psychischen Auswirkungen des Nationalsozialismus zu ziehen. Indem sie auf die ‚private Herkunft‘ ihrer Informationen verwiesen, werteten die Harvard-Autorinnen und -Autoren – beabsichtigt oder unbeabsichtigt – ihre Position als Zeitzeugen gegenüber den amerikanischen Wissenschaftlern auf, die durch ihre Dokumente Blicke in das Innenleben Deutschlands werfen konnten. Die „unter 4 Augen" geäußerten „bittere[n] Worte" des Oberamtsrichters über die Vorkommnisse in Wenings registrierte jedenfalls auch der für Grünebaums Manuskript zuständige Bearbeiter: „[T]his Richter privately was bitter about these conditions", notierte er im Datenblatt über den Vorfall.[78]

4. Die Fragilität des privaten Kommunikationsraums

Das Deutungsmuster der totalen Überwachung

Am 30. März, einen Tag vor Einsendeschluss, sandte der 69-jährige Otto Neustätter von Baltimore aus seinen Beitrag für das Preisausschreiben an den Historiker Sidney B. Fay. In seinem Begleitbrief entschuldigte sich der frühere Mitarbeiter

---

[76] Siehe auch den Bericht ihres Mannes über seine KZ-Haft, den die Autorin Gertrude Wickerhauser Lederer aus dessen Erzählperspektive niedergeschrieben hatte: Wickerhauser Lederer: Mein Leben in Oesterreich, S. 215. Für weitere Beispiele, die die Authentifizierungsfunktion der situativen Kennzeichnungen verdeutlichen, siehe Kronenberg: Aus Deutschland vor und unter Hitler, S. 21; Marcus: Mein Leben in Deutschland, S. 98. Karl Löwith untermauerte beispielsweise die nationalsozialistische Gesinnung seines philosophischen Mentors Martin Heidegger, indem er auf dessen Verhalten in privaten Kommunikationssituationen hinwies: „Es war Heidegger mit dem ‚Heil Hitler‘ stockbieder ernst, und selbst private Briefe beschloß er damit." Löwith: Mein Leben in Deutschland, S. 39.
[77] Vgl. ebd., vor S. 129 (Abdruck des Flugblatts; Hervorheb. i. O.).
[78] Allerdings lässt sich aus dem Kommentar auch ablesen, dass der zuständige Bearbeiter – vielleicht aus Gründen mangelnder Sprachkenntnis – Grünebaums Aussage über den Oberamtsrichter zum Teil fehlinterpretiert hatte. Grünebaum bezog die bitteren Worte des Richters auf die Verfolgung der Juden in Wenings. Der Bearbeiter sah sie in erster Linie als Auskunft über die antisemitischen Tendenzen seiner Mitarbeiter und die Untergrabung seiner Autorität. Vgl. Grünebaum: Mein Leben in Deutschland (Auswertungen).

am Dresdener Hygiene-Museum für den schlechten äußeren Zustand des Manuskripts und äußerte anschließend seine Bedenken bezüglich des wissenschaftlichen Mehrwerts der Autobiographien. Sofern nicht ehemalige Nationalsozialisten an dem Wettbewerb teilnähmen, würde der bisherige Erkenntnisstand über das nationalsozialistische Regime nicht entscheidend vorangetrieben werden können. Der im Flugblatt geäußerte Wunsch, die Glaubwürdigkeit der Erinnerungen mit Hilfe von Zitaten aus Briefen, Notizbüchern oder Tagebüchern zu belegen, sei darüber hinaus kaum erfüllbar gewesen: „Tagebuchnotizen – vor denen hat man sich gehütet, auf die wurde mit Vorliebe gefahndet, weil man annahm, dass man da offene Aussprache finden könne, und Namen!"[79]

Neustätters Einschränkungen mögen primär darauf gerichtet gewesen sein, bei den Ausrichtern des Wettbewerbs um Verständnis zu werben, da er seinem Bericht die von den Amerikanern erhofften Dokumente nicht beigelegt hatte. Mit dem erklärenden Hinweis auf die Angst vor dem Tagebuchschreiben griff er jedoch einen geläufigen Topos zur Deutung des Nationalsozialismus auf, der auch die Niederschrift seiner Autobiographie zu weiten Teilen strukturierte. In dieser Deutung handelte es sich beim NS-Staat um einen totalen Überwachungsstaat, dessen einzelne Elemente sich zu einer gleichsam lückenlosen Kontrolle der deutschen Bevölkerung zusammenfügten. Dass politische Kommunikation sich in einen als ‚privat' chiffrierten Binnenraum verlagerte, bedeutet also nicht, dass dieser Binnenraum nicht auch als ein ‚umkämpfter' Bezirk konstruiert wurde. Im Gegenteil: Die autobiographische Deutung des Nationalsozialismus als ein ‚totalitäres' System ordnete auch private Lebensbereiche dem umfassenden Kontrollanspruch des Regimes zu.

An mehreren Stellen flocht Neustätter Episoden in das Manuskript ein, die das Ausmaß der Überwachung und ihre Auswirkungen auf das Verhalten der Bevölkerung bis in das Privatleben hinein dokumentieren sollten. „Gedanken sind auch in Deutschland heute noch frei – sofern sie nur Gedanken bleiben", konstatierte der Autor zu Beginn eines solchen Abschnitts, um diese Aussage anschließend mit den entsprechenden Beispielen zu belegen. Zuerst kam Neustätter auf die Kontrolle des Briefverkehrs zu sprechen. Briefe seien geöffnet und vorsichtig wieder geschlossen oder mit Röntgenstrahlen durchleuchtet worden, Privatkorrespondenz ins Ausland habe ihre Empfänger mit dem Vermerk „Zwecks Devisenkontrolle geöffnet" erreicht. Vor allem die Post von „Juden und sonstige[n] Verdächtige[n]" sei auf Grundlage einer Namensliste überprüft worden, wusste der Autor zu berichten. Anschließend leitete er zu seinem eigenen biographischem Erfahrungshintergrund über. Obwohl er sich mit seinem in München lebenden Schwager über eigentlich „ganz legale Fragen" zur Auswanderung austauschen wollte, hätten beide es vorgezogen, diese Angelegenheit bis zu einem persönlichen Treffen zu

---

[79] Vgl. Neustätter, Otto: Schreiben an Sidney B. Fay v. 30. 03. 1940, Houghton Library (Harvard University), bMS Ger 91 (166), Zugriff am 23. 09. 2008 im Archiv des Zentrums für Antisemitismusforschung der Technischen Universität Berlin.

verschieben.[80] Damit verdeutlichte der Emigrant, dass seine Beobachtungen nicht abstrakte und lebensferne Feststellungen bildeten, sondern er selbst auch die Überwachung seiner privaten Korrespondenz befürchtet hatte.

Im Haus, fuhr Neustätter in der Auflistung der Überwachungsinstrumente fort, sei man ängstlich gewesen, ob bei einer routinemäßigen Telefoninspektion ein „Dictaphon" eingebaut worden sei. In diesem Punkt bezog sich der Autor auf die Erlebnisse eines Bekannten, dem bei seiner Vernehmung ein entsprechendes Gesprächsprotokoll vorgelegt worden sei. Der Apparat, so heißt es an einer anderen Stelle, habe es der Gestapo sogar erlaubt, das Hören verbotener Radiosender nachzuweisen.[81] Außerdem wies Neustätter darauf hin, dass das von den Nationalsozialisten installierte „Spionagesystem" auch aus den NSDAP-Mitgliedern bestand, die von ihrer Parteileitung verpflichtet worden seien, über 50 Leute aus ihrer Nachbarschaft „Buch zu führen" und verdächtiges Verhalten zu berichten. Unterstützt worden seien sie von den Luftschutzwarten, die für jedes Haus aufgestellt wurden und Anordnungen der Partei durchzuführen hatten.[82] Das installierte Blockwartsystem veranlasste eine andere Teilnehmerin am Harvard-Wettbewerb, die ehemalige Sozialdemokratin Käte Frankenthal, zu der Aussage, von „den Abfällen, die in den Mülleimer geworfen wurden, bis zu der Zeitung, die ins Haus gebracht wurde", sei „nichts mehr Privatangelegenheit" gewesen.[83]

Neustätter bemühte sich, den Harvard-Wissenschaftlern ein Bild vom ‚Dritten Reich' zu zeichnen, das die umfassende Überwachung der deutschen Bevölkerung beinhaltete und sich keineswegs auf die offiziellen Instanzen wie Polizei und Partei als Kontrollinstrumente beschränkte. Ebenso gerieten mit dem Phänomen der Denunziation gesellschaftlich praktizierte Formen der Sozialkontrolle in den Blick.[84] Dabei spielten die Angst vor der Überwachung und Gerüchte über die Methoden eine ebenso große Rolle wie die tatsächlichen Überwachungserfahrungen selbst. Darauf weist nicht nur die Erwähnung hin, dass Neustätter seine eigene Korrespondenz eingeschränkt habe, sondern auch das vermeintliche Abhörgerät im Telefon. Im Deutungshorizont von Neustätter und anderen Autobiographinnen und

---

[80] Vgl. ebd., S. 55.
[81] Vgl. ebd., S. 9. Auch Ernst Marcus, Frederick Goldberg und Hans Reichmann griffen das Gerücht vom ‚verwanzten Telefonapparat' auf. Sie zweifelten an der Wahrheit des Gerüchts, bestätigten aber dennoch, dass es das Verhalten der Menschen beeinflusst habe. Vgl. Marcus: Mein Leben in Deutschland, S. 48 f., 115; Goldberg: Mein Leben in Deutschland, S. 52 f.; Reichmann: [Autobiography], S. 105.
[82] Vgl. Neustätter: Mein Leben in Deutschland, S. 16. Zum Blockwartsystem siehe Schmiechen-Ackermann, Detlef: Der „Blockwart". Die unteren Parteifunktionäre im nationalsozialistischen Terror- und Überwachungsapparat, in: Vierteljahrshefte für Zeitgeschichte 48 (2000), S. 575–602. Dass vor allem in Exilberichten der tatsächliche Machtumfang der Gestapo überschätzt wurde, betont Herbert Wagner. Siehe Wagner, Herbert: Die Gestapo war nicht allein… Politische Kontrolle und Staatsterror im deutsch-niederländischen Grenzgebiet 1929–1945 (= Anpassung – Selbstbehauptung – Widerstand, Band 22), Münster 2004 (zugl. Diss. Fernuniv. Hagen 2002), S. 93.
[83] Vgl. Frankenthal: Der dreifache Fluch, S. 232.
[84] Vgl. Neustätter: Mein Leben in Deutschland , S. 55.

Autobiographen versuchte das NS-Regime, das Leben ihrer Bürger bis in die letzte Ecke des Privatlebens hinein zu kontrollieren.

Semantiken der Selbstkontrolle und das Wissen um private Kommunikationssituationen

Das Überwachen stellte indes keine einseitige Praxis von staatlichen Akteuren, Parteimitgliedern oder ihren Helfern in der Bevölkerung dar. Ein großer Mehrwert der Harvard-Manuskripte besteht darin, dass sie die Bedeutung der Überwachung als eine selbstbezogene Praxis der Überwachten dokumentieren. Die Angst vor Überwachung und Denunziation zieht sich wie ein roter Faden durch eine Vielzahl der vorliegenden Autobiographien und äußert sich in der gebräuchlichen Wendung des ‚unbedachten Wortes' sowie zahlreichen Mahnungen, man solle ‚vorsichtig' im Umgang mit anderen Personen sein. Die Autobiographinnen und Autobiographen wiesen mit solchen Semantiken der Selbstkontrolle das Kommunikationsverhalten als Gegenstand ständiger Selbstbeobachtung und -regulierung aus: Inhalt, Adressatenkreis und Ort der Kommunikation galt es im Deutungshorizont der Harvard-Autorinnen und -Autoren vor einem möglichen Austausch zu bedenken. Als so dringend empfanden manche Zeitgenossen die Notwendigkeit, die eigene Kommunikation zu kontrollieren, dass sie selbst in öffentlichen Räumen vor den Gefahren unvorsichtiger Äußerungen warnten. Der erst 27-jährige jüdische Emigrant Harry Kaufman berichtete über einen katholischen Pfarrer, er habe die Gottesdienstbesucher gewarnt, „im Umgang mit Fremden sehr vorsichtig zu sein und nichts zu sagen, was ihnen später zum Schaden sein könne, da Vorsicht in heutiger Zeit sehr am Platze sei".[85]

Zum einen lässt sich dieser Befund als eine Gegenstrategie der Überwachten interpretieren: Die Kontrolle der eigenen Kommunikation sollte die erwarteten Nachteile verhindern, die aus einem unvorsichtigen Gespräch erwachsen konnten.[86] Daher lassen sich Ausdrücke wie ‚vorsichtig sein', ‚offen reden' oder ‚unbedachtes Wort' auf einer methodologischen Untersuchungsebene als Indikatoren operationalisieren. Der Gebrauch dieser Ausdrücke verrät, ob im Deutungshorizont der jeweiligen Autorin oder des jeweiligen Autors eine vertrauliche Kommunikationssituation vorlag oder nicht. Zum anderen deuten die zahlreichen Hinweise auf Selbstkontrolle darauf hin, dass das Wissen darüber, welche Situationen

---

[85] Vgl. Kaufman: Mein Leben in Deutschland, S. 13.
[86] Eine andere Gegenstrategie, die den vertraulichen Charakter von Kommunikation sicherstellen sollte, bestand in der Verwendung von Codewörtern. Einige Autorinnen und Autoren berichteten auch hiervon. Siehe insbesondere Frankenthal: Der dreifache Fluch, S. 189. Über Strategien der Verschleierung als Teil des Tagebuchschreibens in totalitären Systemen siehe Kämper, Heidrun: Telling the Truth: Counter-Discourses in Diaries under Totalitarian Regimes (Nazi Germany and Early GDR), in: Willibald Steinmetz (Hg.): Political Languages in the Age of Extremes, Oxford 2011, S. 215–241. Einen allgemeinen Überblick zu den Tarnungs- und Verschleierungstaktiken im Nationalsozialismus bietet Bauer: Sprache und Sprachlosigkeit, S. 137–164.

noch als private, mithin vertrauliche Situationen aufzufassen waren, für die Zeitgenossen einen hohen Stellenwert einnahm.[87]

Otto Neustätter berichtete in seinen Erinnerungen von einem Bekannten, dessen berufliche Position in einer großen Versicherungsfirma aufgrund der KZ-Haft des Sohnes gefährdet war. Da er mit diesem Bekannten aus beruflichen Gründen zu tun hatte, musste er ihn gelegentlich in dessen Büro aufsuchen. Dabei registrierte er die Veränderungen, die sich nach der Machtübernahme in der Versicherung vollzogen hatten. So seien die unteren Posten nun mit SA-Mitgliedern besetzt worden:

„Durch deren Reihen musste man durchgelangen – keine leichte Aufgabe[,] wenn man ohne den Hitlergruss, der an jeder Ecke, übrigens auch in den andern Betrieben der Versicherung, in Banken usw., auf grossen Plakaten mit den Worten vorgeschrieben war: Unser Gruss lautet Heil Hitler! durchkommen wollte – und wenn man schliesslich in sein Zimmer zugelassen wurde, musste man sich sehr vorsehen, keine Bem[e]rkungen zu machen, da er ständig beobachtet wurde."[88]

In dieser Episode erinnerte Neustätter daran, dass Kommunikation für sein Vergangenheits-Ich auch Selbstermahnung bedeutet hatte. Explizit wies er darauf hin, man habe sich ‚sehr vorsehen' müssen, eine Bemerkung über die veränderte Situation in der Firma zu unterlassen. Kurz darauf schilderte er ein Gespräch mit dem Bekannten. Dieser hatte ihm berichtet, das einzig Gute sei gewesen, dass „seine Sekretärin absolut [zu]verlässig zu ihm stand". Auch hier spezifizierte Neustätter die kommunikative Situation, in der ihm diese Information zugetragen worden war: Der Bekannte habe ihm dies „bei einer privaten Unterhaltung ausserhalb des Hauses" mitgeteilt.[89]

Private Unterhaltungen waren für Neustätter also nicht prinzipiell im Nationalsozialismus unmöglich geworden, auch wenn er an anderer Stelle behauptete, es sei „absolut nötig", seine Gedanken für sich zu behalten.[90] Womöglich stellte der Bekannte deswegen eine vertrauenswürdige Person dar, weil er Neustätter von der KZ-Haft seines Sohnes berichtet hatte und kein Fremder war. Eine weitere Passage aus den Erinnerungen dokumentiert demgegenüber die Schwierigkeiten privater Kommunikation mit weniger bekannten Personen – und damit einhergehend auch die Notwendigkeit, Kommunikationssituationen richtig einschätzen zu können. Neustätter illustrierte dies anhand eines zeitlichen Vergleichs. Was man sich im Kaiserreich „im Privatgespräch" über den Kaiser „erlaubte", habe man sich später in einer Unterhaltung über Hitler abgewöhnen müssen – außer im „ganz Vertrauten [sic!] Kreise", wie Neustätter einschränkend bemerkte.[91] Diese Erkenntnis vermittelte der Autor als Folge eines Lernprozesses. Direkt im Anschluss berichte-

---

[87] Hank Johnston verweist darauf, dass in autoritären Regimes die Fähigkeit zur Unterscheidung zwischen privater und öffentlicher Sphäre besonders ausgeprägt sei. Vgl. Johnston, Hank: Talking the Walk. Speech Acts and Resistance in Authoritarian Regimes, in: Christian Davenport/Hank Johnston/Carol M. Mueller (Hg.): Repression and Mobilization (= Social Movements, Protest, and Contention, Band 21), Minneapolis 2005, S. 108–137, hier S. 112.
[88] Neustätter: Mein Leben in Deutschland, S. 8b.
[89] Vgl. ebd., S. 8b.
[90] Vgl. ebd., S. 55.
[91] Vgl. ebd., S. 52.

te er von einem Gespräch über Hitler, das er nach der Machtübernahme mit zwei pensionierten Offizieren geführt hatte. Nicht nur der Inhalt des Gesprächs war in diesem Kontext für den Autor von Belang. Ebenso beschrieb Neustätter sein Verhalten als „sehr vorsichtig und ruhig". Der Autor fokussierte wiederholt das Bemühen seines Vergangenheits-Ichs um Selbstkontrolle. Nachträglich habe er jedoch befürchtet, dass er „noch vorsichtiger" hätte sein sollen. Denn es habe sich herausgestellt, dass beide Offiziere „eine recht gute Meinung" über Hitler hatten.[92]

Den geschilderten Episoden lässt sich entnehmen, dass das Wissen darüber, wann eine Kommunikationssituation einen privaten, also vertraulichen Charakter hatte und in welchen Situationen Vorsicht angebracht war, für Neustätter von fundamentaler Bedeutung im Alltagsleben des Nationalsozialismus war. Jedoch waren nicht immer die dafür notwendigen Informationen gegeben: Neustätters Vergangenheits-Ich hatte seine Gesprächspartner, und damit auch den Grad an Vertraulichkeit, falsch eingeschätzt und befürchtete anschließend die möglichen Konsequenzen.

Freundschaft, privater Wohnraum und Familie – Kriterien vertraulicher Kommunikationssituationen?

Blickt man auf die erinnerten Kommunikationssituationen, in denen die Autorinnen und Autoren Semantiken der Selbstkontrolle gebrauchten, so liefert dies Hinweise auf die Kriterien, die in ihrem Deutungshorizont für oder gegen den privaten und vertraulichen Charakter einer Unterhaltung sprachen. Wie stand es in dieser Hinsicht mit ‚Freundschaft', ‚Familie' und ‚Haus' als die semantischen Kernbereiche des Privaten?

Einige Autorinnen und Autoren verwendeten Semantiken der Selbstkontrolle ebenfalls, wenn sie über Gespräche zwischen Freunden berichteten. Das private Beziehungskonzept ‚Freundschaft' stellte in diesen Fällen kein Kriterium dar, das im Deutungshorizont dieser Autorinnen und Autoren den vertraulichen Charakter des Austauschs sicherstellte. Frederick Weil, der bereits angesprochene Weinhändler aus Frankfurt am Main, erinnerte sich, dass er sich auch im Gespräch mit „guten Freunden", insbesondere „arischen Freunden, die Beamte im Staat Hitlers waren", „sehr vorsichtig" ausgedrückt habe.[93] Einer ihrer Verwandten, so die Münchnerin ‚Aralk', habe wegen „einer Aeusserung" im Gefängnis gesessen, „die er im Kreise von Freunden hatte fallen lassen".[94] Demgegenüber differenzierte Harry Kaufman zwischen „Fremden" und „oberflächlich Bekannten", vor denen man sich aus „Angst vor den Spionen der Gestapo" gehütet habe, ein „unbedachtes Wort zu sprechen", und „zuverlässigen Freunden", denen man etwas habe „anver-

---

[92] Vgl. ebd., S. 52. Für eine ähnliche Episode siehe ebd., S. 79.
[93] Vgl. Weil: Justitia Fundamentum Regnorum, S. 30.
[94] ‚Aralk': Mein Leben in Deutschland, S. 65. Weiter heißt es dort: „Der Mann hatte geaeussert bei seinen jahrzehnten alten Freunden am Stammtisch, dass wenn Hitler eines Tages nicht mehr am Ruder sein wird, die Freunde sehen werden wie durch dessen Politik Deutschland in seinen Truemmern zerfallen wird. Die Denunziation der lieben Freunde brachten ihn ins Gefaengnis."

trauen" können.⁹⁵ Das Adjektiv ‚zuverlässig' zeigt allerdings, dass auch Kaufman ‚Freundschaft' nur mit Vorbehalt als Unterscheidungsmerkmal anführte.

Der Arzt Albert Dreyfuss berichtete von einem Besuch bei seiner ehemaligen nichtjüdischen Hausangestellten. Auf die damalige Situation angesprochen, soll deren Ehemann bemerkt haben: „‚Wissen Sie, über Politik unterhalte ich mich mit meiner Frau nur abends ganz leise im Bett! DA hört uns Niemand. Sonst rede ich mit keinem Menschen darüber. Sagt man einmal ein unüberlegtes Wort draussen, gleich lebt man in Angst, denunziert zu werden und dann nehmen sie mir auch noch meine kleine Rente.'"⁹⁶ Die von Dreyfuss gezogene Grenze zwischen Innen und Außen trennte auch unterschiedliches Kommunikationsverhalten: Außerhalb des Hauses herrschte demnach die Gefahr, aufgrund eines ‚unüberlegten Wortes' verhaftet zu werden, weswegen das Ehepaar politische Gespräche angeblich nur noch im abgeschirmten Binnenraum des eigenen Hauses hielt. Manche Zeitgenossen verinnerlichten diese Grenze bereits in den ersten Monaten der Machtübernahme. Victor Klemperer berichtete am 18. März 1933 von einem Besuch bei Freunden, man habe über Politik gesprochen, allerdings „mit Vorsicht, da die Fenster offen standen".⁹⁷

Konstruierte Dreyfuss den privaten Wohnraum als einen sicheren Ort politischer Gespräche, berichtete der einstige CV-Mitarbeiter Hans Reichmann von gegenteiligen Erfahrungen. Den Hintergrund bildete das bereits angesprochene Gerücht, wonach in den Telefonapparaten Abhörgeräte installiert worden seien, die noch bei aufgelegtem Hörer die Gespräche der Anwesenden aufgezeichnet hätten. Er selbst zweifelte an der Wahrheit des Gerüchts, beobachtete jedoch, dass Besucher in seiner Wohnung oft „erregt" zusammenschreckten, „wenn sie sich selbst bei einer scharfen politischen Bemerkung ertappten und dann sahen, dass in dem Zimmer das Telefon stand".⁹⁸

Wie stand es mit der Familie? Hatte sie im Erfahrungsraum der Harvard-Autorinnen und -Autoren den Charakter eines Unterscheidungskriteriums, mit dem im Alltagsleben vertrauliche Kommunikationssituationen identifizierbar waren? Zu den gängigen Topoi der Autobiographien gehört der desaströse Einfluss der NS-Politik auf das nichtjüdische Familienleben.⁹⁹ Regelmäßig berichteten jüdische und nichtjüdische Autorinnen und Autoren von der Angst nichtjüdischer Eltern, ihre Kinder könnten sie wegen einer kritischen Bemerkung bei den politischen Führern der Hitlerjugend oder den Lehrern anzeigen. Semantiken der Selbstkontrolle finden sich daher auch in den Schilderungen des nichtjüdischen Familienlebens. So habe ein sozialdemokratischer Vater es „nicht mehr wagen" können, in Anwesenheit des Sohnes, der ein HJ-Mitglied war, „in seinem eigenen

---

[95] Kaufman: Mein Leben in Deutschland, S. 22. Siehe auch Reichmann: [Autobiography], S. 73.
[96] Dreyfuss: Mein Leben in Deutschland, S. 32 (Hervorheb. i. O.).
[97] Vgl. Klemperer, Die Tagebücher, S. 87.
[98] Vgl. Reichmann: [Autobiography], S. 105.
[99] Zur Thematisierung der nichtjüdischen Familie in den Autobiographien siehe das Kapitel VII.2.

Heim offen zu sprechen", konstatierte etwa der jüdische Autobiograph Frederick Goldberg. Häufig seien Väter aufgrund der Anzeige des eigenen Kindes verhaftet und ins Konzentrationslager verschleppt worden.[100] Aus nichtjüdischer Perspektive berichtete ebenfalls Maria Kahle über die Situation in ihrer Familie. Sie hatte einen ihrer Söhne mit Hilfe eines ärztlichen Attests aus der Hitlerjugend genommen, weil sie besorgt den wachsenden Einfluss auf den Jungen registriert hatte – und nicht, wie sie sicherstellte, weil sie „gewollte oder ungewollte Denunziationen fürchteten": In der Gegenwart des Jungen sei „nie über Politik gesprochen" worden.[101] Die Denunziation hatte sie also deswegen nicht gefürchtet, weil sie bereits eine Vorsichtsmaßnahme ergriffen hatte und sich deshalb sicher war, dass ihr Kind keine kompromittierenden Gesprächsinhalte aufgeschnappt haben konnte.

Einerseits stellte das Private in kommunikativer Hinsicht den verbliebenen Ort politischer Gespräche dar, andererseits verdeutlichen die Semantiken der Selbstkontrolle, dass selbst Kernbereiche des Privaten – Familie, Freunde und privater Wohnraum – häufig nicht als zuverlässige Kriterien eines vertraulichen Gesprächs beurteilt wurden. Das Private pendelte unter kommunikativen Vorzeichen zwischen zwei Polen: dem der Aufwertung als verbliebener ‚Ort' politischer Gespräche einerseits, und dem der Fragilität infolge einer wahrgenommenen Bedrohung andererseits.

5. Zusammenfassung

Die jüdischen und die – weitaus meisten – nichtjüdischen Teilnehmer des Autobiographie-Wettbewerbs teilten einen Erfahrungsraum, aus dem heraus sie Überwachung, Denunziation und systemkritische Kommunikation thematisierten. Als unmittelbar oder mittelbar Verfolgte des Regimes sind in beiden Gruppen die wesentlichen Befunde vorhanden: die Kriminalisierung politischer Phänomene, die semantische Unbestimmtheit des Politikbegriffs, die situative Kennzeichnung systemkritischer Sprechakte als ‚privat' und schließlich auch die Semantiken der Selbstkontrolle. Generationen- oder geschlechterspezifische Schreibweisen lassen sich nicht ausfindig machen. Die Ergebnisse der vorangegangenen Untersuchung sind vor diesem Hintergrund auf zwei Ebenen angesiedelt.

Zunächst stellten die Semantiken des Privaten nicht nur sprachliche Bausteine dar, mit denen die Autobiographinnen und Autobiographen eine nahe Vergangenheit schilderten. Im Kontext des Preisausschreibens authentifizierten die situativen Kennzeichnungen von privaten Gesprächssituationen auch den Inhalt des Ge-

---

[100] Vgl. Goldberg: Mein Leben in Deutschland, S. 52. Siehe außerdem Dreyfuss: Mein Leben in Deutschland, S. 12.
[101] Kahle, Maria: Mein Leben in Deutschland vor und nach dem 30. Januar 1933, Kew Surrey (England) 1940, Houghton Library (Harvard University), bMS Ger 91 (101), Zugriff am 23. 09. 2008 im Archiv des Zentrums für Antisemitismusforschung der Technischen Universität Berlin, S. 8.

schriebenen gegenüber dem Preisrichtergremium. Grundlage dafür war eine in die Semantik des Privaten eingeschriebene Bedeutungsdimension, die Kenntnisse aus vertraulichen Gesprächen als ‚glaubwürdig' und ‚authentisch' konnotierte und gegenüber Informationen aus der öffentlichen Sphäre aufwertete. Für die Praxis des Autobiographieschreibens waren Semantiken des Privaten also insofern von Bedeutung, als sie den Wahrheitsgehalt ihrer Berichte untermauerten.

Die übrigen Ergebnisse beziehen sich hingegen auf die erzählte Zeit des Nationalsozialismus. Jüdische und nichtjüdische Autorinnen und Autoren berichteten vielfach über die Gefahren des ‚Politisierens'. Die Kriminalisierung systemkritischer Kommunikation erfuhr ihren Niederschlag in der autobiographischen Verwendung des Politikvokabulars und führte zu der Notwendigkeit, die eigenen Sprechakte auf einen vermeintlich systemkritischen politischen Charakter hin abzufragen und das eigene Sprachverhalten zu reflektieren – zumindest, wenn man sich der politischen Einstellung seines Gegenübers nicht sicher war. Die untersuchten Autobiographien legen also den Schluss nahe, dass politische Kommunikation im Nationalsozialismus durch einen hohen Grad an Sprachreflexivität gekennzeichnet war.[102] Erschwerend kam jedoch hinzu, dass die Grenze zwischen einer politischen und einer nicht-politischen Aussage im semantischen Horizont einiger Autorinnen und Autoren bisweilen ‚unsichtbar' geworden war, die Unterscheidung zwischen einer harmlosen, unpolitischen Bemerkung und einer inkriminierbaren politischen Aussage in diesen Fällen folglich schwerfiel.

Angst vor Überwachung und Denunziation überschattete systemkritische Äußerungen. Politische Gespräche setzten daher aus Sicht der Autorinnen und Autoren voraus, dass private Kommunikationsbedingungen gegeben waren. Dadurch erlangte auch die Fähigkeit an Bedeutung, zwischen privaten und nichtprivaten Gesprächssituationen differenzieren zu können. Regelmäßig berichteten die Schreiberinnen und Schreiber davon, dass sie sich zur Vorsicht ermahnten, wenn sie sich der Vertraulichkeit einer Unterhaltung nicht sicher waren – die Semantiken der Selbstkontrolle sind fester Bestandteil des autobiographischen Schreibens über den Nationalsozialismus. Doch existierte durchaus die Gefahr einer Fehleinschätzung: Etwa wenn ein vermeintlicher Freund sich als Denunziant entpuppte oder die politische Meinung eines Gesprächspartners sich entgegen der eigenen Einschätzung als regimefreundlich erwies.

Der hohe Stellenwert, den politische Kommunikation für die Harvard-Autorinnen und -Autoren einnahm, basierte auf ihrer Orientierungsfunktion. Aus den politischen Gesprächen mit anderen jüdischen oder nichtjüdischen Deutschen sammelten sie Informationen über die gesellschaftliche Situation im ‚Dritten Reich', die ihnen nicht zuletzt dabei halfen, ihre eigene Lage besser einschätzen zu können. Privatgespräche stellten hierfür deshalb den geeigneten Rahmen, weil die

---

[102] Zur Sprachreflexivität als ein Merkmal der politischen Sprache des 20. Jahrhunderts siehe Steinmetz: New Perspectives on the Study of Language and Power, in: ders. (Hg.): Political Languages, S. 3; ders.: Some Thoughts on a History of Twentieth-Century German Basic Concepts, in: Contributions to the History of Concepts 7 (2012), Heft 2, S. 87–100, hier S. 99 f.

daraus gewonnenen Informationen für die Autorinnen und Autoren glaubwürdiger und authentischer waren als etwa die Berichte der öffentlichen Medien. Die hierauf beruhende, in der älteren Forschung bisweilen auftretende Kritik, systemkritische Äußerungen – hauptsächlich in Form der ‚Heimtückerede' – seien in weiten Teilen deshalb unpolitisch oder defizitär gewesen, weil sie durch ihren nichtöffentlichen Charakter kein Potenzial für Widerstand entfalteten, trifft im Fall der hier untersuchten Autobiographien nicht den Kern der Sache. Nicht nur waren solche Äußerungen allein aufgrund ihrer Kriminalisierung im Verständnis der Autobiographinnen und Autobiographen politisch, ebenso wenig kann ihnen ein defizitärer Charakter attestiert werden. Es ging den behandelten Autorinnen und Autoren nicht um Organisation von Widerstandshandlungen, vielmehr sammelten sie Informationen, mit denen sie sich ein möglichst präzises Bild von ihrer Umwelt machen konnten. Auch in diesem Fall ergab sich jedoch ein Problem, hatte sich doch der ‚kommunikative Spielraum' des Privaten, aus dem solche Informationen gewonnen werden konnten, zusehends verengt. Dass ein Gespräch innerhalb der eigenen vier Wände, zwischen Freunden oder im Familienkreis stattfand, stellte jedenfalls im Erfahrungsraum einiger Autorinnen und Autoren keine Garantie für die Existenz einer privaten Kommunikationssituation dar.

Zusammengefasst brachte der Nationalsozialismus für die Harvard-Autorinnen und -Autoren ein ‚kommunikatives Dilemma' hervor. Die Berichte zeugen davon, dass einerseits bestimmte ‚Wissensformationen' für das Leben im Nationalsozialismus von hoher Relevanz waren, andererseits der Erwerb dieses Wissens erschwerten Bedingungen unterlag. So erforderte die Kriminalisierung systemkritischer Sprechakte ein erhöhtes Maß an kommunikativer Selbstkontrolle, gleichzeitig erschwerte die semantische Unbestimmtheit des Politikbegriffs die Unterscheidung zwischen einer gefährlichen politischen und einer harmlosen unpolitischen Aussage. Angst vor Denunziation und Überwachung stellte hingegen die Fähigkeit, den vertraulichen Charakter einer Gesprächssituation einzustufen, auf die Probe. Und während Informationen über die gesellschaftliche und politische Lage an Wert gewannen, verengte sich der Raum, innerhalb dessen sie gesammelt werden konnten.

Welches Konzept des Privaten dominierte das autobiographische Schreiben über systemkritische Kommunikation? Zweifellos bildet das Private im Sinnhorizont der Autorinnen und Autoren einen Gegenstand staatlicher sowie gesellschaftlicher Überwachungspraktiken. Dieses Wahrnehmungsmuster bedingte schließlich auch die verstärkte Reflexion des eigenen Sprechens. Die autobiographischen Dokumente geben allerdings ebenso Aufschluss darüber, dass von einer ‚totalen Durchdringung' privater Kommunikation nicht die Rede sein kann. Und dies nicht nur deshalb, weil viele Zeitgenossen das Ausmaß an Denunziation und Überwachung überschätzten. Dem befürchteten Zugriff durch Gestapospitzel und der Gefahr einer Denunziation versuchten sie zu entgehen, indem sie Unterhaltungen auf ihren vertraulichen Charakter hin prüften. Je nach Einschätzung unterwarfen sie sich einer Selbstkontrolle oder führten ein offenes Gespräch ‚unter vier Augen'. Unter Rückgriff auf Eigen- und Fremderfahrungen vermittelten die Autorinnen und Autoren den privaten Kommunikationsraum als einen ‚umkämpften

Bezirk' im Nationalsozialismus, der von außen beständig in Frage gestellt wurde, von innen her jedoch bei allen Schwierigkeiten in vielen Fällen erfolgreich verteidigt wurde – darauf verweisen nicht zuletzt die vielfach ‚unter vier Augen' gewonnenen Informationen, die die Autorinnen und Autoren in ihren Dokumenten an die Harvard-Wissenschaftler weiterreichten.

Hier konnte der Aspekt der politischen Kommunikation nur in Ausschnitten beleuchtet werden. Gerade die Frage, ob bzw. wie nicht verfolgte Deutsche die politische Sprache des Regimes in ihre Alltagssprache einflochten oder sich davon distanzierten, enthält immer noch ein großes Forschungspotenzial.[103] Insgesamt bedarf es noch Studien, die das sprachliche Wechselspiel zwischen dem Regime und der Bevölkerung bei der Etablierung, Aneignung, Modifizierung, Unterwanderung oder Ablehnung bestimmter Redeweisen untersuchen. Solche Studien könnten, wie Ralph Jessen etwa am Beispiel der DDR gezeigt hat, weiteren Aufschluss über die Stabilität oder Instabilität diktatorischer Regimes geben.[104] Vor diesem Hintergrund müsste freilich die soziale Reichweite des aufgezeigten kommunikativen Dilemmas ermittelt werden. Sollte sich herausstellen, dass sich die Alltagskommunikation in weiten Bevölkerungskreisen durch ähnliche gegenläufige Tendenzen auszeichnete, wäre weiter zu erforschen, ob sich in der Folge ritualisierte Redeweisen etablieren konnten, die diese Unsicherheit reduzierten und die Herrschaft kurzfristig stabilisierten.[105] Ego-Dokumente, aber auch literarische Werke, ermöglichen einen Zugriff auf die individuellen Umgangsweisen mit den sprachlichen Herausforderungen in nicht-pluralistischen Regimes.[106]

---

[103] Als ein Beispiel dafür siehe Müller, Sven O.: Deutsche Soldaten und ihre Feinde. Nationalismus an Front und Heimatfront im Zweiten Weltkrieg, Frankfurt a. M. 2007. Sven Oliver Müller untersucht darin, wie politisch-ideologische Deutungsmuster des Nationalsozialismus die Wahrnehmung deutscher Soldaten an der Ostfront formten. Dass Juden während des Nationalsozialismus durchaus sprachliche Gegenstrategien zu den diffamierenden Sprachmustern der Nationalsozialisten entwickelten, zeigt Pegelow Kaplan, Thomas: The Language of Nazi Genocide. Linguistic Violence and the Struggle of Germans of Jewish Ancestry, Cambridge 2009.

[104] Siehe Jessen, Ralph: Diktatorische Herrschaft als kommunikative Praxis. Überlegungen zum Zusammenhang von „Bürokratie" und Sprachnormierung in der DDR-Geschichte, in: Alf Lüdtke/Peter Becker (Hg.): Akten. Eingaben. Schaufenster. Die DDR und ihre Texte. Erkundungen zu Herrschaft und Alltag, Berlin 1997, S. 57–75, und Kott, Sandrine: Entpolitisierung des Politischen. Formen und Grenzen der Kommunikation zwischen Personen in der DDR, in: Moritz Föllmer (Hg.): Sehnsucht nach Nähe. Interpersonale Kommunikation in Deutschland seit dem 19. Jahrhundert, Stuttgart 2004, S. 215–228.

[105] Ralph Jessen und Willibald Steinmetz argumentieren, dass solche ritualisierte Redeweisen Diktaturen zunächst festigten, später jedoch schwächten, weil sie das ‚Krisenmanagement' der Regime beeinträchtigten. Vgl. Jessen: Diktatorische Herrschaft als kommunikative Praxis, S. 67 f., 75; Steinmetz: New Perspectives on the Study of Language and Power, in: ders. (Hg.): Political Languages, S. 5, 26–30, 44–46. Die kürzere Dauer des Nationalsozialismus im Vergleich zur Sowjetunion und der DDR sowie der Umstand, dass er sich nicht zu einer posttotalitären Gesellschaft entwickelte, wird jedoch verhindert haben, dass etwaige ritualisierte Sprechweisen die Herrschaft schwächten.

[106] Willibald Steinmetz liest etwa den Roman *Leben und Schicksal* des jüdisch-russischen Autors Wassili Grossmann (1905–1964) als Ausdruck generalisierter Fremd- und Eigenerfahrungen, der Informationen über Kommunikationsmuster im Stalinismus enthält. Vgl. ebd., S. 13–20.

VII. ‚Familie': Identitäten und Gemeinschaften

1. Die Historisierung der eigenen Familie

Familiengeschichte und Ahnenforschung im Nationalsozialismus

In der autobiographischen ‚Vergeschichtlichung' der eigenen Familie spiegelt sich ein verbreitetes Phänomen der NS-Zeit. Sowohl jüdische als auch nichtjüdische Deutsche betrieben aus unterschiedlichen Motivlagen heraus verstärkt Familienforschung. Zum Teil ergab sich dies aus den Erfordernissen der nationalsozialistischen Gesetzgebung. Das ‚Gesetz zur Wiederherstellung des Berufsbeamtentums' verlangte beispielsweise von den Beamten des Reiches, der Länder und Gemeinden die genealogische Aufschlüsselung der eigenen Person bis zu den Großeltern.[1]

Bis 1936 hatte ein Großteil der nichtjüdischen Deutschen damit begonnen, für sich einen ‚Ahnenpass' zu erstellen, der dem Inhaber möglichst eine ‚arische' Identität bescheinigen sollte.[2] Rassische Denkmuster und Vorstellungen von individueller Identität verschmolzen hier gleichsam im Familienbegriff.[3] Findige Geschäftsleute wussten aus dem gestiegenen Bedarf Profit zu machen und halfen dadurch, wie Eric Ehrenreich betont, die Idee der ‚arischen' Abstammung zu akzeptieren und zu normalisieren.[4] Während jedoch auf der nichtjüdischen Seite an der Konstruktion eines neuen Selbstverständnisses gearbeitet wurde, stand auf der jüdischen Seite die Auseinandersetzung mit einer – nicht erst seit der Machtübernahme – in Frage gestellten deutschen Identität im Vordergrund.[5]

---

[1] Siehe Erste Verordnung zur Durchführung des Gesetzes zur Wiederherstellung des Berufsbeamtentums (11. 04. 1933), in: Reichsgesetzblatt v. 11. 04. 1933, Teil I, S. 195. Für eine Auflistung wichtiger Gesetze und Bestimmungen, mit denen sich die Notwendigkeit des Abstammungsnachweises verband, siehe Ehrenreich, Eric: The Nazi Ancestral Proof. Genealogy, Racial Science, and the Final Solution, Bloomington 2007, S. 58–61. Allein die Bestimmungen des ‚Blutschutzgesetzes' führten laut Ehrenreich dazu, dass 9 612 239 Heiratswillige zwischen 1936 und 1943 ihre Abstammung belegen mussten.

[2] Laut Peter Fritzsche hatten bis zu diesem Zeitpunkt nahezu alle nichtjüdischen Deutschen hiermit begonnen. Demgegenüber schätzt Ehrenreich vorsichtiger, dass sich der Verkauf von ‚Ahnenpässen' wahrscheinlich in einer zweistelligen Millionenzahl bewegt habe. Vgl. Fritzsche, Peter: Life and Death in the Third Reich, Cambridge/London 2008, S. 76; Ehrenreich: The Nazi Ancestral Proof, S. 73. Einer der jüdischen Autoren, Julius Walter Levi, mokierte sich über die gestiegene Bedeutung des ‚arischen Stammbaums': Vgl. Levi: Mein Leben in Deutschland vor und nach dem 30. Januar 1933, S. 106 f.

[3] Vgl. Fritzsche: Life and Death, S. 76–82.

[4] Vgl. Ehrenreich: The Nazi Ancestral Proof, S. 70–77. Neben unterschiedlichen Versionen von Ahnenpässen erschienen zahlreiche Ratgeber. Auch Berufsgenealogen profitierten von dem zunehmenden Bedarf an beglaubigten genealogischen Dokumentationen.

[5] Das reflektiert auch die jüdische Autobiographik aus der Zeit vor der Machtübernahme. Siehe dazu Gebhardt, Miriam: Das Familiengedächtnis. Erinnerung im deutsch-jüdischen Bürgertum 1890 bis 1932 (= Studien zur Geschichte des Alltags, Band 16), Stuttgart 1999.

Auch die Zeitgenossen reflektierten diese Entwicklung. *Die Monatsschrift für Geschichte und Wissenschaft des Judentums* konstatierte 1934, „die Ereignisse des letzten Jahres" hätten bei breiten Schichten des Judentums zur „Selbstbesinnung" und einem „Wiedererwachen des Familiensinns geführt und damit zur Beschäftigung mit der Familiengeschichte".[6] Ein Jahr darauf rezensierte die *CV-Zeitung* einen neu erschienenen Ratgeber, der eine „genealogische Anleitung für deutsche Juden" sein wollte. Mit diesem Buch sei es leicht, „seiner Väter und ‚Altväter' fachgemäß zu gedenken".[7] Und in seinen Tagebuchaufzeichnungen berichtete Victor Klemperer von seinem jüdischen Bekannten Fritz Marckwald, dieser habe einen Stammbaum angefertigt und im Gespräch mit Klemperer bemerkt, genau „so, wie sich die Arier ein ‚Sippenbuch' anleg[t]en, täte es nun also auch <u>der</u> Jude, sogar der Assimilationsjude".[8] Ein Verwandter Marckwalds, Ludwig Herz, habe 1934 eine etwa 50 Seiten umfassende Familiengeschichte verfasst. Die den Zeitraum von 1430 bis 1930 umfassende Schrift schließe, so zitierte Klemperer aus dem Vorwort, „mit jener Generation, die sich, geistiger u. rechtlicher <u>Entknechtung</u> teilhaftig geworden, dem europäischen Leben u. der deutschen Kultur eingegliedert" habe. Und weiter: „Da aber das dritte Reich über ‚Nichtarische' den alttestamentarischen Fluch ausspricht: ‚Nicht gedacht soll ihrer werden' u. alles auslöschen will, was diese im Großen und im Kleinen geschaffen haben, als wäre es nie gewesen, soll hier der Vorfahren gedacht werden."[9]

Selbstvergewisserung und Bewahrung des Andenkens an die eigenen Vorfahren liefen hier Hand in Hand und wurden geradezu als eine politische Tat empfunden: Die Auseinandersetzung mit der Familiengeschichte sollte einer NS-Politik des ‚gezielten Vergessens' entgegensteuern. Mit ihren familiengeschichtlichen Ausführungen in den zu Beginn des Zweiten Weltkriegs entstandenen Lebensberichten knüpften die jüdischen Autorinnen und Autoren folglich an ein bereits virulentes Zeitphänomen an.[10]

---

[6] Anon.: Jüdische Familienforschung, in: Monatsschrift für Geschichte und Wissenschaft des Judentums 78 (1934), S. 320.
[7] Ar., F.: Wie mache ich meinen Stammbaum?, in: CV-Zeitung v. 17. 04. 1935, S. 14. Siehe außerdem: Simonis, Rudolf: Die Rückkehr zur jüdischen Familie, in: Das Blatt der deutschen Jüdin. Beiblatt der CV-Zeitung v. 17. 04. 1935, o. P.
[8] Vgl. Klemperer: Die Tagebücher, S. 1928 f. (Hervorheb. i. O.).
[9] Ebd., S. 1928 (Hervorheb. i. O.).
[10] Mitunter wird in den Lebensberichten des Harvard-Wettbewerbs auch dezidiert darauf hingewiesen, dass das Wissen über die familiäre Herkunft erst unter dem Nationalsozialismus gewonnen wurde. So bemerkte zum Beispiel die unter dem Pseudonym ‚Aralk' schreibende Autorin, sie und ihr Mann hätten erst durch die nationalsozialistische Herrschaft ihre „Ahnenforschung" vorgenommen. Vgl. ‚Aralk': Mein Leben in Deutschland, S. 82. Demgegenüber spielen familiengeschichtliche Episoden in den Autobiografien der nichtjüdischen Autoren des Samples keine Rolle.

Familiengeschichte und Biographie: Legitimation einstiger Erwartungshorizonte

„Nie hätte ich es mir träumen lassen, dass ich als Mann von 61 Jahren meine Lebensbeschreibung hier in der heiligen Stadt, in Jerusalem, niederlege, nachdem ich 60 Jahre in Deutschland lebte. Dort wurde ich 1879 in einer Kleinstadt von etwa 12 000 Einwohnern nahe der deutsch-französischen Grenze als 5. der 6 Söhne meiner Eltern geboren. Eine Schwester hatten wir leider nicht. Mein Vater, ein biederer, ehr- & strebsamer kleiner Kaufmann[,] entstammte einer jüdischen Familie, die dort nachweisbar mindestens seit 1743 ständig ansässig war. Meine Mutter, in einer dem Rheine nahen Grossstadt aufgewachsen, tüchtig, klug, rührig und umsichtig, sah ihr Hauptziel darin, ihre 6 Söhne zu rechtschaffenen und brauchbaren Menschen heranzuziehen."[11]

Der chronologischen Grundstruktur ihrer Texte folgend, eröffneten mehrere Autorinnen und Autoren ihre Lebenserinnerungen mit einer familiengeschichtlichen Verortung der eigenen Person. So auch der jüdische Arzt Albert Dreyfuss, aus dessen Manuskript dieses Zitat stammt. Bereits in den ersten Sätzen wird die narrative Leitlinie seiner Autobiographie deutlich. Die Erfahrung eines biographischen Bruches organisierte die Selektion und Niederschrift seiner Erinnerungen. Im retrospektiv aufgefächerten Erwartungshorizont des Vergangenheits-Ichs erschien dieser Bruch zudem nicht antizipierbar: der Autor hätte es sich vorher nie „träumen lassen", im Alter von 61 Jahren in der „heiligen Stadt" Jerusalem seine Lebenserinnerungen zu verfassen. Vor allem konnte Dreyfuss kaum aus einer familiengeschichtlichen Perspektive die Erwartung generieren, er müsse eines Tages, durch äußere politische Zwänge getrieben, aus Deutschland emigrieren. Vor diesem Hintergrund ist der Hinweis zu verstehen, seine Vorfahren väterlicherseits seien „nachweisbar mindestens seit 1743" in einer deutschen Kleinstadt beheimatet gewesen.

Insgesamt interpretierte Dreyfuss den Zeitraum bis zur Machtübernahme Hitlers als eine familiäre Erfolgsgeschichte. Seine Eltern hätten ihre Kinder zu „rechtschaffenen und brauchbaren Menschen" erzogen und, so merkte der Autor im Anschluss an das Zitat an, nicht nur seinen fünf Brüdern zu einer guten kaufmännischen Ausbildung verholfen, sondern ihm selbst sogar das Medizinstudium ermöglicht. Es sei der Stolz seiner Eltern und Brüder gewesen, dass jemand aus der Familie eine akademische Laufbahn habe antreten können.[12] Mit dem Hinweis auf das Medizinstudium gelangten indirekt die Erfolge der rechtlichen Emanzipation der Juden in den Horizont der Familiengeschichte, die nun in der Person des Verfassers weitererzählt wurde: erfolgreiche Absolvierung der Schul- und Studienzeit, ärztliche Niederlassung in einer fränkischen mittelgroßen Stadt, deren wirtschaftliches und gesellschaftliches Zusammenleben der Konfessionen als „ideal" bezeichnet wird, dann die mit dem Eisernen Kreuz geehrte Teilnahme am Ersten Weltkrieg als Truppenarzt. Erst mit dem Aufstieg der NSDAP infolge der politischen und wirtschaftlichen Instabilität der Weimarer Republik kündigte sich in der Interpretation des Autors ein Unheil an, das schließlich mit dem „Don-

---

[11] Dreyfuss: Mein Leben in Deutschland, S. 1.
[12] Vgl. ebd., S. 1.

nerschlag" der Machtübernahme seinen endgültigen Verlauf nahm.[13] Sukzessive verschlechterte sich nun die familiäre Situation des Arztes sowie seine gesellschaftliche und berufliche Position. 1937 gab er seine langjährige Praxis auf.[14]

In diesen narrativen Bogen verortete Dreyfuss die eigene Biographie zunächst als Fortsetzung einer gelungenen Familiengeschichte, die sich parallel zu einer fortschreitenden rechtlichen Emanzipation sowie einer gesellschaftlichen Integration der Juden in die deutsche Mehrheitsgesellschaft vollzog.[15] Die aus diesem Fortschrittsnarrativ heraus entwickelten Erwartungshaltungen gaben Anlass zur Hoffnung, diese Geschichte im eigenen Lebenslauf fortschreiben zu können – bis diese Erwartung durch die nationalsozialistische Herrschaft bitter enttäuscht wurde.

Aufgrund der geradezu idealtypischen Verknüpfung von Familiengeschichte, eigener Biographie und einstigen Erwartungshorizonten stechen die Erinnerungen von Albert Dreyfuss aus dem untersuchten Quellensample hervor. Doch finden sich ähnliche Passagen auch in den Texten anderer jüdischer Teilnehmerinnen und Teilnehmer des Autobiographie-Wettbewerbs. Eine Autorin begann ebenso wie Dreyfuss ihre Erinnerungen mit einer knappen Bemerkung, die die Auswirkungen der Machtübernahme auf ihren Lebenslauf umriss. „Ich wäre heute nicht hier", konstatierte Ida Fanny Lohr mit Blick auf ihr Emigrationsland, die USA, „wäre Hitler nicht zur Macht gelangt." Lohr skizzierte daraufhin ebenfalls ihren einstigen Erwartungshorizont unter Rückgriff auf die Familiengeschichte: „Wir waren so in allen Fasern mit der Heimat verwachsen, dass uns allein der Gedanke, man könne uns sagen, wir müßten diese verlassen, einfach absurd vorkam. Meine Voreltern beiderseits waren seit Generationen Berliner, lebten dort, arbeiteten still und friedlich und haben in weniger stillen und friedlichen Zeiten genau so ihre Haut zu Markte getragen, wie nur je einer der Nazi."[16]

Ida Fanny Lohr und Albert Dreyfuss legitimierten mit ihrer Familiengeschichte einstige Erwartungshorizonte, die sich mit der Machtübernahme zerschlagen hatten – im Unterschied zur jüdischen Autobiographik der Zeit vor 1933, die in der Familiengeschichte nach „kontinuitätsbildenden Motiven" für die eigene Biogra-

---

[13] Vgl. ebd., S. 12 f.
[14] Die Aufgabe der Praxis war gesundheitlichen Gründen geschuldet, die Dreyfuss auf die politische Situation zurückführte. Vgl. ebd., S. 34.
[15] Zur Einbindung der Emanzipation in die Familiengeschichte als Bestandteil der jüdischen Autobiographik vor 1933 siehe Gebhardt: Das Familiengedächtnis, S. 91–96. Die positive Schilderung der Vorkriegsjahre ist weniger eine erzählerische Gegenreaktion auf die schwierigen Jahre des Ersten Weltkriegs, wie Mary Fulbrook argumentiert, sondern erklärt sich vielmehr aus der Schreibperspektive eines jüdischen Deutschen im Jahr 1940. Siehe Fulbrook: Dissonant Lives, Band 1, S. 42.
[16] Lohr: [Mein Leben in Deutschland vor und nach dem 30. Januar 1933], S. 1 f. Siehe außerdem Oppenheimer: Mein Leben in Deutschland, S. 4. Auch der jüdische Autor Harry Kaufman, der zum Zeitpunkt der Niederschrift 27 Jahre alt war, berief sich auf die familiengeschichtliche Verbindung der Juden mit Deutschland und den sich daraus ergebenen Erwartungshorizonten. Siehe Kaufman: Mein Leben in Deutschland, S. 29a.

phie gesucht hatte.[17] Eine ‚gelungene' Familiengeschichte, die im Windschatten rechtlicher und gesellschaftlicher Emanzipationserfolge erfolgte, ließ sich jedoch 1940 nicht mehr in der eigenen Person bis zur unmittelbaren Schreibgegenwart weitererzählen. Vielmehr erwuchs aus dem biographischen Bruch das Bedürfnis, den Gründen auf die Spur zu kommen, auf denen die einstigen Kontinuitätsannahmen beruht hatten.

Familiengeschichtliche Legitimationen des ‚Deutschseins'

Was bereits in dem Zitat von Ida Fanny Lohr anklingt, fand in den Autobiographien anderer Autorinnen und Autoren einen noch stärkeren Niederschlag. Sie benutzten ihre familiengeschichtlichen Ausführungen, um die Ausgrenzung der deutschen Juden aus dem ‚deutschen Volk' als Unrecht zu entlarven. Indem sie auf die eigene Familiengeschichte verwiesen, stellten sie die von nationalsozialistischer Seite postulierte Fremdheit der Juden gegenüber dem ‚deutschen Volk' in ihrer Absurdität bloß.

In diesen Textabschnitten dominiert eine emotional gehaltene und bildhafte Sprache. Enttäuschung und Trauer über die verschiedenen Prozesse der Entrechtung und öffentlichen Diffamierung äußerte die Autobiographin ‚Aralk' sehr eindrücklich. Hinter diesem Pseudonym – vermutlich ein Anagramm für ‚Klara' – stand eine 44-jährige Fabrikantengattin und Mutter dreier Kinder, die bereits früh Emigrationsperspektiven in Palästina sondiert hatte, schließlich jedoch mit ihrem Mann und ihrer Tochter nach dem Novemberpogrom in die Vereinigten Staaten geflüchtet war. Die beiden Söhne hatte sie schon zuvor in die USA geschickt. Im Gegensatz zu Dreyfuss konstruierte ‚Aralk' ihre Familiengeschichte nicht explizit als einen biographischen Vorlauf, an dem das eigene Leben zunächst mühelos anschloss. Stattdessen situierte die Autorin ihre familiengeschichtlichen Ausführungen im Erzählkontext der nationalsozialistischen Zeit. Den Ausgangspunkt bildete die Schilderung eines Vorfalls aus dem Jahr 1933, bei dem ein befreundeter jüdischer Anwalt in Anwesenheit johlender Passanten von SA-Männern gequält wurde. Diese Begebenheit nahm die Autorin zum Anlass, um unter familiengeschichtlichen Vorzeichen ihre Selbstsicht als Deutsche zu problematisieren:

„Meine Traenen fliessen nicht des zugefuegten Leides[,] sondern der Verirrung dieser Menschen [wegen], welche zu mir und ich zu ihnen gehoere. Jener Menschen[,] dessen [sic!] ich mich eins fuehle mit Leib und Seele. Es ist ein Nationalstolz, der seit Generationen in mir wohnt. Der Nationalstolz einer Familie, welche einen nachgewiesenen Stammbaum vom 17[.] Jahrhundert hat. Und nun kommen einige Menschen, die regieren ueber das Volk und deren Zugehoerigkeit als Deutscher. [...] Seht, damit fertig zu werden, war der viel groessere Kampf als die Demuetigungen und Kraenkungen[,] die wir so in Kauf zu nehmen hatten."[18]

---

[17] Vgl. Gebhardt: Das Familiengedächtnis, S. 72.
[18] ‚Aralk': Mein Leben in Deutschland, S. 37 f., siehe außerdem ebd., S. 79. Das Dokument zeichnet sich durch vergleichsweise viele sprachliche Fehler aus, die möglicherweise darauf zurückzuführen sind, dass die Autorin im Umgang mit der Schreibmaschine ungeübt war oder nur wenig Zeit für die Niederschrift hatte.

Ihre Enttäuschung über die Aberkennung ihrer deutschen Identität versprachlichte ‚Aralk' auf verschiedenen Ebenen. Ausdrücke wie ‚Tränen', ‚sich mit jemandem eins fühlen' oder auch ‚Nationalstolz' veranschaulichen vor allem die emotionale Verbundenheit der Autobiographin mit dem deutschen Volk, die – darauf verweist der Präsensgebrauch – bis in die Schreibgegenwart hineinreichte. Die von ihr gedachte Einheit artikulierte sie nicht nur durch die Vereinigungsmetaphorik von ‚sich eins fühlen', sondern darüber hinaus, indem sie den Begriff des Nationalstolzes in einem dezidiert familiengeschichtlichen Horizont platzierte. Mit der metaphorischen Verwendung des Verbs ‚wohnen' stellte die Autobiographin eine Verbindung her, und zwar zwischen dem Individuum und der Familie auf der einen Seite sowie dem deutschen Volk auf der anderen Seite. Über den Generationenbegriff bettete sich die Autorin in eine familienhistorische Linie ein, die ihre Person als Träger eines historisch gewachsenen Nationalstolzes erscheinen ließ. Die Behauptung, dass der Nationalstolz seit Generationen in ihr wohne, untermauerte sie mit dem Hinweis, ihre Familie verfüge über einen „nachgewiesenen" Stammbaum bis in das 17. Jahrhundert. Familiengeschichte, verkörpert in der lebenden Generation, begründete hier das deutsche Selbstverständnis der Autorin.[19] Eingebettet in eine Verfolgungsszene konnte die Autorin mit diesem Vokabular das erfahrene Unrecht der Juden umso deutlicher hervorheben.

Vereinigungsmetaphoriken und emotionale Ausdrücke rahmen familienhistorische Ausführungen in mehreren Autobiographien ein. Bei dem zu Beginn des Zweiten Weltkriegs 51 Jahre alten Lehrer Leo Grünebaum ist etwa von dem „Verwachsensein" der jüdischen Familien mit der christlichen Bevölkerungsgruppe die Rede, jüdische und christliche Elternhäuser in seinem Heimatdorf „gehörten eben seit Generationen zusammen".[20] Der deutlich jüngere, aus Königsberg stammende Arzt Martin Andermann bezeichnete seine familiäre Herkunft als beispielhaft für eine „vollkommene Synthese Deutschtum-Judentum" und fügte hinzu: „Unsere Familie sass jetzt in der vierten Generation in Ostpreussen."[21]

---

[19] Siehe zu der Vorstellung, die Familiengeschichte verkörpere sich in der eigenen Person und sei ursächlich für die deutsche Identität dieser Person, die bei Monika Richarz in Teilen abgedruckten Erinnerungen von Edwin Landau aus dem Harvard-Wettbewerb: „Ich ging zu den Gräbern meiner Eltern, Großeltern und Urgroßeltern und hielt Zwiesprache. Ich gab ihnen alles zurück, was ich vom Deutschtum von drei Generationen empfangen, in mir aufgenommen und gepflegt hatte. Ich schrie ihnen ins Grab: ‚Ihr habt Euch geirrt. Auch ich bin irregeführt worden. Nunmehr habe ich es begriffen, ich bin kein Deutscher mehr. Und was werden meine Kinder sein?' Die Frage blieb offen... Die Grabsteine blieben stumm." Monika Richarz (Hg.): Jüdisches Leben in Deutschland. Selbstzeugnisse zur Sozialgeschichte 1918–1945 (= Band 3), Stuttgart 1982, S. 99–108, hier S. 106.
[20] Vgl. Grünebaum: Mein Leben in Deutschland, S. 2 f.
[21] Andermann: Mein Leben in Deutschland, S. 38. Siehe außerdem Lohr: [Mein Leben in Deutschland vor und nach dem 30. Januar 1933], S. 1 f.; Kronenberg: Aus Deutschland vor und unter Hitler, S. 2; Salzburg, Friedrich: Mein Leben in Dresden vor und nach dem 30. Januar 1933. Lebensbericht eines jüdischen Rechtsanwaltes aus dem amerikanischen Exil im Jahr 1940. Bearbeitet und eingeleitet von Sabine Wenzel (= Lebenszeugnisse – Lebenswege, Band 13), Dresden 2001, S. 91; Samuel: Mein Leben in Deutschland, S. 419.

Familiengeschichte erzählten die Autorinnen und Autoren häufig als eine männliche Geschichte. Zitiert wurden hauptsächlich die Taten männlicher, nicht die der weiblichen Vorfahren. Die dabei erinnerten historischen Großereignisse, in denen sich Makrohistorie und Familiengeschichte kreuzten, stellten in der Regel Kriege oder zumindest kriegsähnliche Situationen dar. Dazu gehörte beispielsweise die freiwillige Teilnahme eines Urgroßvaters an den Befreiungskriegen gegen Napoleon auf preußischer Seite oder des Onkels am Deutsch-Französischen Krieg 1870–71.[22] In einem Fall weist die Familiengeschichte gleich zwei verdienstvolle Vorfahren auf: den Vater, Kriegsveteran des Deutsch-Französischen Kriegs, und den Großvater väterlicherseits, der „im Revolutionsjahr 1848 kämpfend auf den Barrikaden" Berlins stand.[23]

Die Verdienste von patriotischen Vorfahren in kriegerischen Auseinandersetzungen eigneten sich hervorragend, um die eigene nationale Identität zu legitimieren. Angesichts dieser Schreibstrategie scheint es weniger überraschend, dass Frauen wie ‚Aralk' auch ihre eigenen Verdienste im Ersten Weltkrieg hervorhoben. ‚Aralk', die an anderer Stelle ebenfalls die gefallenen männlichen Familienmitglieder erwähnte, um ihre Selbstsicht als Deutsche zu rechtfertigen,[24] verglich ihren freiwilligen Lazarettdienst mit dem Fronteinsatz der Männer: „Das Bewusstsein zu helfen und zu lindern, unseren Mann zu stellen, gleich unseren Bruedern an der Front gab uns ungeahnte Kraft."[25] Eine andere Autorin berichtete, sie und die anderen Mädchen hätten es „unendlich" bedauert, keine Jungs zu sein und mit „ins Feld ziehen zu koennen". Doch hätten sie getan, was sie „als Maedels" tun konnten, um dem „Vaterland zu helfen", indem sie viel strickten und jedem, auch nur flüchtig bekannten Soldaten, ein „Liebesgaben-[P]aket" schnürten.[26]

Es war also kein Vorrecht der männlichen Deutschen jüdischer Herkunft, die eigene Biographie – oder zumindest Teile davon – entlang der Leitbegriffe ‚Vaterlandstreue' und ‚Patriotismus' zu erzählen. Auch jüdische Frauen nutzten die Gelegenheit der autobiographischen Reflexion, um auf ihren Dienst für das ‚Vaterland' hinzuweisen, ihre patriotische Gesinnung unter Beweis zu stellen und sich gegen antisemitische Anschuldigungen zu stellen, nach denen die Juden dem Dienst im Ersten Weltkrieg überproportional häufig ferngeblieben seien. Auf der Grundlage autobiographischer Dokumente lässt sich daher an der Vermutung zweifeln, dass

---

[22] Vgl. Altmann: Mein Leben in Deutschland, S. 1; Neustätter: Mein Leben in Deutschland, S. 1.
[23] Vgl. Lohr: [Mein Leben in Deutschland vor und nach dem 30. Januar 1933], S. 2. Martin Andermann stellt ebenfalls seinen Großvater als Barrikadenkämpfer der Märzrevolution vor. Vgl. Andermann: Mein Leben in Deutschland, S. 18. Hier wird der Großvater als Symbol einer in seiner Familie gepflegten „freihheitlichen Tradition" präsentiert, die dem Autor den geistigen Anschluss an die Weimarer Republik ermöglicht haben soll.
[24] Vgl. ‚Aralk': Mein Leben in Deutschland, S. 82.
[25] Ebd., S. 3.
[26] Oppenheimer: Mein Leben in Deutschland, S. 1. Siehe außerdem Baerwald, Alice: Mein Leben in Deutschland vor und nach dem 30. Januar 1933, Cincinnati (Ohio) 1940, Houghton Library (Harvard University), bMS Ger 91 (15), Zugriff am 23. 09. 2008 im Archiv des Zentrums für Antisemitismusforschung der Technischen Universität Berlin, S. 17 f.

jüdische Frauen sich unter anderem deshalb leichter zur Emigration durchringen konnten, weil sie weniger patriotisch und ‚deutsch' gewesen seien als ihre Ehemänner.[27]

2. Die nichtjüdische Familie zwischen Selbst- und Fremdpolitisierung

Die ‚politisierte Familie' in der historiographischen Forschung

In der Diagnose einer ‚politisierten Familie' treffen sich autobiographische Interpretationen der nationalsozialistischen Gegenwart und historiographische Urteile gleichermaßen. Der britische Historiker Richard Grunberger sprach 1972 von einem „weit umfangreicheren Prozess" der „Aushöhlung" des Familienlebens, als in der Vereinnahmung der Familienmitglieder durch die bloße Mitgliedschaft in den einzelnen Parteiorganisationen zum Ausdruck komme: Arbeitsdienst, Wehrmacht, HJ-Lager, Pflichtjahr für Mädchen, Beschäftigung von Frauen in der Industrie, zunehmende Überstunden und Schichtarbeit hätten demnach der Auflösung eines binnenfamiliären Lebenszusammenhangs kräftig Vorschub geleistet.[28] Politisch oder religiös unliebsamen Eltern seien zudem ihre Kinder entzogen und der Obhut eines Heimes übergeben worden. Dazu habe die Mitgliedschaft der Eltern bei den Zeugen Jehovas, ihr fortgesetzter freundschaftlicher Verkehr mit deutschen Juden oder auch die Weigerung, das eigene Kind bei der Hitlerjugend anzumelden, genügt.[29] Folgt man Grunberger, dann prägte also zunehmende Atomisierung – im Gegensatz zu einer propagandistisch überhöhten Sakralisierung – die deutschen Familienverhältnisse.

Lisa Pine, die 1997 eine Monographie vorlegte, in der sie die NS-Familienpolitik einer eingehenden Untersuchung unterzog, bilanziert ihre Ergebnisse ganz ähnlich. Die nationalsozialistische Familienpolitik habe, so Pine, unter rassenpolitischen Vorzeichen und zum Zweck der sozialen Kontrolle die Auflösung der Familie angestrebt – und dies mit großem Erfolg: „The legacy of the National Socialist

---

[27] Vgl. Kaplan, Marion: Der Mut zum Überleben. Jüdische Frauen und ihre Familien in Nazideutschland, Berlin 2003, S. 101; Quack: Zuflucht Amerika, S. 64. Siehe außerdem allgemeine Überlegungen zu den Mustern der autobiographischen Identitätserzeugung bei Gehmacher, Johanna: De/Platzierungen – zwei Nationalistinnen in der Hauptstadt des 19. Jahrhunderts. Überlegungen zu Nationalität, Geschlecht und Auto/biographie, in: Werkstatt Geschichte 32 (2002), S. 6–30.

[28] Vgl. Grunberger, Richard: Das zwölfjährige Reich. Der Deutschen Alltag unter Hitler, Wien/München/Zürich 1972, S. 251 f.

[29] Vgl. ebd., S. 253. Siehe auch Saar, Stefan C.: Familienrecht im NS-Staat – ein Überblick, in: Peter Salje (Hg.): Recht und Unrecht im Nationalsozialismus, Münster 1985, S. 80–108, hier S. 98.

era for the German family was the ultimate destruction of the private sphere, in physical and practical terms, as well as morally and spiritually."[30]

Problematisch an diesen Urteilen ist jedoch das ihnen implizit zu Grunde liegende Top-down-Modell, das zwischen den politischen Entscheidungen auf der Makroebene und deren lokalen Umsetzungen nur ungenügend differenziert. Aus alltagsgeschichtlicher Sicht hat Michelle Mouton auf die Diskrepanzen zwischen einer nationalsozialistischen familienpolitischen Agenda und deren Implementierung vor Ort hingewiesen. Zwar sei unbestritten, dass der NS-Staat zur Schaffung einer ‚Volksgemeinschaft' das politische und private Leben transformiert habe.[31] Allerdings seien die Zielvorgaben der Nationalsozialisten, eine nationale, rassisch basierte Familienpolitik umzusetzen und so die ideale ‚arische Familie' zu schaffen, auf der lokalen Ebene nicht durchgängig realisierbar gewesen. Der inszenierte Mutterkult habe dem Regime durchaus Glaubwürdigkeit verliehen,[32] aber individuelle Entscheidungen zum Kinderbekommen seien stärker von sozialen, ökonomischen und familiären Umständen abhängig gewesen – und damit kein Ergebnis einer Propaganda, die ‚Mutterschaft' nach rassischen Kriterien zur öffentlichen Pflicht erhob.[33] Hester Vaizey vertieft in ihrer Studie diesen Befund und kommt zu dem Ergebnis, dass die ‚arische Familie' der Vorkriegsjahre weder ihren Sinn für Zusammengehörigkeit noch ihre emotionale Intimität verloren habe.[34]

Bisherige Forschungen pendeln folglich zwischen den extremen Deutungen einer politisierten Familie auf der einen Seite und einer trotz staatlichen Zugriffen weiterhin intakt gebliebenen Kernfamilie auf der anderen Seite. Dabei werden in ihren Urteilen die zeitgenössischen Bedeutungshorizonte von ‚Familie', ‚Staat' und ‚Politik' nicht systematisch berücksichtigt. Gerade auf dem Weg einer semantischen Rekonstruktion dieser Termini im autobiographischen Verwendungszusammenhang können jedoch mentalitätsgeschichtliche Erkenntnisse über die zeitgenössischen Verarbeitungs- und Ausdeutungsprozesse der NS-Herrschaft gewinnbringend herausgearbeitet werden. Für viele Harvard-Autorinnen und

---

[30] Pine, Lisa: Nazi Family Policy. 1933–1945, Oxford/New York 1997, S. 183. Siehe für eine differenziertere Position Saldern: Victims or Perpetrators?, S. 145–152.

[31] Vgl. Mouton, Michelle: From Nurturing the Nation to Purifying the Volk. Weimar and Nazi Family Policy, 1918–1945, Cambridge/New York 2007, S. 15 f.

[32] So die These bei Weyrather, Irmgard: Muttertag und Mutterkreuz. Der Kult um die ‚deutsche Mutter' im Nationalsozialismus, Frankfurt a. M. 1993, S. 216–218.

[33] Vgl. Mouton: From Nurturing the Nation to Purifying the Volk, S. 151 f. Skeptisch gegenüber den vom NS-Mutterschaftsleitbild propagierten pronatalistischen Tendenzen des Regimes ist Gisela Bock. Siehe Bock, Gisela: Antinatalism, Maternity and Paternity in National Socialist Racism, in: David Crew (Hg.): Nazism and German Society 1933–1945, London 1994, S. 110–140, hier S. 132.

[34] Vgl. Vaizey, Hester: Surviving Hitler's War. Family Life in Germany, 1939–48 (= Genders and Sexualities in History), Basingstoke 2010, S. 33. Oral-History-Projekte der 1980er Jahre konstatieren sogar eine Stärkung des Familienzusammenhalts. Siehe Herbert, Ulrich: „Die guten und die schlechten Zeiten". Überlegungen zur diachronen Analyse lebensgeschichtlicher Interviews, in: Lutz Niethammer (Hg.): „Die Jahre weiß man nicht, wo man die heute hinsetzen soll". Faschismuserfahrungen im Ruhrgebiet. Lebensgeschichte und Sozialkultur im Ruhrgebiet 1930 bis 1960, Band 1, Berlin/Bonn 1986, S. 67–96, hier S. 86.

-Autoren war die ‚politisierte Familie' ein Deutungsinstrument, mit dem sie vor allem die Situation nichtjüdischer Familien charakterisierten. Zu ihren gängigen Narrativen gehörte zwar auch die staatliche Durchdringung familiärer Lebenswelten – hier konnten viele Harvard-Berichte an biographische Erfahrungen und einen regimekritischen Gegendiskurs anknüpfen, der bereits vor Kriegsausbruch etwa in Form von Flüsterwitzen kursierte.[35] Insgesamt weist das autobiographische Politisierungsnarrativ jedoch eine weitaus größere Komplexität auf, als es in den vorgestellten Forschungsergebnissen beider Richtungen zum Ausdruck kommt.

Politisierung als Selbstpolitisierung: Die nichtjüdische Familie in der Weimarer Endphase

„Sogar in die letzte Zelle, in die Familie zuhause, brach Streit ein. Öfters erzählten mir besorgte Eltern das Folgende: seitdem man in der Arbeit, in der Freizeit, auf der Strasse, in Gesellschaft und auf den Plakaten meist nur noch von Politik höre und lese, ist auch unsere Familie politisiert. In nicht wenigen Familien war der Vater links organisiert, der erwachsene Sohn aber rechtsradikal. So kam es selbst oft bei Tisch zu Zerwürfnissen."[36]

Mit diesen Sätzen diagnostizierte ein Autobiograph den Zustand der Weimarer Gesellschaft am Vorabend der Machtübernahme. Aber nicht nur ihr Verfasser, der 61-jährige jüdische Arzt Albert Dreyfuss, charakterisierte auf diese Weise die nichtjüdischen Familien Deutschlands in der unmittelbaren Zeit vor der Machtübernahme. Geschlechter- und generationenübergreifend verwendeten die Harvard-Autorinnen und -Autoren das Narrativ der Politisierung, wenn sie über die nichtjüdischen Familien schrieben. Ebenso fand es unabhängig von der individuellen Zugehörigkeit zu den unterschiedlichen Gruppen der NS-Verfolgten seinen Weg in die autobiographische Erinnerung. Das Eröffnungszitat zu Beginn des Kapitels enthält Semantiken, die für einen 61-jährigen Arzt jüdischer Herkunft ebenso abrufbar waren wie für eine 27-jährige, ‚arische' Studentin – ein erster Hinweis auf ihren Verbreitungsgrad im gesellschaftlichen Sprachhaushalt, den bisherige Studien vor allem auf Höhenkammebene sowie im Bereich des intellektuellen und parteipolitischen Diskurses der Weimarer Republik untersucht haben.[37] Da sich semantische Befunde in Autobiographien prinzipiell dem Sprachgebrauch zum Zeitpunkt der Niederschrift zurechnen lassen, verweisen die autobiographischen

---

[35] Siehe hierzu Neustätter: Mein Leben in Deutschland, S. 65. Zur Bedeutung regimekritischer Witze siehe Bauer: Sprache und Sprachlosigkeit, S. 181–202.

[36] Dreyfuss: Mein Leben in Deutschland, S. 8 f.

[37] Siehe vor allem Sellin, Volker: Politik, in: Otto Brunner/Werner Conze/Reinhart Koselleck (Hg.): Geschichtliche Grundbegriffe. Historisches Lexikon zur politisch-sozialen Sprache in Deutschland, Band 4, Stuttgart 1978, S. 789–874; Palonen: Politik als Handlungsbegriff; Marquardt, Sabine: Polis contra Polemos. Politik als Kampfbegriff der Weimarer Republik, Köln 1997 (zugl. Diss. Univ. Münster 1994). Hiervon abweichend jedoch die Aufsätze in Steinmetz, Willibald (Hg.): „Politik". Situationen eines Wortgebrauchs im Europa der Neuzeit (= Historische Politikforschung, Band 14), Frankfurt a. M. 2007.

Momentaufnahmen aus dem Zeitraum 1939/40 auf die Nachhaltigkeit jener Bedeutungsstränge von ‚Politik', die sich spätestens in der Weimarer Republik etabliert hatten.

Darunter fällt eine expansive, auf unpolitische Lebensbereiche ausgreifende Konnotation des Politikbegriffs, die zunächst mit seiner Ausprägung zum Handlungsbegriff[38] eingeleitet wurde und schließlich in der sprachlichen Durchsetzung des transitiven Verbs ‚politisieren' sowie des Substantivs ‚Politisierung' kulminierte.[39] In der Weimarer Republik erfuhr er zusätzlich über die Aufnahme und Verbreitung martialischer Bedeutungskomponenten eine pejorative Zuspitzung, die ihn zusammen mit seiner expansiven Konnotation noch im zeitlich nachgelagerten Schreibhorizont zu Beginn des Zweiten Weltkriegs für eine Beschreibung der nichtjüdischen Familienverhältnisse prädestinierte. Denn erstens ermöglichte er es, die Durchbrechung von Innen/Außen-Verhältnissen zu beschreiben, wie sie in Form der Gegenüberstellung von privatem, familiärem Binnenraum und öffentlichem Leben gegeben waren. Und zweitens ließen sich mit ihm die dargestellten Veränderungsprozesse im Leben deutscher Familien eindeutig negativ als konfliktbelastet konzeptualisieren – eine Eigenschaft, die von den Autobiographinnen und Autobiographen häufig mit dem Politikbegriff assoziiert wurde.

In der Retrospektive der meisten Autorinnen und Autoren gestaltete sich die Endphase der Republik als eine Zeit des politischen Kampfes, dessen Austragungsort längst die institutionalisierte Grenze des Reichstags hinter sich gelassen hatte.[40] Für den jüdischen Arzt Albert Dreyfuss war Politik in der Endphase der Weimarer Republik allgegenwärtig. Außerhalb der Familie, auf der Arbeit, in der Freizeit und in Gesellschaft, so lauten die von ihm nacherzählten Klagen seiner Gesprächspartner, höre und lese man nur noch von Politik. Eine Vielzahl an Belegstellen schließt

---

[38] Im Gegensatz zu Kari Palonens Annahme, der Horizontwandel des Politikbegriffs vom Disziplin- zum Sphären- und Handlungsbegriff sei auf die erste Hälfte des 19. Jahrhunderts zu datieren, verlegen neuere Studien den Beginn dieses Prozesses in die erste Hälfte des 17. Jahrhunderts. Vgl. Steinmetz, Willibald: Neue Wege einer historischen Semantik des Politischen, in: ders. (Hg.): „Politik". Situationen eines Wortgebrauchs im Europa der Neuzeit (= Historische Politikforschung, Band 14), Frankfurt a. M. 2007, S. 9–40, hier S. 30.

[39] Für eine kurze Zusammenfassung der Begriffsgeschichte von ‚politisieren' und ‚Politisierung' siehe Meyer: „...nichts war mehr Privatangelegenheit", S. 398–401. Jörn Leonhard verweist auf die weiter zunehmende Ideologisierung des Politikbegriffs im 20. Jahrhundert und der damit einhergehenden Fragmentarisierung „ideologischer Konzepte" und „sozialer Agenden". Damit im Zusammenhang stünde wiederum die stets kritisch betrachtete semantische Expansion des Begriffs auf neue Lebensbereiche, die in Form von Substantivierungen wie ‚Politisierung' versprachlicht wurde. Vgl. Leonhard, Jörn: Politik – ein symptomatischer Aufriss der historischen Semantik im europäischen Vergleich, in: Willibald Steinmetz (Hg.): „Politik". Situationen eines Wortgebrauchs im Europa der Neuzeit (= Historische Politikforschung, Band 14), Frankfurt a. M. 2007, S. 75–133, hier S. 126 f.

[40] Siehe hierzu Blasius, Dirk: Weimars Ende. Bürgerkrieg und Politik 1930–1933, Göttingen 2005; Schumann, Dirk: Politische Gewalt in der Weimarer Republik 1918–1933, Essen 2001 (zugl. Habil.-Schr. Univ. Bielefeld 1998). Daniel Siemens hat am Beispiel von Horst Wessel sehr anschaulich die Antriebskräfte jener jungen Männer analysiert, die den politischen Kampf auf die Straße getragen hatten: Siemens, Daniel: Horst Wessel. Tod und Verklärung eines Nationalsozialisten, München 2009, S. 85–98.

sich diesem narrativen Muster an. Analysiert man die Verwendung des Politikvokabulars nach dem Vorkommen in den unterschiedlichen erzählten Zeitabschnitten, stößt man auf einen dazu passenden Befund. Im Zeitabschnitt der Weimarer Republik ballen sich die Wortverwendungen von ‚politisch', die in einem Zusammenhang mit der Semantik des Konflikts stehen. Begriffe wie ‚politischer Kampf'[41], ‚politische Schlägereien'[42] oder ‚politischer Gegner'[43] fanden hier Anwendung. Dazu passt, *dass* und *wie* einige Autorinnen und Autoren die politische Kommunikation dieser Zeit thematisierten. Die ‚politische Diskussion' beschrieben sie als eine Tätigkeit des Streitens, Angreifens und Verteidigens, Kommunikationspartner des ‚politischen Gesprächs' erinnerten sie als ‚Gegner' und ‚politische Zwischenrufe' als ‚aggressiv'.[44]

Politik erscheint in diesen Schreibkontexten als etwas dezidiert Nichtstaatliches: Etwas, das sich in Form von Debatten und Diskussionen – aber darüber hinaus auch in gewalttätigen Auseinandersetzungen – in den unterschiedlichsten Sphären des gesellschaftlichen Lebens vollzog und tendenziell dazu neigte, sich auf weitere, bisher als unpolitisch verstandene Bereiche auszudehnen. Der Expansionsprozess des Politischen sowie die von ihm gezeitigten Folgen versahen die Harvard-Autorinnen und -Autoren mit den negativ konnotierten Semantiken des Konflikts – erst recht, wenn es sich bei seinem Gegenstand um die Familie handelte.

Es ist vor diesem Hintergrund gleichermaßen charakteristisch wie aufschlussreich, dass der Arzt Albert Dreyfuss zu Beginn des Zitats bemerkte, „Streit" sei sogar in die letzte „Zelle", das heißt in die Familie, eingebrochen.[45] Charakteristisch, weil er durch den Gebrauch des Verbs ‚einbrechen' das Bild eines gewaltsamen Expansionsprozesses vom Äußeren in das Innere der Familie aufrief. Hierin kommt das bereits dargelegte Denkmuster zum Ausdruck, das die begriffliche Gegensätzlichkeit von Privatem auf der einen sowie Öffentlichem und Politischem auf der anderen Seite in das metaphorische Gegensatzpaar von Innen und Außen kleidete.[46] Und aufschlussreich, weil er mit der metaphorischen Umschreibung

---

[41] Frankenthal: Der dreifache Fluch, S. 114 f.; Gyßling: Mein Leben in Deutschland, S. 91; Herz: Mein Leben in Deutschland, S. 19; ‚Bollmann': Mein Leben in Deutschland, S. 22. Siehe außerdem Andermann: Mein Leben in Deutschland, S. 80.

[42] Vordtriede: „Es gibt Zeiten, in denen man welkt", S. 110.

[43] Ebd., S. 20.

[44] Siehe Littauer: Mein Leben in Deutschland, S. 9; Grünebaum: Mein Leben in Deutschland, S. 16 f.; Koch: Mein Leben in Deutschland, S. 35. Auch Sven Reichardt konstatiert, Politik und Gewalt seien „zunehmend zu kompatiblen Begriffen" geworden. Reichardt, Sven: Faschistische Kampfbünde. Gewalt und Gemeinschaft im italienischen Squadrismus und in der deutschen SA, Köln u. a. 2009 (2. Aufl., zugl. Diss. Freie Universität Berlin 2000), S. 97.

[45] Ideengeschichtlich lässt sich dieses Verständnis von Familie als ‚Keimzelle' der hegelianischen Tradition zurechnen, die im Vergleich zur liberal-individualistischen Denkweise das Private stärker als Beziehungsform konzeptualisierte. Vgl. Seubert, Sandra: Privatheit und Öffentlichkeit heute. Ein Problemaufriss, in: Sandra Seubert/Peter Niesen (Hg.): Die Grenzen des Privaten, Baden-Baden 2010, S. 9–24, hier S. 12–16, insb. S. 14.

[46] Dieses Denkmuster durchzieht die Autobiographien in nahezu sämtlichen privat konnotierten Zusammenhängen wie beispielsweise in der Gegenüberstellung von Haus und Straße oder in Form der abstrakten Termini ‚Privatleben' und ‚öffentliches Leben'. Zur Bedeutung von Innen

der Familie als ‚Zelle' – verstanden als kleinste, lebensnotwendige biologische Einheit im Organismus – ihre gesellschaftsstabilisierende Funktion unterstrich. Unmittelbar vor der zitierten Textpassage hatte Dreyfuss geschrieben, dass der Riss, den die NSDAP tief ins „deutsche Volk" hineingetragen habe, es „immer weiter und unheilkündend" aufgespalten habe.[47] Im Sinnhorizont des Autors stellten also Volk und Familie als Teile eines Organismus zwei interdependente Bezugsgrößen dar. Den Kontrapunkt zu dem übergeordneten Kollektiv des Volkes bildete nicht das Individuum, sondern das Kleinkollektiv der Familie. Verfallserscheinungen des familiären Zusammenlebens waren damit prinzipiell in zwei Richtungen deutbar: sowohl als Symptom wie auch als Ursache einer gesellschaftlichen Krise. Die hinter dem Ausdruck der ‚politisierten Familie' stehenden zentralen semantischen Bezugspunkte stellten indes die Termini ‚Streit' und ‚Zerwürfnisse' dar. Sie füllten den im Verb ‚einbrechen' transportierten Expansionsprozess des Politischen inhaltlich auf und gaben zugleich die Auffassung wieder, dass der Erhalt von Familien – und damit letztlich auch des Volkes – notwendigerweise auf das Vorhandensein einer gegenteiligen Atmosphäre angewiesen sei. Wenn Dreyfuss in dem angeführten Zitat von der ‚politisierten Familie' sprach, war damit der konflikthafte innerfamiliäre Zustand des Zerwürfnisses gemeint, die familiäre Zerstrittenheit untereinander – gewünscht waren hingegen Einheit und Harmonie.[48]

Die autobiographischen Ausführungen des nichtjüdischen Autors Joseph Aust, zu Kriegsbeginn war er 26 Jahre alt und als Konditor tätig, dokumentieren die politische Fragmentierung einer Familie, in der kommunistische, zentrumsnahe und nationalsozialistische Positionen aufeinandertrafen. Aust gehört zu den wenigen deutschen Teilnehmern des Wettbewerbs, die nicht zu der Gruppe der verfolgten Deutschen zählen. Als Konditormaat bei der Deutschen Ost-Afrika-Linie angestellt, geriet er zu Kriegsbeginn in ein englisches Internierungscamp, wo er seine Erinnerungen verfasste. Diese weisen ihn als einen Mitläufer aus, der in der Weimarer Republik zunächst Sympathien für die Kommunisten hegte, sich dann allerdings vom Nationalsozialismus überzeugen ließ.

Auch in seinem Bericht wird die familiäre Situation mit der komplizierten politischen Lage des Jahres 1932 – für Aust „die Zeit der unruhigsten Parteikämpfe" – in Verbindung gebracht. In der „sonst so gemütlichen Familie" seines Onkels, der

---

versus Außen als anthropologisches Gegensatzpaar siehe Koselleck: Historik und Hermeneutik, S. 104–106.

[47] Vgl. Dreyfuss: Mein Leben in Deutschland, S. 8.

[48] Die dichotome Grundstruktur der Begriffe ‚Familie' und ‚Politik' zeigt sich auch an anderen Stellen der Autobiographie, so etwa in der Charakterisierung der Jahre unmittelbar vor dem Ausbruch des Ersten Weltkriegs: „Die wenigen freien Stunden verschönten mir Familie und Freunde. Von Anfang an hielt ich mich von politischen Dingen fern, weder hatte ich Neigung dazu, noch bei meinem grossen beruflichen Arbeitspensum Zeit dafür. Schon immer hielt ich es mit dem bekannten Wort von Bismarck: Politik verdirbt den Charakter." Ebd., S. 2. Eintracht, Einheit und Harmonie gelten in den Berichten als Idealeigenschaften familiären Zusammenlebens. Deutlich wird dies anhand der metaphorischen Verwendung von Begriffen aus dem semantischen Feld von ‚Familie'. Siehe exemplarisch: Koch: Mein Leben in Deutschland, S. 93a.

Aust zu jener Zeit in seiner Konditorei ausbildete, habe es nun „ständig Zerwürfnisse politischen Ursprungs" gegeben.[49] Der Auflösung des familiären Zusammenhangs liegt wie bei Dreyfuss auf der idealtypischen Ebene eine begriffliche Trennung zwischen einer konfliktären Politik sowie der als „gemütlich" apostrophierten Familie zu Grunde. Mit dieser dichotomischen Grundstruktur beider Begriffe war es nicht möglich, die Familie als Ort einer produktiven Auseinandersetzung mit dem politischen Zeitgeschehen zu konstruieren. Vielmehr wurde die Wahrnehmung von Politik im öffentlichen Raum als einem zunehmend blutigen, auf der Straße durchgeführten Kampf um Macht und Deutungshoheit auf den privaten Innenraum übertragen – darauf verweist die häufige Bezugnahme auf die Zeit der ‚Parteikämpfe', wenn von der politisierten Familie berichtet wird.[50] Familie war damit kein Ort der Aufarbeitung des öffentlichen Geschehens, sondern dessen Fortsetzung.

Gängige Forschungsannahmen tendieren dazu, einen Politisierungsprozess der Familie als Spezifikum der NS-Vergangenheit zu konstruieren. Dies evoziert das Bild einer als unpolitisch imaginierten, ‚heilen Familienwelt', die erst im Verlauf der Diktatur zunehmend politisiert und damit zerrüttet wurde.[51] Im autobiographischen Rückblick manifestierten sich hingegen zeitlich vorgelagerte Konjunkturen familienbezogener Politisierungserfahrungen, wodurch die berichtete NS-Zeit in einen systemübergreifenden Erfahrungszusammenhang eingebettet wurde.

Dabei meint ‚politisieren' gerade nicht allein die staatliche Intervention in den familiären Binnenraum, sondern ebenso die über den innerfamiliären politischen Meinungsaustausch herbeigeführte Fragmentierung und Zerstrittenheit untereinander. Zwar beschrieben die Autorinnen und Autoren die Politisierung als einen von außen in die Familie eindringenden Prozess. Gleichzeitig jedoch als Ergebnis innerfamiliärer politischer Auseinandersetzungen verstanden, kann sie auf analytischer Ebene treffender als eine ‚Selbstpolitisierung' bezeichnet werden, bei der die einzelnen Akteure ein bislang für den öffentlichen Bereich der Straße oder des Parlaments reserviertes politisches (Kampf-)Handeln auf den Innenbereich der Familie übertrugen. Aus diesem Blickwinkel gerieten stärker die Mobilisierungs- und Anziehungskräfte des Nationalsozialismus, die ihn für einzelne Familienmitglieder attraktiv machten, in den Vordergrund, weniger die Zwangsmaßnahmen eines totalitären Staates. Den Kritikern der Politisierungsthese ist aus zeitgenössischer Sicht entgegenzuhalten, dass die Politisierung der Familie kein reiner Top-down-Prozess – mit dem im Übrigen die Gefahr einer vorschnellen Zuschreibung der Opferrolle verbunden wäre – darstellte.

Schließlich wird auch deutlich, dass jüdische und nichtjüdische Autorinnen und Autoren diese Politisierungssemantik speziell auf nichtjüdische Familien bezogen. Erkennbar wird dies an den Rollenzuschreibungen, in denen der Nachwuchs als

---

[49] Vgl. Aust: Mein Leben in Deutschland, S. 14.
[50] Siehe etwa ebd., S. 18. Für ein autobiographisches Beispiel, das nicht aus dem Kreis der Harvard-Erinnerungen stammt, siehe Haffner: Geschichte eines Deutschen, S. 92.
[51] Darauf weist auch Hester Vaizey hin. Siehe Vaizey: Surviving Hitler's War, S. 23.

Vertreter nationalsozialistischer Positionen ein familiäres Spannungspotenzial schuf, das sich im Streit mit den politisch abweichend gesinnten Vätern entlud. Diese Art der Rollenverteilung dürfte jedoch kaum repräsentativ für jüdische Familien gewesen sein.

Politisierung und innerfamiliäre Grenzziehungen

Zweifelsohne ist das Generationenkonzept mittlerweile – neben anderen Analysekategorien wie ‚Geschlecht' oder ‚Klasse' – in den Rang einer Schlüsselkategorie für die Erforschung vergangener Gesellschaften aufgestiegen. Ein Verständnis, das in sozialwissenschaftlich messbaren, altersstrukturierten Idealtypen aufgeht,[52] steht Ansätzen gegenüber, die auf den „Konstruktionscharakter altersbedingter Vergemeinschaftungen" abheben.[53] An letztere Konzeptualisierung kann nicht zuletzt auch eine historische Autobiographieforschung anschließen, die an der individuellen Verarbeitung und Aneignung kollektiver Deutungsmuster interessiert ist. Versteht man die Abfassung autobiographischer Dokumente als eine Praxis zur Generierung von biographischem Sinn, dann lässt sich die Relevanz von ‚Generation' als zeitgenössisches Sinnstiftungsinstrument zum Gegenstand der historischen Analyse erheben – operationalisiert etwa in Fragen nach dem Steuerungspotenzial für die Erzählung von In- und Exklusionsprozessen sowie als Regulationsinstanz für autobiographische Selbst- und Fremdbeschreibungen.

Vor diesem Hintergrund erweist sich ‚Generationalität' auch im autobiographischem Kontext als eine multidimensionale Deutungskategorie. In Bezug auf das oben analysierte Politisierungsnarrativ bei Albert Dreyfuss bedeutet dies, dass sich die gesellschaftlichen Konflikte der Weimarer Republik zunächst als Resultat altersspezifischer politischer Neigungen deuten ließen.[54] Die NSDAP übte ihm zufolge als neuartiger Akteur der politischen Arena insbesondere auf die jüngere Generation eine starke Anziehungskraft aus: „Die Jugend – allerorts und immer dem radikalen Neuen zuneigend – sah in der Hitlerbewegung die ‚Erneuerung

---

[52] Siehe etwa Fulbrook: Dissonant Lives, Band 1, S. 52–55.
[53] Jureit, Ulrike/Wildt, Michael: Generationen, in: dies. (Hg.): Generationen. Zur Relevanz eines wissenschaftlichen Grundbegriffs, Hamburg 2005, S. 7–26, hier S. 9. Siehe außerdem Reulecke, Jürgen: Lebensgeschichten des 20. Jahrhunderts – im „Generationencontainer"?, in: ders. (Hg.): Generationalität und Lebensgeschichte im 20. Jahrhundert, München 2003, S. VII–XV.
[54] Historiographisch wurde dieser Aspekt bereits gut erforscht. Siehe u. a. Kater, Michael H.: Generationskonflikt als Entwicklungsfaktor in der NS-Bewegung vor 1933, in: Geschichte und Gesellschaft 11 (1985), S. 217–243; Mommsen, Hans: Generationenkonflikt und politische Entwicklung in der Weimarer Republik, in: Jürgen Reulecke (Hg.): Generationalität und Lebensgeschichte im 20. Jahrhundert, München 2003, S. 115–126; Wildt, Michael: Generation des Unbedingten. Das Führungskorps des Reichssicherheitshauptamtes, Hamburg 2002. Hinsichtlich der Frage, weshalb politische Kampfformationen auf viele junge Männer anziehend wirkten, ist die politische Autobiographie von Horst Wessel aufschlussreich: siehe Gailus, Manfred/Siemens, Daniel (Hg.): „Hass und Begeisterung bilden Spalier". Die politische Autobiografie von Horst Wessel, Berlin 2011.

Deutschlands'."⁵⁵ Die Elterngeneration blieb in dieser Deutung den traditionellen Parteimilieus verhaftet.

Häufig beinhaltete die Identifizierung gesellschaftlicher Konfliktlagen mit Hilfe von generationsorientierten Begriffen geschlechterspezifische Codierungen.⁵⁶ Dies wird insbesondere dann deutlich, wenn wie im Fall von Aust und Dreyfuss die Familie als ein gesellschaftlicher ‚Mikrokosmos' ausgewiesen wurde. Ein Blick zurück auf die zu Beginn des vorigen Kapitels zitierte Textpassage aus den Erinnerungen von Albert Dreyfuss verdeutlicht eine Erinnerungsstrategie, die den Streit zwischen Eltern und Kindern als einen Vater-Sohn-Konflikt begriff und damit die zwischen den Generationen aufgerissenen Gräben unter geschlechterspezifischen Vorzeichen konstruierte. Die politisierte Familie war damit das Ergebnis einer männlich konnotierten Tätigkeit des politischen Streitens.

In der auf generationellen Kategorien beruhenden Ausdeutung politischer Familienkonflikte waren also genau genommen zwei Grenzziehungen angelegt. Neben einer entlang der Generationengrenze gezogenen Linie, die Eltern und Kinder als politische Feinde einander gegenüberstellte, teilte das Politisierungsnarrativ die Familie zusätzlich in politisierende Männer und nicht-politisierende Frauen auf. Ein spezifisches Verständnis von Politik verstärkte diese letzte Grenzziehung, wie am Beispiel einer unter dem Pseudonym ‚Hildegard Bollmann' schreibenden nichtjüdischen Autorin deutlich wird.⁵⁷

‚Bollmann', zum Zeitpunkt der Niederschrift ihrer Erinnerungen 27 Jahre alt, war zur Zeit der nationalsozialistischen Machtübernahme Studentin in Berlin und lebte zusammen mit ihrem Bruder bei dem verwitweten Vater. Angeblich wurde sie von ihrer Familie verstoßen, nachdem man ihr eine Liebesbeziehung zu einem jüdischen und zudem sozialdemokratischen Kommilitonen nachgesagt hatte. Ihren Angaben zufolge wurde sie deswegen in SA-Haft genommen und gezwungen, an einem Prangerumzug durch Berlin teilzunehmen. Nach diesen Ereignissen verließ sie Deutschland, wahrscheinlich um die Jahreswende 1933/34 herum, in Richtung Amerika. Ihr Bruder war bereits vor der Machtübernahme in die SA eingetreten. Ihren Vater, ein Universitätsprofessor, charakterisierte sie zwar als deutschnational, gleichzeitig jedoch auch als unpolitischen Menschen.

‚Bollmanns' Lebensgeschichte liest sich als eine Familiengeschichte, die sich im Beziehungsdreieck Vater-Tochter-Sohn ereignete. Ihren Erinnerungen folgend stand sie mit ihrem nationalsozialistischen Bruder in einem dauerhaften Streitverhältnis, jedoch nicht aufgrund seiner politischen Meinung. Immer wieder betonte sie ihren Status als „unpolitisch gesinntes Mädchen", das unter einer scheinbar

---

⁵⁵ Dreyfuss: Mein Leben in Deutschland, S. 9, außerdem S. 19. Siehe auch Haffner: Geschichte eines Deutschen, S. 23.
⁵⁶ Siehe hierzu auch Benninghaus, Christina: Das Geschlecht der Generation. Zum Zusammenhang von Generationalität und Männlichkeit um 1930, in: Ulrike Jureit/Michael Wildt (Hg.): Generationen. Zur Relevanz eines wissenschaftlichen Grundbegriffs, Hamburg 2005, S. 127–158.
⁵⁷ Zur Interpretation von ‚Bollmanns' Lebenserinnerungen siehe auch Fulbrook: Dissonant Lives, Band 1, S. 87–90 und S. 104–106.

allgegenwärtigen Politik in den frühen dreißiger Jahren zu „leiden" hatte.[58] Ihren Bruder stellte ‚Bollmann' demgegenüber als einen politischen Menschen dar. Solange sie sich erinnern könne, bemerkte sie, habe Fritz viel „politisiert". Schon vor der Machtübernahme „dekretierte [er] plötzlich bei Tisch, ohne jeden Anlass [...] die Juden seien an allem Schuld, oder sie hätten den Versailler Vertrag nur geschlossen, um Deutschland zu versklaven [...], oder die Krise käme nur von den Reparationszahlungen und ähnliche Dinge".[59] Und dabei, so ‚Bollmann', hätten sie „daheim sonst nie über Politik" gesprochen. An anderer Stelle berichtete die Autorin, ihr Vater habe, was bei ihm sehr ungewöhnlich gewesen sei, „lange politische Diskussionen" mit dem Sohn geführt. Der Tochter war dies nicht recht. Wie die „meisten Frauen in Deutschland" sei sie „politisch sehr ungebildet" gewesen.[60] Im Gegensatz zu vielen ihrer Bekannten habe ‚Bollmann' sich ihre politische Bildungslücke jedoch eingestanden, während die meisten ihrer Freundinnen sich 1932 nur vom „Rummel" und der „Reklame" der Politik hätten beeindrucken lassen, ohne wirklich etwas über politische Sachverhalte zu wissen.

Ihre autobiographische Selbststilisierung als „unpolitisches Mädchen" lässt sie in einer von politischen Umzügen, Festen und Diskussionen geprägten Umgebung als deplatziert erscheinen. Doch betrifft diese Selbstwahrnehmung nicht nur ihr Verhältnis zum öffentlichen Raum. Mit dem Eindringen des Politischen in ihre Familie, personalisiert in Form des politisierenden Bruders, veränderten sich laut Autorin auch innerfamiliäre Macht- und Beziehungsstrukturen. In ihren Augen musste im politischen Streit der wesentlich schlechter informierte Vater dem engagierten Sohn unterlegen sein, die väterliche Autorität dadurch in Frage gestellt werden. Indem die Studentin außerdem schrieb, sie hätte ihren eigenen Bildungsmangel in politischen Dingen „besonders" bei den „politischen Debatten in der eigenen Familie" bemerkt, wies sie auf einen empfundenen Entfremdungsprozess hin.[61] Der von ihr unter geschlechterspezifischen Vorzeichen interpretierte Besitz politischer Bildung verweist auf die Relevanz von Wissen als Faktor politischer Partizipationsmöglichkeiten.[62] Ihr Nichtwissen erwies sich nun im umgekehrten

---

[58] Vgl. ‚Bollmann': Mein Leben in Deutschland, S. 10. In derselben Selbstverständlichkeit artikulierte auch die jüdische Autorin Margot Littauer, ebenfalls aus der Alterskohorte der zwischen 1910 und 1919 geborenen Autorinnen und Autoren, den unpolitischen Charakter von Mädchen. Vgl. Littauer: Mein Leben in Deutschland, S. 2.
[59] ‚Bollmann': Mein Leben in Deutschland, S. 6.
[60] Vgl. ebd., S. 11.
[61] Vgl. ebd., S. 11.
[62] Vgl. hierzu auch die Erinnerungen von Lohr: [Mein Leben in Deutschland vor und nach dem 30. Januar 1933], S. 4. Mit Bezugnahme auf die Zeit vor dem Ausbruch des Ersten Weltkriegs schrieb sie dort: „Die Spaltung in Parteien hatte schon längst eingesetzt. Der Sozialismus war damals im Aufblühen begriffen. Nie habe ich mich persönlich mit Politik befasst, habe aber sehr gerne zugehört, wenn mein Vater, der ein strammer Demokrat war, sich mit Freunden politisch unterhielt. So bekam ich allerlei Einblick. Die Menschein [sic!] stritten sich auch, aber es war trotzdem alles so viel friedlicher, wie es nur wenige Jahre später wurde." Die Teilnahme am politischen Leben beschränkt sich hier auf das passive Zuhören, das aktive Debattieren übernahmen hingegen die Männer.

Sinn als exkludierende Triebkraft innerhalb eines – traditionell als ‚weiblich' und ‚unpolitisch' konnotierten – familiären Lebensumfeldes, das sich zunehmend als Austragungsort politischer Auseinandersetzungen darstellte. Die Politisierung der Familie stellte also in der retrospektiven Deutung hergebrachte Autoritätsstrukturen in Frage und war dann mit Exklusion verbunden, wenn der Politikbegriff besonders stark mit Geschlechterstereotypen einherging. In ‚Hildegard Bollmanns' Erfahrungsraum hatte die Expansion des Politischen in den familiären Binnenraum geschlechterbezogene Ausgrenzungsprozesse vom öffentlichen in den privaten Raum übertragen. Erzählstrategisch war mit der Selbststilisierung als „unpolitisch gesinntes Mädchen" auch eine Einengung der eigenen Handlungsmöglichkeiten verbunden: ‚Bollmanns' Verhalten erscheint dadurch als eine von den Zeitumständen erzwungene Passivität. Und: Für eine nichtjüdische Teilnehmerin des Preisausschreibens wie ‚Bollmann' eignete sich der Topos vom ‚unpolitischen Deutschen' – hier geschlechtsspezifisch gewendet – hervorragend, um den amerikanischen Wissenschaftlern ihre eigene Distanz zur nationalsozialistischen Politik zu signalisieren.[63]

Zwischen Selbst- und Fremdpolitisierung: Die nichtjüdische Familie zur Zeit des Nationalsozialismus

Der nationalsozialistische Staat galt vielen Autorinnen und Autoren als familienfeindlich.[64] Die expansiv-destruktiven Semantiken, die zuvor den Politikbegriff kennzeichneten, teilte von nun an der Staatsbegriff. Eine Passage in den Erinnerungen von Martin Andermann, einem jüdischen Arzt, der im Alter von 35 Jahren an dem Autobiographie-Wettbewerb teilnahm, veranschaulicht diese Tendenz. Die Nichtjuden, so Andermann, hätten „ein ganz ander[e]s Leben" gelebt als die Juden: „[D]ie Politik, der Staat mit seinen Anforderungen an jeden Einzelnen, überschattete alles. Die Umzüge, die Feste, die Aufmärsche, die Paraden, der Dienst hörten niemals auf. Er drang in die Familien und zersplitterte sie."[65] Im Deutungshorizont von Andermann äußerten sich die grundverschiedenen Lebenssituationen jüdischer und nichtjüdischer Deutscher nach der Machtübernahme in neuartigen Konstellationen von Politik, Staat und Familie. Mit ‚Politik' als Satzsubjekt beginnend, erweiterte er dieses um ‚Staat', nach dessen grammatikalischem Geschlecht sich der folgende Satzbau richtet. Durch die syntagmatische Aufreihung stehen beide Ausdrücke semantisch eng beieinander. Mit beiden Begriffen konzeptualisierte Andermann gewaltsame Umformungen und Veränderungsprozesse in einem Innen/Außen-Verhältnis, wie es in der Gegenüberstellung von ‚Staat' und ‚Politik' auf der einen Seite sowie ‚Familie' auf der anderen Seite

---

[63] Siehe zur Semantik des ‚unpolitischen Deutschen' Meier, Ulrich/Papenheim, Martin/Steinmetz, Willibald: Semantiken des Politischen. Vom Mittelalter bis ins 20. Jahrhundert (Das Politische als Kommunikation, Band 8), Göttingen 2012, S. 109–120.

[64] Zum Beispiel bei Altmann: Mein Leben in Deutschland, S. 48.

[65] Andermann: Mein Leben in Deutschland, S. 110 f

zum Ausdruck kommt. In familiennarrativen Kontexten dringen der Staat oder die Politik der NS-Zeit in die nichtjüdische Familie ein und vergiften oder zersplittern sie.[66]

Weiterhin deuteten die Autorinnen und Autoren den familiären Konflikt als Folge generationenspezifischer politischer Neigungen. Denn das obige Zitat illustrierte der Königsberger Arzt anschließend durch ihm von dritten Personen zugetragene Berichte. Er erzählte unter anderem von einer Freundin, in deren Familie sich der als konservativ-monarchistisch beschriebene Ehemann mit dem 18-jährigen Sohn, laut Andermann ein „begeisterter Nazi", zerstritten hatte: „Die Familie drohte auseinanderzubrechen, Vater und Sohn verstanden sich nicht mehr, die Mutter stand hilflos dazwischen." Andermann selbst diagnostizierte die Situation dieser nichtjüdischen Familie als symptomatisch für einen gesamtgesellschaftlichen Generationenkonflikt. Regimekritisch seien „ältere Menschen" gewesen, „Menschen der Vorkriegsgeneration", die „allgemein von den Jungen als die absterbende Generation angesehen" worden seien. Jener 18-jährige Sohn habe hingegen, den Aussagen der verzweifelten Mutter folgend, alles „richtig und notwendig" gefunden und sei von den neuen Ideen begeistert gewesen.[67]

Auch codierten die Autorinnen und Autoren familiäre Auseinandersetzungen weiterhin als männliche Angelegenheiten. Andermann konstatierte in seiner Erzählung, Vater und Sohn hätten sich nicht mehr verstanden – andere Autorinnen und Autoren berichteten davon, dass die Söhne „als S.A.-Leute Krach mit dem Vater" anfingen oder es „politische Auseinandersetzungen zuhause zwischen Vater und Sohn" gegeben hätte.[68] Zwar erinnerten die Autorinnen und Autoren nun auch zunehmend Konflikte zwischen Eltern und Töchtern, jedoch nicht in Form eines politischen Meinungsaustauschs, sondern vielmehr in den Kategorien von Anstand und Sitte. In diesen Textpassagen – etwa Berichte über schwangere BDMlerinnen – zeigten die Schreiberinnen und Schreiber den verderblichen Einfluss auf, den der Nationalsozialismus über seine Jugendorganisationen auf die Moral der Kinder ausgeübt habe.[69]

---

[66] Siehe hierzu auch Dreyfuss: Mein Leben in Deutschland, S. 12, 31; Kaufman: Mein Leben in Deutschland, S. 13a-14; Neustätter: Mein Leben in Deutschland, S. 26, 73; Littauer: Mein Leben in Deutschland, S. 22;. Marcus: Mein Leben in Deutschland, S. 127; Weil: Justitia Fundamentum Regnorum, S. 17, 20.

[67] Vgl. Andermann: Mein Leben in Deutschland, S. 111. Siehe außerdem Kaufman: Mein Leben in Deutschland, S. 14; Schwabe: Mein Leben in Deutschland, S. 71; Goldberg: Mein Leben in Deutschland, S. 56; Marcus: Mein Leben in Deutschland, S. 127. Siehe zu solchen Redeweisen auch Siemens, Daniel: Kühle Romantiker. Zum Geschichtsverständnis der „jungen Generation" in der Weimarer Republik, in: Martin Baumeister/Moritz Föllmer/Philipp Müller (Hg.): Die Kunst der Geschichte. Historiographie, Ästhetik, Erzählung, Göttingen 2009, S. 189–214.

[68] Vgl. Littauer: Mein Leben in Deutschland, S. 22; Dreyfuss: Mein Leben in Deutschland, S. 31; Goldberg: Mein Leben in Deutschland, S. 52.

[69] Siehe etwa Koch: Mein Leben in Deutschland, S. 106; Altmann: Mein Leben in Deutschland, S. 44; Kaufman: Mein Leben in Deutschland, S. 14; Oppenheimer: Mein Leben in Deutschland, S. 6.

Die politischen Kräfteverschiebungen im öffentlichen Raum, die seit der Machtübernahme stattgefunden hatten, hinterließen Spuren in den Schilderungen innerfamiliärer Machtverhältnisse. Parallel zur gewaltsamen ‚Befriedung' des öffentlichen Raums infolge einer rasch vollzogenen Niederschlagung und Unterdrückung oppositioneller Strömungen hatte auch die innerfamiliäre Machtposition der NS-Anhänger Rückenwind erhalten. Ihnen gab das Regime mit der Denunziation ein Machtmittel an die Hand, mit dem sich Abweichungen von der vorgeschriebenen politischen Linie sanktionieren und zudem private Rechnungen begleichen ließen. Ihre Bedeutung für die Charakterisierung des NS-Regimes lässt sich daran ablesen, dass die elterliche Angst vor einer beabsichtigten oder auch unbeabsichtigten Denunziation seitens ihrer Kinder sich als narratives Element durch eine Vielzahl der Harvard-Berichte zieht. Im Familienkontext strukturierte die Denunziation als stets abrufbares Machtmittel unabhängig von den zu Grunde liegenden Motiven bestehende Hierarchien und Beziehungsgeflechte um.[70]

Auch Albert Dreyfuss bettete seine familienbezogenen Ausführungen zur NS-Zeit in das bereits vorgefertigte narrative Muster der Dichotomisierung von ‚Politik' und ‚Familie' und verknüpfte es mit dem Zeitphänomen der Denunziation. Einen ihm berichteten innerfamiliären Denunziationsfall interpretierte er als Zeichen dafür, „wie weit terroristische Politik die Seele eines Volkes" – und damit meinte er die Familie – „zu vergiften imstande" sei. Auch hier stießen die Positionen des 18-jährigen NS-Anhängers und des regimekritischen Vaters aufeinander: „Unausbleiblich[e] Folge: jetzt auch politische Auseinandersetzungen zuhause zwischen Vater und Sohn." Da laut Dreyfuss zusätzlich die Ehe zwischen Mann und Frau zerrüttet war, nutzten Mutter und Sohn gemeinsam das ihnen nun zur Verfügung stehende Mittel der Denunziation, um sich des inzwischen ungeliebten Ehemanns und Vaters zu entledigen.[71]

Für den erinnerten Zeitraum des Nationalsozialismus lässt sich bilanzieren, dass die wesentlichen Beschreibungskategorien für nichtjüdische Familien stabil blieben. Weiterhin dominierte ein Darstellungsmuster, das die konflikthafte, innerfamiliäre politische Kommunikation in Form eines Generationennarrativs erzählte. Gleichwohl initiierten in diesen Erinnerungskontexten auch staatliche Organisationen Politisierungsprozesse. Ähnlich wie in den Berichten über die Weimarer Republik spiegelte die Familie im Nationalsozialismus die gesellschaftli-

---

[70] Zur Rolle der Denunziation als Instrument der Herrschaftssicherung siehe Gellately: Die Gestapo und die deutsche Gesellschaft. Die jüngere Forschung erblickt in familieninternen Denunziationspraktiken ein Machtmittel, mit dem die Politisierung der Familie nicht nur staatlicherseits, sondern ebenso von unten vorangetrieben wurde. Vgl. Joshi: Gender and Power in the Third Reich, S. 86. Demgegenüber sehen andere Studien in der Familie einen Schutzschirm gegen die ansonsten in „allen Sektoren einsickernde NS-Ideologie". Vgl. Diewald-Kerkmann, Gisela: Politische Denunziation im NS-Regime oder die kleine Macht der „Volksgenossen", Bonn 1995 (zugl. Diss. Univ. Bielefeld 1994), S. 126.

[71] Vgl. Dreyfuss: Mein Leben in Deutschland, S. 31. Siehe auch Baerwald: Mein Leben in Deutschland, S. 33; Altmann: Mein Leben in Deutschland, S. 44; Kronenberg: Aus Deutschland vor und unter Hitler, S. 23 f.

chen Machtverhältnisse des öffentlichen Raums:[72] Dem Sieg der NSDAP im Kampf um die politische Macht im Parlament wie auf der Straße entsprach der Machtzuwachs ihrer Anhänger in der Familie. Aus schreibpragmatischer Sicht enthielt die Beschreibung der nationalsozialistischen Familie jedoch einen besonderen politischen Anstrich, der sich aus der semantischen Gleichsetzung von ‚Politik' und ‚Staat' ergab. Aussagen, wonach die „Seele des Volkes" durch die Politik vergiftet oder zerstört worden seien, formulierten gleichzeitig eine Kritik an dem nationalsozialistischen System, das diesen Prozess intendiert hatte. In dieser Form fand das Politisierungsnarrativ seinen Weg auch in die Schriften der Harvard-Wissenschaftler. In seiner Schrift ‚German Youth and the Nazi Dream of Victory' zitierte Hartshorne den Bericht über eine Familie, in der eine Tochter ihren Vater wegen einer kritischen Bemerkung über die NS-Regierung denunziert hatte. Der amerikanische Wissenschaftler übernahm dabei die Semantiken, die er in den Berichten vorgefunden hatte: Das Zitat illustriere, so Hartshorne, dass der Terror bis in das Herz der Familie vorgedrungen sei und die Liebe zwischen Kindern und Eltern vergiftet habe.[73]

3. Fremdzuschreibungen im Nationalsozialismus: Genealogische Identitäten und gesellschaftliche Partizipation

Rassenideologie und autobiographische Verarbeitung der NS-Zeit

Der Deutungshoheit der Nationalsozialisten über gesellschaftliche Klassifizierungssysteme konnten die jüdischen Autorinnen und Autoren nicht entgehen, wenn sie über ihr Leben im Nationalsozialismus berichten wollten. Zu sehr durchdrangen nationalsozialistische Ideen gesellschaftliche Felder wie Kultur, Medien, Wissenschaft oder Bildung. Nicht zuletzt prägte die Umsetzung rassenpolitisch motivierter Gesetzeserlasse den Alltag und griff in den Kern privaten Lebens ein. So legalisierte etwa das ‚Gesetz zur Verhütung erbkranken Nachwuchses' im Namen der ‚Rassenhygiene' Zwangssterilisationen, während die ‚Nürnberger Geset-

---

[72] Eine Ausnahme bildet der autobiographische Bericht der verfolgten Nichtjüdin Maria Kahle. Im Unterschied zu den übrigen behandelten Autorinnen und Autoren erinnerte sie das Gespräch über die gegenwärtige politische Situation nicht als Ursache für einen familiären Auflösungsprozess. Im Gegenteil: „Alles wurde durchgesprochen und diesem friedlichen, harmonischen und fröhlichen Zusammensein verdanken wir es, dass keiner meiner Jungen dem Nazi-Einfluss zum Opfer gefallen ist." Kahle: Mein Leben in Deutschland, S. 8.

[73] Vgl. Hartshorne: German Youth and the Nazi Dream of Victory, S. 17 („The following actual case will illustrate how the terror works its way into the heart of the family, and poisons the love of child for parent and parent for child."). Die Schrift von Hartshorne diente weniger einer fundierten wissenschaftlichen als vielmehr der politischen Aufklärung der amerikanischen Bevölkerung.

ze' unter anderem Eheschließungen zwischen jüdischen und nichtjüdischen Deutschen verboten.[74]

Der Rassengedanke der nationalsozialistischen Ideologie, und mit ihm die Einteilung der Menschheit in ‚Arier' und ‚Nichtarier', war keineswegs ein rein ideologisches Versatzstück ohne Entsprechung in der sozialen Wirklichkeit im ‚Dritten Reich', sondern – wie der amerikanische Historiker Peter Fritzsche betont – Kernstück seiner Existenz: „‚Aryans' did, in fact, exist".[75] Auch Mary Fulbrook stellt in ihrer Untersuchung mehrerer Harvard-Dokumente fest, dass mit der Machtübernahme ‚Rasse' als Ordnungskategorie rasch in die Gesellschaft eindrang.[76] Dabei zeigt Janosch Steuwer auf, dass die nationalsozialistischen Ideale hinsichtlich der „Biologisierung individueller Selbstsichten" zwar nicht zu hundert Prozent übernommen, die genealogischen Vorstellungen zahlreicher Deutscher aber „durch politische Kategorien des NS-Erziehungsprojektes geprägt und verändert wurden".[77]

Die Aussicht auf eine sozial harmonisierte Gesellschaft entlang rassisch orientierter Ausschlusskriterien mobilisierte breite Bevölkerungsteile im ‚Kampf' für die ‚Volksgemeinschaft'. Deren Herstellung konnte nicht per Gesetzeserlass von oben verordnet werden, sondern bedurfte der aktiven Mithilfe der ‚Volksgenossen' von unten. Regelmäßig führte der Straßenaktivismus von Parteisoldaten und Hitlerjugend, oftmals auch mit Unterstützung von Passanten, der Öffentlichkeit vor Augen, wer zur ‚Volksgemeinschaft' dazugehörte und wer stattdessen als ‚minderwertiger Rassenfremder' diffamierbar war.[78] Dies schlug sich auch in der Sprache nieder. Nicht nur Victor Klemperer vermerkte im LTI, die „Unterscheidung zwischen ‚arisch' und ‚nichtarisch'" habe bereits in Vorbereitung auf den Aprilboykott 1933 alles beherrscht.[79] Aus dem Kreis der jüdischen Harvard-Autorinnen und -Autoren reflektierte Frederick Goldberg seinen diesbezüglichen Sprachgebrauch: Obgleich die Nichtwissenschaftlichkeit des Arierbegriffes erwiesen sei und man sich innerlich gegen seine Verwendung gesträubt habe, so hätten die ‚Nichtarier'

---

[74] Siehe Gesetz zum Schutze des deutschen Blutes und der deutschen Ehre (15. 09. 1935), in: Reichsgesetzblatt v. 16. 09. 1935, Teil I, S. 1146 f.; Gesetz zur Verhütung erbkranken Nachwuchses (14. 07. 1933), in: Reichsgesetzblatt v. 25. 07. 1933, Teil I, S. 529–531.
[75] Fritzsche: Life and Death, S. 318 (Anm. 1), vgl. auch ebd., S. 82. Siehe außerdem Burleigh, Michael/Wippermann, Wolfgang: The Racial State. Germany 1933–1945, New York u. a. 1991, S. 305–307. Zu ‚Rasse' als Kategorie sozialer Vergemeinschaftung siehe Schmuhl, Hans-Walter: „Rassen" als soziale Konstrukte, in: Ulrike Jureit (Hg.): Politische Kollektive. Die Konstruktion nationaler, rassischer und ethnischer Gemeinschaften, Münster 2001, S. 163–179. Allgemeine theoretische Überlegungen zum historiographischen Umgang mit der Ideologie des Nationalsozialismus bietet Steuwer, Janosch: Jenseits von „Mein Kampf". Zur Ideengeschichte des Nationalsozialismus: in: Zeitschrift für Ideengeschichte 10 (2016), Heft 3, S. 97–106.
[76] Vgl. Fulbrook: Dissonant Lives, Band 1, S. 103.
[77] Steuwer: „Ein Drittes Reich, wie ich es auffasse", S. 351.
[78] Siehe hierzu Wildt, Michael: Volksgemeinschaft als Selbstermächtigung. Gewalt gegen Juden in der deutschen Provinz 1919 bis 1939, Hamburg 2007.
[79] Vgl. Klemperer, Victor: LTI. Notizbuch eines Philologen (= Reclam-Taschenbuch, Nr. 20149), Stuttgart 2007, S. 44.

zu ihrem eigenen Entsetzen erkennen müssen, dass sie ihn sogar in ihren eigenen Gesprächen nicht mehr entbehren konnten.[80]

Das Denkmuster ‚arisch'/‚nichtarisch' blieb also keineswegs auf die politische Sprache der NS-Anhänger und Mitläufer begrenzt, sondern fand als Beschreibungsvokabular sozialer Realitäten ebenso Eingang in den Sprachhaushalt der Autorinnen und Autoren jüdischer Herkunft. Zwar stellten diese häufig die pseudowissenschaftliche Grundlage des Arierbegriffs bloß. Alltagsepisoden, in denen überzeugte Nationalsozialisten die ‚typisch germanischen Rassenmerkmale' – blondes Haar, blaue Augen – zu ihrer Überraschung in ‚rein' jüdischen Personen wiederfanden, gehören zum narrativen Inventar der Lebensberichte.[81] Doch verweisen letztlich auch diese Beispiele auf einen wesentlichen, für jüdische Deutsche im alltäglichen Umgang mit Nichtjuden kaum hintergehbaren Aspekt des Lebens im ‚Dritten Reich': die Verankerung antisemitischer Vorurteile und deren rassentheoretisch legitimierte ‚Wissensbestände' in breiten Teilen der deutschen Bevölkerung. Die politische Implementierung und verstärkte gesellschaftliche Verinnerlichung dieser ‚Wissensbestände' im Laufe der nationalsozialistischen Herrschaft schlug sich auch in der autobiographischen Retrospektive nieder und war anscheinend ohne den sprachlichen Rückgriff auf das Vokabular des Nationalsozialismus nur schwer vermittelbar.

In der autobiographischen Erinnerung erweist sich der Familienbegriff als Seismograph für diese Entwicklung. „The notion of family had lost its traditional sense and become instead an ideological interpretation of German blood ties defined with the archaic term *Sippe* […]", stellt Karin Doerr über die ideologische Sprache des Nationalsozialismus fest.[82] In der Unterscheidung von jüdischen und nichtjüdischen Familien erfuhr das Familienvokabular nicht nur in der Ideologiesprache, sondern auch in der zeitnahen Verarbeitung der NS-Erfahrung durch jüdische Deutsche eine semantische Aufladung mit biologischen und exkludierenden Konnotationen: neben der „christlichen Familie" erschien die „arische Familie",[83] von Belang wurde die „arische Abstammung bis zu den Grosseltern",[84] diskreditiert hingegen die „jüdische Abstammung", die „jüdisch versippte Familie"[85] und die „nichtarische Grossmutter".[86] Solche Verwendungsweisen des Familienbegriffs

---

[80] Vgl. Goldberg: Mein Leben in Deutschland, S. 51.
[81] Siehe etwa Levy: Mein Leben in Deutschland, S. 47.
[82] Doerr, Karin: Nazi-Deutsch: An Ideological Language of Exclusion, Domination and Annihilation, in: Robert Michael/Karin Doerr (Hg.): Nazi-Deutsch/Nazi German. An English Lexicon of the Language of the Third Reich, Westport 2002, S. 29.
[83] So etwa bei Lohr: [Mein Leben in Deutschland vor und nach dem 30. Januar 1933], S. 83; Wickerhauser Lederer: Mein Leben in Oesterreich, S. 84; Kaufman: Mein Leben in Deutschland, S. 34; Oppenheimer: Mein Leben in Deutschland, S. 3; Neustätter: Mein Leben in Deutschland, S. 20.
[84] Merecki: Mein Leben in Deutschland, S. 18.
[85] Kaufman: Mein Leben in Deutschland, S. 30; Wysbar: „Hinaus aus Deutschland, irgendwohin…", S. 106; Dreyfuss: Mein Leben in Deutschland, S. 30.
[86] Breusch: Mein Leben in Deutschland, S. 60.

zeichnen sich durch zwei Merkmale aus: die Konstruktion genealogischer Identitäten und die Thematisierung gesellschaftlicher Partizipationschancen.

Genealogische Identitäten

Indem sie den Wandel der gesellschaftlichen Wertesysteme thematisierten, grenzten die Harvard-Autorinnen und -Autoren ‚Vor-Hitler‘, und ‚Hitlerzeit‘ voneinander ab. Sie vermittelten diesen Wertewandel durch ein Narrativ, wonach die Machtübernahme konfessionelle Zugehörigkeit als relevantes Unterscheidungskriterium abgeschafft hatte. Abgelöst wurde dieses Kriterium in ihrer Deutung durch ein ‚rassisch‘ fundiertes Kategorisierungssystem, das zugleich mit normativ-hierarchischen Abstufungen operierte: Aus einem Unterschied in religiöser Hinsicht wurde eine ‚rassische‘ Ungleichheit.

Mara Oppenheimers Erinnerungen illustrieren diesen Wandel. Sie konzentrierte sich in ihrer Lebensbeschreibung auf den radikalen Abbruch einer bis zur Machtübernahme gelungenen Integration deutscher Juden in die deutsche Mehrheitsgesellschaft. Die Autobiographin berichtete zwar auch von antisemitischen Vorfällen aus der ‚Vor-Hitlerzeit‘, dennoch hob sie hervor, man habe sich in ihrer Familie in erster Linie als vaterlandsliebende Deutsche gefühlt. Nach ihrer Heirat brachte sie 1924 ihren ersten Sohn zur Welt: „Wir waren im siebenten Himmel, und alles sah aus wie für die Ewigkeit geschaffen." Im Erwartungshorizont ihres Vergangenheits-Ichs erschien die gesellschaftliche Position der Juden in Deutschland als stabil. Täglich sei sie zu jener Zeit mit ihrem heranwachsenden Sohn in den nahe gelegenen Park gegangen, wo sie sich mit anderen „Müttern [...], juedischen und christlichen", getroffen habe. Die Kinder hätten miteinander gespielt und sich angefreundet, und dies, so schließt Oppenheimer diese Episode, „ohne Unterschied der Religion".[87] Für die Zeit vor der Machtübernahme berief sich Oppenheimer als Erzählerin ihrer Lebensgeschichte auf die Kategorie der Religion – jedoch nur, um festzustellen, dass diese Unterscheidung für die in ihrer Erzählung genannten Personen keine Rolle spielte.

Wenige Seiten später berichtete die Verfasserin von Einzelschicksalen aus ihrer Familie im Nationalsozialismus, unter anderem vom Suizid ihrer Schwägerin. Deren Selbsttötung 1937 habe „zwar direkt nichts mit dem dritten Reich zu tun", sei aber letztlich doch die Grundursache dafür gewesen:

„Meine Schwaegerin war die Tochter eines juedischen Vaters und einer christlichen Mutter. Die Diskriminierung hat ihr nun so sehr zugesetzt, da sie sich immer noch halb als Arierin betrachtete, die nur durch einen Zufall an einen juedischen Mann geraten war, und nun den juedischen Namen Oppenheimer durchs Leben schleppen musste, dass sie schwermuetig wurde und deshalb ihrem Leben ein Ende machte."[88]

Mit der Erzählung des Schicksals ihrer Schwägerin durchdrang die „rassisch" aufgeladene Kategorie des ‚Ariers‘ die zuvor noch konfessionell strukturierte Opposi-

---

[87] Vgl. Oppenheimer: Mein Leben in Deutschland, S. 3.
[88] Ebd., S. 7.

tion jüdisch/christlich. Wichtig ist in diesem Zusammenhang, dass die Person der Schwägerin durch ihre genealogische Abstammung definiert wurde: als Tochter eines „juedischen Vaters und einer „christlichen Mutter". Oppenheimer begann ihre Charakterisierung der Eltern zwar mit den Attributen ‚jüdisch' und ‚christlich'. Diese Beschreibung löste sich in der Person der Tochter allerdings nicht mehr zugunsten einer Seite auf, wie es im Fall eines konfessionellen Verständnisses im Sinne einer ‚christlichen' oder ‚jüdischen Tochter' möglich wäre, sondern mündete in der – von Oppenheimer wiedergegebenen – Selbstzuschreibung als ‚halbe Arierin'. Selbst wenn also genealogische Identitätsbildungen mit Hilfe des Gegensatzpaares christlich/jüdisch begonnen wurden – wenn also von einer jüdischen Mutter und einem christlichen Vater gesprochen wurde –, war es für die Schilderung des Problemzusammenhangs im ‚Dritten Reich' notwendig die Schwägerin als ‚Halbarierin' zu kategorisieren.[89]

Zum einen war im Rückgriff auf das Begriffspaar jüdisch/christlich der zu schildernde Sachverhalt, dass es sich bei der Tochter in ‚rassenbiologischer' Hinsicht um einen ‚Mischling'[90] handelte, nicht darstellbar; dieser konnte stattdessen sehr viel genauer durch den entsprechend konnotierten Begriff der ‚Halbarierin' zum Ausdruck gebracht werden.[91] Die sich wandelnden Koordinaten zur Kategorisierung von Menschen werden daher besonders dann deutlich, wenn die Autorinnen und Autoren ‚Mischehen' thematisierten. Zum anderen verdeutlichte die Verwendung des Begriffs in diesem konkreten Kontext die ihm implizit zu Grunde liegenden, normativ-hierarchischen Denkmuster. Denn das Dilemma der Schwägerin bestand ja in der Deutung der Autorin gerade darin, dass unter den Lebensbedingungen des ‚Dritten Reichs' sie als ‚halbe Arierin' nicht anerkannt wurde, aber ein Leben als ‚halbe Jüdin' ihr nicht lebenswert erschien.

Aus der ursprünglich konfessionell gedachten wurde in der Lesart von Oppenheimer und anderen Autorinnen und Autoren mit der Machtübernahme der Nationalsozialisten eine biologisch strukturierte, um den Rassenbegriff kreisende Unterscheidung zwischen Deutschen, Christen und ‚Ariern' auf der einen Seite sowie ‚Nichtariern' und Juden auf der anderen Seite. Die Schreiberinnen und Schreiber nutzten Ausdrücke wie ‚arische Abstammung', ‚jüdischer Vater' oder ‚arische Mutter', um Verwandtschaftsverhältnisse darzustellen, das heißt sie sprachen nicht primär über einen jüdischen Vater oder eine jüdische Mutter, sondern beschrieben

---

[89] Für weitere Beispiele von genealogischen Identitätsbildungen siehe Goldberg: Mein Leben in Deutschland, S. 56; Nathorff: Das Tagebuch der Hertha Nathorff, S. 58; Merecki: Mein Leben in Deutschland, S. 18 f.; Samuel: Mein Leben in Deutschland, S. 442.
[90] Dazu passt, dass die Nationalsozialisten im Hinblick auf den Begriff der ‚Mischehe' eine ausgeprägte Sprachlenkungspolitik mit dem Ziel betrieben, semantische Restbestände, die auf ein konfessionsorientiertes Verständnis hinausliefen, zugunsten der ‚rassenbiologischen' Konnotation zu verdrängen. Vgl. Art. Mischehe, in Schmitz-Berning, Cornelia: Vokabular des Nationalsozialismus, Berlin u. a. 2007 (2. Aufl.), S. 408–410, hier S. 409 f.
[91] Für weitere Beispiele, in denen Begriffe aus dem Wortfeld ‚Familie' semantisch biologisiert werden, siehe Neustätter: Mein Leben in Deutschland, S. 41 f., 56; Kaufman: Mein Leben in Deutschland, S. 30a.

ein Subjekt durch die genealogische ‚Tatsache', Sohn oder Tochter eines jüdischen Elternteils zu sein. Die auf diese Weise konstruierten ‚genealogischen Identitäten' spiegelten ein nationalsozialistisches Wertesystem, das den Wert eines Individuums maßgeblich über seinen Status als ‚arisch' oder ‚nichtarisch' definierte. In diesem Sinne erfuhr eine biologische Bedeutungskomponente des Familienbegriffs eine enorme Aufwertung.

Albert Dreyfuss – jener Arzt, dessen Vergangenheits-Ich seine zukünftige Emigration für abwegig gehalten hatte – schwärmte in einer Textstelle von den früheren Treffen seines Kegelvereins, bei denen alle Anwesenden „ohne jedes Ansehen der Religion" in „einträchtiger Harmonie" vereint gewesen seien. Kurz darauf bemerkte er über den „christlichen Mitschüler" seines Sohnes lakonisch: „Als aber Hitler zur Macht kam und mit ihm die Rassengesetze zur Einführung gelangten, war aus dem Studenten von heute zu morgen ein ‚Halbarier' geworden." Aufgrund des Vaters, einem „assimilierten braven Juden", und der Mutter, eine „grundanständige, tüchtige, biedere Christin", sei es diesem nicht möglich gewesen, „ein sog. ‚rein arisches Mädchen' zu heiraten".[92] Dass Dreyfuss an dieser Stelle den Begriff „Halbarier" selbst in Anführungszeichen verwendete, verweist darauf, dass es sich aus der Perspektive des Autors um eine von ihm nicht geteilte Fremdzuschreibung handelte. Unabhängig davon zeitigte die Kategorisierung als ‚Halbarier' in seiner Erzählung Folgen – private Zukunftspläne des auf diese Weise Stigmatisierten erübrigten sich vorerst.[93]

Partizipation und Exklusion: Der Familienbegriff als Deutungsinstrument für binnengesellschaftliche Grenzziehungen

Um die Frage nach der personalen Identität eines Menschen während der nationalsozialistischen Herrschaft beantworten zu können, musste dessen genealogische und ‚rassische' Herkunft festgestellt werden. „Die rassische Einordnung des Einzelnen richtet sich nach der Rassenzugehörigkeit seiner Großeltern. Auf eine rassenbiologische Untersuchung des Einzelnen kann daher in der Regel verzichtet werden", heißt es dazu passend in der Schrift *Rassen- und Erbpflege in der Gesetzgebung des Reiches*.[94] Für Rassentheoretiker und Juristen war die Großelterngeneration der Prüfstein für die ‚rassische' Zugehörigkeit von Individuen. Genealogische Identitätskonstruktionen zeichnen sich in den autobiographischen Berichten jedoch zusätzlich dadurch aus, dass die Autorinnen und Autoren den Abstammungsverhältnissen eine bedeutende soziale Relevanz zuschrieben.

---

[92] Vgl. Dreyfuss: Mein Leben in Deutschland, S. 7, 9.
[93] Diese Episode endet nicht an der Stelle. Laut Dreyfuss habe der Freund seines Sohnes anschließend behauptet, er sei als uneheliches Kind aus einer Affäre seiner Mutter mit einem ‚Arier' hervorgegangen. Vgl. ebd., S. 9.
[94] Stuckart, Wilhelm/Schiedermair, Rudolf: Rassen- und Erbpflege in der Gesetzgebung des Reiches, Leipzig 1942 (3. Aufl.), S. 14.

Sprachlich kommt dies in einem Satzmuster zum Ausdruck, in dem die Schreiberinnen und Schreiber soziale Teilhabe oder gesellschaftlichen Ausschluss ursächlich auf ein Abstammungsverhältnis zurückführten. Nicht nur geschlechter- und generationenübergreifend wurden etwa jüdische Eltern oder Großeltern als kausale Ursache für soziale Benachteiligung genannt. Dieses Satzmuster findet sich ebenso bei jüdischen wie nichtjüdischen Autorinnen und Autoren. „*Da er einen jüdischen Vater hat, also Mischling ist*", schrieb beispielsweise die 39-jährige, jüdische Autorin Martha Lewinsohn über ihren Mann, „wurde er im Juli 33 [...] als ‚Staatsfeind' entlassen."[95] Albert Dreyfuss berichtete von einer ihm bekannten ‚Mischehe', dass der Sohn des Ehepaares der Hitlerjugend habe beitreten wollen. Als dieser jedoch „seiner jüdischen Mutter *wegen* als Mischling zurückgewiesen wurde", sei es zu einem ernsten Zerwürfnis zwischen dem Jungen und seiner Mutter gekommen.[96] Robert Breusch, ein junger nichtjüdischer Lehrer, der seiner jüdischen Verlobten zuliebe aus Deutschland emigrierte, beschrieb das berufliche Dilemma einer Bekannten. Sie sei verlobt mit einem soeben examinierten Arzt. Allerdings dürfe er nicht praktizieren, wenn er sie heirate: „*Denn sie hat eine nichtarische Großmutter.*"[97] Ida Fanny Lohr schilderte in ihrer Autobiographie das Schicksal des eigenen Sohns, dessen Bemühungen um einen Ausbildungsplatz im NS-Deutschland zum Scheitern verurteilt waren. Es sei traurig mitanzusehen, „dass ein so großer, starker Mensch keinen Lehrplatz finden konnte, *nur weil* er unvorsichtig genug gewesen war, sich keine ‚arischen' Eltern herauszusuchen".[98] Der sarkastische Ton führte die Perfidität des Rassenwahns besonders drastisch vor Augen – unterstrich Lohr doch damit, dass für den Einzelnen nicht die geringste Möglichkeit bestand, seine Chancen auf Teilhabe zu verbessern.

Ausdrücke wie ‚nichtarische Großmutter', ‚jüdische Mutter' oder ‚jüdischer Vater' verweisen in diesen Belegstellen auf die Ursächlichkeit für soziale Benachteiligung und Diskriminierung, ‚arische Eltern' hingegen auf die sozial privilegierte Stellung ihrer Kinder: Genealogische Abstammungsverhältnisse determinierten in dieser Lesart individuelle Chancen im Berufsleben ebenso wie im privaten Leben.[99]

---

[95] Lewinsohn: [Mein Leben in Deutschland vor und nach dem 30. Januar 1933], S. II (Hervorheb. v. C. M.).

[96] Vgl. Dreyfuss: Mein Leben in Deutschland, S. 29 f. (Hervorheb. v. C. M.). Siehe auch Koch: Mein Leben in Deutschland, S. 104; Löwith: Mein Leben in Deutschland, S. 124. Die Wettbewerbsgewinnerin Wickerhauser Lederer bezeichnete sich als Mutter eines „Mischlings ersten Grades". Wickerhauser Lederer: Mein Leben in Oesterreich, S. 143. Siehe zur Situation der ‚Mischlinge' Meyer, Beate: Erfühlte und erdachte „Volksgemeinschaft". Erfahrungen „jüdischer Mischlinge" zwischen Integration und Ausgrenzung, in: Frank Bajohr/Michael Wildt (Hg.): Volksgemeinschaft. Neue Forschungen zur Gesellschaft des Nationalsozialismus, Frankfurt a. M. 2009, S. 144–164, hier S. 153.

[97] Breusch: Mein Leben in Deutschland, S. 60 (Hervorheb. v. C. M.). Siehe außerdem Andermann: Mein Leben in Deutschland, S. 69; Weil: Justitia Fundamentum Regnorum, S. 44.

[98] Vgl. Lohr: [Mein Leben in Deutschland vor und nach dem 30. Januar 1933], S. 22. Siehe außerdem ‚Aralk': Mein Leben in Deutschland, S. 59.

[99] In dasselbe Gebrauchsmuster ordnen sich auch die Ausdrücke ‚arische' bzw. ‚jüdische Abstammung' ein. Insbesondere der Begriff ‚arische Abstammung' war eng mit Vorstellungen gesell-

Binnengesellschaftliche Grenzziehungen erklärten sich die Harvard-Autorinnen und -Autoren mit den familiären Abstammungsverhältnissen einer Person. Doch ist diese Erklärung kein rein *retrospektives* Deutungsinstrument. Vor allem die ‚Angst vor der jüdischen Großmutter' avancierte in den Vorkriegsjahren zu einer geflügelten Wendung. Die Furcht, ein Großelternteil könnte sich als jüdisch erweisen und private oder berufliche Zukunftspläne zunichtemachen, die Wut der Nachfahren auf ihre jüdischen Vorfahren und die Versuche, sich dieser Vorfahren zu ‚entledigen', beschrieben Autorinnen und Autoren des Harvard-Wettbewerbs als ein virulentes Zeitphänomen.[100] Ausdrücke wie ‚jüdische Mutter', ‚jüdischer Großvater' oder ‚arische Abstammung' kommunizierten sie daher auch als solche Ausdrücke, mit denen die erinnerten Personen operierten. So auch bei Albert Dreyfuss, als er von dem Erlebnis eines Bekannten berichtete, der in einer ‚Mischehe' lebte. Dessen Kinder seien in der Straßenbahn von einer Fremden als „Prototyp von arischen Kindern mit dem typisch nordischen Schädelbau, [...] blonden Haaren und [...] blauen Augen" gelobt worden, während die anwesende nichtjüdische Freundin als ein „gewiss nichtarische[s] Kind" eingestuft wurde. Darauf habe der Bekannte geantwortet: „‚Ich muss Sie, meine Dame, doch sehr enttäuschen. Gerade meine beiden blonden Kinder haben eine rein jüdische Mutter und die kleine dunkelhaarige Freundin meiner Tochter stammt von ‚reinen Ariern' ab!'"[101] Diese Episode über eine fehlgeschlagene, öffentliche Lehrstunde in Rassentheorie besitzt zwar eine humoristische Note. Sie verdeutlicht aber auch – obwohl sich diese Geschichte nicht wortwörtlich so zugetragen haben mag –, dass die Unterscheidung zwischen ‚Ariern' und ‚Juden' Teil der Alltagskommunikation im ‚Dritten Reich' war.[102] Viele jüdische Deutsche wurden ungewollt mit ihr konfrontiert. Es handelt sich um Fremdzuschreibungen, die viele Harvard-Autorinnen und -Autoren auch dann nicht hinter sich lassen konnten, als sie in der Emigration ihre Autobiographie verfassten.

Die jüdischen Autorinnen und Autoren verstanden Verwandtschaftsverhältnisse als Ursache für gesellschaftliche Partizipationschancen eines Individuums im Nationalsozialismus. Da über die Frage, zu welcher Kategorie jemand gehörte, im Nationalsozialismus hauptsächlich auf Grundlage einer genealogischen Aufschlüsselung der betreffenden Person entschieden wurde, hingen individuelle Partizipationschancen in starkem Maß vom familiären Stammbaum ab. Mit anderen Worten: Das Schreiben und Reden über Familie war eng mit einem Diskurs über die Regeln der Zugehörigkeit zur NS-Gesellschaft verbunden.

---

schaftlicher Partizipation verbunden. Siehe Merecki: Mein Leben in Deutschland, S. 18; Grünebaum: Mein Leben in Deutschland, S. 36; Neustätter: Mein Leben in Deutschland, S. 69; Weil: Justitia Fundamentum Regnorum, S. 43 f.

[100] Vgl. Littauer: Mein Leben in Deutschland, S. 29; Samuel: Mein Leben in Deutschland, S. 426; Merecki: Mein Leben in Deutschland, S. 53 f.

[101] Dreyfuss: Mein Leben in Deutschland, S. 23.

[102] Siehe auch Salzburg: Mein Leben in Dresden, S. 56.

4. Die ‚jüdische Familie' als eine Gemeinschaft der Verfolgten

Die ‚jüdische Familie' zur Zeit des Nationalsozialismus

Mitte März 1933, kurz nach den ersten Reichstagswahlen unter Hitler, erschien im *Israelitischen Familienblatt* ein eindringlicher Appell an die jüdische Gemeinde, ihre innere Spaltung zu überwinden:

„Die jüdische Familie ist die feste Burg, in die wir uns in der Stunde der Not flüchten. Aber diese Burg muß stark, mit Idealismus ausgestattet sein. Und die jüdische Gemeinde ist ihrem Ursprunge und ihrem Berufe nach eine erweiterte jüdische Familie, unserem Herzen ebenso nah und teuer wie jene."[103]

Die jüdische Familie war seit der Emanzipationszeit Gegenstand eines jüdischen Diskurses, der sie einerseits in ihrer Vorbildfunktion für die Gesamtgesellschaft hervorhob, und andererseits immer wieder die Sorge zum Ausdruck brachte, dass eine zunehmende ‚Assimilation' mit einem jüdischen Identitätsverlust einherginge: Die jüdische Mutter, so eine häufig vorgetragene Kritik, käme nur ungenügend ihrer Rolle als intergenerationelle Vermittlerin jüdischer Traditionen nach.[104] An die enge Bindung von kulturell-religiöser Identität und ‚Familie' knüpfte Fabius Schach an, der ebenfalls Herausgeber des liberalen *Israelitischen Wochenblatts* gewesen war.[105] In der Stärke der jüdischen Familie sah er einen Schutz des Individuums vor der antisemitischen Politik, die nun, nach der Bestätigung Hitlers als Reichskanzler, zu erwarten war. Doch bezeichnete der Ausdruck ‚jüdische Familie' sehr viel mehr als eine Gruppe verwandtschaftlich miteinander verbundener Individuen. Indem Schach die jüdische Gemeinde als eine „erweiterte [...] Familie" konzeptualisierte, bediente er sich des Topos der jüdischen Familie, um darüber hinaus auch an den inneren Zusammenhalt der Gemeindemitglieder zu appellieren.[106]

---

[103] Schach, Fabius: Vergangenheit redet zur Gegenwart, in: Israel. Familienblatt v. 16. 3. 1933, zit. nach: Benz, Wolfgang: Das Exil der kleinen Leute, in: Benz, Wolfgang (Hg.): Das Exil der kleinen Leute. Alltagserfahrungen deutscher Juden in der Emigration, München 1991, S. 7–37, hier S. 19.

[104] Vgl. Hyman, Paula E.: The Modern Jewish Family. Image and Reality, in: David Kraemer (Hg.): The Jewish Family. Metaphor and Memory, New York/Oxford 1989, S. 179–193, hier S. 186–190; Prestel, Claudia T.: Die jüdische Familie in der Krise. Symptome und Debatten, in: Kirsten Heinsohn/Stefanie Schüler-Springorum (Hg.): Deutsch-Jüdische Geschichte als Geschlechtergeschichte. Studien zum 19. und 20. Jahrhundert (= Hamburger Beiträge zur Geschichte der deutschen Juden, Band 28), Göttingen 2006, S. 105–122, hier S. 121; Lowenstein, Steven M.: Reflections on Statistics: Hopes and Fears about Changes in the German Jewish Family, 1815–1939, in: Leo Baeck Institute Year Book 51 (2006), S. 51–59, hier S. 57. Demgegenüber betont Marion Kaplan jedoch die Bedeutung der jüdischen Mutter als Traditionsvermittlerin. Siehe Kaplan, Marion: Jüdisches Bürgertum. Frau, Familie und Identität im Kaiserreich, Hamburg 1997.

[105] Vgl. Blaschke, Olaf: Offenders or Victims? German Jews and the Causes of Modern Catholic Antisemitism, Lincoln (Ne)/London 2009, S. 10.

[106] Siehe auch den Aufruf zur Gemeinschaftsbildung und zu gegenseitiger Hilfe in der *CV-Zeitung*: Elbogen, Ismar: Haltung!, in: CV-Zeitung v. 06. 04. 1933, S. 117. Der Autor bediente

Die am Harvard-Preisausschreiben teilnehmenden Jüdinnen und Juden waren spätestens zu Beginn des Zweiten Weltkriegs aus Deutschland emigriert – bis zu sechs Jahre nach der Veröffentlichung des zitierten Artikels. Nationalsozialistische Rassen- und Verfolgungspolitik hatte bis dahin einen Erfahrungsraum geprägt, der eine zunehmende soziale und rechtliche Ausgrenzung sowie die wirtschaftliche Ausbeutung der deutschen Juden umfasste und in dem der Novemberpogrom von 1938 einen unerwarteten Höhepunkt an gewalttätigen Ausschreitungen bildete.[107] Es handelte sich im Ganzen um eine Erfahrung der Abwertung und Ausgrenzung aus der deutschen ‚Volksgemeinschaft'. Das Zitat aus dem *Israelitischen Familienblatt* gibt vor diesem Hintergrund die Fragerichtung des Kapitels vor: Zu untersuchen ist erstens, wie jüdische Autorinnen und Autoren die jüdische Familie in ihren Erinnerungen konzipierten, und zweitens, ob sie ähnlich wie Schach privat konnotierte Semantiken verwendeten, um eine übergeordnete Gemeinschaft zu beschreiben.

Studien, die sich verstärkt auf Ego-Dokumente wie Memoiren, Tagebücher oder Zeitzeugeninterviews stützen, betonen die Rolle des familiären Zusammenhangs für das Überleben im ‚Dritten Reich'. Schon Gordon Allport, Mitinitiator des Harvard-Preisausschreibens, stellte nach der Analyse von 90 Berichten fest: „Most dramatic are the many instances of return to the healing intimacy of the family after bitter experiences of persecution on the street, in the office, or in prison."[108] Die zunehmende Not der Vorkriegsjahre wertete die Familie als Zufluchtsort auf. Und dies, so Marion Kaplan, die in ihrer einschlägigen Monographie auch Berichte aus dem Harvard-Wettbewerb ausgewertet hat, obwohl ein ungestörtes jüdisches Familienleben durch die Nationalsozialisten ständig in Frage gestellt worden sei.[109] Aber nicht nur äußere Gefahren, auch Spannungen im Inneren der Familie zwischen Eltern und Kindern bedrohten den Zusammenhalt, zum Beispiel in Fragen der Berufsbildung oder der Emigration.[110] Unter geschlechtergeschichtlicher

---

sich hier zwar nicht des Topos der jüdischen Familie, sprach aber von den in Not geratenen „Brüdern" und „Schwestern", denen geholfen werden solle.

[107] Siehe Benz, Wolfgang: The November Pogrom of 1938. Participation, Applause, Disapproval, in: Christhard Hoffmann/Werner Bergmann/Helmut Walser Smith (Hg.): Exclusionary Violence. Antisemitic Riots in Modern German History, Ann Arbor 2002, S. 141–159, hier S. 142; Friedländer: Das Dritte Reich und die Juden, S. 291–302.

[108] Siehe Allport/Bruner/Jandorf: Personality under Social Catastrophe, S. 14.

[109] Vgl. Kaplan: Der Mut zum Überleben, S. 79. Siehe außerdem Pine: Nazi Family Policy, S. 157; Koonz, Claudia: Courage and Choice among German-Jewish Women and Men, in: Arnold Paucker (Hg.): Die Juden im Nationalsozialistischen Deutschland. The Jews in Nazi Germany 1933–1943, Tübingen 1986, S. 283–293, hier S. 290.

[110] Zu den Problematiken und Konflikten, die in der Enge des Familienraums entstehen konnten, vgl. Maurer, Trude: Vom Alltag zum Ausnahmezustand: Juden in der Weimarer Republik und im Nationalsozialismus 1918–1945, in: Marion Kaplan (Hg.): Geschichte des jüdischen Alltags in Deutschland. Vom 17. Jahrhundert bis 1945, München 2003, S. 345–470, hier S. 365; Kaplan, Marion: Changing Roles in Jewish Families, in: Francis R. Nicosia/David Scrase (Hg.): Jewish Life in Nazi Germany. Dilemmas and Responses, New York 2010, S. 15–46, hier S. 18, 24; Barkai, Avraham: Jüdisches Leben unter der Verfolgung, in: Michael A. Meyer (Hg.): Deutsch-Jüdische Geschichte in der Neuzeit, Band 4. Aufbruch und Zerstörung. 1918–1945, München 1997, S. 225–248, hier S. 239 f.

Perspektive betont Kaplan außerdem die herausragende Rolle, die jüdische Frauen für die Erhaltung und Rettung ihrer Familien spielten. Sie brachen eingefahrene Geschlechterrollen auf, indem sie beispielsweise bei Ämtern vorsprachen oder anstelle ihrer arbeitslosen Ehemänner als Ernährerinnen der Familie einsprangen: „Die Nazis", so Kaplan, „zerstörten im Grunde die patriarchale Struktur der jüdischen Familie, indem sie eine Lücke schufen, die von Frauen gefüllt werden mußte."[111] Die Bedeutung der Familie, so lässt sich die bisherige Forschungstendenz zusammenfassen, nahm während des Nationalsozialismus zu.

Parallel zum Bedeutungszuwachs der Familie konstatieren einige Studien ebenso die Aufwertung der jüdischen Gemeinschaft im Leben vieler verfolgter Juden. Das betrifft zum einen die Religion, die laut Kaplan ein „Refugium" bot, „in dem man sich zu Hause fühlen konnte, in Sicherheit vor der Feindseligkeit draußen."[112] Dementsprechend verzeichneten die Synogagogengottesdienste steigende Besucherzahlen. Darüber hinaus fanden aber auch Organisationen wie der neu gegründete *Jüdische Kulturbund* und zionistische Gesellschaften regen Zuspruch.[113]

Auch Saul Friedländer weist auf den Zusammenhang zwischen Verfolgung und Ausgrenzung auf der einen Seite sowie der Intensivierung des innerjüdischen Lebens auf der anderen Seite hin. Die Vielzahl der Versammlungen, Tanzveranstaltungen, Vorträge etc. habe den Juden „ein gewisses Maß an geistiger Gesundheit und Würde" geboten und es gleichzeitig der Staatspolizei erschwert, das jüdische Leben zu überwachen. Anscheinend entwickelten sich auf jüdischer Seite Strategien heraus, die die Chancen eines ungestörten Zusammenseins erhöhen sollten. Dazu gehörte – Berichten des Gestapa an die Staatspolizeistellen folgend – die Verlegung von Veranstaltungen auf Sonntage und christliche Feiertage in der Annahme, an diesen Tagen fände keine Überwachung statt.[114] Versuche der jüdischen Organisationen, dem Kontrollanspruch der Gestapo zu entgehen, demonstrieren deutlich das vorhandene Bedürfnis nach ungestörter Gemeinschaftlichkeit.

Die folgende Untersuchung dreht sich nicht um die Frage, ob die jüdische Familie sich angesichts der nationalsozialistischen Bedrohung behaupten konnte oder nicht. Stattdessen soll der ‚Ort' der Familie in der autobiographischen Erzählung vermessen werden. Aus dem skizzierten Forschungsstand sowie dem Eingangszitat lässt sich die Vermutung ableiten, dass das autobiographische Schreiben über Familie stark identitätsgeleitet war. Allerdings nicht wie bei den familiengeschichtlichen Narrativen in Form einer Verteidigung nationaler Identität, sondern als ein Weg der Thematisierung und sprachlichen Konstituierung jüdischer Gemeinschaft.

---

[111] Kaplan: Der Mut zum Überleben, S. 92.
[112] Ebd., S. 83.
[113] Vgl. ebd., S. 74, 83.
[114] Vgl. Friedländer: Das Dritte Reich und die Juden, S. 183.

Die ‚jüdische Familie' als Gemeinschaft der Verfolgten

„Es war wie ein Taumel[,] indem [sic!] wir uns da befanden! Wie drei Koenigskinder kamen wir uns vor. Wir fuehrten uns gegenseitig an den Haenden, wohl auch als fuehlbares Zeichen unserer Geschlossenheit."[115] Dieses Zitat aus der Feder der dreifachen Mutter ‚Aralk' beschreibt eine Szene, die sich zwischen ihr, der Tochter sowie dem Ehemann unmittelbar nach der Erlangung des US-Visums vor der amerikanischen Botschaft in Stuttgart, vermutlich um die Jahreswende 1938/39, abspielte. Im Erfahrungsraum der hier schreibenden Autorin – nach eigener Aussage eine Fabrikantengattin – hatten sich die Ereignisse des Novemberpogroms manifestiert, die den narrativen Referenzpunkt dieses Zitats bilden. Die Schilderung dieses Ereignisses und seiner unmittelbaren Folgen nimmt in ihrem Erinnerungstext breiten Raum ein. In der insgesamt 85 Seiten umfassenden Autobiographie werden die persönlichen Erlebnisse vom 9. November sowie den darauffolgenden Tagen der Flucht auf vierzehn Seiten beschrieben – ein Hinweis auf die hohe biographische Relevanz des verhältnismäßig kurzen Zeitraums.

In diese berichtete Zeit, die den Übergang von der Ausgrenzung der Juden aus dem beruflichen und öffentlichen Leben hin zu ihrer systematisch vorangetriebenen gewaltsamen Verfolgung auf Reichsebene darstellt,[116] fielen gleich mehrere Bemerkungen zur Bedeutung der Familie, von denen das obige Zitat in gewisser Weise einen Endpunkt markiert. Der „Taumel" und das Gefühl, sich wie „Koenigskinder" vorzukommen, also die Freude über die in Aussicht stehende Flucht aus Deutschland, verweisen auf die Dramatik und den Schrecken der unmittelbar zuvor geschilderten Erlebnisse. Vor diesem Hintergrund erweist sich der Begriff der Geschlossenheit, den ‚Aralk' in diesem Zitat gezielt zur Deutung der von ihr erzählten Szene einsetzte, als zentral. Zum einen wird über ihn die Freude über die nun in greifbarer Nähe liegende Emigration und Rettung als ein Gemeinschaftserlebnis kommuniziert. Zum anderen beinhaltet die beschriebene Szene eine starke Symbolkraft. Denn ‚Aralk' schreibt die Geschichte ihrer eigenen Verfolgungserfahrungen dezidiert als eine Geschichte, die ihr Bemühen um die Bewahrung der eigenen Familie erzählt. Nicht nur die Erlangung der ersehnten Visa, sondern auch die Tatsache, dass die Familie zu diesem Zeitpunkt wohlauf war, ihre Bemühungen also dem Anschein nach erfolgreich waren, wird in dem Bild der sich an den Händen greifenden Familienmitglieder vermittelt. Die von ‚Aralk' erzählte Geschichte der jüdischen Familie als eine Gemeinschaft der Verfolgten vollzieht sich auf drei Ebenen: erstens auf der Ebene des inhaltlichen Kontexts, in dem Familienereignisse erzählbar waren, zweitens mit Hilfe von Semantiken, mit denen die Familie als ein Kollektiv konstruiert wurde; und drittens durch die Kontrastierung mit Familienbildern aus der erzählten Zeit vor der Machtübernahme.

Auf der inhaltlichen Ebene entwarf die Autobiographin ein spezifisches Bild der jüdischen Familie, indem sie familienbezogene Episoden in narrativen Kontexten

---

[115] ‚Aralk': Mein Leben in Deutschland, S. 82.
[116] Vgl. Benz: The November Pogrom of 1938, S. 142.

ansiedelte, die Verfolgung und Ausgrenzung dokumentieren sollten. Im berichteten Zeitraum des Nationalsozialismus schrieb ‚Aralk' dann über jüdische Familien, wenn die Erzählung thematisch von öffentlichen Demütigungserlebnissen oder Verfolgungsszenen handelte. Für sie standen dabei nicht einzelne von den Verfolgungsmaßnahmen betroffene Familienmitglieder im Mittelpunkt, sondern sie erzählte die Verfolgung selbst – ebenso wie die Freude über die Visa – als ein gemeinschaftlich erfahrenes Erlebnis. Am deutlichsten wird dies in der Schilderung der Novemberpogrome. ‚Aralk' erlebte sie zusammen mit ihrem Mann, der 14-jährigen Tochter sowie ihrer Mutter. Ihre beiden Söhne lebten inzwischen unter der Obhut eines ihnen fremden Geschäftsmanns in Detroit. Um der drohenden Verhaftung des Ehemanns zu entgehen, flohen die Eltern mit der Tochter und der Großmutter von München nach Augsburg zu einem nichtjüdischen Freund. Da sie diesen jedoch nicht in Schwierigkeiten bringen wollten, setzten sie ihre Flucht bis nach Stuttgart zu einer Cousine der Autorin fort. Gerade als ihnen auf der Autobahn – laut ‚Aralk' aufgrund der vielen, voll besetzten Transportwagen mit SS-Leuten – die Ausmaße der Pogrome bewusst wurden, bemerkte das Ehepaar ein ihnen „sehr bekanntes Polizeiauto" hinter sich, das sich mit erhöhter Geschwindigkeit näherte. In der Gewissheit, man habe es auf ihr Auto abgesehen, gab der Mann dem Chauffeur den Befehl, schneller zu fahren. „Es wurde eine irrsinnige Fahrt", erinnerte sich ‚Aralk'. Die Großmutter habe eine Ohnmacht befallen, woraufhin ihre Tochter sie angefleht habe, wieder aufzuwachen. Rückblickend bewertete ‚Aralk' dieses Erlebnis als eine für ihr „Leben unvergessliche" und „teuflische" Autofahrt. In diesen Minuten, in denen sie „wie mit Eisen geklammert" das verfolgende Auto beobachtete, habe sie gedacht, sie möge lieber tot sein als „mit der ganzen Familie [gefangen] genommen zu werden".[117]

Dieses Darstellungsmuster, das die Familie als primäres Ziel der Verfolgung auswies, verwendete ‚Aralk' auch, als sie die Situation von anderen jüdischen Familien beschrieb. So berichtete sie an anderer Stelle knapp von der Inhaftierung eines „weitlaeufigen Verwandten" in das Konzentrationslager Dachau, wo dieser „schwersten Strafen" ausgesetzt worden sei. Weitaus intensiver fiel die anschließende Schilderung des daraus resultierenden Leides für die Mutter des Betroffenen aus, die sich verzweifelt für die Befreiung ihres Sohnes engagiert habe. Sie hätte das gebrochene Herz dieser „hehren Mutter" verstehen können, versicherte ‚Aralk', denn der Sohn sei ihr ganzer Stolz und der Ernährer im Alter gewesen.[118] ‚Aralk' beleuchtete nicht nur die Situation der Familienmitglieder, die direkt von den Maßnahmen betroffen waren, sondern schilderte ebenso die Auswirkungen auf den engeren Familienkreis.

Auf der zweiten Ebene unterstützten die in den entsprechenden Passagen verwendeten Semantiken das Narrativ der verfolgten Familie. Wenn die jüdischen Harvard-Autorinnen und -Autoren über jüdische Familien im Erinnerungskon-

---

[117] Vgl. ‚Aralk': Mein Leben in Deutschland, S. 70 f.
[118] Vgl. ebd., S. 52 f. Siehe auch Levy: Mein Leben in Deutschland, S. 60.

text des Nationalsozialismus schrieben, knüpften sich daran Ausdrücke und Grenzziehungen an, die zum einen die Familie als eine nach außen geschlossene Gemeinschaft konstruierten und zum anderen die Bewahrung dieser Geschlossenheit zum Ziel ihrer Anstrengungen postulierten. Nachdem sie ihren Verfolgern auf der Autobahn entkommen waren, erreichte ‚Aralk' mit Tochter, Ehemann und Mutter die vermeintlich sichere Wohnung der Cousine in Stuttgart. Dort fühlten sie sich jedoch alles andere als willkommen: Die Verwandte befürchtete aufgrund der Anwesenheit des Mannes, in Schwierigkeiten mit der Gestapo zu geraten, und drängte ihn daher, sich selbst bei der Polizei zu stellen. Enttäuscht über den fehlenden Rückhalt schrieb ‚Aralk': „Als der Kampf von aussen anfing wieder ein wenig ins Gleichgewicht zu geraten, war der Kampf im innern mit meiner Cousine zu bestehen. Da sie absolut darauf bestand, mein Mann solle sich freiwillig in die Hoehle des Loewen [begeben], so blieb uns nichts anderes uebrig als Schluss mit diesem grausamen Spieles [sic!] zu machen."[119] Mit dieser Aussage zog die Autorin eine Grenze zwischen Innen und Außen, welche die Koordinaten eines Kampfes um den Erhalt der Familie festlegte: der Widerstand der – engeren – Familie als Gemeinschaft gegen die von außen in Gestalt der Verfolgungsinstanzen vorgenommenen Versuche, diese Gemeinschaft durch die Verhaftung des Vaters zu zerstören. Über den Kampfbegriff wurden klare Trennlinien zwischen gegnerischen Parteien gezogen, von denen eine die Familie darstellte.[120] Jedoch nicht nur nach außen, sondern auch nach innen von ihrer Cousine grenzte ‚Aralk' ihre Familie als eine um ihren Erhalt kämpfende Gemeinschaft ab.[121]

Zur Bewahrung dieser Gemeinschaft gehörte es insbesondere, eigene Wünsche und Ziele denen der Familie unterzuordnen. ‚Sich seiner Familie zu erhalten' zählt nicht erst im Erinnerungskontext des Novemberpogroms zu den gebräuchlichen Wendungen, mit denen ‚Aralk' das Verhältnis von Individuum und Familiengemeinschaft zugunsten des Kollektivs hierarchisierte. Im Unterschied zu ihrem Mann, der als Fabrikant und Geschäftsinhaber zu Beginn der Machtübernahme die vom Regime ausgehende Gefahr unterschätzt habe, sei ‚Aralk' angesichts der Anzeichen in ihrem Umfeld frühzeitig zu einer gegenteiligen Überzeugung gelangt. Es sei ihr „immer klarer und klarer" geworden, dass sie angesichts einer Regierung, welche so „hemmungslos" auf einer „Minoritaet von Menschen" herumtrete, die Verpflichtung ihren Kindern und ihrer Familie gegenüber habe, „sie so gut als moeglich zu schuetzen".[122] Der Plan zur Emigration speiste sich demzufolge aus dem Wunsch, die eigene Familie zu schützen. Letztlich jedoch, stellte

---

[119] ‚Aralk': Mein Leben in Deutschland, S. 73 f.
[120] Siehe auch Levy: Mein Leben in Deutschland, S. 68. Levy schrieb im Hinblick auf den Novemberpogrom: „Aber auch in unserm Familienkreise hatte der Feind gewuetet […]." In dieser Semantik konnte die Auswanderung einzelner Mitglieder auch als ein „Opfer" des Nationalsozialismus betrachtet werden. Vgl. Lohr: [Mein Leben in Deutschland vor und nach dem 30. Januar 1933], S. 20.
[121] Für weitere Beispiele siehe Nathorff: Das Tagebuch der Hertha Nathorff, S. 48, 83, 140.
[122] Vgl. ‚Aralk': Mein Leben in Deutschland, S. 40 f.

‚Aralk' mit Bedauern rückblickend fest, seien ihre frühzeitigen Versuche an den „Widerstaenden" ihres Mannes und ihrer Familie gescheitert.[123]

Erst als das Ausmaß der antisemitischen Politik auch dem Ehemann nicht mehr verborgen bleiben konnte, habe dieser sich der Sichtweise seiner Ehefrau angeschlossen. Nun sei es ein gemeinsames Anliegen der Ehepartner gewesen, zunächst ihre beiden Söhne, denen in Deutschland jegliche Berufsaussichten genommen waren, in die USA zu schicken. ‚Aralk' demonstrierte diese Entwicklung anhand einer Szene, die sich 1938 – noch vor dem Novemberpogrom – bei der Verabschiedung von ihren Söhnen am Bahnhof zugetragen habe. Kurz vor der Trennung von ihren Kindern, gerade als sie „alle in tiefstem Abschiedsschmerz" beieinander standen, hätten anwesende Nationalsozialisten die „sauddummen [sic!] Judeneltern" verspottet, welche glücklich sein müssten, dass man ihre Kinder noch fortlasse und nicht einfach einsperre. „Mein Mann musste die Faeuste in der Tasche ballen[,] um diese Unflaetigkeiten nicht zu zuechtigen", beschrieb ‚Aralk' anschließend die Reaktion ihres Ehemanns und fügte hinzu: „Diese Herausforderungen mit Schweigen zu übergehen zur Selbsterhaltung und zur Erhaltung für die Familie war wirklich einem [sic!] Heldentum zu nennen."[124] In dieser Passage wies ‚Aralk' ihren Mann als einen Mitkämpfer aus, der angesichts der schweren öffentlichen Demütigung sein persönliches Ehrgefühl zugunsten der gemeinsamen Sache – „zur Erhaltung für die Familie" – unterdrückte. Später, die Protagonistin war inzwischen mit ihrer Mutter aus Stuttgart nach München zurückgekehrt, während Ehemann und Tochter in Frankfurt bei Verwandten Unterschlupf gefunden hatten, betonte ‚Aralk', auch die mit der Emigration verbundenen Verluste des Privatvermögens seien nun gleichgültig gewesen. Wichtig sei nur gewesen, dass man „sich seiner Familie erhielt".[125] Die Rettung kam in Form eines Affidavits von jenem Detroiter Geschäftsinhaber, der bereits die ihm unbekannten Söhne der Autorin aufgenommen hatte. Er sei der Meinung gewesen, dass „die Eltern mit diesen Kindern vereint gehoeren und nicht als Familie zerrissen sein duerfen". Die beiden Söhne erscheinen in der Folge als Retter ihrer Familie, denn sie hätten sich „so reif und ueberlegen den fremden Menschen gegenueber" gezeigt, dass diese „Rueckschluesse auf uns Eltern und ihrer guten Erziehung machten".[126]

Kontrastiert man – auf einer dritten Ebene – das auf diese Weise entworfene Familienbild mit Passagen aus dem berichteten Zeitraum vor der Machtübernahme, so lässt sich ein grundlegender Wandel feststellen. Die Familie ihrer Kindheit

---

[123] Insofern bestätigt die Autobiographie von ‚Aralk' die bisherige Forschungsmeinung, nach der Frauen früher als Männer die Gefahr des Nationalsozialismus wahrnahmen und die Emigration ernsthaft als eine Zukunftsoption erwogen. Siehe Koonz: Courage and Choice, S. 285, 287 f. Wie weiter oben deutlich wurde, scheint im Fall von ‚Aralk' aber nicht die Vermutung zuzutreffen, dass die frühere Bereitschaft zur Emigration auf eine geringe Bindung an die ‚deutsche Kultur' zurückzuführen ist.
[124] Vgl. ‚Aralk': Mein Leben in Deutschland, S. 61.
[125] Vgl. ebd., S. 76. Siehe außerdem ebd., S. 78.
[126] Vgl. ebd., S. 76.

um die Jahrhundertwende weist die Autorin als eine ‚deutsche' Familie aus: „Von der hohen Warte der elterlichen Liebe aus wurde mir all jene gute geistige, moralische und sittliche Erziehung zuteil, die in dem Begriff der deutschen Disciplin als das einzig Wahre gepredigt worden war."[127] Als Vermittlungsort von deutschen Tugenden und Werten verband die Familie in der Erinnerung ‚Aralks' Nation und Individuum. Diese Verbindung ließ sich im Erinnerungskontext des Ersten Weltkriegs über die metaphorische Verwendung des Bruderbegriffs sogar zu einer engen Kampfgemeinschaft stilisieren, die nach außen gegen Deutschlands ‚Feinde' agierte: „14 Stunden Tagesarbeit und noch mehr verrichteten wir ehrenamtlich guten Mutes. Das Bewusstsein zu helfen und zu lindern, unseren Mann zu stellen, gleich unseren Bruedern an der Front gab uns ungeahnte Kraft."[128] Mit der Erzählung des Nationalsozialismus veränderten sich die narrative Funktion des Familienbegriffs sowie die damit einhergehenden Parameter von Innen und Außen. Nun transportierte er nicht mehr ein national-integratives Familienbild, sondern stand für eine Gemeinschaft, die – angesichts der drohenden Zerstörung infolge neuer binnengesellschaftlicher Grenzziehungen – um ihre Bewahrung kämpfte.

Hilde Koch, die wie berichtet den Nationalsozialismus als Ehefrau eines politischen Gefangenen erlebte, verwendete ebenfalls die dargestellten Semantiken, hob die Auswirkungen der Verfolgung auf die übrigen Familienmitglieder hervor und schilderte die eigene Biographie als einen Kampf um den Erhalt der Familie.[129] Ihre Erinnerungen legitimierte sie sogar damit, die „Not und Verzweiflung sovieler aufrechter deutscher Familien" erzählen zu wollen, ihre Geschichte begriff sie als „die Geschichte von tausenden deutscher Frauen".[130] Die Darstellung der Familie als eine verfolgte Gemeinschaft war folglich nicht auf die Autobiographien aus jüdischer Feder begrenzt, sondern ist als übergreifendes Merkmal in Verfolgten-Autobiographien anzutreffen.

Handelt es sich darüber hinaus um ein Darstellungsmuster, auf das ausschließlich Autorinnen zurückgriffen? Auch in den Autobiographien männlicher Teilnehmer des Wettbewerbs finden sich vereinzelt die angesprochenen Semantiken und narrativen Muster[131] – allerdings nicht in derselben verdichteten Form wie bei ‚Aralk' oder Hilde Koch. Das ausgiebige Schreiben über die Familie als ein Kollektiv der Verfolgten war, so scheint es, eine geschlechterspezifische Schreibstrategie, mit der einige Autorinnen ihre Teilnahme am Wettbewerb bzw. die Niederschrift einer eigenen Autobiographie legitimierten: Hier verorteten ‚Aralk' und Hilde Koch die Relevanz der eigenen Biographie für das Erkenntnisinteresse der

---

[127] Ebd., S. 1. Vgl. auch die Ausführungen im Kapitel VII.1.
[128] Ebd., S. 3. Siehe auch Goldberg: Mein Leben in Deutschland, S. 4 f. Goldberg, aufgewachsen im elsässischen Colmar, differenziert in der erzählten Zeit des Kaiserreichs zwischen ‚deutschen' und ‚französischen' Familien seines Ortes, in dem die Frage des ‚Judenseins' zu jener Zeit nicht die geringste Rolle gespielt hätte. Für weitere Beispiele siehe Levy: Mein Leben in Deutschland, S. 11 f., 28, 30; Marcus: Mein Leben in Deutschland, S. 19.
[129] Siehe Koch: Mein Leben in Deutschland, S. 63a, 115, 150.
[130] Vgl. ebd., S. 128.
[131] So etwa bei Weil: Justitia Fundamentum Regnorum, S. 20.

Harvard-Wissenschaftler.¹³² Hilde Koch gab explizit an, die Geschichte der verfolgten deutschen Familien dokumentieren zu wollen. ‚Aralk' organisierte – wie gezeigt wurde – die erzählte Zeit nach der Machtübernahme in weiten Teilen unter der Perspektive der Mutter, die um den Erhalt der eigenen Familie kämpfte. Dieses Narrativ – die um den Familienerhalt kämpfende Mutter und Ehefrau – steht in einem engen Zusammenhang mit der Frage, in welchen kollektiven Identitätsentwürfen verfolgte Frauen ihre autobiographischen Niederschriften organisierten.

Jüdische Männer- und Frauengemeinschaften

Der Lehrer und Kantor Joseph B. Levy wurde am Vormittag des 10. November 1938 von einem Schutzpolizisten abgeführt. Zusammen mit vielen anderen jüdischen Männern wurde er nach seiner Erfassung auf der Polizeistation zunächst in einen Versammlungssaal der jüdischen Gemeinde gebracht, den nach seiner Ankunft „immer mehr Arrestanten" gefüllt hätten: „Maenner aus allen Kreisen und Gesellschaftsschichten, sogar ‚Halbarier', die gegen ihre Festnahme protestierten", hielt Levy in seinen Erinnerungen fest, seien dort aufeinandergetroffen.¹³³ Die Beobachtung, dass es sich bei den Festgenommenen um Männer mit unterschiedlicher sozialer Herkunft handelte, wiederholte der Autor kurz darauf. Inzwischen hatte er davon berichtet, dass sie alle in die Festhalle Frankfurts gebracht worden seien, wo zu ihrer „Verwunderung schon viele Hunderte von Glaubens- und Leidgenossen versammelt" worden waren: „Wir erkannten viele, viele Freunde aus allen Berufen, Branchen, Bueros, allen Altersstufen, vom Juengling bis zum Greise, stehend, wartend, sich ahnungslos, aber ruhig in das ihnen drohende Verhaengnis ergebend."¹³⁴

Levy betonte zwar die Verschiedenheit der Inhaftierten hinsichtlich des Alters und der sozialen Herkunft, definierte sie aber gleichzeitig mit den Begriffen ‚Glaubensgenossen' und ‚Leidgenossen' als eine Gemeinschaft, die nicht nur auf dem Kriterium religiöser Überzeugung, sondern auch dem des geteilten Schicksals beruhte. Unter den „Arrestanten", so der Autor an anderer Stelle, hätten sich „ruehmliche Beweise echter Bruderliebe" ereignet. Einer der Freigelassenen hätte seine „guten Stiefel" ausgezogen, um sie einem in Hauspantoffeln verschleppten Mithäftling zu überlassen.¹³⁵

Andere Autoren verwendeten in dem gleichen narrativen Kontext ebenfalls den Bruderbegriff. Der Bonner Arzt Arthur Samuel wurde zusammen mit anderen

---

¹³² Als ein weiteres Beispiel siehe die Erinnerungen der aus dem Arbeitermilieu stammenden Autorin Martha Lewinsohn, deren Mann Jude war und aus politischen Gründen verhaftet wurde. „In der Pariser Tageszeitung v. 16. 8. 39", so Lewinsohn an die Ausrichter des Preisausschreibens, „steht ein Aufruf von Ihnen, dass Sie Erlebnisse von Emigranten sammeln. Ich will Ihnen hierdurch nicht ein Einzelschicksal, sondern das einer Familie schildern." Lewinsohn: [Mein Leben in Deutschland vor und nach dem 30. Januar 1933], S. I.
¹³³ Vgl. Levy: Mein Leben in Deutschland, S. 69.
¹³⁴ Ebd., S. 70 f.
¹³⁵ Vgl. ebd., S. 74.

männlichen Juden während des Novemberpogroms in der örtlichen Gestapozentrale festgehalten. Als Vorsitzender der jüdischen Gemeinde sollte er sich um die anschließend anfallenden organisatorischen Aufgaben kümmern, weshalb er nicht in ein Konzentrationslager gebracht worden sei. Daher schrieb er, er könne „das Schicksal der armen abtransportierten Brüder nicht verfolgen", da es sich von seinem an dieser Stelle getrennt habe.[136] Hugo Moses entging ebenfalls der Deportation in ein Konzentrationslager. Der Autor formulierte für seine Mitgefangenen, die in ein Lager überführt wurden, einen Abschiedsgruß aus der Perspektive seines Vergangenheits-Ichs: „Lebt wohl, ihr Brueder, lebt wohl ihr Freunde, Gott sei bei euch, ihr juedischen Maenner, Gott schuetze eure Frauen, eure Kinder, eure Muetter, eure Braeute, eure Grosseltern. Lebt wohl!"[137]

Die Autobiographen verwendeten den Bruderbegriff als einen Kollektivbegriff, der die Gemeinschaft der Inhaftierten explizit unter geschlechtercodierten Vorzeichen semantisierte. Im Begriff des Bruders aktualisierten die Autoren die Vorstellung, dass es sich bei den inhaftierten Männern um eine besonders enge solidarische Gemeinschaft handelte, deren Mitglieder sich in ihrer Notlage gegenseitig halfen. Die Konstruktion einer männlichen Schicksalsgemeinschaft ging jedoch über die Verwendung der entsprechenden Kollektivbegriffe hinaus. Levy war darum bemüht, die erzwungene Passivität und den damit einhergehenden Kontrollverlust der Gefangenen durch Schilderungen aktiver gegenseitiger Hilfe und Solidarität abzumildern sowie ihr Verhalten als möglichst ‚männlich' darzustellen: Trotz der ungewissen Zukunft verhielten sich die Männer nicht panisch, sondern hätten sich „ruhig" dem „drohende[n] Verhaengnis" ergeben.[138]

Den auf diese Weise konstruierten, männlich codierten Gemeinschaften des Novemberpogroms entsprach auf der anderen Seite ein Kollektiv jüdischer Frauen, das sich für die Befreiung der Männer und die Emigration der Familie einsetzte. Aufschlussreich sind in dieser Hinsicht die Erinnerungen der jüdischen Ärztin Hertha Nathorff. Sie hatte ihren Beitrag zum Preisausschreiben für den berichteten Zeitraum nach der Machtübernahme in Form eines Tagebuchs eingesandt. Ihr Ehemann wurde am 10. November 1938 in der gemeinsamen Berliner Wohnung verhaftet. In dem Wissen, dass für seine Befreiung ein Emigrationsnachweis notwendig war, versuchte Nathorff beim amerikanischen Konsulat die Ausreise ihrer Familie voranzubringen. In diesem Kontext verarbeitete sie unter dem Eintragsdatum des 12. November ihre Beobachtungen, die sie vor dem Konsulat gemacht hatte:

---

[136] Vgl. Samuel: Mein Leben in Deutschland, S. 425. Siehe außerdem ebd., S. 427, wo der Autor von seinen „Schicksalsgenossen" schrieb.
[137] Moses: Mein Leben in Deutschland, S. 14.
[138] Zur geschlechtergeschichtlichen Erforschung des Novemberpogroms siehe Quack: Zuflucht Amerika, S. 67–72; Wünschmann, Kim: Die Konzentrationslagererfahrungen deutsch-jüdischer Männer nach dem Novemberpogrom 1938. Geschlechtergeschichtliche Überlegungen zu männlichem Selbstverständnis und Rollenbild, in: Susanne Heim/Beate Meyer/Francis R. Nicosia (Hg.): „Wer bleibt, opfert seine Jahre, vielleicht sein Leben". Deutsche Juden 1938–1941, Göttingen 2010, S. 39–58; Kaplan: Der Mut zum Überleben, S. 174–208.

„Unzählige Menschen standen mit mir an dem kalten dunklen Novembermorgen in dem feuchten Vorgarten des amerikanischen Konsulats. Frauen, blaß, vergrämt, Frauen aus Berlin, Leipzig, Breslau, alle tragen das gleiche Leid, und sie schweigen, handeln schweigend für ihre Männer und weinen im Herzen – Frauenkreuzzug!"[139]

Auffällig sind die Parallelen zu Levys Schilderung: Auch Hertha Nathorff betonte zunächst die heterogene Zusammensetzung der versammelten Frauen, um anschließend jedoch mit dem Hinweis, alle Frauen hätten das gleiche Leid getragen, ihren gemeinsamen Erfahrungsraum hervorzuheben. Die in der Niederschrift vorgenommene Vergemeinschaftung der jüdischen Frauen kulminierte schließlich im – christlich konnotierten – Begriff des Frauenkreuzzugs. Die metaphorische Verwendung des Kreuzzugsbegriffs perspektivierte die Lesart des zuvor beschriebenen Handlungsmusters – ‚schweigendes Handeln' und ‚weinen im Herzen' – auf eine spezifische Weise: Angesichts der Verfolgung und Inhaftierung ihrer Ehemänner verharrten die jüdischen Frauen nicht in Passivität, sondern kämpften aktiv für deren Befreiung.[140] Eine weitere Gemeinsamkeit mit Levy besteht folglich darin, dass auch Nathorff die Konstruktion einer Gemeinschaft nutzte, um das vorbildhafte Verhalten ihrer Mitglieder zu dokumentieren. Analog zur Verwendung des Bruderbegriffs konnte das solidarische Verhalten der Frauen untereinander auch zu der Feststellung führen, dass die Frauen, die sich um die Freilassung ihrer Ehemänner bemühten, „alle wie Schwestern" waren.[141]

Es ist festzuhalten, dass jüdische Autorinnen und Autoren verschiedene Erfahrungsräume mit Hilfe des Kriteriums ‚Geschlecht' ausdeuteten: Das gemeinsame Durchstehen einer Hafterfahrung wurde zumeist als Schicksal männlicher Verfolgter kommuniziert, während sich die Frauengemeinschaft im Kampf um die Rettung der Familie manifestierte. Mit diesem Deutungsmuster kategorisierten die Autorinnen und Autoren jedoch nicht nur eigene Erfahrungen. Vielmehr ‚produzierten' Autoren in ihren Erinnerungen auch Frauengemeinschaften, während sich in Frauenautobiographien auch Beschreibungen männlich codierter Erfahrungsräume finden.[142] Ein Wiener Autor forderte etwa ein „Denkmal fuer die Frauen", die im Hotel Metropole, der Wiener Gestapozentrale, für die „Freiheit ihrer Gatten

---

[139] Nathorff: Das Tagebuch der Hertha Nathorff, S. 127.

[140] Dass sie am 14. November zur Passivität gezwungen war, weil alle Ämter aufgrund eines Feiertags geschlossen hatten, empfand Nathorff dementsprechend als eine Qual: „Ich konnte nichts tun als warten", schrieb sie, „warten gleich den vielen, die traurigen Herzens auf ihre Männer, ihre Väter warten." Ebd., S. 131.

[141] Siehe Wolfram, Eva: An der holländischen Grenze, in: Andreas Lixl-Purcell (Hg.): Erinnerungen deutsch-jüdischer Frauen 1900–1990, Leipzig 1992, S. 189–198, hier S. 193. Für ein weiteres Beispiel, wie in den Frauenautobiographien geschlechtsspezifische Kollektividentitäten entworfen wurden, siehe Neff: Mein Leben in Deutschland, S. 73 f. Die Autorin schreibt einen Teil ihres Berichts über den Novemberpogrom in der dritten Person, stellvertretend für die Frauen, deren Ehemänner verhaftet wurden.

[142] Auch Kim Wünschmann, die Berichte jüdischer Männer über ihre Konzentrationslagererfahrungen infolge des Novemberpogroms analysiert, weist auf die lobenden Erwähnungen der Frauen hin. Vgl. Wünschmann: Die Konzentrationslagererfahrungen deutsch-jüdischer Männer, S. 45.

kaempften".[143] Die Ehefrau eines Rabbiners schrieb über die Verfassung ihrer Gemeinde nach dem Novemberpogrom, man habe „die Schrecken des Konzentrationslagers den Männern und das Leid den Frauen" angesehen.[144]

Die im Quellenkorpus verbreitete Konstruktion von geschlechterspezifischen Kollektiven, denen je spezifische Erfahrungsräume zugewiesen wurden, bildete ein Fundament, auf dem einzelne Autorinnen und Autoren weite Teile ihrer Autobiographie aufbauten. ‚Aralks' Konzeption der eigenen Biographie unter dem Nationalsozialismus speist sich in weiten Teilen aus dem Leitmotiv des Kampfes um den Erhalt der eigenen Familie: von den frühen Emigrationsplänen, die am Widerstand des Ehemanns scheiterten, über die Rettung ihrer Söhne und das Bemühen, den Ehemann vor der Verhaftung zu bewahren, bis zu der geglückten Emigration der restlichen Familienmitglieder. Auch die Nichtjüdin Hilde Koch, die wie gezeigt ebenfalls die eigene Biographie entlang dieses Deutungsmusters strukturierte, berief sich auf eine Frauengemeinschaft, deren andere Mitglieder ihr eigenes Schicksal teilten. Die nichtjüdische Autorin betonte, es sei „wunderbar" gewesen, „welche Solidaritaet wir Frauen untereinander pflegten". Politische und religiöse Unterschiede seien nicht thematisiert worden, schrieb Koch mit Blick auf die Frauen anderer Gefangener, die sie bei ihren Besuchen im Gefängnis kennengelernt hatte. „Wir waren schlicht Leidensgefaehrten", stellte sie stattdessen fest.[145]

Ähnliche Erfahrungsräume scheinen zu ähnlichen Schreibmustern geführt zu haben. Manche Frauen strukturierten mit diesen Narrativen einen Großteil ihrer Erinnerungsschriften. Bei den jüdischen Männern ist das zwar nicht der Fall, jedoch übernehmen geschlechterorientierte kollektivierende Schreibweisen bei ihnen dieselben Funktionen: Eigene Erfahrungen wurden auf diese Weise nicht nur mit biographischem Sinn ausgestattet, sie konnten auch als repräsentativ ausgewiesen und so vor den Harvard-Wissenschaftlern aufgewertet werden, die vor allem nach zeittypischen Erlebnissen gefragt hatten. Darüber hinaus nutzten jüdische Männer wie Frauen die Chance, die Erinnerung an das Verhalten der jüdischen Verfolgten zu lenken. Trotz unmenschlicher Umstände hatten Männer wie Frauen gegenseitige Solidarität geübt bzw. aktiv für die Rettung der Familien gekämpft. Beiden Erinnerungsstrategien lag ein übergeordnetes Narrativ zu Grunde, das die Juden insgesamt als eine Gemeinschaft der Verfolgten darstellte.

Die jüdische Gemeinschaft der Verfolgten als ‚Familie'

Als Martin Andermann damit begann, von seinem Leben nach der Machtübernahme zu berichten, reflektierte er zunächst den Objektivitätsgrad seiner retro-

---

[143] Vgl. Flesch: Mein Leben in Deutschland, S. 24.
[144] Vgl. Dienemann, Mally: Aufzeichnungen, Tel Aviv 1939, Archiv des Leo Baeck Instituts, ME 112. MF 96. MM 18, S. 38.
[145] Vgl. Koch: Mein Leben in Deutschland, S. 55. Auch eine jüdische Autorin beschrieb eine Frauengemeinschaft, die religiöse oder politische Unterschiede überbrückte. Die Münchnerin Ida Fanny Lohr berichtete über ihre Hafterfahrung im Konzentrationslager Lichtenburg, in dem jüdische und nichtjüdische Frauen inhaftiert waren: „Es giebt [sic!] unter Frauen,

spektiven Betrachtungen. Es sei für ihn nicht leicht, über diese Jahre zu berichten: „[W]ir, die wir als Juden das Dritte Reich erlebt haben", argumentierte Andermann, waren „in unserer Beobachtung der Ereignisse notwendig beeinträchtigt [...] durch jene alles übertönende persönliche Angst um unser Leben, um das Leben unserer Verwandten und Freunde. Durch die Angst um unseren Lebensunterhalt, der immer mehr verunmöglicht wurde, und die Angst, wohin man sich retten konnte, da die Auswanderung von Monat zu Monat schwieriger wurde."[146] Die besondere Situation der Juden und anderer verfolgter Kreise gäbe deswegen keinen Aufschluss über die „Lage des deutschen Volks" im Nationalsozialismus, weil die angesprochene Angst der 600 000 Juden in Deutschland für die Mehrzahl der nichtjüdischen Deutschen „beim Anbruch des Dritten Reiches" kaum eine Rolle gespielt habe.

Diese Passage gibt Auskunft über das Ausmaß, in dem manche Schreiberinnen und Schreiber ihre Rolle als Chronisten der NS-Zeit im Hinblick auf die Anforderungen des Preisausschreibens reflektierten. Aus den Ausschreibungstexten erfuhren die Interessenten, dass es den Initiatoren des Wettbewerbs um die Erforschung der gesellschaftlichen und seelischen Auswirkungen des Nationalsozialismus auf das *deutsche* Volk ging. Für die jüdischen Autorinnen und Autoren bestand die Erfahrung des ‚Dritten Reichs' jedoch gerade darin, nicht mehr Teil dieses Volks zu sein – was Andermann dazu veranlasste, den Erkenntniswert seiner eigenen Beobachtungen über die Lage der nichtjüdischen Deutschen zu problematisieren. Interessant ist in diesem Fall die Begründung seiner Zweifel, die bereits auf einer zusammenfassenden Deutung der erlebten Zeit beruhte. Für ihn wie die anderen deutschen Juden habe das Leben unter der nationalsozialistischen Herrschaft vor allem Angst bedeutet. Dadurch rechnete sich Andermann nicht nur dem Kollektiv der deutschen Juden zu. Ebenso sehr gründete er dieses Kollektiv auf einer gemeinsam erlebten Geschichte seiner Mitglieder, die sich primär als eine Geschichte der Ausgrenzung und Verfolgung liest. Autobiographische Schlüsselstellen, in denen die jüdischen Autorinnen und Autoren die Verortung ihres ‚Selbst' in einem übergeordneten Kollektiv vornahmen, stellen die Gemeinsamkeit dieser Gruppe in der Regel nicht über die religiöse oder konfessionelle Zugehörigkeit her. Sie konstituierten die ‚jüdische Gemeinschaft' in Vorworten, Zwischenreflexionen oder resümierenden Abschlussbetrachtungen vielmehr über ihr geteiltes Schicksal.[147]

---

wenn sie ein gemeinsames, unglückliches Verhängnis zu tragen haben, Gottseidank immer eine gewisse Solidarität, die ja auch hier die Schranken der blutrünstigen Nazi-Verbote durchbrach." Lohr: [Mein Leben in Deutschland vor und nach dem 30. Januar 1933], S. 82.
[146] Andermann: Mein Leben in Deutschland, S. 89.
[147] Vgl. auch Levy: Mein Leben in Deutschland, S. 59 f.; Neustätter: Mein Leben in Deutschland, S. 7a, 13. In ihrer Studie über deutsch-jüdische Emigrantinnen in New York betont Sybille Quack, die gemeinsame Erfahrung von Verfolgung und Flucht habe bei vielen Emigranten das jüdische Bewusstsein gestärkt, was jedoch nicht zwangsläufig hieße, dass sie auch religiöser wurden. Vgl. Quack: Zuflucht Amerika, S. 211.

Kollektive Identität erzeugten Andermann und andere Chronisten jedoch nicht nur über *explizite* Selbstzuschreibungen zu der Gruppe der verfolgten Juden in den Schlüsselstellen ihrer Erinnerungen. Sie wurde in der Erzählung auch indirekt durch Grenzziehungen hergestellt, die einem nichtjüdischen öffentlichen Raum einen privat konnotierten Raum der jüdischen Gemeinschaft entgegensetzten und auf diese Weise die Verschriftlichung von Exklusionserfahrungen steuerten. Dieses Schreibmuster reflektiert einen Erfahrungsraum der jüdischen Deutschen, der bis zu den Novemberpogromen hauptsächlich die Exklusionsprozesse aus den unterschiedlichen Bereichen des öffentlichen Lebens beinhaltete.

Um seiner befürchteten Verhaftung zu entgehen, emigrierte Andermann 1937 zunächst in die Schweiz, seine Erinnerungen für den Wettbewerb schrieb er schließlich in Buffalo nieder. Andermanns Ausführungen zum Leben der deutschen Juden behandeln zu einem Großteil die bis zu diesem Zeitpunkt erfahrenen Ausgrenzungsprozesse im öffentlichen Raum, etwa die Demütigungen jüdischer Geschäftsinhaber beim Aprilboykott 1933 oder die Besuchsverbote für Gaststätten, öffentliche Parks und Schwimmbäder. Das Adjektiv ‚öffentlich' verwendete Andermann im erzählten Kontext der NS-Zeit im Zusammenhang mit Substantiven wie ‚Verhöhnung' oder als adverbiale Bestimmung von ‚brandmarken'.[148] Ihre Zuspitzung findet die Charakterisierung des öffentlichen Raums gegen Ende der Autobiographie, als er den roten Faden der berichteten Erlebnisse hervorhob:

„Ich könnte immer neue Einzelheiten aufzählen, alle würden immer wieder dasselbe bedeuten: das Ausgeschlossensein, das virtuelle Ghetto, in dem wir zu leben hatten. Aber schliesslich, man gewöhnte sich auch daran, bis es einem fast selbstverständlich wurde. Als ich später ins Ausland kam, konnte ich mich gar nicht daran gewöhnen, in einem beliebigen Cafe Platz nehmen zu dürfen."[149]

Der öffentliche Raum des Nationalsozialismus, so lässt sich dieses Zitat interpretieren, existierte ohne die jüdischen Deutschen. „Ausgeschlossensein", „virtuelles Ghetto" und – an anderer Stelle – „Paria-Dasein"[150] definieren ihn in erster Linie durch die Abwesenheit der Juden als einen nichtjüdischen Raum. Diese Charakterisierung kontrastierte der Arzt direkt hieran anschließend mit folgender Beschreibung des innerjüdischen Zusammenlebens:

„Wenn ich an diese Jahre zurückdenke, so war das Leben gewiss ein schweres. Trotzdem, es gab auch manches, was schön war. Es war ja nur selbstverständlich, dass die aufeinander angewiesenen jüdischen Familien mehr miteinander verkehrten, als es früher der Fall war. Es entstand eine gewisse Herzlichkeit und Wärme, die durch die gemeinsame Not, die dauernde Angst in der man lebte, gefördert wurde. Es wanderten auch so viele aus, und die Zurückbleibenden schlossen sich immer enger zusammen."[151]

Auf das „Ausgeschlossensein" im öffentlichen Raum folgte als Reaktion der gemeinschaftsstiftende Zusammenschluss im jüdischen Binnenraum. Die Juden

---

[148] Siehe Andermann: Mein Leben in Deutschland, S. 91, 105 f.
[149] Ebd., S. 108b–109.
[150] Ebd., S. 108b. Siehe auch Loewenberg: Mein Leben in Deutschland, S. 38, 50, 53.
[151] Andermann: Mein Leben in Deutschland, S. 109.

traten parallel zu den eingangs dargestellten Ausführungen Andermanns als eine Gemeinschaft hervor, die sich über die geteilte Not und Angst sowie die Notwendigkeit zur gegenseitigen Hilfe ihrer Mitglieder konstituierte. In Abgrenzung zu einer feindlichen Umwelt konstruiert, erhielt der jüdische Binnenbereich mit den Eigenschaften der Wärme, der Herzlichkeit sowie der gegenseitigen Hilfe einen intimen und ‚quasi-familiären' Charakter: Dem nichtjüdischen Raum des Öffentlichen entspricht die rückblickende Herstellung eines spezifischen, privat konnotierten Raums des jüdischen Kollektivs.

Nicht nur bei jungen männlichen Autoren wie Martin Andermann, der zum Zeitpunkt der Niederschrift seiner Erinnerungen gerade einmal 35 Jahre alt war, trifft man auf dieses identitätsstiftende Muster der Grenzziehung. Die Danzigerin Alice Baerwald, geboren 1883, berichtete: „Als uns die oeffentlichen Lokale und Raeume nicht mehr zugaenglich waren[,] gruendeten wir einen juedischen Klub[,] in dem Geselligkeit gepflegt wurde und Vortraege stattfanden." Drei Jahre lang habe ihnen dieser Klub alles ersetzt, was ihnen genommen worden war. „Wir schlossen uns immer enger zusammen", heißt es anschließend, und die Autorin habe sich zusammen mit ihrem Ehemann Mühe gegeben, den „gequaelten Juden etwas Ruhe und Frohsinn" zu ermöglichen.[152] Später in der Erzählung, nachdem Baerwald von der Gründung einer jüdischen Privatschule als Folge zunehmender Schikanierung der jüdischen Kinder berichtet hatte, nahm sie dieses Narrativ noch einmal auf. Hier setzte sie zunächst der „feindliche[n] Umwelt" den „Opfermut" und die „Geschlossenheit" der jüdischen Gemeinde entgegen, um anschließend jedoch auch darauf hinzuweisen, dass die ‚Insel' ihres jüdischen Klubs zunehmenden Belästigungen durch die Nationalsozialisten ausgesetzt worden sei.[153]

Andermann und Baerwald griffen auf privat konnotierte Semantiken zurück, mit denen sie rückblickend eine Gemeinschaft erzeugten, deren Gemeinsamkeit primär in der geteilten Erfahrung ihrer Mitglieder bestand, außerhalb der deutschen ‚Volksgemeinschaft' zu stehen. Diese Narration erzeugte einen identitären Bezugsrahmen, innerhalb dessen die eigene Geschichte sinnvoll geschrieben werden konnte und mit dem zugleich die Teilnahme an dem Preisausschreiben – bzw. das Projekt zur Niederschrift des eigenen Lebens überhaupt – legitimierbar war, weil die eigene Biographie als stellvertretend für das Schicksal der verfolgten Juden kommunizierbar war. Bedeutend ist vor diesem Hintergrund weniger die Tatsache, dass die jüdischen Autobiographinnen und Autobiographen auf diese Weise ihre Biographien kollektivierten, sondern vielmehr, dass bereits zum Zeitpunkt der Niederschrift 1940 ein Inventar möglicher Deutungsmuster existierte, auf dass die Teilnehmerinnen und Teilnehmer des Harvard-Wettbewerbs unabhängig voneinander zurückgriffen.

---

[152] Baerwald: Mein Leben in Deutschland, S. 43. Siehe auch ebd., S. 32, wo die Autorin die Reaktion des Ehepaars auf den sich ausbreitenden Antisemitismus in der Danziger Gesellschaft nach der Machtübernahme beschreibt: „In Danzig fingen wir an uns von dem deutschen Gesellschaftskreise zurueckzuziehen."

[153] Vgl. ebd., S. 46. Siehe außerdem Neustätter: Mein Leben in Deutschland, S. 7a–7b; Bing: Mein Leben in Deutschland, S. 200; Schwabe: Mein Leben in Deutschland, S. 52.

Laut Sabine Y. Meyer prägten personale Identitätskonstruktionen die Texte der von ihr untersuchten Harvard-Berichte stärker als Kollektividentitäten. Die Frauen des Harvard-Wettbewerbs hätten sich im besten Fall als Teil einer größeren Gruppe deutscher Juden verstanden, die unter den Nazis gelitten hätten. Erst späteren Schreiberinnen habe mit dem Wissen um den Holocaust eine Kategorie zur Verfügung gestanden, mit der sie eigene Erfahrungen hätten organisieren können. Die Folge sei eine Homogenisierung der Erinnerung gewesen.[154] Wenngleich die Berichte der Harvard-Autorinnen und -Autoren weniger ‚kollektivistisch' geprägt sein mögen als spätere Erinnerungsschriften, so treffen Meyers Beobachtungen nicht in dem Ausmaß auf die jüdischen Harvard-Autorinnen und -Autoren zu. Auch sie organisierten mit gemeinschaftlichen Identitätskonstruktionen ihre Erinnerungen, die in vielen Fällen ähnliche oder gleiche Elemente beinhalten. Der interpretatorische Spielraum zur Ausdeutung der eigenen Verfolgungsgeschichte war damit 1939/40 nicht mehr so weit gesteckt, dass von rein personalen Identitätskonstruktionen gesprochen werden kann.

5. Zusammenfassung

In den untersuchten familiengeschichtlichen Ausführungen manifestiert sich – geschlechter- und generationenübergreifend – ein Gegennarrativ zum nationalsozialistischen Topos des ‚undeutschen Juden'.[155] Das antisemitische Zerrbild vom ‚wandernden Juden' widerlegten die Autorinnen und Autoren implizit, wenn sie ihre lange Familiengeschichte in Deutschland oder einer deutschen Gegend anführten und das ‚Verwachsensein' mit den nichtjüdischen Deutschen erwähnten. Aus den meisten Autobiographien spricht Enttäuschung, Trauer oder Wut über die Aberkennung der deutschen Identität. Das Verständnis vieler jüdischer Autorinnen und Autoren von ‚Deutschland' ging nicht in den abstrakten Begriffen einer rechtlichen Integration auf, sondern war von einem empfundenen Gefühl der Einheit und des Dazugehörens geprägt. Über den Umweg der Familiengeschichte verdeutlichten ‚Aralk' und andere Autorinnen und Autoren ihre historische, emotional aufgeladene Bindung an Deutschland. Gleichzeitig unterstrichen sie dadurch die Illegitimität der erfahrenen Diskriminierung seit der Machtübernahme. Familiengeschichtliche Rahmungen der eigenen Lebensgeschichte scheinen deshalb mit der NS-Erfahrung wieder an Bedeutung gewonnen zu haben. Jedenfalls stellte Miriam Gebhardt in ihrer Untersuchung der jüdischen Autobiographik von

---

[154] Vgl. Meyer, Sabine Yael: Lives Remembered. Memoirs of German-Jewish Women Who Left Germany in the 1930s, Los Angeles (Cal.) 2009 (= Diss. Univ. of Southern California 2009), S. 166–168.

[155] Daher ist die Interpretation, dass jüdische Frauen deshalb ihre Autobiographien mit familiengeschichtlichen Ausführungen ausstatteten, weil eine geschlechtsspezifische Sozialisation ihnen die Entwicklung sozialer Bindungen antrainiert habe, fraglich. Vgl. Meyer: Lives Remembered, S. 99.

1890 bis 1932 einen Wandel um 1910 fest, der von einer familienorientierten zu einer individualistischen autobiographischen Erinnerung verlief. Auf „gegenwärtige Deutungsbedürfnisse" sei nach 1910 seltener mit einer familialen Erinnerungsstrategie geantwortet worden.[156]

Die Harvard-Autorinnen und -Autoren griffen hingegen vermehrt zu solchen familialen Erinnerungsstrategien, die die lange Bindung der Familie an Deutschland betonten. Dies bedeutet nicht, dass Erfahrungen antisemitischer Ausgrenzung und Diffamierung vor der Machtübernahme in den Texten ausgeblendet blieben. Jedoch überschritten die Maßnahmen der Nationalsozialisten jene Erwartungshorizonte, die sich aus der Mischung eines polarisierten Erfahrungsraums generierten: auf der einen Seite die oftmals erfolgreichen Familien- und Einzelbiographien, begleitet von rechtlichen und gesellschaftlichen Emanzipationserfolgen, auf der anderen Seite Erfahrungen des Abgewiesenwerdens und Fremdseins. Für viele Teilnehmer des Harvard-Wettbewerbs scheinen für lange Zeit die aus ihrer Sicht positiven Aspekte überwogen zu haben, die den einstigen Erwartungshorizont unter den Leitbegriffen des Fortschritts und des Erfolgs strukturierten. Erst nach und nach lösten sich deutsche Juden, viele endgültig erst mit den Pogromen im November 1938, von diesem Erwartungshorizont.

Auffallend ist weiterhin, wie unterschiedlich die Autobiographinnen und Autobiographen jüdische und nichtjüdische Familien darstellten. Dabei sind in beiden Fällen zwar Geschlossenheit und Gemeinschaft die Leitbegriffe, um die herum die Erzählungen kreisen. Unterschiedlich sind jedoch die Diagnosen: Die nichtjüdische Familie galt vielen Schreibern als ein Spiegel des politischen Kampfes im öffentlichen Leben. Die Zerstörung des Familienlebens, entweder als Folge von Selbstpolitisierungsprozessen oder durch staatliche Vereinnahmung, war eine Feststellung, die in der Regel die Situation nichtjüdischer Familien beschrieb. Die eigene Familie wurde in jüdischen Autobiographien hingegen überwiegend als eine Gemeinschaft erinnert, die sich über die gemeinsam erlittenen Ausgrenzungs- und Verfolgungsprozesse konstituierte und nach außen hin abgrenzte. Angesichts einer zunehmenden Gefahr durch die nationalsozialistischen Verfolgungsinstanzen stellte die Bewahrung der Familie einen narrativen Fluchtpunkt der Autobiographien dar. Während Zerstrittenheit und Zerstörung auf der nichtjüdischen Seite dominierten, sind Geschlossenheit, Erhalt und Rettung auf der anderen Seite die charakteristischen Merkmale der jüdischen Familie. Von einer Idealisierung des jüdischen Familienlebens waren die jüdischen Autorinnen und Autoren jedoch weit entfernt. ‚Aralk' erwähnte beispielsweise den Konflikt zwischen ihrem Ehemann und sich. Vereinzelt deuten auch Berichte über einen Generationenkonflikt zwischen einer zionistisch eingestellten Jugend und der sich stärker mit Deutschland identifizierenden Elterngeneration darauf hin, dass es in den Familien zu Spannungen kam.[157]

---

[156] Vgl. Gebhardt: Das Familiengedächtnis, S. 178.
[157] Das wird auch in der Forschungsliteratur angeführt, die insgesamt von einer Aufwertung der Familiengemeinschaft im Nationalsozialismus ausgeht. Vgl. Kaplan: Der Mut zum Überleben, S. 163 f.

VIII. Jüdische und nichtjüdische Freunde: Konfessionsübergreifende Freundschaft, innerjüdische Gemeinschaft und Semantiken der ‚Unselbstverständlichkeit'

1. Freundschaft als Gegenstand der NS-Forschung

Freundschaft zwischen Juden und Nichtjuden 1933–1939 – gesellschaftliche Rahmenbedingungen

Um zu verstehen, wie deutsche Juden 1939/40 das Thema Freundschaft autobiographisch verhandelten, lohnt sich ein Blick auf die gesellschaftlichen Rahmenbedingungen, die einerseits die allgemeinen sozialen Kontakte zwischen Juden und Nichtjuden prägten, sich andererseits jedoch selbst erst unter dem Einfluss sich verfestigender Verhaltensmuster einstellten.

Zum ersten ist der vor allem in der jüngeren Forschung betonte Aspekt der *Teilhabe der Bevölkerung* an der Durchsetzung und Implementierung rassenideologischer Grundsätze zu nennen. Kontakte zwischen Juden und Nichtjuden wurden nicht ausschließlich ‚von oben herab' unter Bestrafung gestellt – vielmehr beteiligten sich neben Parteiaktivisten breite Bevölkerungsteile an der Entrechtung und sozialen Isolierung der Juden. So hat die Denunziationsforschung diesen Aspekt der gesellschaftlichen Partizipation nachdrücklich in das Blickfeld der NS-Historiographie gerückt.[1] Von Interesse sind in diesem Kontext jene Meldungen aus der Bevölkerung, die von der Gestapo unter den Rubriken ‚Rassenschande' und ‚Judenfreundschaft' geführt wurden. Robert Gellately konnte aufzeigen, dass im Fall der Gestapo Würzburg 57 Prozent der zwischen 1933 und 1945 eingeleiteten Verfahren wegen ‚Rassenschande' oder ‚Judenfreundschaft' durch Hinweise aus der Bevölkerung eingeleitet wurden, nur ein Prozent hingegen auf polizeilicher Fahndungsarbeit beruhten.[2]

Daran zeigt sich das Ausmaß, in dem die Rassendoktrin des Regimes eigenständig von den ‚Volksgenossen' – und sei es aus egoistischen Motiven – in die Tat umgesetzt wurde. Möglich war dies nicht zuletzt aufgrund der semantischen Struktur des Begriffes ‚Judenfreundschaft', der elastisch genug war, um nicht nur enge soziale Kontakte zu umschließen, sondern darüber hinaus auch oberflächliche Beziehungen, etwa geschäftlicher Art, umfasste. Gellately berichtet von einem Fall, in dem eine Person allein deswegen denunziert wurde, weil man sie in einem

---

[1] Grundlegend dazu Gellately: Die Gestapo und die deutsche Gesellschaft. Siehe außerdem: Diewald-Kerkmann: Politische Denunziation im NS-Regime; Joshi: Gender and Power in the Third Reich. Kritisch hingegen: Dörner: NS-Herrschaft und Denunziation.
[2] Vgl. Gellately: The Gestapo and German Society, S. 670.

Park bei einem Gespräch mit Juden beobachtet hatte.³ Gerade solche vagen Definitionen überließen den Denunzianten weite Interpretationsspielräume. Die verbreitete Nutzung solcher und anderer Spielräume verweist letztlich, so Gellately, auf einen zunehmenden „sozialen Konsens und die wachsende Akzeptanz des Systems".⁴

Zum zweiten verzichteten die Nationalsozialisten nicht auf eine *gesetzliche Regulierung* der sozialen Beziehungen zwischen Juden und Nichtjuden. Wichtigstes Instrument bildete das „Blutschutzgesetz" der Nürnberger Gesetze von 1935, das *de facto* zwischenmenschliche Kontakte über den Bereich der sexuellen Beziehung hinaus kriminalisierte. Der entsprechende Paragraph des Gesetzes formulierte vage: „Außerehelicher Verkehr zwischen Juden und Staatsangehörigen deutschen oder artverwandten Blutes ist verboten."⁵ In der ersten Ausführungsverordnung vom 14. November 1935 explizierte der Gesetzgeber immerhin, dass mit ‚außerehelichem Verkehr' nur der Geschlechtsverkehr gemeint sei.⁶ Es stellte sich aber eine Praxis in der Rechtsprechung ein, die vor allem auf die Absicht des Gesetzgebers abhob. So wertete ein Gericht die Küsse eines impotenten Mannes als Ersatz für den Geschlechtsverkehr, was zu zwei Jahren Gefängnisstrafe führte. Therapeutische Massagen wurden bald diskreditiert, der Besuch von noch für Juden geöffneten Badeanstalten, die ohnehin im Mittelpunkt pornographischer Phantasien des *Stürmers* und anderer Zeitungen standen, zu einem Risiko.⁷ „Tatsächlich", stellt Saul Friedländer in seiner Analyse der Gesetze fest, „wurden alle Aspekte des Alltagslebens und alle beruflichen Aktivitäten, in denen der Kontakt zwischen Ariern und Juden so verstanden werden konnte, als habe er irgendeine sexuelle Konnotation, systematisch identifiziert und verboten."⁸ Eine zusätzliche Regulierung engerer Sozialkontakte zwischen Juden und Nichtjuden fand im Jahr nach der Abfassung der Harvard-Dokumente 1941 statt. Per Runderlass verfügte das Reichssicherheitshauptamt am 24. Oktober des Jahres, dass „[d]eutschblütige Per-

---

3 Vgl. ebd., S. 677. Siehe für die Folgen dieser Praktiken auf die persönlichen Beziehungen zwischen Juden und Nichtjuden Gellately: Die Gestapo und die deutsche Gesellschaft, S. 213–218.
4 Vgl. Gellately: Hingeschaut und weggesehen, S. 199.
5 Gesetz zum Schutze des deutschen Blutes und der deutschen Ehre (15. 09. 1935), in: Reichsgesetzblatt v. 16. 09. 1935, Teil I, S. 1146 f., hier S. 1147.
6 Vgl. Erste Verordnung zur Ausführung des Gesetzes zum Schutze des deutschen Blutes und der deutschen Ehre (14. 11. 1935), in: Reichsgesetzblatt v. 14. 11. 1935, Teil I, S. 1334–1336, hier S. 1335.
7 Vgl. Friedländer: Das Dritte Reich und die Juden, S. 138, 178. Siehe zur Verbreitung von „Rassenschande"-Fällen im *Stürmer* Przyrembel, Alexandra: „Rassenschande". Reinheitsmythos und Vernichtungslegitimation im Nationalsozialismus, Göttingen 2003, S. 185–200. Allgemein zur Geschichte der Gesetze siehe Essner, Cornelia: Die „Nürnberger Gesetze" oder die Verwaltung des Rassenwahns 1933–1945, Paderborn 2002 (zugl. Habil.-Schr. Techn. Univ. Berlin 2000).
8 Friedländer: Das Dritte Reich und die Juden, S. 178. Siehe außerdem Kaplan: Der Mut zum Überleben, S. 68. Nichtjüdische Deutsche scheinen zudem unsicher darüber gewesen zu sein, in welchem Ausmaß der Kontakt mit Nichtjuden unter Strafe stand. Vgl. Essner: Die „Nürnberger Gesetze", S. 233.

sonen, die in der Öffentlichkeit freundschaftliche Beziehungen zu Juden zeigen", aus „erzieherischen Gründen vorübergehend in Schutzhaft zu nehmen" seien.[9]

Zum dritten stellt sich die Frage nach der *Akzeptanz und Verbreitung antisemitischer Einstellungen* in der deutschen Mehrheitsbevölkerung bis 1939.[10] Ein Großteil der deutschen Bevölkerung teilte zwar nicht den radikalen Antisemitismus der NS-Bewegung oder hieß dessen gewaltsamen Ausbrüche wie im November 1938 gut. Der in weiten Teilen latente Antisemitismus verhinderte jedoch ein energisches Eingreifen. Er führte ebenfalls dazu, dass die auf antisemitische Gewalt folgenden rechtlichen Normierungen von Ausgrenzung und Diskriminierung akzeptiert oder befürwortet wurden. Die Zustimmung zu anderen – vermeintlich erfolgreichen – Bereichen der NS-Politik schwächte die Bereitschaft zur Kritik an der Rassenpolitik zusätzlich ab.[11] Frank Bajohr zufolge verstärkte die zunehmende Popularität des Regimes die allgemeine Akzeptanz der Judenverfolgung, die sich schrittweise in einen breiten „antijüdischen Grundkonsens" verwandelte. Dieser wiederum sah die Juden eindeutig als außerhalb der ‚Volksgemeinschaft' stehende Gruppe, die per Gesetz aus ihr zu entfernen und zur Auswanderung zu zwingen sei.[12]

Artikulationen von Dissens beruhten in erster Linie auf wirtschaftlichen oder religiösen Interessen, seltener waren sie Ausdruck von Mitleid oder Solidarität mit den Juden.[13] Peter Longerich betont demgegenüber zwar stärker den Unwillen, den das Regime bei dem Versuch erfuhr, das Verhalten der ‚Volksgenossen' gegenüber den Juden auf die gewünschte Linie zu bringen, konzediert jedoch in Bezug

---

[9] Zit. nach Walk, Joseph (Hg.): Das Sonderrecht für die Juden im NS-Staat. Eine Sammlung der gesetzlichen Maßnahmen und Richtlinien – Inhalt und Bedeutung (= Motive – Texte – Materialien, Band 14), Heidelberg/Karlsruhe 1981, S. 353.

[10] Die Erforschung dieser Frage nimmt in der NS-Historiographie seit längerem eine zentrale Stellung ein. Zu den wichtigsten Publikationen gehören u. a. Kershaw, Ian: Popular Opinion and Political Dissent in the Third Reich: Bavaria 1933–1945, Oxford 1983; Kulka, Otto D.: Die Nürnberger Rassengesetze und die deutsche Bevölkerung im Lichte geheimer NS-Lage- und Stimmungsberichte, in: Vierteljahrshefte für Zeitgeschichte 32 (1984), S. 582–624; Kershaw, Ian: The Persecution of the Jews and German Popular Opinion in the Third Reich, in: Michael R. Marrus (Hg.): The Nazi Holocaust (5). Public Opinion and Relations to the Jews in Nazi Europe (Band 1), Westport (Conn.) 1989, S. 86–114; Bankier, David: The Germans and the Final Solution. Public Opinion under Nazism (= Jewish Society and Culture), Oxford u. a. 1992; Gellately: Hingeschaut und weggesehen; Longerich: „Davon haben wir nichts gewusst!". Siehe zuletzt auch Corner (Hg.): Popular Opinion in Totalitarian Regimes. Neben der Frage, was nichtjüdische Deutsche von der Vernichtungspolitik des Regimes wissen konnten, werden kontrovers die Haltungen diskutiert, die sich hinter der Hinnahme antijüdischer Politik abzeichneten.

[11] Vgl. dazu Bankier: The Germans and the Final Solution, S. 154 f.

[12] Vgl. Bajohr, Frank/Pohl, Dieter: Der Holocaust als offenes Geheimnis. Die Deutschen, die NS-Führung und die Alliierten, München 2006, S. 37, 43.

[13] Vgl. Friedländer: Das Dritte Reich und die Juden, S. 348; Kulka, Otto D.: ‚Public Opinion' in Nazi Germany and the ‚Jewish Question', in: Michael R. Marrus (Hg.): The Nazi Holocaust (5). Public Opinion and Relations to the Jews in Nazi Europe (Band 1), Westport (Conn.) 1989, S. 115–138, hier S. 137; Maurer: Vom Alltag zum Ausnahmezustand, S. 443 f.; Bankier: The Germans and the Final Solution, S. 155.

auf den Novemberpogrom: „Insgesamt gesehen konnte das Regime die weitgehend passive Haltung, in der die meisten Deutschen während der Ausschreitungen verharrten, jedoch als Erfolg bewerten: Eine Gewaltaktion gegen die deutschen Juden, wie man sie seit den mittelalterlichen Judenverfolgungen nicht mehr erlebt hatte, war ohne offenen Protest hingenommen worden. Propagandistisch ließ sich das als Zustimmung ausgeben. Die Radikalisierung der Judenverfolgung war erfolgreich einen weiteren Schritt vorangetrieben worden."[14]

Ein zuverlässiges Bild von der deutschen Gesellschaft und ihrer Haltung gegenüber den drangsalierten und verfolgten jüdischen Mitbürgern für die Jahre bis zum Kriegsausbruch zu geben, stellt eine schwierige Aufgabe dar. Dies nicht zuletzt deswegen, weil die Stimmungs- und Lageberichte, welche als Grundpfeiler der genannten Studien fungieren, sich in quellenkritischer Hinsicht als problematisch erweisen.[15] Fest steht jedoch: das Zusammenspiel von einem verbreiteten traditionellen Antisemitismus mit verschiedensten Alltagsformen der Partizipation an der Rassenpolitik des Regimes, das durch gesetzliche Maßnahmen flankiert und angeheizt wurde, ließ die soziale Distanz zwischen Juden und Nichtjuden bis zu Beginn des Zweiten Weltkriegs zu einem beträchtlichem Maß anwachsen. Es herrschte ein gesellschaftliches Klima vor, das engere Sozialkontakte über ‚rassisch' definierte Grenzen hinweg deutlich erschwerte. Mit diesem Erfahrungsraum ‚im Rücken' schrieben die Harvard-Autorinnen und -Autoren ihre Berichte. Private Freundschaften bildeten vor diesem Hintergrund kein autobiographisches Ausnahmethema, sondern wurden konsequent in die Erzählung ihrer sozialen Isolierung als deutsche Juden integriert.

Soziale Beziehungen und Freundschaft in jüdischen Selbstzeugnissen

Ein besonderer historiographischer Wert von jüdischen Tagebüchern und Memoiren liegt darin, dass sie die Qualität jenes Entfremdungsprozess zwischen Juden und Nichtjuden deutlich werden lassen, der einen Grundstein für die Hinnahme späterer Gewaltverbrechen legte.[16] Dazu stellt Trude Maurer fest, dass das Tempo, in dem sich Beziehungen zu Nachbarn, Geschäftsleuten und auch Freunden veränderten, variierte. Man fände ebenso Belege für einen rasanten Abbruch von Beziehungen wie vereinzelte Fälle, in denen Freundschaften bis zur Emigration fortbestanden haben.[17] Marion Kaplan hebt jedoch hervor, dass bereits die „Nürn-

---

[14] Longerich: „Davon haben wir nichts gewusst!", S. 135.
[15] Vgl. Longerich: „Davon haben wir nichts gewusst!", S. 45, 318; Mühlenfeld: Was heißt und zu welchem Ende studiert man NS-Propaganda?, S. 535.
[16] Vgl. Kaplan: Der Mut zum Überleben, S. 73; Maurer: Kunden, Patienten, Nachbarn und Freunde, S. 156, 166.
[17] Vgl. Maurer: Kunden, Patienten, Nachbarn und Freunde, S. 165. Mary Fulbrook gelangt in ihrer Untersuchung der Harvard-Dokumente zu der Überzeugung, dass jüngere nichtjüdische Deutsche deutlich schneller ihre Beziehungen zu jüdischen Freunden abbrachen als ältere. Vgl. Fulbrook: Dissonant Lives, Band 1, S. 108.

berger Gesetze [...] zur endgültigen Zerstörung vieler Beziehungen sowie zur Verhaftung von Juden und Nichtjuden, die enge Freundschaft miteinander pflegten", führten. „1936", so heißt es weiter, „hatten die Nazis eine ‚Vertiefung der Kluft' zwischen den Juden und den übrigen Deutschen erreicht", die auch die Akzeptanz einer ‚rassischen Andersartigkeit' umfasste.[18]

Auf der Ebene freundschaftlicher Beziehungen manifestierte sich diese Kluft am extremsten in der expliziten Aufkündigung von Freundschaften seitens des nichtjüdischen Teils, andere Formen bestanden etwa in dem – teilweise verschämten – Rückzug oder dem Nichtgrüßen auf offener Straße. Die Bandbreite der Motive für dieses Verhalten reichte vom Gesinnungswechsel – manch einer entdeckte urplötzlich sein ‚rassisches Gewissen' – über karrieristische Gründe bis hin zu der Angst, als ‚Judenfreund' denunziert zu werden.[19] Wie reagierten jüdische Deutsche auf das Verhalten ihrer Freunde? Trude Maurer filterte aus den von ihr untersuchten Dokumenten – darunter auch einige Harvard-Autobiographien – zwei Verhaltensmuster: Zum einen beobachtete sie, dass Juden die verbliebenen Kontakte umso höher bewerteten, und dies aus Gründen des Selbstschutzes. Zum anderen jedoch fände man auch Berichte, in denen jüdische Deutsche von sich aus die Kontakte zu Bekannten und Freunden abbrachen.[20] Motiviert war dieses Handeln von antizipatorischen Überlegungen: Viele Betroffene wollten sich die Enttäuschung ersparen, die aus der Aufkündigung einer Freundschaft durch die nichtjüdische Seite resultierte. Ebenso konnten freundschaftliche Gründe eine Rolle spielen, etwa die Angst vor den Nachteilen und Strafen, die den nichtjüdischen Freunden drohten. Und letztlich mögen auch hier Gründe des Selbstschutzes eine Rolle gespielt haben, denn Kontakte zwischen Juden und Nichtjuden stellten für beide Seiten eine potenziell gefährliche Angelegenheit dar.[21]

In der Folge fand eine stärkere Konzentration auf den jüdischen Freundeskreis statt, der sich jedoch aufgrund der fortschreitenden Emigration beständig verringerte. Außerdem berichten einige Autobiographien davon, dass gerade das Zusammentreffen mit jüdischen Freunden nur wenig Ablenkung und Erholung bot, da die Gespräche häufig um das Thema der eigenen Notlage kreisten.[22] Wenn privater Verkehr zu Nichtjuden andauerte, verlagerte er sich, mit dem Stigma des Verbotenen und Heimlichen belastet, in die private Sphäre der Häuslichkeit. Es gab Nichtjuden, die tagsüber auf der Straße ihre jüdischen Freunde und Bekannte

---

[18] Kaplan: Der Mut zum Überleben, S. 73. Die Einschätzung teilt auch Yehuda Bauer. Siehe Bauer, Yehuda: Overall Explanations, German Society and the Jews or: Some Thoughts about Context, in: David Bankier (Hg.): Probing the Depths of German Antisemitism. German Society and the Persecution of the Jews, 1933–1941, New York 2001, S. 3–16, hier S. 12. Für Gellately waren Ende der dreißiger Jahre eine Mehrzahl der Menschen überzeugt, dass „es zumindest so etwas wie eine ‚Judenfrage' gab und daß es vielleicht am besten wäre, wenn die Juden das Land verließen". Gellately: Hingeschaut und weggesehen, S. 179.
[19] Vgl. Maurer: Kunden, Patienten, Nachbarn und Freunde, S. 162.
[20] Vgl. ebd., S. 166.
[21] Vgl. ebd., S. 165 f.; Maurer: Vom Alltag zum Ausnahmezustand, S. 434.
[22] Vgl. Maurer: Vom Alltag zum Ausnahmezustand, S. 434.

ignorierten, um sich nur wenige Stunden später nach Sonnenuntergang verstohlen in die Wohnungen ihrer Freunde zu schleichen.[23] Solche weitergeführten Freundschaften sendeten jedoch, wie Marion Kaplan betont, gefährliche Signale an die Juden. Denn dadurch seien sie veranlasst worden, ihre Lage positiver einzuschätzen, als sie *de facto* war.[24] Aus diesem Blickwinkel vermochten weiter bestehende Freundschaften die überlebensnotwendige Entscheidung zur Emigration zu verzögern oder zu dem Entschluss beizutragen, in Deutschland zu bleiben.

Selbstzeugnisse veranschaulichen den Prozess der Entpersonalisierung der deutschen Juden im Bewusstsein der deutschen Mehrheitsbevölkerung. Sie lassen erkennen, dass sich aus Sicht der Nichtjuden mit Juden immer weniger persönliche Beziehungen und Affekte verbanden. Stattdessen formten zunehmend die antisemitischen Propagandabilder der Nationalsozialisten Vorstellungen über jüdische Mitbürger, gegenüber deren Schicksal viele ‚Volksgenossen' nach und nach abstumpften. Anders als in der bisherigen alltagsgeschichtlichen Forschung stehen hier nicht die Fragen im Mittelpunkt, zu welchem Zeitpunkt und aus welchen konkreten Gründen Nichtjuden vermehrt ihre Kontakte zu Juden abbrachen oder umgekehrt. Die vorliegende Studie fragt stattdessen nach der Verwendungsweise des Freundvokabulars in unterschiedlichen erzählten Zeiten des autobiographischen Mediums, um seine semantischen Merkmale und narrativen Funktionen zu erfassen.

2. Die Zeit vor der Machtübernahme: Das Konzept einer konfessionsübergreifenden Freundschaft

Konfession und Freundschaft

„Eine meiner tiefsten Kindheitserinnerungen – ich war damals viereinhalb Jahre alt – ist die Feier der Jahrhundertwende in meinem Elternhaus, und ich sehe noch heute den festlich geschmückten Tisch, die leuchtenden Kerzen, sehe meine schöne, gütige Mutter am Klavier sitzen, den Vater daneben, mich auf dem Schoße haltend mit einer Puppe fast ebenso groß wie ich – erinnere mich der Freunde und Verwandten, aus allen Konfessionen sich zusammensetzend – eine Rassenfrage existierte ja damals noch nicht – sie kamen, im Hause meiner Eltern froh und glücklich und hoffnungsvoll den Beginn des Jahres 1900, den Anfang des 20. Jahrhunderts zu feiern."[25]

Auf der ersten Seite ihrer Erinnerungen findet sich dieser Abschnitt in Hertha Nathorffs Beitrag zu dem amerikanischen Autobiographie-Wettbewerb. Für Hertha Nathorff und ihren Ehemann Erich, die vor der Machtübernahme erfolgreiche Arztpraxen in Berlin betrieben hatten, seit 1933 aber sukzessive aus ihrem Beruf vertrieben worden waren und mit der Auswanderung den Großteil ihres Vermö-

---

[23] Vgl. ebd., S. 433 f.
[24] Vgl. Kaplan: Der Mut zum Überleben, S. 69 f.
[25] Nathorff: Das Tagebuch der Hertha Nathorff, S. 21.

gens eingebüßt hatten, waren die Zukunftsaussichten im Januar 1940 alles andere als positiv.[26]

Umso deutlicher fällt der Kontrast zu dem Erwartungshorizont aus, den die Emigrantin ihrem Vergangenheits-Ich an dieser Stelle zuschrieb. Ihre Erinnerungen wiesen die Sylvesterfeier 1899 schließlich nicht als ein beliebiges Fest aus. Als Feier zur Jahrhundertwende stand sie vielmehr als ein Sinnbild für die optimistischen Erwartungen, welche die Menschen in den Anbruch eines neuen Jahrhunderts legten. Den hoffnungsfrohen Blick auf das 20. Jahrhundert leitete Nathorff aus einer positiv bewerteten, vergangenen Gegenwart ab, die einerseits aus einer idyllischen Kindheit bestand, die sie andererseits jedoch ganz wesentlich im gesellschaftlichen Kontext der jüdischen Emanzipation und Integration situierte. Ausdrücklich wurde die Feier als ein Ereignis erzählt, das neben den Verwandten auch die Freunde in ihren Hoffnungen auf die Zukunft konfessionsübergreifend vereinte. Konfession als ein Differenzkriterium, mit dem Personengruppen nach ihren religiösen Zugehörigkeiten voneinander abgegrenzt werden, stand Nathorffs begrifflichem Horizont von ‚Freundschaft' also keineswegs unvereinbar gegenüber. Im Gegenteil erscheint das ausgehende 19. Jahrhundert in dieser Textstelle deshalb in einem positiven Licht, weil es freundschaftliche Beziehungen zwischen Juden und Nichtjuden hervorgebracht und damit konfessionell bestimmte Grenzen transzendiert hatte.[27] Im Rückgriff auf die Konfession als legitimes Unterscheidungsmerkmal knüpfte Nathorff damit an ein jüdisches Selbstverständnis an, das sich im 19. Jahrhundert herausgebildet hatte. Im Zuge der Emanzipation löste sich die traditionell enge Verbindung zwischen religiöser und nationaler Zugehörigkeit im Judentum zusehends auf. „Als Gegenleistung für die rechtliche Gleichstellung", so Michael Brenner, „war die Mehrzahl der west- und mitteleuropäischen Juden zur Aufgabe aller Elemente, die an eine nationale jüdische Existenz erinnerten, bereit."[28]

Verfolgt man Nathorffs Thematisierung von Freundschaft im Kontext der erzählten Zeit vor der Machtübernahme weiter, so verfestigt sich dieses Bild. Die

---

[26] Zur Autorin siehe die Ausführungen im Kapitel III.2.
[27] Wenngleich es sich hier um eine retrospektive Deutung dieser Zeit handelt, so stellt Peter Gay dennoch ihre Berechtigung heraus. Vgl. Gay, Peter: In Deutschland zu Hause ... Die Juden der Weimarer Zeit, in: Arnold Paucker (Hg.): Die Juden im Nationalsozialistischen Deutschland. The Jews in Nazi Germany 1933–1943, Tübingen 1986, S. 31–43, hier S. 34.
[28] Brenner, Michael: Religion, Nation oder Stamm: zum Wandel der Selbstdefinition unter deutschen Juden, in: Heinz-Gerhard Haupt/Dieter Langewiesche (Hg.): Nation und Religion in der deutschen Geschichte, Frankfurt a. M./New York 2001, S. 587–601, hier S. 587. Dabei war diese Entwicklung laut Brenner vor allem eine Reaktion der Juden auf die sie umgebende Umwelt. Bis zu Beginn des Nationalsozialismus breiteten sich dann konkurrierende Lesarten aus, die die Juden als Volk, Nation, Stamm oder Rasse definierten. Wie Thomas Pegelow-Kaplan zeigt, schlugen sich die Definitionskämpfe um jüdische Identität auch in Selbstzeugnissen der Weimarer Republik nieder. Siehe etwa Pegelow Kaplan: The Language of Nazi Genocide, S. 51. Unten wird deutlich werden, dass auch einge Harvard-Autoren wie etwa Ernst Loewenberg auf zionistische Konzeptionen jüdischen Selbstverständnisses zurückgreifen.

Ärztin erzählte fortan die Geschichte eines jungen Mädchens, dem von allen Seiten Sympathie entgegengebracht wurde. Als sie anlässlich des hundertjährigen Jubiläums der Völkerschlacht bei Leipzig in einem Theaterstück mitwirkte, habe ihr am Ende ein „dankbares Publikum" zugejubelt.[29] „Niemals", liest man im Anschluss, „hatte ich in all diesen Jahren zu spüren bekommen, daß ich etwa nicht dazu gehörte oder weniger galt als die anderen, weil ich Jüdin war" – im Gegenteil: „in meiner Klasse waren sonst keine jüdischen Schüler, am Gymnasium sind überhaupt nicht sehr viele – und der damalige Kampf zwischen katholischen und protestantischen Schülern berührte mich persönlich nicht. [...] Ich gehörte zu allen in selbstverständlicher Kameradschaft [...]."[30]

In beiden Beispielen sollten die ‚Freunde' bzw. die ‚Kameradschaft' den engen Konnex zwischen Hertha Nathorff und ihrer nichtjüdischen Umwelt veranschaulichen.[31] Aus beiden Textpassagen wird jedoch bereits deutlich, dass dieses Verwendungsmuster des Freund-Vokabulars seinen narrativen Fluchtpunkt in der zeitlich nachgelagerten biographischen Erfahrung des Nationalsozialismus besaß. 1899 war sich Hertha Nathorff als vierjährige Tochter der gesellschaftspolitischen Dimension dieser Sylvesterfeier wohl kaum bewusst. Der Anbruch des neuen Jahrhunderts erhielt diese Ausdeutung erst mit dem Wissen, dass die in das 20. Jahrhundert projizierten Erwartungshaltungen bitter enttäuscht wurden. In dem Zitat übernahm der Begriff der Rassenfrage diese Funktion: Er wies auf den Bruch hin, der die Hoffnungen und Erwartungen der Jahrhundertwende in den nächsten Jahrzehnten erschüttert hatte. Und er zeugte zugleich von der Qualität dieses Bruchs, indem er auf neuartige Modi der Inklusion und Exklusion verwies. Seit der politischen Instrumentalisierung von ‚Rasse' als gesellschaftliches Ordnungsmuster war ein ähnliches Zusammenkommen von ‚Ariern' und Juden in Nathorffs Deutung nicht mehr möglich. Das Deutungsmuster, in dem ‚Freundschaft' und ‚Konfession' als prinzipiell miteinander vereinbare Konzepte behandelt wurden, trug aus der Schreibperspektive der Harvard-Autorinnen und -Autoren anachronistische Züge. Es war Teil eines übergeordneten Narrativs, das die Geschichte seines Verfalls beinhaltete. Mit dem Begriff der Konfession kreierten jüdische Autorinnen und Autoren wie Nathorff eine Vergangenheit vor der politischen Zäsur der Machtübernahme, die sich von der nachfolgenden Diskriminierung, Entrechtung und Verfolgung kontrastierend abhebt. Indem sie über Freundschaften schrieben, loteten Nathorff und andere Harvard-Autorinnen und -Autoren das

---

[29] Vgl. Nathorff: Das Tagebuch der Hertha Nathorff, S. 22.
[30] Ebd., S. 22.
[31] Siehe außerdem ebd., S. 23. Für eine Ausnahme siehe ebd., S. 22 f. Die Forderung ihres Geliebten, sich taufen zu lassen, damit er seine Karriere als Offizier fortführen kann, beschrieb Nathorff als einen Vorfall, der ihr ihren Sonderstatus bewusst machte. Allerdings handelt es sich in diesem Fall nicht um Freundschaft, sondern um eine partnerschaftliche Beziehung. Auch Mary Fulbrook weist in ihrer Interpretation der Harvard-Dokumente darauf hin, dass religiöse Unterschiede einer Freundschaft weniger im Weg standen als etwa der soziale Hintergrund. Vgl. Fulbrook: Dissonant Lives, Band 1, S. 106 f.

jeweilige Ausmaß von Zugehörigkeit und Antisemitismus in der deutschen Gesellschaft aus.

Nation und Kultur als Fundamente ‚christlich-jüdischer Freundschaft'

Joseph B. Levy gehörte der älteren Generation von Teilnehmerinnen und Teilnehmern am Harvard-Wettbewerb an. Er wurde 1870 in Kiel als Sohn eines örtlichen Kultusbeamten geboren. Zwei Jahre nach seiner Geburt zog die Familie nach Bremen um. Levys Lebensweg führte ihn von dort unter anderem über Hannover und Hamburg nach Frankfurt am Main, wo er seit 1896 als Lehrer und Kantor der jüdischen Gemeinde arbeitete. Aus seiner Ehe mit der Tochter einer Kaufmannswitwe gingen vier Kinder hervor. Losgelöst von dem gesellschaftspolitischen Hintergrund seiner Erinnerungen ist nur wenig von den privaten Lebensverhältnissen des Autors zu erfahren. Levy bemühte sich seinem Vorwort gemäß, „sein eigenes Erleben [...] in persoenlicher, familiaerer, beruflicher und gesellschaftlicher Beziehung in das Gesamterleben des deutschen Volkes" zu stellen.[32] Über die näheren Umstände ihrer Entstehung gibt die Autobiographie selbst keine Auskunft, außer dass sie in den Vereinigten Staaten geschrieben wurde. Der Kantor sendete seine Memoiren aus Dorchester in Massachusetts ein.

Analog zu Nathorff verwendete auch Levy das Freundvokabular in Episoden, die die gesellschaftliche Stellung deutscher Juden behandeln. Schärfer als bei Nathorff treten jedoch die Konzepte hervor, welche die – ebenfalls als konfessionell bewerteten – Unterschiede zwischen Juden und Nichtjuden überbrückten. Levy konstruierte in seinen Erinnerungen ein auf Bildung und Kultur aufbauendes Verständnis der deutschen Nation, das als gemeinsamer identitärer Bezugsrahmen von Christen und Juden Freundschaften stiftete.[33] Die Ursprünge seiner nationalen Identität verortete er in einem als traditionell-religiös charakterisierten Elternhaus. Levy bemühte sich in seinen Memoiren, das Bekenntnis der Juden zur deutschen Nation von ihrer im Einzelnen eingenommenen Stellung zum Judentum zu entkoppeln. Nicht nur das liberale Judentum war demnach Katalysator für die Eingliederung der Juden in die deutsche Gesellschaft, auch weiterhin traditionell orientierte Juden knüpften an die Vorstellung einer deutschen Nation an.[34] Um diesen Punkt zu verdeutlichen, führte Levy etwa an, dass seine Eltern in Kiel „auch mit christlichen Buergersleuten eng befreundet" waren.[35]

---

[32] Vgl. Levy: Mein Leben in Deutschland, S. vi.
[33] Zum Zusammenhang von Bildung, Emanzipation und Assimilation deutscher Juden siehe Mosse, George L.: Deutsche Juden und der Liberalismus. Ein Rückblick, in: Hans Erler/Ernst L. Ehrlich (Hg.): Jüdisches Leben und jüdische Kultur in Deutschland. Geschichte, Zerstörung und schwieriger Neubeginn, Frankfurt a. M. 2000, S. 120–137.
[34] Vgl. dazu auch Gotzmann, Andreas: Zwischen Nation und Religion:. Die deutschen Juden auf der Suche nach einer bürgerlichen Konfessionalität, in: Andreas Gotzmann/Rainer Liedtke/Till van Rahden (Hg.): Juden, Bürger, Deutsche. Zur Geschichte von Vielfalt und Differenz 1800–1933, Tübingen 2001, S. 241–262, hier insb. S. 254 f.
[35] Vgl. Levy: Mein Leben in Deutschland, S. 2.

Speziell der Vater erschien fortan in der Rolle als Mittler zwischen einer jüdisch-religiösen und einer säkular-deutschen Welt. Sein Bemühen, den Kindern – auch Levys Schwestern – eine tragfähige Ausbildung zu verschaffen, wertete der Autor als symptomatisch für diese Rolle:

„Dieses Streben unseres klugen, weitblickenden und bei seiner Strenggläeubigkeit nicht weltfremden, sondern ganz modern denkenden Vaters ist bezeichnend fuer seine Generation, erwachsen aus den ersten Jahren nach der Emanzipation der deutschen Juden, die, einerlei welcher religioesen Richtung angehoerend, durchaus bestrebt waren, sich die deutsche Kultur anzueignen und besonders ihren Kindern Eintritt in das Kulturleben des Vaterlandes und der Welt zu erleichtern. ‚Religioeses und profanes Wissen nebeneinander', das war damals das Bildungsstreben der deutschen Juden. Lessing, Schiller, Goethe und Heine wurden eifrig gelesen."[36]

Levy präsentierte in diesen wenigen Sätzen ein Tableau der zentralen Konzepte von nationaler Zugehörigkeit, Kultur und Religion in ihren wechselseitigen Beziehungen. So brachte er die national konnotierten Begriffe ‚deutsch' und ‚Vaterland' mit dem Kulturbegriff in Verbindung, wies sie jedoch gleichzeitig als profan-säkularen Bereich aus und stellte sie der konfessionell-religiösen Sphäre des Judentums gegenüber. Vermittelnd zwischen beiden Bereichen wirkte das „Bildungsstreben" der Juden, das wohl kaum anschaulicher zum Ausdruck gebracht werden kann als durch den Verweis auf die ‚deutschen Klassiker' Lessing, Schiller und Goethe. In der Person Heinrich Heines führte der Autor schließlich einen jüdischen Beitrag zur deutschen Kultur an.

Bildung gehörte zu den zentralen Schlüsselbegriffen, in denen sich Juden seit der Emanzipation ihrer Zugehörigkeit zur deutschen Nation vergewisserten.[37] In der Verwendung des Ausdrucks ‚deutsche Juden' fand diese Sichtweise ihren synthetisierenden Ausdruck, in Levys Kindheitsdarstellung wiederum ihr biographisches Pendant. Direkt nach der Aufzählung deutscher Dichtergrößen berichtete Levy, dass bei ihren damaligen Kinderfeiern „deutsche Lieder" gesungen worden seien. Sie hätten sich als Deutsche gefühlt und sich nur dadurch von ihren „christ-

---

[36] Ebd., S. 3.
[37] In der Forschung wird vielfach betont, dass das Bildungsstreben deutscher Juden als wesentlicher Integrations- oder Verbürgerlichungsfaktor wirkte. Vgl. Gay: In Deutschland zu Hause, S. 34 f.; Aschheim, Stephen E.: German Jews beyond *Bildung* and Liberalism. The Radical Jewish Revival in the Weimar Republic, in: Aschheim, Steven E.: Culture and Catastrophe. German and Jewish Confrontations with National Socialism and Other Crises, New York 1996, S. 31–44. Aschheim betont, dass der Bildungstopos seit der Emanzipation zentral war, während der Weimarer Republik jedoch an Bedeutung verlor. Aber auch noch während der Weimarer Republik knüpfte beispielsweise die einflussreiche *CV-Zeitung* an den Bildungstopos an. Siehe Pegelow Kaplan: The Language of Nazi Genocide, S. 53. Zur Bedeutung der Bildung im Verbürgerlichungsprozess deutscher Juden siehe Lässig, Simone: Jüdische Wege ins Bürgertum. Kulturelles Kapital und sozialer Aufstieg im 19. Jahrhundert (= Bürgertum, Neue Folge, Band 1), Göttingen 2004 (zugl. Habil.-Schr. Techn. Univ. Dresden 2002/03). Wie Dagmar Günther herausgearbeitet hat, verwendeten nichtjüdische Autobiographen des Kaiserreichs ebenfalls den Bildungsbegriff, wenn sie freundschaftliche Beziehungen zu Juden darstellten bzw. antisemitische Einstellungen diskreditierten. Vgl. Günther, Dagmar: Das nationale Ich? Autobiographische Sinnkonstruktionen deutscher Bildungsbürger des Kaiserreichs (= Studien und Texte zur Sozialgeschichte der Literatur, Band 102), Tübingen 2004 (zugl. Habil-Schr. Univ. Bielefeld 2003), S. 394 f.

lichen Kameraden" unterschieden, dass die jüdischen Kinder in die Synagoge, die anderen hingegen in die Kirche gingen.[38] Wenige Zeilen später setzte sich Levy mit der Verbreitung antisemitischer Haltungen auseinander. Er konstatierte zwar für das übrige Reich, insbesondere Preußen, einen Anstieg judenfeindlicher Bewegungen, nahm die Hansestadt Bremen jedoch von dieser Entwicklung aus. Beispielhaft wurde nun das kurz zuvor entworfene Konzept eines deutschen Judentums in der Schilderung seines schulischen Alltags umgesetzt. In seiner Schule, einer simultanen Privat-Realschule, habe er keine „judenfeindlichen Anfechtungen" ertragen müssen. Er führte sodann aus, dass er unter seinen „christlichen Mitschuelern" und Lehrern „gute Freunde" gehabt hatte, die seine Befreiung von schriftlichen Arbeiten am Sabbat nicht kritisiert hatten. Mehr noch: am Sonntag holte der Klassenlehrer – sein „besondere[r] Freund" – mit ihm den am Vortag versäumten Unterrichtsstoff nach und Levy durfte ihm dabei helfen, die Diktate seiner Mitschüler zu korrigieren.[39] Der Schulchor schließlich zeichnete ihn dadurch aus, dass er in „vaterlaendischen Liedern" die Solostellen singen durfte: „So wurde der Same echter Heimatliebe und Treue in mein jugendliches Herz gestreut."[40]

In diesen Beispielen entwarf der Kantor das Judentum wiederum als Religion, die er von dem säkularen Bereich der nationalen Zugehörigkeit trennte. In dem Bekenntnis zur deutschen Nation trafen sich in Levys Deutung die christlichen wie die jüdischen Schüler gleichermaßen – zentral für die angeführten Textpassagen ist jedoch, dass der Autor diese Sichtweise auf das Verhältnis von Nation und Religion auch den nichtjüdischen Personen in seinem Umfeld zuschrieb. Seine Mitschüler und Lehrer akzeptierten nicht nur seine religiösen Bräuche, sie wurden darüber hinaus als Freunde oder Kameraden beschrieben. Insbesondere der Begriff ‚Kameraden' ist durch seinen militärischen Hintergrund stark national konnotiert. Die Bildungsinstitution der Schule erscheint indessen als der entscheidende Ort, in dem jüdische wie christliche Schüler gemeinsam in die nationale Kultur ‚hineinsozialisiert' wurden. Levy erinnerte hier zwar nicht die zuvor angeführten Klassiker, verwies aber auf den Schulchor und seine tragende Rolle bei der Darbietung von „vaterlaendischen Liedern".[41]

---

[38] Vgl. Levy: Mein Leben in Deutschland, S. 3 f.
[39] Vgl. ebd., S. 4.
[40] Ebd., S. 4 f.
[41] Auch Nathorffs Erinnerungen beinhalten diese Konzeption von Nation, Bildung und Freundschaft, wenn auch weniger explizit. Ihre erwähnte Teilnahme an einem Theaterstück fand an einem nationalen Jubiläumstag statt, bei dem Stück selber handelte es sich um das zu jener Zeit weithin bekannte Drama ‚Colberg' des ersten deutschen Nobelpreisträgers für Literatur, Paul Heyse (1830–1914). Vgl. Nathorff: Das Tagebuch der Hertha Nathorff, S. 22 (dort irrtümlicherweise „Ölberg" statt „Colberg"). Als weitere Beispiele siehe Goldberg: Mein Leben in Deutschland, S. 6; Goldschmidt: Mein Leben in Deutschland, S. 1 f.; Marcus: Mein Leben in Deutschland, S. 106; Schwartz: Mein Leben in Deutschland, S. 3 f., 35; Moses: Mein Leben in Deutschland, S. 2; Neumann: Nacht über Deutschland, S. 12; Samuel: Mein Leben in Deutschland, S. 402.

In der Darstellung weiterer Lebensstationen bleibt der Freundschaftsbegriff ein Instrument, mit dem der ehemalige Lehrer und Kantor auf diese Qualität der jüdisch-nichtjüdischen Beziehungen hinwies. Nach seiner Ausbildung zum Volksschullehrer trat er 1893 in den Dienst der Töchterschule der israelitischen Gemeinde in Hamburg. Der Hamburger Bevölkerung bescheinigte er dieselbe tolerante Haltung gegenüber Juden wie den Bremern.[42] Biographisch unterfüttert wurde diese Bewertung mit seinen Erfahrungen, die er wiederum in einem kulturellen Sektor gesammelt hatte. Levy schrieb, „freundschaftlichen Verkehr mit Nichtjuden" habe er nur in einem großen „literarischen Zirkel" gepflegt, „in dem der juedische Dichter Jakob Loewenberg, ein echter deutscher Mann, die gleiche bedeutende Rolle spielte wie die christlichen Poeten Gustav Falke, Detlev von Liliencron und Otto Ernst (Schmidt)". Auch hier verwies Levy auf die nationale Zugehörigkeit und verortete die konfessionsübergreifende Freundschaft in einem dezidiert bildungsorientierten Umfeld. Der literarische Zirkel wurde von ihm als ein Milieu des ‚anti-antisemitischen' Konsenses erinnert, was in den gegenseitigen Freundschaften und der gleichwertigen Anerkennung jüdischer und christlicher Poeten zum Ausdruck gebracht wurde. Selbst Levys abschließende Bemerkung über den Literaten Otto Ernst zeugt hiervon. Zunächst von demokratischer Grundgesinnung, bediente Ernst in seinen Schriften nach dem Ersten Weltkrieg zunehmend antisemitische Stereotype und zog sich aus seinem jüdischen Freundeskreis zurück. Seine Hinwendung zu antisemitischen Positionen kommentierte Levy mit der Bemerkung, Ernst habe „es mit seiner Judenfreundlichkeit nicht allzu ernst gemeint".[43]

Das Problem der Trennung von Konfession und nationaler Zugehörigkeit

Joseph Levys knappe Ausführungen zum Hamburger literarischen Zirkel um Jakob Loewenberg und Otto Ernst sind auch deshalb interessant, weil die Erinnerungen von Loewenbergs Sohn ebenfalls Eingang in das Harvard-Preisausschreiben gefunden haben. Wie sein Vater Jakob wurde auch Ernst Loewenberg Pädagoge. Er unterrichtete unter anderem an der reformorientierten Lichtwarkschule, bis er schließlich 1934 zwangspensioniert wurde. Danach arbeitete er an der Hamburger Talmud Tora Schule, die neben der Vermittlung des traditionellen Judentums großen Wert auf moderne Fächer legte. Im Unterschied zu Joseph Levy wuchs der 1896 geborene Ernst Loewenberg in einem liberalen Elternhaus auf, in dem die traditionellen Bindungen zum religiösen Judentum schwächer ausgeprägt waren. Die eigene Lebensgeschichte erzählte Loewenberg vor diesem Hintergrund als eine Hinwendung zu seinen religiösen Wurzeln.

Bereits in der Auseinandersetzung mit ihren Vätern offenbaren sich grundlegende Unterschiede zwischen Loewenbergs und Levys Sicht auf das Thema ‚Ju-

---

[42] Vgl. Levy: Mein Leben in Deutschland, S. 11.
[43] Vgl. Levy: Mein Leben in Deutschland, S. 11.

dentum und nationale Zugehörigkeit'. Ungeachtet ihres hohen Altersunterschiedes portraitierten beide ihre Väter als Vertreter einer Generation jüdischer Männer, die Judentum und deutsche Identität miteinander harmonisieren wollte. Während Levy für die ‚Vor-Hitlerzeit' verstärkt die Anerkennung einer jüdischdeutschen Identität von Seiten der Nichtjuden akzentuierte, ohne dabei jedoch den Blick für antisemitische Entwicklungen zu verlieren,[44] legte der jüngere Loewenberg Gewicht auf Situationen der Aberkennung und des Fremdseins – sowohl im Hinblick auf die eigene Biographie als auch die seines prominenten Vaters.

Als Beispiel für die nichtjüdische Seite diente ihm eben jener Schriftsteller aus dem von Levy erwähnten literarischen Zirkel, Otto Ernst. Ihn bezeichnete Loewenberg als einen der „besten Freunde" seines Vaters. Ernsts Hinwendung zum Antisemitismus nach dem Weltkrieg führte dann jedoch zu einem „voelligen Bruch" mit seinen „juedischen Freunden". Der letzte Novellenband des Vaters, 1924 unter dem Titel ‚Der gelbe Fleck' erschienen, symbolisierte für den Sohn das Scheitern des 1929 verstorbenen Vaters und seiner Generation: „So blieb auch in diesem Leben Ideal und Wirklichkeit getrennt."[45] Das Scheitern der Vätergeneration – zu der aus seiner Perspektive auch Levy zählte – verlegte Loewenberg also in die Zeit vor der Machtübernahme. Passagen über jüdisch-nichtjüdische Freundschaften stehen wie bei Levy zwar auch in dem übergeordneten Erzählzusammenhang von jüdischer Emanzipation und Integration. Sie sollten jedoch nicht gewachsene soziale Nähe zwischen Juden und Nichtjuden dokumentieren, sondern – wie dem Ausdruck ‚Bruch' zu entnehmen ist – zunehmende Distanz.

Das äußerte sich auch in dem sprachlichen Umgang mit dem Konzept der Nation. Im Gegensatz zu Levy konstruierte Loewenberg keine klare Trennung von konfessionell-sakraler und national-säkularer Sphäre, in deren Folge nationale Identität als eine Gemeinschaft stiftende Klammer hätte fungieren können. Beispielhaft kommt dies in einer Textstelle zum Ausdruck, in der Loewenberg seine eigene Einstellung zum Judentum erläuterte. Er begann diesen Abschnitt wiederum mit einer kurzen Passage über seinen Vater, der – in einem orthodoxen Haushalt aufgewachsen – sich später in seiner Haltung zum Judentum liberalisierte. Der Autobiograph Loewenberg kritisierte diese Haltung nicht, bedauerte aber angeblich schon als Jugendlicher die daraus für ihn persönlich hervorgegangene Entfremdung vom Judentum. Dies umso mehr, als der Vater nicht das jüdische Chanukka-Fest feierte – es sei ihm zu „jüdisch national" gewesen –, sondern stattdessen mit seiner Familie bei christlichen Freunden das Weihnachtsfest verbrachte:

„Weihnachten in seinem Hause feiern wollte er nicht, aber er wollte seinen Kindern die volle Freude an diesem schönsten deutschen Feste – wie er es empfand – nicht nehmen. So feierten wir Weihnachten im Hause der Freunde Otto Ernst – des Dichters der Semperromane u. des Flachsmann – Schon als Junge von 13–14 Jahren sträubte ich mich innerlich, hinzugehen, weil ich mich als nicht zugehörig empfand."[46]

---

[44] Vgl. etwa Levy: Mein Leben in Deutschland, S. 7 f., 19.
[45] Loewenberg: Mein Leben in Deutschland, S. 3, vgl. außerdem S. 2.
[46] Ebd., S. 35.

Loewenbergs spätere Hinwendung zu einem traditionell orientierten Judentum und seine Akzeptanz zionistischer Positionen, die er im Anschluss begründete, bereitete er in diesem Zitat durch den Hinweis auf die frühe emotionale Kluft zu den christlichen Freunden vor. Indes hätte der Autor kaum ein besseres Beispiel auswählen können, um die von Levy entworfene Trennung von konfessionell-sakralem Bereich und national-säkularer Sphäre zu unterwandern. Denn das Weihnachtsfest kennzeichnete Loewenberg eben nicht als eine rein konfessionelle Feier, sondern apostrophierte es als ‚schönstes deutsches' Fest. Auf semantischer Ebene positionierte der Ausdruck ‚deutsches Weihnachtsfest' die Juden automatisch außerhalb eines national konnotierten Erfahrungsraums. In dieser Deutung funktionierte die nationale Zugehörigkeit nicht als Klammer für jüdisch-nichtjüdische Freundschaften, vielmehr vergrößerte sie durch ihre semantische Bindung an einen christlichen Kontext die Distanz zwischen Juden und Nichtjuden.[47]

Levys semantische Codierung von ‚Nation' und ‚Konfession' als voneinander getrennte Bereiche und Grundlage für konfessionsübergreifende Freundschaften findet sich also nicht bei dem jüngeren Loewenberg. Dieser Befund lässt sich auf die unterschiedlichen Zeitkonstruktionen zurückführen, die in beiden Manuskripten vorherrschen. Levy verteidigte in seiner Schrift das lange Festhalten seiner Generation an dem Ideal der Vereinbarkeit von jüdischer und deutscher Identität, ohne jedoch die Zeit vor der Machtübernahme vollends im Sinne einer makellosen Fortschrittsgeschichte zu glorifizieren. Er betonte durchaus die Problematik eines seit der Jahrhundertwende anwachsenden Antisemitismus in der Öffentlichkeit, hielt aber an der Selbstverortung im deutschen Volk fest und verwies mehrmals auf die Akzeptanz der Juden durch die nichtjüdische Bevölkerung.[48] Loewenbergs Lebensgeschichte fokussiert hingegen sehr viel eindringlicher die antisemitischen Rückschläge. Der politischen Zäsur von 1933 ging bei ihm eine Hinwendung zum traditionellen Judentum sowie zu zionistischen Ideen voraus. Das endgültige Scheitern des väterlichen Ideals wird dadurch bereits in die Zeit vor der Machtübernahme verlegt – hier liegt ein wesentlicher Unterschied in beiden Lebensgeschichten, der letztlich auf dem individuellen Umgang mit einem alternativen jüdischen Selbstverständnis beruht. Loewenbergs Akzeptanz zionistischer Ideen ermöglichte eine andere Deutung der Vorgeschichte von 1933. Die autobiographische Bezugnahme auf jüdisch-nichtjüdische Freundschaften unterstützte dessen ungeachtet beide Narrative, indem sie entweder die besondere soziale Nähe zu Nichtjuden hervortreten ließ oder umgekehrt auf wachsende Distanz hinwies.

---

[47] Für ein weiteres Beispiel der Gegenüberstellung von ‚jüdisch' und ‚deutsch' im Kontext der ‚Vor-Hitlerzeit' siehe ebd., S. 5.
[48] Vgl. Levy: Mein Leben in Deutschland, S. 19, 22–24. Davon zeugt auch Levys Bewertung der Machtübernahme, die er für die Juden als einen „Umsturz aller seit Jahrzehnten bestehenden glueckichen Verhaeltnisse" deutete (ebd., S. 30).

3. Antisemitismus und private Sphäre – Grenzen der konfessionsübergreifenden Freundschaft?

Friedrich Solon: Antisemitismus und Politik

Ebenso wie Hertha Nathorff schrieb Friedrich Solon seine Erinnerungen für das Preisausschreiben in London nieder, wohin er 1939 emigriert war. In ihnen präsentierte sich der 1882 geborene Berliner als ein nationalbewusster deutscher Jude am rechten Rand des innerjüdischen politischen Spektrums.[49] Zunächst Mitglied einer ‚deutsch-vaterländisch' gesinnten jüdischen Verbindung, engagierte sich der Jurist zusätzlich bei der Nationalliberalen Jugend, wurde später im Umfeld des *CV* tätig und stand dem 1921 gegründeten *Verband nationaldeutscher Juden* (VnJ) um Max Naumann nahe.[50] Bevor er 1920 den Familienbetrieb, eine Metallsarg-Fabrik, übernahm, war Solon als Syndikus im Ullstein-Verlag beschäftigt. Seine 1925 in Berlin gegründete Anwaltsniederlassung konnte er bis 1938 halten.

Solons Autobiographie zeugt eindrücklich von der Persistenz innerjüdischer Deutungskämpfe um die angemessene Interpretation der jüdischen Vergangenheit in Deutschland. Das eigene Leben stand zwar auch bei ihm für ein gescheitertes jüdisches Selbstverständnis als Deutscher – die Gründe für dieses Scheitern blieben aber Gegenstand einer innerjüdischen Kontroverse.[51] So lesen sich seine Analysen vom anwachsenden Antisemitismus ebenso wie seine Beteuerungen, sich neben der dominierenden deutschen Identität stets als Jude gefühlt und gegen den Antisemitismus gekämpft zu haben, auch als eine Verteidigungsschrift. Den Vorwurf, ‚assimilierte Juden' hätten über ihre Integrationshoffnungen ihre jüdische Identität verraten und sich einer zum Scheitern verurteilten Sache gewidmet, parierte Solon etwa, indem er die angeblich mangelnde Anpassungsbereitschaft vieler Juden als Grund für den anwachsenden Antisemitismus anführte. Insbesondere die zionistischen Juden stellten die Zielscheibe seiner Kritik dar, darüber hinaus bediente er jedoch auch antisemitische Stereotypen in seinen Beschreibungen der Ostjuden und der Kritik am öffentlichen Auftreten jüdischer Frauen. Insbesondere der von ihm vorweggenommene und zurückgewiesene Vorwurf eines ‚jüdischen Antisemitismus' verweist darauf, dass konkurrierende Deutungsangebote

---

[49] Vgl. etwa Solon, Friedrich: Mein Leben in Deutschland vor und nach dem 30. Januar 1933, London 1940, Archiv des Leo Baeck Instituts, ME 607. MM 72, S. 68.
[50] Zur Geschichte der deutsch-jüdischen Studentenverbindungen siehe Rürup, Miriam: Ehrensache. Jüdische Studentenverbindungen an deutschen Universitäten 1886–1937 (= Hamburger Beiträge zur Geschichte der deutschen Juden, Band 33), Göttingen 2008 (zugl. Diss. Techn. Univ. Berlin 2006/2007), und Rürup, Miriam: Jüdische Studentenverbindungen im Kaiserreich. Organisationen zur Abwehr des Antisemitismus auf „studentische Art", in: Jahrbuch für Antisemitismusforschung 10 (2001), S. 113–137. Eine ausführliche Studie zur Geschichte des *VnJ* bietet Hambrock, Matthias: Die Etablierung der Außenseiter. Der Verband nationaldeutscher Juden 1921–1935, Köln 2003 (zugl. Diss. Univ. Münster 2001).
[51] Vgl. etwa Solon: Mein Leben in Deutschland, S. 7.

über die jüdische Vorgeschichte des Nationalsozialismus als Teil der Schreibgegenwart in den autobiographischen Erinnerungsprozesses einsickerten.[52]

Obgleich, wie bislang deutlich wurde, Passagen über jüdisch-nichtjüdische Freundschaften der ‚Vor-Hitlerzeit' häufig die soziale Nähe zwischen beiden Bevölkerungsgruppen unterstreichen sollten, machen Solons Erinnerungen deutlich, dass sich keine einfache Gleichung über das Verhältnis von Antisemitismus und Freundschaft aufstellen lässt. Dies deutet sich bereits auf den ersten beiden Seiten seiner Lebensgeschichte an, in denen der Verfasser versicherte, dass die „Judenfrage" in seiner „Schule nie irgend eine Rolle gespielt" habe.[53] Analog zu den Erinnerungen Nathorffs und Levys fuhr Solon dann fort, diese Beobachtung durch einen Hinweis auf Freundschaften mit christlichen Mitschülern zu untermauern: „Meine Schulfreunde waren ausschliesslich Christen und ich habe mehrfach einen freundschaftlichen Zusammenhang mit ihnen, teilweise bis in die letzten Zeiten, aufrecht erhalten."[54] Bis hierin folgt die Beschreibung dem herausgearbeiteten narrativem Muster, in dem der Freundschaftsbegriff eine konfessionell gedeutete Differenz überbrückte und auf diese Weise das harmonische Zusammenleben zwischen Juden und Nichtjuden hervorhob. Irritierend wirkt dann jedoch der nachfolgende Satz: „Dies Verhältnis wurde auch während der Studienzeit nicht getrübt, als dieser oder jener in den antisemitischen Verein deutscher Studenten, ich aber in die jüdische K. C. Verbindung eintrat."[55] Zwar bezeichnete Solon in dem Zitat die entsprechenden Schulfreunde nicht direkt als antisemitisch, doch schloss sein Konzept einer konfessionsübergreifenden Freundschaft antisemitische Dispositionen auf Seiten des christlichen Teils offenbar nicht *per se* aus.[56]

Welches Verständnis von Antisemitismus ermöglichte Solon diese erstaunliche Bewertung seiner Freunschaft zu ehemaligen Schulkameraden? Auskunft hierüber verspricht das Kapitel ‚Freunde' in Solons Autobiographie, in dem er sowohl jüdische als auch nichtjüdische Freunde portraitierte. Zu Letzteren gehörte Reinhard Bruns-Wüstefeld, mit dem er sich 1905 während des juristischen Vorbereitungsdienstes im Brandenburgischen Kalkberge angefreundet hatte. Auffällig ist, dass Solon die Erwähnung seines Freundes explizit begründete. Sie fand nach eigenem Bekunden deshalb Eingang in seine Erinnerungen, „weil diese Freundschaft trotz einer gegensätzlichen politischen Einstellung entstand und sich Jahrzehnte hindurch erhalten und bewährt hat".[57] Ausgangspunkt der konstatierten „gegensaetz-

---

[52] Vgl. ebd., S. 68–71. Für Beteuerungen seines jüdischen Selbstverständnisses sowie der Darstellung seiner Aktivitäten gegen den Antisemitismus siehe ebd., S. 8, 13, 59–71.
[53] Vgl. ebd., S. 3.
[54] Ebd., S. 3.
[55] Ebd., S. 4.
[56] Dass antisemitische Neigungen keinen zwangsläufigen Ausschlussgrund für konfessionsübergreifende Freundschaften darstellten, zeigt sich auch in anderen Autobiographien. Siehe Schwartz: Mein Leben in Deutschland, S. 11; Goldberg: Mein Leben in Deutschland, S. 5 f.; Goldschmidt: Mein Leben in Deutschland, S. 2, 7, 10. Eugen Altmann problematisierte die antisemitischen Neigungen von Nichtjuden, die mit Juden befreundet waren. Vgl. Altmann: Mein Leben in Deutschland, S. 2.
[57] Solon: Mein Leben in Deutschland, S. 56.

lichen politischen Einstellung" bildete nicht etwa eine parteipolitische Zugehörigkeit seines Freundes. Bruns-Wüstefeld war als DVP-Mitglied von 1924 bis 1937 Bezirksbürgermeister in Berlin und dürfte Solon somit zumindest parteipolitisch nahegestanden haben. Stattdessen charakterisierte Solon die antisemitische Haltung seines Freundes als politisch.

In dieser Textstelle kommt ein in den Harvard-Dokumenten verbreitetes Denkmuster zum Vorschein, das der ‚Politik' destruktive Auswirkungen auf jegliche Art zwischenmenschlicher Beziehungen sowie die verschiedensten Formen sozialer Vergemeinschaftung bescheinigte.[58] Gleichwohl transzendierten Solons biographische Erfahrungen mit Bruns-Wüstefeld diese im Politikbegriff angelegte Semantik antisozialer Wirkungen – nur deswegen erschien ihm der Freund überhaupt erwähnenswert. Seiner Freundschaft mit einem Antisemiten wurde dadurch ein Ausnahmestatus zugeschrieben, der jedoch vor dem Hintergrund der Schreibgegenwart einer weiteren Erklärung bedurfte. So grenzte er die Haltung seines Freundes dezidiert von der nationalsozialistischen Qualität antisemitischer Politik ab: „Unnötig hinzuzufügen, dass die Art und Weise, der Kampf von heutzutage in seinen Methoden und seinen Zielen, ihm himmelfern gelegen hatte."[59] Dass er jedoch den Antisemitismus seines Freundes lediglich als Beispiel für eine Freundschaft über *politische* Grenzen hinweg anführte, hatte zusätzlich einen ‚normalisierenden' Effekt. Diese Freundschaft stand aus der Warte Solons auf derselben Vergleichsebene wie etwa die Freundschaft zwischen einem Sozialdemokraten und einem Anhänger der DVP.

Die nüchterne Differenzbestimmung zwischen ihm und seinem Freund mit Hilfe der Kategorie des Politischen wurde von Solon noch weiter ausgeführt und konkretisiert. Im Antisemitismus seines Freundes meinte er eine Variante der Judenfeindschaft zu erkennen, die sich für eine berufliche Quotenregelung aussprach, während er selber – Solon – den Grundsatz der „praktischen und theoretischen Gleichberechtigung sämtlicher Staatsbürger" verteidigt hätte.[60] Die aus diesen konträren politischen Einstellungen resultierende Brisanz ihrer Freundschaft verbleibt auf der textlichen Darstellungsebene jedoch im Abstrakten, wurde also nicht durch Beispiele konkreter oder auch nur angedeuteter Konflikte veranschaulicht. Im Gegenteil betonte Solon die besondere Nähe und Harmonie ihrer Beziehung in privater und geschäftlicher Hinsicht. Beide waren mit den jeweiligen Familienverhältnissen durch gegenseitige Besuche bestens vertraut, zudem verhalf Bruns-Wüstefeld als Bürgermeister dem Rechtsanwalt Solon zu juristischen Aufträgen. Bis 1934 sei der „freundschaftliche Verkehr" fortgesetzt worden und man habe sich „gegenseitig mit Rat und Tat [...] unterstützt."[61]

---

[58] So etwa bei Breusch: Mein Leben in Deutschland, S. 5; Flesch: Mein Leben in Deutschland, S. 12; Frankenthal: Der dreifache Fluch, S. 29; Koch: Mein Leben in Deutschland, S. 35; Löwith: Mein Leben in Deutschland, S. 21; Littauer: Mein Leben in Deutschland, S. 9.
[59] Siehe Solon: Mein Leben in Deutschland, S. 56.
[60] Vgl. ebd., S. 56.
[61] Vgl. ebd., S. 57. Später brach Solon von sich aus den Kontakt ab, um seinen Freund nicht zu gefährden. In einem 1950 verfassten Nachtrag zu der Autobiographie erwähnte Solon im

Der Antisemitismus des Freundes, so lässt sich zusammenfassend formulieren, erfuhr in der Autobiographie eine ‚Bagatellisierung' in mehrfacher Hinsicht. Indem Solon die Freundschaft zu Bruns-Wüstefeld dezidiert unter dem Aspekt der politischen Gegensätzlichkeit thematisierte, war sie einerseits als Ausnahme kommunizierbar. Andererseits hatte sie als ‚politisch' definierte Differenz einen ‚normalisierenden' Effekt. Die Freundschaft zwischen einem Antisemiten und einem Juden stand dadurch auf derselben Stufe wie beispielsweise die zwischen einem Sozialdemokraten und einem DVP-Anhänger. Ebenso wie die auf der narrativen Darstellungsebene markante Leerstelle möglicher Konfliktsituationen förderten beide Aspekte die Entproblematisierung des Verhältnisses. Auf diese Weise konnte Solon es in ein konfessionsübergreifendes Freundschaftskonzept integrieren.

Frederick G. Goldberg: Bildung und Antisemitismus

Frederick Goldberg, der seine Autobiographie unter dem Pseudonym ‚John Hay' beim Wettbewerb eingereicht hatte, war ebenso wie Nathorff, Loewenberg und Solon kurz vor der Jahrhundertwende zur Welt gekommen und teilte mit vielen seiner männlichen Altersgefährten die Fronterfahrung des Ersten Weltkriegs. Nach der Niederlage des Kaiserreichs studierte er unter anderem Theaterwissenschaften an den Universitäten Berlin und Köln, arbeitete danach zeitweise als Journalist und Volkshochschullehrer, bis er 1929 eine Anstellung in einem Verlag für Theaterstücke erhielt. Auf Druck der Reichskulturkammer musste er diese Stellung jedoch Mitte der dreißiger Jahre räumen und fortan seine Familie mit der Beschäftigung in einem kaufmännischen Betrieb unterhalten. Er emigrierte nach dem Novemberpogrom, zunächst ohne Frau und die beiden Kinder, über England in die Vereinigten Staaten.

In der 1940 in New York abgefassten Autobiographie finden sich kaum die bei Solon verhandelten innerjüdischen Deutungskämpfe um die Einordnung des deutschen Antisemitismus. Auch ist hier die für Loewenberg zentrale Selbsteinordnung in eine, dem nationalen Kollektiv präferierte jüdische Gemeinschaft nicht von Bedeutung. Ein gemeinsamer Bezugspunkt mit den Manuskripten von Nathorff, Solon sowie dem älteren Levy besteht indessen in der Charakterisierung des Kaiserreichs als Zeitalter eines konfessionsübergreifenden Nationalismus, der von Goldberg ebenfalls als gemeinsame Basis von Freundschaften zwischen Juden und Nichtjuden – ebenso aber über gesellschaftliche Milieugrenzen hinweg – definiert wurde.[62] Über diesen Zeitraum hinaus legte der Verfasser relativ wenig Wert darauf, seine Verbindung mit Deutschland in biographischer Hinsicht explizit zu problematisieren. In einem 1957 hinzugefügten Vorwort bedauerte Frederick Goldberg dies. Angesichts des Holocausts sei seine tiefe Verwurzelung mit Deutschland, aus der heraus damalige Betrachtungen und Entschlüsse erst resul-

---

Übrigen, dass er wieder Kontakt zu Bruns-Wüstefeld aufgenommen habe. Siehe ebd. (Anlage 2, Nachtrag von 1950, S. 13).
[62] Vgl. Goldberg: Mein Leben in Deutschland, S. 5 f.

tierten, kaum mehr begreiflich zu machen. Rückschauend komme aber gerade dieser Punkt „vielleicht nicht genuegend zum Ausdruck".[63]

Goldbergs Erinnerungen aus dem Jahr 1940 verweisen auf die Schwierigkeiten einer eindeutigen semantischen Eingrenzung des Freundbegriffs im Spannungsfeld der Kategorien ‚Antisemitismus' und ‚Kultur'. Anders formuliert: Zwischen Freund und Nichtfreund zu unterscheiden, konnte dann Schwierigkeiten bereiten, wenn eine als antisemitisch deklarierte Person die im Antisemitismus-Vokabular eingespeicherten Bedeutungsgehalte zu widerlegen schien. Doch um welche Bedeutungsgehalte handelte es sich hierbei? Autobiographische Bezüge auf Kultur und Bildung zeichneten sich in den bislang analysierten Passagen durch ihren inkludierenden Charakter aus. Dem Bildungsstreben deutscher Juden schrieb Joseph Levy eine Vermittlungsfunktion zwischen den Konfessionen zu, auf dessen Grundlage beide Seiten unter dem gemeinsamen Dach einer deutschen Nation subsumierbar waren. Gleichwohl enthielt das Vokabular aus dem semantischen Feld des Kulturellen auch eine stark exkludierende Komponente, die auf einer begrifflichen Opposition zum Konzept des Antisemitismus beruhte. Verfechter antisemitischer Ideen wurden von den Harvard-Autorinnen und -Autoren häufig außerhalb des Ideals einer auf Bildung und Zivilisation beruhenden Kultur platziert, die ihren temporalen Bezugspunkt im Zeitalter der Aufklärung und Emanzipation besaß. Als „schreierische Demagogie", „wild" und „halbgebildet", „ohne tiefere Kenntnis der juedischen Religionsquellen" oder „skrupellose Judenfeinde" beschrieb etwa Levy den rassentheoretischen Antisemitismus und seine Exponenten der Jahrhundertwende.[64] „Horden" und „Vandalen" fungierten als Kollektivbegriffe für die Akteure antisemitischen Terrors seit der Machtübernahme.[65] Die Bücherverbrennung galt ihm als ein „mittelalterlich aufgemachtes Autodafé", die „groessten deutschen Geister" – gemeint waren unter anderem Luther, Goethe und Herder – würden „missbraucht, um Hass und Verfolgung zu predigen".[66]

In Goldbergs Autobiographie fand diese semantische Dichotomisierung von Kultur und Antisemitismus in der Schilderung des universitären Milieus Eingang. Die deutschen Universitäten galten dem Studenten der Theaterwissenschaften und Germanistik „als Brutstätten der Gegnerschaft" zur gerade erst gegründeten deutschen Demokratie. Er selbst ordnete sich in die Gruppe derer ein, die der „freien deutschen Republik" ihre Unterstützung zukommen ließen. Gegenüber einer Übermacht der „Reaktion" und „Tradition" hatte die von ihm als Vertreter der „Neuzeit" bezeichnete, demokratisch orientierte Studentenschaft jedoch das Nachsehen. In die von ihm aufgebaute Gegenüberstellung – mit Freiheit und Neu-

---

[63] Vgl. ebd., o. P.
[64] Siehe Levy: Mein Leben in Deutschland, S. 7 f.
[65] Siehe ebd., S. 67, 83. Außerdem Moses: Mein Leben in Deutschland, S. 8.
[66] Siehe Levy: Mein Leben in Deutschland, S. 32. Siehe ebd., S. 84, wo Levy dem deutschen Volk den Status eines „Kulturvolk[es]" absprach. Hugo Moses bemerkte, am 30. Januar 1933 sei „das Rad der deutschen Kulturgeschichte um Jahrhunderte zurückgedreht worden. Vgl. Moses: Mein Leben in Deutschland, S. 1.

zeit auf der einen, Reaktion und Tradition auf der anderen Seite – integrierte Goldberg zusätzlich einen sich ausbreitenden Antisemitismus als Teil der reaktionären Partei. Die verbitterte Gegnerschaft beider Parteien schlug sich laut Goldberg in blutigen Auseinandersetzungen zwischen den Vorlesungen nieder.[67]

In der Verknüpfung von ‚Tradition', ‚Reaktion' und ‚Antisemitismus' deutet sich eine wesentliche semantische Konfiguration des Antisemitismusbegriffs an, die Goldberg kurz darauf entfaltete. Nun berichtete er über seine Erlebnisse mit einem Dozenten, der einen nachhaltigen Eindruck auf ihn ausgeübt hatte. Dieses Beispiel zeichnet sich dadurch aus, dass es sich nicht ohne weiteres in das unmittelbar zuvor entworfene Narrativ einer erbitterten Gegnerschaft zwischen freiheitlich gesinnten Republikanhängern und antisemitischen Republikgegnern einordnen lässt. Zwar handelte es sich bei dem Professor, der ihm für das Doktorexamen zugewiesenen worden war, um einen republikfeindlichen Antisemiten. Allerdings erfüllte dieser keineswegs die damit bei Goldberg einhergegangenen Erwartungen:

„Persönlich war dieser Professor ein entgegenkommender und hilfsbereiter Mensch. Das gute Verhältnis, das sich zwischen uns bildete, gab mir den Mut, in einer unserer vielen privaten Unterhaltungen die Judenfrage zu erörtern. Dieser Dozent, der mir durchaus wohlgesinnt war, und bei dem ich die Prüfung ohne jede willkürliche Erschwerung bestand, bekannte sich bereits zu jener Rassentheorie, die ausserhalb der Universitätskreise erst in späteren Jahren Anhänger fand. Unsere Debatte wurde natürlich von beiden Seiten ruhig und zurückhaltend geführt. Aber sie beeindruckte mich tief. Ein Mann von Bildung und Wissen, von Format und Kultur, hatte seiner Anschauung die primitivste Formel zugrundegelegt."[68]

Die semantischen Strukturen des Antisemitismusbegriffs – hier im Ausdruck der „primitivsten Formel" versprachlicht – bezogen auch bei Goldberg ihre Koordinaten aus der Abgrenzung zu Wörtern wie ‚Bildung', ‚Wissen' und ‚Kultur'. An der Person des antisemitischen Professors – ein „entgegenkommender und hilfsbereiter Mensch" – zerbrach jedoch das unmittelbar zuvor aufgebaute Narrativ der unversöhnlichen Feindschaft zwischen freiheitlichen Demokratieanhängern und antisemitischen Reaktionisten, gerade weil dessen Persönlichkeit sich der semantischen Dichotomisierung von Kultur und Antisemitismus sperrte. Einen ‚ungebildeten Schreier' und ‚Demagogen' präsentierte Goldberg nicht in diesem Zitat. Entscheidend ist, dass mit dieser Semantik des Antisemitismusbegriffs der Professor noch im zeitlichen Abstand von gut zwanzig Jahren kein eindeutiges Feindbild abgab, auf dessen Grundlage eine sichere Verortung seiner Person *außerhalb* der Gruppe der Freunde hätte erfolgen können. Goldberg brachte dieses Dilemma in einer paradox wirkenden Formulierung schließlich auf den Punkt: „Wir fanden keine gemeinsame Ebene und schieden doch als Freunde."[69]

---

[67] Vgl. Goldberg: Mein Leben in Deutschland, S. 19 f.
[68] Ebd., S. 21 f.
[69] Ebd., S. 22.

Joseph B. Levy: Jüdisch-christliche Freundschaft und die Unterscheidung von privaten und öffentlichen Kontakträumen

Wie verhält sich das Konzept einer konfessionsübergreifenden Freundschaft zur Dichotomie privat/öffentlich? In seiner Freundschaftserzählung über den Berliner Bezirksbürgermeister Bruns-Wüstefeld diente Friedrich Solon der Hinweis auf gegenseitige private Besuche zur Illustration eines besonders engen gegenseitigen Verhältnisses.[70] Stand das Konzept der konfessionsübergreifenden Freundschaft also für einen Beziehungsmodus, der sich im semantischen Horizont der Harvard-Autoren innerhalb einer ‚privat' codierten Räumlichkeit vollzog? Oder konnten nichtjüdische Personen selbst dann als ‚gute Freunde' bezeichnet werden, wenn abseits aller öffentlichen Anlässe keinerlei privater Kontakt zu ihnen bestand? In der Auslotung des privaten und öffentlichen Anteils innerhalb des jüdisch-christlichen Freundschaftskonzepts zeigt sich letztlich, als wie eng dieser Freundschaftsmodus von den jüdischen Autorinnen und Autoren konzipiert wurde. Denn je privater eine Beziehungsform definiert wird, desto intimer und enger wird sie gleichzeitig definiert.

Nach seiner Tätigkeit an einer Hamburger jüdischen Schule fand Josph Levy in der jüdischen Gemeinde in Frankfurt am Main eine Anstellung als Kantor unter dem konservativ orientierten Rabbiner Marcus Horovitz.[71] Von 1896 bis zu seiner Auswanderung 1939 blieb Levy der Stadt und ihrer Gemeinde treu. Seinem zentralen biographischen Lebensmittelpunkt widmete er in seiner Autobiographie eine längere Passage über das jüdische Leben Frankfurts vom Mittelalter bis in das ausgehende 19. Jahrhundert. Darin erzählte der Autor, wie es nach Jahrhunderten des Ghettolebens schließlich im 19. Jahrhundert zu einer rechtlichen Anerkennung der Juden kam. Im Zuge der Emanzipation lebten die Juden laut Levy „in Frieden und Eintracht mit allen uebrigen Einwohnern, erreichten zu einem grossen Teil einen gewissen Wohlstand und gewannen [...] auf allen Gebieten des oeffentlichen Lebens, auch der Stadtverwaltung, Einfluss".[72] Im Anschluss zählte er jüdische Leistungen und Verdienste in den Bereichen der Kultur, der Wissenschaft und des Wirtschaftslebens auf.

Im Hinblick auf das Zusammenleben von Juden und Christen konzedierte Levy, dass es sich auf die dargelegten Gebiete der Kunst, Wissenschaft, Wohlfahrt sowie des Handels beschränkte: „Zu einem gesellschaftlichen, freundschaftlichen Verkehr unter diesen beiden Konfessionen und ihren Bekennern kam es nur in seltenen Ausnahmefaellen, allenfalls bei grossen oeffentlichen, gesellschaftlichen oder

---

[70] Siehe die Ausführungen im vorangehenden Abschnitt sowie Solon: Mein Leben in Deutschland, S. 57.
[71] Zu Marcus Horovitz siehe Michael Brocke/Julius Carlebach (Hg.): Biographisches Handbuch der Rabbiner. Teil 2, Die Rabbiner im Deutschen Reich 1871–1945 (= Band 1), München 2009, S. 294–297.
[72] Levy: Mein Leben in Deutschland, S. 13 f.

der Charitas gewidmeten Gelegenheiten."[73] Levy charakterisierte das jüdisch-christliche Zusammenleben, indem er mit Hilfe der Privat/Öffentlich-Dichotomie eine Grenze zog. Der „freundschaftliche Verkehr" zwischen Christen und Juden blieb den „oeffentlichen Gelegenheiten" vorbehalten – was der Autor jedoch nicht als Symptom gegenseitiger Abneigung verstanden wissen wollte. Dass die Einwohner Frankfurts „nach Konfessionen getrennt" blieben und „ihren Verkehr in ihrem engeren Kreise" suchten, sei nicht als „Absicht oder gar gegenseitige Feindseligkeit" zu werten, sondern Ausdruck eines deutschlandweiten Phänomens gewesen.[74] Levy bemühte sich also, seine Bewertung eines friedvollen und harmonischen Zusammenlebens der Frankfurter Juden und Christen keinem Zweifel auszusetzen, verdeutlichte aber gleichzeitig, dass es eine Grenze im Zusammenleben gab, die entlang der Unterscheidung von öffentlicher und privater Sphäre verlief. Ein anderer, ebenfalls in den 1870er Jahren geborener Autor, charakterisierte diese Trennung deutlich negativer. Eugen Altmann sprach von einem fehlenden gegenseitigen „Verständnis" und interpretierte bestehende Kontakte als Ausdruck geschäftlicher Interessen.[75]

An dieser Stelle ließe sich zu Recht einwenden, dass der Ausdruck ‚freundschaftlicher Verkehr' nicht mit dem Freundbegriff verwechselt werden dürfe. Immerhin ist es ohne weiteres vorstellbar, dass zwei Personen einen freundschaftlichen Verkehr pflegen, ohne deshalb bereits als Freunde zu gelten. In dem Fall wäre es möglich, dass das Wort ‚Freund' weiterhin auf ein privates Beziehungskonzept verweist. Doch zeigt selbst Levys Verwendung des Freundbegriffs, dass für ihn zwischen den damit bezeichneten Personen kein besonders enges, in den privaten Bereich hineinragendes Verhältnis gemeint sein musste. Um seine Einschätzung bezüglich der Beschränkung gegenseitiger Kontakte auf den öffentlichen Bereich zu stützen, führte er eigene Erfahrungen an: „Auch ich persoenlich, meine Frau und meine Kinder hatten wohl vereinzelt *gute Freunde* in nichtjuedischen Kreisen, mit denen wir gelegentlich zusammentrafen, ein geselliger Verkehr ergab sich aber nicht, wurde auch wohl von keiner der beiden Seiten gewuenscht."[76] Dass es sich hierbei nicht um Kontakte mit privatem, geselligem Charakter handelte, lässt sich indirekt auch aus der Einschränkung schließen, die Levy für liberale und „assimilatorisch eingestellte" Juden geltend machte. Denn diesen attestierte er, Eingang in christliche Familien gefunden zu haben.[77] Für ihn, der sich nach eigener Aussage in jüdisch-konservativen Kreisen bewegte, scheint dies demnach nicht gegolten zu haben. Levy knüpfte das Ausmaß interkonfessioneller Freundschaft zwischen den Polen des Privaten und Öffentlichen offenbar an die Bereitschaft der Juden, ihre traditionell-religiösen Verbindungen zu lockern.

---

[73] Ebd., S. 13 f.
[74] Vgl. ebd., S. 14.
[75] Vgl. Altmann: Mein Leben in Deutschland, S. 13 f.
[76] Levy: Mein Leben in Deutschland, S. 14 (Hervorheb. v. C. M.).
[77] Vgl. ebd., S. 14. Siehe auch ebd., S. 12.

Zusammenfassend lässt sich daher feststellen, dass Levys Konzept einer konfessionsübergreifenden Freundschaft eine semantische Fixierung auf den Bereich des Privaten umging. Es diente ihm primär dazu, ein friedvolles und harmonisches Verhältnis zwischen Christen und Juden zu kennzeichnen, das sich jedoch weitgehend auf eine öffentliche Sphäre begrenzte. Wenngleich also der Freundbegriff in manchen Harvard-Autobiographien den Beziehungen zwischen Juden und Christen auf diese Weise einen positiven Anstrich verleihen sollte, so bedeutet dies nicht, dass die konfessionsübergreifende Freundschaft ausnahmslos als ein dezidiert privat konnotierter Beziehungsmodus verstanden werden kann. Ihre spezifische Funktion bezogen Freundschaftserzählungen aus dem Kontext, in dem die Autorinnen und Autoren sie ansiedelten. Dieser bestand primär in der Erzählung einer nationalen Inklusion deutscher Juden. Der Freundschaftsbegriff konnte in diesem Kontext eine gewisse soziale Nähe als Hinweis für gegenseitige Akzeptanz und ein friedfertiges Miteinander suggerieren, setzte aber nicht *per se* einen engen Kontakt in Räumen privater Häuslichkeit voraus.

4. Freundschaften zwischen Juden: Konstruktion von Gemeinschaft

Im Vergleich zu den jüdisch-nichtjüdischen Freundschaften thematisierten die jüdischen Autorinnen und Autoren Freundschaftsverhältnisse unter Juden seltener explizit. Erst im Schreiben über die Zeit nach der Machtübernahme finden sich andeutungsweise spezifische Sprachmuster, die auf etablierte Deutungen zum Zeitpunkt der Niederschrift hinweisen. Analysiert wird das Schreiben über jüdische Freunde zunächst als Teil der bereits identifizierten autobiographischen Praxis,[78] in der die eigene Autobiographie als Kollektivgeschichte der jüdischen Deutschen geschrieben wurde. Anschließend werden die in diesem Kontext auftretenden Semantiken im Umfeld des Freundbegriffs untersucht.

Jüdische Freunde im kollektivbiographischen Erzählmodus

Als sein Lebensbericht in der Zeit der Machtübernahme angelangt war, charakterisierte Joseph Levy zunächst die Bedeutung der Folgejahre, bevor er auf die einzelnen Erlebnisse einging. In dieser Passage des Kapitels ‚Der 30. Januar 1933 und die ersten Folgen' bestimmte er auch das Verhältnis von politischer Zäsur, Biographie und Autobiographie:

---

[78] Siehe die Ausführungen im Kapitel VII.4. Dadurch ergeben sich zwangsläufig Wiederholungen. Der Kern folgender Betrachtungen liegt jedoch in der Untersuchung, auf welche Weise die Harvard-Autorinnen und -Autoren speziell den Freundbegriff in dieses Narrativ eingebunden haben.

„Einige schwere Folgen der bald sich selbst ueberstuerzenden Verfuegungen, Gesetzesaenderungen, die nun in taeglichen Ereignissen und Vorkommnissen tief in das Leben der Juden im ganzen und jedes einzelnen Juden eingriffen und auch mich und die Mitglieder meiner engeren und weiteren Familie, meine Freunde und alle mir Nahestehenden beruehrten und aus ihrer bisherigen Ruhe aufscheuchten, ja ihre Existenzen, ihr ganzes Leben vernichteten, seien im folgenden Teile meiner Lebensbeschreibung aufgefuehrt."[79]

Das Zitat verdeutlicht, dass der Autor seine Lebensgeschichte nicht als rein individuell-biographische Erzählung verstanden wissen wollte. Vielmehr beanspruchte er mit seiner eigenen Geschichte eine Kollektivgeschichte der Juden im Nationalsozialismus zu erzählen, indem er seine eigene Biographie wie auch die seiner Familie und der Freunde als prototypisch für das Schicksal der „Juden im ganzen" unter dem Nationalsozialismus auswies. Auch die autobiographischen Bezugnahmen auf jüdische Freunde sind auf der Folie einer solchen autobiographischen Praxis zu lesen, welche die eigene Geschichte als eine Geschichte der Verfolgung und Diskriminierung der deutschen Juden im Nationalsozialismus vermittelte.[80] Im weiteren Verlauf der Autobiographie lassen sich zwei Muster identifizieren, die diesem Anliegen Levys entsprachen: Die Kollektivierung eigener Erlebnisse sowie die Verfolgungserlebnisse jüdischer Freunde.

Die Kollektivierung der eigenen Erlebnisse durch Bezugnahme auf jüdische Freunde

In seiner 89 Seiten umfassenden Autobiographie erzählte Joseph Levy auf 59 Seiten von den eigenen Erfahrungen und den Erlebnissen anderer Juden während des Nationalsozialismus. Bei drei Gelegenheiten erwähnte er dabei seine jüdischen Freunde auf eine Weise, die den berichteten Erlebnissen den Status einer jüdischen Kollektiverfahrung zuschrieben. In den ersten beiden Passagen beurteilte Levy das Verhalten der nichtjüdischen Bevölkerung angesichts der antisemitischen Politik des NS-Regimes. Er hatte der „christlichen Bevoelkerung" ein „im ganzen freundlich[es], oft guetig[es] und mitfuehlend[es] Verhalten" bescheinigt und illustrierend hinzugefügt: „Nicht selten wurden Aeusserungen der entschiedenen Missbilligung, ja starker Ablehnung der behoerdlichen und parteilichen Massnahmen uns und unseren Freunden gegenueber laut."[81] Auf den nächsten beiden Seiten belegte er seine Behauptung mit einem Beispiel aus seinem Bekanntenkreis. Dabei handelte es sich um die Hausangestellte M., die durch Erlass der Nürnberger Gesetze ihren Dienst bei Levy hatte aufgeben müssen, die jüdische Familie aber weiterhin heimlich besuchte. Levy sprach diesem Verhalten der Hausangestellten zunächst einen exemplarischen Charakter für das Verhalten vieler „christliche[r] Personen" zu und bettete anschließend seine persönliche Erfahrung in einen breiteren Erfah-

---

[79] Levy: Mein Leben in Deutschland, S. 30.
[80] Siehe dazu auch die Ausführungen im Kapitel III.3 sowie im Kapitel VII.4.
[81] Levy: Mein Leben in Deutschland, S. 36.

rungsraum deutscher Juden ein: „[...] und aehnliche Erfahrungen machten alle unsere Freunde", ließ der Autor abschließend wissen.[82]

Auf ähnliche Weise ging Levy im dritten Fall vor, der thematisch von den Schikanen und Strapazen handelt, die ihm in den letzten Aufenthaltsmonaten in Deutschland zuteil wurden. Darunter fiel auch die Verordnung vom 17. August 1938, nach der jüdische Deutsche gezwungen waren, den Vornamen Israel oder Sara anzunehmen, sofern ihr Name nicht auf einer offiziellen Liste mit ‚jüdisch' geltenden Vornamen vermerkt war.[83] Levy berichtete von der wochenlangen Korrespondenz mit der zuständigen Behörde in seiner Geburtsstadt Kiel, die nötig gewesen war, um die vorgeschriebene Eintragung des neuen Namens in den Geburtsschein vornehmen lassen zu können. In einer fast wortgleichen Bemerkung wie zuvor – „Dieselben und schlimmere Erfahrungen machten meine Freunde" – unterstrich der Autobiograph den exemplarischen Charakter eigener Erlebnisse.[84]

Levy bettete mit Hilfe des Freundbegriffs biographische Erlebnisse in einen breiteren jüdischen Erfahrungszusammenhang ein und vergrößerte dadurch den Informationswert seiner Erlebnisse. Die Hinweise auf dieselben Erfahrungen der jüdischen Freunde untermauerten den autobiographischen Anspruch Levys, einige „schwere Folgen" der Ereignisse zu dokumentieren, die „tief in das Leben der Juden im ganzen" eingegriffen hatten.[85]

Berichte über jüdische Freunde

Neben der Kollektivierung eigener Erlebnisse arbeitete Levy auch die Schicksale jüdischer Freunde in seine Autobiographie ein.[86] Zwei Fälle aus seinem Freundeskreis behandelte er in dem Kapitel ‚Verhaftungen im Juni 1938', in dem er auf die so genannte ‚Juni-Aktion' zu sprechen kam. Im Rahmen der ersten Massenverhaftungsaktion wurden einige Zehntausend sogenannter ‚Asoziale' verhaftet, darunter auch ca. 1500 vorbestrafte Deutsche jüdischer Herkunft, die nach Buchenwald transportiert wurden.[87] Levy selbst befand sich nicht darunter, wohl aber sein Pensionswirt, bei dem er und seine Frau zu diesem Zeitpunkt gelebt hatten. Dem Wirt war eine frühere Anklage wegen Verstoßes gegen den Dienstmädchenparagraphen der Nürnberger Gesetze zum Verhängnis worden. Die Anklage selbst wurde fallen

---

[82] Vgl. ebd., S. 37.
[83] Siehe Zweite Verordnung zur Durchführung des Gesetzes über die Änderung von Familiennamen und Vornamen (17. 08. 1938), in: Reichsgesetzblatt v. 18. 08. 1938, Teil I, S. 1044.
[84] Vgl. Levy: Mein Leben in Deutschland, S. 86 f. Siehe außerdem ebd., S. 43 und 84.
[85] Vgl. ebd., S. 30.
[86] Die Kollektivierung eigener Erlebnisse mit Hilfe des Freundbegriffs stellt in den untersuchten Lebensberichten die Ausnahme dar – eher nutzten andere Autorinnen und Autoren die umgekehrte Strategie, über die Erlebnisse ihrer jüdischen Freunde oder Bekannten zu schreiben. Weitere Berichte über jüdische Freunde finden sich etwa bei ‚Aralk': Mein Leben in Deutschland, S. 36, 61; Schwabe: Mein Leben in Deutschland, S. 85; Altmann: Mein Leben in Deutschland, S. 38–40.
[87] Vgl. Friedländer: Das Dritte Reich und die Juden, S. 282.

gelassen, allerdings wurde er damals zu einer Geldstrafe verurteilt, weil er angeblich keine polizeiliche Erlaubnis für die gewerbliche Beschäftigung einer nichtjüdischen Pensionsangestellten eingeholt hatte. Levy betonte die Lächerlichkeit dieses ‚Vergehens', das nun den Anlass für die Inhaftierung abgab. Er selbst half bei der Befreiung des Wirtes, indem er ihm ein Visum für ein mittelamerikanisches Land verschaffte. So „hatten wir Hoffnung", schrieb Levy, „dass unser armer Freund bald diesem fuerchterlichen Gefaengnisse entrinnen wuerde". Erst mehrere Wochen später wurde der Freund „in einer erbarmungswuerdigen Verfassung, zum Skelett abgemagert, schwach und krank" entlassen. Trotz des schlimmen Zustands sei jedoch die Wiedersehensfreude groß gewesen: „wussten wir doch, wie viele Leidensgenossen zu Tode gepeinigt und wie viele andere noch Monate lang in den Klauen dieser Unholde zu verbleiben verurteilt waren".[88]

Ob der Pensionswirt zu den engeren Freunden des Autors gehörte oder aufgrund seiner Lage von Levy rückblickend als „armer Freund" bezeichnet wurde, lässt sich der Autobiographie nicht entnehmen. Die Berichte über die jüdischen Freunde dienten sicherlich auch der Erinnerung an Menschen, mit denen sich Levy verbunden fühlte. Darüber hinaus dokumentierten sie jedoch das Schicksal der Juden als einer Gruppe der Verfolgten. Zur Eröffnung des Kapitels, in dem Levy die Fälle des Pensionswirtes und des Rabbiners schilderte, hatte er geschrieben: „Die naechsten Jahre verlebten wir, d. h. alle Juden und andere der Verfolgung Preisgegebenen, in taeglicher Angst und Sorge um Leben und Freiheit, da wir in unserer naechsten Umgebung nur gar zu oft Erlebnisse hatten, die zu solchen Befuerchtungen berechtigten."[89] Levy erweiterte auch hier den Fokus seiner Autobiographie um die Perspektive einer Gruppe, die sich über die gemeinsame Eigenschaft ihrer Mitglieder definierte, Ziel der nationalsozialistischen Ausgrenzungspolitik gewesen zu sein.

Da es die durch Selbst- oder Fremdzuschreibungen vorgenommene Zugehörigkeit zu der Gruppe der Juden war, die den Ausschlag für die radikalen Veränderungen im eigenen Leben nach dem 30. Januar 1933 gegeben hatte, tendierten viele jüdische Autorinnen und Autoren dazu, ihre Geschichte aus einer kollektivbiographischen Perspektive heraus zu erzählen. Letztlich orientierte sich auch die Verwendung von Wörtern aus dem semantischen Feld des Privaten an diesem Deutungsrahmen: Sie nutzten nicht nur das Familien-Vokabular, sondern auch das Freund-Vokabular, um das eigene Schicksal und das der Juden als Gruppe miteinander zu verweben. Dies kam nicht nur dem Anliegen der Selbstvergewisserung entgegen, sondern auch der Absicht zur Aufklärung einer nichtdeutschen Öffentlichkeit über die Entwicklung Deutschlands seit der Machtübernahme.

---

[88] Vgl. Levy: Mein Leben in Deutschland, S. 61 f. Siehe für einen weiteren Fall ebd., S. 62 f.
[89] Ebd., S. 59 f.

Semantiken der Vergemeinschaftung: Die Verwendung des Freund-Vokabulars und die Geschlossenheit der jüdischen Gemeinschaft

Auch der Lehrer Ernst Loewenberg bettete seine Autobiographie in den größeren Kontext eines jüdischen Schicksals ein und knüpfte speziell in seiner Einleitung an traditionell-religiöse Deutungen des Judentums als eigenständiges Volk an.[90] Im weiteren Verlauf der Erzählung nahm die jüdische Gemeinde Hamburgs viel Platz ein. Dies erklärt sich nicht zuletzt aufgrund seines eigenen Engagements. 1929 wurde Loewenberg für die liberale Fraktion in das Repräsentanten-Kollegium der Deutsch-Israelitischen Gemeinde Hamburgs gewählt, zu Beginn des Jahres 1933 übernahm er dessen Vorsitz und wurde später stellvertretender Vorsitzender der Gemeinde.[91] In den Ausführungen zur Gemeindearbeit nach der Machtübernahme dokumentierte der Pädagoge vor allem die verschiedenen Projekte jüdischer Selbsthilfe, in die er involviert war.

Loewenberg kommunizierte diesen Teil seiner Lebensgeschichte als einen Akt der Selbstbehauptung der Juden gegen die Angriffe von nationalsozialistischer Seite. Nachdem er die ersten Ereignisse nach der Machtübernahme aufgelistet hatte und schließlich beim Aprilboykott angelangt war, fragte der Autor schließlich: „Was konnten wir Juden anders tun, als unsere eignen Kräfte sammeln, um [uns] gegenseitig zu helfen[?]"[92] Der Gebrauch des Freund-Vokabulars folgte in den entsprechenden Textstellen dieser inhaltlichen Ausrichtung der Erzählung. Er unterstützte die Botschaft einer geschlossenen jüdischen Gemeinde – wobei diese Geschlossenheit von Loewenberg keinesfalls als gegeben angenommen wurde. Vielmehr wurde sie in seiner Deutung von außen wie innen bedroht und musste daher immer wieder neu hergestellt und verteidigt werden.

Aus seiner eigenen Tätigkeit wusste Loewenberg von den Schwierigkeiten zu berichten, die unterschiedlichen jüdischen Organisationen sowie religiös-politischen Fraktionen zu einer einheitlichen Arbeit zu bewegen. Vor diesem Hintergrund lobte er die gute Zusammenarbeit mit Rudolf Hermann Samson und Walter Pinner. Mit ihnen führte Loewenberg die Geschäfte der Gemeinde in dem 1934 gegründeten Organisationsausschuss. Loewenberg hob zunächst die Unterschiede der drei Männer in beruflicher, politischer und religiöser Hinsicht hervor. Samson war Jurist und Vorsitzender des *Central-Vereins* in Hamburg. Einige Seiten zuvor hatte der Autor bereits in lobender Weise über das Engagement Samsons geschrieben und dabei herausgestellt, dass dieser keine „innere Beziehung" zum Judentum

---

[90] Vgl. Loewenberg: Mein Leben in Deutschland, S. 1.
[91] Das Repräsentanten-Kollegium wählte laut Satzung den Vorstand und beschloss den Haushalt. Vgl. Lorenz, Ina: Deutsch-Israelitische Gemeinde (DIG), in: Institut für die Geschichte der Deutschen Juden (Hg.): Das jüdische Hamburg. Ein historisches Nachschlagewerk, Göttingen 2006, S. 58–60, hier S. 60.
[92] Loewenberg: Mein Leben in Deutschland, S. 38.

gehabt habe.[93] Pinner charakterisierte er als Wirtschaftler und Zionisten, während er sich selbst als „Schulmeister" bezeichnete. Im Anschluss daran stellte Loewenberg fest, nie habe er „freundschaftlicher und mit mehr gegenseitigem Verstehen gearbeitet" als in den ungezählten Sitzungen des Ausschusses im Winter 1933/34.[94]

Die als „freundschaftlich" und „im gegenseitigen Verstehen" bewertete Zusammenarbeit ebnete die zuvor betonten Unterschiede der Charaktere ein und fand in den anschließenden Sätzen eine metaphorische Zuspitzung mit starker Symbolkraft. „Diese Sphäre des gegenseitigen Verstehen[s]", fuhr Loewenberg fort, „blieb auch in den folgenden Jahren, wenn ich auch nicht leugnen kann, dass immer mal persönliche Quertreibereien vorkamen. Wie in einer belagerten Festung, kam es auch unter den Juden zu manchem unerfreulichen Zwischenfall."[95] Allen gelegentlichen internen Schwierigkeiten und Konflikten übergeordnet blieb die Geschlossenheit der Juden, die Loewenberg im militärisch konnotierten Bild einer ‚belagerten Festung' versprachlichte. Die in der Festungsmetapher kommunizierte Trennung von Innen und Außen entspricht dem bereits identifizierten Sprachmuster, das die jüdische Gemeinschaft durch privat konnotierte Konzepte einer feindlichen Umwelt gegenüberstellte. Indem er eine Metapher mit einem militärischen Hintergrund verwendete, konzeptualisierte Loewenberg den Gegensatz von Innen und Außen im Sinne verfeindeter Parteien als ‚Kampfgemeinschaften'. Im Gebrauch der Metapher unterstrich er den gemeinschaftlichen Charakter jüdischen Lebens im Nationalsozialismus und kam seinem Anliegen nach, die Geschichte der Juden im Nationalsozialismus unter dem Aspekt der Selbstbehauptung zu thematisieren.

In zwei weiteren Belegstellen verwendete Loewenberg den Freundbegriff im Zusammenhang mit der Geschlossenheit jüdischer Gruppen. Beide Beispiele sind im thematischen Umfeld der Berufsausbildung jüdischer Jugendlicher angesiedelt. Wie an anderen Orten Deutschlands unterstützte auch in Hamburg die jüdische Gemeinde ein Hechaluz-Projekt, in dem Jugendliche auf ihre landwirtschaftliche Arbeit und das Gemeinschaftsleben des Kibbuz in Palästina vorbereitet wurden. Loewenbergs Bewertung der dort lebenden Jugendlichen fiel zwiespältig aus. Einerseits kam er auf Probleme mit der jüdischen Gemeinde zu sprechen, die er als generationsbedingte Konflikte deutete. Die Selbstverständlichkeit, mit der die Jugendlichen die materielle Hilfe der Gemeinde in Anspruch genommen hätten, zeugte laut Loewenberg von der Einstellung, dass diese „Hilfe [...] die einzige Existenzberechtigung der Alten" gewesen sei.[96] Andererseits zollte der Autor dem Gemeinschaftsgeist der Gruppe seinen Respekt. Das „Zusammenhalten in der eigenen Gemeinschaft" sei „vorbildlich" gewesen. Auch nach der Ausbildungszeit

---

[93] Vgl. ebd., S. 38. Zur Person siehe außerdem Morisse, Heiko: Samson, Rudolf Hermann, in: Institut für die Geschichte der Deutschen Juden (Hg.): Das jüdische Hamburg. Ein historisches Nachschlagewerk, Göttingen 2006, S. 221.
[94] Vgl. Loewenberg: Mein Leben in Deutschland, S. 56.
[95] Ebd., S. 56.
[96] Vgl. ebd., S. 44.

habe die Gruppe auf eigene Kosten die älteren Mitglieder versorgt: „Und so kam es oft, dass die Belegschaft die geringen Mittel zusammenlegte und die alten Freunde durchfuetterte – oder mit ihnen hungerte."[97]

Die zweite Verwendung des Freundbegriffs findet sich im anschließenden Absatz. Offenbar war Loewenberg einige Male als Streitschlichter in das Projekt gekommen. Grund dafür waren Meinungsverschiedenheiten zwischen den aus Palästina stammenden Leitern, deren Urteil für die Zertifikatserteilung der Auswanderung maßgeblich war, und den Jugendlichen. „Da mancher Aeltere oft voellig ahnungslos diesem jugendbewegten Betrieb gegenueberstand", so Loewenberg, „wurde ich nicht selten als Freund in beiden Lagern zum Ausgleich gebeten."[98] Unterstrich er im ersten Fall den bestehenden Gemeinschaftsgeist unter den Jugendlichen, so vermittelte Loewenberg nun mit Hilfe des Freundbegriffs die Wiederherstellung einer gemeinschaftlichen Basis.[99] Die Selbstbehauptung der Juden bestand in Loewenbergs Deutung also ebenso darin, ihre Gemeinschaft auch vor inneren Konflikten zu bewahren.

Selbst die Erinnerungen so unterschiedlicher Autoren wie Friedrich Solon und Ernst Loewenberg glichen sich in dem einen Punkt, die eigene Geschichte als Teil einer jüdischen Schicksalsgeschichte zu schreiben. Solons Autobiographie war bisher aufgrund eines Freundschaftskonzepts in den Vordergrund getreten, das sogar freundschaftliche Beziehungen zu antisemitisch eingestellten Nichtjuden einschloss. Er, der im Gegensatz zu Loewenberg sehr stark seine deutsche Identität betonte, schrieb im narrativen Kontext des Novemberpogroms, er habe mit seinen im Konzentrationslager eingesperrten Freunden „im Tiefsten" mitempfunden.[100] Im Gebrauch dieses Verbs drückte der Autor sein Mitgefühl für die inhaftierten Freunde aus und postulierte damit eine psychologisch-emotionale Nähe zu ihnen. Es handelt sich also um eine Semantik der Vergemeinschaftung, die durch eine nachfolgende Bemerkung über seine Mitwirkung bei der Befreiung der Freunde noch unterstützt wurde. Darüber hinaus interpretierte er das Los seiner Freunde als Anzeichen für das drohende Schicksal der Gesamtheit der deutschen Juden: „Nun waren auch die Blindesten sehend geworden und wir mussten uns der entsetzlichen Erkenntnis beugen, dass es nicht mehr allein um die Entrechtung des deutschen Judentums ginge, sondern um die Ausrottung und dass der Schlachtruf des revolutionären Pöbels: Juda verrecke! ganz wörtlich gemeint war."[101]

---

[97] Ebd., S. 44. Die Besinnung auf das Judentum und den Gemeinschaftsgeist in den jüdischen Ausbildungsstätten hat auch der Zeitzeuge und Historiker Werner Angress hervorgehoben. Vgl. Angress, Werner T.: Jüdische Jugend zwischen nationalsozialistischer Verfolgung und jüdischer Wiedergeburt, in: Arnold Paucker (Hg.): Die Juden im Nationalsozialistischen Deutschland. The Jews in Nazi Germany 1933–1943, Tübingen 1986, S. 211–221, hier S. 219 f.

[98] Loewenberg: Mein Leben in Deutschland, S. 44.

[99] Für ein weiteres Beispiel in den Erinnerungen Loewenbergs siehe ebd., S. 77. Als besonders schlimm empfand der Autor, dass Denunziationen selbst unter jüdischen Freunden vorgekommen waren.

[100] Vgl. Solon: Mein Leben in Deutschland, S. 107.

[101] Ebd., S. 107.

Dass er selbst Teil dieser jüdischen Schicksalsgemeinschaft war, stellte Solon als zentrales Ergebnis eines Erkenntnisprozesses dar, dessen Entwicklung er im Kapitel über die Zeit nach der Machtübernahme erzählte. Der Novemberpogrom war in diesem Narrativ das endgültige ‚Erweckungserlebnis', das die letzten Zweifel an der Absicht des Regimes beseitigt hatte. Bereits im ersten Absatz des Kapitels ‚Nach 1933' hatte Solon das Ergebnis dieses Erkenntnisprozesses vorweggenommen. Inwieweit seine Lebensführung bis 1933 „typisch" gewesen sei, schrieb er dort, könne und wolle er nicht beurteilen. Aber „von da ab", fuhr er fort, „erwies es sich, dass ich zu einer Schicksalsgemeinschaft gehörte – ein Wort, das wir alle häufig im Munde geführt hatten, ohne uns darüber klar zu sein, dass es die ernsteste Bedeutung für jeden Einzelnen erlangen würde".[102]

Die Kollektivierung eigener Erfahrungen und die Berichte über jüdische Freunde haben gezeigt, dass die *Praxis* autobiographischen Erzählens kollektivbiographische Züge hatte. Nun treten zusätzlich die semantischen Merkmale der jüdischen Gemeinschaft hervor. Auch für Juden wie Friedrich Solon, der seine deutsche Identität lange Zeit über die Zugehörigkeit zu einer jüdischen Gemeinschaft gestellt hatte,[103] bot das Konzept der ‚Schicksalsgemeinschaft' Anschlussmöglichkeiten, indem es als Orientierungshilfe bei der Abfassung der eigenen Lebensgeschichte fungierte. Der Freundbegriff unterstützte – ebenso wie das Familienvokabular – in diesem Kontext durch seine Konnotation besonderer sozialer Nähe die semantische Konstruktion der jüdischen Gemeinschaft.[104]

Semantiken der Kompensation: Der Freundbegriff zwischen affirmativen und pejorativen Bezügen auf Gemeinschaft

Ein institutionalisierter Rahmen, in dem Joseph Levy auf jüdische Freunde traf, stellte der Unabhängige Orden B'nai B'rith dar.[105] Bis zur Schließung 1937 war er mehrere Male zum Präsidenten der Frankfurter Loge gewählt worden. Der ‚Freimaurerei' verdächtigt, wurde die Arbeit der B'nai B'rith Logen sehr schnell nach der Machtübernahme eingeschränkt und erschwert. Vorträge durften keine hebräischen Zitate beinhalten und mussten zuvor bei der Gestapo zur Kontrolle eingereicht werden. Beamte überwachten häufig die Veranstaltungen. Trotz dieser Einschränkungen sprach der Autor den Logenabenden eine wichtige Funktion zu: „Dennoch waren unsere Zusammenkuenfte besser als frueher besucht, denn sie

---

[102] Ebd., S. 93.
[103] Vgl. ebd., S. 64.
[104] So auch etwa in Levy: Mein Leben in Deutschland, S. 50, 70 f., und Flesch: Mein Leben in Deutschland, S. 37. Beide Dokumente verzeichnen eine semantische Nähe der Wörter ‚Freunde' und ‚Leidgenossen' bzw. ‚Schicksalsgenossen'.
[105] Zur Geschichte des ursprünglich aus den Vereinigten Staaten stammenden Ordens siehe Reinke, Andreas: „Eine Sammlung des jüdischen Bürgertums": Der Unabhängige Orden B'nai B'rith in Deutschland, in: Andreas Gotzmann/Rainer Liedtke/Till van Rahden (Hg.): Juden, Bürger, Deutsche. Zur Geschichte von Vielfalt und Differenz 1800–1933, Tübingen 2001, S. 315–340.

4. Freundschaften zwischen Juden: Konstruktion von Gemeinschaft 227

waren den Bruedern und Schwestern doch ein schwacher Ersatz fuer die entbehrten Theater, Konzerte und andere Abendunterhaltungen. Auch war man gluecklich, mit Freunden, Gesinnungs- und Leidgenossen ein gemuetliches Stuendchen verleben zu koennen."[106]

In dem Zitat rief Levy den Freundbegriff abermals im Kontext jüdischer Vergemeinschaftungspraktiken ab. Levy verknüpfte mit dem Freundbegriff eine affirmativ konnotierte Gemeinschaft von Schicksalsgenossen, die bisherige Entbehrungen im Rahmen „gemuetliche[r] Stuendchen" kompensierte. Die spätere Auflösung der Loge kommentierte er vor diesem Hintergrund als einen Verlust an Gemeinschaft: „Dass unsere Freundesschar gar nicht mehr zusammenkommen durfte und alle frueher so engen Beziehungen aufgeloest wurden, schmerzte uns ebenfalls sehr."[107]

Eine positiv bewertete Gemeinschaftlichkeit ging mit der befürchteten, vom Regime vorangetriebenen Isolierung des Individuums einher. Levy beklagte nicht nur den Verlust der Logenabende, sondern darüber hinaus die Zerstörung jeglichen „gesellige[n] Leben[s]" unter Juden – auch im privaten Bereich: „Selbst gemuetliches Beisammensein unter Freunden, der einzige Ersatz fuer alle Entbehrungen kuenstlerischer, wissenschaftlicher, unterhaltender Art", sei verdächtigt und erschwert worden. Wie zuvor attestierte der Frankfurter Kantor der Gemeinschaft unter Freunden einen Kompensationscharakter, der allerdings infolge einer potenziellen Kriminalisierungsgefahr kaum mehr realisierbar war. Wir „vereinsamten immer mehr", konstatierte er schließlich. Rückblickend sah Levy in der zunehmenden Isolation einen der wesentlichen Gründe, die eigene Emigration voranzutreiben.[108]

Der Bedeutungszuwachs innerjüdischer Gemeinschaftlichkeit konnte sogar zu der Erkenntnis führen, erst der Nationalsozialismus habe die Erfahrung wahrer Freundschaft ermöglicht. Diese Meinung vertrat Mally Dienemann, die Ehefrau des Offenbacher Rabbiners Max Dienemann, in ihrem Lebensbericht. Die in Palästina niedergeschriebenen Erinnerungen führten an dieser Stelle aus, trotz der zahllosen Zurücksetzungen hätten die Juden „Stunden von so beseelter Geselligkeit" erlebt, wie sie zuvor unbekannt gewesen seien und wie sie wahrscheinlich auch danach nie mehr vorkommen würden. „Die Zurückgeblieben, deren Kreis immer kleiner" geworden sei, hätten sich „umso enger einander" angeschlossen. „Freundschaft", fuhr die Autorin daraufhin fort, sei „wieder ein Lebensinhalt geworden".[109]

Den affirmativen Bezügen auf eine innerjüdische Freundschaft stehen auf der anderen Seite Berichte über die Belastung gegenüber, Mitglied einer Gemeinschaft gewesen zu sein, die sich durch die gemeinsame Erfahrung der Exklusion und

---

[106] Levy: Mein Leben in Deutschland, S. 50.
[107] Ebd., S. 59.
[108] Vgl. ebd., S. 83 f. Zum Aspekt der Kriminalisierung privater Treffen siehe auch Nathorff: Das Tagebuch der Hertha Nathorff, S. 101.
[109] Vgl. Dienemann: Aufzeichnungen, S. 25.

Verfolgung konstituiert hatte.[110] Semantiken der Kompensation problematisierten aus dieser Perspektive die sich im jüdischen Freundeskreis manifestierende Gemeinschaft. Für den aus Breslau stammenden Rechtsanwalt Ernst Marcus, geboren 1890, war „das Zusammensein mit Freunden [...] nicht mehr wie früher Erholung und Entspannung." Nur wenige hätten es geschafft, sich „wenigstens für einige Stunden von den Schrecknissen des Tages und der Sorge um die Zukunft zu distanzieren".[111] In dem „Zusammensein mit Freunden" artikuliert sich nicht – wie etwa bei Levy – ein affirmatives Verständnis dieser Gemeinschaft, gerade weil ihr ein kompensatorischer Charakter abgesprochen wurde. Stattdessen drehten sich die Gespräche immer wieder um die eigene Notlage.

In dem Dokument der Berliner Ärztin Hertha Nathorff schlug der pejorative Bezug auf den Freundeskreis noch stärker durch. Auch sie bemerkte anlässlich eines Besuches bei ihren „liebsten und besten Freunde[n]" im August 1937, die Unterhaltungen seien immer wieder auf das Thema der Emigration und den damit verbundenen Schwierigkeiten zugesteuert: „,Laßt uns gehen, hier ist es auf die Dauer hoffnungslos'. Das ist das A und O unserer Gespräche, aber – wohin? wohin?"[112] Weihnachten desselben Jahres verbrachte sie zwar im „engsten Freundeskreis", allerdings habe niemand der Anwesenden „Weihnachtsfreude" aufbringen können. Im Gegenteil kam es sogar zu einer Auseinandersetzung mit ihren Freunden: „Meine Freunde zanken mit mir, daß ich so den Kopf hängen lasse – ,wenn man noch solch gute Praxis hat.' Sprechen wir denn so verschiedene Sprachen? Eines Tages wird auch die gute Praxis weg sein und dann?"[113] Deutlicher als in der Frage, ob sie und ihre Freunde „denn so verschiedene Sprachen" sprächen, ließ sich ein Entfremdungsprozess kaum vermitteln. Auch die Geburtstagsfeier ihres Mannes im Juli 1938 beschrieb Nathorff auf ähnliche Weise. Ihre „nächsten Freunde" seien abends gekommen. Alle seien traurig gewesen und man habe sich gegenseitig die „Komödie der Geburtstagsfeier" vorgespielt. Früher habe sie mit ihrer Heiterkeit ihre Freunde mitreißen können – nun sei sie jedoch innerlich „müde von all dem Traurigen" gewesen, was um sie herum geschah.[114]

Zwar verwendeten Marcus und Nathorff in den zitierten Belegstellen nicht den Ausdruck ,jüdische Freunde'. Allerdings deuten die Hinweise auf die Gesprächsthemen, die den kompensatorischen Zweck der Treffen verhinderten, auf einen binnenjüdischen Erfahrungsraum hin.[115] Zusätzlich spricht ein weiterer Befund

---

[110] Siehe dazu auch Maurer: Vom Alltag zum Ausnahmezustand, S. 434 f.
[111] Vgl. Marcus: Mein Leben in Deutschland, S. 49. Siehe außerdem Nathorff: Das Tagebuch der Hertha Nathorff, S. 111.
[112] Vgl. ebd., S. 96.
[113] Ebd., S. 100.
[114] Vgl. ebd., S. 111. Siehe zusätzlich ebd., S. 39.
[115] Sehr deutlich wird dies in den Autobiographien von Marta Appel und Alfred Schwerin, die beide außerhalb des Harvard-Wettbewerbs 1940/41 sowie 1944 verfasst wurden. Siehe Appel, Marta: Memoirs, in: Monika Richarz (Hg.): Jüdisches Leben in Deutschland. Selbstzeugnisse zur Sozialgeschichte 1918–1945 (= Band 3), Stuttgart 1982, S. 231–243, hier S. 233; Schwerin, Alfred: Erinnerungen, in: ebd., S. 346–357, hier S. 352.

für diese Interpretation. Im Bedeutungsfeld des Privaten bezogen die jüdischen Autorinnen und Autoren Semantiken der Kompensation hauptsächlich auf innerjüdische Lebensbereiche: Das ‚jüdische Haus' gehörte ebenso dazu wie die ‚jüdische Familie'.[116] In den Semantiken der Kompensation berichteten sie von den Erfolgen und Misserfolgen, die Geschehnisse des öffentlichen Lebens durch einen temporären Rückzug in private Lebensbereiche ‚auszublenden'.

5. Jüdisch-nichtjüdische Freundschaften nach der Machtübernahme: Bezeichnungspraktiken und Semantiken der ‚Unselbstverständlichkeit'

Bezeichnungspraktiken: Von christlichen zu ‚arischen' Freunden

Als der Frankfurter Weinhändler Frederick Weil in Anbetracht seiner bevorstehenden Emigration zu einer Abschiedsreise durch Deutschland aufbrach, führte ihn diese auch zu seinem badischen Heimatort Schmieheim. Dort war er 1877 zur Welt gekommen und aufgewachsen, bis er als Jugendlicher mit seiner Familie nach Offenburg umzog. Der Besuch des ehemaligen Elternhauses bot ihm die Gelegenheit, mit dem nationalsozialistischen Enkel des damaligen Käufers ein Gespräch zu führen. Das blinde Vertrauen, das dieser junge Mann dem ‚Führer' und der NS-Ideologie – auch in der ‚Judenfrage' – entgegenbrachte, war dem Emigranten Weil anscheinend nachhaltig in Erinnerung geblieben.[117] Die Erzählung dieses Erlebnisses rief bei dem Autobiographen kontrastreiche Kindheitserinnerungen an lange, „friedlich[e]" Winterabende hervor, die der örtliche Pfarrer und der Gemeinderabbiner zusammen mit dem Bezirksamtmann „in freundschaftlicher angeregter Unterhaltung" bei seinen Eltern verbracht hatten. Weil fügte dem hinzu: „Meine Eltern waren ebenso regelmässige wie gerngesehene Gäste bei unseren andersgläubigen Freunden; das Wort ‚arisch' kannte man noch nicht, wie auch umgekehrt die christlichen Freunde gerne und häufig unser jüdisches Haus besuchten, das religiös und im konservativem Sinn geführt wurde. – Und welcher Kontrast zwischen damals und heute!"[118]

Einerseits lässt diese kurze Episode erkennen, dass auch Weil das jüdisch-nichtjüdische Freundschaftsverhältnis der ‚Vor-Hitlerzeit' konfessionell ausdeutete. Andererseits bündelte Weil in der knappen Reflexion des Wortes ‚arisch' die aus

---

[116] Siehe etwa Dreyfuss: Mein Leben in Deutschland, S. 32, 36. Außerdem wurde auch die privat konnotierte jüdische Gemeinschaft abseits des Freundbegriffs mit Semantiken der Kompensation aufgeladen. Vgl. etwa Baerwald: Mein Leben in Deutschland, S. 42; Dienemann: Aufzeichnungen, S. 24.
[117] Vgl. Weil: Justitia Fundamentum Regnorum, S. 61 f.
[118] Ebd., S. 62.

seiner Sicht grundlegenden Veränderungen im jüdisch-nichtjüdischen Zusammenleben seit der Machtübernahme. Für ihn genügte der kurze Hinweis, noch niemand habe zu jener Zeit das Wort ‚arisch' gekannt, um diesen Wandel als eine Aufwertung und Durchsetzung ‚rassisch' konnotierter Differenzkriterien zu charakterisieren. Es liegt daher die Vermutung nahe, dass parallel zum narrativen Übergang in die Zeit des Nationalsozialismus die Autorinnen und Autoren den Freundbegriff neu ausdifferenzierten.

Weil gebrauchte den Ausdruck ‚arischer Freund' in unterschiedlichen thematischen Kontexten, jedoch nur im erzählten Zeitraum nach der Machtübernahme. Damit ordnet sich sein ‚temporales Verwendungsmuster' in einen übergreifenden Befund: Im erzählten Zeitraum *vor* der Machtübernahme spielte das Adjektiv ‚arisch' im semantischen Feldes des Privaten kaum eine Rolle. Das betrifft nicht nur den Freundbegriff, sondern ebenso den privaten Raum und den Familienbegriff. Nur vereinzelt trugen manche Autorinnen und Autoren die seit 1933 biographisch relevant gewordene Kategorie in zeitlich früher gelagerte Lebensabschnitte hinein, wenn sie private Begriffe verwendeten. Dem entsprechend fand auch der Ausdruck ‚arischer Freund' in großer Mehrzahl im temporalen Kontext der ‚Hitlerzeit' Verwendung.[119]

Nicht alle Autorinnen und Autoren folgten diesem Verwendungsmuster.[120] Doch es ist deutlich zu erkennen, dass in der sprachlichen Verarbeitung der NS-Erfahrung zunehmend die Signatur dieser Zeit in der Verwendung ihrer Wörter Ausdruck fand. Parallel zum Familien-Vokabular differenzierten viele Autorinnen und Autoren ebenso den Freundbegriff mit Hilfe des Adjektivs ‚arisch' aus: Zu einem konfessionell semantisierten Freundbegriff traten die im Arierbegriff transportierten biologisch-hierarchischen Konnotationen.

Wie selbstverständlich manche Autorinnen und Autoren den Arierbegriff im Zusammenhang mit dem Substantiv ‚Freund' verwendeten, dokumentiert ebenfalls der Lebensbericht von Weil. In der Erinnerung an das harmonische Zusammensein seiner Eltern mit anderen Christen des Ortes hatte er das Adjektiv ‚arisch' zwar auf einer metasprachlichen, den Wortgebrauch reflektierenden Ebene verwendet. Sein weiterer Gebrauch des Adjektivs in Verbindung mit ‚Freund' (und auch allen übrigen Substantiven) verblieb jedoch auf einer Ebene unterhalb des reflektierten Sprachgebrauchs. Auch die bei manchen Autorinnen und Autoren zu beobachtende Verwendung von Anführungszeichen – mit der sie in der Regel die

---

[119] Von allen Nennungen bezieht sich nur ein geringer Anteil auf die erzählte Zeit vor der Machtübernahme. Zwei davon wurden – ähnlich wie in dem obigen Zitat von Weil – im Rahmen eines impliziten zeitlichen Vergleichs verwendet, um den Kontrast zum Nationalsozialismus aufzuzeigen. Siehe Littauer: Mein Leben in Deutschland, S, 2; Löwith: Mein Leben in Deutschland, S. 66. Die anderen beiden Verwendungen stammen von Hugo Moses, bei dem insgesamt eine Durchmischung der Wörter ‚christlich' und ‚arisch' in den erzählten Zeiten zu beobachten ist. Siehe Moses: Mein Leben in Deutschland, S. 3.

[120] Von allen Nennungen des weitaus seltener gebrauchten Ausdrucks ‚christlicher Freund' entfallen rund die Hälfte auf die Zeit nach der Machtübernahme.

eigene Distanzierung von den Begriffen vermittelten – findet sich bei Weil nur ausnahmsweise für das Substantiv ‚Arier'.[121]

Mit wenigen Ausnahmen stellen alle Verwendungen von ‚arischer Freund' im Quellenkorpus Wortgebräuche unterhalb einer dezidiert reflektierten Sprachebene dar. Eine der Ausnahmen findet sich in den Erinnerungen von Hans Reichmann, der seinen Bericht unter dem Pseudonym ‚Dr. Hans R. Sachs' geschrieben hatte. Der ehemalige Syndikus des *Central-Vereins deutscher Staatsbürger jüdischen Glaubens* sah sich gezwungen, seinen Gebrauch des Ausdrucks ‚arischer Freund' in einer Parenthese zu kommentieren. Er „gebrauche diesen geläufigen Begriff", schrieb Reichmann, „ohne damit seine Berechtigung anzuerkennen".[122] Der Autor bescheinigte diesem Ausdruck also eine hohe Verwendungsrate, distanzierte sich aber gleichzeitig von den damit verbundenen Konnotationen. Auch Philipp Flesch bekundete sein Unbehagen darüber, Freunde als ‚arisch' zu klassifizieren, als er eine Abschiedsszene am Wiener Bahnhof beschrieb: „Treue arische Freunde – ach, sie sind Menschen, nicht Arier[,] kommen bis hierher, [um] mich noch einmal zu sehen."[123] Aus Sicht des Wieners Flesch war die Bezeichnung von Freunden als ‚Arier' eine – unbeabsichtigte – Herabsetzung, verband er mit dem Ausdruck doch nichtmenschliche Existenzen. Ungeachtet solcher kritischen Reflexionen verwendeten beide Autoren den Ausdruck, und zwar auch in weiteren Textstellen.[124] Die Ablehnung der im Begriff des ‚Ariers' eingespeicherten Bedeutungen verhinderte also nicht seinen Gebrauch. Dies lag zum einen daran, dass die konfessionell semantisierte Unterscheidung ‚christlich'/‚jüdisch' nur bedingt in der Lage war, Diskriminierungserfahrungen wiederzugeben, die ihrerseits rassenideologisch legitimiert wurden.[125] Zum anderen scheint sich die Verwendung des Wortes ‚arisch' im Verlauf der NS-Diktatur zunehmend konventionalisiert zu ha-

---

[121] An drei Stellen im Text setzte der Autor die Substantive ‚Arier'/‚Nichtarier' in Anführungszeichen. Jedoch verwendete er sie ebenso ohne Anführungszeichen. Vgl. Weil: Justitia Fundamentum Regnorum, S. 23 f., 44, 59, 65, 79, 111, 120. Insgesamt gebrauchte Weil die Wörter ‚arisch', ‚nichtarisch', ‚Arier' und ‚Nichtarier' 59 mal in seiner Autobiographie. Nur neunmal griff er auf die Wörter ‚christlich' oder ‚Christen' zurück. Da in dem vorliegenden Manuskript eine Textseite (S. 125) fehlt, erheben diese Zahlen keinen Anspruch auf Vollständigkeit. Sie vermitteln jedoch einen Eindruck davon, wie ungleich die Verwendung der Ausdrücke in einzelnen Dokumenten ausfiel.
[122] Reichmann: [Autobiography], S. 78.
[123] Flesch: Mein Leben in Deutschland, S. 37. Für ein drittes Beispiel siehe Nathorff: Das Tagebuch der Hertha Nathorff, S. 54. Der Ausdruck ‚arischer Freund' erscheint hier in Anführungszeichen. Dies stellt allerdings selbst innerhalb des Dokuments eine Ausnahme dar. Nathorff verwendete das Adjektiv ‚arisch' überwiegend ohne Anführungszeichen, auch an anderer Stelle mit dem Substantiv ‚Freund'. Vgl. ebd., S. 94, 131. Ein Abgleich der Belegstelle mit dem Original aus dem Archiv des Leo Baeck Instituts zeigt zudem, dass es sich um handschriftlich hinzugefügte Anführungszeichen handelt.
[124] Siehe Reichmann: [Autobiography], S. 79; Flesch: Mein Leben in Deutschland, S. 14, 26/1. In allen drei Belegstellen handelt es sich um einen umgangssprachlichen Gebrauch.
[125] Das bedeutet jedoch nicht, dass die deutschen Juden die ihnen aufgezwungene Beschäftigung mit der Kategorie des Ariers passiv hinnahmen. Grundlegend dazu Pegelow Kaplan: The Language of Nazi Genocide.

ben. Das bekräftigt nicht nur der Hinweis von Reichmann, sondern insbesondere der geläufige Gebrauch des Wortes in den Dokumenten.

Den meisten Autorinnen und Autoren schienen die Wörter ‚Arier' und ‚arisch' nicht weiter erklärungsbedürftig gewesen zu sein. Die sprachliche Selbstverständlichkeit, in der sie nichtjüdische Personen ihres Freundeskreises mit Hilfe der ‚rassisch' konnotierten Kategorie ‚arisch' klassifizierten – und somit an der kommunikativen Konstruktion des ‚Ariers' teilnahmen –, wird kaum deutlicher als bei Weils Ausführungen zu den Nürnberger Gesetzen: „Die drakonischen Zuchthausstrafen für Rassenschande und das, was die Partei darunter verstanden wissen wollte", so der Autor, „führte zu einem vollständigen persönlichen Abbruch aller Beziehungen zwischen noch so bewährten Freunden arischer Rasse und Juden."[126]

Fortbestand und Diskontinuität

Neben den Bezeichnungspraktiken veränderten sich auch die Semantiken, in denen über freundschaftliche Verhältnisse zwischen Juden und ‚Ariern' geschrieben wurde. Die Berliner Ärztin Hertha Nathorff begann 1914 ihr Medizinstudium in Heidelberg. In diesem Erzählzusammenhang kam sie auf ihre damaligen Studienfreunde zu sprechen, was zu einem narrativen Schlenker in die Zeit des Nationalsozialismus führte. In Heidelberg, schrieb Nathorff, habe sie schnell einen Kreis „gleichgestimmter Freunde" gefunden, mit denen sie „bis zum heutigen Tage eine herzliche Freundschaft verbindet". „Viele von ihnen", so fügte sie hinzu, „haben bis heute die erprobte Treue der ‚Jüdin' mit ebensolcher Treue vergolten, und das geistige und seelische Band zwischen uns ist auch im Dritten Reich nicht zerrissen."[127]

Gegenseitige Treue über die politische Zäsur des 30. Januar 1933 hinweg bildete für Hertha Nathorff den zentralen Aspekt, als sie ihre Freundschaft zu Nichtjuden thematisierte. In der stilistischen Hervorhebung ihrer eigenen jüdischen Herkunft lag zudem eine besondere Spitze. Der in Anführungszeichen gesetzte Ausdruck ‚Jüdin' ahmte die nationalsozialistische Propagandasprache nach – und zog sie gleichzeitig ins Lächerliche. Nicht nur widersprach die „erprobte Treue der ‚Jüdin'" nationalsozialistischen Auffassungen über den vermeintlich hinterhältigen Charakter von Juden. In der nationalsozialistischen Propaganda wurden die Bezeichnungen ‚der Jude' bzw. ‚die Jüdin' zunehmend als Namenszusätze verwendet. Die den einzelnen Personen zugeschriebenen negativen Attribute sammelten sich in dem Ausdruck ‚Jude', der fortan auch ohne jedes weitere Attribut eine Herabsetzung bedeutete.[128] Zusätzlich unterlief das Verhalten der ebenfalls treuen Freunde die nationalsozialistischen Bemühungen, jeglichen Kontakt zwischen Juden und

---

[126] Weil: Justitia Fundamentum Regnorum, S. 48. Siehe zur ähnlichen Verwendung des Freundbegriffs im Kontext der Nürnberger Gesetze auch Wysbar: „Hinaus aus Deutschland, irgendwohin…", S. 61.
[127] Nathorff: Das Tagebuch der Hertha Nathorff, S. 24.
[128] Vgl. Art. Jude, in: Schmitz-Berning: Vokabular des Nationalsozialismus, S. 328 f.

Nichtjuden zu unterbinden. In der Verwendung der Ausdrücke ‚Treue', ‚geistiges und seelisches Band' sowie ‚verbinden' lag daher eine politische Komponente. Mit ihnen benannte die Ärztin auf sprachlicher Ebene ein Kollektiv, dessen Auflösung staatliche und parteipolitische Akteure mit Vehemenz verfolgten. Im Schreiben über Freundschaften zu Nichtjuden erzählten Nathorff und – wie unten deutlich werden wird – andere Autorinnen und Autoren zeitnah von den Erfolgen und Misserfolgen des Regimes in seinem Bemühen, soziale Grenzen zwischen Juden und Nichtjuden herzustellen.

Hertha Nathorff führte das oben beschriebene Muster im Erinnerungskontext der NS-Zeit fort. Im Sommer 1933 besuchte sie im Rahmen einer Heimatreise ein befreundetes Ehepaar. Dieses hatte sie zwar seit der Studienzeit nicht mehr gesehen, stand mit ihm jedoch in „reger Korrespondenz":

> „Wir saßen abends bei einer Flasche Wein in ihrem stillen Wohnzimmer in dem kleinen Nest am Rhein, abseits des großen Geschehens, und plötzlich fragte mich mein Freund: ‚Ihr seid wohl in Berlin verrückt geworden mit Eurem Hitlerwahn?' Sie meinen, der ganze Schwindel wird bald vorüber sein! Ich aber widerspreche ihnen heftig und erregt. Zum Schluss scheine ich ihnen doch die große Gefahr ein wenig gezeigt zu haben, und ich vergesse nie die Abschiedsworte der beiden Menschen: ‚Was auch kommt und geschieht, wir bleiben treu und verbunden, und für Dich und die Deinen ist stets Platz bei uns'."[129]

Zwar charakterisierte Nathorff ihre Freunde nicht dezidiert als nichtjüdisch. Allerdings handelte es sich hier um Personen aus dem zuvor erwähnten Kreis der Heidelberger Studienfreunde, welche die „erprobte Treue der ‚Jüdin' mit ebensolcher Treue vergolten" hatten. Nicht zuletzt informiert jedoch das verwendete Vokabular darüber, dass in dieser Belegstelle eine jüdisch-nichtjüdische Freundschaft thematisiert wurde. Wiederholt beschrieb die Ärztin ein Freundschaftsverhältnis in der Semantik der Treue. Stilistisch konstruierte sie dieses Verhältnis durch ein Treueversprechen seitens der Freunde: „[…] wir bleiben treu und verbunden [...]". Gerade diese Art, Freundschaften zu thematisieren, ist bezeichnend: Denn Treueversprechen kommunizierten jüdische Autorinnen und Autoren stets als ein Versprechen der Nichtjuden an die Juden. Als Sprechakte in einer alltäglichen Situation aktualisierten sie das bestehende freundschaftliche Verhältnis und versicherten dem Adressaten darüber hinaus die Absicht, auch zukünftig an der Verbindung festzuhalten. Im narrativen Kontext ihres Harvard-Beitrags *erzählte* Hertha Nathorff jedoch von diesem Versprechen. Sie konstruierte dadurch die nichtjüdisch-jüdische Freundschaft als eine soziale Beziehung, die angesichts der veränderten politischen Situation nach der Machtübernahme der Bestätigung bedurfte und keinesfalls ‚wie selbstverständlich' fortgeführt werden konnte – unabhängig davon, ob die abgegebenen Versprechen eingehalten wurden oder sich als eine Leerformel entpuppten. Diese Interpretation wird auch dadurch bestärkt, dass Nathorff die Treuebekundung ihrer Freunde keineswegs als eine Selbstverständlichkeit bewertete. In der Aussage, nie werde sie die Abschiedsworte ihrer Freunde vergessen, offenbarte sich der hohe Stellenwert, den das abgegebene Ver-

---

[129] Nathorff: Das Tagebuch der Hertha Nathorff, S. 50.

sprechen für sie einnahm. Das Schreiben über Freundschaften zu Nichtjuden basierte auf Semantiken, denen diese angenommene ‚Unselbstverständlichkeit' zu Grunde lag. In der Folge zogen sich manche jüdische Freunde auch deshalb stärker in den jüdischen Freundeskreis zurück, weil Beziehungen zu Nichtjuden „fast immer von Unsicherheit und Ungewissheit überschattet" gewesen seien.[130]

Die am Beispiel von Nathorffs Dokument gesammelten Beobachtungen verdichten sich, sobald sich der Fokus um die zusätzlichen Autobiographien des Samples erweitert.[131] Zwar aktualisierten nicht alle Schreiberinnen und Schreiber durchweg die Treue-Semantiken im Rahmen erzählter Freundschaftsbeteuerungen. Der Treuebegriff samt dem entsprechenden Beivokabular bezog sich jedoch auch bei ihnen in der Regel auf nichtjüdische Freunde und fand hauptsächlich im erzählten Zeitraum nach der Machtübernahme Anwendung. So führte Frederick Goldberg unter anderem seinen „Freundeskreis" – „darunter viele Nichtjuden, die treu zu mir hielten" – an, als er auf die Gründe seiner späten Emigration zu sprechen kam.[132] Und Frederick Weil gab sein Erstaunen über die „ungetrübte Freundschaft" zum Ausdruck, die ihm seine „arischen Freunde" noch im Sommer 1935 zuteilwerden ließen, nachdem er eine Haftstrafe abgesessen hatte.[133] In dem bekundeten Erstaunen schwang wiederum eine Erwartungshaltung seines Vergangenheits-Ichs mit, welche die angenommene Unselbstverständlichkeit dieser ‚ungetrübten Freundschaft' dokumentiert.

‚Treue', ‚geistiges und seelisches Band' und ‚verbunden bleiben' bilden nur eine Seite eines semantischen Repertoirs ab, das für die Beschreibung jüdisch-nichtjüdischer Freundschaften unter dem Nationalsozialismus zur Verfügung stand. Dessen Kehrseite besteht aus Ausdrücken wie ‚Bruch', ‚Riss', ‚jemanden meiden' oder ‚jemandem den Rücken zudrehen' und verweist damit – als Gegenpol des Treuemotivs – auf die Bedeutung von Zäsuren und Diskontinuitäten in der Beschreibung jüdisch-nichtjüdischer Freundschaftsverhältnisse. Beredte Auskunft hierüber erteilte Ernst Loewenberg in seiner Autobiographie. Der Pädagoge widmete der Darstellung von Freundschaftsverhältnissen unter dem Nationalsozialismus ein eigenes Unterkapitel in seinen Erinnerungen – bezeichnenderweise unter der Überschrift „ehemalige Freunde". In diesem Abschnitt listete er ausschließlich

---

[130] Vgl. Maurer: Vom Alltag zum Ausnahmezustand, S. 434. Maurer interpretiert dies als eine Form des Selbstschutzes.
[131] Als Ausnahme siehe Koch: Mein Leben in Deutschland, S. 87, 93c.
[132] Vgl. Goldberg: Mein Leben in Deutschland, S. 48 f.
[133] Vgl. Weil: Justitia Fundamentum Regnorum, S. 16, hier auch S. 39 u. 52. Weil war nach der Machtübernahme von einem Gericht wegen eines angeblichen Zollvergehens im Jahr 1924 zu 11 Monaten Haft verurteilt worden (siehe ebd., S. 7). Siehe außerdem Samuel: Mein Leben in Deutschland, S. 419; Lessler, Toni: Mein Leben in Deutschland vor und nach dem 30. Januar 1933, New York City 1940, Archiv des Leo Baeck Instituts, ME 726. MM 47, S. 21, 27, 35; ‚Aralk': Mein Leben in Deutschland, S. 55, 63, 64, 69 f.; Neff: Mein Leben in Deutschland, S. 62 f.; Marcus: Mein Leben in Deutschland, S. 66; Wickerhauser Lederer: Mein Leben in Oesterreich, S. 212; Flesch: Mein Leben in Deutschland, S. 37. Für ein Beispiel außerhalb des Harvard-Korpus siehe die Erinnerungen von Appel: Memoirs, S. 232 f.

Beispiele auf, die von dem Abbruch freundschaftlicher Beziehungen zu Nichtjuden berichten.

Vergleichsweise ausführlich kam er dabei auf Justus F. zu sprechen, mit dem er seit seinen Kindertagen „befreundet" gewesen war. Beide hatten zusammen studiert und am selben Tag das Rigorosum abgelegt. Man traf sich später regelmäßig oder führte – wenn ein Besuch nicht möglich war – „lange Telefongespräche". Im Sommer 1933 jedoch, stellte Loewenberg rückblickend fest, sei es zu keiner Verabredung gekommen. Loewenberg habe hinter diesem Verhalten „politische Angst" vermutet, wollte den Gerüchten, wonach sein Freund Mitglied der NSDAP geworden war, aber keinen Glauben schenken. Als ihm dies jedoch im Oktober des Jahres aus „eindeutiger Quelle bestätigt" wurde, beendete er schriftlich seine Freundschaft zu F.: „So schrieb ich ihm einige Zeilen, in denen ich ihm nur vorwarf, nicht den Mut zur Ehrlichkeit gehabt zu haben. Der Bruch sei unvermeidlich und endgültig."[134]

Loewenberg zufolge hatte sein Freund F. aus Angst vor den möglichen negativen Konsequenzen den Kontakt abgebrochen. Aufschlussreich ist in diesem Kontext, dass er die Angst des Freundes als ‚politisch' apostrophierte. Mit dem Ausdruck ‚politische Angst' erklärte sich das Vergangenheits-Ich des Autors das Verhalten seines ehemaligen Freundes. Im Sinnhorizont Loewenbergs ging die politische Zäsur mit veränderten Koordinaten einher, denen die Freundschaft zwischen Juden und Nichtjuden unterlag. Otto Ernst – jener ehemalige Freund von Loewenbergs Vater, bei dem die Familie Weihnachten verbracht hatte – hatte den Bruch mit seinen jüdischen Freunden noch aus freien Stücken getätigt. Das neue politische Kräftefeld, in dem Beziehungen zwischen Juden und Nichtjuden öffentlich stigmatisiert und zum Gegenstand politischer Intervention wurden,[135] verlangte den Nichtjuden eine erneute Entscheidung für oder gegen ihre jüdischen Freunde ab. Mit dem Ausdruck ‚politische Angst' erklärte sich Loewenbergs Vergangenheits-Ich ein Verhalten, das die Freundschaft zu Juden aus Furcht vor den persönlichen Konsequenzen zugunsten der Politik opferte.

Auch im weiteren Verlauf der Erzählung wird dies deutlich. Anscheinend war F. mit der einseitig getroffenen Entscheidung Loewenbergs nicht einverstanden. In der Autobiographie liest man weiter, dass F. Loewenberg zu Hause aufgesucht hatte, um ihn von seiner Entscheidung abzubringen: „Er wolle kein Otto Ernst sein, der seine jüdischen Freunde im Stich lasse. Wir seien ihm unverändert dasselbe. Er hoffe, in der Partei grade für das Bessere besser fechten zu können als ausserhalb." Mit der Freundschaftsbeteuerung, die der Autor in indirekter Rede seinen ehemaligen Freund aussprechen ließ, spielte Loewenberg abermals auf das Verhalten des prominenten Hamburger Literaten Otto Ernst an. Im Unterschied zu Nathorff kommunizierte Loewenberg die Freundschaftsbeteuerung jedoch als ein leeres Versprechen. In der Retrospektive billigte er seinem Freund zwar noch

---

[134] Loewenberg: Mein Leben in Deutschland, S. 67.
[135] Siehe hierzu die Ausführungen im Kapitel IX.1.

zu, dass er es möglicherweise ehrlich gemeint hatte. Allerdings bewahrheitete sich seine eigene skeptische Einschätzung: „Ich sah weiter. – Unsere Wege blieben getrennt. Und als wir uns im Jahre 1937 ein einziges Mal zufällig in der Strassenbahn begegneten – sahen wir aneinander vorbei."[136]

Loewenberg war nicht der einzige Teilnehmer des Harvard-Wettbewerbs, der die politische Zäsur in dieser privaten Hinsicht als einen biographischen Einschnitt thematisierte. So ist in anderen Autobiographien beispielsweise von ‚den Rücken zudrehen',[137] ‚Beziehungen lösen',[138] ‚sich zurückziehen',[139] einem ‚Abbruch',[140] ‚Riss' oder ‚Bruch der Freundschaft'[141] die Rede. Ebenso wie die große Mehrzahl der Treue-Semantiken beziehen sich auch die Redeweisen über Diskontinuitäten und Zäsuren überwiegend auf jüdisch-nichtjüdische Freundschaften und wurden in der Regel im Kontext der erzählten Zeit nach der Machtübernahme abgerufen. Bezeichnenderweise nimmt sich Loewenbergs Autobiographie jedoch von dem temporalen Verwendungsmuster aus. Er, der das Scheitern jüdischer Akzeptanzbemühungen in die Zeit vor der Machtübernahme verlegt hatte, schrieb konsequenterweise von dem „Bruch" in der Freundschaft seines Vaters zu dem Literaten Otto Ernst. Der Philosoph Karl Löwith ging sogar so weit, den Beginn des Nationalsozialismus in das Jahr 1920 zu verlegen, als ihn ein nichtjüdischer Freund nicht mehr in seiner Wohnung empfangen wollte.[142] Je nachdem, wie sie die gesellschaftliche Position der Juden in der ‚Vor-Hitlerzeit' charakterisierten, riefen die Harvard-Autorinnen und -Autoren die Semantiken für unterschiedliche erzählte Zeiträume ab.

Autobiographisches Schreiben über nichtjüdische Freunde als ein Schreiben über die NS-Gesellschaft

Ernst Loewenberg hatte dem oben angesprochenen Abschnitt über seine nichtjüdischen ehemaligen Freunde ein Unterkapitel vorangestellt, das unter dem Titel „Deutsche Freunde" stand. Beide Abschnitte handelte er innerhalb des Kapitels

---

[136] Ebd., S. 67. Für ein interessantes Beispiel, wie eine nichtjüdische Deutsche die Veränderungen in ihrer Freundschaft mit einer jüdischen Klassenkameradin erklärte, siehe Fulbrook: Dissonant Lives, Band 1, S. 129 f.
[137] Vgl. ‚Aralk': Mein Leben in Deutschland, S. 63.
[138] Vgl. Marcus: Mein Leben in Deutschland, S. 69.
[139] Vgl. Neff: Mein Leben in Deutschland, S. 63.
[140] Vgl. Weil: Justitia Fundamentum Regnorum, S. 48.
[141] Vgl. Littauer: Mein Leben in Deutschland, S. 14 f. Für weitere Beispiele siehe Dreyfuss: Mein Leben in Deutschland, S. 11, 33; Reichmann: [Autobiography], S. 79; Neustätter: Mein Leben in Deutschland, S. 8a; Andermann: Mein Leben in Deutschland, S. 95–97; Reiner: Mein Leben in Deutschland, S. 36.
[142] Vgl. Loewenberg: Mein Leben in Deutschland, S. 3. Das bestätigt auch die zweite Ausnahme vom temporalen Verwendungsmuster. Der Philosoph Karl Löwith verknüpfte den Beginn des Nationalsozialismus mit einer biographischen Erfahrung von 1920, als ihn ein nichtjüdischer Freund nicht mehr in seiner Wohnung empfangen wollte. Vgl. Löwith: Mein Leben in Deutschland, S. 131.

„Persönliche Erinnerungen" ab, dem er angesichts der gewaltsamen Verfolgungserfahrungen vieler anderer Juden nur eine verminderte Bedeutung zugestand. Dennoch war der Autor davon überzeugt, dass sein Bericht über das nationalsozialistische Deutschland unvollständig geblieben wäre, hätte er das in seiner Wahrnehmung häufig weiter bestehende „friedliche Alltagsleben" vieler Juden außen vor gelassen. Es habe zwar auch dort „Schikanen und Nadelstiche" gegeben, allerdings ebenso „viel stärkende Liebe von deutschen Menschen". Für ein repräsentatives Bild seiner Erinnerungen bedurfte es nach Loewenbergs Einschätzung auch positive Beispiele des Zusammenlebens von Juden und Nichtjuden nach der Machtübernahme: „Davon soll man auch sprechen, wenn im eignen Leid das Bild sich trübt."[143]

Diese positiven Beispiele, die einen authentischen Eindruck der alltäglichen Interaktion von Juden und Nichtjuden vermitteln sollten, fasste er unter der Überschrift „Deutsche Freunde" zusammen. Die Wahl der Kollektivbegriffe und die inhaltlichen Ausführungen stehen dabei in einer gewissen Spannung. Einerseits ging es dem Autor darum, Beispiele „stärkende[r] Liebe von deutschen Menschen" aufzuzeigen, andererseits distanzierte er sich von einem deutschen Selbstverständnis, indem er die Kollektivbegriffe ‚deutsche Menschen' und ‚deutsche Freunde' verwendete. Als ‚deutsche Freunde' bezeichnete Loewenberg Nichtjuden, die ihm und seiner Familie trotz – oder: gerade wegen – den nationalsozialistischen Stigmatisierungsbemühungen ihre Sympathie bekundeten. Den Freundbegriff bezog er in diesen Fällen nicht auf Personen, zu denen enge soziale Kontakte bestanden hätten. Bei ihnen handelte es sich nicht um Menschen wie Justus F., der ebenso wie Loewenberg dem bildungsbürgerlichen Milieu entstammte und mit dem ihn eine langjährige Freundschaft verband. Aufgeführt wurden stattdessen Personen wie der langjährige Tapezier der Familie, die Frau des Hauswarts oder der Briefträger. Der engste Kontakt bestand wohl zu einer Hausangestellten und ihrem Ehemann, zu denen sich besonders ein Sohn Loewenbergs hingezogen fühlte. Sie alle zeichneten sich in der Erinnerung des Lehrers dadurch aus, dass sie seinen Abschied von Deutschland bedauerten. Die Hauswartsfrau und der Tapezier hätten zum Beispiel bei ihren letzten Begegnungen mit der Familie weinen müssen.[144] Im Gebrauch des Ausdrucks ‚deutsche Freunde' signalisierte Loewenberg folglich keine enge gegenseitige Verbundenheit: diese Fälle von Freundschaft erörterte er im anschließenden Kapitel unter der Überschrift „ehemalige Freunde". Bei den deutschen Freunden handelte es sich vielmehr um Personen, die aufgrund ihres Verhaltens gegenüber ihm und seiner Familie bewiesen hatten, dass nicht alle Nichtjuden die antisemitische Haltung der Machthaber übernommen oder sich aus Opportunitätsgründen in ihren Dienst gestellt hatten.

Während Loewenberg es unterließ, den Anteil der nichtjüdischen Bevölkerung, der treu zu den Juden stand, zu gewichten, griffen andere Autoren wie ‚Aralk' oder

---

[143] Vgl. Loewenberg: Mein Leben in Deutschland, S. 65.
[144] Vgl. ebd., S. 65 f.

Hugo Moses durchaus auf quantifizierenden Begriffe zurück – wobei sich ihre Einschätzungen diametral entgegenstanden. Laut ‚Aralk' hatte die propagandistische Ausschlachtung außenpolitischer Erfolge immer wieder verhindert, dass eine kritische Stimmung in der Bevölkerung entstehen konnte. Aus der Perspektive der Juden habe die „Narkose", die von den „Nazis ueber das Volk" verbreitet wurde, erstaunlich gewirkt. Die Autorin untermauerte ihre Behauptung anschließend mit Erfahrungen aus ihrem Freundeskreis:

> Soviele Freunde, die wir jahrzehntelang kannten, sie alle drehten frueher oder spaeter uns den Ruecken zu. Wir hatten zwar das Gefuehl[,] dass sie absolut nicht von der Richtigkeit ihrer Handlungen ueberzeugt sind, doch sie lernten um. Sie lernten die Rezepte der Partei als das Richtige fuer Volk und Vaterland. Dies zu beobachten, dies zu empfinden war sehr schmerzlich fuer uns. Einige wenige Ausnahmen blieben standhaft und sahen tiefer und weiter mit uns. Diese Ausnahmen waren es ja auch[,] die unser Leben retteten.[145]

Am Beispiel ihres Freundeskreises illustrierte die Autorin den Erfolg der Nationalsozialisten bei der inneren Gleichschaltung der Gesellschaft. Dabei rief sie den verbreiteten Topos ab, der den Einfluss der Nationalsozialisten auf die deutsche Bevölkerung in Worten wie „Narkose", „Gift" oder „Krankheit" metaphorisierte.[146] In dieser pathologisierenden Deutung des Nationalsozialismus und seiner Akteure handelte es sich nicht um einen opportunistischen, rein äußerlichen Umschwung der Nichtjuden, wie ihn etwa Loewenberg für viele seiner ehemaligen Freunde konstatierte. Die Metaphorik der Narkose setzt zwar einen äußeren Urheber – die „Nazis" – voraus, ihre Wirkung entfaltete sich jedoch laut ‚Aralk' im Inneren der Freunde: „Sie lernten die Rezepte der Partei als das Richtige fuer Volk und Vaterland." Dieses Deutungsmuster, das in unterschiedlichen narrativen Kontexten der NS-Zeit immer wieder abgerufen wurde, um den Grad der Nazifizierung der deutschen Bevölkerung zu beschreiben,[147] verknüpfte ‚Aralk' mit den bereits herausgearbeiteten Schreibweisen über nichtjüdische Freunde. Die „standhaft" gebliebenen, also treuen Freunde, wurden von ihr dabei als „Ausnahmen", etikettiert, während die Mehrzahl sich von ihr abwandte und der nationalsozialistischen „Narkose" erlag. ‚Aralks' Ausführungen zogen indes auch das Interesse des Bearbeiters in Harvard auf sich. Davon zeugt eine handschriftlich hinzugefügte römische Ziffer am Seitenrand, die auf eine psychologische Auswertungskategorie

---

[145] ‚Aralk': Mein Leben in Deutschland, S. 63.
[146] Diese Metaphorik war ebenfalls Bestandteil der antisemitischen Propagandasprache der Nationalsozialisten, die beispielsweise von einer „durch das jüdische Gift verseuchten Welt" phantasierten. Vgl. Art. Rasse, in: Schmitz-Berning: Vokabular des Nationalsozialismus, S. 481–491, hier S. 490.
[147] Siehe ‚Aralk': Mein Leben in Deutschland, S. 34; Dreyfuss: Mein Leben in Deutschland, S. 5, 8, 31; Grünebaum: Mein Leben in Deutschland, S. 16 f.; Kaufman: Mein Leben in Deutschland, S. 35; Loewenberg: Mein Leben in Deutschland, S. 35; Lohr: [Mein Leben in Deutschland vor und nach dem 30. Januar 1933], S. 26. Neustätter: Mein Leben in Deutschland, S. 20, 86; Reichmann: [Autobiography], S. 117; Vordtriede: „Es gibt Zeiten, in denen man welkt", S. 172; Weil: Justitia Fundamentum Regnorum, S. 14, 33 f.; Wysbar: „Hinaus aus Deutschland, irgendwohin…", S. 48 f.

mit dem Titel „Conformity manifestations in relation to National Socialist regime" verweist.[148]

Ähnlich wie Loewenberg, der unter Verweis auf „Deutsche Freunde" ein authentischeres Bild über das Leben in Deutschland wiederzugeben beanspruchte, hatte Hugo Moses seinem Urteil über die nichtjüdische Bevölkerung eine Wahrheitsbeteuerung vorangestellt. In ihr versicherte der ehemalige Bankangestellte, dass „jedes Wort" in seinem Bericht der Wahrheit entspreche. Anschließend interpretierte er die positiven Beispiele seiner ‚arischen' Freunde als Beleg für die ablehnende Haltung der Mehrheit gegenüber der radikalantisemitischen Politik der NS-Regierung. „Wenn ich stets wieder hervorhob", so Moses in einer abschließenden Bemerkung, „dass meine frueheren arischen Freunde und Bekannte mit wenigen Ausnahmen gut und freundlich gegen uns bis zu unserer Abreise waren, so heisst das, dass ein grosser Teil der deutschen Bevoelkerung den Progrom-Antisemitismus [sic!] der Regierung nicht im Herzen teilt und mitmacht." Besäße „die groessere Zahl des gereifteren deutschen Volkes auch nur einen Bruchteil des Antisemitismus der Regierung", fügte der Autor kurz darauf hinzu, dann hätten schon lange keine Juden mehr in Deutschland gelebt. Allerdings, so schränkte Moses sein Urteil ein, sei die „Jugend von Grund auf verseucht". Das „systematisch eingespritzte Gift" habe sie zu Lügnern, Dieben und Mördern erzogen.[149]

Moses operierte ebenso wie ‚Aralk' mit quantifizierenden Ausdrücken („Ausnahmen", „großer Teil der deutschen Bevölkerung"), drehte die Zuordnungen jedoch um. Die Mehrheit seiner ‚arischen' Freunde hatte sich ihm gegenüber bis zu seiner Abreise „gut und freundlich" verhalten. Die Treue dieser Freunde hatte er zuvor in mehreren Textstellen behandelt.[150] Die „Ausnahmen" standen hingegen für den geringeren Teil seiner „frueheren Freunde", der „sich schleunigst auf die Seite und in das Lager der Nazis" geschlagen hatte.[151] Auffällig ist auch die Verwendung der Giftmetapher, die der Autor jedoch nur auf den generationenspezifisch definierten Kollektivbegriff der ‚Jugend' anwendete.

Auch Hugo Moses Beobachtungen über seine nichtjüdischen Freunde stießen auf das Interesse der Wissenschaftler in Harvard. Seine Überzeugung, der nationalsozialistische Radikalantisemitismus sei nicht von der Mehrheit der Bevölkerung geteilt worden, nahm der Bearbeiter in den soziologischen Auswertungsbogen auf: „He believed that the anti-semitic attitudes were forced upon the people by the regime – not that these attitudes were inherent in the German nation."[152] Die auf der vorigen Seite erwähnte „Anteilnahme" der ‚arischen' Freunde wurde hingegen der psychologischen Auswertungskategorie ‚IV.C' zugewiesen. Unter der Ziffer IV sammelten die Wissenschaftler allgemein Belegstellen über „Reactions to

---

[148] Eine Liste der psychologischen Auswertungskriterien liegt der Autobiographie von Harry Kaufman bei. Siehe Kaufman: Mein Leben in Deutschland.
[149] Vgl. Moses: Mein Leben in Deutschland, S. 19.
[150] Siehe ebd., S. 7, 15, 18.
[151] Vgl. ebd., S. 6.
[152] Ebd. („Sociological Analysis").

kindness and sympathy in Germany". Im Unterpunkt C wurde spezifischer nach Beispielen freundlichen Verhaltens von Nichtjuden gefragt, die keine Nazis waren.[153]

Einzelne Autoren problematisierten ihre früheren Einschätzungen bezüglich der Loyalität nichtjüdischer Freunde. Friedrich Solon führte das Fortbestehen von Freundschaften zu Nichtjuden als Grund für eine Fehlinterpretation seiner eigenen Lage unter der Diktatur an und thematisierte auf diese Weise die epistemischen Bedingungen für eine Beurteilung des Nationalsozialismus und seiner Gefahr für die eigene Person. Dass die fortdauernden Freundschaften als Ausnahmen zu betrachten waren, stellte für Solon einen Lernprozess dar, an dessen Ende sich erst das ganze Ausmaß des Nationalsozialismus für sein eigenes Leben herausstellte.

Häufiger jedoch, das zeigen die Beispiele von Loewenberg, Moses und ‚Aralk', war das Schreiben über nichtjüdische Freunde ein Teil des Schreibens über die deutsche Gesellschaft nach der Machtübernahme. Die dabei aufgerufenen Semantiken glichen einander, die inhaltlichen Bewertungen konnten jedoch beträchtlich variieren. Ihre unterschiedlichen Rollen als Repräsentanten oder Ausnahmen der deutschen Mehrheitsgesellschaft erhielten die nichtjüdischen Freunde erst in Verbindung mit den Sichtweisen der Autorinnen und Autoren auf die nichtjüdische Bevölkerung. Je nach individueller Überzeugung pendelten diese Sichtweisen zwischen den Extremen einer weitgehenden Nazifizierung auf der einen Seite und der Immunität gegen die nationalsozialistische Indoktrination auf der anderen Seite.[154] Mit dieser Ausrichtung ihrer Erinnerungen bedienten die Harvard-Autorinnen und -Autoren gleichzeitig das im Ausschreibungstext des Wettbewerbs formulierte Erkenntnisinteresse der Harvard-Wissenschaftler, das autobiographische Material „für eine Untersuchung der *gesellschaftlichen und seelischen Wirkungen des Nationalsozialismus auf die deutsche Gesellschaft und das deutsche Volk*" nutzen zu wollen.[155]

‚Heimliche Freundschaft': Die Dichotomie privat/öffentlich und die Kriminalisierung jüdisch-nichtjüdischer Freundschaften

Auch der Kantor der konservativen jüdischen Gemeinde in Frankfurt am Main, Joseph B. Levy, thematisierte in seiner Autobiographie das Verhalten nichtjüdischer Bevölkerungskreise im Nationalsozialismus. Bei der Darstellung antisemiti-

---

[153] Vgl. ebd., S. 18.
[154] Siehe hierzu zusätzlich Flesch: Mein Leben in Deutschland, S. 14; Löwith: Mein Leben in Deutschland, S. 54 f.; Weil: Justitia Fundamentum Regnorum, S. 42 f., 48; Grünebaum: Mein Leben in Deutschland, S. 13; Lessler: Mein Leben in Deutschland, S. 28. Vgl. Solon: Mein Leben in Deutschland, S. 101. Ebenso bei Goldberg: Mein Leben in Deutschland, S. 41, 48 f.
[155] Vgl. das abgedruckte Flugblatt bei Karlauf: „So endete mein Leben in Deutschland", S. 26 (Hervorheb. i. O.). Wie bereits deutlich wurde, spielte die Frage nach der Nazifizierung der deutschen Bevölkerung nicht nur in dem Aufruf des Preisausschreibens, sondern auch in der nachfolgenden Verwertung der Manuskripte eine wichtige Rolle.

scher Boykottaktionen bescheinigte er ihr etwa eine passive Haltung, aus der nur selten der Mut zum Eingreifen erwachsen sei.[156] Die gewaltsamen und illegalen Übergriffe auf Juden schrieb er in erster Linie der NSDAP als das neue Machtzentrum Deutschlands zu.[157] „Doch darf nicht vergessen werden", schrieb Levy, „dass das Verhalten eines grossen, vielleicht des groessten Teils der christlichen Bevoelkerung der juedischen gegenueber im ganzen freundlich, oft guetig und mitfuehlend war." „Nicht selten" seien „Aeusserungen der entschiedenen Missbilligung, ja starker Ablehnung der behoerdlichen und parteilichen Massnahmen uns und unseren Freunden gegenueber laut" geworden.[158] Im Folgenden illustrierte er seine Einschätzung anhand von zwei nichtjüdischen Hausangestellten. Insbesondere der zweiten, die erst 1934 ihren Dienst in der Familie begonnen hatte, widmete er einen längeren Abschnitt. Sie sei ein „wirkliches Mitglied" seines Hauses und der Familie geworden, das mit ihnen „Freud und Leid" geteilt habe.[159] Mit der Verkündung der Nürnberger Gesetze musste die Haushaltshilfe jedoch Levys Familie verlassen: „Fuer uns, wie fuer M., war das ein sehr beklagtes Ereignis. M. weinte fortwaehrend, aber die Trennung war unumgaenglich."[160] Folgte Levy bis hierhin den bereits herausgearbeiteten Semantiken, so fügte er im Folgesatz ein neues Element hinzu: „M. blieb uns in den naechsten 3 1/2 Jahren eine gute Freundin, besuchte uns oft, schliesslich aber heimlich, da ihre Herrschaft von dieser freundlichen Beziehung zu Juden nichts wissen durfte. So verhielten sich zu uns [...] viele christliche Personen, mit denen wir in Beruehrung kamen, und aehnliche Erfahrungen machten alle unsere Freunde."[161]

Ebenso wichtig wie die qualitative Charakterisierung der Freundschaft in den Begriffen von Treue und Untreue scheint den jüdischen Autorinnen und Autoren die Beschreibung der Umstände gewesen zu sein, in denen Freundschaften zu Nichtjuden gepflegt werden konnten. Sie berichteten häufig davon, dass Nichtjuden nur noch heimlich, nach Einbruch der Dunkelheit, ihre jüdischen Bekannten in deren Wohnungen aufsuchten. Freundschaften zu Nichtjuden differenzierten sie dabei auf der Folie der Dichotomie privat/öffentlich aus. Für den Bereich des Öffentlichen standen neben dem Substantiv ‚Öffentlichkeit' Wörter wie ‚Strasse' oder ‚Sonne', die in Verbindung mit Partizipien und Verben wie ‚angeprangert werden', ‚gesehen werden' oder ‚beobachten' zusätzlich mit visuellen Semantiken aufgeladen wurden.[162] Auf der gegenüberliegenden Seite des Privaten dominierten hingegen Ausdrücke wie ‚im Stillen', ‚im Geheimen', ‚Wohnung', ‚Haus', ‚nach An-

---

[156] Vgl. Levy: Mein Leben in Deutschland, S. 33 f.
[157] Vgl. ebd., S. 33.
[158] Ebd., S. 36.
[159] Vgl. ebd., S. 36 f.
[160] Ebd., S. 37.
[161] Ebd., S. 37.
[162] Siehe in der genannten Reihenfolge: Lessler: Mein Leben in Deutschland, S. 28; Levy: Mein Leben in Deutschland, S. 41; Moses: Mein Leben in Deutschland, S. 7; Andermann: Mein Leben in Deutschland, S. 114; Goldberg: Mein Leben in Deutschland, S. 57; Weil: Justitia Fundamentum Regnorum, S. 29; Salzburg: Mein Leben in Dresden, S. 75 f.

bruch der Dunkelheit', ‚heimlich' und ‚verstohlen'.[163] Während also auf der einen Seite visuell-konnotierte Ausdrücke den öffentlichen Raum als einen Ort der Sichtbarmachung bestehender Beziehungen konzipierten, lässt sich für die andere Seite eine als privat semantisierte Sphäre des Heimlichen und Verborgenen feststellen, die diese Autorinnen und Autoren als Voraussetzung eines gegenseitigen Kontaktes begriffen.

Diesem Muster folgend hatte Levy in dem obigen Zitat die Besuche der Freundin als „heimlich" apostrophiert. Solche Sympathiebeweise von Nichtjuden konnten dem Autor zufolge nur „verstohlen" erbracht werden, mussten in der „Oeffentlichkeit aber verheimlicht, ja geleugnet werden": „Selbst unsere offenbaren Freunde fuerchteten sich voreinander und taeuschten gegenseitig judenfeindliche Gesinnung vor."[164] An anderer Stelle heißt es, selbst „ehemalige gute Freunde und Bekannte" hätten „auf der Strasse und in der Oeffentlichkeit" nur „ganz verstohlen" gegrüßt.[165] In dieser Deutung versuchten die nichtjüdischen Deutschen folglich, ihre Freundschaft zu Juden in der Öffentlichkeit geheim zu halten, indem sie jedes sichtbare Anzeichen einer gegenseitigen Bekanntschaft vermieden. Der verstohlene Gruß zeichnete sich gerade dadurch aus, dass er für die anderen Personen im öffentlichen Raum unsichtbar blieb. Dem entsprechend notierte eine andere Teilnehmerin des Harvard-Wettbewerbs, im „Stillen, nicht so vor der Öffentlichkeit" hätten es noch viele Nichtjuden gewagt, ihre „alten Freunde zu besuchen".[166]

Eingebunden war diese Dichotomisierung in ein Vokabular, das die jüdisch-nichtjüdische Freundschaft in ein Deutungsmuster der Kriminalisierung gegenseitiger Kontaktformen einbettete. In dem verbreiteten, abfällig konnotierten Schlagwort ‚Judenfreund' brachte die Propagandasprache die soziale Ausgrenzung der Juden auf einen Begriff, der über den eigentlichen freundschaftlichen Verkehr hinaus auch oberflächliche Kontakte, insbesondere aber jede von Form von Sympathie und Hilfe für Juden stigmatisieren sollte.[167] Im Schreiben über die heimlichen Besuche nichtjüdischer Freunde drückte sich diese Kriminalisierung in Redeweisen aus, die von der ‚Gefahr' gegenseitiger Besuche oder den damit einhergehenden ‚Vorsichtsmaßnahmen' handeln.[168] Levy selbst sprach von der „Angst vor Verfolgung", die seine Freunde und Bekannte angaben, um ihm gegenüber ihr abweisendes Verhalten in der Öffentlichkeit zu rechtfertigen.[169]

---

[163] Siehe in der genannten Reihenfolge: Lessler: Mein Leben in Deutschland, S. 28; Kaufman: Mein Leben in Deutschland, S. 34; Goldberg: Mein Leben in Deutschland, S. 57, dort auch ‚Heim'; Salzburg: Mein Leben in Dresden, S. 75 f.; Moses: Mein Leben in Deutschland, S. 7; Levy: Mein Leben in Deutschland, S. 37, 41, 44.
[164] Ebd., S. 44.
[165] Vgl. ebd., S. 41.
[166] Vgl. Lessler: Mein Leben in Deutschland, S. 28.
[167] Für Beispiele im Quellenkorpus siehe Moses: Mein Leben in Deutschland, S. 7, sowie aus nichtjüdischer Perspektive Kahle: Mein Leben in Deutschland, S. 11.
[168] Vgl. etwa Andermann: Mein Leben in Deutschland, S. 110; Goldberg: Mein Leben in Deutschland, S. 57.
[169] Vgl. Levy: Mein Leben in Deutschland, S. 41.

Sprachlich war die Dichotomie privat/öffentlich ein Instrument, mit dem sich die Autorinnen und Autoren das Handeln der nichtjüdischen Freunde erklären konnten. Auf der reinen Phänomenebene, vor jedweder Interpretation, handelte es sich um ein widersprüchliches Verhalten, das je nach Situation zwischen Nichtbeachtung und freundschaftlichem Umgang pendelte. Mit Hilfe der Dichotomie von Privatem und Öffentlichem konnten sie diesen Widerspruch auflösen. Zusammen mit dem Deutungsmuster der Kriminalisierung erleichterte dies den Autorinnen und Autoren, die gemeinten Personen weiterhin als Freunde bezeichnen zu können. Der Freundschaftsbegriff erwies sich in diesen Fällen als flexibel genug, um dem Verhalten des nichtjüdischen Umfelds Rechnung zu tragen.

Ob dies auf eine Erweiterung des Freundschaftskonzepts durch die jüdischen Autorinnen und Autoren zurückzuführen ist, so wie Marion Kaplan vermutet,[170] kann anhand des Quellenmaterials nicht entschieden werden. In der Frage versteckt sich bereits eine spezifische Vorstellung von Freundschaft, die voraussetzt, dass die ‚heimliche Freundschaft' den im Freundschaftsbegriff enthaltenen normativen Codes widerspricht. Offensichtlich teilten nicht alle Zeitgenossen diese Codes. Über die Frage, ob dies als Resultat eines semantischen Ausweitungsprozesses infolge der NS-Erfahrung zu werten ist, kann jedoch letztlich nur eine diachron angelegte Untersuchung entscheiden.

6. Zusammenfassung

Die herausgearbeiteten Verwendungsmuster des Freund-Vokabulars ziehen sich – weitgehend – generationen- und geschlechterübergreifend durch das Quellensample. Die national konnotierte interkonfessionelle Freundschaft wurde nicht nur von dem 1870 geborenen Joseph Levy erinnert, sondern ebenso von dem 27-jährigen Harry Kaufman zur Beschreibung seiner Kinderjahre in der Weimarer Republik aufgerufen. Dasselbe gilt für die Semantiken der (Dis-)Kontinuität sowie für die Verwendung des Ausdrucks ‚arischer Freund'. Bis zum Zeitpunkt des Harvard-Preisausschreibens 1940 hatten sich folglich ‚narrative Schablonen' zur sprachlichen Verarbeitung der NS-Erfahrung herausgebildet, die von einem breiten Spektrum jüdischer Deutscher abrufbar waren. Die weltweit verstreuten Herkunftsorte der Autobiographien sowie die zumeist relativ spät erfolgte Emigration sprechen zudem dafür, dass die vorgefundenen Muster bereits unter dem Nationalsozialismus zirkulierten und nicht erst in der – zum Teil nur vorläufigen – Sicherheit der Emigration entstanden sind.

Analog zum Familienbegriff leistete die Verknüpfung spezifischer Semantiken mit unterschiedlichen ‚Freundschaftstypen' einer impliziten Grenzziehung Vorschub, die nicht zwischen Privatem und Öffentlichem, sondern innerhalb des Privaten verlief. Schließlich wurde kaum in der Semantik der Diskontinuität oder der

---

[170] Siehe Kaplan: Der Mut zum Überleben, S. 67.

heimlichen Freundschaft über binnenjüdische Freundschaftsverhältnisse geschrieben: Bestimmte Semantiken blieben der Beschreibung spezifischer Freundschaftstypen vorbehalten.

Die Semantisierung freundschaftlicher Beziehungen zwischen Juden und Nichtjuden folgte den neu gezogenen politisch-gesellschaftlichen Grenzen, welche die deutschen Juden außerhalb der ‚Volksgemeinschaft' platzierten. Semantiken, in denen jüdisch-nichtjüdische Freundschaften thematisiert wurden, demonstrierten nun nicht mehr die im Begriff der Nation projizierte Gemeinsamkeit zwischen Juden und Nichtjuden. Im Vordergrund stand dann für die Autorinnen und Autoren vielmehr die Frage, inwieweit nichtjüdische Freunde den politisch vorgegebenen Grenzziehungen folgten oder sich über sie hinwegsetzten. Zusammenfassend können die Redeweisen über Freundschaften zu Nichtjuden als Semantiken der ‚Unselbstverständlichkeit' bezeichnet werden. Sie behandelten in den Begriffen von Fortbestand und Abbruch, Treue und Untreue, aber auch in der Semantik der heimlichen Freundschaft, die Beziehungen zu nichtjüdischen Freunden während des Nationalsozialismus.

Zum Zeitpunkt der Niederschrift war der Begriff der jüdisch-nichtjüdischen Freundschaft noch immer eine Denkmöglichkeit – er stellte keinen Widerspruch in sich dar. Dass jüdisch-nichtjüdische Freundschaften sich unter dem Druck der Verhältnisse jedoch zunehmend auflösten – als nicht selbstverständlich semantisiert wurden und der Bestätigung bedurften – ist womöglich Anzeichen einer Entwicklung, an dessen Ende die nationalsozialistischen Machthaber genau dies gerne gesehen hätten: die begriffliche Undenkbarkeit von Freundschaft über die ‚rassischen' Grenzen hinweg.

IX. Private und öffentliche Räume: Visualisierung, Grenzen und Binnendifferenzierung

1. Transformationen des öffentlichen Raums

Der Aprilboykott in der autobiographischen Erzählung

Arthur Samuel schrieb im Alter von 54 Jahren in New York seinen Bericht für das Preisausschreiben. Der aus Bonn stammende Arzt hatte im Januar 1939 mit seiner Ehefrau und den zwei Kindern Deutschland verlassen.[1] Seit seiner Ankunft in den Vereinigten Staaten hatte er sich mehrmals erfolglos darum bemüht, eine Arztlizenz zu erhalten. Schließlich, am 1. April 1942, war er im Stande eine neue Praxis in Manhattan zu eröffnen und zumindest teilweise an sein altes Leben wieder anzuschließen.[2] Auf den Tag neun Jahre zuvor datiert eine andere Begebenheit aus dem beruflichen Leben Arthur Samuels, die er in seiner Autobiographie erinnerte: der reichsweit durchgeführte Boykott jüdischer Kaufleute, Rechtsanwälte und Ärzte am 1. April 1933.

Offiziell als Reaktion auf jüdische ‚Gräuelpropaganda' des Auslands geplant, nahmen Partei-Aktivisten am Samstagmorgen vor zahlreichen Kanzleien, Praxen und Geschäften Stellung in der Absicht, nichtjüdische Kunden, Klienten und Patienten von ihnen fernzuhalten. Bereits kurz nach den Reichstagswahlen vom 5. März war es zu einer Welle antisemitischer Boykottaktionen gekommen, in deren Verlauf auch immer wieder Gewalttaten auftraten oder Razzien in jüdischen Wohnungen durchgeführt wurden.[3] Versuche der NS-Führung, diese Vorkommnisse abzustellen, waren nicht durchgängig erfolgreich. Für die lokalen Eliten stellte der Boykott ein verlockendes Mittel dar, mit dem die ‚Volksgemeinschaftspolitik' erfolgreich von unten vorangetrieben werden konnte. Als der rechtsstaatliche Schutz für jüdische Unternehmer nach der Machtübernahme zusehends ineffektiv wurde, konnte auf dem Wege des Boykotts der wirtschaftliche Schaden der Betroffenen maximiert und die soziale Isolierung der Juden forciert werden. Gleichzeitig wuchs der Druck auf jene ‚Volksgenossen', die ungeachtet aller Aufrufe weiterhin in jüdischen Geschäften eingekauft hatten.[4] Während in der Forschung die Bedeu-

---

[1] Siehe Bartmann/Garz: „Wir waren vogelfrei", S. 463.
[2] Siehe ebd., S. 464.
[3] Siehe Friedländer: Das Dritte Reich und die Juden, S. 30; Longerich, Peter: Politik der Vernichtung. Eine Gesamtdarstellung der nationalsozialistischen Judenverfolgung, München/Zürich 1998, S. 28; Nolzen, Armin: The Nazi Party and its Violence against the Jews, 1933–1939. Violence as a Historiographical Concept, in: Yad Vashem Studies XXXI (2003), S. 245–285, hier S. 250 f.; Wildt: Volksgemeinschaft als Selbstermächtigung, S. 115–120.
[4] Vgl. Wildt: Volksgemeinschaft als Selbstermächtigung, S. 145–152, 172–175. Eine andere Sichtweise vertritt Peter Longerich, dem zufolge die Intervention des Regimes in der Mitte des Monats weitgehend erfolgreich war. Vgl. Longerich: Politik der Vernichtung, S. 28. Die

tung des Aprilboykotts in der Regel unter machtpolitischen Fragestellungen diskutiert wird[5] – häufig im Hinblick auf das Verhältnis von Parteiführung und -basis –, liegt der Wert der jüdischen autobiographischen Betrachtungen vor allem darin, dass sie etwas über seine erfahrungsgeschichtlichen Auswirkungen verraten.

Als reichsweit durchgeführtes und medial aufgeheiztes erstes antisemitisches Großereignis seit der Machtübernahme zog der Aprilboykott die Aufmerksamkeit vieler Harvard-Autorinnen und -Autoren auf sich.[6] In der retrospektiven Verarbeitung des Ereignisses ließen sich zentrale Themen der Autobiographien aufgreifen: Zum einen stellte der Boykott ein Ereignis dar, an dessen Beispiel viele Autorinnen und Autoren den grundlegend antisemitischen Charakter der neuen Regierung und das Ende der Emanzipation festmachten. Die Ereignisse des 1. Aprils 1933 ließen sich als erste große Erschütterung eines einstigen Erwartungshorizontes erzählen, der noch darauf vertraut hatte, dass der Reichskanzler Hitler nicht das Programm des Parteichefs Hitler in einem zivilisierten Land wie Deutschland umsetzen könne. Zum anderen flochten viele in die Erzählung des Boykotts die biographisch grundlegende Frage der Zugehörigkeit zum deutschen Volk ein.

Narrative Anknüpfungspunkte bot das Ereignis folglich genug, um in einem autobiographischen Text aufgenommen zu werden. Dies war auch der Fall bei dem Arzt und jüdischen Gemeindevorsitzenden Arthur Samuel, dessen Praxis und Wohnhaus sich in der Bonner Colmantstraße, unweit des Hauptbahnhofs, befanden. Samuel verfasste seine Lebensgeschichte nicht in einer streng chronologischen Anordnung. Er verband einzelne Episoden aus der erzählten Zeit vor der Machtübernahme häufig mit kontrastierenden Erinnerungen der ‚Hitlerzeit'. Diese Darstellungstechnik verhinderte, dass es in dem Gesamtdokument einen klaren Schnitt in der Erzählung gibt, der den Text eindeutig in zwei zeitliche Abschnitte gliedern würde. Daher gehört die Thematisierung des Aprilboykotts nicht zu den ersten berichteten Ereignissen seit der Machtübernahme. Dessen ungeachtet nahm das Ereignis in Samuels Schilderung einen wichtigen Stellenwert ein.

Bereits in den einleitenden Sätzen vermittelte der Autobiograph die hervorgehobene Stellung des Aprilboykotts im Leben der deutschen Juden. „Es war am Boykottage [sic!], April 1933", schrieb Samuel und fuhr fort: „Kein Jude, der ihn

---

besondere lokalpolitische Eignung des Boykotts als antisemitische Aktionsform hebt auch Hannah Ahlheim hervor. Siehe Ahlheim, Hannah: Antisemitische Agitation in der „Hochzeit des Konsums". Weihnachtsboykotte in Deutschland 1927–1934, in: Vittoria Borsò/Christiane Liermann/Patrick Merziger (Hg.): Die Macht des Populären. Politik und populäre Kultur im 20. Jahrhundert, Bielefeld 2010, S. 85–114, hier S. 88.

[5] Siehe etwa Longerich: Politik der Vernichtung, S. 30–34; Pätzold, Kurt: Faschismus, Rassenwahn, Judenverfolgung. Eine Studie zur politischen Strategie und Taktik des faschistischen deutschen Imperialismus (1933–1935), Berlin 1975, S. 53–79. Barkai betont die „Funktion des Startzeichens", die der Aprilboykott auf dem Gebiet der wirtschaftlichen Verdrängung gehabt habe. Barkai, Avraham: Vom Boykott zur „Entjudung". Der wirtschaftliche Existenzkampf der Juden im Dritten Reich 1933–1943, Frankfurt a. M. 1988, S. 33.

[6] Den Aspekt der medialen Inszenierung beleuchtet Habbo Knoch. Siehe Knoch, Habbo: Die Tat als Bild. Fotografien des Holocaust in der deutschen Erinnerungskultur, Hamburg 2001, S. 102.

in Deutschland miterlebte, wird ihn je vergessen."⁷ Der Autor schrieb diesem Tag also eine historische Dimension zu, indem er ihn als ein zukünftiges Element des kollektiven Gedächtnisses deutscher Juden auswies. Dass der Boykott im Sinnhorizont des Autors eine historische Bedeutung einnahm, kommt auch in den folgenden Sätzen zum Ausdruck. Die „Nazi-Propaganda-Maschine" habe versucht, ihr „Tun [...] durch Zeitungsgeschrei und vor allem durchs Radio zu rechtfertigen". Es folgt dann ein Hinweis auf die Rede eines hochrangigen NS-Politikers mit der Aufforderung, dass der Historiker sie in den entsprechenden Zeitungen nachlesen möge. Es sei verwunderlich, dass es nach dieser Rede nicht zu „einem blutigen Judenmassacre" gekommen sei.⁸ Für Samuel gehörte der Boykott folglich zu jenen Schlüsselereignissen der NS-Zeit, deren Aufarbeitung er auch den Wissenschaftlern, speziell den Adressaten seiner Erinnerungsschrift in Harvard, empfahl.⁹

Die biographische Bedeutung des Boykotts schlug sich stärker im Text nieder, als Samuel die Auswirkungen auf das jüdisch-nichtjüdische Verhältnis thematisierte. Durch die Erzählung der Boykott-Episode zieht sich eine dichotomisierende Verwendung der Kollektivbegriffe ‚Juden' und ‚deutsches Volk'. Auf das „deutsche Volk", so Samuel, hätten die Verleumdungen der Nazihäupter keinen Eindruck gemacht. „Wir Juden", heißt es anschließend, „hörten eingeschüchtert und zitternd am Radio nur das Brüllen der aufgepeitschten und organisierten Nazihorden, die das Blut der Juden wenigstens für ‚drei Tage fliessen sehen wollten'."¹⁰ In seiner persönlichen Bewertung metaphorisierte er zudem die Bedeutung der Boykott-Aktion als eine Beisetzung: „Es war Grosses und Liebes gestorben. Die Achtung vor dem deutschen Volke und die Würde des deutschen Volkes wurde [sic!] damals zu Grabe getragen. Es war Grund genug, um Tränen zu vergiessen."¹¹

Jüdische Topographien. Kennzeichnung, Stigmatisierung und Publikum beim Aprilboykott

Die Geschehnisse jenes Aprilsamstags boten zumeist den ersten Anlass, um von der visuellen Umstrukturierung der städtischen Topographie zu erzählen. Zwar zielte der Boykott offiziell auf jüdische Geschäfte, Rechtsanwälte und Ärzte. Doch verlief in vielen Fällen die räumliche Grenze zwischen Arbeits- und Wohnraum

---

[7] Samuel: Mein Leben in Deutschland, S. 415.
[8] Vgl. ebd., S. 415 f.
[9] Dies passt dazu, dass Samuel zu jener Gruppe von Autorinnen und Autoren gehört, die ihre Teilnahme am Wettbewerb damit legitimiert hatten, einen Beitrag zur wissenschaftlichen Analyse des Nationalsozialismus zu liefern.
[10] Ebd., S. 416.
[11] Ebd., S. 416. Siehe auch die sehr viel drastischere Verwendung der Beisetzungsmetapher bei Landau, Edwin: Mein Leben vor und nach Hitler, in: Monika Richarz (Hg.): Jüdisches Leben in Deutschland. Selbstzeugnisse zur Sozialgeschichte 1918–1945 (= Band 3), Stuttgart 1982, S. 99–108, hier S. 105.

innerhalb desselben Hauses. Markiert wurden daher nicht nur die gewerblichen Räumlichkeiten, sondern häufig auch die Wohnhäuser der betroffenen Juden.

Samuel schrieb in dem Unterkapitel mit dem Titel „Wie spielte sich der Boykott in meiner Praxis ab?" einleitend: „Vor dem eisernen Gitter des Einfahrtstores meines Hauses standen 2 Nazisoldaten in Uniform. Einen grossen schwarzen Bogen Papier, der in der Mitte einen auffallenden gelben Fleck aufwies, befestigte man an der Eingangstür des Hauses."[12] Der Arzt schrieb diesem Vorgang nicht erst in der Retrospektive einen hohen biographischen Stellenwert zu. Die gekennzeichnete Haustür war auch Teil eines verbildlichten Erinnerungsarchivs der Familie. Eine Fotografie zeigt die Haustür mit dem aufgeklebten Plakat und der Bildunterschrift „Boycott '33". Auf einem zweiten Bild blickt der Betrachter aus dem Inneren des Hauses auf eine Straßenszene: Im Vordergrund ist ein Eisengitter zu sehen, dahinter steht ein Boykottposten. Ein Passant durchquert die Szene, ohne dem Posten Beachtung zu schenken. Die Heimlichkeit der Aufnahme kommt in dem unscharf gehaltenen unteren Bildbereich zum Ausdruck, der möglicherweise einen Fenstersims zeigt. Dadurch gewinnt der Betrachter den Eindruck, dass es sich um eine versteckt vorgenommene Fotografie handelt.[13]

Kennzeichnend für die autobiographischen Schilderungen des Aprilboykotts sind solche Beschreibungen, in denen die Geschäfte und Praxen, aber wie hier im Falle Samuels auch die Häuser jüdischer Ärzte und Rechtsanwälte als eindeutig jüdische Orte markiert wurden. Viele Autorinnen und Autoren erinnerten Symbole, Zeichen oder Sprüche, die auf Fensterscheiben und Wänden prangten. Toni Lessler beschrieb einen Ausflug in das Geschäftsviertel ihrer Berliner Nachbarschaft: „Diese 7 Laeden waren durch grosse, gelbe Plakate mit scheusslichen Versen und entehrenden Zeichnungen gekennzeichnet. Gesichter, wie sie sich die kuehnste Phantasie nicht ausmalen konnte, waren an die Fensterscheiben gezeichnet. Ich weiss nur noch 2 von diesen Versen; die gemeinsten habe ich nicht behalten: ‚Jede Mark in Judenhand schwaecht das deutsche Vaterland' und ‚Warum zu dem Juden laufen? Kannst besser bei dem Christen kaufen'."[14]

Die Sichtbarmachung jüdischer Geschäfte, Praxen und Wohnungen erinnerten die Autorinnen und Autoren als eine Stigmatisierung. Der von Arthur Samuel erinnerte ‚gelbe Fleck' auf einem schwarzen Bogen nahm Bezug auf vormoderne Kennzeichnungspraktiken und stellte damit aus der Sicht der Juden einen Rückfall in die Zeit vor der Emanzipation dar. Mit hoher Symbolkraft stigmatisierte er die Juden als ‚fremdes Element' in der deutschen Gesellschaft.[15] In anderen Doku-

---

[12] Samuel: Mein Leben in Deutschland, S. 416.
[13] Siehe ebd., S. 416 f. Unklar ist jedoch, ob diese und andere Fotografien von Samuel als zusätzliches dokumentarisches Material an die Bearbeiter in Harvard geschickt wurden.
[14] Lessler: Mein Leben in Deutschland, S. 19. Siehe außerdem Nathorff: Das Tagebuch der Hertha Nathorff, S. 38; Neustätter: Mein Leben in Deutschland, S. 18; Herz: Mein Leben in Deutschland, S. 24; Dreyfuss: Mein Leben in Deutschland, S. 19.
[15] Siehe hierzu Scheiner, Jens J.: Vom Gelben Flicken zum Judenstern? Genese und Applikation von Judenabzeichen im Islam und christlichen Europa (849–1941), Frankfurt a. M./New York 2004.

menten ist sehr viel direkter von „Defamierung" [sic!], „entehrenden Zeichnungen", „Schmähliedern", „öffentliche[r] Verhöhnung" oder einem „Schandpfahl" die Rede.[16] Die Wirkungskraft der symbolischen Diffamierung lässt sich an diesen verwendeten Ausdrücken ablesen – sie konstituierten beim jüdischen Rezipienten den Aprilboykott als ein Ereignis, das nicht nur jüdische Orte im urbanen Raum sichtbar machte, sondern diese Sichtbarmachung mit Ausschluss und Degradierung verband. Ebenso degradierte bereits die bloße Kommunikationsstruktur der Boykottzeichen und -aufrufe die jüdische Bevölkerung symbolisch zum Paria. Die erinnerten Zeichen und Verse waren an die nichtjüdische Bevölkerung adressiert: Der gelbe Fleck an Samuels Eingangstür sollte die nichtjüdische Bevölkerung Bonns darüber informieren, dass in diesem Haus ein jüdischer Arzt praktizierte. Noch eindeutiger waren im Imperativ verfasste und sich direkt an die Nichtjuden wendende Aufforderungen wie ‚Kauft nicht bei Juden' oder ‚Geht nicht zum jüdischen Arzt'.[17] Wesentlich an dieser Kommunikationsstruktur ist, dass sie die eigentlichen Leidtragenden, die betroffenen Ärzte, Anwälte und Geschäftsinhaber, auf eine bloße Statistenrolle reduzierte. Sie standen zwar im Mittelpunkt des Geschehens, waren aber nicht der primäre Kommunikationsadressat.[18]

Häufig finden sich außerdem Erwähnungen eines anwesenden Publikums, das die Stigmatisierungen zumindest registrierte und somit die Sichtbarmachung jüdischer Orte – unabhängig von der im Einzelnen dazu eingenommenen Haltung – erfolgreich machte. Dies äußerte sich beispielsweise in der Wiedergabe verwunderter Kommentare nichtjüdischer Zeugen, man habe gar nicht gewusst, dass es sich bei dieser oder jener Person um einen Juden handelte.[19] Selbst der Zuschauer, der die Vorgänge mit ablehnender Haltung beobachtete, machte sie zu einem Ereignis.[20]

In jüngeren Untersuchungen zur NS-Geschichte ist nachdrücklich auf die tragende Rolle hingewiesen worden, die ein anwesendes, vermeintlich passives Publikum im Rahmen öffentlicher Diskriminierungspraktiken einnahm. Die antisemitische Aktionsform des Boykotts war aus Sicht seiner Organisatoren deshalb attraktiv, weil gerade das passive Beiseitestehen als Erfolg der Aktion verkauft werden konnte. Von den Adressaten des Boykotts, die nichtjüdische Bevölkerung,

---

[16] In der Reihenfolge bei Neustätter: Mein Leben in Deutschland, S. 18; Lessler: Mein Leben in Deutschland, S. 19; Dreyfuss: Mein Leben in Deutschland, S. 19; Andermann: Mein Leben in Deutschland, S. 105, sowie Reiner: Mein Leben in Deutschland, S. 186.
[17] Siehe etwa Nathorff: Das Tagebuch der Hertha Nathorff, S. 38.
[18] Siehe auch Matthäus, Jürgen: Antisemitic Symbolism in Early Nazi Germany, 1933–1935, in: Leo Baeck Institute Year Book 45 (2000), S. 183–203, hier S. 188.
[19] So etwa bei: Grünebaum: Mein Leben in Deutschland, S. 12; Dienemann: Aufzeichnungen, S. 10.
[20] Siehe Samuel: Mein Leben in Deutschland, S. 416. Die zentrale Bedeutung eines Publikums wird auch von anderen autobiographischen Berichten des Harvard-Wettbewerbs bestätigt. Siehe etwa Levy: Mein Leben in Deutschland, S. 33 f. Für eine nichtjüdische autobiographische Perspektive auf den Aprilboykott siehe auch die in etwa zeitgleich entstandenen Erinnerungen Sebastian Haffners. Auch Haffner erwähnte ein neugieriges „Volk" vor den Geschäften. Vgl. Haffner: Geschichte eines Deutschen, S. 158.

wurde ja genau genommen keine Handlung verlangt, sondern das Unterlassen einer Handlung – nämlich *nicht* den jüdischen Händler oder Arzt aufzusuchen.[21] Nicht durchgängig fügten sich Zuschauer in die ihnen zugedachte Rolle; zum Beispiel dann, wenn sie ihr Unbehagen gegenüber der Aktion zum Ausdruck brachten oder ostentativ jüdische Geschäfte betraten. Insgesamt lässt sich jedoch feststellen, dass der Boykott vom 1. April sein Publikum, „das sich das oft in spektakulären Formen inszenierte Boykottgeschehen ansah und im selben Moment zum Akteur in diesem Geschehen wurde", fand.[22]

Die Historikerin Hannah Ahlheim schrieb über die weihnachtliche Boykottpropaganda der Nationalsozialisten vor 1933, die „vielen kleinen und wiederholten Aktionen auf der lokalen Ebene trugen dazu bei, ‚dem Juden' eine Adresse, einen Namen und ein Gesicht in der Nachbarschaft zu geben und so eine ‚deutsche' bzw. eine ‚jüdische' Topographie in deutschen Städten zu etablieren".[23] Die untersuchten Harvard-Berichte demonstrieren, dass der auf diese Weise umstrukturierte öffentliche Raum auch Teil eines zeitgenössischen jüdischen Erfahrungshaushalts war, der jedoch seine Artikulation primär im erzählten Zeitraum der ‚Hitlerzeit' fand – und hier häufig in der autobiographischen Aufarbeitung des Aprilboykotts als biographisches und politisches Schlüsselerlebnis. Kaum ein Zeitdokument verdeutlicht diesen Sachverhalt eindringlicher als Robert Weltschs berühmter Artikel in der ersten Ausgabe der *Jüdischen Rundschau* nach dem Boykott: „Allen Juden in ganz Deutschland", schrieb Weltsch, „wurde am 1. April der Stempel ‚Jude' aufgedrückt. […] Man weiß, wer Jude ist. Ein Ausweichen oder Verstecken gibt es nicht mehr." [24]

Der April-Boykott steckte als erstes öffentliches, antisemitisches Großereignis die Grenzen des Dazugehörens und Ausgeschlossenseins auf der Grundlage rassischer Kriterien für alle sichtbar ab – die Markierung jüdischer Orte im öffentlichen Raum und sein Stattfinden vor einem Publikum waren dafür die notwendigen Voraussetzungen. Das passive ‚arische' Publikum bekam in dieser Szenerie zu spüren, dass es den Nationalsozialisten mit der Durchsetzung eines neuen gesell-

---

[21] Vgl. Ahlheim: Antisemitische Agitation, S. 88 f. Bereits Pätzold wies auf diese strukturelle Eigenschaft des Boykotts hin. Siehe Pätzold: Faschismus, Rassenwahn, Judenverfolgung, S. 78. Allgemein zur Bedeutung der Menge als Akteur siehe Wildt: Volksgemeinschaft als Selbstermächtigung, S. 213–218.

[22] Ahlheim: Antisemitische Agitation, S. 91.

[23] Ebd., S. 95. Siehe zur Rolle der ‚jüdischen Topographie' in den antisemitischen Ausschreitungen der Weimarer Republik auch Walter, Dirk: Antisemitische Kriminalität und Gewalt. Judenfeindschaft in der Weimarer Republik, Bonn 1999 (zugl. Diss. Univ. Freiburg 1997), S. 102–110. Bei Walter meint ‚jüdische Topographie' die Vorstellungen der SA-Männer über jüdische Gegenden ihrer Stadt. Bei Ahlheim und in der vorliegenden Studie liegt der Fokus hingegen auf Versuchen der Nationalsozialisten, eine jüdische Topographie durch Markierung entsprechender Punkte in der Stadt zu schaffen.

[24] Weltsch, Robert: Tragt ihn mit Stolz, den gelben Fleck, in: Jüdische Rundschau v. 04. 04. 1933, S. 131 f., hier S. 132. Wie bereits dem Titel zu entnehmen ist, bestand die Antwort des zionistischen Blattes auf die stigmatisierenden Kennzeichnungen in ihrer affirmativen Umdeutung, die eine bewusste Anerkennung der eigenen jüdischen Identität enthielt.

schaftlichen Gliederungsprinzips durchaus ernst war. Unabhängig von der eigenen Einstellung zu den Ereignissen war eines ihrer Ergebnisse, dass sie jeden Anwesenden entweder als erwünscht oder als außerhalb der neuen Gemeinschaft stehend auswiesen. Mit dieser Einteilung verknüpften sich spezifische Erwartungshaltungen, und zwar als ‚Volksgenosse' keine jüdischen Geschäfte, Rechtsanwälte oder Ärzte aufzusuchen. Selbst wer nach den Ereignissen weiter in den jüdischen Geschäften Besorgungen erledigte oder den jüdischen Hausarzt aufsuchte, tat dies in dem Wissen, dass er damit gegen erwünschte Handlungsnormen der neuen Machthaber verstieß. Öffentliche Demütigungen, wie sie bereits nach den Märzwahlen stattfanden, so Peter Fritzsche, beschleunigten die Einteilung der Nachbarschaft in ein ‚wir' und ein ‚sie'.[25] So betrachtet war der Boykott tatsächlich erfolgreich.[26]

Vor diesem Hintergrund erhielt der Aprilboykott seine große biographische Relevanz, so dass er in den Lebensberichten als ein zentrales Ereignis der Zeit nach der Machtübernahme erinnert wurde. Die sich gleichenden Berichte der Autorinnen und Autoren legen nahe, dass sie auf ein bestehendes Inventar narrativer Elemente zur Deutung dieses Ereignisses zurückgreifen konnten. Die Umstrukturierung des öffentlichen Raums in eine ‚jüdische Topographie' war in diesem Zusammenhang Teil der temporalen Gliederung der jüdischen Autobiographien in ein ‚Davor' und ‚Danach' der Machtübernahme.[27]

Der öffentliche Raum als Bekenntnisraum

Am 3. Mai 1935 druckte die Vereinszeitung des *Central-Vereins deutscher Staatsbürger jüdischen Glaubens* folgende Meldung des *Deutschen Nachrichtenbüros* ab:

„Die Hissung der Reichsfahnen durch jüdische Geschäfte und Privathäuser hat wiederholt zu Störungen der öffentlichen Ruhe und Ordnung geführt. Um derartige Zwischenfälle für die Zukunft zu vermeiden, hat der Reichsminister des Innern bestimmt: **Die Hissung der Reichsfahnen, insbesondere der Hakenkreuzflagge, durch Juden hat zu unterbleiben. In Zweifelsfällen trifft die örtliche Polizei die erforderlichen Anordnungen.**"[28]

Laut Jürgen Matthäus gehörte die ‚Flaggenfrage' zu einem Arsenal symbolischer Diskriminierungspraktiken, mit denen deutsche Juden bereits in den ersten Jahren des Regimes sozial ausgegrenzt wurden – noch bevor sie im Zuge des ‚Reichsbür-

---

[25] Vgl. Fritzsche: Life and Death, S. 123. Siehe auch Wildt: Volksgemeinschaft als Selbstermächtigung, S. 215; Wildt, Michael: Gewaltpolitik. Volksgemeinschaft und Judenverfolgung in der deutschen Provinz 1932 bis 1935, in: Werkstatt Geschichte 12 (2003), S. 23–43, hier S. 39 f.
[26] Dagegen sieht Nolzen den Boykott als teilweise gescheitert an, weil er nicht die von den NS-Akteuren erhoffte breite Mobilisierung der ‚Volksgenossen' gegen die jüdischen Mitbürger gebracht habe. Vgl. Nolzen: The Nazi Party and its Violence against the Jews, S. 253.
[27] Es finden sich für die Zeit nach dem Aprilboykott weitere Berichte über die Markierung jüdischer Häuser im Quellenkorpus: siehe Levy: Mein Leben in Deutschland, S. 29; Reichmann: [Autobiography], S. 112. Als eine Ausnahme vom dargestellten Muster siehe Dreyfuss: Mein Leben in Deutschland, S. 5.
[28] Anon.: Der Flaggenerlaß, in: CV-Zeitung vom 03. 05. 1935, S. 2 (Hervorheb. i. O.).

gergesetzes' grundlegender Bürgerrechte beraubt wurden.[29] Bis zu ihrer darin proklamierten Absetzung bot die schwarz-weiß-rote Flagge des Kaiserreichs jüdischen Deutschen eine Möglichkeit, nationale Gesinnung zu demonstrieren und an kollektiven Feiern oder Gedenktagen zu partizipieren. Die Außenwand der eigenen Wohnung oder des Hauses wurde in diesen Fällen zur Projektionsfläche eines Bekenntnisses zur Nation. Der wenige Monate zuvor erschienene Erlass des Reichsinnenministeriums dokumentiert indes, dass diese Praxis schon zuvor auf der lokalen Ebene bekämpft worden war.[30] Die in der gehissten schwarz-weiß-roten Flagge zum Ausdruck gebrachte Identifikation mit einem glorifizierten Kaiserreich sollte nicht jenen gestattet werden, denen man die Schuld für den Zusammenbruch Deutschlands ankreidete. Als Schauplatz dieser Bekundungen war der öffentliche Raum vor allem in der Anfangszeit des Regimes umkämpft – so antworteten beispielsweise einige jüdische Geschäftsleute auf den Boykott ihrer Geschäfte, indem sie ihre Orden aus dem Weltkrieg anlegten oder auf die gefallenen jüdischen Soldaten des Ersten Weltkriegs hinwiesen.

Umgekehrt hielt das Regime die ‚Volksgenossen' dazu an, ihre Zustimmung zum Regime bei zahlreichen Gelegenheiten – staatlichen Gedenkfeiern, Parteifeiern, Jahrestagen etc. – öffentlich zu signalisieren. Der öffentliche Raum war damit nicht nur Austragungsort symbolischer Diskriminierungspraktiken, sondern gleichzeitig ein ‚Bekenntnisraum', der für nichtjüdische Deutsche reserviert war und sich in alltäglichen Handlungen formierte. Mit dem Hitlergruß konnte im öffentlichen Raum – zumindest äußere – Konformität demonstriert werden.[31] Allein durch ihn wurden Straßen, Plätze, Verwaltungsgebäude etc. zum Schauplatz zigtausender alltäglicher Bekundungen von Zustimmung.[32] Zustimmung zum Regime ließ sich außerdem durch das Tragen eines Hakenkreuzes im Knopfloch oder durch die Beflaggung des eigenen Hauses an Feiertagen signalisieren. Vor allem die Beflaggung und der Hitlergruß glichen sich darin, dass ihre Unterlassung ebenfalls politisch als Zeichen einer regimekritischen Haltung deutbar war.[33]

Diese doppelte Ausprägung des öffentlichen Bekenntnisraums, zum einen exkludierend zu wirken, und zum anderen die Loyalität der ‚Volksgenossen' abzufragen, schlug sich auch in den Harvard-Manuskripten vielfach nieder. Nichtjüdische Autorinnen oder Autoren berichteten aus eigener Erfahrung von dem Dilemma, das darin bestand, dass das Unterlassen des Hitlergrußes als politische Opposition gewertet wurde. Hilde Koch thematisierte diese Problematik in einer Episode, die von ihrem Bemühen um Freilassung des inhaftierten Ehemanns handelt. Bis zum Dezember 1933 habe sie es vermieden, „Heil Hitler" zu sagen. Als sie bei der Berli-

---

[29] Vgl. Matthäus: Antisemitic Symbolism in Early Nazi Germany, S. 203.
[30] Vgl. ebd., S. 197.
[31] Zur Geschichte und Soziologie des Hitlergrußes siehe Allert, Tilman: Der deutsche Gruß. Geschichte einer unheilvollen Geste (= Reclam-Taschenbuch, Band 20191), Stuttgart 2010.
[32] Für Juden konnte es durchaus schwierig sein, sich dem zu entziehen: vgl. Matthäus: Antisemitic Symbolism in Early Nazi Germany, S. 190 f.
[33] Siehe Art. Hausfahne, in: Schmitz-Berning: Das Vokabular des Nationalsozialismus, S. 297.

ner Gestapo die Freilassung des Ehemanns erbeten wollte, habe sie sich jedoch fest vorgenommen, den neuen Gruß anzuwenden. Beim Betreten des Gebäudes sei ihr Blick auf ein großes Schild mit der Aufschrift „Hier gilt nur der deutsche Gruss Heil Hitler" gefallen. Den anwesenden SS-Mann habe sie dann entgegen ihrem Vorsatz mit „Guten Morgen" gegrüßt. Anschließend habe sie sich für diese inzwischen unkonventionelle Begrüßung rechtfertigen müssen. Der SS-Mann zeigte sich laut Koch von deren Mut beeindruckt, riet ihr aber noch, „bald Heil Hitler sagen" zu lernen.[34]

Der jüdische Autor Siegfried Merecki thematisierte hingegen die exkludierende Dimension des Hitlergrußes. Er sei von „allen Ariern ausnahmslos angewendet" worden und habe „zur Kennzeichnung des Grüssenden als Arier" gedient. Ebenso habe die briefliche Abschiedsformel „Mit deutschem Gruß" den Empfänger darüber orientiert, „dass er mit einem Arier zu tun hatte". Umgekehrt hätten die „Nichtarier [...] nach wie vor das ‚achtungsvoll'" verwendet und sich so dem anderen als „Nichtarier" zu erkennen gegeben.[35] Merecki und Koch beleuchteten das Phänomen des Hitlergrußes aus je eigener Perspektive des jüdischen Autobiographen bzw. der nichtjüdischen Autobiographin. Während Merecki die im Hitlergruß transportierte Grenzziehung zwischen ‚Ariern' und ‚Nichtariern' beschäftigte, problematisierte Koch das aus der politischen Aufladung der Grußformel resultierende Dilemma einer oppositionell eingestellten Nichtjüdin.[36]

Frederick Goldberg: Beflaggte Häuser als Teil des öffentlichen Bekenntnisraums

Der öffentliche Raum als Ort des politischen Bekenntnisses war auch ein autobiographisches Thema, das in die Darstellung privater Räumlichkeit hineinragte. Denn einzelne Autorinnen und Autoren berichteten nicht nur über den Hitlergruß oder das Tragen eines Hakenkreuzes, sondern schenkten in der Retrospektive auch den beflaggten Wohnungen ihrer Nachbarn Aufmerksamkeit. Der jüdische Dramaturg Frederick Goldberg beschrieb in seinen Erinnerungen die unmittelbar nach dem 30. Januar 1933 einsetzenden Veränderungen im öffentlichen Raum. Zunächst konstatierte Goldberg, dass die Welt sich „äusserlich und innerlich" verändert hatte. Nachdem er die Veränderungen in eine innerliche und eine äußerliche Komponente eingeteilt hatte, fuhr er fort: „Die Wandlung begann schon innerhalb der engsten Umgebung, innerhalb des Häuserblocks, in dem meine Wohnung lag. Aus Räumen, deren Bewohner man seit Jahren als ruhige, jedem Radikalismus abgeneigte Bürger kannte, wehten plötzlich Hakenkreuzfahnen, in der ersten Zeit vereinzelt, später allgemein."[37]

---

[34] Vgl. Koch: Mein Leben in Deutschland, S. 65 f.
[35] Vgl. Merecki: Mein Leben in Deutschland, S. 51.
[36] Überzeugte Nationalsozialisten konnten sich hingegen sorgen, dass die nach außen zur Schau getragene Konformität von Dritten in Zweifel gezogen wurde. Vgl. Steuwer: „Ein Drittes Reich, wie ich es auffasse", S. 144.
[37] Goldberg: Mein Leben in Deutschland, S. 39.

Die *äußerliche* Wandlung bestand für den Autor aus den Hakenkreuzfahnen, die für jedermann sichtbar an den Häuserwänden seiner Nachbarschaft hingen. In dem Bild der wehenden Hakenkreuzfahnen beschrieb Goldberg den öffentlichen Raum seines Häuserblocks als Schauplatz zunächst einzelner, dann jedoch vielfacher Loyalitätsbekundungen gegenüber dem neuen Regime. Für ihn bestand die Veränderung jedoch nicht darin, dass der öffentliche Raum überhaupt zum Zwecke des politischen Bekenntnisses genutzt wurde – diese Funktion hatte er laut Goldberg schon in der Weimarer Republik. Nur wenige Zeilen später schrieb er über einen anderen Häuserblock, der ausschließlich von sozialdemokratisch gesinnten Angestellten der städtischen Verkehrsbetriebe bewohnt worden sei, hier hätte früher „aus jedem Fenster […] an Wahl- und Festtagen die republikanische Flagge" geweht. „[N]un flatterte aus den gleichen Wohnungen, von denselben Familien bewohnt, Fenster für Fenster die gegnerische, die Nazi-Fahne!"[38] Neu war für Goldberg also nicht, *dass* die Menschen im öffentlichen Raum ihre politische Einstellung kundtaten. Er deutete den politischen Einschnitt der Machtübernahme vielmehr als einen Wandel der dominierenden politischen Symbole im öffentlichen Raum des ehemals sozialdemokratischen Häuserblocks.

Bezog Goldberg die äußerliche Veränderung auf die Hauswände, so meinte er mit der konstatierten *innerlichen* Veränderung die Einstellung der Menschen. Das beflaggte Haus interpretierte er als ein Zeichen dafür, dass seine Bewohner ihre politische Haltung geändert hatten. Es bildete aus seiner Sicht eine Schnittstelle zwischen privatem und öffentlichem Raum, über die er von der äußeren Veränderung auf die innere seiner Bewohner schloss: einst „ruhige, jedem Radikalismus abgeneigte Bürger" sowie ehemalige Sozialdemokraten bekundeten nun öffentlich ihre Unterstützung eines diktatorischen Regimes. Nicht nur anhand der Beflaggung, auch mit dem beobachteten Verhalten einzelner Personen ihm gegenüber demonstrierte Goldberg die konstatierte innerliche Veränderung. So hätten manche seiner Hausmitbewohner ihn nach kurzer Zeit nicht mehr gegrüßt, andere – „Menschen, mit denen man auf gutem Fusse stand" – hätten unerwartet das Parteiabzeichen im Knopfloch oder eine SA-Uniform getragen.[39]

Am Ende des Absatzes griff Goldberg die Innen/Außen-Unterscheidung erneut auf, um seine ersten Eindrücke nach der Machtübernahme zu resümieren: „Nicht nur Menschen, auch die Strassen und Plätze schienen mir gewandelt. Ich kam mir sehr fremd und sehr abseitsstehend vor. Das war meine erste Reaktion auf die Umwälzung."[40] Goldbergs Ausführungen zeigen, wie ein öffentlicher Bekenntnisraum durch die Praktiken seiner Nutzerinnen und Nutzer entstand. Erzählerisch diente dem Autor diese Episode dazu, die Machtübernahme als biographische Zä-

---

[38] Ebd., S. 39 f.
[39] Vgl. Goldberg: Mein Leben in Deutschland, S. 39. Wie komplex hingegen nichtjüdische Deutsche mit den unterschiedlichen symbolischen Bekenntnispraktiken äußere Darstellung und innere Positionierung in Beziehung setzten, ist nachzulesen bei Steuwer: „Ein Drittes Reich, wie ich es auffasse", S. 144–154.
[40] Goldberg, Mein Leben in Deutschland, S. 39.

sur erzählen zu können. Die Geschwindigkeit, mit der die republikanische Fahne an den Hauswänden durch die politisch konforme Hakenkreuzfahne ausgetauscht worden war, bewirkte in der Deutung des Autors eine emotionale Entfremdung des Vergangenheits-Ichs von seinem räumlichen und sozialen Umfeld: als Jude war er ausgeschlossen von den zahlreichen Loyalitätsbekundungen seiner Nachbarn.[41]

Eine ergänzende Perspektive zu Goldbergs Autobiographie bieten die Erinnerungen der nichtjüdischen Autorin Hilde Koch, von deren Schwierigkeiten, den Hitlergruß auszuüben, weiter oben berichtet wurde. Auch Hilde Koch thematisierte die fahnenbehangenen Häuserfronten ihrer Nachbarschaft. Sie beschäftigte allerdings nicht die dem öffentlichen Bekenntnisraum inhärente Grenzziehung zwischen Juden und Nichtjuden. Analog zur Episode über den Hitlergruß legte sie im Fall der Beflaggung das Gewicht auf den Aspekt des Zwangs, der sich aus der politischen Botschaft einer unbeflaggten Wohnung ergab. So schrieb Koch, dass SA und Nationalsozialistische Volkswohlfahrt dort mit Druck nachhalfen, wo man nicht freiwillig die Hakenkreuzfahne aus dem Fenster hängen wollte. Dies sei auch bei ihrer Familie der Fall gewesen. Als ihr Mann aus einer mehrjährigen Haftstrafe als politischer Gefangener zurückkehrte, habe man ihnen „,dringend' nahegelegt, nun durch das Zeigen der Naziflagge zu beweisen", dass sie und ihr Mann sich „umgestellt haetten". Unvergesslich sei ihr der „innere Kampf" gewesen, den beide deswegen zu führen hatten und der letztlich in einem Kompromiss mündete: Zwar entschieden sie sich für die Anschaffung einer Hakenkreuzfahne, wählten aber absichtlich ein kleines Format.[42]

Ausprägungen des öffentlichen Bekenntnisraums in einer österreichischen Autobiographie

Die Erinnerungen des jüdischen Anwalts Siegfried Merecki, der zu Beginn des Ersten Weltkriegs als russischer Flüchtling nach Wien kam und dort bis zu seiner Auswanderung 1938 blieb, erlauben eine vergleichende Perspektive auf die autobiographische Darstellung des öffentlichen Raums als Schauplatz von Loyalitätsbekundungen. Merecki schrieb seinen Beitrag zu dem Preisausschreiben ebenso wie Goldberg in den Vereinigten Staaten, war allerdings zu diesem Zeitpunkt mit 52 Jahren elf Jahre älter. Aufschlussreich sind die österreichischen Autobiographien des Harvard-Beitrags unter anderem deshalb, weil ihre temporale Gliederung ebenfalls ein ‚Davor' und ein ‚Danach' enthält, die politische und biographische Zäsur jedoch fünf Jahre später gesetzt wurde. Daraus ergibt sich die Möglichkeit zu fragen, inwieweit unterschiedliche Ereignisse, die jedoch innerhalb der temporalen Struktur ähnliche Positionen einnehmen – zum Beispiel die Machtübernahme 1933 und der Einmarsch in Österreich 1938 – in ihrer narrativen Verarbeitung strukturelle Gemeinsamkeiten oder Unterschiede aufweisen.

[41] Siehe dazu auch Landau: Mein Leben vor und nach Hitler, S. 103.
[42] Vgl. Koch: Mein Leben in Deutschland, S. 109.

Merecki erlebte 1938 den Einmarsch der Wehrmacht in Wien und verschriftlichte – wie Goldberg im Fall der Machtübernahme – seine Beobachtungen über die raschen Veränderungen im öffentlichen Raum der Stadt. Dabei stechen sowohl Gemeinsamkeiten als auch Unterschiede hervor. Eine erste Parallele zu Goldbergs Erinnerungen besteht darin, dass auch für Merecki der öffentliche Bekenntnisraum kein exklusives Merkmal der Zeit vor dem Anschluss Österreichs bildete. Die relativ knapp geschilderten politischen Entwicklungen bis 1938 konzentrieren sich auf die verschiedenen Spannungsfelder und Kämpfe zwischen der aufsteigenden NSDAP, den Sozialdemokraten und den österreichisch-nationalen Kräften. Merecki berichtete in diesem Zusammenhang über die Verehrung, die dem faschistisch orientierten Bundeskanzler Engelbert Dollfuß zuteilwurde, nachdem er bei einem nationalsozialistischen Putschversuch im Juli 1934 ums Leben gekommen war. Unter dessen Nachfolger Kurt Schuschnigg sei Dollfuß „zum nationalen Märtyrer erhoben" worden: „[I]n keinem Amte durfte seine Büste, in keinem Bureau sein Bild fehlen, alle öffentlichen Beamten und ein grosser Teil der Bevölkerung trugen das rot-weiss-rote Abzeichen im Knopfloch, die Wellen des oesterr. Patriotismus schlugen hoch."[43]

Die patriotische Grundstimmung steigerte sich laut Merecki noch, als Österreichs Autonomie 1938 von deutscher Seite zunehmend in Frage gestellt wurde und Kurt Schuschnigg zu einer Volksabstimmung über die Unabhängigkeit des Landes aufrief. Merecki berichtete von mehreren Tausend Frauen, die bei einer Versammlung einen Eid auf den Schutz Österreichs abgelegt hatten, sowie weiteren öffentlichen Massenkundgebungen für Schuschnigg.[44] Doch bereits sehr früh nach dem Einmarsch der Wehrmacht habe sich das Bild geändert. Am 12. März, dem Tag des Einmarsches, seien zunächst zwar nur wenige Menschen auf der Straße zu sehen gewesen, aber diese hätten eine rote Hakenkreuz-Armbinde oder das Parteiabzeichen im Knopfloch getragen. Weiterhin hätten „Wagen und Häuser […] Flaggenschmuck angelegt".[45] Doch nur zwei Tage später registrierte Merecki auf den Straßen „Anzeichen höchster Begeisterung": „Es schien sich um ganz andere Menschen zu handeln, als einst. Alles war auf den Beinen und schien zu einem bestimmten Punkte zu streben. Die Häuser hatten Flaggenschmuck angelegt, Flugzeuge warfen Begrüssungsblätter ab. Es sollten die ersten öffentlichen Versammlungen, die ersten gemeinsamen Radioempfänge abgehalten werden."[46]

Parallel zu Goldberg thematisierte Merecki die unmittelbaren Veränderungen nach dem Einmarsch als einen Wandel der dominierenden politischen Symbole im öffentlichen Raum Wiens sowie dem damit einhergehenden inneren Wandel der Menschen. Dazu gehörten auch die mehrmals erwähnten Häuser mit Hakenkreuzfahnen. Zwar erörterte Merecki nicht in demselben Maße wie Goldberg das nichtjüdische Haus als eine Schnittstelle von privatem und öffentlichem Raum. Er

---

[43] Merecki: Mein Leben in Deutschland, S. 4.
[44] Vgl. ebd., S. 5 f.
[45] Ebd., S. 10.
[46] Ebd., S. 12.

nahm den Anblick beflaggter Häuser nicht als Zeichen für veränderte Haltungen oder das Verhaltensmuster seiner Bewohner. Allerdings weist die erzählerische Parallelisierung von begeisterten Menschen und neuen dominierenden Symbolen, die bei Goldberg in der Unterscheidung von innerlicher und äußerlicher Wandlung erscheint, in diese Richtung.[47]

In zwei Hinsichten ging Mereckis Konzeption des öffentlichen Raums und seines Verhältnisses zu einem privaten Binnenraum deutlich über Goldbergs Darstellung hinaus. Erstens nahm der öffentliche Bekenntnisraum im Fortlauf seiner Erzählung ein bei Goldberg unerreichtes Ausmaß an. Kurz nach der Schilderung der ersten Tage des Einmarsches berichtete Merecki von der einsetzenden Propaganda für die von Hitler neu terminierte Volksabstimmung. Auch in diesem Kontext erwähnte der Autor beflaggte Häuser. Die visuelle Dominanz nationalsozialistischer Symbole im öffentlichen Raum, die sich nun in der propagandistischen Vorbereitung der Volksabstimmung entfaltete, unterschied in der Deutung des Österreichers jedoch nicht mehr zwischen jüdischen und nichtjüdischen Häusern. Auch während der sozialdemokratischen Regierungszeit sowie unter Dollfuß und Schuschnigg habe es in Wien phasenweise verbreiteten Flaggenschmuck gegeben. „Aber jetzt gab es keine Ausnahmen, wie einst", schrieb der Autor und fügte hinzu: „Jedes Haus ohne Ausnahme brachte zumindest eine sehr grosse rote Fahne mit weissem Hakenkreuz hervor. In den jüdischen Häusern hatten es die arischen Hausbesorger gemacht. Aber mit einer Flagge hatten sich nur wenige Häuser begnügt. Zumeist wurden die ganzen Fronten mit Flaggentuch dekoriert. Einer suchten den anderen zu übertreffen."[48]

Merecki unterschied also Wohnhäuser im öffentlichen Bekenntnisraum des ‚Dritten Reichs' nach dem Kriterium jüdisch/nichtjüdisch, stellte aber auf der inhaltlichen Ebene eine visuelle Angleichung heraus, die er auf den Ehrgeiz „arischer Hausbesorger" zurückführte. Die österreichischen Autobiographien spiegeln die propagandistische Kraftanstrengung, mit der auf die Volksabstimmung am 10. April hingearbeitet wurde. Allein die Reichsleitung der NSDAP hatte hierfür 5,1 Millionen Reichsmark zur Verfügung gestellt. Weitere 12 Millionen Reichsmark kamen aus dem Reichsfinanzministerium hinzu.[49] Im Zusammenspiel mit

---

[47] Kontrastierend dazu sei auf die Autobiographie der gebürtigen Österreicherin Margarete Neff hingewiesen. Die Schauspielerin hatte seit langem in Deutschland gelebt und gearbeitet, kehrte jedoch aufgrund ihrer jüdischen Herkunft 1935 in ihre alte Heimat zurück. Neff, die den Aufstieg der NSDAP in Deutschland erlebt hatte, konstatierte, dass sich bereits zu diesem Zeitpunkt der Nationalsozialismus in Wien breitgemacht hatte, die Österreicher dies jedoch ignoriert hätten. Vgl. Neff: Mein Leben in Deutschland, S. 66. Doch auch Neff erwähnte die visuelle Dominanz der Hakenkreuze im öffentlichen Raum der Stadt nach dem Einmarsch. Vgl. ebd., S. 68.
[48] Merecki: Mein Leben in Deutschland, S. 13. Siehe auch die Schrift des jüdisch-österreichischen Autobiographen Philipp Flesch. Flesch: Mein Leben in Deutschland, S. 10.
[49] Vgl. Botz, Gerhard: Nationalsozialismus in Wien. Machtübernahme und Herrschaftssicherung 1938–39, Buchloe 1988, S. 156.

der begeisterten Partizipation der Bevölkerung erlangte die Uniformierung des öffentlichen Raums ein bisher unerreichtes Ausmaß.[50]

Zweitens mündete Mereckis Narration in einer spezifischen Dichotomisierung von privatem und öffentlichem Raum. Hatte Goldberg beflaggte Wohnhäuser als Zeichen der Akzeptanz des Regimes durch die Bewohner gedeutet, stellte Merecki dem öffentlichen Bekenntnisraum dezidiert einen privaten Binnenraum des politischen Bekenntnisses zur Seite. Um den Erfolg der NS-Propagandatechniken und die Begeisterung vieler Wiener für die neue politische Situation zu verdeutlichen, beschrieb der Anwalt die inflationäre Zurschaustellung von Hitlerbüsten und -bildern. Merecki zählte auf: „Alle Litfasssäulen, Plakatwände, die Türen und Fenster der grossen Geschäfte, der Bankhäuser waren mit verschiedenartigsten Führerbildnissen überklebt." Und weiter: „In die Fenster der Geschäfte und der Privatwohnungen hatte man oft prachtvoll eingerahmte Hitlerporträts gegeben und sie mit Reisig und Blumen verschwenderisch geschmückt."[51] Die bereits erwähnten Dollfußbüsten seien dagegen schon vom ersten Tag an aus den Ämtern genommen und durch Hitlerbüsten ersetzt worden. Man habe ihm erzählt, berichtete Merecki ergänzend, „dass in vielen Privatwohnungen Hitlerbüsten aufgestellt" worden seien.[52]

Lassen sich bereits die beflaggten Wohnhäuser als eine Angleichung von privatem und öffentlichem Raum deuten, so transzendierten die NS-Devotionalien eine räumliche Grenze zwischen Innen und Außen endgültig: Die Hitlerbüste verortete Merecki in den Büros der „öffentlichen Gebäude" *und* den „Privatwohnungen". Hitlerbildnisse überfluteten nicht nur Litfasssäulen, Plakatwände oder Geschäfte, auch hinter den Fenstern der „Privatwohnungen" standen Hitlerportraits.[53] Nicht mehr nur der öffentliche, sondern auch der private Raum galt als Ort des politischen Bekenntnisses.

2. Rückzug in die eigenen vier Wände?

Grenzziehungen von innen: Rückzug als Schutz und Kompensation

Der 1890 geborene Breslauer Ernst Marcus thematisierte sein Privatleben bereits auf den ersten Seiten des Textabschnitts „Im dritten Reich". Dort konstatierte der jüdische Rechtsanwalt, sein „Privatleben" habe sich nach der Machtübernahme

---

[50] Dieser Rausch sei jedoch bis zum 20. April, dem Geburtstag Hitlers, bereits wieder verflogen gewesen. Vgl. Merecki: Mein Leben in Deutschland, S. 49.
[51] Ebd., S. 14.
[52] Vgl. ebd., S. 14.
[53] Zur Bedeutung politischer Symbole wie Hitlerportraits siehe Nitz, Wenke: „Fort mit dem nationalen Kitsch!" Die Reglementierung des Umgangs mit politischen Symbolen im Nationalsozialismus, in: Vittoria Borsò/Christiane Liermann/Patrick Merziger (Hg.): Die Macht des Populären. Politik und populäre Kultur im 20. Jahrhundert, Bielefeld 2010, S. 115–144.

geändert, allerdings „zunächst nicht allzusehr [sic!]".[54] Illustrierend führte er aus, dass aus seinem Freundeskreis 1933 nur wenige Personen ausgewandert seien. Auf den Besuch des Breslauer Theaters hätten er und seine Frau jedoch seit der Machtübernahme verzichtet – lange bevor ein offizielles Verbot bestand. Ebenso rasch hätten sie die Breslauer Restaurants gemieden, in denen sie zuvor häufig Gäste gewesen seien. Als inkonsequent bezeichnete Marcus daher ihre fortdauernden Kinobesuche, doch verwies er rechtfertigend darauf, dass weiterhin viele ausländische Produktionen gelaufen seien und auch deutsche Filme die Gegenwart des Nationalsozialismus ausgeblendet hätten: „Auf den Straßen dieser Filme sah man keine S.A. Männer und keine Hakenkreuzfahnen, niemand trug ein Parteiabzeichen und wenn zwei sich trafen, so sagten sie: Guten Tag! und nicht Heil Hitler! [sic!]."[55] Marcus sprach dem Kinobesuch also das Potenzial zu, temporär einen Abstand zu der Gegenwart eines öffentlichen Raums zu schaffen, der ihm die politische Situation permanent vor Augen gehalten hatte. Kinobesuche ermöglichten in dieser Deutung eine vorübergehende ‚Flucht' vor der Realität.

Ähnlich schrieb der Breslauer Anwalt über sein Wohnhaus. Auch diese Passage der Lebenserinnerung diente ihm dazu, Veränderungen und Kontinuitäten im Privatleben nach der Machtübernahme aufzuzeigen. Lobend erwähnte er in diesem Zusammenhang die ehemalige Hausangestellte. Bis zu seiner Auswanderung 1938 habe sie seinen Haushalt „in der musterhaftesten Weise versorgt": „Wenn wir in diesen letzten Jahren in unserem Hause ein ‚castle' hatten, in das wir uns vor den Stürmen der Zeit zurückziehen konnten, so verdanken wir das zum großen Teil ihr. Ihre Haltung zum Nationalsozialismus war entsprechend ihrer Gesinnung als Mensch und Christ eindeutig ablehnend."[56]

Nicht nur im Fall der Kinobesuche, auch in der Passage über das Wohnhaus verschränkte Marcus Privates und Öffentliches, indem er das Private als einen Rückzugsort konzipierte. So wie ihn der Kinobesuch eine nationalsozialistische Realität im Form allgegenwärtiger Hakenkreuzfahnen ausblenden ließ, so erklärte er das Haus zu einer Burg, in die er und seine Frau sich vor den „Stürmen der Zeit zurückziehen konnten". Der Breslauer brachte die veränderten Konstellationen von öffentlichem und privatem Raum durch eine ‚klassische' Funktionszuschreibung zum Ausdruck, nach der das Private Zuflucht vor den Anforderungen und Belastungen des Öffentlichen bietet.[57]

Wenn die Autobiographinnen und Autbiographen das Private als einen Rückzugsraum deuteten, dann bestand diese erzählte Grenzziehung häufig darin, dass

---

[54] Vgl. Marcus: Mein Leben in Deutschland, S. 39.
[55] Ebd., S. 40 f.
[56] Ebd., S. 41.
[57] Siehe hierzu Rössler, Beate: Der Wert des Privaten (= Suhrkamp Taschenbuch Wissenschaft, Band 1530), Frankfurt a. M. 2001, S. 255–279. Auch Erving Goffmanns Theorie der Hinterbühne lässt sich so verstehen. Siehe Wolfe, Alan: Public and Private in Theory and Practice. Some Implications of an Uncertain Boundary, in: Jeff Weintraub/Krishan Kumar (Hg.): Public and Private in Thought and Practice. Perspectives on a Grand Dichotomy, Chicago/London 1997, S. 182–203, hier S. 182–184.

von innen her eine Abgrenzung nach außen erfolgte. Marcus realisierte dies, indem er die konkret-räumliche Dimension des privaten Wohnhauses mit einer metaphorischen Raumsprache des Innen und Außen überlagerte. Im Vergleich seines Hauses mit einer Burg – womöglich eine Anspielung auf die englische Redewendung ‚My home is my castle' – sprach er seinem privaten Raum eine Schutzfunktion gegen von außen eindringende Feinde zu. Allerdings führte der Autor die militärische Komponente, die im Vergleich eines Hauses mit einer Verteidigungsanlage besteht, nicht konsequent weiter. Die Bedrohung von außen personifizierte er nicht, sondern schrieb abstrahierend von den „Stürmen der Zeit". Damit bediente er sich einer weiteren Redewendung, mit der er die Langlebigkeit und Robustheit seines Hauses gegenüber politischen Einschnitten betonte. Beide Metaphern unterstrichen in ihrem konkreten Verwendungskontext dieselbe Aussage: Basierend auf einer klaren Trennung von Innen und Außen wiesen sie dem privaten Binnenraum eine Schutzfunktion gegenüber einem als bedrohlich wahrgenommenen Außenbereich zu.

Ein weiteres zentrales sprachliches Element stellt das Verb ‚sich zurückziehen' dar, das Prozesse der Herstellung von sozialer oder räumlicher Distanz beschreibt. Eine sich zurückziehende Person schottet sich von bestehenden Beziehungen oder sie umgebenden Vorgängen ab. Die Semantik von ‚sich zurückziehen' stellt also ein agierendes Subjekt heraus. Daher erscheint der von Marcus beschriebene Rückzug in das eigene Haus als eine Grenzziehung, die er von innen her vorgenommen hatte.

Ihre Steigerung fand diese Konzeptualisierung des privaten Raums in der Verwendung von kompensatorischen Funktionszuschreibungen. Die eindeutige semantische Abgrenzung zwischen einem Innen und einem Außen, auf der das Rückzugsnarrativ einerseits beruhte und die es andererseits in seiner Verwendung auch immer wieder aktualisierte, bildete eine Voraussetzung dafür, dass den eigenen vier Wänden nicht nur eine Schutzfunktion nach außen zugeschrieben werden konnten. Die Abschottung nach außen charakterisierten einige Autorinnen und Autoren auf dieser Grundlage mit Begriffen, die dem Innenbereich eine ausgleichende Funktion für die Zumutungen des öffentlichen Raums beimaßen. Während in der Autobiographie des Rechtsanwalts Ernst Marcus der Aspekt des Schutzes dominierte, fand bei dem jüdischen Kaufmann Carl Schwabe der kompensatorische Charakter stärkere Beachtung. Schwabe schrieb: „Wir lebten in unserm Heim still und zurückgezogen, es war ein Glück, dort seinen Frieden zu finden. So kam das Jahr 1937. Es setzte mit einem verstärkten Kampf gegen die jüdischen Ärzte und Rechtsanwälte ein, ohne daß deshalb der Kampf gegen die andern Zweige des jüdischen Wirtschaftslebens erlahmt wäre."[58] Die erzählte Grenzziehung zwischen privatem Binnenraum und einem öffentlichem Außen fand hier darin ihren Ausdruck, dass dem Haus – ein Ort des Friedens – ein öffentlich-politischer Ort des Kampfes gegenübergestellt wurde. Die semantische Ge-

---

[58] Schwabe: Mein Leben in Deutschland, S. 61. Siehe außerdem ebd., S. 56.

genüberstellung von ‚Kampf' und ‚Frieden' vergrößerte den Abstand zwischen Innen und Außen, zwischen erholsamem Aufenthalt im privaten Haus auf der einen Seite und geschäftlichem Überlebenskampf auf der anderen Seite.[59]

Ausprägung und Verbreitung des Rückzugsnarrativs im Quellenkorpus

Die Konzeption des Privaten als Ort des Rückzugs war weder auf Privatwohnungen oder -häuser begrenzt, noch gebrauchten es ausschließlich die aufgrund ihrer jüdischen Herkunft verfolgten Autorinnen und Autoren. Max Reiner gehörte zum einen zwar aufgrund seiner jüdischen Herkunft zur Gruppe der Verfolgten, war zum anderen jedoch durch seine jahrelange Tätigkeit als politischer Redakteur des Ullstein-Verlags gefährdet. Während der Weimarer Republik war Reiner als Journalist der *Vossischen Zeitung* in die höchsten Kreise des politischen und kulturellen Berlins gelangt. Die Zeit vor der Machtübernahme schrieb er als eine Berufsautobiographie, die durch seine guten Kontakte zu Gustav Stresemann und anderen Politikern eng mit den politischen Geschehnissen der Zeit verwoben war.[60] Der berufliche Abstieg des liberalen Journalisten begann unmittelbar nach der Machtübernahme und endete mit seiner Entlassung aus dem Ullstein-Verlag zum 30. Juni 1933.

An mehreren Stellen des Dokuments berichtete Reiner von seinem Bemühen, sich von der ihn umgebenden Realität des Nationalsozialismus abzuschotten. Eine Möglichkeit dazu bot ihm nicht die eigene Wohnung, sondern eine Pension. An schönen Nachmittagen, so Reiner, sei er oft hinausgefahren: „Es war ein ruhiges Haus mit einem schönen Garten. Ziemlich isoliert. Das war ein grosser Vorzug, denn man wollte möglichst wenig mit der Aussenwelt in Berührung kommen, die so feindlich war."[61] Der private Raum zeichnete sich hier durch einen möglichst großen Abstand zu einer als „feindlich" charakterisierten „Außenwelt" aus. Es handelte sich um ein isoliert gelegenes, „ruhiges Haus", das in Reiners Erinnerung die Möglichkeit eines temporären Rückzugs bot. An diesem Beispiel wird deutlich, dass erzählte Grenzziehungen zwischen Innen und Außen einen privaten Rückzugsraum konstruierten, der begrifflich nicht an die die Ausdrücke ‚Privatwohnung' oder ‚Privathaus' gebunden war. Anders formuliert: der Begriff des privaten Raums ging nicht in den konkret-räumlichen Manifestationen der Privatwohnung oder des Privathauses auf.

Autorinnen und Autoren mit den unterschiedlichsten biographischen Hintergründen verwendeten das Rückzugsnarrativ. So stellten Zurückgezogenheit und Stille, bisweilen auch Erholung und Entspannung Attribute dar, mit denen jüdische und nichtjüdische Autorinnen und Autoren unterschiedlichen Alters einen

---

[59] Indes thematisierte Schwabe auch Probleme bei dem Versuch, sich in die private Häuslichkeit zurückzuziehen. Siehe dazu die Ausführungen im Kapitel V.2.
[60] Siehe insbesondere Reiner: Mein Leben in Deutschland, S. 101–103, 110–112.
[61] Ebd., S. 196. Siehe auch ebd., S. 191.

privaten Raum im Nationalsozialismus konzipierten.[62] Hilde Koch berichtete als politische Gegnerin des NS-Regimes über ihr Familienleben, sie hätten „sehr still und zurueckgezogen" gelebt, nachdem der Ehemann aus einer KZ-Haft zurückgekehrt war.[63] Eine andere Perspektive bietet die Autobiographie der 1898 geborenen Wienerin Gertrude Wickerhauser Lederer. Sie war als Nichtjüdin mit einem jüdischen Ehemann verheiratet und schrieb über die Zeit kurz nach dem Anschluss Österreichs an das Deutsche Reich: „Die Vorhänge wurden vor die Fenster gezogen, die Türen waren versperrt und wir fühlten uns sicher. Das waren jene glücklichen Tage, wo wir glaubten, des Abends und Nachts in unseren eigenen vier Wänden sicher zu sein."[64] Die Berlinerin Eva Wysbar war hingegen als Jüdin mit einem Nichtjuden verheiratet. Während sie im Ausland Betätigungsmöglichkeiten ihres Ehemanns, dem Regisseur Frank Wysbar, sondierte, habe ihr Mann „fast ein ganzes Jahr in freiwilliger Gefangenschaft" in ihrem „stillen, abgelegenen Haus" verbracht. Es sei ein Jahr „vollkommener Ruhe" gewesen, „die durch kein äußeres Ereignis gestört wurde".[65] Die Rückzugssemantik vereinte altersübergreifend eine Vielzahl von Autorinnen und Autoren, die – allen biographischen Unterschieden ungeachtet – Deutschland verlassen hatten, weil entweder sie selbst oder nahe Verwandte Zielscheibe der nationalsozialistischen Verfolgungspolitik geworden waren.

Grenzziehungen von außen: Das Haus als erzwungener Aufenthaltsort

Die Autorinnen und Autoren des Harvard-Preisausschreibens konzipierten einen privaten Raum nicht nur, indem sie Grenzziehungen als von innen vorgenommene Prozesse beschrieben. Eine Perspektivverlagerung artikuliert sich in Schreibweisen und Metaphoriken, die private Wohnungen und Häuser als erzwungene Aufenthaltsorte konzipierten. Thematisierte die erzählte Grenzziehung von innen den Rückzug in die eigenen vier Wände – also eine Außen/Innen-Bewegung –, so stellten Abgrenzungsprozesse von außen die Unmöglichkeit oder Schwierigkeit heraus, den privaten Raum zu *verlassen*. Es handelt sich dabei um Aussagen und Metaphern, mit denen die Autorinnen und Autoren private Räume als Orte des ‚Eingesperrtseins' konzipierten. Die in diesem Kontext naheliegende Gefängnismetapher findet sich allerdings nur in dem bereits zitierten Ausdruck der freiwilligen Gefangenschaft, mit dem die jüdische Autobiographin Eva Wysbar den Rückzug ihres Mannes in das eigene Haus charakterisierte. Wysbars Verwendung der

---

[62] Allerdings konnten jüdische Autorinnen oder Autoren, die den Antisemitismus der ‚Vor-Hitlerzeit' betonten, den Rückzugs-Topoi in diesen erzählten Zeitraum vorverlegen. Siehe Frankenthal: Der dreifache Fluch, S. 5.
[63] Vgl. Koch: Mein Leben in Deutschland, S. 66.
[64] Wickerhauser Lederer: Mein Leben in Oesterreich, S. 73.
[65] Vgl. Wysbar: „Hinaus aus Deutschland, irgendwohin...", S. 80. Zur Begriffsverwendung von ‚Gefängnis' siehe die Ausführungen unten.

Gefängnismetapher demonstriert, dass sich der Unterschied zwischen den beiden Abgrenzungsmustern verwässern konnte. Mit anderen Worten: Die Grenze zwischen einem selbst bestimmten Rückzug und einem erzwungenen Aufenthalt im privaten Raum konnte fließend sein. In anderen Autobiographien tritt der Unterschied jedoch sehr viel deutlicher hervor.

Hatte Ernst Marcus sein Haus mit einer Burg verglichen, die vor den „Stürmen der Zeit" Schutz bot, so charakterisierte die jüdische Ärztin Hertha Nathorff das Leben in ihrer Wohnung auf andere Weise. In ihrem Harvard-Beitrag, den sie für die erzählte Zeit seit der Machtübernahme in Tagebuchform einreichte, hatte sie bereits unter dem Datum vom 13. Oktober 1933 geschrieben, dass man ihr die „ruhige Sicherheit" und „den Frieden" ihres Hauses genommen habe. Hintergrund des Eintrags war der zehnjährige Hochzeitstag des Ehepaars Nathorff. Ein Jubiläum, das die Autorin aufgrund der veränderten politischen Situation allerdings nicht ausgelassen feiern konnte. Neben dem Verlust der Kassenpatienten führte sie unter anderem an, dass „jeder Weg über die Straße" eine Gefahr sei.[66]

Diese Sicht auf den öffentlichen Raum korrespondierte mit der metaphorischen Umschreibung des privaten Raums, die Nathorffs Beitrag für den 30. August 1934 verzeichnet. Zunächst berichtete sie von der Verkleinerung ihrer Wohnung und Praxis – anscheinend eine Folge verminderter Einnahmen und Konsultationen seit dem Verlust der Kassenpraxis. In einer Verordnung des Reichsarbeitsministers Franz Seldte vom 22. April 1933 wurde jüdischen Ärztinnen und Ärzten die kassenärztliche Zulassung entzogen. Vorläufige Ausnahmen galten wie bei dem kurz zuvor erlassenen ‚Gesetz über die Wiederherstellung des Berufsbeamtentums' etwa für Frontsoldaten oder die Kinder gefallener Soldaten.[67] Nathorff schrieb nun: „Und ich fühle, wie ich hier in dieser Wohnung Stück für Stück begraben werde. Warum denn nicht gleich und ganz? Ich kann unter dieser Hakenkreuzflagge, die jetzt aus allen Fenstern weht, nicht leben, nicht atmen."[68] Der Vergleich der eigenen Wohnung mit einem Grab liegt fernab von dem Deutungsmuster des Rückzugs in einen geschützten Bereich. Mit der Grabmetapher lassen sich je nach Verwendungskontext unterschiedliche Bedeutungen aktualisieren. Als sie die Metapher auf die eigene Wohnung anwendete, fokussierte Nathorff die Bedeutungen zunehmender Enge und des Eingesperrtseins in der eigenen Wohnung. Das Bild des lebendig Begrabenen, an das ihre Schilderung erinnert, unterstrich außerdem ihre Auswegslosigkeit und Hilflosigkeit, die Ohnmacht des Subjekts gegenüber der herrschenden Situation. Aufgrund der herausgestellten Merkmale der Enge, des Eingesperrtseins und der Ohnmacht lässt sich Nathorffs Konzeption des privaten Raums nicht mit Eva Wysbar als Ort „freiwilliger Gefangenschaft" bezeichnen. Mit der Grabmetapher hob Nathorff den *erzwungenen* Charakter des Lebens in den eigenen vier Wänden sehr viel stärker hervor.[69]

---

[66] Vgl. Nathorff: Das Tagebuch der Hertha Nathorff, S. 51.
[67] Vgl. Verordnung über die Zulassung von Ärzten zur Tätigkeit bei den Krankenkassen (22. 04. 1933), in: Reichsgesetzblatt v. 25. 04. 1933, Teil I, S. 222 f.
[68] Nathorff: Das Tagebuch der Hertha Nathorff, S. 61.
[69] Siehe außerdem ebd., S. 75, 102.

Orte des öffentlichen Raums – Straßen, Plätze, Parks usw. – erschienen manchen Harvard-Autorinnen und -Autoren als unbetretbar. „Man vermied es vor allem auszugehen. Ich selbst verliess zum Beispiel das Haus nur, wenn es unbedingt notwendig war."[70] Mit diesen Sätzen beschrieb der jüdische Rechtsanwalt Siegfried Merecki, der die visuelle Dominanz von NS-Symbolen im öffentlichen Raum Wiens eingehend thematisiert hatte, eine Schutzstrategie der Wiener Juden. Auf den vorangegangenen Seiten hatte er von den verschiedenen Mitteln berichtet, mit denen die Nationalsozialisten jüdische Bürger nach dem Einmarsch der Wehrmacht in aller Öffentlichkeit erniedrigt hatten. Ein Rezept, dem ‚Reiben' auf der Straße oder den Stürmer-Fotografen zu entgehen, bestand Merecki zufolge also darin, nur in dringenden Ausnahmefällen die Wohnung zu verlassen.

Wenige Seiten später illustrierte Merecki Unterschiede zwischen der Zeit vor und nach dem Einmarsch, indem er die veränderten Ausflugsgewohnheiten der Bevölkerung thematisierte. Am letzten Sonntag vor dem 12. März 1938 hatte er wie viele andere Wiener einen Ausflug in den nahe gelegenen Kaipark unternommen: „An den beiden nächsten Sonntagen, dem 13. und 20. März 1938", schrieb Merecki daraufhin, „hatte ich nicht gewagt, das Haus zu verlassen, denn da waren die Nazi gekommen." Am darauffolgenden Sonntag sei er jedoch wieder in den Park gegangen: „Die Erfahrung hatte nämlich gelehrt, dass an den Sonntagen die Belästigungen der Juden in den Strassen seltener oder überhaupt nicht vorkamen und da ich auch aus dem Fenster meiner Wohnung ausnehmen konnte, dass am Kai Ruhe herrsche, ging ich wieder am Vormittag hin." Diesmal traf er jedoch keine Sonntagsausflügler mehr wie noch drei Wochen zuvor. Selbst die „Arier" hätten es vorgezogen, „zuhause zu bleiben, um nicht bespitzelt zu werden".[71]

Merecki begriff den öffentlichen Raum als einen Bereich, der nicht nur für ihn – zumindest temporär – unbetretbar war, sondern sogar von der nichtjüdischen Bevölkerung gemieden wurde. Indem er schrieb, er habe nicht *gewagt*, das Haus zu verlassen, nahm der Aufenthalt im privaten Raum einen erzwungenen Charakter an: Die Unbetretbarkeit des öffentlichen Raums ging mit der ‚Einsperrung' in den privaten Raum einher.[72] Diese Konzeptualisierung von öffentlichem und privatem Raum, die auch in Nathorffs Grabmetapher zum Ausdruck kommt, steht im Gegensatz zum Rückzugsnarrativ, in dem die Autorinnen und Autoren das Private als geschützten und isolierten Bereich mit kompensatorischen Funktionen darstellten. Die in den autobiographischen Beschreibungen enthaltenen Grenzziehungen lassen sich im Fall von Nathorff und Merecki treffender als Abgrenzungen von außen beschreiben: In ihren Deutungen sperrte die Gefährlichkeit, Angst vor Verfolgung oder Demütigung im öffentlichen Raum die Menschen in ihre eigenen vier Wände ein. Im Fall von Merecki wird jedoch auch deutlich, dass er diese Einsperrung nicht einfach hinnahm. Unter welchen Bedingungen der öffentliche

---

[70] Merecki: Mein Leben in Deutschland, S. 44.
[71] Ebd., S. 47.
[72] Siehe für weitere Beispiele Neustätter: Mein Leben in Deutschland, S. 18; Baerwald: Mein Leben in Deutschland, S. 36.

Raum betretbar war, war anscheinend Gegenstand seiner alltäglichen Überlegungen. Indem er die aktuelle Situation in Wien und speziell in seiner Nachbarschaft beobachtete und deutete, war es ihm möglich, von Zeit zu Zeit den öffentlichen Raum wieder zu betreten.

3. Binnendifferenzierung des privaten Raums: Konstruktionen jüdischer und nichtjüdischer Häuser

Konstruktionen jüdischer und nichtjüdischer Häuser mit dem Rückzugs- und Gefängnisnarrativ

In seinen Erinnerungen thematisierte der Bonner Arzt Arthur Samuel nicht nur die Umgestaltung des öffentlichen Raums beim Aprilboykott. Als Cellist eines privaten Streichquartetts traf er sich mit den übrigen Mitgliedern auch am Boykottabend:

> „Wir hatten uns in einem anderen Hause zum Quartett verabredet an jenem Boykottabend. Es musste natürlich ein arisches Haus sein. Wäre es doch herausfordernd gewesen, hätte am Boykottabend aus einem jüdischen Hause heraus Musik erklungen. [...] An diesem Abend hatten wir gerade ein Quartett Mozarts beendet, als atemlos meine Frau hereinstürmt. Sie ist blass und sagt nur: ‚Gott sei Dank, dass Du da bist.' Wir waren alle ganz verstört und es dauerte eine Weile, ehe wir den Wechsel der Situation erfassen konnten. Meine Frau hatte, während wir musizierten, durch einen Bekannten telefonisch gehört, ‚ich sei verhaftet.'[sic!]"[73]

Aus Angst vor Überwachung der jüdischen Telefone hatte sich die Frau persönlich davon überzeugen wollen, dass ihr Ehemann nicht verhaftet war. Sie fuhr in das „Quartetthaus", wo sie Samuel „glücklich vertieft in Mozart und Haydn" antraf: „Hitler und seine Freunde hatten wir ganz vergessen."[74] Aufschlussreich ist diese Episode deshalb, weil sie zeigt, dass einzelne Harvard-Autorinnen und -Autoren zwischen einem jüdischen und einem nichtjüdischen privaten Raum differenzierten.

Samuel unterschied in dem Zitat ein ‚arisches' Haus von einem jüdischen Haus und thematisierte indirekt die Bedeutung dieser Unterscheidung für das Leben im Nationalsozialismus. Es handelt sich hier folglich nicht um eine rein erzählerische, sondern auch um eine *erzählte* Differenzierung – eine Unterscheidung, mit der die erinnerten Personen operiert hatten. Auf ihrer Grundlage wählten Samuel und seine Musikerfreunde am Boykottabend anstelle des jüdischen Hauses ein ‚arisches' Haus aus. Doch auf welchen inhaltlichen Merkmalen beruhte wiederum diese Unterscheidung?

Der Autobiograph Samuel sprach seinem Vergangenheits-Ich und dessen Freunden einen einstigen Erwartungshorizont zu: Es wäre zu provokativ gewesen, hätte ausgerechnet am Boykottabend Musik aus einem jüdischen Haus geklungen.

---

[73] Samuel: Mein Leben in Deutschland, S. 415.
[74] Ebd., S. 415.

Samuel und sein Freunde antizipierten also eine Gefahr, womit der Vergleich von jüdischem und nichtjüdischem Haus letztlich um den Aspekt der Sicherheit kreiste. Im Fortlauf der Erzählung spitzte sich dieser Gegensatz zwischen unsicherem jüdischen Haus und sicherem nichtjüdischen Haus weiter zu. Indem der Autor schrieb, seine Frau habe ihn schließlich „glücklich vertieft in Mozart und Haydn" angetroffen und hinzufügte, „Hitler und seine Freunde" hätten sie „ganz vergessen", versah er das ‚arische' Haus mit Eigenschaften der Rückzugssemantik. Samuel schilderte das Ereignis rückblickend so, dass er in der sicheren Umgebung des nichtjüdischen Hauses eine mentale Distanz zu den Vorgängen des Boykotts und der Verhaftungen aufbauen, mithin sich in eine private Welt des Musizierens zurückziehen konnte. Eingeleitet hatte Samuel die Episode hingegen mit der Bemerkung, alle Juden hätten am Boykottabend „verängstigt hinter verschlossenen Türen" gesessen.[75] Der jüdische private Raum erschien dem Autor damit nicht nur als unsicher wahrgenommener Ort. Der Kontrast zu dem nichtjüdischen Haus erreichte bei ihm eine zusätzliche Steigerung dadurch, dass diese Charakterisierung an jenes Grenzziehungsmuster erinnert, das den privaten Raum als einen erzwungenen Aufenthaltsort konstruierte: Angst vor den Vorgängen auf der Straße schloss die Juden in ihre Häuser ein.

Ebenso charakterisierte die nichtjüdische Autorin Gertrude Wickerhauser Lederer das nichtjüdische Haus mit Hilfe einer Metapher des Rückzugsnarrativs. Die Übersetzerin lebte mit ihrem jüdischen Ehemann und drei Kindern, davon zwei aus erster Ehe, im Wiener Stadtteil Grinzing. Den Charakter eines sicheren Rückzugsortes vermochte sie rückblickend ihrem Haus nur für einen befristeten Zeitraum zuzubilligen.[76] Und dies, obwohl ihr Haus, wie sie an anderer Stelle hervorhob, zu einem „arischen Haus erklärt worden" war, da ihr Mann der einzige „Nichtarier" gewesen sei.[77] Als sie jedoch von einem Besuch bei ihrem Vetter berichtete, schrieb sie über dessen Wohnung:

„Diese altmodische Wohnung, die Fenster gingen auf weite Höfe und ein paar alte Gärten, war wie eine Insel. Mein Vetter und seine Frau, eine Rheinländerin, waren Arier, politisch uninteressiert und ungefährdet. Daß sie die Nazi nicht mochten, war dem kleinen Kreis um sie herum kein Geheimnis. Da sie aber auch alle Nazi darunter sehr gern hatten, konnte das nicht schaden."[78]

Mit Hilfe der Insel-Metapher charakterisierte die Autorin die Wohnung ihres Vetters als ‚idealen' Zufluchtsort, den sie aus den Eigenschaften seiner Bewohner herleitete: Beide galten als ‚arisch' und waren zudem politisch nicht gefährdet. Zwar verglich Wickerhauser Lederer nicht direkt jüdische und nichtjüdische Häuser in dem Zitat miteinander. Ihre Auflistung der Eigenschaften des Vetters und seiner Frau verweist aber indirekt darauf, welche Häuser in ihrem Deutungshorizont nicht als ‚Inseln' galten: solche, in denen ‚nichtarische' oder politisch gefährdete Personen lebten. Die implizite Unterscheidung zwischen sicheren, abgeschiedenen

---

[75] Vgl. ebd., S. 414.
[76] Vgl. Wickerhauser Lederer: Mein Leben in Oesterreich, S. 73.
[77] Vgl. ebd., S. 112 f.
[78] Ebd., S. 69.

‚Inseln' und unsicheren privaten Räumen differenzierte die Österreicherin also anhand zweier Kriterien aus: dem politischen und dem ‚rassischen' Status der Bewohner. Ihr eigenes Haus fiel somit unter die Kategorie der unsicheren und gefährdeten Häuser, was die Autorin noch in derselben Episode zur Sprache brachte. Auch in der sicheren Umgebung des Vetters habe die Sorge um das Wohlergehen der zu Hause zurückgebliebenen Mutter sowie der Kinder die Gedanken ihres Vergangenheits-Ichs dominiert.[79]

Die Autorinnen und Autoren des Quellenkorpus identifizierten Sicherheit und Unsicherheit nicht durchgängig als Eigenschaften jüdischer bzw. nichtjüdischer Häuser. Die Burgmetapher bei Ernst Marcus veranschaulicht diesen Sachverhalt: das Rückzugsnarrativ, mit dem häufig die Vorstellung vom privaten Raum als ein nach außen geschützter Bereich einherging, bezogen jüdische Autorinnen und Autoren auch auf ihre eigenen Häuser. Im expliziten oder impliziten Vergleich griffen Samuel und Wickerhauser jedoch Charakteristika des Rückzugs- bzw. Gefängnisnarrativs auf und ordneten sie jeweils dem ‚arischen' bzw. jüdischen Haus zu.[80]

Vom Haus als Ort der Integration zum Konzept der privaträumlichen Segregation

An zwei zentralen Bedeutungsträgern des Privaten, dem Familien- und dem Freundvokabular, wurde bereits aufgezeigt, dass die Konzepte der Nation und der Konfession im erzählten Zeitraum vor der Machtübernahme Integrationsnarrative unterstützten: Familiengeschichten legitimierten nationale Zugehörigkeit, Freundschaft überbrückte konfessionell bestimmte Unterschiede zwischen Juden und Nichtjuden auf der Folie einer vorgestellten gemeinsamen nationalen Identität.[81] Ebenso verwendeten Autorinnen und Autoren die Wörter ‚Haus' und ‚Wohnung' im Rahmen des Integrationsnarrativs. Wenn die jüdischen Autorinnen und Autoren positive Beziehungen zwischen Juden und Nichtjuden belegen wollten, führten sie unter anderem Beispiele räumlicher Nähe an. Die Verwendung des Hausvokabulars weist daher vor allem eine kontextuelle Überschneidung mit dem Freundbegriff auf. Aufgrund ihrer privaten Konnotation veranschaulichten beide im Rahmen des Integrationsnarrativs eine Verflechtung jüdischer und nichtjüdischer Lebenswelten im erzählten Zeitabschnitt. So schrieb Arthur Samuel etwa über seine Kindheit im Kaiserreich, zu seinem Vater und Großvater seien „Christen und Juden als gute Freunde" gekommen.[82] Hugo Moses erinnerte für diesen Zeitraum, dass in seinem „elterlichen Hause [...] viele Gaeste" ein- und ausgegan-

---

[79] Vgl. ebd., S. 71.
[80] Für ein weiteres Beispiel siehe außerdem Wysbar: „Hinaus aus Deutschland, irgendwohin...", S. 103.
[81] Siehe die Ausführungen in den Kapiteln VII.1. und VIII.2.
[82] Vgl. Samuel: Mein Leben in Deutschland, S. 402.

gen seien und fügte ergänzend hinzu, dass „nie ein Unterschied zwischen Juden und Andersglaeubigen" gemacht worden sei.[83]

Ebenso wie im Fall des Freundvokabulars deutet sich auch für den privaten Raum an, dass die spezifischen Zeitkonstruktionen den Gebrauch bestimmter Semantiken begünstigten. Die – eigentlich politische – Autobiographin Käte Frankenthal etwa, die die gesellschaftliche Isolation der deutschen Juden in der ‚Vor-Hitlerzeit' betonte, verwendete dementsprechend die Rückzugssemantik in ihrer Kindheitserzählung. „Zu Hause lebten wir ziemlich zurückgezogen. Nach meiner Kindheitserfahrung verstand und billigte ich die Gründe vollkommen", urteilte die einstige SPD-Politikerin und fügte hinzu: „Mit 16 teilte ich alles Misstrauen und alle Unsicherheit der jüdischen Kreise."[84]

Das Narrativ der politischen und gesellschaftlichen Trennung von Juden und Nichtjuden bestimmte auch, wie die Autorinnen und Autoren den privaten Raum nach der Machtübernahme konzipierten: Anstelle von Erzählungen, die das Haus als Ort der Integration portraitierten, dominierte nun das Konzept einer privaträumlichen Segregation.

Vor der Analyse dieses Konzepts ist jedoch ereignisgeschichtlich festzuhalten, dass eine rechtliche Regulierung der Mietverhältnisse, die in der Schaffung sogenannter ‚Judenhäuser' mündete, im Frühjahr 1939 erfolgte und somit die Mehrzahl der jüdischen Harvard-Autorinnen und -Autoren nicht mehr betraf. Grundlage hierfür bildete ein Gesetz vom 30. April 1939, das es nichtjüdischen Vermietern gestattete, gegenüber ihren jüdischen Mietern eine sofortige Zwangskündigung auszusprechen, sofern die Gemeinde eine alternative Unterbringungsmöglichkeit bescheinigte. Allgemein verbot es Untermietverhältnisse zwischen Juden und Nichtjuden. Das Gesetz erleichterte einerseits die Lösung von nichtjüdisch-jüdischen Mietverhältnissen und stattete andererseits die Gemeindebehörden mit Befugnissen aus, Juden in solchen Häusern zu konzentrieren, die in jüdischem Besitz standen.[85] Die auf dieser Grundlage geschaffenen ‚Judenhäuser' stellten häufig die letzte Station vor der Deportation in die Lager und Ghettos dar.[86]

---

[83] Vgl. Moses: Mein Leben in Deutschland, S. 2. Siehe außerdem Lohr: [Mein Leben in Deutschland vor und nach dem 30. Januar 1933], S. 6.

[84] Frankenthal: Der dreifache Fluch, S. 5.

[85] Vgl. Gesetz über Mietverhältnisse mit Juden (30. 04. 1939), in: Reichsgesetzblatt v. 04. 05. 1939, Teil I, S. 864 f. Eine Durchführungsverordnung vom 04. Mai 1939 unterstrich dieses Vorhaben und betonte, dass Ghettobildungen zu vermeiden seien: Vgl. Walk (Hg.): Das Sonderrecht für die Juden im NS-Staat, S. 293. Zur Entstehungsgeschichte des Gesetzes siehe außerdem Führer, Karl C.: Mit Juden unter einem Dach? Zur Vorgeschichte des nationalsozialistischen Gesetzes über Mietverhältnisse mit Juden, in: 1999. Zeitschrift für Sozialgeschichte des 20. Jahrhunderts 7 (1992), S. 51–62; Friedländer: Das Dritte Reich und die Juden, S. 310–314, 344.

[86] Siehe Kwiet, Konrad: Without Neighbours. Daily Living in „Judenhäuser", in: Francis R. Nicosia/David Scrase (Hg.): Jewish Life in Nazi Germany. Dilemmas and Responses, New York 2010, S. 117–148.

Wenngleich die Schaffung von ‚Judenhäusern' außerhalb des Erfahrungsraums der meisten hier untersuchten Autorinnen und Autoren lag,[87] so korrespondierte doch die sprachliche Konzeption des privaten Raums mit dieser Maßnahme. Bis zum Zeitpunkt der Niederschrift hatte sich im jüdischen Erfahrungsraum das Konzept einer privaträumlichen Segregation etabliert, das die Unterscheidung jüdischer und nichtjüdischer Wohnungen im erzählten Zeitabschnitt nach der Machtübernahme neu semantisierte: entweder in Form wechselseitiger Zugangsverbote oder in problematisierenden Semantiken des Zusammenlebens.

Ausgrenzungserfahrungen aus Hausgemeinschaften bildeten eine der narrativen Folien, auf denen die private Räumlichkeit thematisiert wurde. So auch in der Autobiographie der Dramaturgin Eva Wysbar. Wysbar lebte mit dem nichtjüdischen Filmregisseur Frank Wysbar und ihren zwei Kindern in Berlin. Aufgrund der Prominenz ihres Ehemanns versuchten beide nach außen den Schein aufrechtzuerhalten, dass sie in Scheidung lebten. Währenddessen sondierte Eva Wysbar im Ausland Betätigungsmöglichkeiten für ihren Mann. Auch ihre eigene Emigration in die Vereinigten Staaten 1938 bereitete die Berlinerin durch einen solchen zweiwöchigen Besuch vor. Unmittelbar zuvor hatte sich die Familie eine neue Wohnung gemietet, um den „langen und kostspieligen Mietvertrag" der alten Wohnung nicht verlängern zu müssen.[88] Vor Abschluss des Mietvertrags, so wird in der Autobiographie berichtet, hatte Wysbar sichergestellt, dass die neue Vermieterin, Frau K., keine Anhängerin des Nationalsozialismus war. „In dem Haus der Frau K. also konnten wir uns sicher fühlen", resümierte Wysbar daraufhin ihren einstigen Erwartungshorizont – dieser stellte sich jedoch schon bei ihrer Rückkehr aus den Vereinigten Staaten als unberechtigt heraus. Denn sie habe, so ist im Anschluss zu lesen, es unglücklicherweise unterlassen, sich „nach der anderen Mietspartei im Hause zu erkundigen".[89]

Es habe sich herausgestellt, dass es sich bei ihrem Mitmieter um General von Roques handelte, Präsident des Reichsluftschutzbundes und laut Wysbar der „gefährlichste Mitbewohner, den wir hätten finden können".[90] Wysbars Angaben zufolge handelte es sich um Karl von Roques (1880–1949), Befehlshaber im rückwärtigen Heeresgebiet, der 1948 im OKW-Prozess zu 20 Jahren Haft verurteilt wurde.[91] Nach ihrer kurzen Vorstellung des Nachbarn erläuterte Wysbar, was sich in ihrer Abwesenheit zugetragen hatte: „Nachdem Herr von Rocques erfahren hatte, dass eine jüdisch versippte Familie in sein Haus gezogen war, forderte er Frau

---

[87] Einzig der österreichische Autor Philipp Flesch berichtete davon. Siehe Flesch: Mein Leben in Deutschland, S. 26.
[88] Vgl. Wysbar: „Hinaus aus Deutschland, irgendwohin…", S. 102.
[89] Vgl. ebd., S. 103.
[90] Vgl. ebd., S. 104.
[91] Siehe Klee, Ernst: Das Personenlexikon zum Dritten Reich. Wer war was vor und nach 1945 (= Fischer, Band 16048), Frankfurt a. M. 2007, S. 507; Hasenclever, Jörn: Wehrmacht und Besatzungspolitik in der Sowjetunion. Die Befehlshaber der rückwärtigen Heeresgebiete 1941–1943 (= Krieg in der Geschichte, Band 48), Paderborn 2010 (zugl. Diss. Univ. Münster 2007), S. 96–108.

K., die Besitzerin des Hauses auf, diese Familie binnen 24 Stunden aus dem Hause zu weisen."[92] Anschließend referierte Wysbar die Gründe, die der General in seinem Brief an die Vermieterin genannt hatte:

„1. Es sei eine wissentliche Beleidigung, dass Frau K. ihm und seiner Frau als alten Kämpfern der Partei ein Zusammenwohnen mit Juden beziehungsweise Halbjuden zumutete.
2. Es sei unerträglich, gezwungen zu sein, von ihrem Fenster aus auf den Teil des Gartens zu sehen, in dem die Judenmischlinge spielten.
3. und wichtigens: Seine gesellschaftliche Stellung sei auf das Schwerste gefährdet, da er keinesfalls Gäste in ein Haus laden könne, in dem diese gewärtig sein mussten, auf dem gemeinsamen Treppengang Juden und Mischlingen beiderlei Geschlechts zu begegnen."[93]

Als die Vermieterin sich weigerte, den Mietvertrag mit Wysbars Ehemann anzufechten, habe der General geantwortet, „dass ein Arier im Dritten Reich nicht gezwungen werden könne, mit Nichtariern unter einem Dache zu leben". Die Autorin kommentierte diese Aussage in einer Parenthese, in der sie in Anspielung auf das Gesetz vom 30. April 1939 schrieb, die zukünftige Gesetzgebung habe dem Mitmieter in seiner Meinung recht gegeben.[94]

Dass sie hier einen Bereich des privaten Lebens thematisierte, signalisierte Wysbar mit den Ausdrücken ‚zusammenwohnen' und ‚unter einem Dach leben'. Beide hoben auf die Bedeutung eines *ungeteilten* privaten Raums ab und rückten folglich die räumliche Trennung privaten Raums durch verschiedene Wohnungen innerhalb eines Hauses in den Hintergrund. Die Semantik von ‚zusammenwohnen' und ‚unter einem Dach leben' drückte in diesem Verwendungskontext räumliche Nähe der darin lebenden Personen zueinander aus. Erst auf dieser semantischen Hintergrundfolie ergab sich aus der von Wysbar gezeichneten Perspektive des Generals der eigentliche Skandal: dass er sich mit einer jüdischen Partei *denselben* privaten Raum zu teilen hatte.

Die Konstituierung eines gemeinsamen privaten Raums beruhte indes auf Semantiken seiner Problematisierung: Das Zusammenwohnen mit Juden stellte in Wysbars Deutung für den General eine Zumutung, eine Beleidigung und obendrein eine Gefahr für das Sozialprestige des ‚Ariers' dar. Sie legitimierten die Forderung des Generals, dass die jüdische Familie den gemeinsamen privaten Raum zu verlassen habe. Gerade diese Argumentation findet sich auch in anderen Harvard-Dokumenten. Der jüdische Lehrer Ernst Loewenberg hatte seit 1923 in einem Haus gelebt, das einer Eigentümergemeinschaft gehörte. Während vor der Machtübernahme die Anteilseigner im guten Einvernehmen miteinander gelebt hätten, habe es danach Probleme gegeben. Nun habe ein „arischer Arzt" erklärt,

---

[92] Wysbar: „Hinaus aus Deutschland, irgendwohin…", S. 106.
[93] Ebd., S. 106. Nicht zu überprüfen ist, wie eng sich Wysbars paraphrasierende Wiedergabe des Briefes am Originalbrief orientierte. Jedenfalls lässt sich dem Anschreiben an die Harvard-Wissenschaftler entnehmen, dass sie nicht im Besitz des Briefes war. Das Anschreiben ist abgedruckt bei Garz, Detlef: „Die Sonne ging nicht auf, sie ging unter in Deutschland." Zur „Gesellschaftsbiographie" von Eva Wysbar, in: ebd., S. 113–144, hier S. 114.
[94] Vgl. ebd., S. 106 f.

„dass man ihm nicht zumuten könne in einem jüdischen Haus zu wohnen".[95] Die von den Autorinnen und Autoren berichteten Forderungen nichtjüdischer Deutscher, jüdischen und ‚arischen' privaten Raum voneinander zu trennen, beinhalteten immer auch die Konstituierung eines gemeinsamen privaten Raums: Erst die Identifizierung eines ‚Problems' – die Unzumutbarkeit des Zusammenlebens mit Juden – brachte den jüdisch-nichtjüdischen privaten Raum hervor, dessen Entflechtung oder Auflösung im Anschluss gefordert werden konnte.

Die Berichte Loewenbergs oder Wysbars, wonach einzelne ‚Volksgenossen' der gesetzlich vorangetriebenen Segregation privaten Raums vorgriffen, lassen sich an Entwicklungstendenzen der Vorkriegsjahre rückbinden. Für die herausgearbeitete Form der semantischen Binnendifferenzierung des privaten Raums waren zahlreiche Initiativen ‚von unten' grundlegend, die den Geist der gesetzlichen Regulierung vom April 1939 vorweggenommen hatten. Seit 1935, bemerkt etwa Karl Christian Führer, zeichnete sich „der erste Ansatz zu einer systematischen Diskriminierung von Juden auf dem Wohnungsmarkt" ab.[96] Hauptakteure waren hier die gemeinnützigen Wohnungsunternehmen, deren Hauptverband 1935 noch vor Erlass der Nürnberger Gesetze Neuvermietungen an Juden ausschloss, sowie der *Reichsbund der Haus- und Grundbesitzervereine*, der seinen Mitgliedern empfahl, sich den ‚arischen' Status neuer Mieter bescheinigen zu lassen. Letzterer spekulierte nicht zuletzt auch auf frei werdende Vermögenswerte, sollte es zu einer Arisierung jüdischen Hauseigentums kommen.[97]

Insgesamt hatte sich der Druck auf jüdische Mieter bis ins Jahr 1938 hinein enorm verstärkt. Hielten Gerichte zu Beginn der Machtübernahme noch den Mieterschutz für jüdische Beklagte aufrecht, so verhalfen sie über die Jahre zunehmend einem Rassensonderrecht zur Durchsetzung. Seit November 1938 sind laut Führer keine Urteile dokumentiert, in denen die Rechtsprechung den Interessen der jüdischen Mieter folgte.[98] Als ein Nürnberger Gericht 1938 in der Zugehörigkeit eines Beklagten zum Judentum kein schuldhaftes Verhalten erkennen konnte – und damit der Aufhebungsklage nicht stattgeben wollte – stieß dies auch medial auf harsche Kritik.

Der Berliner Staatsanwalt Friedrich Wilhelm Adami mahnte 1938 in der einschlägigen Fachzeitschrift *Juristische Wochenschrift*, es könne einem „arischen Hauseigentümer heute keinesfalls mehr zugemutet werden, einen jüdischen Mieter in seinem Haus dulden zu müssen".[99] Das ‚Problem' eines geteilten privaten Raums löste Adami dadurch, indem er das politische Konzept der Volksgemein-

---

[95] Loewenberg: Mein Leben in Deutschland, S. 79. Siehe außerdem Merecki: Mein Leben in Deutschland, S. 37; Baerwald: Mein Leben in Deutschland, S. 67; Reiner: Mein Leben in Deutschland, S. 173; Nathorff: Das Tagebuch der Hertha Nathorff, S. 114; Oppenheimer: Mein Leben in Deutschland, S. 5 f.
[96] Führer: Mit Juden unter einem Dach?, S. 51.
[97] Vgl. ebd., S. 51–53.
[98] Vgl. ebd., S. 57.
[99] Adami, Friedrich Wilhelm: Das Kündigungsrecht wegen eines jüdischen Mieters, in: Juristische Wochenschrift 67 (1938), S. 3217–3220, hier S. 3219.

schaft auf den privaten Raum übertrug. An bereits bestehende juristische Deutungen anknüpfend rekurrierte der Staatsanwalt – parallel zur Betriebsgemeinschaft – auf eine „Hausgemeinschaft", die auf dem „nationalsozialistische[n] Gemeinschaftsgedanke[n]" basiere.[100] Da dieser Gedanke aber nur „unter Menschen gleicher Art und gleichen Blutes verwirklicht werden" könne und der Nationalsozialismus „auf allen Gebieten des völkischen Lebens auf eine reinliche [...] Scheidung zwischen dem Deutschen und dem Juden" hinarbeite, müsse dem „arischen Vermieter" das Kündigungsrecht zugesprochen werden.[101] Unzumutbar sei die Fortsetzung eines Mietvertrags für den „arischen Vermieter" nicht nur, weil ein solcher Vertrag gegenseitiges Vertrauen voraussetze, sondern auch aufgrund der nicht zu vermeidenden Begegnungen im Haus.[102]

Semantisch radikaler gab sich das Hausblatt der SS, *Das Schwarze Korps*, das Urteile wie in Nürnberg zum Anlass nahm, um allgemein die „Entjudung der Wohnungen" – im Notfall auch ohne Hilfe der Richter – zu fordern.[103] Auch die Hamburger Presse berichtete seit dem Sommer 1938 über Gerichtsurteile, die sich mit Wohnungskündigungen zwischen jüdisch-nichtjüdischen Mietparteien befassten. Das *Hamburger Tageblatt* titelte etwa: „Juden im Haus sind Störenfriede".[104] Das Konzept einer wohnräumlichen Segregation auf der Basis rassischer Kategorien zirkulierte in einer breiten Öffentlichkeit, bevor die Partei- und Staatsspitzen mit dem ‚Aprilgesetz' von 1939 eine zu dem Zeitpunkt gültige Rechtspraxis nachträglich legalisierten.[105]

Die problematisierenden Semantiken, die sich in den Harvard-Autobiographien finden lassen, waren also Bestandteil eines breiteren gesellschaftlichen Diskurses über das Zusammenleben jüdischer und nichtjüdischer Deutscher unter einem

---

[100] Vgl. ebd., S. 3218. Siehe dazu auch die ähnliche Interpretation des Mietrechtsexperten Fritz Kiefersauer: Kiefersauer, Fritz: Die Miete. Eine Systematik des geltenden Raummietrechts, München/Berlin 1937, S. 5 f. Siehe außerdem: Herrmann, J.: Der Deutsche Einheitsmietvertrag und die Notwendigkeit der Neugestaltung des sozialen Mietrechts (Abgedruckte Rede vom 29. Oktober 1936), in: Bund Deutscher Mietervereine e. V. (Hg.): Mietrecht, Wohnungs- und Siedlungsfragen: Reden, Dresden 1936, S. 36–56, hier S. 44.

[101] Vgl. Adami: Kündigungsrecht, S. 3218.

[102] Vgl. ebd., S. 3218.

[103] So fördert man die Entjudung!, in: Das Schwarze Korps v. 3. 11. 1938, S. 11, zit. nach: Führer: Mit Juden unter einem Dach?, S. 57. Zur Berichterstattung des *Schwarzen Korps* über Gerichtsurteile siehe Zeck, Mario: Das Schwarze Korps. Geschichte und Gestalt des Organs der Reichsführung SS (= Medien in Forschung und Unterricht. Serie A, Band 51), Tübingen 2002 (zugl. Diss. Univ. Tübingen 2000), S. 257–260.

[104] „Juden im Haus sind Störenfriede", in: Hamburger Abendblatt v. 18. 12. 1938, zit. nach: Schwarz, Angela: Von den Wohnstiften zu den „Judenhäusern", in: Angelika Ebbinghaus/Karsten Linne (Hg.): Kein abgeschlossenes Kapitel: Hamburg im „Dritten Reich", Hamburg 1997, S. 232–247, hier S. 235. Siehe dort auch eine Beschreibung der behördlich vorangetriebenen räumlichen Ausgrenzung von Juden aus dem paritätischen Wohnstiftungswesen in Hamburg.

[105] Vgl. ebd., S. 238. Für eine Darstellung zum Zustandekommen des Gesetzes siehe Essner: Die „Nürnberger Gesetze", S. 262–266.

Dach.[106] Das handlungsleitende Potenzial des Konzepts privaträumlicher Segregation verdeutlicht indes auch der Ausgang von Wysbars Geschichte. Da sich die Vermieterin weigerte, dem Ansinnen des Generals von Roques nachzukommen, und dieser es nicht mit seiner Überzeugung in Einklang zu bringen vermochte, gemeinsam in einem Haus mit Juden zu wohnen, zog er schließlich aus. Die Vermieterin musste jedoch für ihre Standhaftigkeit bezahlen: Laut Wysbar klagte der General erfolgreich gegen Frau K. auf Rückerstattung der angefallenen Auszugskosten.[107] Das hätte vermutlich auch den Vorstellungen des Berliner Staatsanwalts Adami entsprochen, der dem ‚arischen' Mieter ein außerordentliches Kündigungsrecht zubilligen wollte, der sich zum „Rassenstandpunkt" der NSDAP bekenne und daher das „Zusammenwohnen mit Juden unter einem Dache" ablehne. Angesichts „der Bedeutung des Rassenproblems" müsse dem Vermieter zugemutet werden, den „Mieter unaufgefordert" über etwaige jüdische Mitmieter aufzuklären, so Adami.[108]

4. Der Einbruch ins Innere: Schilderungen des Novemberpogroms

Zur autobiographischen Verortung des Novemberpogroms

„Die Progrome [sic!] in Russland im Jahre 1905, die Progrome [sic!] in Rumaenien und in allen anderen Laendern der Welt verblassten dagegen. Diese waren nur Ausfluesse der oeffentlichen Meinung und ihre Auswuechse, jene jedoch waren von der Regierung planmaessig organisiert und gefoerdert. Nichts von dem, was an Leiden, an Entbehrungen, an Demuetigungen und an Schrecklichem dieser Zeit vorherging, ist mit dieser einen Nacht zu vergleichen. […] Als eine Horde vertierter Bestien in Uniform in voelliger Trunkenheit Hab und Gut, die Vergangenheit und die Zukunft von tausenden Menschen in einer Stunde zu Grunde richtete, als blutgierige, verwilderte, brutale Kreaturen, gedeckt und geschuetzt durch die braunen und schwarzen Uniformen der herrschenden Partei arme gequaelte Menschen zu Tausenden hinschlachteten und tausende von armen Menschen sadistisch misshandelten."[109]

Hugo Moses, 1895 geboren und der Verfasser des Zitats, stand zum Zeitpunkt der Machtübernahme mitten im Berufsleben. Rückblickend bildete jedoch nicht der Bruch seiner beruflichen Laufbahn als Angestellter einer Großbank den Anlass für die Emigrationsentscheidung, vielmehr identifizierte Moses die Ereignisse des Novemberpogroms als ausschlaggebend.[110] Welche Bedeutung schrieben die Harvard-Autorinnen und -Autoren den Pogromen für die eigene Biographie zu und welche Deutung des Nationalsozialismus transportierten sie darin?

---

[106] Auch in nichtjüdischen Autobiographien findet sich das Konzept der privaträumlichen Segregation. Siehe Wickerhauser Lederer: Mein Leben in Oesterreich, S. 112 f., 221; ‚Bollmann': Mein Leben in Deutschland, S. 22.
[107] Vgl. Wysbar: „Hinaus aus Deutschland, irgendwohin…", S. 106–108.
[108] Vgl. Adami: Kündigungsrecht, S. 3220.
[109] Moses: Mein Leben in Deutschland, S. 8.
[110] Vgl. ebd., S. 17.

Hugo Moses stellte zunächst die historische Signifikanz des Novemberpogroms heraus. Im Vergleich des Novemberpogroms mit vorangegangenen Pogromen in Russland und Rumänien postulierte er im Ergebnis eine Unvergleichbarkeit der deutschen Ereignisse. Dadurch konstruierte er den Novemberpogrom als ein in seinen negativen Ausmaßen präzedenzloses historisches Ereignis. Die Ereignisse „dieser einen Nacht", konstatierte Moses, seien mit nichts Vorangegangenem „zu vergleichen".[111] Im Erfahrungsraum des Autobiographen, der kurz vor der einsetzenden massenhaften Ermordung der europäischen Juden seine Erinnerungen niederschrieb, bildete der Novemberpogrom den bis dahin unerreichten negativen Höhepunkt in der Verfolgungsgeschichte der Juden.[112]

Moses Deutung des Novemberpogroms pendelte zwischen zwei spannungsreichen Polen. Einerseits bescheinigte der Autor den Ereignissen einen geplanten und rationellen Charakter. Den offiziellen Redeweisen über eine spontan entflammte ‚Volkswut' setzte er – die Regime-Propaganda gleichsam entlarvend – die planmäßige Organisation durch die Regierung entgegen. Andererseits galt ihm der Novemberpogrom als ein Zivilisationsbruch in der Geschichte, als Rückfall in die ‚Barbarei'. Damit knüpfte er an ein Deutungsmuster an, das bereits sehr früh in der öffentlichen Rezeption des Novemberpogroms zirkulierte.[113] Als „Horden vertierter Bestien" und „blutgierige, verwilderte, brutale Kreaturen", die ihre Opfer „zu Tausenden hinschlachteten" und „sadistisch misshandelten", charakterisierte Moses dementsprechend die nationalsozialistischen Akteure des Pogroms. Indem er sie auf eine Stufe mit Tieren stellte, ‚entmenschlichte' Moses die Verfolger: Mit einem zivilisatorischen Menschheitsverständnis waren die Taten der Nationalsozialisten nicht in Einklang zu bringen.[114] Und dennoch war das Deutungsmuster nicht unproblematisch, handelte es sich doch gleichzeitig in den Augen des Verfassers und anderer Zeitgenossen um eine konzertierte Aktion – um „Bestien in Uniform", wie Moses schrieb.

Auch stilistisch hob Moses die gesonderte Stellung des Novemberpogroms innerhalb seiner Erzählung hervor. Die postulierte Unvergleichbarkeit des Novemberpogroms mit früheren gewalttätigen Ausschreitungen hatte er etwa dadurch gestützt, dass er gleich mehrere Substantive als Vergleichskategorien angeführt hatte: „Nichts von dem, was an Leiden, an Entbehrungen, an Demuetigungen und

---

[111] Vgl. ebd., S. 8.
[112] Die historische und biographische Bedeutung des Novemberpogroms wird in vielen Autobiographien thematisiert. Siehe etwa Goldberg: Mein Leben in Deutschland, S. 59; Nathorff: Das Tagebuch der Hertha Nathorff, S. 119; Levy: Mein Leben in Deutschland, S. 65.
[113] Siehe O., E. G.: Aufbau!, in: Aufbau v. 01. 12. 1938, S. 5; E. C.: Die Rache als Vorwand, in: Pariser Tageszeitung v. 12. 11. 1938, S. 1; Anon.: Unsere Stellungnahme zu den Naziprogromen [sic!], in: Das Andere Deutschland v. 01. 12. 1938, S. 1.
[114] Kim Wünschmann weist ebenfalls darauf hin, dass in jüdischen Erfahrungsberichten über den Novemberpogrom die SS-Wachmannschaften in den Konzentrationslagern mit animalischen Attributen belegt wurden. Sie deutet diese Zuschreibungen als Strategie, mit der die Autoren ihr bürgerliches Männlichkeitsideal bewahrten. Vgl. Wünschmann: Die Konzentrationslagererfahrungen deutsch-jüdischer Männer, S. 49.

an Schrecklichem dieser Zeit vorherging", sei mit dem Novemberpogrom vergleichbar gewesen.[115] Mit Hilfe eines superlativischen Sprachstils hob Moses die historische Signifikanz des Ereignisses und die damit einhergehende Tiefe des Erfahrungseinbruchs hervor. Die Zahlenangaben – etwa in der Bemerkung, „gequaelte Menschen" seien „zu Tausenden" hingeschlachtet worden – dienten nicht einer quantifizierenden Bestimmung der Opfer. Vielmehr unterstrichen sie die Extremität des erfahrenen Leids und das Ausmaß des Gewaltexzesses.

Der Novemberpogrom stellte selbst jenen Erwartungshorizont in den Schatten, der sich bei Moses in den vorangegangenen Jahren der Verfolgung herausgebildet hatte. Nicht die Dokumentation, sondern eher die autobiographische Verarbeitung des Erfahrungseinbruchs bildete in der Folge sein Schreibmotiv. So unterstellte er, dass der Ablauf des Pogroms in seinen Details bereits bekannt sei und schloss somit das dokumentarische Schreibmotiv für seine Erinnerungen indirekt aus. Er schildere die Begebenheiten dennoch, „weil der Eindruck sich bisher noch nicht abgeschwächt hat, obwohl inzwischen anderthalb Jahre verflossen sind, weil es das Schlimmste war, das Menschenhirne in die Tat umsetzen konnten".[116] Biographische und makrogeschichtliche Relevanz des erzählten Ereignisses schlugen sich folglich im Gebrauch besonderer Stilmittel nieder. Dies war auch dann der Fall, wenn die Autorinnen und Autoren den privaten Raum als Schauplatz des Pogroms thematisierten.

Der private Raum als Ort der Verfolgung: Grenzüberschreitungen und asymmetrische Machtverhältnisse

In den frühen Morgenstunden des 10. Novembers läutete zweimal lang anhaltend die Klingel in der Wohnung von Hugo Moses. Vom Fenster aus konnte er sehen, dass vor dem Haus ein Transporter parkte, dem etwa 20 Uniformierte entstiegen waren. Seine Ehefrau warnend, dass es sich um „Parteileute" handele, öffnete er die Haustür: „Eine Wolke von Alkohol schlug mir entgegen und die Horde drängte sich ins Haus", heißt es daraufhin in dem Manuskript.[117]

Wenn sie die Ereignisse des Novemberpogroms schilderten, charakterisierten die Schreiberinnen und Schreiber den privaten Raum häufig, indem sie seine Außengrenzen mit Verben wie ‚eindringen' oder ‚hineindrängen' thematisierten. Auch Frederick Goldberg, der die beflaggten Häuser seines Wohnblocks als Zeichen eines raschen Wandels in der Bevölkerung gedeutet hatte, schrieb über den Novemberpogrom, „Horden" seien „auch in die Privatwohnungen eingedrungen".[118] Ebenso erwähnte der ehemalige Frankfurter Kantor Joseph B. Levy die

---

[115] Vgl. Moses: Mein Leben in Deutschland, S. 8.
[116] Ebd., S. 8.
[117] Ebd., S. 10.
[118] Vgl. Goldberg: Mein Leben in Deutschland, S. 59.

„eingedrungenen ‚Beamten'".[119] Im Gegensatz zu den bereits behandelten Mustern semantischer Grenz*ziehungen* zwischen Innen und Außen beschrieben die Autoren mit diesen Verben einen umgekehrten Prozess der Grenz*überschreitung*, der zudem von außen ins Innere der Privatwohnungen verlief.

Den Zutritt, den sich SA- und SS-Männer zu den Wohnungen der Juden verschafft hatten, kommunizierten Moses und die anderen Schreiber auf diese Weise als ein ungewolltes und unrechtmäßiges Betreten des privaten Raums. Dem lag eine normative Dimension in der Semantik des Privaten zu Grunde, derzufolge die ‚eigenen vier Wände' einen autonomen, vor staatlichen Zugriffen geschützten Lebensort darstellten. Begriffshistorisch lässt sich diese Bedeutungskomponente auf den Niedergang der ständerechtlichen Verfassung zurückführen, die das Haus noch als einen politischen Herrschaftsbereich gestärkt hatte. Mit der rechtlichen Privatisierung des Hauses verband sich die Forderung, das Haus „als Privatbereich zum Asyl zu erklären, in dem der Bürger nach Erfüllung seiner Pflichten sicher sei vor dem Zugriff der Staatsmacht".[120] Mit anderen Worten: Die Semantik des Privathauses oder der Privatwohnung beinhaltete auch die Vorstellung, dass ihre Bewohner im Normalfall selbst darüber entschieden, welchen Personen Eintritt gewährt wird. In einigen Harvard-Dokumenten spiegelt sich diese Semantik in der Wendung ‚Herr im Haus',[121] aber auch die bereits thematisierten metaphorischen Konzeptionen des Hauses als Burg oder Festung schlossen daran an.

Die semantische Konfiguration von ‚eindringen' und ‚hineindrängen' stellte aber gerade diesen Aspekt der Entscheidungshoheit in Frage. Die eindringenden Verfolger verschafften sich vielmehr Zutritt, den die Bewohner zu erdulden hatten. Indem Moses, Goldberg und Levy den Eintritt der nationalsozialistischen Akteure in die Häuser der Juden als ein Eindringen beschrieben, wiesen sie auf die Verletzung üblicher Normen und die damit einhergegangenen veränderten Machtkonstellationen innerhalb des privaten Raums hin: Die Parteiaktivisten übernahmen in dieser Deutung einen aktiven Part, während die Bewohner innerhalb ihrer eigenen ‚vier Wände' eine reagierende Rolle einnahmen. Die Semantik der Grenzüberschreitung lenkt damit den Blick auf die dargestellten Akteure und die narrative Konstruktion von hierarchischen Beziehungskonstellationen, die die Autorinnen und Autoren in einem privaten Raum situierten.

Inhaltlich und stilistisch knüpfte Hugo Moses an die bereits aufgezeigten Deutungslinien und sprachlichen Charakteristika an, als er den weiteren Verlauf des Überfalls in seiner Wohnung schilderte. Seinem Bericht folgend spielte sich nach dem Einlass der NS-Aktivisten folgende Szene in seinem Haus ab:

„Ein Fuehrer der schwarzen S.S., gruen im Gesicht vor Trunkenheit, hielt mir seinen Revolver, den er vor meinen Augen entsicherte, an die Stirn und lallte: „Weisst Du Schwein, weshalb wir

---

[119] Vgl. Levy: Mein Leben in Deutschland, S. 76. Siehe außerdem Neumann: Nacht über Deutschland, S. 106, 110 f.; Bing: Mein Leben in Deutschland, S. 205.

[120] Rabe, Hannah: „Haus", in: Historisches Wörterbuch der Philosophie (Band 3, G-H). Herausgegeben von Joachim Ritter, Basel/Stuttgart 1974, Sp. 1007–1020, hier Sp. 1018.

[121] Siehe etwa Lewinsohn: [Mein Leben in Deutschland vor und nach dem 30. Januar 1933], S. I; Kaufman: Mein Leben in Deutschland, S. 28–28a.

4. Der Einbruch ins Innere: Schilderungen des Novemberpogroms   277

kommen?" Ich antwortete: „Nein" und er fuhr fort: „Wegen der Schweinerei in Paris, an der Du auch schuldig bist. Falls Du auch nur den Versuch machst, Dich zu ruehren, schiesse ich Dich ab, wie eine Sau."[122]

Stilistisch sticht diese Passage hervor, weil sie die in autobiographischen Texten nur sparsam verwendete direkte Rede enthält. Aus der Perspektive der Leserinnen und Leser erweckt die direkte Rede den Eindruck einer geringen Distanz zum Erzählten, da sie die Präsenz des Erzählers mindert.[123] Seine Bedrohung durch den SS-Mann präsentierte der Autor auf diese Weise also sehr viel lebhafter und realistischer als auf dem Weg der indirekten Rede. Wie in seinem allgemeinen Urteil über die historische Signifikanz des Pogroms entsprach auch hier der stilistisch hervorgehobene unmittelbare Erzählmodus einer besonderen biographischen Relevanz des Ereignisses:[124] Niemals, auch nicht im Alter von hundert Jahren, beteuerte Moses, würde er dieses „vertierte Gesicht [...] und diese schrecklichen Minuten" vergessen.[125]

Moses schilderte den Überfall in seiner Wohnung als eine für ihn lebensbedrohliche Situation, die er erzählerisch in asymmetrisch verteilten Machtpositionen der Akteure aufgehen ließ. Nicht nur konnte ihn der Anführer im dargestellten Dialog beleidigen und bedrohen, ohne dass dem Vergangenheits-Ich des Autors die Möglichkeit zugeschrieben wurde, eine Gegenmaßnahme ergreifen zu können. Seine eigene erzwungene Passivität und Abhängigkeit vom SS-Mann betonte der Autor nochmals: „Waehrend der ganzen Zeit und noch weitere 20 Minuten fuchtelte der betrunkene S.S.-Fuehrer bedrohlich mit seinem Revolver an meiner Stirn herum. Eine Bewegung von mir oder eine ungeschickte Bewegung seinerseits und mein Leben war vorueber."[126] Aufgrund der entsicherten Pistole musste Moses darüber hinaus tatenlos erdulden, dass die übrigen Männer seine Wohnung verwüsteten und die Familienmitglieder verängstigten. Während er von ihrem Anführer mit einem Revolver bedroht wurde, waren „etwa 10 Uniformierte" in seine „Wohnung eingedrungen": „Ich hoerte meine Frau rufen ‚Was wollen Sie bei meinen Kindern? Der Weg zu den Kindern führt nur ueber meine Leiche!' Dann hoerte ich nur

---

[122] Moses: Mein Leben in Deutschland, S. 10.
[123] Zu den Techniken, mit denen in narrativen Texten unterschiedliche Grade an Mittelbarkeit zum Erzählten hergestellt werden, siehe Martínez/Scheffel: Einführung in die Erzähltheorie, S. 47–67.
[124] Unter ‚Erzählmodus' werden Martínez und Scheffel folgend „diejenigen Momente des Erzählens" verstanden, „die den Grad an Mittelbarkeit und die Perspektivierung des Erzählten betreffen". Vgl. ebd., S. 47.
[125] Vgl. Moses: Mein Leben in Deutschland, S. 10. Michaela Raggam-Blesch, die Autobiographien von jüdischen Frauen aus dem 20. Jahrhundert ausgewertet hat, verweist darauf, dass stilistische Verstärkungen in Autobiographien häufig die biographische Qualität eines Erlebnisses unterstreichen. Vgl. Raggam-Blesch, Michaela: „Being different in a world where being different was definitely not good". Jüdisch weibliche Identitätskonstruktionen in autobiographischen Texten, in: Eleonore Lappin/Albert Lichtblau (Hg.): Die „Wahrheit" der Erinnerung. Jüdische Lebensgeschichten, Innsbruck/Wien/Bozen 2008, S. 13–23, hier S. 17.
[126] Moses: Mein Leben in Deutschland, S. 10.

noch das Krachen von umstuerzenden Moebeln, splitterndes Glas und das Trampeln von schweren Stiefeln."[127]

Moses führte hier den unmittelbaren Erzählmodus, den er zuvor im Dialog mit dem Anführer begonnen hatte, fort. Anstatt eine präzise Schilderung des Geschehens im Innern der Wohnung zu geben, erzählte er die Ereignisse aus der eingeschränkten Wahrnehmungsperspektive seines Vergangenheits-Ichs heraus, die allein auf akustischen Informationen beruhte und ihn über das Schicksal der Ehefrau und Kinder im Unklaren ließen. Indem er erzählerisch auf seine eigene Wahrnehmung fokussierte, machte Moses folglich wiederum auf seine eigene Ohnmacht aufmerksam, weder in der Lage gewesen zu sein, schützend eingreifen zu können, noch überhaupt Augenzeuge der Zerstörung gewesen zu sein.[128] Inhaltliche Aussage und stilistische Darbietung der Erzählung griffen hier gleichsam ineinander.

Im Zuge der Darstellung des Novemberpogroms, so lässt sich zusammenfassend feststellen, entwarfen die Autorinnen und Autoren den privaten Raum als einen Schauplatz der Verfolgung.[129] Nicht Schutz und Rückzug verband sich mit ‚Wohnung' und ‚Haus' in diesen Kontexten, sondern Ohnmacht der Bewohner gegenüber den Misshandlungen, Drohungen und Befehlen ihrer Verfolger. Der private Raum bezog daher eine Spannung aus der Differenz zur Semantik des Privathauses als autonomer Lebensbereich: Die geschilderten Vorgänge ließen sich nicht unter dem Begriff der Autonomie subsumieren. Den dargestellten asymmetrischen Machtverhältnissen lag vielmehr die Fremdbestimmung und Abhängigkeit als strukturierendes Element der Erzählungen zu Grunde. Gerade weil aber die untersuchten Autorinnen und Autoren über das Konzept des autonomen privaten Raums verfügten, konnten sie das Verhalten der SA und SS als ein ‚Eindringen' beschreiben. Die semantischen Grenzen dessen, was den jeweiligen Autorinnen und Autoren als ‚privater Raum' galt, wurden durch diese Redeweisen damit letztlich gestärkt. Das Eindringen kann in diesem Sinn zwar als „Ausdruck der grundlegenden Politisierung der Privaten" aufgefasst werden, dies machte jedoch die Existenz von „Rückzugsräumen" nicht prinzipiell unvorstellbar.[130]

Schilderungen des Innern: Zerstörung und Verwüstung

Die Ereignisse in der Nacht vom 9. auf den 10. November 1938 wurden häufig als ‚Kristallnacht' bezeichnet. Dieser Begriff fasste das Bild der Scherbenteppiche auf

---

[127] Ebd., S. 10.
[128] Vgl. ebd., S. 10.
[129] Dies bestätigt auch Steuwer anhand der von ihm ausgewerteten Ego-Dokumente jüdischer Deutscher. Siehe Steuwer: „Ein Drittes Reich, wie ich es auffasse", S. 510–513. Für weitere Beispiele im eigenen Sample siehe Baerwald: Mein Leben in Deutschland, S. 55 f.; Schwabe: Mein Leben in Deutschland, S. 78.
[130] So deutet Steuwer das Eindringen in den privaten Raum. Vgl. Steuwer: „Ein Drittes Reich, wie ich es auffasse", S. 515. Fraglich ist ferner, ob sich das Leben der Zeitgenossen anschließend tatsächlich in ein „wandloses"' (vgl. ebd, S. 515) verwandelte, oder ob es aus Sicht mancher Verfolgter nicht doch partielle, zeitlich begrenzte Rückzugsmöglichkeiten gab.

den Straßen in Worte. Doch ist der Ausdruck – berechtigterweise – für seine euphemistische Tendenz kritisiert worden, die Ausschreitungen auf die Zerstörung von Gegenständen zu reduzieren und dabei den Blick auf die physischen und psychischen Gewalttaten an Menschen zu versperren.[131] Gleichwohl war die Schilderung der Zerstörung jüdischen Eigentums neben den berichteten Misshandlungen und sonstigen physischen Gewaltanwendungen in den Lebensberichten der jüdischen Autorinnen und Autoren kein peripherer Erzählstrang. Der Anblick von niedergebrannten Synagogen, verwüsteten und geplünderten Geschäften und nicht zuletzt auch von demolierten Privatwohnungen schlug sich in den autobiographischen Texten vielfach nieder.

Generell verzeichnen die Ausdrücke ‚jüdisches Haus' und ‚jüdische Wohnung' im erzählten Kontext des Novemberpogroms einen engen Verwendungszusammenhang mit Wörtern aus dem semantischen Feld von ‚Destruktion'. Jüdische Wohnungen und Häuser wurden „geplündert und verwüstet", „völlig zertrümmert", „demoliert[...]" oder „zerstört" – ebenso wie jüdische Geschäfte und Synagogen.[132] Der jüdische private Raum zeichnete sich in diesem Erinnerungskontext durch seine Destruktion aus und war gleichzeitig Teil eines übergreifenden Narrativs, das den Novemberpogrom mit der allgemeinen Zerstörung jüdischen Eigentums in Verbindung brachte.[133]

Im Ansatz kam die Zerstörungsthematik bereits bei Hugo Moses zum Vorschein, als er von dem Krachen und Zersplittern seines häuslichen Inventars berichtete. Dem Autor zufolge hatte sich dieses Erlebnis bei ihm nachdrücklich verfestigt. Noch Wochen danach habe ihn das „Krachen, Haemmern und Schlagen" „aus ruhelosem Schlummer" aufwachen lassen.[134] Zwar enthalten nicht alle Autobiographien vergleichbare Passagen, in denen explizit der Zerstörungserfahrung biographische Relevanz zugesprochen wurde. Makrogeschichtliche Bedeutung und biographischer Zäsurcharakter des Pogroms äußerten sich jedoch auch hier in der Stilistik: ausgiebig beschrieben manche Harvard-Autorinnen und -Autoren den Anblick einer zerstörten Wohnung; sie verbildlichten den privaten Raum und führten somit das umfassende Ausmaß seiner Zerstörung buchstäblich ‚vor Augen'.

---

[131] Für einen knappen Überblick über die ‚Begriffspolitik' im Gedenken an den Novemberpogrom siehe Schmid, Harald: Erinnern an den „Tag der Schuld". Das Novemberpogrom von 1938 in der deutschen Geschichtspolitik (= Forum Zeitgeschichte, Band 11), Hamburg 2001, S. 81–84. Alan E. Steinweis stellt in Anlehnung an Raul Hilberg die Problematik des Pogrombegriffs heraus, die Ereignisse im November 1938 im Hinblick auf eine übergreifende antijüdische Politik des Regimes zu entkontextualisieren. Vgl. Steinweis, Alan E.: Kristallnacht 1938, Cambridge (Mass.) 2009, S. 3 f.

[132] Vgl. Schwabe: Mein Leben in Deutschland, S. 85; Dreyfuss: Mein Leben in Deutschland, S. 38; Kaufman: Mein Leben in Deutschland, S. 34; Dienemann: Aufzeichnungen, S. 30.

[133] Allgemein ist festzustellen, dass die Autorinnen und Autoren in der Regel erst mit der Erzählung des Nationalsozialismus begannen, über die Zerstörung *jüdischer* Häuser zu schreiben – und dies wie oben dargestellt – vermehrt im narrativen Kontext des Novemberpogroms.

[134] Vgl. Moses: Mein Leben in Deutschland, S. 10.

Die Schauspielerin Margarete Neff sandte ihren Beitrag zum Preisausschreiben von New York aus unter dem Pseudonym ‚Franziska Schubert' ein. 1892 in Wien geboren, ging sie als junge Schauspielerin 1909 an das Deutsche Theater in Berlin, wo sie unter der Leitung von Max Reinhardt arbeitete. Die Autorin entfaltete in den Erinnerungen ihren beruflichen Werdegang, der sie in mehreren Stationen durch die deutsche Theaterlandschaft führte. Ihre eigene jüdische Herkunft thematisierte sie erst, als die berufliche Entwicklung durch die Machtübernahme der Nationalsozialisten einen Abbruch erlitt. Seit 1929 am Nationaltheater in Weimar beschäftigt, drohte im Juni 1933 ihre Vertragsverlängerung zu platzen. Sie bekam zwar noch eine Anstellung für die Saison 1933/34, kehrte aber im darauffolgenden Jahr in ihre österreichische Geburtsstadt zurück, in der sie auch den Novemberpogrom miterlebte. „An jenem 10. November", schrieb die Schauspielerin, „wurden wir morgens aus einem nunmehr schon schwer bedraengten Schlaf gerissen und in den Abgrund eines Hoellentraumes gestossen, aus dem kein gnaediges Erwachen mehr zu hoffen war."[135]

Neff verschränkte in dieser Bemerkung Metaphorik und Realitätsbezug auf eigentümliche Weise ineinander. So spielte der Halbsatz, sie und ihr Mann seien morgens aus dem Schlaf gerissen worden, einerseits auf das Erscheinen des Polizisten an diesem Morgen und die kurz darauf erfolgte Verhaftung an. Andererseits liest sich der Halbsatz auch metaphorisch aufgrund der Spezifizierung, sie seien aus „einem nunmehr schon schwer bedraengten Schlaf gerissen" worden. Dadurch wies die Autorin die Vorgeschichte des Pogroms ebenfalls als eine Verfolgungsgeschichte aus, die allerdings mit dem 10. November einen Höhepunkt erreichte. Im Gebrauch der Albtraummetapher transportierte Neff die eindeutige Botschaft, dass die Verfolgungen im Rahmen des Novemberpogroms einen tiefen Einschnitt in ihrem Leben hinterlassen hatten. Der Vergleich des 10. Novembers mit einem „Hoellentraum" war auf die Verhaftung des Ehemanns, die Angst um sein Wohlergehen und die anschließende Odyssee seiner Befreiung gemünzt. Die Österreicherin verlieh diesen Ereignissen zusätzlich eine kollektivbiographische Signifikanz, indem sie stellenweise ihr eigenes Schicksal aus der Perspektive der Ehefrauen erzählte, deren Männer verhaftet worden waren.[136]

In diese Erzählung flocht Margarete Neff auch eine Beschreibung ihrer zerstörten Wohnung ein, deren Stilistik ebenso wie die Albtraummetapher die biographische Relevanz des Novemberpogroms unterstrich. Die Zerstörung der eigenen Wohnung ereignete sich dem Bericht zufolge in ihrer Abwesenheit. Nach der Verhaftung des Ehemanns hatte sie zunächst mit anderen Frauen die Polizeistation aufgesucht, wo sie jedoch keine weitere Auskunft über sein Wohlergehen erhielt. Später am Nachmittag hatte sie einen Termin bei einem Rechtsanwalt, zu dem sie eine gleichfalls betroffene Nachbarin mitnehmen wollte. Als sie diese Nachbarin in ihrer Wohnung abholte, konnte sie vom Fenster aus die Ankunft eines SA-

---

[135] Neff: Mein Leben in Deutschland, S. 73.
[136] Vgl. ebd., S. 73 f.

4. Der Einbruch ins Innere: Schilderungen des Novemberpogroms 281

Trupps vor ihrem Haus beobachten. Kaum war sie im Freien, hörte sie ein „furchtbares Getoese und Geklirr" aus ihrem Haus: Die „Zerstörung hatte begonnen".[137] In der Kanzlei des Rechtsanwalts wartete bereits eine Nachricht der Köchin auf sie, aus der hervorging, dass ihre Wohnung „zertruemmert" worden sei.

Im weiteren, chronologisch verfahrenden Erzählablauf rücken anschließend ihre Bemühungen um die Befreiung des Ehemanns in den Vordergrund. Der Autobiographie lässt sich entnehmen, dass Margarete Neff erst am darauffolgenden Tag ihr Domizil wieder betrat. An dieser Textstelle widmete sie der zerstörten Wohnung eine ausgiebige Passage in ihren Erinnerungen:

> „Die Wohnung war buchstaeblich ein Truemmerhaufen. Die Scheiben der Glasschraenke im Wohnzimmer waren eingeschlagen, alles, was wir an Porzellan und Glas besessen hatten, lag in unzaehligen Scherben auf dem Boden. Alfred's Arbeitszimmer konnte man ueberhaupt nicht betreten. die [sic!] Buecher lagen zerfetzt und zertreten zu einem Berg getuermt auf dem Boden, die Beleuchtungskoerper waren zerschmettert, die Schreibtischladen herausgerissen, der Inhalt zerfetzt, das Holz zum Teil zerbrochen, Scherben waren ueberall auch hier verstreut, meine Grammophonplatten, die ich mir nach und nach in Weimar angeschafft hatte, ungefaehr hundert an der Zahl[,] waren vollkommen zersplittert."[138]

Bei dem Zitat handelt es sich um den Ausschnitt aus einer längeren Passage. Weiter zählte Neff etwa auf, dass Bilder „mit Gewalt aus den Rahmen herausgebrochen worden" seien, ihr Ölportrait „durchgetreten" und in mehreren Zimmern die „Spiegel eingeschlagen" worden seien.[139]

Der auf diese Weise verbildlichte private Innenraum beruht in dem Abschnitt auf einem unmittelbaren Erzählmodus, der die zerstörte Wohnung aus der Wahrnehmungsperspektive des Vergangenheits-Ichs vermittelte. Deutlich wird dies an den passivischen Partizipkonstruktionen, in denen die Bezeichnungen zerstörter Gegenstände als Nomina fungierten. Sie entsprachen der Wahrnehmungsperspektive des Vergangenheits-Ichs: Vor den Augen von Margarete Neff breitete sich das *Resultat*, nicht der *Akt* der Zerstörung aus. Inhaltlich unterstrich Neff die Gründlichkeit der Zerstörung, das heißt ihren umfassenden Charakter, den sie etwa durch die Aufzählung zerstörter Gegenstände und die verschiedenen Arten ihrer Zerstörung vermittelte. Allein das kurze Zitat versammelt eine Vielzahl an Ausdrücken aus dem semantischen Feld von ‚Destruktion': ‚Trümmerhaufen', ‚eingeschlagen', ‚Scherben', ‚zerfetzt', ‚zertreten', ‚zerschmettert', ‚herausgerissen', ‚zerbrochen' und ‚zersplittert'.

Darüber hinaus veranschaulichte die Schauspielerin den Umfang der Zerstörung, indem sie einen superlativischen Schreibstil gebrauchte. So lag *„alles"*, was Neff und ihr Ehemann „an Porzellan und Glas besessen hatten, [...] in *unzaehligen* Scherben auf dem Boden", beschädigte Bücher lagen zu „einem *Berg* getuermt" im Arbeitszimmer. Scherben waren dort „*ueberall* [...] verstreut" und ihre Schallplattensammlung „*vollkommen* zersplittert". Schließlich resümierte die Schauspie-

---

[137] Vgl. ebd., S. 71.
[138] Ebd., S. 72 f.
[139] Vgl. ebd., S. 73.

lerin, *„nichts* Zerbrechliches" sei „verschont geblieben".[140] Bergmetapher, Indefinitpronomen (‚alles', ‚nichts') sowie adjektivische und adverbiale Bestimmungen (‚unzählig', ‚überall', ‚vollkommen') erzeugen den Eindruck einer umfassenden Zerstörung.

Folgt man der Einschätzung von Marion Kaplan, dann vermittelten diese Schilderungen zerstörten Inventars den „Eingriff in den häuslichen Bereich", den der Pogrom mit sich brachte. Sie wertet das in diesem Kontext häufig verwendete Bild von herumwirbelnden Federn aus den aufgeschlitzten Betten als prägendes Erlebnis für jüdische Frauen.[141] Gleichwohl stellte der Anblick von zerstörtem Inventar privater Lebensräume ein geschlechterübergreifendes narratives Element in den autobiographischen Texten dar, das auch dann Eingang in die Erinnerungen finden konnte, wenn es sich nicht um das Privateigentum der Autorin oder der Autors handelte.

Das lässt sich an den Erinnerungen von Joseph B. Levy ablesen. Annähernd ebenso ausführlich wie Margarete Neff schilderte der ehemalige Kantor und Lehrer das Ausmaß einer Zerstörungsaktion. Dabei handelte es sich jedoch nicht um ein Privathaus oder eine Wohnung, sondern nach Levys Angaben um ein Erholungs- und Altersheim, in dem jüdische Lehrerinnen und Lehrer, Rabbiner und Kantoren sowie deren Ehefrauen lebten. Levy apostrophierte es in einer privaten Semantik als „Zufluchtsstätte", deren fürsorgliche Hausdame den Insassen wie eine „Mutter" gewesen sei.[142] Das Beispiel des Frankfurter Kantors demonstriert, dass die detaillierten Beschreibungen zerstörten Inneninventars nicht zwangsläufig als Ausdruck eines selbst erlebten Geschehnisses zu lesen sind oder sich – wie im Fall von Neff – auf die eigene Wohnung bezogen. Die hervorstechende stilistische Darbietung weist vielmehr darauf hin, dass die autobiographische Gesamtdeutung des Novemberpogroms als biographischer und makrohistorischer Einschnitt, als Erfahrungseinbruch des deutschen Judentums, auch in der Konzeption des privaten Raums die Feder vieler Harvard-Autorinnen und -Autoren führte. Inhaltlich äußerte sich dies darin, dass sie diesen Raum nicht mehr als Schutz- und Rückzugsraum konzipierten, sondern als Schauplatz von Verfolgung und Zerstörung.

5. Zusammenfassung

Die Autorinnen und Autoren schrieben in der Semantik des Rückzugs oder des Gefängnisses fast durchgängig über die Zeit des Nationalsozialismus, nur vereinzelt finden sich diese Schreibweisen im Kontext der erzählten Zeit vor der Machtübernahme. Die sprachlichen Befunde dieses Kapitels zeichnen sich also dadurch

---

[140] Vgl. ebd., S. 73 (Hervorheb. v. C. M.).
[141] Vgl. Kaplan: Der Mut zum Überleben, S. 182.
[142] Vgl. Levy: Mein Leben in Deutschland, S. 78 f.

aus, dass sie innerhalb der Erzählung relativ stark auf bestimmte Zeitebenen fixiert sind. Analysiert man die einzelnen Belegstellen unter geschlechterspezifischen Vorzeichen, so wird erkennbar, dass sowohl Männer als auch Frauen die Rückzugs- oder Gefängnissemantiken verwendeten, Binnendifferenzierungen des Privaten vornahmen und privaten Raum als Ort der Verfolgung und Zerstörung thematisierten. Zwar verhandelten nicht alle Autorinnen und Autoren alle Aspekte des privaten und öffentlichen Raums in der dargestellten Weise oder in derselben Tiefe und Anschaulichkeit wie in den oben angeführten Autobiographien. Dennoch lässt sich für die Vergleichskategorie der Alterskohorten dasselbe Ergebnis formulieren, dass die vorgefundenen Semantiken und Thematisierungsweisen sowie ihre zeitliche Fixierung weitgehend generationenübergreifend vorzufinden sind.

Mit der Analyse des privaten Raums verdichten sich die Befunde voriger Kapitel weiter dahingehend, dass – neben der Zugehörigkeit oder ‚biographischen Nähe' zu einer der beiden Verfolgten-Gruppen – die Art und Weise, wie die Autorinnen und Autoren einzelne Zeiträume charakterisierten, darüber bestimmten, welche Semantiken des Privaten sie gebrauchten. Zum einen findet diese Annahme darin Rückhalt, dass die Berichtenden spezifische Semantiken des Privaten im Zeitraum nach der Machtübernahme ansiedelten. Die geschlechter- und generationenübergreifende Verwendung spezifischer Semantiken lässt sich dann – unter anderem – darauf zurückführen, dass die aufgrund ihrer jüdischen Herkunft Verfolgten den Nationalsozialismus unter den narrativen Vorzeichen von Verfolgung und Ausgrenzung aus der Mehrheitsbevölkerung einerseits und identitärer Vergemeinschaftung andererseits beschrieben. Zum anderen verleiht die Analyse des erzählten Zeitraums vor der Machtübernahme der Annahme Gewicht. Je nachdem, wie einzelne Autorinnen und Autoren diesen Zeitabschnitt perspektivierten, sparten sie spezifische Semantiken des Privaten von diesem erzählten Zeitraum aus oder nicht. Im Rahmen eines nationalen Integrationsnarrativs fanden zum Beispiel kaum Semantiken ihren Platz, die auf eine Entfremdung von Juden und Nichtjuden abhoben. Umgekehrt ‚provozierte' die Betonung antisemitischer Erlebnisse in der ‚Vor-Hitlerzeit' den Gebrauch dieser Semantiken geradezu. Auch auf die Konzeption privater Räumlichkeit scheint dies zuzutreffen: Mit dem von Käte Frankenthal konstatierten Rückzug der Eltern in ihr Zuhause war jedenfalls eine zeitliche Konstruktion der ‚Vor-Hitlerzeit' verbunden, die nicht dem Integrationsnarrativ vieler anderer Autorinnen und Autoren folgte, sondern auf eine jüdische gesellschaftliche Isolation abhob.

X. Schlussbetrachtung: Politisierung versus Rückzug? Ausprägungen des Privaten im Nationalsozialismus

Wie ist das Private im Nationalsozialismus der Vorkriegszeit zu charakterisieren? Ist der Rückzug in private Nischen kennzeichnend, ist es die politische Vereinnahmung des Privaten durch die Politik oder ist es eine Kombination aus beiden Thesen? Die Ergebnisse des Buches sprechen dafür, dass keine dieser Alternativen das Private im Nationalsozialismus erschöpfend darstellt.

Das Unterscheiden zwischen Privatem und Öffentlichem als sprachliche Praxis während des Nationalsozialismus

Zu kurz war die NS-Herrschaft, als dass sie in den wenigen Jahren bis 1939/40 die Unterscheidung zwischen Privatem und Öffentlichem hätte beseitigen können. *Erfahrungen* von Politisierungsprozessen, die private Lebensbereiche verringerten oder auflösten, finden sich zwar zuhauf in den Dokumenten. Doch die Unterscheidung – oder besser: das *Unterscheiden* von Privatem und Öffentlichem oder Politischem als eine sprachliche Praxis – war zumindest bis Kriegsbeginn Bestandteil des Alltags. Verlusterfahrungen im Privatbereich erzeugten bei vielen Betroffenen ein Interpretationsbedürfnis, das anscheinend ohne die sprachliche Unterscheidung nur schwer zu stillen war.

Diskriminierung, Verfolgung und Überwachung sowie die damit einhergehenden Politisierungserfahrungen ließen aus der Perspektive der Betroffenen den Unterschied zwischen Privatem und Nichtprivatem umso stärker hervortreten. Um diesen *Unterschied* verbalisieren zu können, sich jene Vorgänge verständlich und Privatheit in einem bestimmten Umfang wieder erfahrbar zu machen, benötigten sie jedoch die sprachliche *Unterscheidung* zwischen Privatem und Nichtprivatem. Während sich auf der Erfahrungsebene verfolgter oder regimekritischer Personen die ‚Aggregatsformen' des Privaten – zwischen Rückzug und Politisierung schwankend – abwechseln konnten, waren sie auf der sprachlichen Ebene ständig präsent. Diese Konstellation lässt sich weder mit dem Schlagwort des ‚politisierten Privatlebens' noch mit der Formel des ‚Rückzugs ins Private' angemessen beschreiben. Erst wenn man das Private und Politische auch als sprachliche Vehikel betrachtet, mit denen die Zeitgenossen operierten, gelangt man zu einer differenzierten Sichtweise, die den erfolgreichen und erfolglosen Bemühungen der Zeitgenossen bei der Verteidigung privater Lebensbereiche gerecht wird. Der Nationalsozialismus hat also, so ein wichtiges Ergebnis des Buches, dazu geführt, dass das Unterscheiden zwischen Privatem und Nichtprivatem eine zunehmend wichtige sprachliche Tätig- und Fähigkeit wurde – sowohl in der retrospektiven Aufarbeitung wie auch in der Alltagskommunikation.

Autobiographische *retrospektive Ausdeutungsprozesse*, also das Nachdenken über die NS-Herrschaft und ihre Merkmale sowie die Auswirkungen auf das eigene Leben, begünstigten das Unterscheiden von Privatem und Öffentlichem. Die Unterscheidung zwischen Privatem und Nichtprivatem ist eine Bedingung der Möglichkeit, die Politisierung des Privaten überhaupt feststellen zu können. Die Zeitgenossen nutzten zuhauf Redewendungen, die den Einbruch der Politik, des Staats oder der Öffentlichkeit in das Private thematisierten, ganz gleich, welche Sphäre im Detail verantwortlich gemacht wurde. Wichtig ist: Um genau diesen Zustand des aufgelösten Privaten feststellen zu können, müssen auf der semantischen Ebene beide Bereiche klar getrennt sein. Mehr noch: Indem die Zeitgenossen dies feststellten, stärkten sie die semantische Trennung beider Bereiche. Der Grund liegt darin, dass die Dichotomie privat/nicht-privat stark normativ aufgeladen ist. Sie beinhaltet nicht nur, dass es einen Unterschied zwischen beiden Bereichen gibt. Sie beinhaltet auch, dass es diesen Unterschied geben *sollte*. Keine Autorin und kein Autor zweifelte daran, dass Privatbereiche und nationalsozialistische Politik voneinander getrennt sein sollten. Dieser Bewertung mögen überzeugte Nationalsozialisten nicht durchgängig gefolgt sein. Doch anscheinend war die Dichotomie mit ihren normativen Setzungen noch so präsent in den Köpfen, dass selbst sie sich schwer damit taten, politische Ansprüche des Regimes im privaten Bereich umzusetzen.[1]

Doch inwieweit war das Unterscheiden von Privatem und Nichtprivatem eine Angelegenheit, die nicht nur retrospektiv in der Emigration, sondern auch für das *Leben im Nationalsozialismus* von Bedeutung war? Vieles spricht dafür, dass die autobiographischen Ausdeutungsprozesse Semantiken des Privaten enthalten, über die die Autorinnen und Autoren bereits verfügten, als sie noch in Deutschland lebten: wie zum Beispiel die kurze zeitlich Distanz zwischen Flucht und Niederschrift, die bei einigen nur wenige Monate betrug, oder die Reichweite der Semantiken über Generationen- und Geschlechtergrenzen hinweg. Aber auch die Tatsache, dass die Autobiographien unabhängig voneinander in den unterschiedlichsten Winkeln der Erde entstanden sind sowie der schablonenhafte Gebrauch mancher Semantiken – etwa die Semantik der Fremdbestimmung des Privatlebens – erhärten diese Annahme. Als die Autorinnen und Autoren ihre Erinnerungen niederschrieben, lagen bestimmte Redeweisen über das Private bereit, auf die sie zurückgriffen, jedoch durchaus mit individuell variierenden Erfahrungen ausfüllten.

Dass das Unterscheiden von Privatem und Nichtprivatem nicht nur eine autobiographische Praxis, sondern ebenso Bestandteil des nationalsozialistischen Alltags war, zeigt sich zusätzlich in einem anderen Aspekt. Die tatsächlichen oder von den Zeitgenossen angenommenen *kommunikativen Bedingungen im Nationalsozialismus* verstärkten ebenfalls die Grenze zwischen Privatem und Nichtprivatem. Aus Angst vor den weitreichenden Konsequenzen einer politisch kritischen Äußerung wurde es unter den verfolgten und systemkritischen Bürgern – und

---

[1] Davon berichtet Janosch Steuwer. Vgl. Steuwer: „Ein Drittes Reich, wie ich es auffasse", S. 536 f.

vermutlich auch für größere Bevölkerungsteile – als eine grundlegende Fähigkeit betrachtet, zwischen geschlossen-privaten und öffentlichen Kommunikationssituationen unterscheiden zu können. Das Vorhandensein einer privaten Kommunikationssituation verstanden die Autorinnen und Autoren als Vorbedingung für politische Gespräche, mittels derer sie sich über ihre Gegenwart informierten und orientierten. Die gesellschaftliche und politische Lage der Gegenwart verstehen zu wollen, war keineswegs nur eine Angelegenheit der abgeschiedenen autobiographischen Reflexion. Das Unterscheiden zwischen Privatem und Öffentlichem war hierfür Vorbedingung und Instrument im Deutungsprozess selber. Eine politikferne Nische der Entspannung war ein so verstandener privater Kommunikationsraum jedoch nicht.

Methodologisch zeigen diese Befunde, dass Autobiographien einen ‚Faktenwert' besitzen, der über die rein textuelle Erkenntnisebene hinausgeht. Gerade eine Historische Semantik, die sich der Alltagssprache nähern möchte, findet hier wertvolles Untersuchungsmaterial, etwa Erinnerungen an Gespräche und Reflexionen des eigenen Sprachverhaltens, die – mit der gebotenen quellenkritischen Vorsicht – wertvolle Erkenntnisse ermöglichen. In den Dokumenten eingesickerte einstige Erfahrungseinbrüche und neu gesteckte Erwartungshorizonte stellen dabei ein Mittel dar, um semantischen Verschiebungen und Deutungskämpfen auf die Spur zu kommen. Das Gleiche gilt für bestimmte, ständig wiederkehrende sprachliche Muster, die nicht nur in der Sprache der Erzählzeit angesiedelt sind, sondern sprachliche Vehikel darstellen, mit denen die erinnerten Personen operierten. Die kommunikative Selbstkontrolle ist ein Beispiel hierfür und zeigt, dass die vorgenommene Unterscheidung zwischen Erzählzeit und erzählter Zeit für semantische Untersuchungen hilfreich ist.

Semantiken und Erfahrungen des Rückzugs

Die Autorinnen und Autoren berichteten ebenfalls von *Erfahrungen des Rückzugs* in das Private. Folgt man einer These des Historikers Paul Betts, dann war es gerade die übermäßige Präsenz des Staates, die eine ‚freie' Privatsphäre in den Augen der DDR-Bürger notwendig machte und aufwertete.[2] Lässt sich mit Blick auf den Nationalsozialismus womöglich eine ähnliche These aufstellen? Je stärker der Staat beanspruchte, das Privatleben seiner Bürger zu kontrollieren und zu überwachen, desto eher erwies es sich den Betroffenen als ein unverzichtbarer Raum der Kompensation. Janosch Steuwer hat demgegenüber jüngst die Politisierungsthese – etwa im Hinblick auf jüdische und nichtjüdische Räume des Privaten – unterstützt.[3] Einerseits ist dem mit Blick auf die Geschehnisse des Novemberpogroms zuzustimmen. Auf der anderen Seite verwendeten jüdische und nichtjüdische Teilnehmerinnen und Teilnehmer des Wettbewerbs solche Semantiken, die das Priva-

---

[2] Vgl. Betts, Paul: Within Walls. Private Life in the German Democratic Republic, New York 2010, S. 13.
[3] Vgl. Steuwer: „Ein Drittes Reich, wie ich es auffasse", S. 515.

te von innen her als einen Raum der Kompensation beschrieben. Aus ihrer Sicht erhielt das Private gerade aufgrund der politischen Vorgänge einen besonderen Wert. Insofern liegt auch Betts' These im Einklang mit den hier vorgestellten Ergebnissen, wonach gerade die Angriffe auf private Lebensbereiche den Unterschied zu nichtprivaten Bereichen deutlicher hervortreten ließen und in der Folge mit Hilfe der sprachlichen Unterscheidung Privatheit wieder erfahrbar gemacht werden sollte. Die NS-Erfahrung, so ließe sich dieser Befund weiter zuspitzen, festigte bei den untersuchten Autorinnen und Autoren ein bürgerliches Verständnis des Privaten als Rückzugs- und Erholungsraum. Insbesondere der Austausch mit Freunden und der Rückzug in einen konkreten privaten Raum konnten die kompensatorische Funktion erfüllen. Gegenteilige Erfahrungen verstanden einige Autorinnen und Autoren als einen Verlust. Gespräche unter jüdischen Freunden etwa, die nur um die politischen Vorgänge kreisten, konnten auch als Belastung wahrgenommen werden. Offensichtlich stellen diese Vorgänge eine Folge nationalsozialistischer Politik dar; sie als ‚Politisierung des Privaten' zu kennzeichnen, verwischt jedoch den paradoxen Charakter dieser Folge und berücksichtigt nicht stark genug das Bemühen vieler Verfolgter, den nationalsozialistischen Eindringungsversuchen etwas entgegenzusetzen.

Allerdings muss die These von Betts für den Nationalsozialismus um einen wichtigen Aspekt ergänzt werden, der insbesondere die Lage der Verfolgten und systemkritischen Deutschen berücksichtigt. Nicht nur Versuche des Staates, das Private zu kontrollieren, wirkten sich auf die zeitgenössische Wahrnehmung des Privaten aus. Ebenso konnte die Umgestaltung des öffentlichen Raums die Wahrnehmung des privaten Raums verändern. Je stärker sich ideologisch konforme Verhaltensstandards in der Öffentlichkeit verbreiteten und der öffentliche Raum Schauplatz von Verfolgungs- und Demütigungsszenarien wurde, desto eher erfuhren Verfolgte den privaten Raum als einen erzwungen Aufenthaltsort, in dem sie ‚eingesperrt' waren. Das Beispiel demonstriert ebenfalls, dass das Private nicht nur zwischen den Polen ‚Rückzug' und ‚Politisierung' pendelte.

Binnendifferenzierung: Grenzziehungen innerhalb des Privaten

Eine Gemeinsamkeit zwischen der Nischen- und der Politisierungsthese besteht darin, dass beide das Private in Relation zum Politischen bestimmen. Darin folgen beide Thesen einer grundlegenden Semantik des Privaten – und gleichzeitig sparen sie Bedeutungsverschiebungen, die innerhalb des Privaten stattfanden und auf zentrale politische-gesellschaftliche Veränderungen verweisen, auf diese Weise aus. Die Autobiographien der jüdischen Autorinnen und Autoren spiegeln wider, dass die Zeitgenossen im Nationalsozialismus das Private nicht nur in Abgrenzung zur Politik oder zur Öffentlichkeit thematisierten. Ebenso deutlich wird, dass der Nationalsozialismus Grenzziehungen innerhalb des Privaten festigte, und zwar zwischen ‚arischen' Freunden, Familien und Privaträumen auf der einen Seite und ‚jüdischen' Freunden, Familien und Privaträumen auf der anderen Seite. So selbstverständlich war die Verwendung des Begriffspaars ‚arisch'/‚nichtarisch' geworden, dass nur wenige Autoren sich veranlasst sahen, diese Redeweise ihren Lesern zu erklären. Dementsprechend liest man in den Dokumenten von treuen und unloyalen ‚arischen Freunden', von zusammenstehenden ‚jüdischen Familien' und zerstrittenen ‚arischen Familien' und nicht zuletzt auch von ‚arischen' und ‚jüdischen' privaten Orten. Diesen Befund nenne ich die *Binnendifferenzierung des Privaten*. Es handelt sich hier wiederum auch um Praktiken des Unterscheidens, die jedoch Grenzen innerhalb des Privaten zogen.

Die Binnendifferenzierung des Privaten zeigt, wie erfolgreich die Nationalsozialisten darin waren, die Vorstellung einer ‚Volksgemeinschaft' gesellschaftlich zu implementieren und unerwünschte Bevölkerungsgruppen auszuschließen – unter anderem deshalb, weil sie es schafften, die Unterscheidung zwischen Juden und ‚Ariern' in den gesellschaftlichen Sprachgebrauch zu integrieren. Gerade weil das soziale Umfeld nach dieser Unterscheidung handelte, war es den jüdischen Autoren und Autorinnen kaum möglich, ihr Leben seit der Machtübernahme zu beschreiben, ohne selbst diese Dichotomie zu verwenden – selbst wenn sie sie dezidiert ablehnten. Dabei waren die Nationalsozialisten nicht darauf angewiesen, dass die Akteure Anhänger der NSDAP waren – wie es etwa in der von Eva Wysbar geschilderten Episode der Fall war, in der ein General den Auszug ihrer Familie aus dem Haus gefordert hatte. So erzeugten Parteianhänger mit ihren Boykottaktionen eine jüdische Topographie im öffentlichen Raum, die für jeden sichtbar war. Selbst wenn nichtjüdische Deutsche im Anschluss weiterhin ihren jüdischen Arzt konsultierten und sich nicht an die damit einhergehenden Erwartungshaltungen der Machthaber hielten, so taten sie dies fortan in eben genau diesem Bewusstsein. Am Beispiel der Freundschaft lässt sich zeigen, dass die von den Machthabern anvisierte Schaffung einer ‚Volksgemeinschaft' im öffentlichen Bereich auch von solchen Personen – wenn auch unwillentlich – mitgetragen wurde, die insgeheim Sympathien für verfolgte Juden gehegt haben mochten. Einige jüdische Autorinnen und Autoren mögen dieses Verhalten als bloße Fassade gedeutet haben. *De facto* jedoch leistete beispielsweise das Nichtgrüßen einen Beitrag zur Exklusion der Juden im öffentlichen Raum.[4]

Aus den angeführten Gründen ist die von Hans Mommsen und Ian Kershaw geäußerte Kritik am Forschungskonzept der ‚Volksgemeinschaft' unschlüssig. Mommsen bezweifelt den analytischen Wert des Volksgemeinschaftsbegriffs. Das Konzept werte die repressive, terroristische Politik des Regimes ab und bleibe letztlich nur ein „Propagandakonstrukt", da „die materiellen Segnungen der so beschworenen ‚Volksgemeinschaft'" ausgeblieben seien.[5] Ähnlich kritisiert Ker-

---

[4] Jüngere Forschungsergebnisse stützen diese These einer Binnendifferenzierung des Privaten: So gelangt Steuwer – auch auf der Basis von nichtjüdischen Zeugnissen – zu der Überzeugung, dass „die Existenz privater Räume" von zwei Faktoren abhing: der „gesellschaftliche[n] Zugehörigkeit" und der Positionierung des Einzelnen zum Nationalsozialismus. Vgl. Steuwer: „Ein Drittes Reich, wie ich es auffasse", S. 515.

[5] So in seiner Besprechung von Wildts Geschichte des Nationalsozialismus. Vgl. Mommsen, Hans: Amoklauf der „Volksgemeinschaft"? Kritische Anmerkungen zu Michael Wildts

shaw, das Konzept erfasse nicht den verbreiteten Dissens in der deutschen Bevölkerung, da es eng mit der Sicht auf den Nationalsozialismus als eine „Zustimmungsdiktatur" verbunden sei.[6] Dies sind jedoch keineswegs notwendige Schlussfolgerungen. Zwar werden mit dem Konzept der ‚Volksgemeinschaft' die partizipativen Elemente der Diktatur fokussiert, diese lassen sich aber eben nicht zwangsläufig auf eine zustimmende Haltung zurückführen. Gesellschaftlicher Wandel vollzog sich im Nationalsozialismus auch ohne Akte expliziter Zustimmung oder Ablehnung.[7]

Der Wert semantischer Studien, die sich auf Ego-Dokumente stützen, liegt unter anderem darin, dass sie die oftmals unreflektierten, aber handlungsleitenden sprachlichen Grenzziehungen aufspüren, die ihrerseits Veränderungen im gesellschaftlichen Gefüge indizieren und vorantreiben. Wie das obige Beispiel des Nichtgrüßens demonstriert, trugen selbst unterlassene (Sprach-)Handlungen von NS-kritischen Bevölkerungsteilen dazu bei, eine Grenze zwischen Juden und Nichtjuden im öffentlichen Raum zu ziehen. Der Grund, weshalb ein zentraler Bestandteil der politischen Sprache des Nationalsozialismus bis in die Dokumente der Verfolgten Eingang gefunden hat, liegt also in der praktischen und sozialen Relevanz der Unterscheidung zwischen Juden und ‚Ariern'. Je höher diese Relevanz einer begrifflichen Unterscheidung ist, desto eher sickert sie in den Sprachhaushalt eines Individuums ein. Gerade Ego-Dokumente bieten die Möglichkeit, die Reichweite und den individuellen Umgang mit der politischen Sprache eines totalitären Regimes zu untersuchen.

Problematiken der Dichotomie privat/öffentlich als zeitgenössisches Deutungsinstrument

An welchen Stellen erschwerte es die Dichotomie privat/öffentlich den Zeitgenossinnen und Zeitgenossen, gesellschaftliche und politische Veränderungen zu erfassen? So stellt sich zunächst die Frage, weshalb die Autorinnen und Autoren ausgerechnet den Begriff ‚Privatleben' von der Binnendifferenzierung aussparten. Trotz seiner hervorgehobenen Stellung – sowohl im semantischen Feld des Privaten als auch als Deutungsinstrument der NS-Zeit – differenzierten die Autorinnen und Autoren den Begriff ‚Privatleben' nicht mit der Dichotomie jüdisch/nichtjüdisch aus, um eine zentrale gesellschaftliche Veränderung zu beschreiben. Die Binnendifferenzierung des Privaten schlug sich also eher an den Rändern des semantischen Feldes nieder. Erklärungsbedürftig ist dies vor allem für die jüdischen

---

Grundkurs zur Geschichte des Nationalsozialismus, in: Neue Politische Literatur 53 (2008), S. 15–20, hier S. 16 f.

[6] Vgl. Kershaw, Ian: „Volksgemeinschaft". Potenzial und Grenzen eines neuen Forschungskonzepts, in: Vierteljahrshefte für Zeitgeschichte 59 (2011), S. 1–17, hier S. 10 f.

[7] Siehe hierzu auch Bajohr, Frank: ‚Community of Action' and Diversity of Attitudes. Reflections on Mechanismus of Social Integration in National Socialist Germany, 1933–45, in: Steber/Gotto (Hg.): Visions of Community in Nazi Germany, S. 187–199, hier S. 197–199.

Autorinnen und Autoren, die relativ spät aufgrund der nationalsozialistischen Rassenpolitik emigrierten.

Verglichen mit den übrigen Begriffen wie ‚Familie' oder ‚Haus' galten Bezugnahmen auf ‚Privatleben' sehr viel häufiger der Relationsbestimmung zu einem unterschiedlich benannten Außen, etwa dem Staat oder der Politik. Diese enge Bindung des Begriffs an die Dichotomie von Innen und Außen erschwerte zumindest die Erkenntnis, dass die Auswirkungen der Machtübernahme auf das Privatleben des Einzelnen von der politischen Implementierung der Rassenideologie und der entsprechenden Kategorisierung des Individuums abhingen. Der Gebrauch von ‚Privatleben' speiste sich jedenfalls primär aus dieser dichotomen Struktur. Als weitere Faktoren können zum einen sein hoher Abstraktionsgrad angeführt werden, der zwar die Subsumierung vielfältiger Erfahrungsbestände erlaubte, gleichzeitig aber dazu tendierte, substanzielle Unterschiede einzuebnen. Zum anderen erschwerte die Singularsemantik des Wortes ‚Privatleben' die Erkenntnis, dass es mehrere Arten des Privaten geben könnte.

Eine zweite Beobachtung fügt sich hier ein: In begrenztem Umfang thematisierten einige Autorinnen und Autoren zwar auch die *Auflösung privater Lebenszusammenhänge von innen her*, zum Beispiel dann, wenn sie die ‚politisierte Familie' kurz vor und seit der Machtübernahme als Ort politischer Zerwürfnisse bestimmten. Grundlage hierfür war ein Politikverständnis, das Politik nicht in Abgrenzung oder Nähe zu anderen Sphären wie Öffentlichkeit, Staat oder eben auch Privatem definierte, sondern bestimmten Handlungen und Aktionsmustern politischen Charakter attestierte. Gleichwohl *deuteten* die Autorinnen und Autoren in der Regel die politisch zerstrittene Familie als eine Entgrenzung des Privaten von außen, indem sie den handlungsorientierten Politikbegriff mit seiner expansiven Konnotation kreuzten. Sie semantisierten den innerfamiliären politischen Streit teilweise als einen ‚Einbruch' des Politischen ins Private und verstanden ihn als private Fortsetzung der im öffentlichen Leben stattfindenden politischen Kämpfe. Die Denkmöglichkeit einer Politisierung des Privaten von innen heraus war hingegen kein Bestandteil ihres semantischen Horizonts des Privaten und deutet sich allenfalls in dem handlungsorientierten, aber in der Regel intransitiv genutzten Verb ‚politisieren' an. Jedenfalls nahmen die Schreiberinnen und Schreiber nichtjüdische Sphären des Privaten nicht als Triebkraft gesellschaftlich-politischer Konflikte wahr, sondern als ihren Spiegel oder Zielbereich.

Zwar war der Familienbegriff weniger stark an die Denkfigur von Innen und Außen gebunden als der Begriff ‚Privatleben', doch im Zusammenspiel mit Begriffen wie ‚Politik', ‚Staat', ‚einbrechen' oder ‚eindringen' bestimmte ebenfalls die dichotome Struktur seine Verwendung. Starke semantische Prägungen des Privaten ermöglichten also nicht nur die Deutung gesellschaftlicher und politischer Prozesse, sie erschwerten bisweilen die Sicht auf alternative Erklärungsmuster.

Alternative Deutungskategorien

Wie und was die jüdischen Autorinnen und Autoren über das Private berichteten, hing nicht nur von der nationalsozialistischen Politik und ihrer Implementierung im Alltag ab. Alternative Deutungskategorien wie ‚Geschlecht' und ‚Generation', *Schreibanlässe* im Kontext des Preisausschreibens, sowie die Tatsache, dass die Autorinnen und Autoren im *Medium der autobiographischen Reflexion* schrieben, sind ebenfalls zu berücksichtigen. So wurde deutlich, dass die Verwendung bestimmter Semantiken auch von ihrer Position in der temporalen und narrativen Struktur des Textes abhing. In der Niederschrift der eigenen Biographie entwarfen die jüdischen Autorinnen und Autoren übergreifende Narrative von der Geschichte der deutschen Juden. Während die Mehrzahl die eigene und die jüdische Geschichte vor der Machtübernahme unter dem Blickwinkel zunehmender Integration beschrieb, betonten andere jüdische Autorinnen und Autoren den Antisemitismus und die Exklusionserfahrungen dieses Zeitraums. In der Folge verwendeten sie vereinzelt jene Semantiken des Privaten, die ansonsten für die erzählte Zeit des Nationalsozialismus ‚reserviert' waren. Das betrifft vor allem Berichte über Freundschaften zu Nichtjuden. Andere Semantiken und Konzepte – etwa die der kommunikativen Selbstkontrolle, der privaträumlichen Segregation und der genealogischen Identität – hingen zu sehr von einem NS-spezifischen Erfahrungsraum ab, als dass sie von den Schreibenden als Charakteristika früherer Zeiträume hätten angeführt werden können.

Was die Schreibanlässe betrifft, so verstanden einige Autorinnen und Autoren die Teilnahme am Preisausschreiben offensichtlich als Gelegenheit, die eigenen Erfahrungen mittels einer Deutung der Geschehnisse zu verarbeiten. Da der Nationalsozialismus neuartige Erfahrungen hervorbrachte und bestehende Erwartungshorizonte neu absteckte, trieb er auch das Interpretationsbedürfnis der Zeitgenossen voran. Was also für die Dichotomie privat/öffentlich ‚im Kleinen' gilt, gilt ebenso für übergeordnete Deutungen und Narrative einer historischen Entwicklung vor und nach 1933, in denen die Autorinnen und Autoren das eigene Leben verorteten. Dafür griffen sie unter anderem auch auf Semantiken des Privaten zurück, beispielsweise auf die Zeitdiagnose des politisierten Privatlebens, aber auch auf die eigene Familiengeschichte, um einstige Erwartungshorizonte und Einstellungen, etwa die Zugehörigkeit zur deutschen Nation, zu legitimieren.

Zusätzlich zur Motivation der Erfahrungsverarbeitung ist das Bemühen vieler Schreiberinnen und Schreiber sichtbar geworden, die primären Adressaten ihrer Berichte über die Situation in Deutschland aufklären und mit zuverlässigen Informationen versorgen zu wollen. Dies begünstigte sicherlich die Tendenz, die eigene Geschichte stellvertretend für ein Kollektiv zu schreiben, dessen Individuen sie ähnliche Erfahrungen zuschrieben. Stiftete dieses Vorgehen doch nicht nur einen Bezugsrahmen, innerhalb dessen die eigene Geschichte verortet, der Erfahrungseinbruch gedeutet werden konnte. Es erhöhte aus der Perspektive der Schreiberinnen und Schreiber auch die Relevanz der eigenen Geschichte für die amerikanischen Wissenschaftler.

Interessanterweise lassen sich keine spezifisch weiblichen oder männlichen Redeweisen über das Private identifizieren. Männer und Frauen unterschiedlichen Alters schrieben in den gleichen Semantiken über Privates. Womöglich glichen sich die in den Autobiographien eingesickerten Erfahrungsräume zu sehr, als dass sie zu geschlechter- oder generationenspezifischen Redeweisen Anlass gegeben hätten. Auch mögen die Anforderungen des Preisausschreibens und damit einhergehende antizipierte Erwartungen das Schreiben über Privates beeinflusst haben. Wichtiger als Generationen- und Geschlechterzugehörigkeit scheint in diesem Zusammenhang der ‚politische Status' gewesen zu sein, ob also jemand primär aufgrund der politischen Überzeugung oder der jüdischen Herkunft verfolgt wurde. Linke Oppositionelle differenzierten das Private nicht oder kaum mit Hilfe ‚rassischer' Kategorien aus. Auch bei Käte Frankenthal, die zwar jüdischer Herkunft war, aber aufgrund ihrer politischen Aktivitäten verfolgt wurde, ist dies der Fall. Anscheinend beeinflusste ebenfalls die biographische Nähe zu einer der beiden Gruppen das Schreiben über Privates. Die Nichtjüdin Gertrude Wickerhauser Lederer, verheiratet mit einem jüdischen Ehemann, nutzte die Rückzugsmetapher, um den Unterschied zwischen ‚arischen' und jüdischen Häusern zu charakterisieren. Hilde Koch, ebenfalls Nichtjüdin und Ehefrau eines aus politischen Gründen inhaftierten nichtjüdischen Mannes, unterschied nicht zwischen jüdischen und ‚arischen' Bereichen des Privaten.

Als Deutungskategorien fanden ‚Geschlecht' und ‚Generation' hingegen durchaus Eingang in die Autobiographien; beispielsweise um auszuloten, wie weit nationalsozialistische Ideen die Gesellschaft durchdrungen hatten oder um spezifisch männliche und weibliche Erfahrungsräume im Kontext von Verfolgungsmaßnahmen artikulieren zu können. Doch inwieweit der Nationalsozialismus männliche und weibliche, jugendliche oder auch spezifisch nationalsozialistische Räume des Privaten zwischen 1933 und 1945 hervorbrachte oder zerstörte, bedarf weiterer Erforschung – wohl auch mit alternativen Quellen, die dichter an die Erfahrungsräume speziell dieser Gruppen heranreichen.

Erkennbar ist jedoch, dass den dichotomisierenden historiographischen Urteilen zwischen Politisierungs- und Nischenthese ein alternatives Erklärungsmuster vorzuziehen ist. Zum einen ist das Private semantisch vielfältiger zu fassen als der Begriff des Privatlebens suggeriert. Einseitige Behauptungen über das Private erweisen sich angesichts dieser Bedeutungsvielfalt als schwierig und lassen mit der Binnendifferenzierung Grenzziehungen außer Acht, die sich innerhalb des Privaten ereigneten. Zum anderen wird deutlich, dass die Dichotomie privat/öffentlich für viele Schreiberinnen und Schreiber ‚unhintergehbar' war. Gerade diejenigen Ereignisse, die private Lebensbereiche einengten oder sogar punktuell auflösten, bestärkten die Notwendigkeit, diese Erfahrungen auszudeuten und Privatheit wieder erfahrbar zu machen. Das begriffliche Unterscheiden von Privatem und Nichtprivatem war daher für Verfolgte und systemkritische Deutsche eine zentrale Fähigkeit – im Nationalsozialismus wie auch beim retrospektiven Schreiben darüber. In dieser Hinsicht festigte der Nationalsozialismus die Unterscheidung zwischen Privatem und Öffentlichem. Kennzeichnend für die Zeit bis 1939/40 ist nicht *die* Politisierung oder *der* Rückzug, sondern das Wechselspiel zwischen Be- und Entgrenzungen des Privaten auf der Erfahrungsebene sowie den sprachlichen Deutungen dieser Prozesse mit den Begriffen des Privaten und Politischen.

Danksagung

Ohne die Hilfe vieler toller Menschen um mich herum wäre dieses Buch wohl kaum erschienen. Der Bielefelder Studiengruppe *Historische Semantik* verdanke ich inspirierende Diskussionen. Anja Horstmann, Kristoffer Klammmer, Tobias Weidner, Daniel Siemens und Wolfgang Emer haben das Manuskript mit ihren wohlwollenden, kritischen Anmerkungen erheblich verbessert.

Die besondere intellektuelle und kollegiale Atmosphäre am Lehrstuhl von Willibald Steinmetz hat bei der Entstehung des Buches eine wichtige Rolle gespielt. Die großartige Unterstützung, die ich von Willibald Steinmetz in allen Phasen der Promotion erhalten habe, ebenfalls. Hierfür bin ich sehr dankbar. Die Zweitgutachterin Martina Kessel hat das Projekt mit großem Interesse verfolgt und wertvolle Tipps zur Verbesserung der Arbeit gegeben. Die nötige finanzielle Unterstützung leistete das Rektorat der Universität Bielefeld – auch hierfür sei besonders gedankt.

Angelika Reizle und Günther Opitz vom Institut für Zeitgeschichte haben sich mit viel Engagement um die Veröffentlichung des Buches gekümmert. Das Lektorat von Katja Klee hat dem Manuskript sehr gut getan.

Manche Menschen sind so wichtig, dass ein Dankeschön nicht ausreicht. Lisa Emer und meinen Eltern ist dieses Buch gewidmet.

Abkürzungsverzeichnis

BDM	Bund Deutscher Mädel
COI	Office of the Coordinator of Information
CV	Central-Verein
DAF	Deutsche Arbeitsfront
DDR	Deutsche Demokratische Republik
DVP	Deutsche Volkspartei
FBI	Federal Bureau of Investigation
GDR	German Democratic Republic
Gestapo	Geheime Staatspolizei
Gestapa	Geheimes Staatspolizeiamt
HJ	Hitler-Jugend
KPD	Kommunistische Partei Deutschlands
KZ	Konzentrationslager
LTI	Lingua Tertii Imperii
NS	Nationalsozialismus
NSDAP	Nationalsozialistische Deutsche Arbeiterpartei
o. D.	ohne Datum
o. P.	ohne Paginierung
OKW	Oberkommando der Wehrmacht
OSS	Office of Strategic Services
OWI	Office of War Information
SA	Sturmabteilung
SAP	Sozialistische Arbeiterpartei
SPD	Sozialdemokratische Partei Deutschlands
SS	Schutzstaffel
TOBIS	Tobis Tonbild-Syndikat AG
US/USA	United States/United States of America
YIVO	Yiddish Scientific Institute

Quellen und Literatur

1. Quellen

Leo Baeck Institute Archives New York/Berlin: Memoir Collection, Berlin Collection, Digitalisierter Bestand (s. unten).
Archiv des Zentrums für Antisemitismusforschung an der Technischen Universität Berlin: Zugriff auf Mikrofilm-Kopien von Wettbewerbsbeiträgen samt etwaiger Auswertungsbögen und Korrespondenz aus der Houghton Library, Harvard University (s. unten).
Exilpresse digitial – Deutschsprachige Exilzeitschriften 1933–1945 (Digitalisierter Bestand des Deutschen Exilarchivs 1933–1945, s. unten).
Jüdische Periodika in NS-Deutschland (Digitalisierter Bestand des Deutschen Exilarchivs 1933–1945, s. unten).

Autobiographische Quellen des engeren Samples

Altmann, Eugen: Mein Leben in Deutschland vor und nach dem 30. Januar 1933, San Francisco (Cal.) 1940, Houghton Library (Harvard University), bMS Ger 91 (5), Zugriff am 23. 09. 2008 im Archiv des Zentrums für Antisemitismusforschung der Technischen Universität Berlin.
Andermann, Martin: Mein Leben in Deutschland vor und nach dem 30. Januar 1933, Buffalo (N.Y.) 1940, Houghton Library (Harvard University), bMS Ger 91 (6), Zugriff am 23. 09. 2008 im Archiv des Zentrums für Antisemitismusforschung der Technischen Universität Berlin.
‚Aralk': Mein Leben in Deutschland vor und nach dem 30. Januar 1933, Detroit (Mich.) 1940, Houghton Library (Harvard University), bMS Ger 91 (8), Zugriff am 23. 09. 2008 im Archiv des Zentrums für Antisemitismusforschung der Technischen Universität Berlin.
Aust, Joseph: Mein Leben in Deutschland vor und nach dem 30. Januar 1933, Devon (England) 1940, Houghton Library (Harvard University), bMS Ger 91 (11), Zugriff am 23. 09. 2008 im Archiv des Zentrums für Antisemitismusforschung der Technischen Universität Berlin.

Baerwald, Alice: Mein Leben in Deutschland vor und nach dem 30. Januar 1933, Cincinnati (Ohio) 1940, Houghton Library (Harvard University), bMS Ger 91 (15), Zugriff am 23. 09. 2008 im Archiv des Zentrums für Antisemitismusforschung der Technischen Universität Berlin.
Bing, Rudolf: Mein Leben in Deutschland nach dem 30. Januar 1933, in: Mitteilungen des Vereins zur Geschichte der Stadt Nürnberg 75 (1988), S. 189–210.
Bollmann, Hildegard (Pseud.): Mein Leben in Deutschland vor und nach dem 30. Januar 1933, New York City 1940, Houghton Library (Harvard University), bMS Ger 91 (33), Zugriff am 23. 09. 2008 im Archiv des Zentrums für Antisemitismusforschung der Technischen Universität Berlin.
Breusch, Robert: Mein Leben in Deutschland vor und nach dem 30. Januar 1933, Cambridge (Mass.) 1940, Houghton Library (Harvard University), bMS Ger 91 (38), Zugriff am 23. 09. 2008 im Archiv des Zentrums für Antisemitismusforschung der Technischen Universität Berlin.

Dienemann, Mally: Aufzeichnungen, Tel Aviv 1939, Archiv des Leo Baeck Instituts, ME 112. MF 96. MM 18.
Dreyfuss, Albert: Mein Leben in Deutschland vor und nach dem 30. Januar 1933, Jerusalem 1940, Houghton Library (Harvard University), bMS Ger 91 (54), Zugriff am 23. 09. 2008 im Archiv des Zentrums für Antisemitismusforschung der Technischen Universität Berlin.

Flesch, Philipp: Mein Leben in Deutschland vor und nach dem 30. Januar 1933, New York City 1940, Archiv des Leo Baeck Instituts, ME 132. MM 22.

Frankenthal, Käte: Der dreifache Fluch: Jüdin, Intellektuelle, Sozialistin. Lebenserinnerungen einer Ärztin in Deutschland und im Exil. Herausgegeben von Kathleen M. Pearle und Stefan Leibfried, Frankfurt a. M. 1981.

Goldberg, Frederick G.: Mein Leben in Deutschland vor und nach dem 30. Januar 1933, New York City 1940, Archiv des Leo Baeck Instituts, ME 190. MM 24.
Goldschmidt, Fritz: Mein Leben in Deutschland vor und nach dem 30. Januar 1933, London 1940, Archiv des Leo Baeck Instituts, ME 193. MM 24.
Grünebaum, Leo: Mein Leben in Deutschland vor und nach dem 30. Januar 1933, Bridgeport (Conn.) 1940, Houghton Library (Harvard University), bMS Ger 91 (84), Zugriff am 23. 09. 2008 im Archiv des Zentrums für Antisemitismusforschung der Technischen Universität Berlin.
Gyßling, Walter: Mein Leben in Deutschland vor und nach 1933, und Der Anti-Nazi: Handbuch im Kampf gegen die NSDAP. Herausgegeben und eingeleitet von Leonidas E. Hill. Mit einem Vorwort von Arnold Paucker, Bremen 2003.

Haffner, Sebastian: Geschichte eines Deutschen. Die Erinnerungen 1914–1939, München 2004.
Herz, Sofoni: Mein Leben in Deutschland vor und nach dem 30. Januar 1933, Belfast 1939, Houghton Library (Harvard University), bMS Ger 91 (96), Zugriff am 23. 09. 2008 im Archiv des Zentrums für Antisemitismusforschung der Technischen Universität Berlin.

Kahle, Maria: Mein Leben in Deutschland vor und nach dem 30. Januar 1933, Kew Surrey (England) 1940, Houghton Library (Harvard University), bMS Ger 91 (101), Zugriff am 23. 09. 2008 im Archiv des Zentrums für Antisemitismusforschung der Technischen Universität Berlin.
Kaufman, Harry: Mein Leben in Deutschland vor und nach dem 30. Januar 1933, Dover (N.H.) 1940, Houghton Library (Harvard University), bMS Ger 91 (108), Zugriff am 23. 09. 2008 im Archiv des Zentrums für Antisemitismusforschung der Technischen Universität Berlin.
Koch, Hilde: Mein Leben in Deutschland vor und nach dem 30. Januar 1933, East Orange (New Jersey) 1940, Houghton Library (Harvard University), bMS Ger 91 (115), Zugriff am 23. 09. 2008 im Archiv des Zentrums für Antisemitismusforschung der Technischen Universität Berlin.
Kronenberg, Max: Aus Deutschland vor und unter Hitler, Cincinnati (Ohio) 1940, Houghton Library (Harvard University), bMS Ger 91 (123), Zugriff am 23. 09. 2008 im Archiv des Zentrums für Antisemitismusforschung der Technischen Universität Berlin.

Lessler, Toni: Mein Leben in Deutschland vor und nach dem 30. Januar 1933, New York City 1940, Archiv des Leo Baeck Instituts, ME 726. MM 47.
Levi, Julius Walter: Mein Leben in Deutschland vor und nach dem 30. Januar 1933, New York City 1940, Archiv des Leo Baeck Instituts, AR 7255/MF 822 (Reel 4).
Levy, Joseph B.: Mein Leben in Deutschland vor und nach dem 30. Januar 1933, Dorchester (MA) 1940, Archiv des Leo Baeck Instituts, ME 383. MM 47.
Lewinsohn, Martha: [Mein Leben in Deutschland vor und nach dem 30. Januar 1933], Kopenhagen 1939, Houghton Library (Harvard University), bMS Ger 91 (137), Zugriff am 23. 09. 2008 im Archiv des Zentrums für Antisemitismusforschung der Technischen Universität Berlin.
Littauer, Margot: Mein Leben in Deutschland vor und nach dem 30. Januar 1933, Tel Aviv 1940, Houghton Library (Harvard University), bMS Ger 91 (142), Zugriff am 23. 09. 2008 im Archiv des Zentrums für Antisemitismusforschung der Technischen Universität Berlin.
Loewenberg, Ernst: Mein Leben in Deutschland vor und nach dem 30. Januar 1933, Groton (Mass.) 1940, Archiv des Leo Baeck Instituts, ME 403a. MM 51.
Lohr, Ida F.: [Mein Leben in Deutschland vor und nach dem 30. Januar 1933], New York City 1940, Houghton Library (Harvard University), bMS Ger 91 (148), Zugriff am 23. 09. 2008 im Archiv des Zentrums für Antisemitismusforschung der Technischen Universität Berlin.
Löwith, Karl: Mein Leben in Deutschland vor und nach 1933. Ein Bericht. Mit einer Vorbemerkung von Reinhart Koselleck und einer Nachbemerkung von Ada Löwith, Frankfurt a. M. 1989.

Marcus, Ernst: Mein Leben in Deutschland vor und nach dem 30. Januar 1933, New York City 1940, Archiv des Leo Baeck Instituts, ME 423. MM 52.
Merecki, Siegfried: Mein Leben in Deutschland (Oesterreich) vor und nach dem 12. März 1938, Cleveland (Ohio) 1940, Houghton Library (Harvard University), bMS Ger 91 (156), Zugriff am 23. 09. 2008 im Archiv des Zentrums für Antisemitismusforschung der Technischen Universität Berlin.
Moses, Hugo: Mein Leben in Deutschland vor und nach dem 30. Januar 1933, Rochester (N.Y.) 1940, Houghton Library (Harvard University), bMS Ger 91 (159), Zugriff am 23. 09. 2008 im Archiv des Zentrums für Antisemitismusforschung der Technischen Universität Berlin.

Nathorff, Hertha: Memoiren (Diary) 1895–1939, Archiv des Leo Baeck Instituts, ME 460. MM 59.
Nathorff, Hertha: Das Tagebuch der Hertha Nathorff. Berlin – New York. Aufzeichnungen 1933 bis 1945. Herausgegeben und eingeleitet von Wolfgang Benz, Frankfurt a. M. 1988.
Neff, Margarete: Mein Leben in Deutschland vor und nach dem 30. Januar 1933, New York City 1940, Archiv des Leo Baeck Instituts, ME 1225. MM II 42.
Neumann, Siegfried: Mein Leben in Deutschland vor und unter Hitler, Shanghai 1940, Archiv des Leo Baeck Instituts, ME 468. MM 59.
Neumann, Siegfried: Nacht über Deutschland. Vom Leben und Sterben einer Republik, München 1978.
Neustätter, Otto: Mein Leben in Deutschland vor und nach dem 30. Januar 1933, Baltimore (Md.) 1940, Houghton Library (Harvard University), bMS Ger 91 (166), Zugriff am 23. 09. 2008 im Archiv des Zentrums für Antisemitismusforschung der Technischen Universität Berlin.

Oppenheimer, Mara: Mein Leben in Deutschland vor und nach dem 30. Januar 1933, San Francisco (Cal.) 1940, Houghton Library (Harvard University), bMS Ger 91 (171), Zugriff am 23. 09. 2008 im Archiv des Zentrums für Antisemitismusforschung der Technischen Universität Berlin.

Reichmann, Hans: [Autobiography] [1939/40], Archiv des Leo Baeck Instituts, ME 1230. MM II 42.
Reiner, Max: Mein Leben in Deutschland vor und nach dem Jahre 1933, Jerusalem 1940, Archiv des Leo Baeck Instituts, ME 517. MM 63.
Reuß, Gustav A. F.: „Dunkel war über Deutschland. Im Westen war ein letzter Widerschein von Licht." Autobiographische Erinnerungen von Friedrich Gustav Adolf Reuß. Herausgegeben von Ursula Blömer und Sylke Bartmann (= Oldenburgische Beiträge zu Jüdischen Studien, Band 9), Oldenburg 2001.

Salzburg, Friedrich: Mein Leben in Dresden vor und nach dem 30. Januar 1933. Lebensbericht eines jüdischen Rechtsanwaltes aus dem amerikanischen Exil im Jahr 1940. Bearbeitet und eingeleitet von Sabine Wenzel (= Lebenszeugnisse – Lebenswege, Band 13), Dresden 2001.
Samuel, Arthur: Mein Leben in Deutschland vor und nach dem 30. Januar 1933, in: Bonner Geschichtsblätter 49/50 (2001), S. 399–457.
Schwabe, Carl: Mein Leben in Deutschland vor und nach dem Jahre 1933, London 1939, Archiv des Leo Baeck Instituts, ME 586. MM 68.
Schwartz, Oscar: Mein Leben in Deutschland vor und nach dem Jahre 1933, London 1940, Archiv des Leo Baeck Instituts, ME 588. MM 68.
Solon, Friedrich: Mein Leben in Deutschland vor und nach dem 30. Januar 1933, London 1940, Archiv des Leo Baeck Instituts, ME 607. MM 72.

Vordtriede, Käthe: „Es gibt Zeiten, in denen man welkt". Mein Leben in Deutschland vor und nach 1933. Herausgegeben und mit einem Nachwort versehen von Detlef Garz, Lengwil 1999.

Weil, Frederick: Justitia Fundamentum Regnorum. Mein Leben in Deutschland vor und nach dem 30. Januar 1933, New York 1940, Archiv des Leo Baeck Instituts, ME 671. MM 80.

Wickerhauser Lederer, Gertrude: Mein Leben in Oesterreich vor und nach dem 30. Januar 1933, Wilmington (Del.) 1940, Houghton Library (Harvard University), bMS Ger 91 (130), Zugriff am 23. 09. 2008 im Archiv des Zentrums für Antisemitismusforschung der Technischen Universität Berlin.

Wysbar, Eva: „Hinaus aus Deutschland, irgendwohin...". Mein Leben in Deutschland vor und nach 1933. Mit Vorworten von Maria Wisbar Hansen und Tania Wisbar und einem Nachwort von Detlef Garz, Lengwil 2000.

Sonstige Quellen

Abel, Theodore: Why Hitler Came into Power, Cambridge (Mass.) 1986.
Adami, Friedrich Wilhelm: Das Kündigungsrecht wegen eines jüdischen Mieters, in: Juristische Wochenschrift 67 (1938), S. 3217–3220.
Allport, Gordon W.: Personality. A Psychological Interpretation, New York 1937.
Allport, Gordon W./Fay, Sidney B./Hartshorne, Edward Y.: Schreiben an Ernst Marcus v. 17. 09. 1940, Archiv des Leo Baeck Instituts, ME 423. MM 52.
Allport, Gordon W./Bruner, Jerome S./Jandorf, Ernest M.: Personality under Social Catastrophe. Ninety Life-Histories of the Nazi Revolution, in: Character and Personality 10 (1941/42), S. 1–22.
Allport, Gordon W.: The Use of Personal Documents in Psychological Science, New York 1942.
Anon.: Jüdische Familienforschung, in: Monatsschrift für Geschichte und Wissenschaft des Judentums 78 (1934), S. 320.
Anon.: Der Flaggenerlaß, in: CV-Zeitung vom 03. 05. 1935, S. 2.
Anon.: Ein Warnungsruf, in: Aufbau vom 01. 06. 1935, S. 1.
Anon.: Unsere Stellungnahme zu den Naziprogromen [sic!], in: Das Andere Deutschland v. 01. 12. 1938, S. 1.
Anon.: Prize for Nazi Stories. Harvard Faculty Men Seek Personal Histories of Experiences, in: New York Times vom 07. 08. 1939, S. 18.
Anon.: Hitler's Effect Upon Germany Forms Harvard Essay Topic, in: Christian Science Monitor v. 08. 08. 1939, S. 1.
Anon.: Harvard Group Offers $1.000 Prize for Best Story on Life Under Nazis, in: Jewish Telegraph Agency v. 08. 08. 1939, S. 5.
Anon.: Ein $1000-Preisausschreiben für Berichte aus dem Dritten Reich, in: Aufbau v. 15. 08. 1939, S. 18.
Anon.: 1000 Dollars für eine Flüchtlings-Biographie, in: Pariser Tageszeitung v. 16. 08. 1939, S. 3.
Anon.: Schreiben an Martha Lewinsohn v. 17. 10. 1939, Houghton Library (Harvard University), bMS Ger 91 (137), Zugriff am 23. 09. 2008 im Archiv des Zentrums für Antisemitismusforschung der Technischen Universität Berlin.
Anon.: Schreiben an Gertrude Wickerhauser Lederer v. 30. 10. 1939, Houghton Library (Harvard University), bMS Ger 91 (130), Zugriff am 23. 09. 2008 im Archiv des Zentrums für Antisemitismusforschung der Technischen Universität Berlin.
Anon.: Refugee. A Personal Account of Life in Nazi Germany by Two Anonymous Authors. Transl. by Clara Leiser, New York 1940.
Anon.: Schreiben an Gertrude Wickerhauser Lederer v. 19. 03. 1940, Houghton Library (Harvard University), bMS Ger 91 (130), Zugriff am 23. 09. 2008 im Archiv des Zentrums für Antisemitismusforschung der Technischen Universität Berlin.
Anon.: Schreiben an Martin Andermann v. 30. 12. 1940, Houghton Library (Harvard University), bMS Ger 91 (6), Zugriff am 23. 09. 2008 im Archiv des Zentrums für Antisemitismusforschung der Technischen Universität Berlin.
Anon.: Erfahrungen mit dem Nazi-Antisemitismus. Das Ergebnis des Wettbewerbs des „Institute of Social Research", in: Aufbau v. 14. 01. 1944.
Anon.: Vermerk auf der Mappe des Wettbewerbsbeitrags von Gertrude Wickerhauser Lederer, o. D., Houghton Library (Harvard University), bMS Ger 91 (130), Zugriff am 23. 09. 2008 im Archiv des Zentrums für Antisemitismusforschung der Technischen Universität Berlin.

Anon.: „Criteria for Selecting the Prize-Winning Manuscript", o. D., Archiv des Leo Baeck Instituts, ME 423. MM 52.
Appel, Marta: Memoirs, in: Monika Richarz (Hg.): Jüdisches Leben in Deutschland. Selbstzeugnisse zur Sozialgeschichte 1918–1945 (= Band 3), Stuttgart 1982, S. 231–243.
Ar., F.: Wie mache ich meinen Stammbaum?, in: CV-Zeitung v. 17. 04. 1935, S. 14.
‚Aralk': Schreiben an Sidney B. Fay v. 22. 03. 1940, Houghton Library (Harvard University), bMS Ger 91 (8), Zugriff am 23. 09. 2008 im Archiv des Zentrums für Antisemitismusforschung der Technischen Universität Berlin.

C., E.: Die Rache als Vorwand, in: Pariser Tageszeitung v. 12. 11. 1938, S. 1.

Der Große Brockhaus. Handbuch des Wissens in zwanzig Bänden, Fünfzehnte Auflage, Band 15, Leipzig 1933.

Eaton, J. W.: Rez. v. Hartshorne, Edward Y.: The German Universities and National Socialism, in: The German Quartely 11 (1938), S. 161–163.
Elbogen, Ismar: Haltung!, in: CV-Zeitung v. 06. 04. 1933, S. 117.
Erste Verordnung zur Ausführung des Gesetzes zum Schutze des deutschen Blutes und der deutschen Ehre (14. 11. 1935), in: Reichsgesetzblatt v. 14. 11. 1935, Teil I, S. 1334–1336.
Erste Verordnung zur Durchführung des Gesetzes zur Wiederherstellung des Berufsbeamtentums (11. 04. 1933), in: Reichsgesetzblatt Reichsgesetzblatt v. 11. 04. 1933, Teil I, S. 195.

Fay, Sidney B.: Schreiben an Ernst Marcus v. 18. 12. 1940, Archiv des Leo Baeck Instituts, ME 423. MM 52.

Gesetz gegen heimtückische Angriffe auf Staat und Partei und zum Schutz der Parteiuniformen (20. 12. 1934), in: Reichsgesetzblatt v. 29. 12. 1934,Teil I, S. 1269–1271.
Gesetz über Mietverhältnisse mit Juden (30. 04. 1939), in: Reichsgesetzblatt v. 04. 05. 1939, Teil I, S. 864 f.
Gesetz zum Schutze des deutschen Blutes und der deutschen Ehre (15. 09. 1935), in: Reichsgesetzblatt v. 16. 09. 1935, Teil I, S. 1146 f.
Gesetz zur Verhütung erbkranken Nachwuchses (14. 07. 1933), in: Reichsgesetzblatt v. 25. 07. 1933, Teil I, S. 529–531.
Gumbel, Emil J.: Rez. v. Hartshorne, Edward Y.: The German Universities and National Socialism, in: The Annals of the American Academy of Political und Social Science 200 (1938), S. 307.
Gütt, Arthur/Rüdin, Ernst/Ruttke, Falk: Gesetz zur Verhütung erbkranken Nachwuchses vom 14. Juli 1933 nebst Ausführungsverordnungen, München 1936 (2. Aufl.).

Hartshorne, Edward Y.: The German Universities and National Socialism, London 1937.
Hartshorne, Edward Y.: The German Universities and the Government, in: The Annals of the American Academy of Political and Social Science 200 (1938), S. 210–234.
Hartshorne, Edward Y.: Sammelrez. zu Abel, Theodore: Why Hitler Came into Power, New York 1938; Brady, Robert A.: The Spirit and Structure of German Fascism, New York 1937; Childs, Harwood L. (Editor): The Nazi Primer. Official Handbook for Schooling the Hitler Youth. Translated with a Preface by Harwood L. Childs. With a Commentary by William E. Dodd, New York 1938, in: Journal of Social Philosophy. A Quarterly Devoted to a Philosophic Synthesis of the Social Sciences 5 (1939), S. 277–280.
Hartshorne, Edward Y.: Schreiben an Ida F. Lohr v. 01. 11. 1940, Houghton Library (Harvard University), bMS Ger 91 (148), Zugriff am 23. 09. 2008 im Archiv des Zentrums für Antisemitismusforschung der Technischen Universität Berlin.
Hartshorne, Edward Y.: Schreiben an das Orange Internment Camp, Sydney, Australien v. 18. 08. 1941, Houghton Library (Harvard University), bMS Ger 91 (96), Zugriff am 23. 09. 2008 im Archiv des Zentrums für Antisemitismusforschung der Technischen Universität Berlin.

Hartshorne, Edward Y.: Reactions to the Nazi Threat. A Study of Propaganda and Culture Conflict, in: The Public Opinion Quarterly 5 (1941), S. 625–639.
Hartshorne, Edward Y.: German Youth and the Nazi Dream of Victory (= America Faces the War, Band 6), London/Bombay/Melbourne 1941.
Herrmann, J.: Der Deutsche Einheitsmietvertrag und die Notwendigkeit der Neugestaltung des sozialen Mietrechts (Abgedruckte Rede vom 29. Oktober 1936), in: Bund Deutscher Mietervereine e. V. (Hg.): Mietrecht, Wohnungs- und Siedlungsfragen: Reden, Dresden 1936, S. 36–56.
Herz, Arno: Schreiben an Edward Y. Hartshorne v. 26. 07. 1941, Houghton Library (Harvard University), bMS Ger 91 (96), Zugriff am 23. 09. 2008 im Archiv des Zentrums für Antisemitismusforschung der Technischen Universität Berlin.

Katz, Henry William: No. 21 Castle Street, New York 1940.
Kiefersauer, Fritz: Die Miete. Eine Systematik des geltenden Raummietrechts, München/Berlin 1937.
Klemperer, Victor: Die Tagebücher (1933–1945). Kommentierte Gesamtausgabe. Herausgegeben von Walter Nowojsky unter Mitarbeit von Christian Löser (Digitale Bibliothek 150), Berlin 2006.
Kronenberg, Max: Schreiben an Sidney B. Fay v. 26. 03. 1940, Houghton Library (Harvard University), bMS Ger 91 (123), Zugriff am 23. 09. 2008 im Archiv des Zentrums für Antisemitismusforschung der Technischen Universität Berlin.

Landau, Edwin: Mein Leben vor und nach Hitler, in: Monika Richarz (Hg.): Jüdisches Leben in Deutschland. Selbstzeugnisse zur Sozialgeschichte 1918–1945 (= Band 3), Stuttgart 1982, S. 99–108.
Langhoff, Wolfgang: Die Moorsoldaten. 13 Monate Konzentrationslager, Zürich 1935.
Lohr, Ida F.: Schreiben an Edward Y. Hartshorne v. 30. 10. 1940, Houghton Library (Harvard University), bMS Ger 91 (148), Zugriff am 23. 09. 2008 im Archiv des Zentrums für Antisemitismusforschung der Technischen Universität Berlin.
Lohr, Ida F.: Schreiben an Edward Y. Hartshorne v. 08. 11. 1940, Houghton Library (Harvard University), bMS Ger 91 (148), Zugriff am 23. 09. 2008 im Archiv des Zentrums für Antisemitismusforschung der Technischen Universität Berlin.
Lohr, Ida F.: Schreiben an Sidney B. Fay (undatiert), Houghton Library (Harvard University), bMS Ger 91 (148), Zugriff am 23. 09. 2008 im Archiv des Zentrums für Antisemitismusforschung der Technischen Universität Berlin.
Lundberg, George A.: Rez. zu Allport, Gordon W.: The Use of Personal Documents in Psychological Science, New York 1942, in: Sociometry 5 (1942), S. 317.

Meyers Großes Konversations-Lexikon. Ein Nachschlagewerk des allgemeinen Wissens. Sechste, gänzlich neubearbeitete und vermehrte Auflage, Band 16, Leipzig/Wien 1909.
Meyers Lexikon. Achte Auflage. In völlig neuer Bearbeitung und Bebilderung, Band 8, Leipzig 1940.

Neustätter, Otto: Schreiben an Sidney B. Fay v. 30. 03. 1940, Houghton Library (Harvard University), bMS Ger 91 (166), Zugriff am 23. 09. 2008 im Archiv des Zentrums für Antisemitismusforschung der Technischen Universität Berlin.

O., E. G.: Aufbau!, in: Aufbau v. 01. 12. 1938, S. 5.

Parsons, Talcott: Nazis Destroy Learning, Challenge Religion, in: Uta Gerhardt (Hg.): Talcott Parsons on National Socialism, New York 1993, S. 81–83.

Schwerin, Alfred: Erinnerungen, in: Monika Richarz (Hg.): Jüdisches Leben in Deutschland. Selbstzeugnisse zur Sozialgeschichte 1918–1945 (= Band 3), Stuttgart 1982, S. 346–357.
Simonis, Rudolf: Die Rückkehr zur jüdischen Familie, in: Das Blatt der deutschen Jüdin. Beiblatt der CV-Zeitung v. 17. 04. 1935, o. P.

Stuckart, Wilhelm/Schiedermair, Rudolf: Rassen- und Erbpflege in der Gesetzgebung des Reiches, Leipzig 1942 (3. Aufl.).

Thomas, William I./Znaniecki, Florian: The Polish Peasant in Europe and America. Monograph of an Immigrant Group (5 Bde.), Chicago (Ill.)/Boston (Mass.) 1918-1920.

Valtin, Jan (Pseud.): I Was Beaten by the Gestapo, in: Life Magazine v. 03. 03. 1941, S. 94-101.
Verordnung über die Zulassung von Ärzten zur Tätigkeit bei den Krankenkassen (22. 04. 1933), in: Reichsgesetzblatt v. 25. 04. 1933, Teil I, S. 222 f.
Victor, Walther: Emigranten als Versuchskarnickel, in: Berner Tagwacht/Beilage v. 28. 8. 1939.
Vordtriede, Käthe: „Mir ist es noch wie ein Traum, dass mir diese abenteuerliche Flucht gelang ...". Briefe nach 1933 aus Freiburg im Breisgau, Frauenfeld und New York an ihren Sohn Werner. Herausgegeben von Manfred Bosch, Lengwil 1998.
Weltsch, Robert: Tragt ihn mit Stolz, den gelben Fleck, in: Jüdische Rundschau v. 04. 04. 1933, S. 131 f.
Wickerhauser Lederer, Gertrude: Schreiben an Sidney B. Fay v. 27. 10. 1939, Houghton Library (Harvard University), bMS Ger 91 (130), Zugriff am 23. 09. 2008 im Archiv des Zentrums für Antisemitismusforschung der Technischen Universität Berlin.
Wolff-Arndt, Philippine: Wir Frauen von einst: Erinnerungen einer Malerin, München 1929.
Wolfram, Eva: An der holländischen Grenze, in: Andreas Lixl-Purcell (Hg.): Erinnerungen deutsch-jüdischer Frauen 1900-1990, Leipzig 1992, S. 189-198.

Zweite Verordnung zur Durchführung des Gesetzes über die Änderung von Familiennamen und Vornamen (17. 08. 1938), in: Reichsgesetzblatt v. 18. 08. 1938, Teil I, S. 1044.

2. Literatur

Adams, Willi Paul: Die USA im 20. Jahrhundert (Oldenbourg Grundriss der Geschichte, Band 29), München 2008 (2. Aufl.).
Ahlheim, Hannah: Antisemitische Agitation in der „Hochzeit des Konsums". Weihnachtsboykotte in Deutschland 1927-1934, in: Vittoria Borsò/Christiane Liermann/Patrick Merziger (Hg.): Die Macht des Populären. Politik und populäre Kultur im 20. Jahrhundert, Bielefeld 2010, S. 85-114.
Allert, Tilman: Der deutsche Gruß. Geschichte einer unheilvollen Geste (= Reclam-Taschenbuch, Band 20191), Stuttgart 2010.
Angress, Werner T.: Jüdische Jugend zwischen nationalsozialistischer Verfolgung und jüdischer Wiedergeburt, in: Arnold Paucker (Hg.): Die Juden im Nationalsozialistischen Deutschland. The Jews in Nazi Germany 1933-1943, Tübingen 1986, S. 211-221.
Arendt, Hannah: Elemente und Ursprünge totaler Herrschaft, Frankfurt a. M. 1962.
Aschheim, Steven E.: Culture and Catastrophe. German and Jewish Confrontations with National Socialism and Other Crises, New York 1996.
Aschheim, Steven E.: German Jews beyond Bildung and Liberalism. The Radical Jewish Revival in the Weimar Republic, in: ders.: Culture and Catastrophe. German and Jewish Confrontations with National Socialism and Other Crises, New York 1996, S. 31-44.
Assmann, Jan: Das kulturelle Gedächtnis. Schrift, Erinnerung und politische Identität in frühen Hochkulturen, München 1999.

Bailey, Joe: From Public to Private. The Development of the Concept of the „Private", in: Social Research 69 (2002), S. 15-31.
Bajohr, Frank/Pohl, Dieter: Der Holocaust als offenes Geheimnis. Die Deutschen, die NS-Führung und die Alliierten, München 2006.
Bajohr, Frank/Wildt, Michael (Hg.): Volksgemeinschaft. Neue Forschungen zur Gesellschaft des Nationalsozialismus, Frankfurt a. M. 2009.

Bajohr, Frank: ‚Community of Action' and Diversity of Attitudes. Reflections on Mechanismus of Social Integration in National Socialist Germany, 1933–45, in: Martina Steber/Bernhard Gotto (Hg.): Visions of Community in Nazi Germany. Social Engineering and Private Lives, Oxford 2014, S. 187–199.

Bankier, David: The Germans and the Final Solution. Public Opinion under Nazism (= Jewish Society and Culture), Oxford u. a. 1992.

Bankier, David (Hg.): Probing the Depths of German Antisemitism. German Society and the Persecution of the Jews, 1933–1941, New York 2001.

Barkai, Avraham: Vom Boykott zur „Entjudung". Der wirtschaftliche Existenzkampf der Juden im Dritten Reich 1933–1943, Frankfurt a. M. 1988.

Barkai, Avraham: Jüdisches Leben unter der Verfolgung, in: Michael A. Meyer (Hg.): Deutsch-Jüdische Geschichte in der Neuzeit, Band 4. Aufbruch und Zerstörung. 1918–1945, München 1997, S. 225–248.

Bartmann, Sylke/Garz, Detlef: „Wir waren vogelfrei", in: Bonner Geschichtsblätter 49/50 (1999), S. 457–470.

Bauer, Gerhard: Sprache und Sprachlosigkeit im „Dritten Reich", Köln 1988.

Bauer, Kurt: Nationalsozialismus. Ursprünge, Anfänge, Aufstieg und Fall, Wien u. a. 2008.

Bauer, Yehuda: Overall Explanations, German Society and the Jews or: Some Thoughts about Context, in: David Bankier (Hg.): Probing the Depths of German Antisemitism. German Society and the Persecution of the Jews, 1933–1941, New York 2001, S. 3–16.

Baumeister, Martin/Föllmer, Moritz/Müller, Philipp (Hg.): Die Kunst der Geschichte. Historiographie, Ästhetik, Erzählung, Göttingen 2009.

Bavaj, Riccardo: Die Ambivalenz der Moderne im Nationalsozialismus. Eine Bilanz der Forschung, München 2003.

Benn, Stanley I./Gaus, Gerald F. (Hg.): Public and Private in Social Life, London/Canberra/New York 1983.

Benn, Stanley I./Gaus, Gerald F.: The Public and the Private. Concepts and Action, in: dies. (Hg.): Public and Private in Social Life, London/Canberra/New York 1983, S. 3–27.

Benninghaus, Christina: Das Geschlecht der Generation. Zum Zusammenhang von Generationalität und Männlichkeit um 1930, in: Ulrike Jureit/Michael Wildt (Hg.): Generationen. Zur Relevanz eines wissenschaftlichen Grundbegriffs, Hamburg 2005, S. 127–158.

Benz, Wolfgang: Einleitung, in: Nathorff, Hertha: Das Tagebuch der Hertha Nathorff. Berlin – New York. Aufzeichnungen 1933 bis 1945. Herausgegeben und eingeleitet von Wolfgang Benz, Frankfurt a. M. 1988.

Benz, Wolfgang (Hg.): Das Exil der kleinen Leute. Alltagserfahrungen deutscher Juden in der Emigration, München 1991.

Benz, Wolfgang: Das Exil der kleinen Leute, in: Wolfgang Benz (Hg.): Das Exil der kleinen Leute. Alltagserfahrungen deutscher Juden in der Emigration, München 1991, S. 7–37.

Benz, Wolfgang: The November Pogrom of 1938. Participation, Applause, Disapproval, in: Christhard Hoffmann/Werner Bergmann/Helmut Walser Smith (Hg.): Exclusionary Violence. Antisemitic Riots in Modern German History, Ann Arbor 2002, S. 141–159.

Beradt, Charlotte: Das Dritte Reich des Traums, Frankfurt a. M. 1994.

Beradt, Charlotte: Das Dritte Reich des Traums. Mit einem Nachwort von Barbara Hahn, Frankfurt a. M. 2016.

Berger, Peter L./Luckmann, Thomas: Die Gesellschaftliche Konstruktion der Wirklichkeit. Eine Theorie der Wissenssoziologie, Frankfurt a. M. 2007.

Bergmann, Werner: Geschichte des Antisemitismus, München 2006.

Bernheim, Ernst: Lehrbuch der historischen Methode und der Geschichtsphilosophie, Leipzig 1908.

Bertrams, Annette (Hg.): Dichotomie, Dominanz, Differenz. Frauen plazieren sich in Wissenschaft und Gesellschaft, Weinheim 1995.

Betts, Paul: Within Walls. Private Life in the German Democratic Republic, New York 2010.

Blaschke, Olaf: Offenders or Victims? German Jews and the Causes of Modern Catholic Antisemitism, Lincoln (Ne)/London 2009.

Blasius, Dirk/Diner, Dan (Hg.): Zerbrochene Geschichte. Leben und Selbstverständnis der Juden in Deutschland, Frankfurt a. M. 1991, S. 121–137.

Blasius, Dirk: Zwischen Rechtsvertrauen und Rechtszerstörung. Deutsche Juden 1933–1935, in: Dirk Blasius/Dan Diner (Hg.): Zerbrochene Geschichte. Leben und Selbstverständnis der Juden in Deutschland, Frankfurt a. M. 1991, S. 121–137.
Blasius, Dirk: Weimars Ende. Bürgerkrieg und Politik 1930–1933, Göttingen 2005.
Blömer, Ursula: Qualitative Verfahren in der Biographie und Bildungsforschung, in: Friedrich Busch (Hg.): Aspekte der Bildungsforschung. Studien und Projekte der Arbeitsstelle Bildungsforschung im Fachbereich 1, Pädagogik, Institut für Erziehungswissenschaft, Oldenburg 1996, S. 73–92.
Blömer, Ursula: „Im uebrigen wurde es still um mich". Aberkennungsprozesse im nationalsozialistischen Deutschland (= Oldenburgische Beiträge zu Jüdischen Studien, Band 15), Oldenburg 2004 (zugl. Diss. Univ. Oldenburg 2004).
Bock, Gisela: Die Frauen und der Nationalsozialismus. Bemerkungen zu einem Buch von Claudia Koonz, in: Geschichte und Gesellschaft 15 (1989), S. 563–579.
Bock, Gisela: Ein Historikerinnenstreit?, in: Geschichte und Gesellschaft 18 (1992), S. 400–404.
Bock, Gisela: Antinatalism, Maternity and Paternity in National Socialist Racism, in: David Crew (Hg.): Nazism and German Society 1933–1945, London 1994, S. 110–140.
Bödeker, Hans E.: Begriffsgeschichte als Theoriegeschichte – Theoriegeschichte als Begriffsgeschichte. Ein Versuch, in: Rita Casale/Daniel Tröhler/Jürgen Oelkers (Hg.): Methoden und Kontexte. Historiographische Probleme der Bildungsforschung, Göttingen 2006, S. 91–119.
Botz, Gerhard: Nationalsozialismus in Wien. Machtübernahme und Herrschaftssicherung 1938–39, Buchloe 1988.
Bourdieu, Pierre: Die biographische Illusion, in: BIOS. Zeitschrift für Biographieforschung, Oral History und Lebensverlaufsanalysen 3 (1990), S. 75–81.
Bracher, Karl Dietrich: Die deutsche Diktatur. Entstehung, Struktur, Folgen des Nationalsozialismus, Köln 1976.
Bracher, Karl Dietrich/Funke, Manfred/Jacobsen, Hans-Adolf (Hg.): Nationalsozialistische Diktatur 1933–1945. Eine Bilanz, Bonn 1983.
Bramstedt, Ernest K.: Dictatorship and Political Police. The Technique of Control by Fear, New York 1976 (zuerst 1945).
Brändle, Fabian u. a. (Hg.): Von der dargestellten Person zum erinnerten Ich. Europäische Selbstzeugnisse als historische Quellen (1500–1800), Köln/Weimar/Wien 2001.
Brändle, Fabian u. a.: Texte zwischen Erfahrung und Diskurs. Probleme der Selbstzeugnisforschung, in: ders. u. a. (Hg.): Von der dargestellten Person zum erinnerten Ich. Europäische Selbstzeugnisse als historische Quellen (1500–1800), Köln/Weimar/Wien 2001, S. 3–31.
Brandt, Ahasver von: Werkzeug des Historikers. Eine Einführung in die Historischen Hilfswissenschaften, Stuttgart 2003.
Breitman, Richard/Kraut, Alan M.: American Refugee Policy and European Jewry, 1933–1945, Bloomington/Indianapolis 1987.
Brenner, Michael: Religion, Nation oder Stamm: zum Wandel der Selbstdefinition unter deutschen Juden, in: Heinz-Gerhard Haupt/Dieter Langewiesche (Hg.): Nation und Religion in der deutschen Geschichte, Frankfurt a. M./New York 2001, S. 587–601.
Brinker-Gabler, Gisela: Metamorphosen des Subjekts. Autobiographie, Textualität und Erinnerung, in: Magdalene Heuser (Hg.): Autobiographien von Frauen. Beiträge zu ihrer Geschichte, Tübingen 1996, S. 393–404.
Brocke, Michael/Carlebach, Julius (Hg.): Biographisches Handbuch der Rabbiner. Teil 2, Die Rabbiner im Deutschen Reich 1871–1945 (= Band 1), München 2009.
Brunner, Otto/Conze, Werner/Koselleck Reinhart (Hg.): Geschichtliche Grundbegriffe. Historisches Lexikon zur politisch-sozialen Sprache in Deutschland, Band 2, Stuttgart 1975.
Brunner, Otto/Conze, Werner/Koselleck Reinhart (Hg.): Geschichtliche Grundbegriffe. Historisches Lexikon zur politisch-sozialen Sprache in Deutschland, Band 4, Stuttgart 1978.
Burleigh, Michael/Wippermann, Wolfgang: The Racial State. Germany 1933–1945, New York u. a. 1991.
Busch, Friedrich (Hg.): Aspekte der Bildungsforschung. Studien und Projekte der Arbeitsstelle Bildungsforschung im Fachbereich 1 Pädagogik, Institut für Erziehungswissenschaft, Oldenburg 1996.

Busse, Dietrich: Begriffsgeschichte oder Diskursgeschichte? Zu theoretischen Grundlagen und Methodenfragen einer historisch-semantischen Epistemologie, in: Carsten Dutt (Hg.): Herausforderungen der Begriffsgeschichte, Heidelberg 2003, S. 17–38.

Candeias, Mario/Rilling, Rainer/Weise, Katharina (Hg.): Krise der Privatisierung – Rückkehr des Öffentlichen (= Rosa Luxemburg Stiftung, Texte, Band 53), Berlin 2009.
Carlson, David: Autobiography, in: Miriam Dobson/Benjamin Ziemann (Hg.): Reading Primary Sources. The Interpretation of Texts from Nineteenth- and Twentieth-Century History, London/New York 2009, S. 175–191.
Casale, Rita/Tröhler, Daniel/Oelkers, Jürgen (Hg.): Methoden und Kontexte. Historiographische Probleme der Bildungsforschung, Göttingen 2006.
Corner, Paul (Hg.): Popular Opinion in Totalitarian Regimes. Fascism, Nazism, Communism, Oxford 2009.
Corner, Paul: Introduction, in: ders. (Hg.): Popular Opinion in Totalitarian Regimes. Fascism, Nazism, Communism, Oxford 2009, S. 1–13.
Crew, David F. (Hg.): Nazism and German Society, 1933–1945, London/New York 1994.
Critchfield, Richard: Einige Überlegungen zur Problematik der Exilautobiographik, in: Exilforschung. Ein internationales Jahrbuch 2 (1984), S. 41–55.
Critchfield, Richard: When Lucifer Cometh. The Autobiographical Discourse of Writers and Intellectuals Exiled During the Third Reich (= Literature and the Sciences of Man, Band 7), New York u. a. 1994.

Dahlke, Sandra: Rezension zu: Figes, Orlando: Die Flüsterer. Leben in Stalins Russland, Berlin 2008, in: H-Soz-u-Kult, 20. 10. 2009, http://hsozkult.geschichte.hu-berlin.de/rezensionen/2009-4-064 (Zugriff am 14. 10. 2014).
Davenport, Christian/Johnston, Hank/Mueller, Carol M. (Hg.): Repression and Mobilization, Minneapolis 2005.
Demirović, Alex: Hegemonie und das Paradox von Privat und Öffentlich, in: Mario Candeias, Rainer Rilling, Katharina Weise (Hg.): Krise der Privatisierung – Rückkehr des Öffentlichen (= Rosa Luxemburg Stiftung, Texte, Band 53), Berlin 2009.
Denzin, Norman K./Lincoln, Yvonna S. (Hg.): Handbook of Qualitative Research, Thousand Oaks (Cal.) 1996.
Depkat, Volker: Autobiographie und die soziale Konstruktion von Wirklichkeit, in: Geschichte und Gesellschaft 29 (2003), S. 441–476.
Depkat, Volker: Lebenswenden und Zeitenwenden. Deutsche Politiker und die Erfahrungen des 20. Jahrhunderts (= Ordnungssysteme. Studien zur Ideengeschichte der Neuzeit, Band 18), München 2007 (zugl. Habil.-Schr. Univ. Greifswald 2003).
Dieckmann, Christoph/Herbert, Ulrich/Orth, Karin (Hg.): Die nationalsozialistischen Konzentrationslager – Entwicklung und Struktur, Band I, Göttingen 1998.
Diewald-Kerkmann, Gisela: Politische Denunziation im NS-Regime oder die kleine Macht der „Volksgenossen", Bonn 1995 (zugl. Diss. Univ. Bielefeld 1994).
Diewald-Kerkmann, Gisela: Politische Denunziation im NS-Regime. Die kleine Macht der „Volksgenossen", in: Günter Jerouschek/Inge Marßolek/Hedwig Röckelein (Hg.): Denunziation. Historische, juristische und psychologische Aspekte, Tübingen 1997.
Dobson, Miriam/Ziemann, Benjamin (Hg.): Reading Primary Sources. The Interpretation of Texts from Nineteenth- and Twentieth-Century History, London/New York 2009.
Doerr, Karin: Nazi-Deutsch: An Ideological Language of Exclusion, Domination and Annihilation, in: Robert Michael/Karin Doerr (Hg.): Nazi-Deutsch/Nazi German. An English Lexicon of the Language of the Third Reich, Westport 2002.
Dörner, Bernward: „Heimtücke": Das Gesetz als Waffe. Kontrolle, Abschreckung und Verfolgung in Deutschland 1933–1945, Paderborn 1998 (zugl. veränd. Diss. Techn. Univ. Berlin 1996).
Dörner, Bernward: NS-Herrschaft und Denunziation. Anmerkungen zu Defiziten in der Denunziationsforschung, in: Historical Social Research 26 (2001), S. 55–69.
Dutt, Carsten (Hg.): Herausforderungen der Begriffsgeschichte, Heidelberg 2003.

Ebbinghaus, Angelika/Linne, Karsten (Hg.): Kein abgeschlossenes Kapitel: Hamburg im „Dritten Reich", Hamburg 1997.

Ehrenreich, Eric: The Nazi Ancestral Proof. Genealogy, Racial Science, and the Final Solution, Bloomington 2007.
Engelbrecht, Jörg: Autobiographien, Memoiren, in: Bernd-A. Rusinek/Volker Ackermann/Jörg Engelbrecht (Hg.): Einführung in die Interpretation historischer Quellen. Schwerpunkt: Neuzeit, Paderborn u. a. 1992, S. 61-79.
Erler, Hans/Ehrlich, Ernst L. (Hg.): Jüdisches Leben und jüdische Kultur in Deutschland. Geschichte, Zerstörung und schwieriger Neubeginn, Frankfurt a. M. 2000.
Essner, Cornelia: Die „Nürnberger Gesetze" oder die Verwaltung des Rassenwahns 1933-1945, Paderborn 2002 (zugl. Habil-Schr. Techn. Univ. Berlin 2000).
Evans, Richard J.: The Third Reich in Power 1933-1939, London 2005.
Evans, Richard J.: Das Dritte Reich. Diktatur (Band II/2), München 2006.

Finck, Almut: Autobiographisches Schreiben nach dem Ende der Autobiographie (= Geschlechterdifferenz und Literatur, Band 9), Berlin 1999 (zugl. Diss. Univ. Konstanz 1998).
Fischer, Klaus P.: Hitler & America, Philadelphia (PA) 2011.
Fischer, Wolfram: Wirtschaft und Gesellschaft im Zeitalter der Industrialisierung. Aufsätze, Studien, Vorträge, Göttingen 1972.
Fischer, Wolfram: Arbeitermemoiren als Quellen für Geschichte und Volkskunde der Wirtschaft und Gesellschaft im Zeitalter der Industrialisierung, in: ders.: Wirtschaft und Gesellschaft im Zeitalter der Industrialisierung. Aufsätze, Studien, Vorträge, Göttingen 1972, S. 214-223.
Fitzpatrick, Sheila/Geyer, Michael (Hg.): Beyond Totalitarism. Stalinism and Nazism Compared, Cambridge u. a. 2009.
Föllmer, Moritz: Was Nazism Collectivistic? Redefining the Individual in Berlin, 1930-1945, in: Journal of Modern History 82 (2010), S. 61-100.
Fontana, Andrea/Frey, James H.: Interviewing: The Art of Science, in: Norman K. Denzin/Yvonna S. Lincoln (Hg.): Handbook of Qualitative Research, Thousand Oaks (Cal.) 1996, S. 361-376.
Frei, Norbert: Der Führerstaat. Nationalsozialistische Herrschaft von 1933 bis 1945 (= Deutsche Geschichte der neuesten Zeit vom 19. Jahrhundert bis zur Gegenwart, Band 4517), München 1989.
Friedländer, Saul: Das Dritte Reich und die Juden. Gesamtausgabe, München 2008.
Fritzsche, Peter: Life and Death in the Third Reich, Cambridge/London 2008.
Führer, Karl C.: Mit Juden unter einem Dach? Zur Vorgeschichte des nationalsozialistischen Gesetzes über Mietverhältnisse mit Juden, in: 1999. Zeitschrift für Sozialgeschichte des 20. Jahrhunderts 7 (1992), S. 51-62.
Fulbrook, Mary: Dissonant Lives. Generations and Violence through the German Dictatorships, Band 1, Oxford 2017.

Gailus, Manfred/Siemens, Daniel (Hg.): „Hass und Begeisterung bilden Spalier". Die politische Autobiografie von Horst Wessel, Berlin 2011.
Garz, Detlef/Blömer, Ursula/Kanke, Stefan: „Mein Leben in Deutschland vor und nach dem 30. Januar 1933". Lebensverläufe deutscher Emigrantinnen und Emigranten von 1880 bis 1940. Biographische Analysen, in: Friedrich Busch (Hg.): Aspekte der Bildungsforschung. Studien und Projekte der Arbeitsstelle Bildungsforschung im Fachbereich 1 Pädagogik, Institut für Erziehungswissenschaft, Oldenburg 1996, S. 175-184.
Garz, Detlef: „Die Freiheit ist begraben – der Traum von drei deutschen Generationen ist ausgeträumt". Nachwort, in: Vordtriede, Käthe: „Es gibt Zeiten, in denen man welkt". Mein Leben in Deutschland vor und nach 1933. Herausgegeben und mit einem Nachwort versehen von Detlef Garz, Lengwil 1999, S. 243-265.
Garz, Detlef: Jüdisches Leben vor und nach 1933, in: Einblicke 32 (2000), Carl von Ossietzky Universität Oldenburg, S. 17-20.
Garz, Detlef/Lee, Hyo-Seon: „Mein Leben in Deutschland vor und nach dem 30. Januar 1933". Ergebnisse des wissenschaftlichen Preisausschreibens der Harvard University aus dem Jahr 1939 – Forschungsbericht, in: Irmtrud Wojak/Susanne Meinl (Hg.): Im Labyrinth der Schuld. Täter – Opfer – Ankläger, Frankfurt a. M./New York 2003, S. 333-355.

Garz, Detlef/Knuth, Anja: Constanze Hallgarten. Porträt einer Pazifistin (= Imago Vitae – Schriften zur Biographieforschung, Band 2), Hamburg 2004.
Garz, Detlef: „Mein Leben in Deutschland vor und nach dem 30. Januar 1933". Das wissenschaftliche Preisausschreiben der Harvard Universität und seine in die USA emigrierten Teilnehmerinnen und Teilnehmer aus dem deutschen Sprachraum, in: John M. Spalek/Konrad Feilchenfeldt/Sandra Hawrylchak (Hg.): Deutschsprachige Exilliteratur seit 1933, Band 3, Zürich/München 2005, S. 305–333.
Gay, Peter: In Deutschland zu Hause... Die Juden der Weimarer Zeit, in: Arnold Paucker (Hg.): Die Juden im Nationalsozialistischen Deutschland. The Jews in Nazi Germany 1933–1943, Tübingen 1986, S. 31–43.
Gebhardt, Miriam: Das Familiengedächtnis. Erinnerung im deutsch-jüdischen Bürgertum 1890 bis 1932 (= Studien zur Geschichte des Alltags, Band 16), Stuttgart 1999.
Gehmacher, Johanna: De/Platzierungen – zwei Nationalistinnen in der Hauptstadt des 19. Jahrhunderts. Überlegungen zu Nationalität, Geschlecht und Auto/biographie, in: Werkstatt Geschichte 32 (2002), S. 6–30.
Gellately, Robert: The Gestapo and German Society. Political Denunciation in the Gestapo Case Files, in: Journal of Modern History 60 (1988), S. 654–694.
Gellately, Robert: Die Gestapo und die deutsche Gesellschaft. Die Durchsetzung der Rassenpolitik 1933–1945, Paderborn 1993.
Gellately, Robert: Allwissend und allgegenwärtig? Entstehung, Funktion und Wandel des Gestapo-Mythos, in: Gerhard Paul/Klaus-Michael Mallmann (Hg.): Die Gestapo – Mythos und Realität, Darmstadt 1995, S. 47–70.
Gellately, Robert: Hingeschaut und weggesehen. Hitler und sein Volk, Stuttgart/München 2002.
Gergen, Kenneth J.: Erzählung, moralische Identität und historisches Bewußtsein. Eine sozialkonstruktionistische Darstellung, in: Jürgen Straub (Hg.): Erzählung, Identität und historisches Bewußtsein. Die psychologische Konstruktion von Zeit und Geschichte (= Erinnerung, Geschichte, Identität, Band 1), Frankfurt a. M. 1998, S. 170–202.
Gerhardt, Uta (Hg.): Talcott Parsons on National Socialism, New York 1993.
Gerhardt, Uta: Introduction. Talcott Parsons's Sociology of National Socialism, in: dies. (Hg.): Talcott Parsons on National Socialism, New York 1993, S. 1–80.
Gerhardt, Uta: Talcott Parsons. An Intellectual Biography, Cambridge 2002.
Gerhardt, Uta/Karlauf, Thomas (Hg.): Nie mehr zurück in dieses Land. Augenzeugen berichten über die Novemberpogrome 1938, Berlin 2009.
Gerhardt, Uta: Nachwort. Nazi Madness. Der Soziologe Edward Y. Hartshorne und das Harvard-Projekt, in: Uta Gerhardt/Thomas Karlauf (Hg.): Nie mehr zurück in dieses Land. Augenzeugen berichten über die Novemberpogrome 1938, Berlin 2009, S. 319–354.
Gerstenberger, Heide/Schmidt, Dorothea (Hg.): Normalität oder Normalisierung? Geschichtswerkstätten und Faschismusanalyse, Münster 1987.
Gotzmann, Andreas/Liedtke, Rainer/van Rahden, Till (Hg.): Juden, Bürger, Deutsche. Zur Geschichte von Vielfalt und Differenz 1800–1933, Tübingen 2001.
Gotzmann, Andreas: Zwischen Nation und Religion. Die deutschen Juden auf der Suche nach einer bürgerlichen Konfessionalität, in: Andreas Gotzmann/Rainer Liedtke/Till van Rahden (Hg.): Juden, Bürger, Deutsche. Zur Geschichte von Vielfalt und Differenz 1800–1933, Tübingen 2001, S. 241–262.
Gräf, Dennis/Halft, Stefan/Schmöller, Verena (Hg.): Privatheit. Formen und Funktionen, Passau 2011.
Gräf, Dennis/Halft, Stefan/Schmöller, Verena: Privatheit. Zur Einführung, in: dies. (Hg.): Privatheit. Formen und Funktionen, Passau 2011, S. 9–28.
Grossmann, Atina: New Women in Exile. German Women Doctors and the Emigration, in: Sibylle Quack (Hg.): Between Sorrow and Strength. Women Refugees of the Nazi Period, Washington 1995, S. 215–238.
Grunberger, Richard: Das zwölfjährige Reich. Der Deutschen Alltag unter Hitler, Wien/München/Zürich 1972.
Gumbrecht, Hans U.: Für eine phänomenologische Fundierung der sozialhistorischen Begriffsgeschichte, in: Reinhart Koselleck (Hg.): Historische Semantik und Begriffsgeschichte (= Sprache und Geschichte, Band 1), Stuttgart 1978, S. 75–101.

Günther, Dagmar: „And now for something completely different". Prolegomena zur Autobiographie als Quelle der Geschichtswissenschaft, in: Historische Zeitschrift 272 (2001), S. 25–61.
Günther, Dagmar: Das nationale Ich? Autobiographische Sinnkonstruktionen deutscher Bildungsbürger des Kaiserreichs (= Studien und Texte zur Sozialgeschichte der Literatur, Band 102), Tübingen 2004 (zugl. Habil-Schr. Univ. Bielefeld 2003).

Haefs, Wilhelm (Hg.): Nationalsozialismus und Exil. 1933–1945, München/Wien 2009.
Haffner, Sebastian: Germany: Jekyll & Hyde. 1939 – Deutschland von innen betrachtet, Berlin 1998.
Hahn, Alois/Kapp, Volker (Hg.): Selbstthematisierung und Selbstzeugnis: Bekenntnis und Geständnis, Frankfurt a. M. 1987.
Hahn, Alois: Identität und Selbstthematisierung, in: ders./Volker Kapp (Hg.): Selbstthematisierung und Selbstzeugnis: Bekenntnis und Geständnis, Frankfurt a. M. 1987, S. 9–24.
Halamish, Aviva: Palestine as a Destination for Jewish Immigrants and Refugees from Nazi Germany, in: Frank Caestecker/Bob Moore (Hg.): Refugees from Nazi Germany and the Liberal European States, New York 2010, S. 122–150.
Hambrock, Matthias: Die Etablierung der Außenseiter. Der Verband nationaldeutscher Juden 1921–1935, Köln 2003 (zugl. Diss. Univ. Münster 2001).
Harvey, Elizabeth/Hürter, Johannes/Umbach, Maiken/Wirsching, Andreas (Hg.): Private Life and Privacy in Nazi Germany, Cambridge 2019.
Hasenclever, Jörn: Wehrmacht und Besatzungspolitik in der Sowjetunion. Die Befehlshaber der rückwärtigen Heeresgebiete 1941–1943 (= Krieg in der Geschichte, Band 48), Paderborn 2010.
Haupt, Heinz-Gerhard/Langewiesche, Dieter (Hg.): Nation und Religion in der deutschen Geschichte, Frankfurt a. M./New York 2001.
Hausen, Karin: Öffentlichkeit und Privatheit. Gesellschaftspolitische Konstruktionen und die Geschichte der Geschlechterbeziehungen, in: Journal für Geschichte 1989, Heft 1, S. 16–25.
Heim, Susanne/Meyer, Beate/Nicosia, Francis R. (Hg.): „Wer bleibt, opfert seine Jahre, vielleicht sein Leben". Deutsche Juden 1938–1941, Göttingen 2010.
Heinritz, Charlotte: Autobiographien als Medien lebensgeschichtlicher Erinnerungen. Zentrale Lebensthemen und autobiographische Schreibformen in Frauenautobiographien um 1900, in: BIOS 21 (2008), S. 114–123.
Heinsohn, Kirsten/Schüler-Springorum, Stefanie (Hg.): Deutsch-Jüdische Geschichte als Geschlechtergeschichte. Studien zum 19. und 20. Jahrhundert (= Hamburger Beiträge zur Geschichte der deutschen Juden, Band 28), Göttingen 2006.
Heinze, Carsten: Autobiographie und zeitgeschichtliche Erfahrung. Über autobiographisches Schreiben und Erinnern in sozialkommunikativen Kontexten, in: Geschichte und Gesellschaft 36 (2010), S. 93–128.
Herbert, Ulrich: „Die guten und die schlechten Zeiten". Überlegungen zur diachronen Analyse lebensgeschichtlicher Interviews, in: Lutz Niethammer (Hg.): „Die Jahre weiß man nicht, wo man die heute hinsetzen soll". Faschismuserfahrungen im Ruhrgebiet. Lebensgeschichte und Sozialkultur im Ruhrgebiet 1930 bis 1960, Band 1, Berlin/Bonn 1986, S. 67–96.
Herrmann, Friederike/Lünenborg, Margret (Hg.): Tabubruch als Programm. Privates und Intimes in den Medien, Opladen 2001.
Herzberg, Julia: Autobiographik als historische Quelle in ‚Ost' und ‚West', in: Julia Herzberg/ Christoph Schmidt (Hg.): Vom Wir zum Ich. Individuum und Autobiographik im Zarenreich, Köln 2007, S. 15–62.
Heuser, Magdalene (Hg.): Autobiographien von Frauen. Beiträge zu ihrer Geschichte, Tübingen 1996.
Heuser, Magdalene: Einleitung, in: dies. (Hg.): Autobiographien von Frauen. Beiträge zu ihrer Geschichte, Tübingen 1996, S. 1–12.
Hilmes, Carola: Auf verlorenem Posten: Die autobiographische Literatur, in: Wilhelm Haefs (Hg.): Nationalsozialismus und Exil. 1933–1945, München/Wien 2009, S. 417–445.
Hirschfeld, Gerhard (Hg.): Exil in Großbritannien. Zur Emigration aus dem nationalsozialistischen Deutschland, Stuttgart 1983.
Historisches Wörterbuch der Philosophie (Band 3, G–H). Herausgegeben von Joachim Ritter, Basel/Stuttgart 1974.

Hoenicke Moore, Michaela: Know Your Enemy. The American Debate on Nazism, 1933–1945 (= Publications of the German Historical Institute), Cambridge 2010.
Hofer, Walther: Die Diktatur Hitlers bis zum Beginn des Zweiten Weltkrieges, Konstanz 1964.
Hoffmann, Christhard/Bergmann, Werner/Walser Smith, Helmut (Hg.): Exclusionary Violence. Antisemitic Riots in Modern German History, Ann Arbor 2002.
Hölscher, Lucian: Öffentlichkeit, in: Otto Brunner/Werner Conze/Reinhart Koselleck (Hg.): Geschichtliche Grundbegriffe. Historisches Lexikon zur politisch-sozialen Sprache in Deutschland, Band 4, Stuttgart 1978, S. 413–467.
Honneth, Axel: Kampf um Anerkennung. Zur moralischen Grammatik sozialer Konflikte, Frankfurt a. M. 1994.
Hüttenberger, Peter: Heimtückefälle vor dem Sondergericht München 1933–1939, in: Martin Broszat/Elke Fröhlich/Anton Grossmann (Hg.): Bayern in der NS-Zeit (Band 4). Herrschaft und Gesellschaft im Konflikt, München/Wien 1981, S. 435–526.
Hyman, Paula E.: The Modern Jewish Family. Image and Reality, in: David Kraemer (Hg.): The Jewish Family. Metaphor and Memory, New York/Oxford 1989, S. 179–193.

Institut für die Geschichte der Deutschen Juden (Hg.): Das jüdische Hamburg. Ein historisches Nachschlagewerk, Göttingen 2006.

Jessen, Ralph: Diktatorische Herrschaft als kommunikative Praxis. Überlegungen zum Zusammenhang von „Bürokratie" und Sprachnormierung in der DDR-Geschichte, in: Alf Lüdtke/Peter Becker (Hg.): Akten. Eingaben. Schaufenster. Die DDR und ihre Texte. Erkundungen zu Herrschaft und Alltag, Berlin 1997, S. 57–75.
Johnson, Eric A./Reuband, Karl-Heinz: Die populäre Einschätzung der Gestapo. Wie allgegenwärtig war sie wirklich?, in: Gerhard Paul/Klaus-Michael Mallmann (Hg.): Die Gestapo – Mythos und Realität, Darmstadt 1995, S. 417–431.
Johnston, Hank: Talking the Walk. Speech Acts and Resistence in Authoritarian Regimes, in: Christian Davenport/Hank Johnston/Carol M. Mueller (Hg.): Repression and Mobilization (= Social Movements, Protest, and Contention, Band 21) Minneapolis 2005, S. 108–137.
Joshi, Vandana: Gender and Power in the Third Reich. Female Denouncers and the Gestapo, 1933–45, Houndmills/NewYork 2003.
Jureit, Ulrike: Authentische und konstruierte Erinnerung – Methodische Überlegungen zu biographischen Sinnkonstruktionen, in: Werkstatt Geschichte 18 (1997), S. 91–101.
Jureit, Ulrike (Hg.): Politische Kollektive. Die Konstruktion nationaler, rassischer und ethnischer Gemeinschaften, Münster 2001.
Jureit, Ulrike/Wildt, Michael (Hg.): Generationen. Zur Relevanz eines wissenschaftlichen Grundbegriffs, Hamburg 2005.
Jureit, Ulrike/Wildt, Michael: Generationen, in: dies. (Hg.): Generationen. Zur Relevanz eines wissenschaftlichen Grundbegriffs, Hamburg 2005.

Kämper, Heidrun: Telling the Truth. Counter-Discourses in Diaries under Totalitarian Regimes (Nazi Germany and Early GDR), in: Willibald Steinmetz (Hg.): Political Languages in the Age of Extremes, Oxford 2011, S. 215–241.
Kaplan, Marion: Jüdisches Bürgertum. Frau, Familie und Identität im Kaiserreich, Hamburg 1997.
Kaplan, Marion: Der Mut zum Überleben. Jüdische Frauen und ihre Familien in Nazideutschland, Berlin 2003.
Kaplan, Marion (Hg.): Geschichte des jüdischen Alltags in Deutschland. Vom 17. Jahrhundert bis 1945, München 2003.
Kaplan, Marion: Changing Roles in Jewish Families, in: Francis R. Nicosia/David Scrase (Hg.): Jewish Life in Nazi Germany. Dilemmas and Responses, New York 2010, S. 15–46.
Karlauf, Thomas: „So endete mein Leben in Deutschland". Der 9. November 1938, in: Uta Gerhardt/Thomas Karlauf (Hg.): Nie mehr zurück in dieses Land. Augenzeugen berichten über die Novemberpogrome 1938, Berlin 2009, S. 11–33.
Kater, Michael H.: Generationskonflikt als Entwicklungsfaktor in der NS-Bewegung vor 1933, in: Geschichte und Gesellschaft 11 (1985), S. 217–243.

Kershaw, Ian: Popular Opinion and Political Dissent in the Third Reich: Bavaria 1933-1945, Oxford 1983.
Kershaw, Ian: The Persecution of the Jews and German Popular Opinion in the Third Reich, in: Michael R. Marrus (Hg.): The Nazi Holocaust (5). Public Opinion and Relations to the Jews in Nazi Europe (Band 1), Westport (Conn.) 1989, S. 86-114.
Kershaw, Ian: „Volksgemeinschaft". Potenzial und Grenzen eines neuen Forschungskonzepts, in: Vierteljahrshefte für Zeitgeschichte 59 (2011), S. 1-17.
Kessel, Martina: Gewalt schreiben. „Deutscher Humor" in den Weltkriegen, in: Wolfgang Hardtwig (Hg.): Ordnungen in der Krise. Zur politischen Kulturgeschichte Deutschlands 1900-1933, München 2007, S. 229-258.
Kessel, Martina/Merziger, Patrick: The Politics of Humour. Laughter, Inclusion, and Exclusion in the Twentieth Century (= German and European Studies, Band 10), Toronto/Buffalo 2012.
Klee, Ernst: Das Personenlexikon zum Dritten Reich. Wer war was vor und nach 1945 (= Fischer, Band 16048), Frankfurt a. M. 2007.
Klemperer, Victor: LTI. Notizbuch eines Philologen (= Reclam-Taschenbuch, Nr. 20149), Stuttgart 2007.
Knoch, Habbo: Die Tat als Bild. Fotografien des Holocaust in der deutschen Erinnerungskultur, Hamburg 2001.
Kogon, Eugen: Der SS-Staat. Das System der deutschen Konzentrationslager, Frankfurt a. M. 1946.
Kolb, Eberhard: Die Maschinerie des Terrors. Zum Funktionieren des Unterdrückungs- und Verfolgungsapparates, in: Karl Dietrich Bracher/Manfred Funke/Hans-Adolf Jacobsen (Hg.): Nationalsozialistische Diktatur 1933-1945. Eine Bilanz, Bonn 1983, S. 270-284.
Konersmann, Ralf: Wörter und Sachen. Zur Deutungsarbeit der Historischen Semantik, in: Ernst Müller (Hg.): Begriffsgeschichte im Umbruch (Archiv für Begriffsgeschichte, Sonderheft Jahrgang 2004), Hamburg 2004, S. 21-32.
Koonz, Claudia: Courage and Choice among German-Jewish Women and Men, in: Arnold Paucker (Hg.): Die Juden im Nationalsozialistischen Deutschland. The Jews in Nazi Germany 1933-1943, Tübingen 1986, S. 283-293.
Koonz, Claudia: Mothers in the Fatherland. Women, Family Life and Nazi Politics, New York 1987.
Koonz, Claudia: Erwiderung auf Gisela Bocks Rezension von „Mothers in the Fatherland", in: Geschichte und Gesellschaft 18 (1992), S. 394-399, in: Geschichte und Gesellschaft 18 (1992), S. 394-399.
Koselleck, Reinhart (Hg.): Historische Semantik und Begriffsgeschichte (= Sprache und Geschichte, Band 1) Stuttgart 1978.
Koselleck, Reinhart: ‚Erfahrungsraum' und ‚Erwartungshorizont' - zwei historische Kategorien, in: ders.: Vergangene Zukunft. Zur Semantik geschichtlicher Zeiten, Frankfurt a. M. 1989, S. 349-375.
Koselleck, Reinhart: Vergangene Zukunft. Zur Semantik geschichtlicher Zeiten, Frankfurt a. M. 1989.
Koselleck, Reinhart: Vorwort, in: Löwith, Karl: Mein Leben in Deutschland vor und nach 1933. Ein Bericht. Mit einer Vorbemerkung von Reinhart Koselleck und einer Nachbemerkung von Ada Löwith, Frankfurt a. M. 1989.
Koselleck, Reinhart: Zur historisch-politischen Semantik asymmetrischer Gegenbegriffe, in: Koselleck, Reinhart: Vergangene Zukunft. Zur Semantik geschichtlicher Zeiten, Frankfurt a. M. 1989, S. 211-259.
Koselleck, Reinhart: Historik und Hermeneutik, in: ders.: Zeitschichten. Studien zur Historik, Frankfurt a. M. 2003, S. 97-118.
Koselleck, Reinhart: Zeitschichten. Studien zur Historik, Frankfurt a. M. 2003.
Köster, Werner: Raum, in: Ralf Konersmann (Hg.): Wörterbuch der philosophischen Metaphern, Darmstadt 2008, S. 274-292.
Kott, Sandrine: Entpolitisierung des Politischen. Formen und Grenzen der Kommunikation zwischen Personen in der DDR, in: Moritz Föllmer (Hg.): Sehnsucht nach Nähe. Interpersonale Kommunikation in Deutschland seit dem 19. Jahrhundert, Stuttgart 2004, S. 215-228.
Kraemer, David (Hg.): The Jewish Family. Metaphor and Memory, New York/Oxford 1989.

Krohn, Claus-Dieter: „Nobody has a right to come into the United States." Die amerikanischen Behörden und das Flüchtlingsproblem nach 1933, in: Exilforschung. Ein internationales Jahrbuch 3 (1985), S. 127–142.
Krohn, Claus-Dieter/Zur Mühlen, Patrik von/Paul, Gerhard/Winckler, Lutz (Hg.): Handbuch der deutschsprachigen Emigration 1933–1945, Darmstadt 1998.
Krohn, Claus-Dieter: Vereinigte Staaten von Amerika, in: Claus-Dieter Krohn/Patrik von Zur Mühlen/Gerhard Paul/Lutz Winckler (Hg.): Handbuch der deutschsprachigen Emigration 1933–1945, Darmstadt 1998, S. 446–466.
Kulka, Otto D.: Die Nürnberger Rassengesetze und die deutsche Bevölkerung im Lichte geheimer NS-Lage- und Stimmungsberichte, in: Vierteljahrshefte für Zeitgeschichte 32 (1984), S. 582–624.
Kulka, Otto D.: ‚Public Opinion' in Nazi Germany and the ‚Jewish Question', in: Michael R. Marrus (Hg.): The Nazi Holocaust (5). Public Opinion and Relations to the Jews in Nazi Europe (Band 1), Westport (Conn.) 1989, S. 115–138.
Kwiet, Konrad: Without Neighbours. Daily Living in „Judenhäuser", in: Francis R. Nicosia/David Scrase (Hg.): Jewish Life in Nazi Germany. Dilemmas and Responses, New York 2010, S. 117–148.

Lamnek, Siegfried/Tinnefeld, Marie-Theres (Hg.): Privatheit, Garten und politische Kultur. Von kommunikativen Zwischenräumen, Opladen 2003.
Landwehr, Achim: Geschichte des Sagbaren. Einführung in die historische Diskursanalyse (= Historische Einführungen, Band 8), Tübingen 2001.
Lappin, Eleonore/Lichtblau, Albert (Hg.): Die „Wahrheit" der Erinnerung. Jüdische Lebensgeschichten, Innsbruck/Wien/Bozen 2008.
Lässig, Simone: Jüdische Wege ins Bürgertum. Kulturelles Kapital und sozialer Aufstieg im 19. Jahrhundert (= Bürgertum, Neue Folge, Band 1), Göttingen 2004 (zugl. Habil.-Schr. Techn. Univ. Dresden 2002/03).
Lejeune, Philippe: Der autographische Pakt, in: Günter Niggl (Hg.): Die Autobiographie. Zu Form und Geschichte einer literarischen Gattung (= Wege der Forschung, Band 565), Darmstadt 1989, S. 214–257.
Leonhard, Jörn: Politik – ein symptomatischer Aufriss der historischen Semantik im europäischen Vergleich, in: Willibald Steinmetz (Hg.): „Politik". Situationen eines Wortgebrauchs im Europa der Neuzeit (= Historische Politikforschung, Band 14), Frankfurt a. M. 2007, S. 75–133.
Liebersohn, Harry/Schneider, Dorothee: „My Life in Germany before and after January 30, 1933". A Guide to a Manuscript Collection at Houghton Library, Harvard University (= Transactions of the American Philosophical Society, Band 91), Philadelphia 2001.
Limberg, Margarete/Rübsaat, Hubert (Hg.): Sie durften nicht mehr Deutsche sein: Jüdischer Alltag in Selbstzeugnissen 1933–1938, Frankfurt a. M./NewYork 1990.
Linke, Angelika: Sprachkultur und Bürgertum. Zur Mentalitätsgeschichte des 19. Jahrhunderts, Stuttgart 1996.
Lipstadt, Deborah E.: Pious Sympathies and Sincere Regrets. The American News Media and the Holocaust from Krystalnacht to Bermuda, 1938–1943, in: Michael R. Marrus (Hg.): The Nazi Holocaust (8). Bystanders to the Holocaust (Band 1), Westport (Conn.) 1989, S. 99–118.
Longerich, Peter: Politik der Vernichtung. Eine Gesamtdarstellung der nationalsozialistischen Judenverfolgung, München/Zürich 1998.
Longerich, Peter: „Davon haben wir nichts gewusst!". Die Deutschen und die Judenverfolgung 1933–1945, München 2007.
Lorenz, Ina: Deutsch-Israelitische Gemeinde (DIG), in: Institut für die Geschichte der Deutschen Juden (Hg.): Das jüdische Hamburg. Ein historisches Nachschlagewerk, Göttingen 2006, S. 58–60.
Lowenstein, Steven M.: Reflections on Statistics: Hopes and Fears about Changes in the German Jewish Family, 1815–1939, in: Leo Baeck Institute Year Book 51 (2006), S. 51–59.
Lüdtke, Alf: „Formierung der Massen" oder: Mitmachen und Hinnehmen? „Alltagsgeschichte" und Faschismusanalyse, in: Heide Gerstenberger/Dorothea Schmidt (Hg.): Normalität oder Normalisierung? Geschichtswerkstätten und Faschismusanalyse, Münster 1987, S. 15–34.

Lüdtke, Alf: Sprache und Herrschaft in der DDR. Einleitende Überlegungen, in: Alf Lüdtke/ Peter Becker (Hg.): Akten. Eingaben. Schaufenster. Die DDR und ihre Texte. Erkundungen zu Herrschaft und Alltag, Berlin 1997, S. 11–26.

Maase, Kaspar: Grenzenloses Vergnügen. Der Aufstieg der Massenkultur 1850–1970, Frankfurt a. M. 1997.

MacDonnell, Francis: Insidious Foes. The Axis Fifth Column and the American Home Front, New York/Oxford 1995.

Mallmann, Klaus-Michael/Paul, Gerhard: Herrschaft und Alltag. Ein Industrierevier im Dritten Reich (= Widerstand und Verweigerung im Saarland 1935–1945, Band 2), Bonn 1991.

Mallmann, Klaus-Michael/Paul, Gerhard (Hg.): Die Gestapo – Mythos und Realität, Darmstadt 1995.

Marcuse, Herbert: Feindanalysen. Über die Deutschen (= Nachgelassene Schriften, Band 5). Herausgegeben von Peter-Erwin Jansen, Springe 2007.

Marcuse, Herbert: Staat und Individuum im Nationalsozialismus, in: ders.: Feindanalysen. Über die Deutschen (= Nachgelassene Schriften, Band 5). Herausgegeben von Peter-Erwin Jansen, Springe 2007, S. 140–164.

Marquardt, Sabine: Polis contra Polemos. Politik als Kampfbegriff der Weimarer Republik, Köln 1997 (zugl. Diss. Univ. Münster 1994).

Marrus, Michael R. (Hg.): The Nazi Holocaust (5). Public Opinion and Relations to the Jews in Nazi Europe (Band 1), Westport (Conn.) 1989.

Marrus, Michael R. (Hg.): The Nazi Holocaust (8). Bystanders to the Holocaust (Band 1), Westport (Conn.) 1989.

Marßolek, Inge: Milieukultur und modernes Freizeitverhalten 1920 bis 1950, in: Detlef Schmiechen-Ackermann (Hg.): Anpassung, Verweigerung, Widerstand. Soziale Milieus, Politische Kultur und der Widerstand gegen den Nationalsozialismus in Deutschland im regionalen Vergleich, Berlin 1997, S. 77–93.

Marßolek, Inge/Saldern, Adelheid von (Hg.): Radio im Nationalsozialismus. Zwischen Lenkung und Ablenkung (= Zuhören und Gehörtwerden, Band 1), Tübingen 1998.

Marßolek, Inge/Saldern, Adelheid von: Das Radio als historisches und historiographisches Medium. Eine Einführung, in: dies. (Hg.): Radio im Nationalsozialismus. Zwischen Lenkung und Ablenkung (= Zuhören und Gehörtwerden, Band 1), Tübingen 1998, S. 11–44.

Martínez, Matías/Scheffel, Michael: Einführung in die Erzähltheorie, München 2009.

Matthäus, Jürgen: Antisemitic Symbolism in Early Nazi Germany, 1933–1935, in: Leo Baeck Institute Year Book 45 (2000), S. 183–203.

Maurer, Trude: Kunden, Patienten, Nachbarn und Freunde. Beziehungen zwischen Juden und Nichtjuden in Deutschland 1933–1938, in: Geschichte in Wissenschaft und Unterricht 54 (2003a), S. 154–166.

Maurer, Trude: Vom Alltag zum Ausnahmezustand: Juden in der Weimarer Republik und im Nationalsozialismus 1918–1945, in: Marion Kaplan (Hg.): Geschichte des jüdischen Alltags in Deutschland. Vom 17. Jahrhundert bis 1945, München 2003, S. 345–470.

Meier, Ulrich/Papenheim, Martin/Steinmetz, Willibald: Semantiken des Politischen. Vom Mittelalter bis ins 20. Jahrhundert (= Das Politische als Kommunikation, Band 8), Göttingen 2012.

Meinl, Susanne/Zwilling, Jutta: Legalisierter Raub. Die Ausplünderung der Juden im Nationalsozialismus durch die Reichsfinanzverwaltung in Hessen (= Wissenschaftliche Reihe des Fritz-Bauer-Instituts, Band 10), Frankfurt a. M. 2004.

Merl, Stephan: Politische Kommunikation in der Diktatur. Deutschland und die Sowjetunion im Vergleich (= Das Politische als Kommunikation, Band 9), Göttingen 2012.

Merziger, Patrick: Nationalsozialistische Satire und „Deutscher Humor". Politische Bedeutung und Öffentlichkeit populärer Unterhaltung 1931–1945 (= Beiträge zur Kommunikationsgeschichte, Band 23), Stuttgart 2010 (zugl. Diss. Freie Univ. Berlin 2007/2008).

Meyer, Beate: Erfühlte und erdachte „Volksgemeinschaft". Erfahrungen „jüdischer Mischlinge" zwischen Integration und Ausgrenzung, in: Frank Bajohr/Michael Wildt (Hg.): Volksgemeinschaft. Neue Forschungen zur Gesellschaft des Nationalsozialismus, Frankfurt a. M. 2009, S. 144–164.

Meyer, Christian: „...nichts war mehr Privatangelegenheit": Zur Semantik von Politisierungsprozessen in autobiographischen Berichten aus der Zeit des Nationalsozialismus, in: Willibald Steinmetz (Hg.): „Politik". Situationen eines Wortgebrauchs im Europa der Neuzeit (= Historische Politikforschung, Band 14), Frankfurt a. M. 2007, S. 395-416.
Meyer, Michael A. (Hg.): Deutsch-Jüdische Geschichte in der Neuzeit, Band 4. Aufbruch und Zerstörung. 1918-1945, München 1997.
Meyer, Sabine Yael: Lives Remembered. Memoirs of German-Jewish Women Who Left Germany in the 1930s, Los Angeles (Cal.) 2009 (= Diss. Univ. of Southern California 2009).
Michael, Robert/Doerr, Karin (Hg.): Nazi-Deutsch/Nazi German. An English Lexicon of the Language of the Third Reich, Westport 2002.
Mommsen, Hans: Generationenkonflikt und politische Entwicklung in der Weimarer Republik, in: Jürgen Reulecke (Hg.): Generationalität und Lebensgeschichte im 20. Jahrhundert, München 2003, S. 115-126.
Mommsen, Hans: Amoklauf der „Volksgemeinschaft"? Kritische Anmerkungen zu Michael Wildts Grundkurs zur Geschichte des Nationalsozialismus, in: Neue Politische Literatur 53 (2008), S. 15-20.
Moos, Peter von: Die Begriffe „öffentlich" und „privat" in der Geschichte und bei Historikern, in: Saeculum 49 (1998), S. 161-192.
Morisse, Heiko: Samson, Rudolf Hermann, in: Institut für die Geschichte der Deutschen Juden (Hg.): Das jüdische Hamburg. Ein historisches Nachschlagewerk, Göttingen 2006, S. 221.
Morsch, Günter: Oranienburg - Sachsenhausen, Sachsenhausen - Oranienburg, in: Christoph Dieckmann/Ulrich Herbert/Karin Orth (Hg.): Die nationalsozialistischen Konzentrationslager - Entwicklung und Struktur, Band I, Göttingen 1998, S. 111-134.
Mosse, George L.: Deutsche Juden und der Liberalismus. Ein Rückblick, in: Hans Erler/Ernst L. Ehrlich (Hg.): Jüdisches Leben und jüdische Kultur in Deutschland. Geschichte, Zerstörung und schwieriger Neubeginn, Frankfurt a. M. 2000, S. 120-137.
Mouton, Michelle: From Nurturing the Nation to Purifying the Volk. Weimar and Nazi Family Policy, 1918-1945, Cambridge/New York 2007.
Mühlenfeld, Daniel: Was heißt und zu welchem Ende studiert man NS-Propaganda? Neuere Forschungen zur Geschichte von Medien, Kommunikation und Kultur während des ‚Dritten Reiches', in: Archiv für Sozialgeschichte 49 (2009), S. 527-559.
Mühlenfeld, Daniel: Vom Nutzen und Nachteil der „Volksgemeinschaft" für die Zeitgeschichte. Neuere Debatten und Forschungen zur gesellschaftlichen Verfasstheit des „Dritten Reichs", in: Sozialwissenschaftliche Literatur Rundschau 66 (2013), S. 71-104.
Müller, Ernst (Hg.): Begriffsgeschichte im Umbruch (Archiv für Begriffsgeschichte, Sonderheft Jahrgang 2004), Hamburg 2004.
Müller, Ernst: Bemerkungen zu einer Begriffsgeschichte aus kulturwissenschaftlicher Perspektive, in: ders. (Hg.): Begriffsgeschichte im Umbruch (Archiv für Begriffsgeschichte, Sonderheft Jahrgang 2004), Hamburg 2004, S. 9-20.
Müller, Sven O.: Deutsche Soldaten und ihre Feinde. Nationalismus an Front und Heimatfront im Zweiten Weltkrieg, Frankfurt a. M. 2007.
Mußgnug, Dorothee: Die Reichsfluchtsteuer 1931-1953 (= Schriften zur Rechtsgeschichte, Band 60), Berlin 1993.

Nassehi, Armin: „Zutritt verboten!" Über die Formierung privater Räume und die Politik des Unpolitischen, in: Siegfried Lamnek/Marie-Theres Tinnefeld (Hg.): Privatheit, Garten und politische Kultur. Von kommunikativen Zwischenräumen, Opladen 2003, S. 26-39.
Neumann, Franz L.: Behemoth. Struktur und Praxis des Nationalsozialismus 1933-1944 (= Fischer Taschenbuch, Band 4306), Frankfurt a. M. 1984.
Nicosia, Francis R.: Ein nützlicher Feind. Zionismus im nationalsozialistischen Deutschland 1933-1939, in: Vierteljahrshefte für Zeitgeschichte 37 (1989), S. 367-400.
Nicosia, Francis R./Scrase, David (Hg.): Jewish Life in Nazi Germany. Dilemmas and Responses, New York 2010.
Niethammer, Lutz (Hg.): „Die Jahre weiß man nicht, wo man die heute hinsetzen soll". Faschismuserfahrungen im Ruhrgebiet. Lebensgeschichte und Sozialkultur im Ruhrgebiet 1930 bis 1960, Band 1, Berlin/Bonn 1986.

Niggl, Günter (Hg.): Die Autobiographie. Zu Form und Geschichte einer literarischen Gattung (= Wege der Forschung, Band 565), Darmstadt 1989.
Nitz, Wenke: „Fort mit dem nationalen Kitsch!". Die Reglementierung des Umgangs mit politischen Symbolen im Nationalsozialismus, in: Vittoria Borsò/Christiane Liermann/Patrick Merziger (Hg.): Die Macht des Populären. Politik und populäre Kultur im 20. Jahrhundert, Bielefeld 2010, S. 115-144.
Nolzen, Armin: The Nazi Party and its Violence against the Jews, 1933-1939. Violence as a Historiographical Concept, in: Yad Vashem Studies XXXI (2003), S. 245-285.
Norwood, Stephen H.: The Third Reich in the Ivory Tower. Complicity and Conflict on American Campuses, Cambridge u. a. 2009.

Opgenoorth, Ernst/Schulz, Günther: Einführung in das Studium der neueren Geschichte, Paderborn u. a. 2001.
Opitz, Claudia: Um-Ordnungen der Geschlechter. Einführung in die Geschlechtergeschichte (= Historische Einführungen, Band 10), Tübingen 2005.

Palonen, Kari: Politik als Handlungsbegriff. Horizontwandel des Politikbegriffs in Deutschland 1890-1933 (= Commentationes scientarum socialium, Band 28), Helsinki 1985.
Pascal, Roy: Die Autobiographie: Gehalt und Gestalt, Stuttgart 1965.
Pätzold, Kurt: Faschismus, Rassenwahn, Judenverfolgung. Eine Studie zur politischen Strategie und Taktik des faschistischen deutschen Imperialismus (1933-1935), Berlin 1975.
Paucker, Arnold (Hg.): Die Juden im Nationalsozialistischen Deutschland. The Jews in Nazi Germany 1933-1943, Tübingen 1986.
Paul, Gerhard: Zur Sozialgeschichte von Verfolgung und Widerstand am Beispiel des Saarlandes (1935-1945), in: Brigitte Berlekamp/Werner Röhr (Hg.): Terror, Herrschaft und Alltag im Nationalsozialismus. Probleme einer Sozialgeschichte des deutschen Faschismus, Münster 1995, S. 32-76.
Paul, Sigrid: Begegnungen. Zur Geschichte persönlicher Dokumente in Ethnologie, Soziologie und Psychologie (Band II), Hohenschäftlarn 1979.
Pearle, Kathleen M.: Ärzteemigration nach 1933 in die USA: der Fall New York, in: Medizinhistorisches Journal 19 (1984), S. 112-137.
Pegelow Kaplan, Thomas: The Language of Nazi Genocide. Linguistic Violence and the Struggle of Germans of Jewish Ancestry, Cambridge 2009.
Perret, Geoffrey: Days of Sadness, Years of Triumph. The American People, 1939-1945, Madison 1985.
Peukert, Detlev: Die KPD im Widerstand. Verfolgung und Untergrundarbeit an Rhein und Ruhr 1933 bis 1945 (= Düsseldorfer Schriften zur neueren Landesgeschichte und zur Geschichte Nordrhein-Westfalens, Band 2), Wuppertal 1980.
Peukert, Detlev: Volksgenossen und Gemeinschaftsfremde. Anpassung, Ausmerze und Aufbegehren unter dem Nationalsozialismus, Köln 1982.
Pine, Lisa: Nazi Family Policy. 1933-1945, Oxford/New York 1997.
Prestel, Claudia T.: Die jüdische Familie in der Krise. Symptome und Debatten, in: Kirsten Heinsohn/Stefanie Schüler-Springorum (Hg.): Deutsch-Jüdische Geschichte als Geschlechtergeschichte. Studien zum 19. und 20. Jahrhundert (= Hamburger Beiträge zur Geschichte der deutschen Juden, Band 28), Göttingen 2006, S. 105-122.
Prost, Antoine (Hg.): Geschichte des privaten Lebens. Vom Ersten Weltkrieg bis zur Gegenwart (Band 5), Frankfurt a. M. 1993.
Prost, Antoine: Grenzen und Zonen des Privaten, in: ders./Gérard Vincent (Hg.): Geschichte des privaten Lebens. Vom Ersten Weltkrieg bis zur Gegenwart (Band 5), Frankfurt a. M. 1993, S. 15-151.
Przyrembel, Alexandra: „Rassenschande". Reinheitsmythos und Vernichtungslegitimation im Nationalsozialismus, Göttingen 2003.

Quack, Sibylle (Hg.): Between Sorrow and Strength. Women Refugees of the Nazi Period, Washington 1995.

Quack, Sibylle: Zuflucht Amerika. Zur Sozialgeschichte der Emigration deutsch-jüdischer Frauen in die USA 1933-1945 (= Politik- und Gesellschaftsgeschichte, Band 40), Bonn 1995.

Rabe, Hannah: „Haus", in: Historisches Wörterbuch der Philosophie (Band 3, G-H). Herausgegeben von Joachim Ritter, Basel/Stuttgart 1974, Sp. 1007-1020.

Radkau, Joachim: Die deutsche Emigration in den USA. Ihr Einfluß auf die amerikanische Europapolitik 1933-1945 (= Studien zur modernen Geschichte, Band 2), Düsseldorf 1971.

Raggam-Blesch, Michaela: „Being different in a world where being different was definitely not good". Jüdisch weibliche Identitätskonstruktionen in autobiographischen Texten, in: Eleonore Lappin/Albert Lichtblau (Hg.): Die „Wahrheit" der Erinnerung. Jüdische Lebensgeschichten, Innsbruck/Wien/Bozen 2008, S. 13-23.

Redlich, Fritz: Autobiographies as Sources for Social History. A Research Program, in: Vierteljahrschrift für Sozial- und Wirtschaftsgeschichte 62 (1975), S. 380-390.

Reichardt, Rolf/Schmitt, Eberhard (Hg.): Handbuch politisch-sozialer Grundbegriffe in Frankreich 1680-1820, Heft 1/2, München 1985.

Reichardt, Rolf/Schmitt, Eberhard: Einleitung, in: ders./Eberhard Schmitt (Hg.): Handbuch politisch-sozialer Grundbegriffe in Frankreich 1680-1820, Heft 1/2, München 1985, S. 39-148.

Reichardt, Rolf/Schmitt, Eberhard: Wortfelder – Bilder – semantische Netze. Beispiele interdisziplinärer Quellen und Methoden in der Historischen Semantik, in: Gunter Scholtz (Hg.): Die Interdisziplinarität der Begriffsgeschichte (Archiv für Begriffsgeschichte, Sonderheft Jahrgang 2000), Hamburg 2000, S. 111-133.

Reichardt, Sven: Faschistische Kampfbünde. Gewalt und Gemeinschaft im italienischen Squadrismus und in der deutschen SA, Köln u. a. 2009 (2. Aufl., zugl. Diss. Freie Universität Berlin 2000).

Reinke, Andreas: „Eine Sammlung des jüdischen Bürgertums": Der Unabhängige Orden B'nai B'rith in Deutschland, in: Andreas Gotzmann/Rainer Liedtke/Till van Rahden (Hg.): Juden, Bürger, Deutsche. Zur Geschichte von Vielfalt und Differenz 1800-1933, Tübingen 2001, S. 315-340.

Reulecke, Jürgen (Hg.): Generationalität und Lebensgeschichte im 20. Jahrhundert, München 2003.

Reulecke, Jürgen: Lebensgeschichten des 20. Jahrhunderts – im „Generationencontainer"?, in: ders. (Hg.): Generationalität und Lebensgeschichte im 20. Jahrhundert, München 2003, S. VII-XV.

Richarz, Monika (Hg.): Jüdisches Leben in Deutschland. Band 3. Selbstzeugnisse zur Sozialgeschichte 1918-1945, New York 1982.

Richter, Isabel: Faced with Death. Gestapo Interrogations and Clemency Pleas in High Treason Trials by the National Socialist Volksgerichtshof, in: Willibald Steinmetz (Hg.): Political Languages in the Age of Extremes, Oxford 2011, S. 151-168.

Rössler, Beate: Der Wert des Privaten (= Suhrkamp Taschenbuch Wissenschaft, Band 1530), Frankfurt a. M. 2001.

Rürup, Miriam: Jüdische Studentenverbindungen im Kaiserreich. Organisationen zur Abwehr des Antisemitismus auf „studentische Art", in: Jahrbuch für Antisemitismusforschung 10 (2001), S. 113-137.

Rürup, Miriam: Ehrensache. Jüdische Studentenverbindungen an deutschen Universitäten 1886-1937 (= Hamburger Beiträge zur Geschichte der deutschen Juden, Band 33), Göttingen 2008 (zugl. Diss. Techn. Univ. Berlin 2006/2007).

Rusinek, Bernd-A./Ackermann,Volker/Engelbrecht, Jörg (Hg.): Einführung in die Interpretation historischer Quellen. Schwerpunkt: Neuzeit, Paderborn u. a. 1992.

Saar, Stefan C.: Familienrecht im NS-Staat – ein Überblick, in: Peter Salje (Hg.): Recht und Unrecht im Nationalsozialismus, Münster 1985.

Saldern, Adelheid von: Victims or Perpetrators? Controversies about the Role of Women in the Nazi State, in: David F. Crew (Hg.): Nazism and German Society, 1933-1945, London/New York 1994, S. 141-165.

Schäfer, Hans D.: Das gespaltene Bewußtsein. Deutsche Kultur und Lebenswirklichkeit 1933-1945, Frankfurt a. M./Berlin/Wien 1984.

Schäfer, Hans D.: Das gespaltene Bewußtsein. Über die Lebenswirklichkeit in Deutschland 1933–1945, in: ders.: Das gespaltene Bewußtsein. Deutsche Kultur und Lebenswirklichkeit 1933–1945, Frankfurt a. M./Berlin/Wien 1984, S. 146–208.
Scheiner, Jens J.: Vom Gelben Flicken zum Judenstern? Genese und Applikation von Judenabzeichen im Islam und christlichen Europa (849–1941), Frankfurt a. M./New York 2004.
Schmid, Harald: Erinnern an den „Tag der Schuld". Das Novemberpogrom von 1938 in der deutschen Geschichtspolitik (= Forum Zeitgeschichte, Band 11), Hamburg 2001.
Schmiechen-Ackermann, Detlef (Hg.): Anpassung, Verweigerung, Widerstand. Soziale Milieus, Politische Kultur und der Widerstand gegen den Nationalsozialismus in Deutschland im regionalen Vergleich, Berlin 1997.
Schmiechen-Ackermann, Detlef: Der „Blockwart". Die unteren Parteifunktionäre im nationalsozialistischen Terror- und Überwachungsapparat, in: Vierteljahrshefte für Zeitgeschichte 48 (2000), S. 575–602.
Schmitz-Berning, Cornelia: Vokabular des Nationalsozialismus, Berlin u. a. 2007 (2. Auflage).
Schmuhl, Hans-Walter: „Rassen" als soziale Konstrukte, in: Ulrike Jureit (Hg.): Politische Kollektive. Die Konstruktion nationaler, rassischer und ethnischer Gemeinschaften, Münster 2001, S. 163–179.
Schneider, Irmela: Theorien des Intimen und Privaten. Überlegungen im Anschluss an Richard Sennett und Anthony Giddens, in: Friederike Herrmann/Margret Lünenborg (Hg.): Tabubruch als Programm. Privates und Intimes in den Medien, Opladen 2001, S. 37–48.
Scholtz, Gunter (Hg.): Die Interdisziplinarität der Begriffsgeschichte (Archiv für Begriffsgeschichte, Sonderheft Jahrgang 2000), Hamburg 2000.
Schröder, Dominique: Semantics of the Self. Preservation and Construction of Identity in Concentration Camp Diaries, in: InterDisciplines 2 (2010), S. 123–144.
Schulze, Winfried (Hg.): Ego-Dokumente. Annäherung an den Menschen in der Geschichte, Berlin 1996.
Schulze, Winfried: Ego-Dokumente: Annäherung an den Menschen in der Geschichte? Vorüberlegungen für die Tagung „Ego-Dokumente", in: ders. (Hg.): Ego-Dokumente. Annäherung an den Menschen in der Geschichte, Berlin 1996, S. 11–30.
Schumann, Dirk: Politische Gewalt in der Weimarer Republik 1918–1933, Essen 2001 (zugl. Habil.-Schr. Univ. Bielefeld 1998).
Schütz, Alfred/Luckmann, Thomas: Strukturen der Lebenswelt, Konstanz 2003.
Schwab, Dieter: Familie, in: Otto Brunner/Werner Conze/Reinhart Koselleck (Hg.): Geschichtliche Grundbegriffe. Historisches Lexikon zur politisch-sozialen Sprache in Deutschland, Band 2, Stuttgart 1975, S. 253–301.
Schwarz, Angela: Von den Wohnstiften zu den „Judenhäusern", in: Angelika Ebbinghaus/Karsten Linne (Hg.): Kein abgeschlossenes Kapitel: Hamburg im „Dritten Reich", Hamburg 1997, S. 232–247.
Sellin, Volker: Politik, in: Otto Brunner/Werner Conze/Reinhart Koselleck (Hg.): Geschichtliche Grundbegriffe. Historisches Lexikon zur politisch-sozialen Sprache in Deutschland, Band 4, Stuttgart 1978, S. 789–874.
Seubert, Sandra: Privatheit und Öffentlichkeit heute. Ein Problemaufriss, in: Sandra Seubert/Peter Niesen (Hg.): Die Grenzen des Privaten, Baden-Baden 2010, S. 9–24.
Seyfert, Michael: „His Majesty's Most Loyal Internees": Die Internierung und Deportation deutscher und österreichischer Flüchtlinge als „enemy aliens". Historische, kulturelle und literarische Aspekte, in: Gerhard Hirschfeld (Hg.): Exil in Großbritannien. Zur Emigration aus dem nationalsozialistischen Deutschland, Stuttgart 1983, S. 155–182.
Siemens, Daniel: Horst Wessel. Tod und Verklärung eines Nationalsozialisten, München 2009.
Siemens, Daniel: Kühle Romantiker. Zum Geschichtsverständnis der „jungen Generation" in der Weimarer Republik, in: Martin Baumeister/Moritz Föllmer/Philipp Müller (Hg.): Die Kunst der Geschichte. Historiographie, Ästhetik, Erzählung, Göttingen 2009, S. 189–214.
Soyer, Daniel: Documenting Immigrant Lives at an Immigrant Institution: YIVO's Autobiography Contest of 1942, in: Jewish Social Studies 53 (1999), S. 218–243.
Spalek, John M./Feilchenfeldt, Konrad/Hawrylchak, Sandra (Hg.): Deutschsprachige Exilliteratur seit 1933, Band 3, Zürich/München 2005.

Steber, Martina/Gotto, Bernhard (Hg.): Visions of Community in Nazi Germany. Social Engineering and Private Lives, Oxford 2014.
Steinmetz, Willibald: „Politik". Situationen eines Wortgebrauchs im Europa der Neuzeit (= Historische Politikforschung, Band 14), Frankfurt a. M. 2007.
Steinmetz, Willibald: Neue Wege einer historischen Semantik des Politischen, in: ders. (Hg.): „Politik". Situationen eines Wortgebrauchs im Europa der Neuzeit (= Historische Politikforschung, Band 14), Frankfurt a. M. 2007, S. 9–40.
Steinmetz, Willibald: 40 Jahre Begriffsgeschichte – The State of the Art, in: Heidrun Kämper/ Ludwig M. Eichinger (Hg.): Sprache – Kognition – Kultur, Berlin 2008, S. 174–197.
Steinmetz, Willibald (Hg.): Political Languages in the Age of Extremes, Oxford 2011.
Steinmetz, Willibald: New Perspectives on the Study of Language and Power in the Short Twentieth Century, in: ders. (Hg.): Political Languages in the Age of Extremes, Oxford 2011, S. 3–51.
Steinmetz, Willibald: Some Thoughts on a History of Twentieth-Century German Basic Concepts, in: Contributions to the History of Concepts 7 (2012), Heft 2, S. 87–100.
Steinweis, Alan E.: Kristallnacht 1938, Cambridge (Mass.) 2009.
Steuwer, Janosch: Was meint und nützt das Sprechen von der ‚Volksgemeinschaft'? Neuere Literatur zur Gesellschaftsgeschichte des Nationalsozialismus, in: Archiv für Sozialgeschichte 53 (2013), S. 487–534.
Steuwer, Janosch: Jenseits von „Mein Kampf". Zur Ideengeschichte des Nationalsozialismus, in: Zeitschrift für Ideengeschichte 10 (2016), Heft 3, S. 97–106.
Steuwer, Janosch: „Ein Drittes Reich, wie ich es auffasse". Politik, Gesellschaft und privates Leben in Tagebüchern 1933–1939, Göttingen 2017.
Stieglitz, Olaf/Thonfeld, Christoph: Denunziation als Medium des kulturalistisch erweiterten Diktaturenvergleichs. Thüringen im Nationalsozialismus, unter sowjetischer Besatzung und in der frühen DDR, in: Werkstatt Geschichte 38 (2004), S. 77–89.
Stieglitz, Olaf: Keep Quiet ... But Tell!! Political Language and the ‚Alert Citizen' in Second World War America, in: Willibald Steinmetz (Hg.): Political Languages in the Age of Extremes, Oxford 2011, S. 195–213.
Stierle, Karlheinz: Die Struktur narrativer Texte, in: Karl Wagner (Hg.): Moderne Erzähltheorie. Grundlagentexte von Henry James bis zur Gegenwart, Wien 2002, S. 293–319.
Straub, Jürgen (Hg.): Erzählung, Identität und historisches Bewußtsein. Die psychologische Konstruktion von Zeit und Geschichte (= Erinnerung, Geschichte, Identität, Band 1), Frankfurt a. M. 1998.
Strauss, Herbert A. (Hg.): Jewish Immigrants of the Nazi Period in the USA. Essays on the History, Persecution, and Emigration of German Jews (= Band 6), New York u. a. 1987.
Strickhausen, Waltraud: Großbritannien, in: Claus-Dieter Krohn/Patrik von Zur Mühlen/Gerhard Paul et al. (Hg.): Handbuch der deutschsprachigen Emigration 1933–1945, Darmstadt 1998, 251–270.
Susemihl, Geneviève: „... and it became my home". Die Assimilation und Integration der deutsch-jüdischen Hitlerflüchtlinge in New York und Toronto (= Studien zu Geschichte, Politik und Gesellschaft Nordamerikas, Band 21), Münster 2004 (zugl. Diss. Univ. Rostock 2003).

Thieler, Kerstin: ‚Volksgemeinschaft' unter Vorbehalt. Gesinnungskontrolle und politische Mobilisierung in der Herrschaftspraxis der NSDAP-Kreisleitung Göttingen (= Veröffentlichungen des Zeitgeschichtlichen Arbeitskreises Niedersachsen, Band 29), Göttingen 2014.

Vaizey, Hester: Surviving Hitler's War. Family Life in Germany, 1939–48 (= Genders and Sexualities in History), Basingstoke 2010.
Veeser, Harold A. (Hg.): The New Historicism, New York/London 1989.

Wagner, Herbert: Die Gestapo war nicht allein... Politische Kontrolle und Staatsterror im deutsch-niederländischen Grenzgebiet 1929–1945 (= Anpassung – Selbstbehauptung – Widerstand, Band 22), Münster 2004 (zugl. Diss. Fernuniv. Hagen 2002).
Wagner, Karl (Hg.): Moderne Erzähltheorie. Grundlagentexte von Henry James bis zur Gegenwart, Wien 2002.

Wagner, Leonie: Mutterschaft und Politik - Nationalsozialismus und die Ordnung der Geschlechter im politischen Raum, in: Annette Bertrams (Hg.): Dichotomie, Dominanz, Differenz. Frauen plazieren sich in Wissenschaft und Gesellschaft, Weinheim 1995, S. 71-87.
Walk, Joseph (Hg.): Das Sonderrecht für die Juden im NS-Staat. Eine Sammlung der gesetzlichen Maßnahmen und Richtlinien - Inhalt und Bedeutung (= Motive - Texte - Materialien, Band 14), Heidelberg/Karlsruhe 1981.
Walter, Dirk: Antisemitische Kriminalität und Gewalt. Judenfeindschaft in der Weimarer Republik, Bonn 1999 (zugl. Diss. Univ. Freiburg 1997).
Wamser, Ursula/Weinke, Wilfried (Hg.): Eine verschwundene Welt. Jüdisches Leben am Grindel, Springe 2006.
Wehler, Hans-Ulrich: Deutsche Gesellschaftsgeschichte 1914-1949. Vom Beginn des Ersten Weltkriegs bis zur Gründung der beiden deutschen Staaten (= Band 4), München 2003.
Weintraub, Jeff/Kumar, Krishan (Hg.): Public and Private in Thought and Practice. Perspectives on a Grand Dichotomy, Chicago/London 1997.
Weintraub, Jeff: The Theory and Politics of the Public/Private Distinction, in: ders./Krishan Kumar (Hg.): Public and Private in Thought and Practice. Perspectives on a Grand Dichotomy, Chicago/London 1997, S. 1-42.
Weintraub, Karl J.: The Value of the Individual. Self and Circumstance in Autobiography, Chicago/London 1978.
Weyrather, Irmgard: Muttertag und Mutterkreuz. Der Kult um die ‚deutsche Mutter' im Nationalsozialismus, Frankfurt a. M. 1993.
Wildt, Michael: Generation des Unbedingten. Das Führungskorps des Reichssicherheitshauptamtes, Hamburg 2002.
Wildt, Michael: Gewaltpolitik. Volksgemeinschaft und Judenverfolgung in der deutschen Provinz 1932 bis 1935, in: Werkstatt Geschichte 12 (2003), S. 23-43.
Wildt, Michael: Volksgemeinschaft als Selbstermächtigung. Gewalt gegen Juden in der deutschen Provinz 1919 bis 1939, Hamburg 2007.
Winkler, Michael: Metropole New York, in: Exilforschung. Ein internationales Jahrbuch 20 (2002), S. 178-198.
Wirsching, Andreas: *Volksgemeinschaft* and the Illusion of ‚Normality' from the 1920s to the 1940s, in: Martina Steber/Bernhard Gotto (Hg.): Visions of Community in Nazi Germany. Social Engineering and Private Lives, Oxford 2014, S. 149-156.
Wojak, Irmtrud/Meinl, Susanne (Hg.): Im Labyrinth der Schuld. Täter - Opfer - Ankläger, Frankfurt a. M./New York 2003.
Wolfe, Alan: Public and Private in Theory and Practice. Some Implications of an Uncertain Boundary, in: Jeff Weintraub/Krishan Kumar (Hg.): Public and Private in Thought and Practice. Perspectives on a Grand Dichotomy, Chicago/London 1997, S. 182-203.
Wünschmann, Kim: Die Konzentrationslagererfahrungen deutsch-jüdischer Männer nach dem Novemberpogrom 1938. Geschlechtergeschichtliche Überlegungen zu männlichem Selbstverständnis und Rollenbild, in: Susanne Heim/Beate Meyer/Francis R. Nicosia (Hg.): „Wer bleibt, opfert seine Jahre, vielleicht sein Leben". Deutsche Juden 1938-1941, Göttingen 2010, S. 39-58.
Wyman, David S.: Paper Walls. America and the Refugee Crisis 1938-1941, New York 1985.
Wyman, David S.: The United States, in: Charles H. Rosenzveig/David S. Wyman (Hg.): The World Reacts to the Holocaust, Baltimore (Md.) u. a. 1996, S. 693-748.

Zeck, Mario: Das Schwarze Korps. Geschichte und Gestalt des Organs der Reichsführung SS (= Medien in Forschung und Unterricht. Serie A, Band 51), Tübingen 2002, S. 257-260 (zugl. Diss. Univ. Tübingen 2000).

Personenregister

Abel, Theodore 45, 46
Allport, Gordon W. 35, 36, 38–40, 42, 44–46, 49, 54, 56, 58–62, 67, 79, 80, 85, 86, 142, 180
Altmann, Eugen 212, 218
Andermann, Martin 43, 72, 81–83, 156, 157, 168, 169, 190–193
Appel, Marta 228, 234
‚Aralk' (Pseud.) 81, 97, 145, 152, 155–157, 182–187, 190, 194, 195, 237–240
Arendt, Hannah 2
Aust, Joseph 39, 68, 163, 164, 166

Baerwald, Alice 193
Benet, Stephen Vincent 50
Beradt, Charlotte 2
Bing, Rudolf 72
Bollmann, Hildegard (Pseud.) 71, 105, 166–168
Braasch, Elisabeth 40
Bramstedt, Ernest Kohn 1, 2, 5
Breusch, Robert 99, 177
Bruner, Jerome S. 56, 58, 60, 61
Brüning, Heinrich 69
Bruns-Wüstefeld, Reinhard 212–214, 217

Coughlin, Charles Edward 48, 77

Devereux, George 49, 56
Dienemann, Mally 227
Dienemann, Max 227
Donovan, William 75
Dreyfuss, Albert 72, 127, 146, 153–155, 160–166, 170, 176–178

Eipper, Paul 97
Elbogen, Ismar 179
Ernst, Otto 208, 209, 235, 236

Falke, Gustav 208
Fay, Sidney B. 35, 36, 38–40, 42, 45, 46, 56, 67, 79, 80, 85, 86, 140, 142
Fiedler, Kuno 39
Flesch, Philipp 71, 90, 231, 269
Frankenthal, Käte 62, 71–73, 82, 95, 96, 98, 142, 268, 283, 293
Friedrich, Carl Joachim 47, 49

Ganser, Harald 39
Goebbels, Joseph 7, 112, 131

Goldberg, Frederik (Pseud. John Hay) 71, 73, 103, 104, 106–110, 118, 142, 147, 172, 186, 214–216, 234, 253–258, 275, 276
Goldschmidt, Fritz 72, 89
Grossmann, Wassili 150
Grünebaum, Leo 132–140, 156
Gyßling, Walter 73, 98

Haffner, Sebastian 1–3, 68, 73, 111, 115, 116, 136, 249
Haley, Edith D. 43
Hallgarten, Constanze 41
Hartshorne, Edward Y. 35, 36, 38–40, 42, 45–57, 62, 67, 78–80, 85, 86, 142, 171
Hartshorne, Elsa M. 56
Heidegger, Martin 82, 140
Herz, Ludwig 152
Herz, Sofoni 73, 78
Heß, Rudolf 131
Hitler, Adolf 44, 45, 52, 77, 82, 89, 103, 104, 110, 125, 129, 132, 135, 144, 145, 153, 154, 176, 179, 246, 257, 258, 265, 266
Horovitz, Marcus 217

Jandorf, Ernest M. 56, 58, 60, 61

Kahle, Maria 147, 171
Katz, Henry William 42
Kaufman, Harry 104–106, 109, 110, 118, 143, 145, 146, 154, 239, 243
Klemperer, Victor 2, 146, 152, 172
Koch, Heinz 76, 88, 89
Koch, Hilde 71, 76, 83, 85, 87–89, 125, 126, 128–131, 134, 136, 186, 187, 190, 252, 253, 255, 262, 293
Krebs, Dietrich (Pseud. Jan Valtin) 52
Kronenberg, Max 87

Landau, Edwin 156
Langhoff, Wolfgang 85
Leiser, Clara 83
Lessler, Toni 71, 248
Levi, Julius W. 71, 72, 151
Levy, Joseph B. 67, 184, 187–189, 205–210, 212, 214, 215, 217–222, 226–228, 240–243, 275, 276, 282
Lewinsohn, Martha 80, 177, 187
Lewinsohn, Paul 80
Liliencron, Detlev von 208
Littauer, Margot 67, 167

Loewenberg, Ernst 76, 203, 208–210, 214, 223–225, 234–240, 270, 271
Loewenberg, Jakob 208
Lohr, Ida F. 71, 79, 80, 86, 106, 154, 155, 167, 177, 190
Löwith, Karl 35, 62, 65, 116, 117, 133, 140, 236

Marckwald, Fritz 152
Marcus, Ernst 43, 71, 72, 111, 130, 142, 228, 258–260, 263, 267
Marcuse, Herbert 1, 2
Merecki, Siegfried 72, 253, 255–258, 264
Moses, Hugo 88, 188, 215, 230, 238–240, 267, 273–279

Nathorff, Erich 70, 73, 84, 202, 263
Nathorff, Heinz 70, 84
Nathorff, Hertha 65, 69–74, 76, 79, 84–86, 88, 90, 91, 188, 189, 202–205, 207, 211, 212, 214, 228, 231–235, 263, 264
Neff, Margarete (Pseud. Franziska Schubert) 71, 257, 280–282
Neumann, Siegfried 34, 72
Neustätter, Otto 72, 138, 140–142, 144, 145

Oppenheimer, Mara 174, 175

Paeschke, Carl 44
Park, Robert 44
Parsons, Talcott 47–49

Reichmann, Hans (Pseud. Dr. Hans R. Sachs) 72, 114, 142, 146, 231, 232

Reiner, Max 73, 117, 261
Reuß, Friedrich 63, 64, 72
Roosevelt, Franklin D. 75, 89
Rosenthal, Henry 42

Salzburg, Friedrich 72
Samuel, Arthur 71–73, 87, 99, 127, 187, 188, 245–249, 265–267
Schach, Fabius 179
Scherzer, Oskar 41
Schleicher, Kurt von 125
Schwabe, Carl 115, 116, 260, 261
Schwartz, Oscar 72, 89
Schwerin, Alfred 228
Sevin, Barbara 51–53
Solon, Friedrich 72, 211–214, 217, 225, 226, 240

Thomas, William 44–46

Victor, Walther 34–36
Vordtriede, Käthe 73, 78, 81, 115

Weil, Frederick 71, 86, 87, 96, 137–139, 145, 229–232, 234
Wickerhauser Lederer, Gertrude 38, 39, 42, 44, 73, 140, 177, 262, 266, 267, 293
Wilhelm, Teodoro 39
Wolff-Arndt, Philippine 41
Wysbar, Eva 73, 95, 96, 112–115, 118, 262, 263, 269–271, 273, 289
Wysbar, Frank 112, 262, 269

Znaniecki, Florian 44–46

www.ingramcontent.com/pod-product-compliance
Lightning Source LLC
Chambersburg PA
CBHW022149180426
43200CB00028BA/497